中央广播电视总台年鉴

2022

中央广播电视总台年鉴编委会 编

中国国际广播出版社

中央广播电视总台年鉴（2022）编委会

主　任： 慎海雄　中宣部副部长，中央广播电视总台党组书记、台长兼总编辑

副主任： 王晓真　中央广播电视总台党组成员、副台长

　　　　　胡劲军　中央广播电视总台党组成员、副台长

　　　　　邢　博　中央广播电视总台党组成员、副台长

编　委：（以姓氏笔画为序）

王　璐	王全杰	王晓斌	王跃进	牛道斌	过　彤	朱焰焰	任学安
刘晓龙	刘智力	齐竹泉	安晓宇	许　强	李　挺	李向东	李欣雁
李跃山	杨　华	吴朝晖	何新宇	汪文斌	张国飞	范　昀	周振红
姜文波	姜海清	姚永辉	骆红秉	夏勇敏	钱　蔚	徐　进	高　伟
高华中	唐世鼎	黄永国	黄传芳	黄瑞刚	曹　毅	梁　红	梁建增
彭健明	董为民	蔡　俊	阚兆江	滕云平	潘晓闻	薛继军	

中央广播电视总台年鉴（2022）
编 辑 部

主　　　编：王晓真

常务副主编：杨　华

副　主　编：张利生　窦小文　苏晓春　李　宏

编辑部主任：谢宝军

编辑部副主任：贾　健　任永雷

责　任　编　辑：徐　琰　郑根岭　王小珍　肖丽林　王　健
　　　　　　　李冰心　陈　伟　张安奇　潘　颖　申　思

图　片　编　辑：何　琳　刘支梅　张思琪

编　　　务：饶　雷　刘　毅

编　　　审：蒋生元　谷云龙　孙树凤　陈　真

编 辑 说 明

"集百业于一册,缩一年为一瞬。"年鉴是年度信息、事件、智慧等的集大成者。

《中央广播电视总台年鉴》是一本客观翔实的大型资料性年刊,以时间为经、以事实为纬,全方位展现中央广播电视总台(简称"总台")事业产业发展的新思路、新举措、新成果等,为社会各界提供权威信息。《中央广播电视总台年鉴》已编辑出版2018—2019年卷和2020—2021年卷,每两年一卷;自2022年起,每年出版一卷。

2022年是党和国家历史上具有重要里程碑意义的一年,举国关注、举世瞩目的党的二十大胜利召开,标志着百年大党团结带领全国人民踏上奋进新征程、开创新伟业的新起点。作为新时代见证者、参与者、记录者和传播者,总台忠诚履行党的意识形态重镇的使命担当,海阔天空想、脚踏实地干,以"钉钉子"的精神、舍我其谁的勇气推动习近平新时代中国特色社会主义思想落地生根、开花结果,更有力、更有效地服务党和国家工作大局,书写了新时代党的新闻舆论工作的新篇章。

这一年,大事不断,喜事连连。习近平总书记多次给总台发来贺信,给我们以鼓励、以指导、以期望,这是对总台人履职尽责的最大肯定,是总台人创新创造的最大动力,是总台人继续奋斗的最大激励。这一年,新风扑面,欣欣向荣。总台这艘当今世界体量规模最大、业务形态最多、覆盖范围最广的综合性国际传媒航母,正昂首阔步向着国际一流新型主流媒体的目标加速前进。这一年,亮点频频,成绩满满。总台深入推进"三个转变",将创新作为工作的主旋律,打了一系列大仗、硬仗、漂亮仗,交出了让党中央放心、让人民群众满意的精彩答卷。

《中央广播电视总台年鉴》(2022)全面记述2022年总台在宣传报道、国际传播、媒体融合、技术升级、人才培养等方面的基本情况，共设7个部分，包括图片纪事、领导讲话及文章、组织机构、工作概况、统计数据、大事记、附录等内容，展现总台火热的初心、发展的脉络、丰硕的成果等。

《中央广播电视总台年鉴》（2022）主要有三大特点：一是系统性。本年鉴涵盖全台各项工作，是一项系统工程。编撰团队通过完善机制措施、提高编辑效率、加强审核把关，确保每一篇文章、每一幅图片、每一组数据等均准确无误、真实有效。二是合作性。本年鉴内容由全台各中心各部门提供，正是由于大家通力协作，才能保证年鉴编辑出版工作优质高效。三是专业性。编撰团队在框架结构、编写体例、版面排布等方面精心设计，使年鉴成为既具基本功能的历史档案，又具总台特色的文化产品。

感谢上级单位、总台领导、全台各部门各单位、中国国际广播出版社等的大力支持。编撰团队将以编好"总台志"为己任，将总台年鉴打造成为"年度礼"，献给辛勤耕耘的总台人，也献给关心总台发展的每一位朋友。

创新发展研究中心

习近平向首届全球媒体创新论坛致贺信

新华社北京1月26日电　1月26日，国家主席习近平向首届全球媒体创新论坛致贺信。

习近平指出，2022年北京冬奥会即将开幕，中方将为世界奉献一届简约、安全、精彩的奥运盛会。此次论坛以"共享科技冬奥"为主题，希望与会嘉宾集智共商、交流分享，助力精彩展现冰雪运动独特魅力，发扬奥林匹克精神，共同推动奥林匹克冬季运动发展。

首届全球媒体创新论坛当日在北京开幕，由中央广播电视总台主办。

习近平向"全球发展:共同使命与行动价值"智库媒体高端论坛致贺信

新华社北京7月4日电 7月4日,国家主席习近平向"全球发展:共同使命与行动价值"智库媒体高端论坛致贺信。

习近平强调,当前,世界百年变局和世纪疫情叠加,全球经济复苏脆弱乏力,南北发展鸿沟进一步拉大,世界进入新的动荡变革期,促进全球发展已成为人类面临的重大课题。为此,中国提出了全球发展倡议,中国愿同世界各国一道,坚持以人民为中心,坚持普惠包容、创新驱动、人与自然和谐共生,推动将发展置于国际优先议程,加快落实联合国2030年可持续发展议程,推动实现更加强劲、绿色、健康的全球发展。

"全球发展:共同使命与行动价值"智库媒体高端论坛当日在北京举行,由国务院新闻办公室主办,中国社会科学院、国务院发展研究中心、中央广播电视总台共同承办。

习近平同阿根廷总统费尔南德斯分别向中国阿根廷人文交流高端论坛致贺信

新华社北京9月28日电　9月28日，国家主席习近平同阿根廷总统费尔南德斯分别向中国阿根廷人文交流高端论坛致贺信。

习近平指出，中国和阿根廷是好朋友、好伙伴。今年是中阿建交50周年，也是中阿友好合作年。半个世纪以来，两国关系历经国际风云变幻考验，成为新兴市场国家和发展中国家团结合作、共同发展的典范。中阿关系全面快速发展正是中拉关系蓬勃生机的缩影。希望与会嘉宾集思广益、凝聚共识，助力中阿全面战略伙伴关系谱写新篇章，为推动构建新时代中拉命运共同体、人类命运共同体作出贡献。

费尔南德斯在贺信中表示，阿中两国已携手走过半个世纪，坚信双方将迎来一个更高发展水平的命运共同体。两国媒体卓有成效的合作促进了两国人民相互了解。期待双方深化合作，为阿中全面战略伙伴关系添砖加瓦，为两国人民福祉与世界和平发展作出更大贡献。

中国阿根廷人文交流高端论坛当日在北京举办，主题为"深化媒体交流，共谋人民福祉"，由中国中央广播电视总台与阿根廷公共媒体国务秘书办公室联合主办。

中央广播电视总台领导

慎海雄

中宣部副部长

中央广播电视总台党组书记、台长兼总编辑

阎晓明

中央广播电视总台党组成员、
副台长、机关党委书记

蒋希伟

中央广播电视总台党组成员、
副台长

王晓真

中央广播电视总台党组成员、
副台长

中央广播电视总台编务会议成员

薛继军　编务会议成员

姜文波　编务会议成员

李　挺　编务会议成员

黄传芳　编务会议成员

刘晓龙　编务会议成员

彭健明　编务会议成员

邢　博　编务会议成员

范　昀　编务会议成员

图片纪事

2022年2月10日,中央广播电视总台2022年工作会议在复兴路办公区召开。中宣部副部长,中央广播电视总台党组书记、台长兼总编辑慎海雄(左六)出席并讲话

2022年2月10日,中宣部副部长,中央广播电视总台党组书记、台长兼总编辑慎海雄在中央广播电视总台2022年工作会议上作题为《牢记领袖嘱托 坚持守正创新 奋力打造国际一流新型主流媒体 以优异成绩迎接党的二十大胜利召开》的讲话

重要会议

2022年2月10日，中央广播电视总台2022年党的建设工作会议召开。中宣部副部长，中央广播电视总台党组书记、台长兼总编辑慎海雄（左七）代表总台党组作题为《巩固深化总台党的建设高质量发展 以优异成绩迎接党的二十大胜利召开》的讲话

2022年2月11日，中央广播电视总台2022年经营工作会议召开。中宣部副部长，中央广播电视总台党组书记、台长兼总编辑慎海雄（左六）代表总台党组作题为《奋力推动总台经营工作跨越式发展 为打造国际一流新型主流媒体提供坚实支撑》的讲话

2022年2月11日，中央广播电视总台2022年技术工作会议召开。中宣部副部长，中央广播电视总台党组书记、台长兼总编辑慎海雄（左五）代表总台党组作题为《聚焦媒体融合 深化科技创新 以优异工作成绩迎接党的二十大胜利召开》的讲话

2022年5月13日，中央广播电视总台学习贯彻习近平总书记在庆祝中国共产主义青年团成立100周年大会上的重要讲话精神座谈会召开

重要活动

2022年1月6日，北京冬奥列车暨高铁5G超高清演播室在京张高铁清河站上线。中宣部副部长、中央广播电视总台台长兼总编辑慎海雄（左三），中国国家铁路集团有限公司董事长、党组书记陆东福（右三），河北省委常委、宣传部部长张政（右二），中央广播电视总台副台长蒋希伟（左一）出席上线仪式，国际奥委会副主席、北京冬奥会和冬残奥会组织委员会副主席于再清（左二）出席仪式并宣读国际奥委会主席巴赫的贺信

2022年1月7日，总台和中国美术馆共同主办的"迎冬奥·美在逐梦"中国美术馆馆藏体育题材美术作品展在北京开幕。图为中宣部副部长、文化和旅游部部长胡和平（前排左二），中宣部副部长、中央广播电视总台台长兼总编辑慎海雄（前排右一）于当日参观展览

2022年1月14日，总台央视动漫新片及"动漫中国"创制战略正式发布。中宣部副部长、中央广播电视总台台长兼总编辑慎海雄（左六），中央广播电视总台副台长蒋希伟（右五）出席发布会并与嘉宾一起启动"动漫中国"创制战略

5

2022年1月24日，总台8K超高清频道开播暨"百城千屏"公共大屏项目正式启动。中宣部副部长、国务院新闻办公室主任徐麟（左四），中宣部副部长、中央广播电视总台台长兼总编辑慎海雄（右四）等出席启动仪式

2022年1月26日，由总台发起主办，中国奥委会和北京冬奥组委联合主办的首届全球媒体创新论坛在北京举行。国家主席习近平向首届全球媒体创新论坛致贺信

2022年1月26日，中宣部副部长、中央广播电视总台台长兼总编辑慎海雄在首届全球媒体创新论坛上致辞

重要活动

2022年2月22日，总台大型书法文化类季播电视节目《中国书法大会》开机仪式在北京举行。中宣部副部长、中央广播电视总台台长兼总编辑慎海雄（左五），中国文学艺术界联合会党组书记、副主席、书记处书记李屹（右五），中央广播电视总台副台长蒋希伟（左四）共同出席开机仪式

2022年2月24日，《2021中国电视剧发展报告》发布会在北京举行，公布了青年观众眼中的优质国产剧关键词、十大国产剧和十个电视剧角色。中宣部副部长、中央广播电视总台台长兼总编辑慎海雄（左五）出席发布会

2022年2月28日，百集纪录片《战旗》捐赠收藏仪式在北京举行。《战旗》被中国人民革命军事博物馆永久收藏。中宣部副部长、中央广播电视总台台长兼总编辑慎海雄（左三），中央广播电视总台副台长阎晓明（左二）出席捐赠收藏仪式，并与中央军委政治工作部主任助理李军（右三）共同为藏品《战旗》揭幕

2022年3月11日,"美在新时代——中国美术馆典藏精品特展"(第二期)在北京开幕。中宣部副部长、文化和旅游部部长胡和平,中宣部副部长、中央广播电视总台台长兼总编辑慎海雄(右)出席开幕式并为展览揭幕

2022年3月30日,纪录片《美术里的中国》启播仪式在北京举行。中宣部副部长、中央广播电视总台台长兼总编辑慎海雄(左五),中央文史研究馆副馆长、中国美术家协会名誉主席冯远(右五)等共同为节目启播

2022年6月7日,总台召开2022年北京冬奥会、冬残奥会宣传报道总结表彰会议,表彰参与宣传报道工作的集体和个人,并向记功集体和个人代表颁奖

重要活动

2022年6月14日，大型文化节目《诗画中国》开机启动。中宣部副部长、中央广播电视总台台长兼总编辑慎海雄（左四），文化和旅游部党组成员、故宫博物院院长王旭东（左五），中央广播电视总台副台长王晓真（右三）与嘉宾共同为节目开机

2022年6月20日，大型融媒体报道《直播大湾区》暨"大湾区之声"新媒体改版上线启动仪式在北京举行

2022年6月24日，总台CGTN纪录频道和粤港澳大湾区之声频率在港落地发布仪式在北京和香港线上线下同步举行。香港特别行政区行政长官林郑月娥（视频连线，左），中宣部副部长、中央广播电视总台台长兼总编辑慎海雄（左二），国家广播电视总局党组成员、副局长乐玉成（右二），国务院港澳事务办公室副主任王灵桂（左一），中央人民政府驻香港特别行政区联络办公室副主任卢新宁（视频连线，右），中央广播电视总台副台长王晓真（右一）出席发布活动

2022年7月19日，总台和国家文物局联合摄制的大型纪录片《寻古中国》启动仪式在北京举行

2022年7月22日，总台纪录片《雄安 雄安》开机暨增强"四力"实践基地揭牌仪式在雄安新区举行

2022年7月23日，总台"央博"数字平台建设正式启动。中宣部副部长、中央广播电视总台台长兼总编辑慎海雄（左五）出席活动，并与文化和旅游部副部长、国家文物局局长李群（右四），国家博物馆馆长王春法（右三）等出席启动仪式

重要活动

2022年8月13日，总台和北京市人民政府主办的第十二届北京国际电影节开幕。中宣部副部长、中央广播电视总台台长兼总编辑慎海雄作为第十二届北京国际电影节组委会主席在开幕式上致辞并宣布电影节开幕

2022年8月15日，总台与澳门特别行政区政府新一轮合作启动仪式"风劲濠江新启航"在北京和澳门同步举行。澳门特别行政区行政长官贺一诚（视频连线，右二）、中宣部副部长、中央广播电视总台台长兼总编辑慎海雄（左三），中央人民政府驻澳门特别行政区联络办公室主任郑新聪（视频连线，左二）出席活动并致辞

2022年8月23日，总台和吉林省人民政府共同主办的第十七届中国长春电影节在长春开幕

2022年8月29日,总台首部年鉴《中央广播电视总台年鉴》(2018—2019)图书发布暨赠书仪式在北京举行。中央广播电视总台副台长阎晓明(左二)出席并启动发布仪式

2022年8月30日,总台"丰收中国"融合传播行动暨"三农"主题宣传系列重点项目发布仪式在北京举行

2022年8月31日,总台有声读物《韩美林艺术随笔》启播。中宣部副部长、中央广播电视总台台长兼总编辑慎海雄(左三),中国文学艺术界联合会主席、中国作家协会主席铁凝(右三),著名艺术家、清华大学文科资深教授韩美林(左二),中央广播电视总台副台长王晓真(右二)等出席启播仪式

重要活动

2022年9月23日，总台大型文化节目《典籍里的中国》（第二季）正式启播。中宣部副部长、中央广播电视总台台长兼总编辑慎海雄（左四），中国美术馆馆长、中国美术家协会副主席吴为山（右三）等出席启播仪式

2022年9月28日，总台和阿根廷公共媒体国务秘书办公室联合主办的中国阿根廷人文交流高端论坛在北京举行。国家主席习近平和阿根廷总统费尔南德斯分别向中国阿根廷人文交流高端论坛致贺信

2022年9月28日，中宣部副部长、中央广播电视总台台长兼总编辑慎海雄出席中国阿根廷人文交流高端论坛并致辞

2022年9月29日，总台纪录片《航拍中国》（第四季）启播仪式在北京举行。中宣部副部长、中央广播电视总台台长兼总编辑慎海雄（左三）、北京市委常委、宣传部部长莫高义（右二）出席仪式并致辞

2022年9月30日，总台专题片《解码十年》海内外多语种版本发布仪式在北京举行

2022年11月10日，总台举行2022年卡塔尔世界杯前方报道团出征仪式。中宣部副部长、中央广播电视总台台长兼总编辑慎海雄（前排左）作动员讲话，并向转播报道团队和技术保障团队授旗

重要活动

2022年11月14日，总台与印度尼西亚、泰国的媒体联合制作的专题片《习近平喜欢的典故》（印度尼西亚语版和泰语版）暨多语种纪录片《中国，新的征程》开播仪式在北京线上线下同步举行。中宣部副部长、中央广播电视总台台长兼总编辑慎海雄（右二）出席并致辞。印度尼西亚、泰国、柬埔寨等国的国家电视台台长和主流媒体负责人线上出席仪式

2022年11月15日，中央广播电视总台CCTV-16奥林匹克频道提质升级座谈会在北京召开。中宣部副部长、中央广播电视总台台长兼总编辑慎海雄出席并讲话

2022年12月19日，总台电影《北京人：人类最后的秘密》《就是要跑》《飞越苍穹》在第四届海南岛国际电影节期间发布

中国共产党第二十次全国代表大会宣传报道

2022年10月16日,中国共产党第二十次全国代表大会在北京人民大会堂开幕,总台多平台全媒体全程直播报道大会盛况。总台围绕迎接党的二十大、宣传贯彻党的二十大精神这条主线,分阶段、有重点、多形式地组织主题主线报道,推出一系列视音频精品节目。报道语种数量增至68个,相关报道在总台自有平台跨媒体总触达252.01亿人次,首次实现全球233个国家和地区全覆盖

重大报道

新闻中心直播导演组在转播车上直播党的二十大开幕会

中国之声在党的二十大开幕会现场做直播报道

CGTN多语种直播报道党的二十大开幕会，并推出特别节目《奋进新征程》

环球资讯广播直播团队在党的二十大开幕会前做准备工作

2022年10月16日,中国共产党第二十次全国代表大会首场"党代表通道"开启,总台记者在人民大会堂做现场报道

2022年10月22日,总台摄像记者在人民大会堂直播中国共产党第二十次全国代表大会闭幕会

2022年10月21日,总台记者在中国共产党第二十次全国代表大会第五场新闻发布会上提问

2022年10月23日,中国共产党第二十届中央政治局常委在人民大会堂金色大厅同中外记者见面。图为总台CGTN记者在现场报道

重大报道

2022年3月1日起,《新闻联播》推出主题报道《大美中国》,每月第一周连续展播,贯穿全年

2022年5月24日起,《新闻联播》《新闻和报纸摘要》《第一资讯》等重点栏目推出系列报道《沿着总书记的足迹》,全面回顾习近平总书记深入基层一线考察调研的足迹

2022年6月8日至9月30日,特别节目《走进县城看发展》在CCTV-13新闻频道播出,展现50座县城自党的十八大以来的发展巨变

2022年8月9日至22日,《新闻联播》栏目播出13集系列报道《解码十年》,首次用"卫星视角+大数据调查+新闻故事"的立体方式,形象生动地全面反映10年来党和国家事业取得的历史性成就和发生的历史性变革。图为8月11日播出的《解码十年丨穿山越壑　向交通空白处挺进》

2022年9月26日至10月15日,新闻新媒体中心推出20集系列时政微纪录片《思想的力量》,全面展现习近平新时代中国特色社会主义思想的丰富内涵和时代伟力

2022年9月27日,20集大型纪录片《征程》在CCTV-1综合频道开播,以小故事折射大时代,记录普通人的奋斗故事

2022年9月28日至30日,3集纪录片《雄安　雄安》在CCTV-2财经频道播出,深刻解读雄安新区从"一张白纸"到"拔节生长"的升级密码,深度展现雄安新区高水平社会主义现代化城市的美好图景

重大报道

2022年10月4日至6日，总台出品的5集电视专题片《新时代》在CCTV-1综合频道20:00档首播，阐述党的十八大以来，在习近平新时代中国特色社会主义思想指引下，党和国家各项事业取得的辉煌成就

2022年10月1日至7日，CCTV-1综合频道和CCTV-13新闻频道并机推出特别节目《江河奔腾看中国》，展现江河奔腾的壮美画卷和依水而居的百姓生活图景

2022年10月4日起，总台与中央军委政治工作部、中央网信办联合制作的15集思想解读类融媒体特别节目《追光》在CCTV-13新闻频道首播，系统阐释、创新传播习近平强军思想，生动反映党的十八大以来国防和军队建设取得的历史性成就和发生的历史性变革

2022年10月17日，亚洲非洲地区语言节目中心推出多语种产品《动析中国式现代化》，向海外网友解读党的二十大精神

2022年10月20日，欧洲拉美地区语言节目中心记者在中国共产党第二十次全国代表大会新闻中心采访意大利安莎通讯社驻华记者安东尼奥·法蒂古索（左）

2022年10月8日至15日，总台出品的16集大型电视专题片《领航》在CCTV-1综合频道播出，全面反映党的十八大以来党和国家事业取得的历史性成就和发生的历史性变革

2022年10月10日至14日，总台制作的5集专题片《中国大区域》在CCTV-2财经频道播出，展现中国经济协同发展的恢宏画卷

2022年10月17日至21日，新闻中心推出融媒体直播特别节目《二十大时光》，围绕高质量发展、生态环境保护等主题，结合典型案例，解读党的二十大精神

重大报道

2022年10月18日起,《焦点访谈》播出14集新闻评论专题片《奋斗 新的伟业》。图为总台记者采访中央纪委国家监委宣传部部长王建新(左)

2022年10月24日起,20集纪录片《根脉》在CCTV-4中文国际频道首播,解读中国共产党人精神谱系的形成过程与传承发展

2022年10月25日,《玉渊谭天》推出数据可视化报道《AI描绘外媒报道中的未来中国》

2022年,CGTN在推特空间音频社交平台推出音频直播《畅聊中国》,讨论国内外热点话题

聚力打造"头条工程"

2022年2月18日起,《新闻联播》推出系列报道《奋进新征程 建功新时代·伟大变革》。图为3月16日播出的特别报道《全面深化改革取得历史性伟大成就》

2022年5月29日起,央视新闻客户端推出百秒时政系列短视频《连心》,通过百姓视角,以质朴平实的语言讲述习近平总书记与基层百姓交流的真实故事和微观细节

2022年1月15日至19日,中央纪委国家监委宣传部与总台联合摄制的5集电视专题片《零容忍》在CCTV-1综合频道播出,生动展现中国共产党全面从严治党、推进反腐败斗争的决心与举措

2022年2月23日起,中国之声特别策划《为了总书记的嘱托》在《新闻和报纸摘要》《新闻联播》播出,展现各地牢记习近平总书记嘱托,在高质量发展、科技创新、对外开放等方面取得的进展和成就

2022年4月19日起,环球资讯广播推出党的二十大特别策划《他们让世界读懂中国》,专访十余位《习近平谈治国理政》多语种版本海外译者和编者

重大报道

2022年7月18日，新闻中心推出时政纪录片《情系天山——习近平总书记新疆考察纪实》，全景式呈现习近平总书记与各族群众在一起的生动景象

2022年7月11日，央视网推出系列创意互动特稿《这十年》，以"手绘漫画+创意互动+深度解读"的形式重温党的十八大以来习近平总书记治国理政的伟大实践

2022年9月15日，新闻中心推出新媒体报道《康辉@大国外交最前线｜乌方为习近平主席到访准备了几个"第一次"？》。图为总台上海合作组织撒马尔罕峰会时政报道团队

2022年10月14日,国际在线《讲习所》栏目推出《全球关注 期待中共二十大为世界和平发展发挥重要作用》,梳理习近平总书记关于召开中国共产党第二十次全国代表大会的重大意义的重要讲话

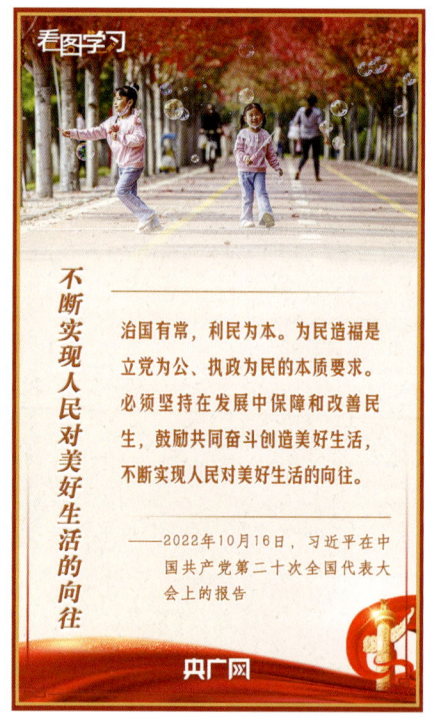

2022年10月16日起,亚洲非洲地区语言节目中心推出《典故里的新思想》,就党的二十大报告提出的新思想和新举措,从中华传统文化精华中探源,以象形汉字演化、典故解析、虚拟主播等生动鲜活的形式,对外阐释中国方略

2022年4月起,央广网策划推出全新时政融媒栏目《看图学习》。10月23日,该栏目推出图片产品《看图学习 | 不断实现人民对美好生活的向往》

重大报道

2022年10月27日，新闻中心推出特稿《鉴往知来，跟着总书记学历史丨走进中国革命圣地延安》，报道习近平总书记带领新当选的第二十届中共中央政治局常委瞻仰延安革命圣地

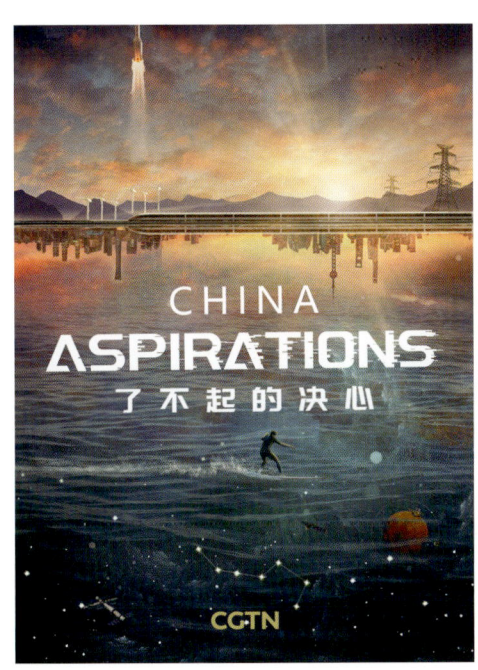

2022年11月24日，英语环球节目中心推出4集纪录片《了不起的决心》，向世界讲述党的十八大以来中国的十年巨变，深度展现中国人民屡创奇迹背后的精神力量。该片通过英语、法语、俄语等15种语言在全球落地播出

2022年，欧洲拉美地区语言节目中心《擘画中国》栏目推出系列视频节目《中国式现代化之路》，阐述习近平总书记重要论述。图为10月19日播出的《中国式现代化之路》之《奔向现代化道路上 一个都不能少》（克罗地亚语版）

2022年北京冬奥会、冬残奥会报道

2022年2月4日，2022年北京冬奥会开幕式在国家体育场举行。总台CCTV-1综合频道、CCTV-13新闻频道、CCTV-5体育频道、CCTV-5+体育赛事频道、CCTV-16奥林匹克频道、CCTV-4K/8K超高清频道等电视频道，中国之声、环球资讯广播等广播频率，央视新闻、央视频、央视体育等新媒体平台对开幕式进行同步直播

重大报道

体育青少节目中心播音员在国家体育场（鸟巢）零下20摄氏度低温环境下现场解说2022年北京冬奥会开幕式

总台8K信号制作团队在转播车内制作2022年北京冬奥会开幕式信号

总台技术团队在2022年北京冬奥会开幕式现场调试大屏视频播控系统

2022年1月，2022年北京冬奥会开幕前夕，CGTN推出《冬奥大咖谈》系列融媒体产品，集中呈现全球体育界对此次冬奥会的期望

2022年1月4日，20期体育专题节目《带你一起看冬奥》在CCTV-16奥林匹克频道和CCTV-5体育频道同步首播。节目组邀请冬奥会世界冠军客串主持人探秘冰雪运动知识和场馆特色

2022年1月20日，总台记者独家专访2022年北京冬奥会、冬残奥会开闭幕式总导演张艺谋（左）

2022年北京冬奥会期间,总台技术团队创新运用A6转播车、4K/8K融合制作技术在国家体育场完成冬奥会开幕式8K公共信号制作。这是冬奥会历史上首次实现开幕式8K制作。图为总台技术人员调试8K摄像机,为冬奥会开幕式直播做准备

2022年2月,总台创新运用4K/8K融合制作箱载式转播系统,在首钢滑雪大跳台完成单板滑雪大跳台和自由式滑雪大跳台8K公共信号制作

2022年2月4日至3月14日,音像资料馆工作人员在国际广播中心收集2022年北京冬奥会、冬残奥会赛事公共信号和单边信号

2022年2月9日,体育青少节目中心《体坛英豪》栏目主持人专访国际奥委会主席巴赫(右)

2022年2月18日,CGTN在冬奥5G列车上拍摄特别节目《冬奥伴你行丨冬奥教会你交友的必备技能?与美籍女歌手@唐伯虎Annie一起探索那些"神仙友谊"的正确打开方式》

2022年2月19日,总台技术团队使用国产8K摄像机在国家速滑馆现场直播比赛

重大报道

2022年2月20日，总台记者在2022年北京冬奥会闭幕式现场报道

2022年3月4日，2022年北京冬残奥会开幕式在国家体育场举行。总台多平台全媒体直播报道

2022年3月初，2022年北京冬残奥会开幕前夕，总台记者在轮椅冰壶国家队训练基地采访参加冬残奥会的中国运动员

总台自主研发的4K超高速轨道拍摄系统"猎豹"为2022年北京冬奥会速度滑冰项目提供超高清转播画面。图为"猎豹"系统在国家速滑馆跟踪拍摄运动员比赛

总台自主研发的4K AI时间切片系统实时精准还原滑雪跳台运动员技术动作,用15秒完成技术动作剥离运算和时间切片包装渲染,实现逐帧呈现和提炼放大的"时间切片"数据可视化呈现效果

2022年3月4日,总台高山滑雪国际公用信号制作团队在北京延庆赛区高山滑雪转播制作区合影

重大报道

全国两会报道

2022年3月4日至10日，中国人民政治协商会议第十三届全国委员会第五次会议在北京召开。总台多平台全媒体直播报道

2022年3月5日至11日，第十三届全国人民代表大会第五次会议在北京召开。总台多平台全媒体直播报道

2022年3月3日至11日,《焦点访谈》栏目推出7集系列专题报道《聚焦两会》。图为总台记者围绕"新发展理念""如何解决民生问题"等议题采访全国政协常委张连起(右)

2022年3月5日,全国两会特别节目《我建议》在CCTV-12社会与法频道《一线》栏目播出。图为全国人大代表就《中华人民共和国家庭教育促进法》如何落地问题进行探讨

2022年3月5日,央视网推出沉浸式融媒体直播节目《两会C+时刻》,实现"AI+3D+新闻"创新报道。图为虚拟主持人小C

2022年3月4日至10日,中国之声推出H5融媒体互动产品《给你一支麦克风,中国之声邀你提问两会》,通过网友点击相关热词长按话筒留言的方式向全国两会提问,并邀请相关代表委员及时进行解答

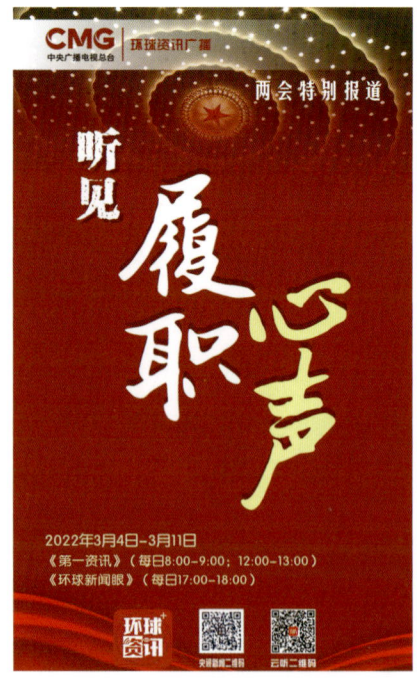

2022年3月4日至11日,环球资讯广播推出全国两会特别报道《听见履职心声》

重大报道

2022年3月5日，新闻中心摄像记者在第十三届全国人民代表大会第五次会议现场进行拍摄工作

2022年3月6日，央视频和CCTV-2财经频道推出AI报道《"冠"察两会》。图为总台财经评论员王冠（左）与AI超仿真主播"王冠"同屏报道

2022年3月11日，第十三届全国人民代表大会第五次会议在人民大会堂举行记者会，国务院总理李克强出席记者会并回答中外记者提问。总台时政团队全程直播报道

《高端访谈》

2022年10月14日，新闻中心推出新栏目《高端访谈》。该节目以双语主播专访外国国家元首、政府首脑及国际组织负责人为基本样态，就世界之变、时代之变、历史之变与国际政要展开对话，有力有效服务党和国家的外交大局。节目除了在国内播出，还通过68种语言在海外传播。图为《高端访谈》（第一期）主持人专访印度尼西亚总统佐科（右）

2022年10月28日，《高端访谈》主持人专访黑山共和国总统久卡诺维奇（左）

2022年11月11日，《高端访谈》主持人专访巴基斯坦总理夏巴兹（左）

重大报道

2022年10月21日,《高端访谈》主持人专访老挝国家主席通伦(右)

2022年11月18日,《高端访谈》主持人专访塞尔维亚总理布尔纳比奇。图为布尔纳比奇总理(右)向总台记者介绍塞尔维亚政府内阁会议室

2022年12月9日,《高端访谈》主持人专访古巴共和国主席迪亚斯-卡内尔(右)

庆祝香港回归祖国25周年报道

2022年7月1日，庆祝香港回归祖国25周年大会暨香港特别行政区第六届政府就职典礼在香港会展中心举行。总台多平台全媒体聚焦报道，国际视频通讯社对海外发布庆典直播信号

2022年7月1日，总台记者现场连线报道庆祝香港回归祖国25周年大会暨香港特别行政区第六届政府就职典礼

2022年7月1日，《庆祝香港回归祖国25周年大会暨香港特别行政区第六届政府就职典礼特别报道》在CCTV-13新闻频道播出，通过景观直播、演播室访谈、系列短片等全方位报道庆祝大会

重大报道

2022年6月24日起,庆祝香港回归祖国主题广播剧《香江兄弟》在大湾区之声、香港之声等频率播出

2022年6月28日,中宣部副部长、中央广播电视总台台长兼总编辑慎海雄(前排左二)赴香港会展中心考察香港回归祖国25周年宣传报道工作

2022年7月1日,香港回归祖国25周年之际,军事节目中心"央视军事"新媒体推出"AI修复中国人民解放军进驻香港珍贵画面"。制作发布原创短视频《珍贵画面!驻港部队守卫香江25周年》《1997那一刻》,记录驻香港部队初心如磐、使命在肩的生动实践。图为《珍贵画面!驻港部队守卫香江25周年》视频封面

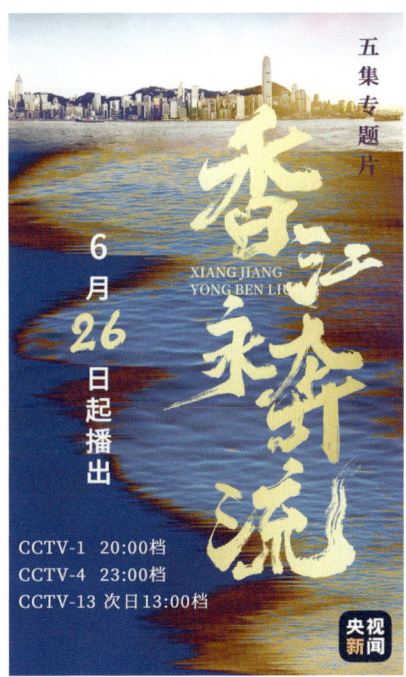

2022年6月26日,5集专题片《香江永奔流》在CCTV-1综合频道首播,全景式呈现香港回归祖国25年来取得的历史性成就和光明前景

2022年7月1日,两集纪录片《见证香港故宫》在CCTV-1综合频道、CCTV-9纪录频道和央视频播出,记录香港故宫文化博物馆的诞生过程

2022年卡塔尔世界杯报道

2022年11月20日至12月18日，2022年卡塔尔世界杯在卡塔尔首都多哈举行。图为总台记者在比赛场馆做现场报道

2022年卡塔尔世界杯期间，央视频创新推出"竖屏看世界杯"产品，引入AI技术，对前方信号进行"横转竖"处理，打造世界杯沉浸式观赛新体验

2022年11月23日，总台卡塔尔世界杯前方报道团队在卡塔尔哈里发国际体育场现场直播解说2022年卡塔尔世界杯赛事

2022年9月23日，新媒体特别节目《这young的世界杯》在央视频、央视网、央视影音、央视财经客户端等平台播出

其他重要报道

2022年2月8日,央视新闻新媒体平台独家直播夺得2022女足亚洲杯冠军的中国国家女子足球队凯旋,推出直播报道《中国女足"玫冠"凯旋抵苏》

2022年3月21日,东方航空MU5735客机在广西壮族自治区梧州市藤县境内发生飞行事故。图为3月24日,总台记者在搜救现场直播报道

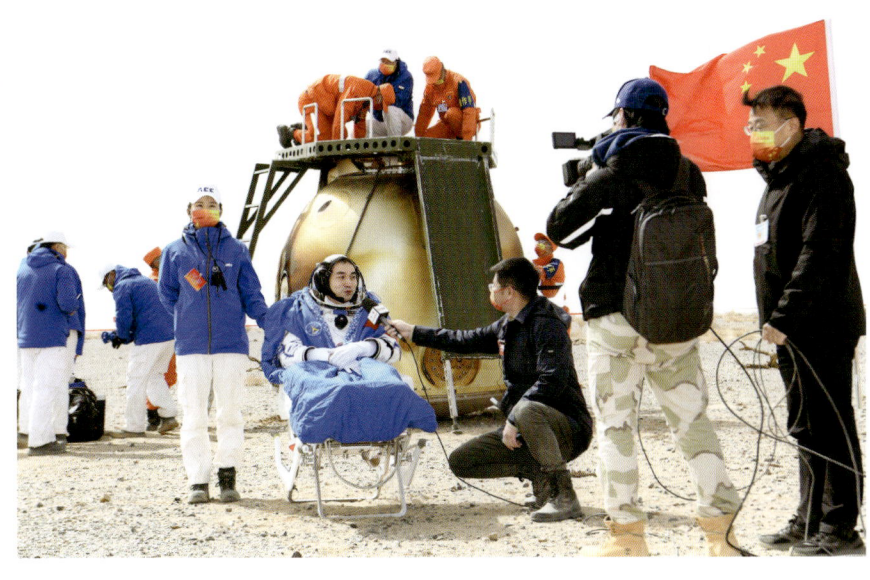

2022年4月16日,神舟十三号载人飞船返回舱在东风着陆场成功着陆,总台独家现场直播。图为总台记者采访神舟十三号航天员叶光富

2022年5月4日，总台派出41人直播团队报道"巅峰使命"珠穆朗玛峰科学考察项目，创造多项直播纪录。图为总台高山摄像组在海拔8830米的自动气象站附近展示总台标识

2022年7月24日，中国空间站问天实验舱在海南省文昌航天发射场成功发射。图为总台记者在文昌航天发射场进行采访

2022年9月5日，四川省甘孜藏族自治区泸定县和雅安市石棉县先后发生里氏6.8级和4.2级地震。CGTN第一时间派出报道团队，分别奔赴两地进行报道。图为9月7日，CGTN记者在紫雅场村山脚下采访四川省消防总队队员

重大报道

2022年9月30日至10月9日，第56届国际乒联世界乒乓球团体锦标赛在成都举行。总台派出92人的前方报道团队与后方播出团队协同完成各项报道任务

2022年11月5日，第五届中国国际进口博览会在上海开幕。当日，新闻中心特别节目《客从海上来》播出《探访食品及农产品展区："舌尖上"的进博美味》。图为节目拍摄现场

2022年12月6日，总台新闻中心记者（左）在"乙类乙管"政策出台前夕，就我国对新冠疫情防控进行动态调整等问题，专访国家卫健委疫情应对处置工作领导小组专家组组长梁万年

2022年1月31日，2022年中央广播电视总台春节联欢晚会向全球直播

2022年1月31日，总台首次推出"竖屏看春晚"，为观众带来全新的视觉体验。图为小品《还不还》

2022年中央广播电视总台春节联欢晚会舞蹈节目《只此青绿》

2022年2月10日，2022年中央广播电视总台春节联欢晚会首次在美国全国广播公司（NBC）"聚宝"平台播出

精品力作

2021年12月31日至2022年1月1日，文艺节目中心制作的《启航2022——中央广播电视总台跨年晚会》在CCTV-1综合频道、CCTV-3综艺频道、音乐之声、文艺之声、央视频等平台播出。晚会播出后，"总台启航2022迎新年特别节目"相关31个话题登上全网各大热搜榜单

2022年1月1日，文艺节目中心制作的《扬帆远航大湾区——2022新年音乐会》在CCTV-1综合频道、CCTV-3综艺频道、CCTV-15音乐频道、大湾区之声、香港之声、央视频、央视网、央视影音等平台同步播出，音乐会以"共同家园"为主题，共分为"城·相通""海·相融""人·相亲""桥·相连"等四大篇章

2022年1月25日，央视网承制的中央广播电视总台2022网络春晚在CCTV-1综合频道、央视新闻、央视频、央视网等平台同步播出，新媒体矩阵直播播放量1.5亿次，视频播放量8亿次，微博话题累计阅读量超50亿次

2022年1月26日，总台和荷兰洞察电视公司联合制作的6集纪录片《飞越冰雪线》在CCTV-9纪录频道播出，讲述7名冰雪运动员备战2022年北京冬奥会的故事

2022年1月28日，总台出品的电视剧《人世间》在CCTV-1综合频道开播，全国网收视数据创下CCTV-1综合频道黄金档电视剧近5年新高。该片获第十六届精神文明建设"五个一工程"奖优秀作品奖和第31届中国电视"金鹰奖"优秀电视剧奖

2022年1月30日，中国首部冰球题材大型动画片《冰球旋风》在CCTV-14少儿频道首播。该片获第31届中国电视"金鹰奖"最佳电视动画片

精品力作

2022年2月23日，6集纪录片《种子 种子》在CCTV-2财经频道、央视财经新媒体播出，讲述振兴中国种业的故事。总台领导出题上联"种子种 种种种"，并在全网开展"寻找最'对'的人"下联征集活动，产生持久的"破圈"效应

2022年3月5日，总台大型经典文化节目《2022中国诗词大会》在CCTV-1综合频道首播

2022年3月15日，第32届"3·15"晚会在CCTV-2财经频道直播，曝光"土坑"酸菜冒充老坛发酵酸菜等案例，引发广泛关注，创全网热搜47条，总阅读量达75亿次

49

2022年3月30日，纪录片《美术里的中国》（第一季）在CCTV-1综合频道首播，向世界彰显中华民族的文化之美和艺术之美。图为节目拍摄现场

2022年4月3日，25集纪录片《"字"从遇见你》（第一季）在CCTV-9纪录频道首播，讲述汉字的起源，发掘汉字背后的文化密码

2022年4月18日，纪录片《采棉时节》（中文版）在CCTV-9纪录频道播出，聚焦新疆棉农生产生活，全球触达受众3亿人次

精品力作

2022年5月19日,中央广播电视总台央视网、上海文化广播影视集团有限公司、哔哩哔哩联合出品的人文纪录片《人生第二次》在央视网和哔哩哔哩平台同步上线首播。该纪录片获2022年亚广联奖电视类/亚广联视野奖特别推荐奖和第27届亚洲电视大奖最佳社会观察节目

2022年5月23日,总台制作的文化节目《从延安出发》在CCTV-3综艺频道播出。图为百岁艺术家孟于给青年追寻者讲述延安的故事

2022年6月1日,总台"六一"特别节目《童心筑梦 志在未来》在CCTV-1综合频道、CCTV-14少儿频道、央视频、央视网等平台同步播出

2022年8月8日至12日,5集大型纪录片《荣宝斋》在CCTV-1综合频道播出,讲述中华老字号荣宝斋恪守信念、勇担重任的故事,展现中国传统文化的魅力与蓬勃生命力

2022年6月25日至30日,总台粤港澳大湾区之声"港"清楚栏目推出特别节目《前行——香港纪事》

2022年6月12日,电视剧《狮子山下的故事》在CCTV-1综合频道播出,讲述两代人在狮子山下不懈打拼、见证香港时代变迁的故事

2022年8月28日,由总台推出的文化节目《诗画中国》在CCTV-1综合频道播出,精选传世中国画经典佳作和脍炙人口的经典诗词,讲述诗画背后的历史故事

精品力作

2022年8月29日，总台制作的16集农业纪录片《端牢中国饭碗》在CCTV-1综合频道和央视频首播，全面解读中国特色的粮食安全之路和10年来中国粮食安全取得的巨大成就

2022年9月10日，2022年中央广播电视总台中秋晚会通过总台相关频道、频率和新媒体平台向全球播出

2022年9月30日，总台文化类节目《大师列传》在CCTV-10科教频道首播，记录新时代文艺大师的个人成长历程和他们在文艺创作上的创新求索之路

2022年10月1日，总台央视动漫集团出品的航天题材动画电影《新大头儿子和小头爸爸5：我的外星朋友》在全国影院上映

2022年11月15日，总台出品的电视剧《山河锦绣》在CCTV-1综合频道开播，讲述西部山区两代人在中国共产党领导下，前赴后继向贫困宣战的故事

2022年11月30日，总台制作的体育文化节目《艺术里的奥林匹克——会徽》获2022年奥林匹克金环奖最佳奥运节目奖金奖。该节目以艺术视角诠释奥林匹克文化和奥林匹克精神，展现中国精神、中国价值和中国力量

2022年10月28日，总台策划制作的饮食文化探索节目《一馔千年》在CCTV-1综艺频道首播，引领观众感受中华民族深厚灿烂的饮食文化

2022年12月1日，总台广播作品《"是她们延续了我的生命"》获2022年亚广联奖广播类/亚广联视野奖。图为总台记者在丽江华坪女子高级中学校园采访校长张桂梅（右）

时政评论类栏目《央视快评》以多屏传播、多媒共振、深度融合的全新传播模式，深刻精练地阐释习近平总书记重要讲话、重大活动和重要指示，推动习近平新时代中国特色社会主义思想"飞入寻常百姓家"

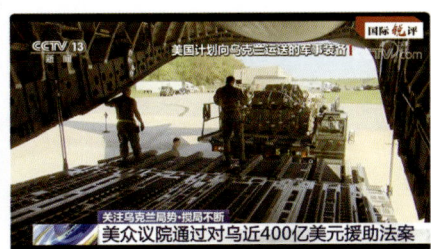

总台新媒体国际时事评论品牌《国际锐评》坚持以攻为守，从正面引导和驳斥谬论两方面开展对美西方舆论斗争，2022年共发布评论251篇，被CNN、CNBC、BBC、法国24台、德国之声等广泛转载引用，并在《新闻联播》《中国新闻》等栏目播出。图为2022年5月12日《国际锐评丨天下不乱　美国不欢》的截图

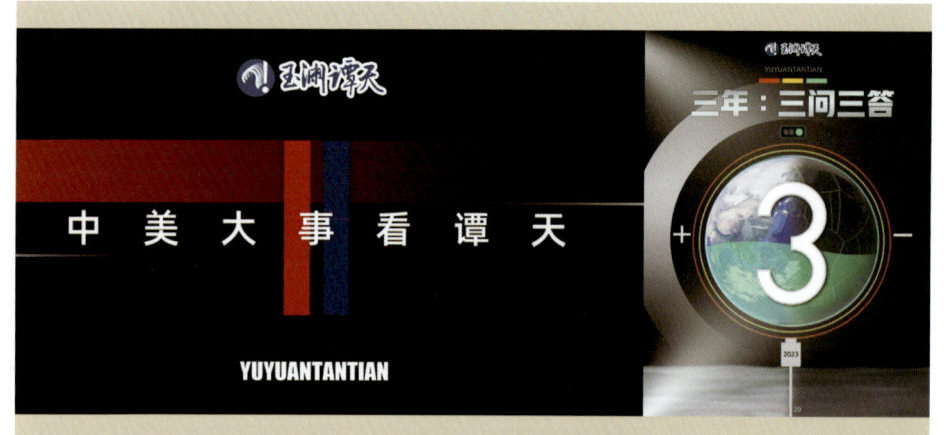

2022年12月15日,《玉渊谭天》推出实证调研性评论《三年:三问三答》,以独家翔实数据力证人民至上、生命至上,成为疫情防控转段期舆论场定音之作

2022年8月2日,美国众议院议长南希·佩洛西窜访中国台湾地区。《玉渊谭天》推出系列报道,全球独家首发中方军事行动和海巡行动,深度解读阐明中方行动"10个突破",引发台防务部门回应,有效捍卫国家核心利益

2022年,《主播说联播》栏目形式呈现多样化,7位主播走出演播室,到新闻现场说新闻

新媒体平台

2022年1月25日,总台与北京冬奥组委新闻宣传部联合发布H5融媒体产品《冬奥盲盒请签收》,集科普性、参与性、互动性和趣味性于一体,上线3天全网总访问量破亿

2022年1月20日至29日,央视频推出原创微综艺节目《闪闪发光的少年》,以总台"90后"记者的视角探访"95后"世界冠军,全网视频播放量破亿

2022年2月12日至13日,创新发展研究中心"CMG观察"在央视频推出60小时慢直播《和CMG观察一起去看"雪"——一片两片三四片,片片雪花都看见!》,聚焦2022年北京冬奥会开幕式上惊艳众人的"大雪花"装置

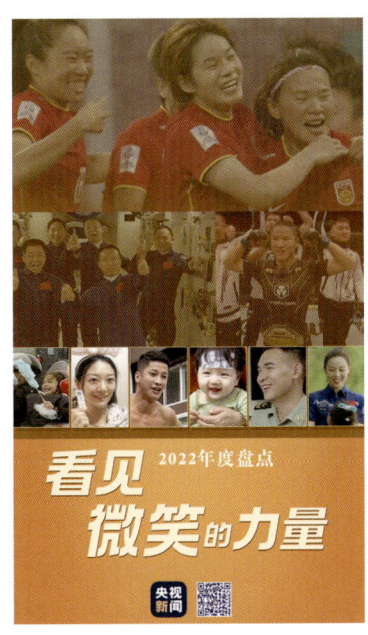

2022年12月26日,《年度盘点｜2022,看见微笑的力量》短视频产品,在央视新闻客户端首发,以微笑为视角总结2022年,在"央视新闻"微信公众号、视频号、抖音号等同步播放

2022年3月20日,新闻新媒体中心推出国风创意IP《人间好时节》,结合二十四节气和传统节日的风物习俗特点,全年共推出21期诗意微动画,其中11期视频被全网置顶

2022年5月1日，国际在线发布《外眼看·中国奋斗young》中英双语微综艺短视频，展现外国青年代表眼中的中国劳动者

2022年6月20日至30日，总台港澳台节目中心、华语环球节目中心和大湾区各城市媒体联合推出大型融媒体报道《直播大湾区》，每天以"1小时电视+1小时广播+12小时新媒体"报道全景展现粤港澳大湾区的蓬勃发展繁荣景象和美好前景。图为6月21日播出的《直播大湾区》（深圳篇）海报

2022年8月13日，央视频、文艺节目中心、总经理室和央视娱乐传媒联合推出的网络直播节目《这young的夏天——2022夏日歌会》在央视频和央视文艺的客户端和视频号播出

新媒体平台

2022年9月10日，云听客户端首次开启具有自主知识产权的"菁彩"声，与公共大屏超高清视频同步直播2022年中央广播电视总台中秋晚会

2022年10月3日，"大湾区之声"新媒体平台制作推出系列创意短视频《花开大湾区》，讲述大湾区新故事

2022年11月8日，军事节目中心推出100多个小时新媒体大直播《航展全天候》，通过访谈、探馆、体验等方式带领大家直击"珠海航展"飞行表演、探馆看装备等，展示大国重器发展成果

2022年9月23日，农业农村节目中心打造的国内首个"三农"主题全景声融媒体产品《听见丰收》上线

2022年11月9日，时值全国消防安全日，国家应急广播中心推出《应急广播 科普应急》主题直播，在学习强国、央视频、微博、抖音等平台上线，观览量近亿

2022年11月18日，央视财经节目中心在湖南长沙启动《寻百强 看中国》大型融媒体活动，以产业为切入点，走进中国100个县（市、区），展现县域经济发展特色，传递中国经济发展信心

2022年卡塔尔世界杯期间，融合发展中心推出《象舞指数》评议品牌，推出主流媒体短视频周榜、总台短视频周榜，形成每日《象舞指数》世界杯短视频榜单，全景式评析各主流媒体表现

2022年11月29日，CGTN英语广播制作播客节目《分秒人生》，聚焦中国都市新蓝领群体，讲述快递小哥和外卖骑手追寻梦想、创造自我价值的故事，获2022年亚洲—太平洋广播电视联盟奖广播类播客奖

国际传播

2022年1月10日，总台北美总站在美国华盛顿首都体育馆举办"迎冬奥 一起向未来"媒体行动，通过线上线下相结合的方式，向北美受众推介2022年北京冬季奥运会。中宣部副部长、中央广播电视总台台长兼总编辑慎海雄发表视频致辞。图为总台北美总站记者在活动现场进行报道

2022年1月28日，汤加海底火山喷发后，中国空军将首批本土启运的援助物资送抵汤加首都努库阿洛法。CGTN作为在现场的唯一媒体，成为这一事件的全球独家信源。图为CGTN记者通过卫星电话在现场进行全球独家直播报道

2022年2月26日，乌克兰首都基辅发生连续爆炸，总台亚欧总站记者第一时间从前线发回一系列最新报道。图为总台记者在乌克兰首都基辅报道

2022年5月24日，CGTN推出专题片《美国之殇——美国新冠死亡破百万》，揭批资本主义制度的顽疾和美国政治体制漠视民众生命的本质

2022年5月27日，总台制作的《永动的战争机器》在CGTN电视端播出。该片历数美国自近代以来发动的大规模战争，揭露美国在全球推行霸权主义的非正义性

2022年6月10日，CGTN推出特别节目《粉碎标题党：揭批西方主流媒体"七宗罪"》，节目深挖近十年外媒涉华报道，由表及里、层层揭露美西方媒体存在的核心问题

国际传播

2022年7月4日起，总台和葡萄牙合拍的动画系列片《熊猫和卢塔》在葡萄牙广播电视总台播出

2022年8月8日至11月17日，为纪念中德建交50周年，总台央视网熊猫频道与德国、西班牙、比利时、卡塔尔等海外本土媒体和海外动物园合作，开展《全球国宝联盟——云上熊猫》海外融合传播

2022年8月14日，总台与阿富汗多家主流电视台联合制作的普什图语纪录片《伤痕》在阿富汗6家电视台同步播出，真实记录阿富汗战争结束一年后阿富汗民众的生活境况

2022年8月31日，在美军撤离阿富汗一周年之际，总台记者（右）探访喀布尔郊区一处难民营地，了解阿富汗居民被迫离开家园的艰辛生活和未来打算

2022年9月,总台中东总站联合阿拉伯联合酋长国迪拜电视台开设的周播资讯专栏《看中国》在迪拜电视台早间黄金时段开播。这是总台首次在海湾国家主流媒体开设"讲述中国故事"的固定电视专栏

2022年9月17日,总台欧洲拉美地区语言节目中心推出中德建交50周年系列融媒体报道《携手未来》,以合拍纪录片、共播电视节目、举办线上线下媒体活动等形式,多维度展现50年来中德合作共赢的发展历程。图为《中德大咖谈》第一篇《志合者 不以山海为远》在德国萨克森州电视集群播出画面

2022年9月29日(当地时间),东帝汶总理鲁瓦克(左)接受总台亚太总站记者专访。相关报道在党的二十大期间在《新闻联播》栏目和《中国新征程 世界新机遇》主题报道中播出

国际传播

2022年10月22日（当地时间），总台北美总站举办的"新征程的中国与世界"美国专场研讨会暨特别节目在CGTN电视端和新媒体端同步上线

2022年10月27日，CGTN推出评论视频《就实论事｜央视记者驾车穿越欧洲高速 戳破外媒"死路一条""债务陷阱"谎言》

2022年10月至12月，总台联合欧洲新闻台共同推出《中欧非遗》栏目。图为总台外籍主持人探访景德镇青花瓷制造工艺传承人

2022年12月10日（当地时间），安提瓜和巴布达总理贾斯顿·布朗（左）在首都圣约翰就中安建交40周年接受总台拉美总站记者独家专访

2022年12月26日至30日，华语环球节目中心推出大型电视政论片《新时代中国人权》，反映党的十八大以来中国人权理论创新和实践的新成果，通过多语种向海外传播

2022年6月17日，国际在线《国际漫评》栏目推出第49期《"撕裂美国"拔河大赛》。漫画讽刺国会骚乱的教训并未让美国两党回归妥协与合作，反而进一步激化党争，加剧社会撕裂

对外交流

会谈·合作

2022年2月15日，中宣部副部长、中央广播电视总台台长兼总编辑慎海雄（左四）在北京以视频连线方式会见国际奥委会主席巴赫，双方围绕总台2022年北京冬奥会转播报道、深化合作等议题展开友好交流

2022年2月15日，中宣部副部长、中央广播电视总台台长兼总编辑慎海雄（左）在北京以视频连线方式会见国际奥委会主席巴赫。图为巴赫向慎海雄颁发"国际奥委会主席奖"，表彰总台对传播奥林匹克运动作出的突出贡献

2022年7月1日，中宣部副部长、中央广播电视总台台长兼总编辑慎海雄（左）在香港会见香港特别行政区第六任行政长官李家超

2022年9月5日，总台与奥林匹克转播服务公司（OBS）签署2024年巴黎奥运会国际公用信号制作合作协议，正式成为巴黎奥运会公用信号制作机构。中宣部副部长、中央广播电视总台台长兼总编辑慎海雄（左三）等出席

2022年9月28日，中宣部副部长、中央广播电视总台台长兼总编辑慎海雄（右）在北京会见出席中国阿根廷人文交流高端论坛的阿根廷驻华大使牛望道

2022年11月29日，中宣部副部长、中央广播电视总台台长兼总编辑慎海雄（左）在北京以视频方式会见美国联合通讯社（AP，The Associated Press，简称美联社）社长戴茜薇，双方就媒体责任、合作传播、媒体融合发展等话题展开交流

交流·论坛

2022年3月13日，时值中英建立大使级外交关系50周年纪念日。由总台发起主办的大型融媒体互动节目《50年·新启航：寻找新时代的破冰者》正式启动。中宣部副部长、中央广播电视总台台长兼总编辑慎海雄（视频连线，上排左二）、中国驻英国大使郑泽光（视频连线，上排左一）等十余位中外嘉宾出席线上启动仪式

2022年6月21日，总台与文化和旅游部联合举办的首届"中国影像节"全球展映活动开幕。CGTN出品的英语、西班牙语、法语、阿拉伯语、俄语等5种语言的52部优秀纪录片和专题片通过全球百家媒体和平台展映。图为中宣部副部长、中央广播电视总台台长兼总编辑慎海雄在10月26日启动的"中国影像节"非洲展播季活动中，通过视频向非洲国家和地区人民宣讲中国共产党第二十次全国代表大会

2022年8月26日，由总台和俄罗斯驻华大使馆联合主办的"中俄影像交流展播活动"启动仪式在北京举行。俄罗斯驻华大使杰尼索夫（左），中宣部副部长、中央广播电视总台台长兼总编辑慎海雄（右）等出席，并以"线上+线下"的方式共同启动展播活动。图为慎海雄接受俄方授予的俄罗斯"友谊勋章"

2022年9月15日，总台和广西壮族自治区人民政府在广西南宁联合举办2022"东盟伙伴"媒体合作论坛。广西壮族自治区人民政府主席蓝天立（左六）、中央广播电视总台副台长阎晓明（左五）出席并致辞

对外交流

2022年11月16日至18日（当地时间），由总台非洲总站主办的2022"非洲伙伴"媒体合作论坛在肯尼亚首都内罗毕举行

2022年11月17日，总台国际视频通讯社在北京举办第六次非洲视频媒体联盟（ALU）年会

2022年12月5日（当地时间），总台和沙特阿拉伯新闻部在沙特阿拉伯首都利雅得市联合举办2022中国—阿拉伯媒体合作论坛

2022年1月5日，2022年中央广播电视总台春节联欢晚会独家互动合作伙伴发布会在北京举行

2022年1月20日，2022年北京冬奥会"版权保护集中行动"暨"版权守护计划"在北京发布。中宣部副部长、中央广播电视总台台长兼总编辑慎海雄（左六），中宣部副部长张建春（左七）等出席启动仪式

2022年2月21日，总台在北京举办第二届"中国品牌强国盛典"活动，推选出十大"国之重器"品牌、十大"国品之光"品牌和"年度特别贡献"品牌

产业经营

2022年7月15日，中央广播电视总台2022年卡塔尔世界杯融媒体传播服务方案发布会在北京举行

2022年7月20日，"礼赞新时代——中央广播电视总台迎接党的二十大首批重点节目片单发布活动"在北京举行

2022年9月8日，由总台和山东省人民政府联合举办的"好客山东""好品山东"宣传推介活动在北京举行

2022年9月25日，中广影视卫星有限责任公司与华数传媒控股股份有限公司战略合作签约仪式在杭州举行，双方就频道内容版权经营、IP文创衍生品开发、宣传推广等开展合作

2022年11月8日，中央广播电视总台2023"品牌强国工程"云发布活动在北京举行

2022年12月10日，新征程·新大剧——中央广播电视总台2023年"大剧看总台"电视剧片单发布会在北京举行

党团建设

2022年1月6日，总台党史学习教育总结会议召开。中宣部副部长，中央广播电视总台党组书记、台长兼总编辑慎海雄（左五），党史学习教育中央第十四指导组组长、第十三届全国政协常委、民族和宗教委员会主任王伟光（右四）等出席会议

2022年3月18日，总台党组理论学习中心组学习习近平经济思想集体研讨会在复兴路办公区召开

2022年6月21日，总台党组2022年巡视动员部署会召开

2022年6月1日至30日，总台团委面向总台团员青年开展"团史知识竞赛"在线答题活动

2022年7月11日,"走好第一方阵 我为二十大作贡献"总台庆祝中国共产党成立101周年主题党日活动在总台复兴路办公区举行。中宣部副部长,中央广播电视总台党组书记、台长兼总编辑慎海雄(前排左六)带领全体党员领导干部重温入党誓词

2022年8月1日,中宣部副部长,中央广播电视总台党组书记、台长兼总编辑慎海雄(左)讲授"走好第一方阵 我为二十大作贡献"专题党课

2022年8月1日,中宣部副部长,中央广播电视总台党组书记、台长兼总编辑慎海雄讲授题为《牢记领袖嘱托 走好第一方阵 奋力打造具有强大引领力传播力影响力的国际一流新型主流媒体 以实际行动迎接党的二十大胜利召开》的专题党课

队伍建设

2022年8月22日,总台志愿者协会与中共一大纪念馆"党的诞生地"志愿服务总队结对联建仪式举行。中宣部副部长、中央广播电视总台党组书记、台长兼总编辑慎海雄（左二）与上海市委常委、宣传部部长、市文明委常务副主任赵嘉鸣（右二）出席

2022年9月6日,总台巡视办赴央广传媒集团有限公司调研指导巡察工作

2022年9月16日,总台党组理论学习中心组深入学习贯彻习近平总书记"7·26"重要讲话精神集体研讨会召开

2022年11月3日,总台学习宣传贯彻党的二十大精神视频会议召开

员工关怀

2022年2月1日，中宣部副部长，中央广播电视总台党组书记、台长兼总编辑慎海雄（左一）在复兴门办公区慰问春节期间坚守岗位的一线员工

2022年2月1日，中宣部副部长，中央广播电视总台党组书记、台长兼总编辑慎海雄（左二）在复兴路办公区慰问春节期间坚守岗位的一线员工

2022年2月1日，中宣部副部长、中央广播电视总台台长兼总编辑慎海雄（前排左二）在复兴路办公区8K超高清播出机房慰问春节期间坚守岗位的一线员工

2022年2月1日，中央广播电视总台党组成员、副台长阎晓明（前排右一）在鲁谷办公区慰问春节期间坚守岗位的一线员工

2022年2月1日，中央广播电视总台党组成员、副台长蒋希伟（左四）在光华路办公区慰问春节期间坚守岗位的一线员工

人才培养

2022年9月13日，中宣部副部长，中央广播电视总台党组书记、台长兼总编辑慎海雄与新入职员工座谈并指出，总台是党的意识形态重镇和国家广播电视台，肩负着打造具有强大引领力、传播力、影响力的国际一流新型主流媒体的重任，希望大家倍加珍惜人生的这一重大机遇

2022年2月25日，总台首届青年英才座谈会在复兴路办公区召开

2022年6月28日，技术局开展13项练兵活动，分别从安全播出、供电保障、网络安全、视音频剪辑、舞美效果等方面开展，覆盖全局一线技术人员850人次

2022年6月21日，总台开展保密业务练兵活动和档案业务练兵活动，全台约700人次参与

2022年10月31日，机关党委、团委、工会等举办学习宣传贯彻党的二十大精神——总台"好记者讲好故事"青年岗位练兵活动。图为总台记者在活动现场演讲

民心工程

2022年1月24日，人事局在复兴路办公区首次为台聘退休员工办理企业年金申领手续

2022年3月10日，总台老旧小区综合整治项目专题会在五棵松影视之家召开

2022年4月18日，办公厅行政保障中心对"永乐小区75、80、82号楼及永乐西小区58号楼综合整治项目"施工现场进行检查

2022年5月4日,为全力抗击新冠疫情,办公厅行政保障中心在光华路办公区北门广场设置临时核酸检测点,进行区域核酸筛查工作

2022年5月26日,办公厅行政保障中心现场指导检查光华路办公区核酸检测点

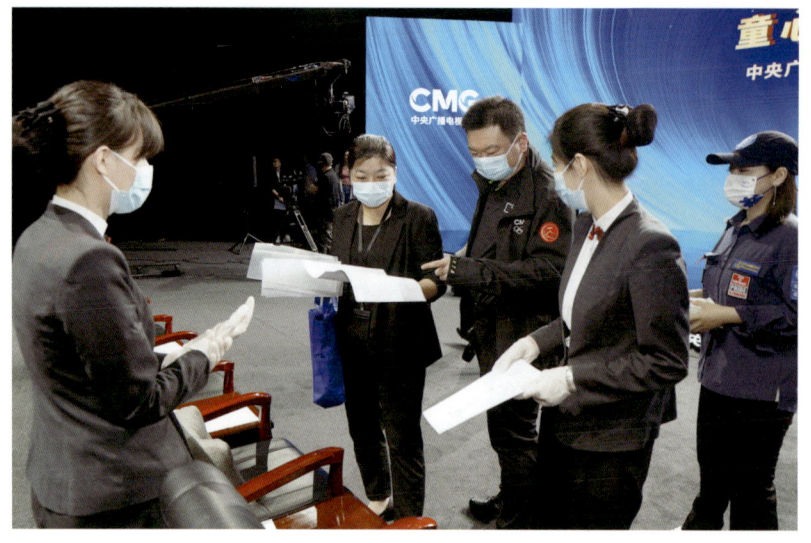

2022年5月29日,办公厅行政保障中心工作人员在复兴路办公区1000平方米演播厅活动现场进行安全检测

队伍建设

2022年7月26日，人事局为总台职工申办北京市工作居住证

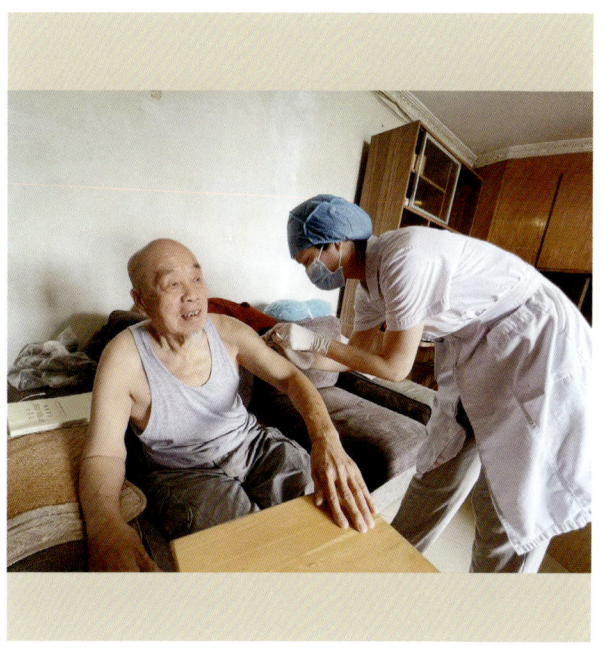

2022年7月28日，离退休干部局工作人员和医护人员到退休干部家中接种疫苗

2022年8月15日，"总台涿州文化产业综合项目"启动区主体建设开工动员会在北京召开。12月，该项目启动区20栋住宅楼全部进入地上结构主体施工阶段

2022年8月16日，总台工会与中国职工保险互助会协商洽谈2023年度合作事宜。在30种重大疾病的基础上，双方同意将5种重大疾病和25种轻型重大疾病纳入互助保障范围

2022年8月25日，人事局为总台职工办理北京市2022年度积分落户。图为总台职工成功办理落户手续后留影

2022年，办公厅行政保障中心医疗保障处坚守春晚保障、核酸采样、药房等重要阵地，在总台四址办公区分别搭建核酸采样点，累计开展核酸检测692场次，共检测超过85万人次，总消杀面积超过56万平方米，有力保障了总台节目安全播出

精神文明建设

2022年8月13日,中央广播电视总台党组成员、副台长王晓真(右三)带队赴四川省凉山彝族自治州喜德县中坝村调研总台定点帮扶工作

2022年9月13日,总台工会举办"健康向上总台人——金秋健步走"大型线上活动

2022年9月28日,离退休干部局联合书画院举办首届重阳诗歌笔会

中央广播电视总台年鉴

2022

目 录

图片纪事

重要会议 ………………………………… 2
重要活动 ………………………………… 5
重大报道 ………………………………… 16
精品力作 ………………………………… 46
新媒体平台 ……………………………… 55
国际传播 ………………………………… 61
对外交流 ………………………………… 67
产业经营 ………………………………… 72
队伍建设 ………………………………… 75

第一编　领导讲话及文章

慎海雄：牢记领袖嘱托　坚持守正创新　奋力打造国际一流新型主流媒体　以优异成绩迎接党的二十大胜利召开
　　——在中央广播电视总台2022年工作会议上的讲话（节选） ………… 2

慎海雄：巩固深化总台党的建设高质量发展　以优异成绩迎接党的二十大胜利召开
　　——在中央广播电视总台2022年党的建设工作会议上的讲话（节选） … 5

慎海雄：奋力推动总台经营工作跨越式发展　为打造国际一流新型主流媒体提供坚实支撑
　　——在中央广播电视总台2022年经营工作会议上的讲话（节选） …… 8

慎海雄：聚焦媒体融合　深化科技创新　以优异工作成绩迎接党的二十大胜利召开
　　——在中央广播电视总台2022年技术工作会议上的讲话（节选） …… 11

慎海雄：在全球媒体创新论坛上的致辞 … 14

慎海雄：在"2022中国影像节"全球展映活动启动仪式上的致辞 ……… 16

慎海雄：在庆祝香港回归祖国25周年中央广播电视总台CGTN纪录频道和粤港澳大湾区之声频率在港落地发布仪式上的致辞 …………………………………… 18

慎海雄：在《寻古中国》启动仪式上的致辞 … 20

慎海雄：在中央广播电视总台纪录片《雄安雄安》开机暨总台增强"四力"实践基地揭牌仪式上的致辞 …………… 22

慎海雄：在第十二届北京国际电影节开幕式上的致辞 …………………………… 24

慎海雄：在《红色烙印——革命文物的故事》启播仪式上的致辞 …………… 26

慎海雄：在中央广播电视总台与山东省人民政府"好客山东""好品山东"宣传推介活动上的致辞 …………………… 28

慎海雄：在中央广播电视总台大型文化节目《诗画中国》创作座谈会上的致辞 … 30

慎海雄：在《典籍里的中国》（第二季）启播仪式上的致辞 …………………… 32

慎海雄：在中国阿根廷人文交流高端论坛上的致辞 …………………………… 34

中央广播电视总台年鉴（2022）

慎海雄：在中央广播电视总台2023"品牌强国工程"云发布活动上的致辞 …… 36
慎海雄：在第五届世界顶尖科学家论坛开幕式上的致辞 …… 38
慎海雄：在中央广播电视总台奥林匹克频道提质升级座谈会上的讲话（节选） …… 40
慎海雄：在《澳门双行线》开机仪式上的致辞 …… 42
慎海雄：坚持守正创新 深化媒体融合 奋力打造国际一流新型主流媒体 …… 44
慎海雄：奋力提升国际舆论引领力、传播力、影响力 …… 48
慎海雄：《解码十年》：礼赞山河锦绣 …… 53
慎海雄：奋力打造具有强大引领力、传播力、影响力的国际一流新型主流媒体 …… 58
慎海雄：全面学习领会落实党的二十大精神 忠诚履行党的意识形态重镇职责使命 …… 64

第二编　组织机构

中央广播电视总台内设机构及职能

总台领导、编务会议成员 …… 70
总台内设机构及职能 …… 70
台属事业单位 …… 75
总台直属企业 …… 76
地方派出机构 …… 76
海外派出机构 …… 78

第三编　工作概况

中央广播电视总台工作概况 …… 82
办公厅工作概况 …… 88
总编室工作概况 …… 91

新闻中心工作概况 …… 95
内参舆情中心工作概况 …… 100
财经节目中心工作概况 …… 103
文艺节目中心工作概况 …… 107
体育青少节目中心工作概况 …… 110
社教节目中心工作概况 …… 114
影视剧纪录片中心工作概况 …… 117
民族语言节目中心工作概况 …… 121
军事节目中心工作概况 …… 124
农业农村节目中心工作概况 …… 127
港澳台节目中心工作概况 …… 131
英语环球节目中心（CGTN）工作概况 …… 135
亚洲非洲地区语言节目中心工作概况 …… 140
欧洲拉美地区语言节目中心工作概况 …… 144
华语环球节目中心工作概况 …… 148
融合发展中心工作概况 …… 152
新闻新媒体中心工作概况 …… 155
视听新媒体中心工作概况 …… 158
国际传播规划局工作概况 …… 162
人事局工作概况 …… 166
人事局地方总站管理工作概况 …… 170
财务局工作概况 …… 174
总经理室工作概况 …… 178
技术局工作概况 …… 182
国际交流局工作概况 …… 187
国际交流局海外总站管理工作概况 …… 190
创新发展研究中心工作概况 …… 193
机关党委工作概况 …… 197
机关纪委工作概况 …… 201
审计部门工作概况 …… 205
离退休干部局工作概况 …… 208
国家应急广播中心工作概况 …… 212
音像资料馆工作概况 …… 215
影视翻译制作中心工作概况 …… 219

中国国际电视总公司工作概况 …………… 222
央视国际网络有限公司工作概况 ………… 228
中央新闻纪录电影制片厂（集团）工作
　概况 …………………………………… 232
中广影视卫星有限责任公司工作概况 …… 236
中国电视剧制作中心有限责任公司工作
　概况 …………………………………… 240
中国环球广播电视有限公司工作概况 …… 242
央视频融媒体发展有限公司工作概况 …… 245
央广传媒集团有限公司工作概况 ………… 249
国广传媒发展有限公司工作概况 ………… 252
中广视资产管理有限公司工作概况 ……… 254
中国国际广播出版社有限公司工作概况 … 256

第四编　统计数据

频道、频率设置及节目播出情况

中央广播电视总台电视频道设置及节目播出
　情况 …………………………………… 260
中央广播电视总台电视频道设置一览表 … 260
中央广播电视总台互联网电视一览表 …… 263
中央广播电视总台电视频道播出量一览表 … 263
中央广播电视总台各类电视节目播出量及比例
　一览表 ………………………………… 265
中央广播电视总台互联网电视用户情况表 … 265
中央广播电视总台电视频道栏目编排表 … 265
CCTV-1 综合频道栏目编排表 …………… 265
CCTV-2 财经频道栏目编排表 …………… 266
CCTV-3 综艺频道栏目编排表 …………… 267
CCTV-4 中文国际频道（亚洲）栏目编排表 … 268
CCTV-4 中文国际频道（欧洲）栏目编排表 … 270
CCTV-4 中文国际频道（美洲）栏目编排表 … 271
CCTV-5 体育频道栏目编排表 …………… 273
CCTV-6 电影频道栏目编排表 …………… 274

CCTV-7 国防军事频道栏目编排表 ……… 275
CCTV-8 电视剧频道栏目编排表 ………… 277
CCTV-9 纪录频道栏目编排表 …………… 277
CCTV-10 科教频道栏目编排表 ………… 278
CCTV-11 戏曲频道栏目编排表 ………… 280
CCTV-12 社会与法频道栏目编排表 …… 281
CCTV-13 新闻频道栏目编排表 ………… 283
CCTV-14 少儿频道栏目编排表 ………… 285
CCTV-15 音乐频道栏目编排表 ………… 286
CCTV-17 农业农村频道栏目编排表 …… 287
CCTV-4K 超高清频道栏目编排表 ……… 288
CCTV-8K 超高清频道栏目编排表 ……… 289
CGTN 英语频道栏目编排表 ……………… 290
CGTN-F 法语频道栏目编排表 …………… 293
CGTN-E 西班牙语频道栏目编排表 ……… 296
CGTN-A 阿拉伯语频道栏目编排表 ……… 298
CGTN-R 俄语频道栏目编排表 …………… 299
CGTN-Documentary 纪录频道栏目编排表 … 301
中央广播电视总台广播频率设置及节目播出
　情况 …………………………………… 303
中央广播电视总台对内广播频率设置一览表 … 303
中央广播电视总台对内广播频率播出量一览表 … 304
中央广播电视总台对内广播频率节目播出
　时间表 ………………………………… 305
中国之声节目播出时间表 ………………… 305
经济之声节目播出时间表 ………………… 306
音乐之声节目播出时间表 ………………… 307
经典音乐广播节目播出时间表 …………… 308
台海之声节目播出时间表 ………………… 309
神州之声节目播出时间表 ………………… 310
粤港澳大湾区之声节目播出时间表 ……… 311
民族之声节目播出时间表 ………………… 312
文艺之声节目播出时间表 ………………… 313
老年之声节目播出时间表 ………………… 314
藏语广播节目播出时间表 ………………… 315

3

阅读之声节目播出时间表 ………………… 316
维吾尔语广播节目播出时间表 …………… 317
香港之声节目播出时间表 ………………… 318
中国交通广播节目播出时间表 …………… 318
中国乡村之声节目播出时间表 …………… 319
哈萨克语广播节目播出时间表 …………… 321
轻松调频节目播出时间表 ………………… 322
劲曲调频广播节目播出时间表 …………… 323
英语资讯广播节目播出时间表 …………… 323
环球资讯广播节目播出时间表 …………… 326
南海之声广播节目播出时间表 …………… 328
中央广播电视总台对外广播语种设置一览表 … 329
中央广播电视总台对外大广播首播节目播出
　时数统计表 ………………………………… 331

技术发展情况

重要技术建设项目 …………………………… 332
总台算法项目 ………………………………… 332
人民大会堂大礼堂灯光系统改造项目 ……… 332
8K 超高清视频制播关键技术和应用推广公共
　服务平台
　　——8K 超高清电视 IP 集成分发平台
　　（一期） ………………………………… 333
复兴路办公区 8K 超高清电视频道播出系统 … 334
复兴路办公区第九演播室 4K 视频系统 …… 335
5G+4K/8K+AI 等技术研究与应用情况 … 336
4K/8K 超高清制播呈现系统及产业化应用
　取得重大成果 …………………………… 336
2022 年北京冬奥会技术创新应用 ………… 337
5G 轻量化移动制播系统应用案例 ………… 339
AI 时间切片系统 …………………………… 340
北京冬奥会 4K/8K 公共信号制作应用实践 … 341
2022 年春节联欢晚会高清、4K、8K 全要素
　直播 ……………………………………… 342
4K 超高速轨道摄像机系统（"猎豹"系统）… 342

4K 超高清和高清节目同播关键技术研究
　与测试 …………………………………… 343
2022 年北京冬奥会和冬残奥会音频系统亮点 … 344
采编、制作、媒资管理与共享新技术
　及应用 …………………………………… 345
CMG 媒体云应用保障总台多项重大报道
　活动 ……………………………………… 345
总台新闻云实现全球一体化部署和新闻全媒体
　制播 ……………………………………… 346
央视新闻新媒体平台建设 ………………… 348
新媒体集成发布平台升级为融合媒体播出
　与分发枢纽 ……………………………… 349
CGTN 多语种新媒体支撑系统 …………… 350
"竖屏看春晚"模式开启大型晚会直播全新
　样态 ……………………………………… 351
基于 SD-WAN + 互联网和 JPEG-XS 编码的远程
　制作测试与应用 ………………………… 352
以 AR 为代表的前沿技术在总台重点节目中的
　应用 ……………………………………… 353
先进声音系统评测研究 …………………… 353
外场融合制作系统应用实践 ……………… 354
轻量化融媒体演播区助力打造制播业务
　新形态 …………………………………… 355
传输、覆盖、监测监管新技术及应用 …… 356
SD-WAN 技术在总台广域网单组播制播业务
　网络传输中的应用 ……………………… 356
高通量卫星系统在载人航天工程返回舱着陆
　直播中的应用 …………………………… 357
北京马拉松赛转播中的新技术应用 ……… 358
广播节目调频覆盖建设扎实推进 ………… 359
广播电视技术标准制定情况 …………… 360
超高清晰度电视系统节目制作和交换参数值 … 360
高动态范围电视节目制作和交换图像参数值 … 360
高动态范围电视系统显示适配元数据技术要求 … 360

SDI/IP 转换网关技术要求和测量方法 …………… 361
立体声和环绕声音频测试序列 ………………… 361
中央广播电视总台新媒体直播流技术规范 …… 361
广播电视音像资料内容标签管理体系规范 …… 362
"百城千屏"超高清联盟标准体系 ……………… 362
《中央广播电视总台HDR视频制作白皮书》
（2022版） …………………………………… 362

人员情况
2022年中央广播电视总台各系统在职人员
　　情况统计 …………………………………… 363
2022年中央广播电视总台专业技术职称
　　人员统计 …………………………………… 363

受众调查
2022年度中央广播电视总台电视端收视
　　情况分析报告 ……………………………… 364
2022年度中央广播电视总台广播收听
　　调查报告 …………………………………… 369
2022年度中央广播电视总台海外重点国家
　　收视收听分析报告 ………………………… 376

报刊音像图书出版情况
报刊出版情况 …………………………………… 382
2022年中央广播电视总台出版报刊一览表 …… 382
音像制品出版情况 ……………………………… 382
2022年中国国际电视总公司音像制品出版
　　一览表 ……………………………………… 382
2022年中国国际广播音像出版社音像制品
　　出版一览表 ………………………………… 383
图书出版情况 …………………………………… 384
2022年中国国际广播出版社有限公司图书
　　出版一览表 ………………………………… 384

获奖与表彰
作品奖 …………………………………………… 390
第32届中国新闻奖中央广播电视总台获奖
　　名单 ………………………………………… 390

第十六届精神文明建设"五个一工程"奖中央
　　广播电视总台获奖名单 …………………… 391
第33届中国电视剧"飞天奖"中央广播电视
　　总台获奖名单 ……………………………… 391
第27届全国电视文艺"星光奖"中央广播
　　电视总台获奖名单 ………………………… 391
第31届中国电视"金鹰奖"中央广播电视
　　总台获奖名单 ……………………………… 392
首届中国播音主持"金声奖"中央广播电视
　　总台获奖名单 ……………………………… 392
2022年度中央广播电视总台优秀节目获奖
　　名单 ………………………………………… 392
2021年度全国政法优秀新闻作品评选中央
　　广播电视总台获奖名单 …………………… 399
第16届残疾人事业好新闻评选中央广播电视
　　总台获奖名单 ……………………………… 399
2022年度国际奖中央广播电视总台获奖名单 … 400
科技奖 …………………………………………… 401
第十五届中国电影电视技术学会科技进步奖
　　中央广播电视总台获奖名单 ……………… 401
第二届广播电视和网络视听人工智能应用创新
　　大赛中央广播电视总台获奖名单 ………… 402
第二届高新视频创新应用大赛中央广播电视
　　总台获奖名单 ……………………………… 403
2022年度中央广播电视总台电视节目技术
　　质量奖获奖名单 …………………………… 404
2022年度中央广播电视总台广播节目技术
　　质量奖获奖名单 …………………………… 404
2022年度中央广播电视总台网络视听原创节目
　　质量奖获奖名单 …………………………… 405
集体和个人荣誉 ………………………………… 405
2022年度中央广播电视总台获全国级表彰的
　　集体名单 …………………………………… 405

2022年度中央广播电视总台获全国级表彰的
　　人员名单 …………………………… 406
2022年度中央广播电视总台获中直级表彰的
　　集体名单 …………………………… 409
2022年中央广播电视总台获中直级表彰的
　　人员名单 …………………………… 412
2022年中央广播电视总台北京冬奥会和冬残奥会
　　宣传报道记功集体名单 ……………… 412
2022年中央广播电视总台北京冬奥会和冬残奥会
　　宣传报道嘉奖集体名单 ……………… 413

2022年中央广播电视总台北京冬奥会和冬残奥会
　　宣传报道记功个人名单 ……………… 413
2022年中央广播电视总台北京冬奥会和冬残奥会
　　宣传报道嘉奖个人名单 ……………… 414
2022年度获总台级表彰的人员名单 ………… 421

第五编　大事记

附　录

第一编

领导讲话及文章

牢记领袖嘱托　坚持守正创新
奋力打造国际一流新型主流媒体
以优异成绩迎接党的二十大胜利召开

——在中央广播电视总台2022年工作会议上的讲话（节选）

慎海雄

2021年是党和国家历史上具有重要里程碑意义的一年，也是总台创业史上极不平凡、极其重要、极为难忘的一年，大事不断、喜事连连。这一年，我们牢记习近平总书记殷切嘱托，完成了一系列重大任务、办成了一系列大事要事，各项工作稳中有进，发展态势持续向好，综合实力不断跃升，是当之无愧的创新之年、实干之年、丰收之年。

这是高举旗帜、凝心聚力的一年。我们用心用情用功传播好领袖思想、讲述好领袖故事，聚焦聚力打造总台"头条工程"，耳目一新、观之折服的精品力作浓墨重彩、引人入胜，奋力唱响爱党、爱国、爱社会主义的高昂旋律，凝聚起大庆之年的奋进伟力。这是以攻为守、一跃而起的一年。我们抢首发、敢亮剑、争独家，有力有效开展舆论斗争引导，全面提升国际传播效能，大国媒体权威声音引领国际舆论场，可信、可爱、可敬的中国形象更加生动鲜活，总台国际传播力迈上新的台阶。这是追求卓越、创造一流的一年。我们牢牢把握创新这一总台工作的主旋律，"思想+艺术+技术"创新融合持续深化，"5G+4K/8K+AI"战略格局硕果累累，高质量发展、改版升级推动精品力作井喷式增长，新媒体新平台影响力显著提升，体育传播报道覆盖面屡创历史新高。这是攻坚克难、开创新局的一年。我们完整准确全面贯彻新发展理念，不断开创事业产业高质量发展新局面，经营工作以变应变，运行管理体系筑牢"四梁八柱",台属机构发展稳中有进,拿出了一份份沉甸甸的"历史新高"成绩单,迈出了"开局之年"的坚实步伐。这是砥砺初心、立根铸魂的一年。我们从党的百年奋斗重大成就和历史经验中不断汲取智慧力量,坚定历史自信、担当历史使命、掌握历史主动,推动新时代党的创新理论武装走深、走心、走实,扎实开展党史学习教育,聚焦中心任务强化监督执纪,努力建设一支高素质专业化干部人才队伍,总台党的建设在高质量发展中取得新的成效。

回首这一年极不平凡的奋斗历程,我们深刻认识到:做好总台工作,必须坚持以习近平新时代中国特色社会主义思想统领一切工作,坚决拥护"两个确立"、做到"两个维护";要牢牢把握创新这一总台工作的主旋律;必须坚持真抓实干、埋头苦干的良好作风。

以习近平同志为核心的党中央对总台工作始终高度重视、寄予厚望。总台成立3年多来,习近平总书记先后5次发来贺信,并多次对总台工作作出重要指示批示,为总台事业发展掌舵领航、举旗定向,注入了无穷力量。我们要持续深入学习深刻领会习近平总书记重要指示批示精神的深刻内涵,一以贯之狠抓落实,进一步把"三个转变"引向深入,不断开创总台高质量发展新局面。进一步深化"三个转变",需要我们坚持从习近平总书记的重要思想、重要论述、重要指示中不断找启迪、找思路、找答案,需要我们坚持把创新这一主旋律贯穿融入总台工作各方面全过程,需要我们坚持发扬"精益求精、一丝不苟、追求完美"的工作精神,奋力推进全链条、全领域、全方位的精品创作,努力实现"满屏皆精品"。

2022年是党和国家进入全面建设社会主义现代化国家、向第二个百年奋斗目标进军新征程的重要一年,我们将迎来党的二十大,大事多、要事多、喜事多。作为党的意识形态重镇和国家广播电视台,总台肩负的使命十分光荣、任务十分艰巨。我们要坚持以习近平新时代中国特色社会主义思想统领一切工作,全面贯彻党的十九大和十九届历次全会精神,深入学习贯彻习近平总书记对总台工作的一系列重要指示批示精神,突出迎接党的二十大、学习宣传贯彻党的二十大精神这条主线,贯穿学习宣传贯彻习近平新时代中国特色社会主义思想这条红线,把握好"稳字当头、稳中求进"这条原则,守正创新、以攻为守,奋力打造具有强大引领力、传播力、影响力的国际一流新型主流媒体,为服务党和国家工作大局作出新的更大贡献。

一要进一步深化提升总台"头条工程",用心用情用功做好领袖宣传报道,持续推动习近平新时代中国特色社会主义思想润物无声深入人心、领袖魅力风采广泛传播全世界。持续创新做好习近平总书记宣传报道,打造更多创意十足、新风扑面、耳目一新的创新产品,润物无声、春风化雨地引导广大受众深刻领悟"两个确立"的决定性意义。持续创新做好习近平新时代中国特色社会主义思想宣传阐释,强化受众意识和效果导向,充分彰显引领时代的思想伟力。持续创新做好习近平新时代中国特色社会主义思想对外传播宣介,以更具时代感、更富人情味、更具国际范的传播方式,提升中国理念、中国主张、中国智慧的世界影响力。

二要进一步发挥总台党的宣传报道主力

军、压舱石的重要作用，聚焦迎接宣传贯彻党的二十大工作主线，汇聚起奋进奋斗的强大力量。围绕党的二十大浓墨重彩做好重大主题宣传报道，进一步振奋全党全国人民的精气神。精心打造一批喜迎党的二十大、礼赞新时代的"大剧""大作"，把"总台出品"的金字招牌擦得更亮。坚持稳字当头、稳中求进，有力有效维护总台意识形态安全。

三要进一步提升总台国际传播力，进一步加强海外投送能力，打好国际舆论斗争主动战、持久战、总体战，推动形成"大珠小珠落玉盘""千树万树梨花开"的大传播格局。锤炼国际舆论斗争战术战法，大力增强国际新闻采发能力，狠抓重大新闻首发、独家报道，全面提升总台在国际舆论场的引领力、传播力、影响力。广交海外朋友，力争"四面开花"，深化拓展"媒体外交"，着力构建更广泛的国际媒体"统一战线"。遵循国际新闻传播规律，持续深化"好感传播"，引导国际社会更加深刻感悟新时代中国的可信、可爱、可敬。

四要进一步把创新主旋律贯穿融入总台工作各方面全过程，推动总台高质量发展取得更大成效，奋力打造国际一流新型主流媒体。狠抓"两个效益"双丰收的精品节目创作，让精彩创意目不暇接、爆款之作频频亮相。奋力推进"5G+4K/8K+AI"科技创新，持续巩固提升总台技术实力国际领先、国内最好的地位。建设好运用好新媒体新平台，让每一个产品"活"起来、每一项活动"热"起来。创新开拓事业产业发展新局面，服务保障好总台高质量发展。

要抓好重点项目落地实施，在提档加速上下功夫，大力培育新动能、实现新突破，稳扎稳打推进超高清视音频制播呈现国家重点实验室、北京超高清示范园、"百城千屏"、国家（杭州）短视频基地、总台版权交易中心、总台影视译制基地等重点项目建设。要推进"民心工程"取得更大成效，在提质增效上求实效，以"没有最好只有更好"的责任感，全心全意办好总台"民心工程"，推进涿州项目工程建设，健全完善医联体运行机制，抓好老旧小区综合整治，加大积分落户、人才引进等工作推进力度，让员工的心更暖、劲更足，共享总台事业发展的丰硕成果。

党的建设是事业发展的根本保证。我们要弘扬伟大建党精神，坚持不懈把总台全面从严治党向纵深推进，为打造国际一流新型主流媒体提供有力政治保障。要筑牢思想根基，坚持把学习宣传贯彻习近平新时代中国特色社会主义思想作为首要政治任务，以绝对忠诚坚决拥护"两个确立"、做到"两个维护"。要打造过硬队伍，坚持党管干部原则，加快构建完善的人才梯次培养体系，创新人才激励评价机制，加快形成人才引领发展的新格局。要持续正风肃纪，坚持严的主基调不动摇，严肃执纪问责，完善监督体系，把监督的"触角"延伸到总台工作各方面、全过程。要打牢基层基础，深化拓展党史学习教育成果，落实好党建工作责任制，夯实总台党的建设高质量发展根基。

（2022年2月10日）

巩固深化总台党的建设高质量发展 以优异成绩迎接党的二十大胜利召开
——在中央广播电视总台2022年党的建设工作会议上的讲话（节选）

慎海雄

2021年，在以习近平同志为核心的党中央坚强领导下，在中央纪委国家监委、中央和国家机关工委等上级机关的关心指导下，总台坚持以习近平新时代中国特色社会主义思想为指导，深入学习贯彻习近平总书记在中央和国家机关党的建设工作会议上的重要讲话精神，学习贯彻习近平总书记在党史学习教育动员大会、庆祝中国共产党成立100周年大会、党的十九届六中全会等发表的重要讲话精神，进一步增强"四个意识"、坚定"四个自信"、做到"两个维护"，深刻领悟"两个确立"的决定性意义，推进总台党的建设各项工作再上新台阶，着力建设让党中央放心、让人民群众满意的模范机关，各项工作取得了积极成效。一是政治思想建设旗帜鲜明、坚强过硬。坚持把学习宣传贯彻习近平新时代中国特色社会主义思想作为首要政治任务，不断锤炼政治能力。二是党史学习教育取得扎实成效。总台党组把开展党史学习教育作为一项贯穿全年的重大政治任务，高度重视、精心组织，全台党员干部明理增信、崇德力行的政治自觉、思想自觉、行动自觉得到极大增强。三是庆祝建党百年各项工作出新出彩。全台上下全力以赴、尽锐出战，成功精彩完成各项重大宣传报道任务。各基层党组织通过形式多样的主题党日活动，充分激发党员干部群众爱党爱国热情。四是基层党组织和群团组织建设跃上新台阶。召开总台机关第一次党员代表大会，各级工会、共青团和侨联组织相继成立。五是"我为群众办实事"实践活动暖民心聚人心。以新闻报道推动"急难愁盼"问题得到关注解决，积极推进总台"民心工程"落实落地。六是风气建设驰而不息久久为功。高标准高质量对16个部门和单位开展两轮常规巡视，扎实推进历史遗留问题线索和新发现问题线索处置。七是基层党组织战斗堡垒作用和党员先锋模范作用进一步彰显。总台广大党员干部始终冲锋在前、顽强拼搏，在一场场大战大考中践行初心使命、诠释责任担当。

2022年是党和国家进入全面建设社会主义现代化国家、向第二个百年奋斗目标进军新征程的重要一年，是机关党建"巩固深化之年"，我们将迎来党的二十大。新的一年，我们要坚持以习近平新时代中国特色社会主义思想统领一切工作，全面贯彻党的十九大和十九届历次全会精神，深入学习贯彻习近平总书记在中央和国家机关党的建设工作会议上的重要讲话精神，学习贯彻习近平总书记对总台工作的一系列重要指示批示精神，突出迎接党的二十大、学习宣传贯彻党的二十大精神这条主线，贯穿学习宣传贯彻习近平新时代中国特色社会主义思想这条红线，把握好稳字当头、稳中求进这条原则，自觉运用党的百年奋斗历史经验，大力弘扬伟大建党精神，巩固深化总台党的建设高质量发展，为打造具有强大引领力、传播力、影响力的国际一流新型主流媒体提供坚强政治保障，以实际行动迎接党的二十大胜利召开。

一要进一步巩固深化提升政治能力，以绝对忠诚坚决拥护"两个确立"、做到"两个维护"。筑牢思想根基，坚持读原著、学原文、悟原理，做到学思用贯通、知信行统一，不断增强对"两个确立""两个维护"的政治认同、思想认同、理论认同、情感认同。坚决对标对表，自觉向习近平总书记看齐、向党中央看齐、向党的理论和路线方针政策看齐，坚决同以习近平同志为核心的党中央保持高度一致。狠抓贯彻执行，做到习近平总书记有号令、党中央有部署、总台有行动，不断提高政治判断力、政治领悟力、政治执行力，忠诚履行党的意识形态重镇职责使命。

二要进一步巩固深化新时代党的创新理论武装，在学懂弄通做实习近平新时代中国特色社会主义思想上取得更大成效。发挥好各级领导干部领学促学作用，先学一步、多学一些、深学一层。创新理论武装方式方法，推进全台青年理论学习提升工程，确保党组织在哪里，理论学习就延伸到哪里；党员在哪里，理论学习就覆盖到哪里。发扬理论联系实际的马克思主义学风，坚持知行合一，抓好学习成果转化运用，用心用情用功做好习近平总书记和习近平新时代中国特色社会主义思想宣传报道。

三要进一步巩固深化政治思想引领，扎实做好迎接党的二十大、学习宣传贯彻党的二十大精神各项工作。抓好学习贯彻，举办学习贯彻党的二十大精神培训班，组织宣讲报告会、专题辅导讲座、专题培训、网络答题等学习活动。抓好宣传阐释，精心策划做好重大场次直播报道，策划推出一批言论评论、理论节目、重点产品。抓好阵地管理，严格落实意识形态工作责任制，坚决守住安全底线。

四要进一步巩固深化基层基础建设，夯实总台党的建设高质量发展的坚实根基。强化大抓基层的鲜明导向，严格党员教育管理，选树推广一批总台成立以来基层党组织推动党建与业务工作深度融合的典型案例，推动基层党组织全面进步、全面过硬。创新党建工作理念方法，深化拓展党史学习教育成果，加快推进"智慧党建"步伐，进一步加强党建工作分类指导，做好党务干部选育管用。推进群团工作和精神文明建设，继续做好定点帮扶工作，深化拓展"我为群众办实事"实践活动成果，扎实推进总台"民心工程"建设。

五要进一步巩固深化风气建设成效，一体推进不敢腐、不能腐、不想腐。继续坚持严字当头，把纪律规矩挺在前面，对腐败问题做到"零容忍"。扎紧制度篱笆，进一步做实总台党风廉政建设协调小组机制，逐步完善横向到边、纵向到底的监督体系，扎实开展2022年度内部巡视。强化警示教育，筑牢拒腐防变的思想道德防线，针对重点人群和重点领域开展有针对性的警示教育，以身边人身边事为重点，加强教育、敲响警钟。

（2022年2月10日）

奋力推动总台经营工作跨越式发展
为打造国际一流新型主流媒体提供坚实支撑
——在中央广播电视总台2022年经营工作会议上的讲话（节选）

慎海雄

2021年，在中央领导同志的关心指导下，在相关部委和地方的支持帮助下，总台积极应对百年变局和世纪疫情交织、经济形势复杂严峻等外部不利因素，居安思危、以变应变，开拓创新、迎难而上，多措并举稳定经营大盘，大力推动营销创新突破，全年收入较2020年大幅增长，超越2019年历史最高水平。一年来，总台创新升级"品牌强国工程"融媒体传播服务，充分发挥顶级赛事资源优势，深入挖掘精品节目营销空间，不断创出营销佳绩。全面提升媒体融合经营能力，推出多档爆款原创新媒体IP节目，新媒体营收创新纪录。大力创新版权营销模式，抓住"奥运年""大赛年"宝贵机遇，创新打造版权产品，版权收入同比增长77%，取得历史最好成绩。有力推动台属企业改革发展，企业经营能力逐步提升，总台产业规模不断扩大。围绕庆祝建党100周年、全面建成小康社会等重大主题制播大量精品公益广告，推出"品牌强国工程"2021年助力湖北专项公益活动、"乡村振兴行动"等媒体公益行动，有力服务国家经济社会发展大局，得到中央领导同志充分肯定。

2022年是"十四五"规划实施承上启下的关键一年。做好今年经营工作，对于总台发展至关重要。我们要坚持以习近平新时代中国特色社会主义思想为指导，全面贯彻党的十九大和十九届历次全会精神，贯彻落实中央经济工作会议精神，贯彻落实习近平总书记对总台工作的一系列重要指示批示精神，坚持稳字当头、稳中求进，完整、准确、全面贯彻新发展理念，融入新发展格局，以供给侧结构性改革为主线，积极构建总台产业经营多元化格局，推动总台经营工作跨越式发展，为打造国际一流新型主流媒体提供坚实支撑，以优异成绩迎接党的二十大胜利召开。

一要深刻把握当前经营形势，进一步增强做好经营工作的责任感、使命感和紧迫感。做好经营工作，挑战与机遇并存，困难与希望同在。要辩证认识和把握经营形势，准确识变、科学应变、主动求变，牢固树立"不进则退、慢进也是退"意识，进一步增强工作主动性和创造性，努力推动总台事业产业发展不断开拓新局面、进入新境界。

二要着力构建核心优势产业集群，推动总台产业经营高质量发展。要进一步找准总台产业经营工作、服务构建新发展格局的切入点和着力点，加快形成事业支撑、产业发展、一体两翼、双轮驱动的发展格局。要完善产业布局，深入推进供给侧结构性改革，落实好大文化、大资本、大经营战略蓝图，进一步将经营资源集中到核心业务和优质企业中，在文娱、体育等领域探索打造一批国内领先的融媒体产业集团，形成集内容创作、节目传播、版权经营、衍生开发于一体的完整产业生态圈。要健全台属企业现代企业制度和市场化经营机制，全面提升台属企业运行效率和市场化、现代化经营水平。要以项目为导向，大力拓展多元化经营，发挥台属公司平台与产业集群优势，实施好运营好国家（杭州）短视频基地、上海国际传媒港、国家多语种影视译制基地、总台文化创新基地、涿州文化产业综合项目产业园区等项目。

三要加快向融媒体经营转型升级，进一步把总台融合传播优势转化为强大变现能力。要着力稳定广告经营大盘。持续深化广告模式创新，不断擦亮"品牌强国工程"。深度挖掘春晚、总台大剧、优质 IP 节目等资源营销潜力，实现资源价值最大化。紧抓体育营销机遇，大力拓展体育赛事广告与版权营销创收方式。要打造新媒体经营核心竞争力。用互联网思维办好新媒体，孵化"央 young 四季"等一批具有"破圈"效应的新媒体节目。发挥央视频新媒体经营龙头作用，实现产业经营、会员变现、广告营销"三驾马车"齐头并进。发挥"象舞广告"营销平台数字化、智能化营销优势，推动媒体经营数字化转型。要加大版权资产开发经营保护力度。不断完善总台节目创意孵化落地机制和版权创收激励机制，最大程度挖掘版权资源价值。强化总台原创精品节目版权的全产业链运营，加大版权资产维权保护力度。

四要巩固深化"大经营"工作格局，全力确保 2022 年全年经营圆满实现。各部门各单位要形成全台密切配合的经营工作强大合力。强化责任意识，确保经营工作各项任务落地见效。总经理室要继续抓好全媒体广告经营、版权运营工作，加强对台属企业经营工作的管理指导，构建中国特色、世界一流的综合经营体系。节目部门要进一步加强与经营部门的联动配合，坚持走精品路线，持续增强"造血"能力。台属公司要立足总台加强经营创新，面向市场拓展创收渠道。地方总站要发挥地域优势、挖掘区位特点，充分释放经营潜力。职能部门要不断优化行政、财务、法务等运行管理机制，全力支持配合全台经营工作大局。要强化市场意识，在开拓创新中广开源、注活水。坚持把市场检验作为精品节目的重要指标之一，强化节目生产与经营创收的联动机制，奋力推进全链条、全领域、全方位的精品创作，努力实现"满屏皆精品"。要强化成本意识，把每一笔钱都用在刀刃上、紧要处。坚持把"过紧日子"作为一种习惯，处处精打细算，努力增收节支，切实提高资金使用效益。

五要坚持"经营工作同样要讲导向"，打造一支政治过硬、本领高强、求实创新、能打胜仗的经营工作队伍。要深刻认识广告宣传也是媒体宣传的重要组成部分，进一步提高政治站位、夯实队伍建设、树立良好风貌。要始终坚持旗帜鲜明讲政治，把讲政治的要求贯穿经营工作各个环节。要不断激发经营人才活力，坚持正确用人导向，完善考核评价和薪酬激励机制，培养一批懂政策抢抓机遇、懂市场开拓创新、懂项目精于操作、懂金融用好资本的经营工作的行家里手。要坚持不懈抓好风气建设，坚持严的主基调不动摇，强化对资金密集、资源富集、资产聚集的重点部门和岗位的教育监管。

（2022 年 2 月 11 日）

聚焦媒体融合　深化科技创新
以优异工作成绩迎接党的二十大胜利召开
——在中央广播电视总台2022年技术工作会议上的讲话（节选）

慎海雄

2021年是总台技术工作砥砺前行的一年，是携手奋进的一年，更是彰显实力的一年。这一年，我们用技术创新成果礼赞党的百年华诞，完美呈现盛世盛典的永恒华章。积极应用5G、4K/8K超高清、AI等新技术，将党的盛典、人民的节日成功打造成史诗级视听盛宴。这一年，我们充分发挥重大科研项目带动作用，引领媒体技术发展潮流。开播上线奥林匹克频道及其数字平台，扎实推进国家重点实验室、8K超高清电视公共服务平台、北京超高清示范园建设，圆满实现"科技冬奥·8K看奥运"目标。这一年，我们积极推进"思想+艺术+技术"创新融合，新媒体新技术实践应用成效显著。2022年春晚在8K、XR、VR、AR、AI等多方面进行技术创新。这一年，我们坚守安全播出和网络安全生命线，技术安全保障能力不断提升。建设更加安全可靠的技术支撑体系，圆满完成各项播出任务。

总台技术发展进步，得益于始终坚持把习近平总书记对总台工作的一系列重要指示批示精神作为根本遵循，坚决落实到技术工作全过程各方面；得益于牢牢把握创新这一总台工作的主旋律，大力推进科技创新成果应用转化；得益于总台人在一次次重大报道技术保障中、一项项重点科研攻关中，始终发扬精益求精、一丝不苟、追求完美的工作精神，夜以继日地拼搏奋斗。

总台发展，节目和技术是腾飞之两翼，缺一不可。2022年，我们要坚持守正创新、深化"三个转变"，继续扎实推进"思想+艺术+

技术"实践，让总台技术创新在全球同行中一骑绝尘，始终处于国际领先、国内最好的地位。我们完全有基础、有底气、有信心、有能力抓住新一轮科技革命和产业变革的机遇，按照"5G+4K/8K+AI"战略格局要求持续构建新型技术体系，乘势而上，大展宏图，引领我国超高清、智能视频产业发展。

一要紧紧围绕党的二十大这个重大主题，全力做好宣传报道技术保障工作。做好党的二十大宣传报道是总台神圣而光荣的使命任务。要以最高标准、最周密措施、最精彩呈现，做好党的二十大系列直播报道工作。突出"思想＋艺术＋技术"融合传播，不断完善直播报道方案，在电视转播画面呈现、灯光设计等方面狠下功夫，做到各系统各环节严丝合缝，确保开闭幕会等重大场次直播行云流水、有条不紊。要进一步提炼建党百年宣传报道技术创新成功经验，做好充分技术储备。发挥总台全媒体多平台融合传播优势，应用5G、4K/8K超高清制播等新技术，助力打造更多"刷屏"节目、"爆款"产品。要强化安全责任，把技术保障作为重要政治任务落细落实、抓紧抓好。节目部门和技术部门紧密结合，进一步细化流程、优化方案，把安全要求落实到采、编、播、存、管等环节全过程，确保各项工作十拿十稳、万无一失。

二要精准把握科技创新这一主旋律，推动总台技术工作高质量发展不断取得新的更大成效。我们要始终围绕总台战略布局，为加快推进总台媒体深度融合发展和内容供给侧结构性改革提供强有力技术保障。要多维度推进技术创新。围绕"技术与思想"结合，学深悟透习近平新时代中国特色社会主义思想，不断创新总台"头条工程"融媒体传播方式，真正把思想的张力通过技术表现出来；围绕"技术与艺术"结合，以春晚、秋晚等重点节目和北京冬奥会、杭州亚运会、成都大运会、卡塔尔世界杯等重大活动为抓手，推动多维视角、AR等创新技术在内容生产侧的应用；围绕"技术与受众"结合，建立总台统一的用户和内容大数据库，向广大用户精准推送总台精品节目。要推动媒体融合向纵深发展。加强对总台融媒体矩阵的技术支撑，有效提供公有云和内容分发资源支撑；持续优化完善"总台算法"，形成"总台算法"标准；加大多语种传播技术项目建设力度，全力提升总台对外传播投送能力。要抓好重大项目落地实施。依托国家重点实验室，联合台外科研院所和大专院校专家力量，加强原创性、引领性科技攻关；将北京超高清示范园建成总台综合类节目超高清演播中心、特种设备研发中心、转播设备测试维护中心、视听艺术馆和电视文化广场；将云网一体化新型技术架构（云边端）应用于国家（杭州）短视频基地；探索建设区域广播融媒体制作发布平台；做好涿州项目生产系统"住地化"设计，将符合网络安全的全媒体内容生产平台延伸到涿州。

三要牢牢守住安全发展底线，进一步夯实总台技术支撑保障体系建设。要以自我革命的勇气认真检视技术工作中的短板和不足，消除队伍建设和管理、技术安全保障、技术支撑等方面的薄弱环节和隐患，进一步筑牢"防火墙"。要聚焦安全播出和网络安全保障，着力增强总台整体技术安全防范能力。将落实意识形态工作责任制与安全播出和网络安全工作紧密结合，加快升级现有高标清电视播出总控系统，实现对各频道、频率和新媒体平台的统一管理、智能监控和自动应急处理。要聚焦智能化移动化，不断提升总台运行管理效能。推进覆盖总台各办公区的分布式、平台型数据中心系统以及总台"一张卡"工程、一体化移动综合办公信息系统建设。要聚焦激发创新活力，锻造高素质专业化技术人才队伍。始终坚持旗帜鲜明讲政治，全力夯实基层党组织建设，把"两个维护"体现到技术工作各方面。

锻造一支政治过硬、本领高强、求实创新、能打胜仗的高素质实干型技术人才队伍，是总台深化"三个转变"的现实需要。要加快建立以创新价值、能力、贡献为导向的技术人才评价体系，完善技术人才激励机制，造就更多"总台院士"、培养更多"总台工匠"、打造更多"总台品牌"。要大力发挥青年在技术创新中的主力军作用，在制度、项目、经费等方面支持优秀青年人才。要进一步增强"本领恐慌"的紧迫感和"不甘人后"的使命感，把关注的焦点、工作的重心、思维的方式进一步聚焦到互联网主阵地，培养掌握新思维、驾驭新载体的全媒体技术人才。

（2022年2月11日）

在全球媒体创新论坛上的致辞

慎海雄

刚才，我们一起聆听了习近平主席致本次论坛的贺信。习近平主席的贺信指引我们在"共享科技冬奥"主题下，共同助力北京冬奥会、助力奥林匹克运动，并对媒体的重要作用寄予厚望。黄坤明先生在致辞中，祝贺论坛成功举办，并就全球媒体弘扬创新精神、实现共赢发展提出三点殷切希望。在此，我代表主办方，深表感谢！我们一定认真落实。

还有不到十天，奥运圣火将再次在北京点燃，北京冬奥会正以和平、友谊、团结的精神把世界紧紧凝聚在一起。奥林匹克运动与媒体创新变革的完美结合，必将相互成就、相得益彰。全球媒体创新论坛聚焦媒体发展的热点和前沿问题，是一个碰撞智慧、探讨合作、共谋发展的交流互鉴大平台。首届论坛以"共享科技冬奥"为主题，将续写媒体与奥运的不解之缘。期待本次论坛能为全球媒体行业的创新发展注入新动能，为北京冬奥会的成功举办贡献媒体力量。

中国中央广播电视总台一直致力于以创新手段传播奥林匹克运动、展现奥林匹克魅力。在东京奥运会上，总台成功实现全球首次4K超高清频道奥运赛事直播。北京冬奥会倒计时100天之际，总台央视奥林匹克频道开播，成为全球首个24小时4K超高清专业体育频道。习近平主席专门发来贺信予以鼓励，令我们倍感振奋。两天前，我们又推出了8K超高清频道，为北京冬奥会8K超高清节目呈现提供强有力支持。创新始终是总台工作的主旋律，作为媒体创新的践行者、传播者，我们愿与全球媒体伙伴共同努力，与国际奥委会全面合作，展现北京冬奥会精彩、非凡、卓越的奥林匹克新篇章！

我们着力推进科技创新，奋力实现"科技冬奥·8K看奥运"目标。科技创新是媒体变革的动力源泉。总台正在构建"5G+4K/8K+AI"

战略格局，积极探索运用前沿媒体技术。我们在连接北京和张家口两个冬奥城市的高铁上，架设了国际首个5G超高清移动直播演播室。我们的奥林匹克频道坚持智能化、智慧化方向，开播3个月来，已拥有超过4亿受众和众多粉丝。代表国际电视界最高标准的8K超高清频道开播，将更好满足受众高质量观赛需求。我们将通过8K技术，转播北京冬奥会开幕式和短道速滑、花样滑冰项目，并开启奥运赛事全程4K制播。可以预见，北京冬奥会将会成为展现媒体科技创新成果的最好舞台，全球受众将享受到前所未有、身临其境的美好体验。

我们着力推进内容创新，实现"思想＋艺术＋技术"融合传播。奥林匹克运动和文化承载着全人类共同价值，体育之美、拼搏之美让无数人心向往之、乐享其中。围绕北京冬奥主题，我们打造了《带你一起看冬奥》《艺术里的奥林匹克》《大约在冬季》等一大批精品节目和特色活动，生动讲好北京冬奥故事，向世界传递14亿中国人民在新时代的精神风貌。奥运会是节目创新创意的沃土，我们将以北京冬奥会为契机，深化与国际媒体交流合作，打造更多国际化、时尚化、年轻化的体育文化节目，推动奥林匹克精神更广泛传播。

我们着力推进传播创新，奏响"更团结"和谐乐章。"志合者，不以山海为远。"面对百年变局和世纪疫情，人类历史走到了新的十字路口，我们比以往任何时候都更需要发挥负责任媒体的重要作用。总台将利用好全球媒体创新论坛这个精心打造的平台，与国际媒体朋友共同努力，通过客观、真实、公正的报道，精彩呈现中国和世界各国冰雪健儿自强不息、超越自我的拼搏历程，为全球运动员营造公平竞技的纯洁冰雪舞台，以媒体行动为推动构建人类命运共同体作出应有贡献。

中国农历虎年春节就要到了。祝福大家虎年吉祥、虎虎生风，一起向未来！

（2022年1月26日）

在"2022中国影像节"全球展映活动启动仪式上的致辞

慎海雄

今天启动的"2022中国影像节"全球展映活动，或许可以为解答一个问题做出诠释。

这个问题就是：何为中国？

一千个人眼中有一千个哈姆雷特，一千个人眼中也有一千个中国。孔子、熊猫、太极、长城、中国制造、高速铁路……说起中国，不同的人眼前会浮现不同的画面。伴随着中国综合国力提升与国际影响力的扩大，世界人民对这个古老而充满活力的东方大国越发关注。

本次全球展映活动，将通过英语、西班牙语、法语、阿拉伯语、俄语等5种语言，向全球观众放送52部介绍中国的精彩专题片。这些影像就像一个五彩缤纷的万花筒，展示新时代中国的城市与乡村、古老与时尚、传承与创新。从东海之滨到雪域高原，从摆脱贫困实录到抗击疫情故事，从在阿拉伯国家经商的中国人到来少林寺学武功的非洲人，透过这个"万花筒"，观众朋友可以看到真实鲜活的中国。

构成中国的，是960多万平方公里的土地，是5000多年的悠久历史和灿烂文明，更是14亿生活在这里的每一个个体。14亿中国人的日常，共同生成中国的温度。这52部影像讲述了一个个普通中国人的故事：新疆阿勒泰地区保护野生动物的"河狸公主"，读书改变命运的甘肃女孩，易地搬迁走出大山的贵州老人……他们和世界各地的普通人一样，为了更加美好的生活而努力奋斗着。他们追梦圆梦的故事，是新时代中国的生动注脚。

中国古时的商人曾与各国商人一起，共同走出了一条横贯中西的丝绸之路，丝绸和香料成为东西方经济文化交流的使者。影像是当今世界共通的语言，被誉为"胶片盒子里的大使"。就像古代丝绸和香料，我们希望用影像这一载体，为各国民心相通、文化交流、务实合作提供沟通的桥梁，为世界文明交流互鉴谱写新的篇章。

今天的世界，还很不太平。作为国际主流媒体，中国中央广播电视总台将继续担当负责任媒体的时代使命，努力破除隔阂、增进了解，让这个星球多一些安宁、多一些和平，共同推动构建人类命运共同体。

我们将持续通过"思想+艺术+技术"的融合传播手段，构建"5G+4K/8K+AI"战略格局，为不同区域、不同国家、不同群体提供大家所喜欢的精品力作，展示中华文明的博大精深、源远流长，展现世界文明大花园的姹紫嫣红、交相辉映，努力呈现世界文明间的"美美与共、各美其美"。

（2022年6月21日）

在庆祝香港回归祖国 25 周年中央广播电视总台 CGTN 纪录频道和粤港澳大湾区之声频率在港落地发布仪式上的致辞

慎海雄

在迎接党的二十大和庆祝香港回归祖国 25 周年的浓厚氛围里，中央广播电视总台 CGTN 纪录频道、粤港澳大湾区之声频率，将从 7 月 1 日起整频道、整频率落地香港播出。这是中央广播电视总台深入学习贯彻习近平总书记重要讲话和指示精神，助力推动香港"一国两制"实践行稳致远的又一具体举措，也是总台为庆祝香港回归 25 周年献给香港同胞的一份厚礼。在此，我谨代表中央广播电视总台，向出席今天活动的各位来宾表示热烈欢迎和衷心感谢！

"一国"是根，根深才能叶茂；"一国"是本，本固才能枝荣。习近平总书记一直牵挂着香港同胞，对香港繁荣稳定寄予殷切期望。中央广播电视总台持续从习近平总书记的重要思想、重要论述、重要指示中找启迪、找思路、找答案，积极成为对港传播主力军、主阵地，深入传播好中央声音、讲述好香港故事。近年来，我们开播了粤港澳大湾区之声，同步推出"大湾区之声"新媒体平台，以丰富的资讯和亲切的表达受到香港同胞的欢迎。我们举办的"盛世华章耀香江"系列活动，在香港掀起了收看总台庆祝建党百年精品节目的热潮。

为更好服务香港融入国家发展大局、保持香港繁荣稳定，中央广播电视总台与香港特别行政区政府进一步深化合作，今天将正式授权香港电台通过数字地面电视平台整频道转播 CGTN 纪录频道，通过 FM102.8 整频率播出粤港澳大湾区之声。整频道、整频率落地播出，将为香港同胞提供更多喜闻乐见的视听节目，帮助香港同胞更及时了解中央大政方针和国家发展战略，激发与祖国内地同繁荣、共奋进。今天，总台还将发布粤语广播剧《香江兄弟》，生动讲述内地和香港青年的奋斗故事，描绘香港融入大湾区发展的美好景象；发布由内地、香港音乐人联手创作演唱的庆祝回归25周年主题歌曲《我们会更好》，共同抒发香港未来会更好的心声。

实践充分证明，"一国两制"行得通、办得到、得人心！今日的香港已实现由乱到治的重大转折，正处在由治及兴的关键时期。"香港好，国家好；国家好，香港更好。"中央广播电视总台将坚持以习近平新时代中国特色社会主义思想为指引，牢记习近平总书记对总台工作的殷切嘱托，持续创新"思想＋艺术＋技术"融合传播，在国家广播电视总局、港澳办、中联办和广东省的大力支持下，与香港特别行政区政府一起，弘扬爱国传统，锐意创新发展，着力传播好中央声音，讲述好新时代香港故事，全方位展现"东方之珠"的独特魅力，为"一国两制"实践行稳致远增添更强动力。

（2022年6月24日）

在《寻古中国》启动仪式上的致辞

慎海雄

寻古问今，文物传情。中华大地积淀着人类文明旅程中悠久绵长的文明精华。1921年，仰韶遗址的惊艳现世，叩开了中华文明的寻根之路，将中国历史从夏商时期向前推进了至少2000年，一举打破了西方认为"中国历史没有石器时代"的谬论，也标志着中国现代考古学的诞生。

一百多年过去了。一代代中国考古人跋山涉水、风餐露宿，在地层中寻古探源，在故纸里钩深索隐，与古人对话，和先贤交流。百年筚路蓝缕，都在为追寻一个共同答案：我们是谁，我们从哪里来，我们的文明源起何处？

生为中华儿女，我们是幸运的。在这块广袤富饶、厚重丰美的土地上，我们的历代先人创造的伟大文明，至今绵延不绝。百年以来的现代考古，通过发掘出来的无数默默无语的中华文物，无时无刻不在告诉世界：源远流长的中华文明是如此壮丽多彩、如此博大精深、如此奥妙无穷！

再辉煌的文化，一旦失传就必然衰败。从丰富的文化遗产中发掘出辉煌的中华民族精神，既是我们保护、传承文化遗产的意义所在，也是让文化遗产"活"起来的重要路径。如何传播好中华文化、传承好民族精神？"以古人之规矩，开自己之生面。"这对于宣传思想文化工作者而言，既是重大机遇，也是使命责任。

中央广播电视总台成立以来，我们从中华优秀传统文化宝库中探骊得珠，持续打造精品力作，连续推出了《国家宝藏》《中国国宝大会》《典籍里的中国》《中国考古大会》等一大批传承弘扬古典文化的精品节目，不少节目还在欧美国家受到热捧。

今年故宫的开年大展，就是我们在国家文物局指导下，联合故宫博物院共同举办的特展"何以中国"。这个展览，把全国30家博物馆的130余件国家级文物集中到了故宫文华殿，让观众在斗室之内观中华乾坤之大，俯仰之间度文明源流之长，创造了"一票难求"的参观热潮。我们也从中领略了从中华优秀传统文化中汲取创作灵感的强大魅力。

就在上周，习近平总书记在新疆考察时强调："文化认同是最深层次的认同。要端正历史文化认知，突出中华文化特征和中华民族视觉形象。"今天，总台再开新题，创作大型系列纪录片《寻古中国》，把视线从博物馆直接带到考古现场。这是我们深入贯彻落实习近平总书记关于弘扬中华优秀传统文化系列重要指示精神的又一具体举措。首批将推出《古蜀记》《玉石记》《云梦记》《寻夏记》《河洛记》《稻谷记》等6个专题纪录片，真实生动记录"上穷碧落下黄泉"的考古探源过程和心路历程。

《寻古中国》将总台"思想+艺术+技术"的创作水准再次推向高峰。我们将充分运用XR+、自由视角、大场景3D扫描等新技术，带来大片级的视听盛宴。我们将不满足于对文物古迹的展示，而是以独特的提炼和解读，力求实现凝结其间的深层思考。

《寻古中国》既要像侦探，把零珠片玉的历史线索通过推理想象和数字建模，最大限度地还原为历史现场；又要像翻译，把晦涩难懂的符号元素，以清新的文风和年轻时尚的表达，为观众道破玄机；还要像哲人，引领今天的受众如何理解和感悟华夏古人的人生观、宇宙观，感知中华民族的精神内涵。我们有信心，这场别开生面的寻古之旅，必将带领观众放飞奔腾的想象力，跨越时空，触摸烟火，与华夏先人同喜怒、共哀乐，形成心灵的激荡。

重器凝万古之志，典籍汇千载之思。当总台持续推出中华优秀传统文化节目的时候，就是中国国家媒体对"何以中国"持续不断的回答，也是对"中华民族何以伟大""中华文明何以不朽"持续不断的回答。

依然记得总台打造的精品文化节目《国家宝藏》（第二季）的最后盛典上，有17位博物馆馆长共同吟诵了一首《何以华夏 何以中国》的诗篇，其中就有这样的诗句："华夏是历史也是现在，中国是家邦更是信仰。是以华夏，是以中国，是以传承，是以辉煌。"我也希望以今天的我们，以一份份创意、一件件作品，永不停歇地追寻和讴歌我们先贤所创造的伟大文明！

涓滴汇海，必有所成。终有一日，一如我们凝视祖先的辉煌历史一样，我们能满怀自豪地说出："是，以中国！"

（2022年7月19日）

在中央广播电视总台纪录片《雄安 雄安》开机暨总台增强"四力"实践基地揭牌仪式上的致辞

慎海雄

在迎接党的二十大的浓厚氛围里，今天我们在雄安新区举行中央广播电视总台纪录片《雄安 雄安》开机暨总台增强"四力"实践基地揭牌仪式。在此，我谨代表中央广播电视总台，向一直以来关心支持总台事业发展的岳峰书记，以及河北省委、省政府，雄安新区党工委、管委会的各位领导和同志们，表示衷心的感谢！

设立河北雄安新区，是以习近平同志为核心的党中央作出的一项重大决策部署，是千年大计、国家大事，是"一项历史性工程"。习近平总书记亲自决策、亲自部署、亲自推动，为雄安新区规划建设掌舵领航、指引方向。当前，雄安新区进入大规模建设的重要阶段，一座生机勃勃的未来之城、绿色之城、创新之城拔地而起，正着力打造新时代高质量发展的全国样板，"雄安质量"令世人期待。

刚才，我们参观了雄安规划展示中心，调研了解新区规划情况，一路上看到了雄安的巨大变化，有了更加深刻的感触。为迎接党的二十大胜利召开，在雄安新区设立五周年之际，中央广播电视总台积极运用"5G+4K/8K+AI"科技创新成果，倾情打造重磅纪录片《雄安 雄安》。我们将通过"思想+艺术+技术"创新融合，全景记录习近平总书记引领河北雄安新区规划建设的非凡历程，讲述有力量、有温情、有韧性的雄安故事，深刻解读雄安从"一张白纸"到"拔节生长"的升级密码，向海内外生动展现雄安新区高水平社会主义现代化城市的美好图景。

习近平总书记对河北这块热土知之深、爱之切。雄安新区、塞罕坝机械林场和正定县塔元庄村这三个各具代表性的习近平新时代中国特色社会主义思想的基层实践基地，凝聚着宝贵的思想和精神财富，为我们学思践悟习近平新时代中国特色社会主义思想提供了绝佳的学习课堂和实践范例。习近平总书记对总台工作十分关心，总台成立以来6次发来贺信并作出一系列重要指示批示，给总台同志以鼓励、以指导、以期望。在河北省委、省政府大力支持下，我们在这三块创新实践的热土建立总台增强"四力"实践基地，就是要进一步把学懂弄通做实习近平新时代中国特色社会主义思想引向深入，组织总台同志通过深度采访、生活体验、调研采风等多种形式，感受雄安新区的热火朝天，感悟京津冀协同发展的生动实践，持续深化思想淬炼、政治历练、实践锻炼、专业训练，更加奋发有为地打造具有强大引领力、传播力、影响力的国际一流新型主流媒体。

河北是一块英雄的土地、创新的土地，"新中国从这里走来"，"赶考之路"在这里起航。中央广播电视总台将以此次活动为契机，进一步发挥党的宣传报道主力军、压舱石的重要作用，把我们与河北省委、省政府在北京冬奥等重大报道中合作形成的好经验好做法总结好发扬好，在宣传报道、数字经济、科技研发、节目创作、文创产业等领域持续开展深层次的战略合作，努力取得更加丰硕的合作成果，为河北建设现代化经济强省、美丽河北提供强大舆论支持，以实际行动迎接党的二十大胜利召开！

（2022年7月22日）

在第十二届北京国际电影节开幕式上的致辞

慎海雄

今夜，我们为电影而来。

电影诞生120多年来，历久弥新，给人间带来温暖和力量。面对世纪疫情，中国电影快速复苏，总票房和银幕总数持续保持全球第一。本届北京国际电影节如期而至，就是要团结中外电影人"同心·笃行"、共迎挑战。

一部好的电影就是一个成功的文化产业。从国际上看，全产业链运营已经成为电影市场的成熟模式。作为中国首座环球影城主题公园，北京环球影城正以其鲜明的电影IP、全新的沉浸体验释放出融合发展的独特魅力，堪称中国电影对外开放、北京电影产业国际化的标志。

新时代的中国电影百舸争流，活力澎湃。中央广播电视总台目前与北京、上海、长春、海南四地共同主办的四大电影节，各具特色，交相辉映。北京国际电影节自创办以来，以其时光沉淀的风格气质和日趋深远的国际影响，在首都"四个中心"建设中展现了独特魅力。

影视同根同源。中央广播电视总台助力并见证着中国电影的蓬勃发展。对总台而言，优秀电影还是我们实现高质量发展的对标样板。我们以"满屏皆精品"为目标，深化"5G+4K/8K+AI"战略格局，秉持"思想+艺术+技术"的创作理念，以电影大片标准精心打造每一档优秀电视新闻、每一部精品电视剧、纪录片和文化节目，不断提高艺术水准和观众满意度。无论内容还是技术，总台正全面对标优秀电影，奋力推进全链条、全方位、全领域精品创作。与此同时，总台陆续推出4K超高清直播电影《此时此刻——共庆新中国70年华诞》、首部4K超高清彩色修复电影《永不消逝的电波》、与精品电视剧同步打造史诗级电影《跨过鸭绿江》等，探索超高清电视与电影院线紧密握手，取得"两个效益"双丰收。

在对标电影创新上，我们尝到了甜头；在为中国电影助力上，我们鼓足了干劲。秋风送爽，一个丰收的季节正在来临。全球电影人将在北京、在怀柔分享收获的荣光！

受组委会委托，现在宣布：第十二届北京国际电影节，开幕！

（2022年8月13日）

在《红色烙印——革命文物的故事》启播仪式上的致辞

慎海雄

在迎接党的二十大召开的浓厚氛围里，我们齐聚一堂，举办《红色烙印——革命文物的故事》启播仪式，以革命文物为切入点，回望我们党的奋斗足迹，点燃奋进新征程的澎湃激情，激发建功新时代的昂扬斗志！我谨代表中央广播电视总台，向各位来宾以及各界朋友，表示热烈欢迎和诚挚谢意！

党的历史是最生动、最有说服力的教科书。习近平总书记强调："每一个历史事件、每一位革命英雄、每一种革命精神、每一件革命文物，都代表着我们党走过的光辉历程、取得的重大成就，展现了我们党的梦想和追求、情怀和担当、牺牲和奉献，汇聚成我们党的红色血脉。"厚重的革命历史、动人的革命事迹，我们不敢忘，更不能忘。作为党的意识形态重镇和国家广播电视台，中央广播电视总台坚持从习近平总书记的重要思想、重要论述、重要指示中找启迪、找思路、找答案，聚焦"弘扬革命文化、传承红色基因"这一主题，持续策划打造《美术经典中的党史》《山河岁月》《跨过鸭绿江》《大决战》《全国大学生党史知识竞答大会》《全国红色故事讲解员大赛》等一大批立意深刻、形式新颖的红色主题节目，受到习近平总书记和中央领导同志充分肯定，在润物无声里凝聚起全社会"知党、爱党、信党"的政治认同，于春风化雨中激发了广大受众做中国人的志气、骨气和底气！

长期以来，中央广播电视总台与国家文物局保持着良好合作关系，共同打造了《国家宝藏》《中国考古大会》《中国国宝大会》《古韵新声》《寻古中国》等一大批"爆款"节目，策划推出了"何以中国""见证新时代"等主题展览和媒体活动，建设总台数字文化艺术博物馆"央博"数字平台，海内外影响广泛。在迎接党的二十大召开之际，在中宣部指导下，我们再次携手，共同打造300集系列微纪录片《红色烙印——革命文物的故事》。这是进一步贯彻落实习近平总书记对总台工作的一系列重要指示批示精神和关于革命文物保护利用重要论述精神的创新举措。

"革命理想高于天。"我们将深入挖掘革命文物背后的生动细节和红色故事，创新运用总台"5G+4K/8K+AI"科技创新成果，以全新视角实现全新表达，让观众通过一支笔、一页信、一枚奖章、一杆枪，感悟"砍头不要紧，只要主义真"的伟大信仰，感受"未惜头颅新故国，甘将热血沃中华"的豪情壮志，见证"拼将七尺男儿血，争得神州遍地红"的崇高理想。我们将进一步发挥总台44种语言融合传播优势，让文物"发声"、让历史"说话"，向海内外受众生动解读好"中国共产党为什么能，马克思主义为什么行，中国特色社会主义为什么好"这一历史之问、这一时代之问。

"为有牺牲多壮志，敢教日月换新天。"革命文物是党的初心使命最直观的印记和最生动的见证，虽饱经风雨沧桑、历经风吹雨打，但蕴含其中的精神和信仰依然鲜活滚烫，历久弥坚、更加闪亮。中央广播电视总台将牢记习近平总书记殷切嘱托，持续深化"思想+艺术+技术"融合传播，创作更多创意十足、新风扑面、耳目一新、过目难忘的红色主题精品力作，以"满屏皆精品"的创新成果，把精神和信仰的力量传承下去、发扬光大，告慰先烈、启迪世人！

（2022年8月16日）

在中央广播电视总台与山东省人民政府"好客山东""好品山东"宣传推介活动上的致辞

慎海雄

"有朋自远方来，不亦乐乎。"今天，中央广播电视总台和山东省人民政府联合举办"好客山东""好品山东"宣传推介活动，携手打造山东品牌名片，这是我们深化合作、续写共赢发展新篇章的又一重要举措。

品牌是国家软实力的重要象征，也是国家竞争力的综合体现。习近平总书记强调，要"推动中国制造向中国创造转变、中国速度向中国质量转变、中国产品向中国品牌转变"。作为党的意识形态重镇和国家广播电视台，中央广播电视总台深入学习贯彻习近平总书记对总台工作的一系列重要指示批示精神，奋力推进全链条、全方位、全领域创新，打造了一系列宣传中国品牌、培育自主品牌的创新节目和传播项目，取得积极成效。

山东是我国经济大省、文化大省、旅游大省，历史文化名片众多，区域特色品牌闪亮。一直以来，总台与山东保持着良好的合作关系。近年来，我们合作完成重大时政报道、上海合作组织青岛峰会等重大宣传报道，携手打造总台春晚曲阜、泰安分会场，成功在曲阜举办总台中秋晚会，共同主办"新时代 新鲁菜"创新大赛，推出《沿着总书记的足迹·山东篇》《走进县城看发展·山东篇》等一系列重磅报道。去年，总台山东总站正式挂牌，我们签署了战略合作协议，双方"合作共赢"驶入了提档加速的快车道。

这次总台与山东联合打造"好客山东""好品山东"品牌，正是我们助力打造中国自主品牌的创新实践，将为新时代中国品牌建设作出有益探索。我们将生动讲好新时代山东故事，充分发挥总台宣传报道、新闻传播、节目创作、文化创意、科技创新等方面的引领优势，运用总台"5G+4K/8K+AI"科技创新成果，让

"好客山东""好品山东"的品牌形象叫响全国、驰名海外、深入人心。我们将充分挖掘齐鲁大地丰厚的历史文化自然资源，共同策划推出一批创意十足、新风扑面、具有地域特色、体现山东风格的精品节目，让更多人品味山东、乐享山东，感受山东山水之美、人文之美、生活之美。我们将大力推动山东品牌走向国际，充分运用总台44种语言等海外融合传播强大资源，发挥"品牌强国工程"融合传播优势，不断提高"好客山东"的全球知名度、美誉度、影响力，不断擦亮"好品山东"这个品牌，推动更多山东"好品"走向全国、走向世界。

"心合意同，谋无不成。"中央广播电视总台将与山东省委、省政府携手奋进，持续深化"思想+艺术+技术"融合传播，以"满屏皆精品"的创新成果，进一步宣传好"好客山东"，展示好山东"好品"，共同谱写高质量发展的崭新篇章，为贯彻新发展理念、构建新发展格局作出新的更大贡献！

（2022年9月8日）

在中央广播电视总台大型文化节目《诗画中国》创作座谈会上的致辞

慎海雄

"画卷视通万里,诗歌思接千载。"在中华艺术长河中,诗书画是中国人精神风骨与审美旨趣的重要依托。历史上的丹青高手、辞赋大家也大多是知名书家。诗与画的审美情趣,尤为人所推崇。"诗是有声的画,画是无言的诗。"有些诗,如画;有些画,如诗。诗中有画,画中有诗。诗与画自古以来就是中国美学的至高境界。有时,读上一阕佳句,绵绵回味,脑海不禁浮想联翩;有时,看到一幅佳作,久久驻足,口中不禁吟诗作对。这,就是中华文化中诗情画意的魅力。

苏轼有诗云:"诗画本一律,天工与清新。"千年后的今天,中央广播电视总台创作的大型文化节目《诗画中国》,让诗与画在现代科技和艺术演绎下奇妙融合,打开了一扇艺术创造与中华美学相得益彰的新视窗。

纳山河万景,涵上下千年。习近平总书记高度重视传承弘扬中华优秀传统文化,多次就文化自信作出重要论述。"如果没有中华五千年文明,哪里有什么中国特色?如果不是中国特色,哪有我们今天这么成功的中国特色社会主义道路?"习近平总书记的话道出了中华民族的自信之源。

中央广播电视总台成立以来,我们以习近平总书记的重要讲话精神为指引,从中华优秀传统文化宝库中探骊得珠,连续打造《典籍里的中国》《国家宝藏》《中国考古大会》《寻古中国》等一大批精品力作,构筑起总台作为文化传播主阵地、主渠道、主力军的高峰矩阵。这一次,我们以"诗画"为切入点,解锁一个全新认识中华传统文化的角度。前不久,我们创作的纪录片《荣宝斋》就以书画为线,串联起37位中国顶级艺术大家的艺术珍品,尽显"江山如画里,笔墨竞风流"的艺术气象,也广获好评。

此次大型文化节目《诗画中国》秉持"以诗词壮志,以丹青抒怀"的创作思路。在总台"思想+艺术+技术"创作理念的持续引领下,我们从近千件艺术珍品中筛选出40余幅画作、50多首诗文,让这两种最古老也最具有美学魅力的文化创作活动,从独特的视角描绘出中华民族精神命脉的历史长图。

在科技创新日新月异的今天,一切皆有可能。比如,诗歌和绘画都是平面的二维艺术形式,往往"只可静观而不可灵动"。如何让一山一石、一字一句自然清新、赏心悦目地"跃然纸上""走上台前",进而"活"起来、"动"起来,这也是我们思考和创新的动力点。《诗画中国》以诗、画、音、舞、剧、曲等艺术形式为"纸",以XR、CG、裸眼3D、全息影像等科技手段为"墨",以"思想+艺术+技术"的融合理念为"笔",辅以电影级别的拍摄与制作,为每幅经典画作量身打造了可视、可听、可感的"写意空间",精心绘制了一幅富含中华文化魅力和精神风骨的大型影视音"立体画卷""影像大片"。

节目播出伊始,"置身千年前的中国山水画是何体验"等话题频频登陆新媒体热搜榜,年轻观众纷纷以节目内容为基础展开二创分享。持续上涨的口碑、亮点缤纷的热议,足以看出《诗画中国》正激起一波波不断扩散的文化涟漪。这档拥有崭新文化形态和审美价值的文化节目,不仅为中华"诗词热""书画热""传统文化热"再续动能,更能让人们从中更加深切地感受到中华文化、中华美学、中华精神跨越时空的永恒魅力,为坚定历史自信和文化自信营造更为浓厚的氛围。

寄身翰墨之中,神驰宇宙之外。诗与画蕴含着中国人对自然万物的启迪与哲思,映射着中华先辈的人生观、宇宙观和精神内涵。我们用"诗情"与"画意"绘就中华文化的"诗心"与"画心",历练总台弘扬中华文化的"匠心"与"初心"。未来,我们将牢牢把握创新这一总台工作的主旋律,推进与各单位强强联手,不断提升文艺作品的精神能量、文化内涵、艺术价值,用心用情打造更多思想性、艺术性、观赏性俱佳的匠心之作,加快推进全链条、全方位、全领域的精品创新,让总台文化精品喷涌而出,带领受众"乘风好去,长空万里,直下看山河"!

(2022年9月9日)

在《典籍里的中国》（第二季）启播仪式上的致辞

慎海雄

"八月剥枣，十月获稻。"今天，是中国二十四节气中的秋分，是一年之中迎来丰收的时节。再过二十多天，党的二十大即将召开。

时和年丰。值此盛会前夕，我们相聚在此，共同见证《典籍里的中国》（第二季）节目的启播。在此，我谨代表中央广播电视总台，对出席今天启播仪式的各位来宾表示热烈的欢迎和诚挚的感谢。

春秋有序，华夏著章。册册典籍，钟鼎千秋。

进入新时代以来，以习近平同志为核心的党中央站在实现中华民族伟大复兴的战略高度，深刻洞察中华优秀传统文化与中华民族发展的内在关系，对中华优秀传统文化作出新的判断、新的概括和新的定义，赋予崭新的时代内涵。习近平总书记指出："要推动中华优秀传统文化创造性转化、创新性发展，以时代精神激活中华优秀传统文化的生命力。"

近年来，中央广播电视总台以"思想＋艺术＋技术"创新融合的方式，以新述古，荟萃精华，推出了《中国国宝大会》《诗画中国》《国家宝藏》《古韵新声》等一大批弘扬中华优秀传统文化的节目。满天星斗于此交汇，千年翰墨在此绵延。这些创造性的实践，溯源民族根魂，筑牢文化自信，奋力书写新时代的"丹青史卷"，也构筑起总台作为中华优秀传统文化传播主阵地、主渠道、主力军的高峰矩阵。

汇古今之民智，承千载之悠思。典籍是中华文明永不枯竭的源头活水，也是我们知所从来、明所以往的精神根系。

《典籍里的中国》（第一季）的成功播出，让典籍这样蕴含着古代先贤深邃思想和智慧哲理的经典文献，闯入了当代人的精神生活。

"旧书不厌百回读，熟读深思子自知。"当我们打开中华典籍，感受到的是文脉千年的欣喜、墨香犹存的沉醉。在全世界最为绵长悠久、最为庞杂浩大的文化传承中汲取智慧时，中华优秀传统文化于我们而言，绝不是晦涩艰深的古董,而是融于每一个中国人血脉之中的文化基因。它"上善若水,水善利万物而不争",教会我们"自强不息、厚德载物",引导我们博学慎思、明辨笃行!

就像我曾经翻看的《越绝书》,这本"奇书"被称为中国最早的地方志。"一方之志,始于《越绝》。"书中记载着我家乡浙江 2000 多年前波澜壮阔的吴越故事,令人遐思万千。"夫仁义者,治之门。"这样的仁义民本思想,至今滋养着这一方土地,乃至中国人的精神底蕴。

今天,在中国历史研究院、中国国家话剧院、中国国家图书馆的共同参与下,中央广播电视总台《典籍里的中国》(第二季)即将开播。我们将再次以典籍作舟,扬思想之楫,启迪当下,昭示未来。

新一季节目将利用全新的技术,在更加广博的时间与空间维度上,以全新视角打开典籍——无论是"千载凛然,犹有生气"的《汉书》,还是"统会古今之异同"的《永乐大典》;无论是《诗经》"高山仰止,景行行止"的君子之风,还是《礼记》"礼,时为大"的温润尚德,都将诠释出新的境界与面貌。

弦歌不绝,历久弥新。文化自信是一个国家、一个民族发展中最基本、最深沉、最持久的力量。作为党的意识形态重镇,中央广播电视总台将以习近平总书记关于坚定文化自信、传承和弘扬中华优秀传统文化的重要论述为指引,持续推出中华优秀传统文化精品节目,以一份份创意、一个个节目让中华优秀传统文化"活"起来、"火"起来,永不停歇地追寻和讴歌先贤所创造的伟大文明,以艺术为媒,为"是以中国"继续作答。

(2022 年 9 月 23 日)

在中国阿根廷人文交流高端论坛上的致辞

慎海雄

刚才，我们一起聆听了习近平主席和费尔南德斯总统致本次论坛的贺信。两位元首的贺信指引我们持续推动中阿全面战略伙伴关系谱写新篇章，朝着构建新时代中拉命运共同体、人类命运共同体方向不断迈进。黄坤明先生在致辞中，就加强中阿人文合作交流、共促两国人民福祉提出殷切希望。在此，我代表主办方深表感谢！我们一定认真落实。

今年是中阿建交50周年，五十载栉风沐雨，两国关系走过了不平凡的发展道路。特别是进入新时代以来，在两国元首的共同擘画引领下，中阿全面战略伙伴关系在高水平上持续深入发展，成为新兴市场国家团结合作的典范。坚持以人民为中心的发展思想和治国理念让我们跨越山海心灵相通。四年前，中央广播电视总台制作的西班牙语版《平"语"近人——习近平喜欢的典故》在阿根廷多家主流媒体落地播出，为广大西班牙语受众打开了领略习近平主席魅力风采的直观窗口。今年2月，费尔南德斯总统访华期间还专程到中国共产党历史展览馆参观，成为到访的首位外国元首。在喜迎党的二十大胜利召开的浓厚氛围中，总台与阿根廷国家通讯社合制节目《互鉴：以人民为中心》即将上线。我相信，这部作品将有助于让阿根廷人民更好了解新时代的中国，为促进两国交流互鉴、民心相通作出新贡献。

习近平主席指出："我们应该从不同文明中寻求智慧、汲取营养，为人们提供精神支撑和心灵慰藉，携手解决人类共同面临的各种挑战。"近年来，总台与阿根廷多家主流媒体密切协作，积极发挥媒体在人文交流中的独特作用。我们是互利共赢的践行者，不断深化媒体伙伴机制，全方位合作硕果累累；我们是媒体担当的守护者，在涉及两国核心利益问题上相互支持、发出正义之声；我们是两国故事的讲述者，共同策划发布了纪录片《跨越》等精品力作，传递两国绵延50年的友情，引发两国人民的共鸣；我们是对话交流的推动者，首倡"中阿全景""拉美伙伴"等论坛，增进互信、凝聚共识，让两国人民的心贴得更紧。

"国之华彩，人文化成。"中阿虽相距遥远，但两国人民相知相守，是彼此欣赏的知音。阿根廷足球和探戈征服了无数中国人，"中国热""汉语热"在阿根廷持续升温。中国南方城市广州有一家以阿根廷文豪博尔赫斯命名的书店，经营30多年来一直很受欢迎。或许，每一位在书店流连驻足的读者都与阿根廷有一段美妙的缘分。正如博尔赫斯的名言："我走遍天涯路，用脚步留下铿锵的诗。"回首过去，中阿两国人民同舟共济，走出互利共赢的友谊之路；展望未来，我们将怀着更加坚定的信念，谱写民心相通、共谋发展的新华章。

面对百年变局叠加世纪疫情，习近平主席提出全球发展倡议和全球安全倡议，中阿两国媒体应坚守初心，勇毅践行。中央广播电视总台将继续与阿根廷各界共同努力，以"深化媒体交流，共谋人民福祉"为己任，全面落实两国元首达成的重要共识，共同助力中阿全面战略伙伴关系迈入下一个辉煌50年，为构建新时代中拉命运共同体、人类命运共同体贡献媒体力量！

（2022年9月28日）

在中央广播电视总台2023"品牌强国工程"云发布活动上的致辞

慎海雄

新时代10年，中国壮阔前行的每一步，都在创造奇迹、书写历史。对于中国品牌来说，这10年也是实现跨越式发展、取得标志性成果的10年。前不久，中央广播电视总台策划推出的《伟大复兴　壮丽航程》《非凡十年》《解码十年》等系列报道，就生动展示了嫦娥"奔月"、"北斗"组网、天问"落火"、羲和"探日"，中国桥、中国车、中国港遍布全球，中国在全球创新指数排名从2012年的第34位上升到2021年的第12位，生动记录了10年来中国品牌屡创历史辉煌的非凡历程。

中国品牌的新时代巨变，媒体一直发挥着至关重要的作用。作为当今世界体量规模最大、业务形态最多、覆盖范围最广、节目生产量最大的综合性国际传媒航母，中央广播电视总台是中国品牌最重要的载体平台和展示窗口，也是最有影响力的品牌传播者和塑造者。

我们创新打造"品牌强国工程"，为70多家中国优秀企业提供全方位的融媒体传播服务，大大提升了中国品牌影响力。我们心系"国之大者"，开展"品牌强国工程·援鄂抗疫""品牌强国工程·乡村振兴"等多项公益行动，一大批农牧产品叫响全国、远销海外。"品牌强国工程"助力着中国品牌的高质量发展，见证着中国品牌不断向上突围，创造一个又一个奇迹。

打造中国品牌、增强国际影响力、形成中国品牌传播的强大国际舆论场，一直是中央广播电视总台义不容辞的职责所在。今年以来，中央广播电视总台牢牢把握创新这一总台工作的主旋律，大力推进全链条、全方位、全领域创新，圆满完成北京冬奥、香港回归祖国25周年等重大活动宣传报道，策划推出《领航》、《征程》、《人世间》、《美术里的中国》、《典籍里的中国》（第二季）、《诗画中国》等一大批精品力作，一大批首发独家国际新闻报道屡屡成为全球唯一信源，在海内外的引领力、传播力、影响力持续提升。特别是总台党的二十大相关报道截至10月24日总触达规模达252.01亿人次，并首次实现全球所有233个国家和地区全覆盖，在总台自有的44个语种基础上扩展到68个语种，创造了最广覆盖范围、最大触达规模、最多转播转载、最热互动话题的最佳传播效果。总台一系列高质量发展的创新成果，为传播中国品牌价值、展示中国品牌形象提供了国家级的媒体平台。我们将充分发挥总台丰富媒体资源优势和强大融合传播优势，深化提升2023年"品牌强国工程"，着力突出"品牌融合传播""品牌叙事传播""品牌文化传播"，进一步展示中国品牌的情怀与梦想，传播中国品牌的魅力与价值，更好地塑造中国品牌形象、提升中国品牌实力。

"新征程是充满光荣和梦想的远征。"中央广播电视总台愿与各界朋友携手共进、踔厉奋发、勇毅前行，以总台的责任担当和实力能力，助力中国品牌激发无穷魅力，共同奏响品牌强国交响曲，为以中国式现代化全面推进中华民族伟大复兴贡献中国品牌力量！

（2022年11月8日）

在第五届世界顶尖科学家论坛开幕式上的致辞

慎海雄

科技与媒体往往相生相伴。从"铅与火""光与电"到"数与网",每一次媒体变革,无不伴随着重大科技的突破。科技之新赋能了思想之新、艺术之新,中央广播电视总台作为当今世界体量规模最大、业务形态最多、覆盖范围最广的国际一流新型主流媒体,以"思想+艺术+技术"的理念,打开了媒体传播的无限想象,科技创新实力稳步走在全球媒体前列。

在北京冬奥赛场上,总台在全球首次将8K技术规模化运用于体育赛事直播报道,打造出纤毫毕现、极致震撼的沉浸式视听盛宴。在浩瀚宇宙探索中,总台在全球首次将AI超写实数字人物应用于4K科学纪录片创作,塑造全球首位"数字航天员",带领观众飞天逐梦奔赴星河。在万米海底,在珠峰之巅,总台在全球首次实现万米深潜4K超高清信号直播传送,还首次通过5G直播中国健儿珠峰登顶画面——我们用科技的力量一次次将镜头延伸到新时代中国的一个个新高度。

科技进步,关乎全人类的命运。在两周前闭幕的中国共产党第二十次全国代表大会上,习近平总书记重申"人类命运共同体"和"全人类共同价值"理念,再次引发热烈共鸣。当世界又一次站在历史的十字路口,人类比以往任何时候都更需要各国科学力量携手前行、共克时艰。

"不拒众流,方为江海。"科学是凝结人类文明智慧的灯塔,而顶尖科学家无疑是塔尖上的瞭望者,是每一个时代的刻度。我们邀请世界顶尖科学家聚集在一起、汇聚到上海,就是为了发掘这个星球的最强智慧,萃取整合,启迪人心,反哺社会,赋能人类,让科学之光辉映当下、照耀未来。

歌德曾说过:"科学与艺术属于整个世

界。"我们坚信，世界顶尖科学家论坛将碰撞思想，激扬智慧，用科学的力量把人类命运共同体的纽带紧紧相连。中央广播电视总台将践行国际一流新型主流媒体的职责使命，讲好科学故事，弘扬科学精神，让永无止境的好奇心牵引我们在攀登科学巅峰上勇毅前行，奔赴人类共同的星辰大海！

（2022年11月6日）

在中央广播电视总台奥林匹克频道提质升级座谈会上的讲话（节选）

慎海雄

中央广播电视总台奥林匹克频道及其数字平台开播一周年了。冬奥赛场的欢呼犹在耳畔，冬奥热情的余温持续不减。

一年前，总台奥林匹克频道及其数字平台开播上线，习近平总书记发来贺信指出："奥林匹克频道要通过奥林匹克运动和文化传播，讲述中国体育故事、弘扬中华体育精神，加强国际体育交流合作，推动我国同世界各国文明互鉴、民心相通。"

习近平总书记的贺信为奥林匹克频道的开播赋予了极其重大的意义。这再次表明，奥运的含义已经远远超出了一个国际性的体育赛事。奥林匹克从欧美走向亚太、从西方走向东方，史无前例的"双奥之城"北京，镌刻着中华民族踔厉奋发、笃行不息的非凡历程，更推动着世界不同底色的文明在奥运盛会上达到"美美与共"的历史巅峰。

一年来，我们以习近平总书记贺信精神为指引，深挖奥林匹克精神内涵，创作了《艺术里的奥林匹克》《冬奥山水间》《奥秘无穷》等一大批高品质的体育文化节目，让艺术之美贯穿于热血沸腾的体育故事之间。

就在上个月，国际奥委会发布的一份由其委托进行的研究报告说，2022年北京冬奥会的全球转播观众人数超过20亿，世界各地的观众在由奥委会授权的频道上观看了总计7130亿分钟的奥运会报道，与2018年平昌冬奥会相比增加了18%，达到了史无前例的规模和成功。在奥林匹克频道开播一周年之际，国际奥委会主席巴赫向总台发来贺信，盛赞总台为推动奥林匹克精神做出的贡献。

这份成绩单，让总台倍感自豪，这是从总台"思想+艺术+技术"这棵融合实践的参天大树上结出的丰硕成果，更彰显出中国的体育故事无与伦比的精彩丰富，让20亿全球受众收获激情与感动，凝聚团结与共识。

中华民族自古就以强身健体为荣。春秋时期读书人必须学的"君子六艺"，即礼、乐、射、御、书、数，射和御两项都属于体育活动。也就是说，早在2700多年前，体育已是一种"习艺"的表现，体美合一的理念始终浸润在中国文化历史的长河。

伟大古老的文明总是相映相通。中国的春秋百家争鸣时期，正值奥林匹克文化在古希腊孕育，人类对体育和艺术的共同追求超越了时空与国界。从公元前444年举行的第84届古代奥运会开始，文艺比赛就被列入奥运会的正式比赛项目，诗人、画家、音乐家、戏剧家、雕塑家共同为奥运会献上一场艺术盛宴。通过艺术表现人类追求极限的雄心、对澎湃生命力的颂扬、对公正与和平的礼赞，早在2000多年前便深深地烙印在奥林匹克的基因中。

艺术和体育是看似不关联但时时交融交汇的两条河流，共同汇入人类文明之河。艺术与体育的一个个交汇点就是最具活力的创新点，也是洞察体育文化的观测点。总台从这一点深挖，在"力与美"的交界处开掘新意，创作了精品节目《艺术里的奥林匹克》。

得益于总台近年来"思想+艺术+技术"的融合创新，节目将演播室打造成一间虚拟的艺术馆，充分运用数字动画、3D建模、虚拟现实等技术手段，让原本静态的艺术作品"活"起来。敦煌壁画描摹的操舟竞渡，青铜器上记载的西周射礼，一件件具有上千年历史的艺术作品，让观众在今与古的时空交响里，感悟热血体育中的艺术之魂。

站在体育与艺术的双坐标上，我们力求诠释二者相融相通的哲学内涵。从体育的视角重新审视艺术，大大拓宽了艺术的题材和研究范围；从艺术的视角重新审视体育，肢体之外彰显的是人类共通的价值情怀。《艺术里的奥林匹克》将艺术作品化为珍珠、将体育精神编为金线，历史时代为其打磨，最终为观众捧上一部气韵生动、贯通中外的文艺精品。这又何尝不是另一种艺术创造？

犹记北京冬奥会开幕式的点火仪式上，代表着世界各国的小雪花共同守护着一簇"微光"。"微火虽微，永恒绵长，生生不息，北京冬奥会的冬奥之火就是一捧光明永驻，直入人心，连接你我，一起向未来的奥林匹克之火。"作为这段解说词的执笔者，回忆起创作之时中华文化独有的浪漫在笔尖上如泉涌般跳跃而出，那种激情与感动，始终记忆犹新。

这前所未有的艺术创意，正是中国对奥林匹克文化根系下全人类共同价值的生动诠释。习近平总书记在党的二十大报告中强调："深化文明交流互鉴，推动中华文化更好走向世界。"我们深感职责使命重大。"浩渺行无极，扬帆但信风。"总台将扎根深厚的中华文明沃土，沿着人类文化艺术的璀璨星芒，求索"美美与共、天下大同"的美好未来，用一份份创意、一个个节目，让新时代中国故事、让中华体育精神和奥林匹克文化讲得更美、传得更远！

（2022年11月15日）

在《澳门双行线》开机仪式上的致辞

慎海雄

在深入宣传贯彻党的二十大精神浓厚氛围里，我们共同见证中央广播电视总台与澳门特别行政区政府"风劲濠江新启航"——新一轮合作的重点文化项目《澳门双行线》的开机。在此，我向各位致以衷心感谢！

作为当今世界体量规模最大、业务形态最多、覆盖范围最广、节目生产量最大的综合性国际传媒航母，中央广播电视总台发挥对澳门传播主力军、主阵地作用，与澳门保持着紧密合作，传播好中央声音，讲述好澳门故事。我们持续加强对澳门宣传报道，"大湾区之声"新媒体平台影响力不断提升，打造《观览澳门》等一大批新媒体产品，在横琴粤澳深度合作区挂牌成立一周年之际策划推出一批深度报道和权威专访，围绕学习贯彻党的二十大精神策划推出系列短视频，国庆期间与澳门特别行政区政府联合推出新媒体产品《澳门，盛景满城！》。我们创新"思想+艺术+技术"融合传播，免费授权澳广视播出北京冬奥会，策划制作《澳门之味》等精品纪录片，与澳门特别行政区政府联合打造2022中国网球巡回赛澳门职业级总决赛、《擎动中国》线上模拟器赛车总决赛等顶级体育赛事，为澳门经济适度多元发展注入新的强劲动能。

澳门是"一国两制"的成功典范，澳门历史城区是联合国教科文组织评定的世界文化遗产。作为"世界美食之都"，澳门美食已成为东西方文明交流互鉴、多元文化和谐汇融的生动典范。为进一步发掘展现澳门人文魅力，中央广播电视总台精心制作大型美食文旅节目《澳门双行线》，以澳门美食和文旅为线索，在"精致仪式感"与"人间烟火气"的双线探索中，寻找最能抚慰人心的澳门味道与动人故事，向海内外生动展示澳门"一国两制"成功实践，助力澳门城市形象新变化、文旅产业新发展。

踏上新征程，党的二十大描绘了伟大祖国的光明前景，必将为澳门的发展提供更多宝贵机遇。祖国好，澳门的明天一定会更加美好！总台将在中宣部、国务院港澳办、澳门中联办的指导支持下，与澳门特别行政区政府携手奋进，助力"一国两制"澳门实践行稳致远！

（2022年11月17日）

坚持守正创新　深化媒体融合
奋力打造国际一流新型主流媒体

慎海雄

党的十八大以来，习近平总书记高度重视网络安全和信息化工作，以马克思主义政治家、思想家、战略家的非凡理论勇气、卓越政治智慧、强烈使命担当，提出了一系列具有开创性意义的新思想、新观点、新论断，深刻回答了一系列方向性、根本性、全局性、战略性的重大问题，形成了内涵丰富、科学系统的习近平总书记关于网络强国的重要思想，引领我国网信事业取得历史性成就、发生历史性变革。

在网络强国建设进程中，媒体既是见证者、记录者，又是参与者、推动者。中央广播电视总台成立4年来，习近平总书记5次发来贺信，并作出重要指示批示，给总台同志们以鼓励、指导和期望。面对全媒体时代的全新挑战，总台始终坚持从习近平总书记的重要思想、重要论述、重要指示中找启迪、找思路、找答案，把忠诚拥护"两个确立"、坚决做到"两个维护"贯穿融入工作各方面全过程，以"大象也要学会跳街舞"的精神风貌拥抱互联网、打造全媒体，加快推动总台从传统广播电视媒体向国际一流原创视音频制作发布的全媒体机构转变，从传统节目制播模式向深化内容生产供给侧结构性改革转变，从传统技术布局向"5G+4K/8K+AI"战略格局转变，海内外引领力、传播力、影响力显著提升，有力有效服务好党和国家工作大局，以实际行动忠诚践行党的意识形态重镇的使命担当。

全面推进全链条、全方位、全领域精品节目创新，着力实现"满屏皆精品"的良好态势，凝心聚力构建网上网下同心圆

习近平总书记强调："我们要因势而谋、

应势而动、顺势而为加快推动媒体融合发展，使主流媒体具有强大传播力、引导力、影响力、公信力，形成网上网下同心圆，使全体人民在理想信念、价值理念、道德观念上紧紧团结在一起，让正能量更强劲、主旋律更高昂。"总台坚持深入推动内容生产供给侧结构性改革，精品力作浓墨重彩、亮点频出，以主流价值强化舆论引领。

新语态阐释新思想，大力提升总台"头条工程"传播实效。以领先的发稿时效、覆盖全球的传播优势、锐利深刻的评论言论和生动鲜活的"爆款"产品，传播好党的创新理论，讲好中国故事。北京冬奥会时政报道全网首发首推《习近平宣布第二十四届冬奥会开幕》等视频快讯，持续推发《习近平的"冬奥时间"》等17篇时政特稿，精彩呈现大国风范。习近平主席二〇二二年新年贺词相关报道总触达27.41亿人次，新媒体传播、海外传播数据创历年报道最高纪录。党的十九届六中全会相关报道总触达22.24亿人次，对外发稿累计触达海外受众4.8亿人次，创历年中央全会对外传播最佳成绩。创新打造《平"语"近人——习近平喜欢的典故》（第二季），总触达47.98亿人次。《央视快评》《国际锐评》《玉渊谭天》《总台海峡时评》《大湾区之声热评》《主播说联播》等创新产品影响力持续提升，着力推动习近平新时代中国特色社会主义思想"飞入寻常百姓家"。

新传播礼赞新征程，"思想+艺术+技术"完美呈现建党百年盛世盛典的永恒华章。以先进的技术手段、电影级的画面呈现、顶尖的直播水准，圆满完成庆祝中国共产党成立100周年大会、"七一勋章"颁授仪式、《伟大征程》文艺演出等重大宣传报道任务，创下自主研发高新技术应用最多、融合报道产品数量和传播数据最大、国际主流媒体采用时间最长、海外落地覆盖最广等多项新纪录，相关报道跨媒体总触达超112亿人次，成功展示党和国家盛典、人民节日的史诗级视听盛宴。

新视听讴歌新时代，高质量发展、改版升级推动"总台出品"权威招牌更加闪亮。围绕建党百年、脱贫攻坚、乡村振兴、全面建成小康社会等重大主题，精心策划推出《摆脱贫困》《敢教日月换新天》《美术经典中的党史》《山河岁月》《跨过鸭绿江》《大决战》《全国大学生党史知识竞答大会》《致敬国家丰碑——全国红色故事讲解员大赛》等一大批精品力作，受到海内外受众广泛赞誉。2022年春节联欢晚会连续第四年刷新跨媒体传播纪录，海内外跨媒体受众总规模达12.96亿人，新媒体端直点播总触达71.33亿人次。首次推出"竖屏看春晚"，累计观看人次4.39亿，30岁以下用户占比超50%。2022年第一季度总台收视份额上涨15%，《古韵新春》、《古韵新声》、《美术里的中国》、《我们，从延安走来》、《故事里的中国》（第三季）、《人世间》、《绝笔》（第二季）、《种子 种子》、《经典咏流传·大美中华》等剧目、作品融合传播、广受好评，呈现欣欣向荣的新时代中国气象。

要牢牢把握创新这一总台工作的主旋律，"5G+4K/8K+AI"战略格局硕果累累，媒体科技创新实力不断增强

习近平总书记强调，"党报、党刊、党台、党网等主流媒体必须紧跟时代，大胆运用新技术、新机制、新模式,加快融合发展步伐,实现宣传效果的最大化和最优化"。总台聚焦5G、大数据、云计算、人工智能等新技术,向科技创新要生产力,不断推进从终端技术、内容生态到传播渠道、生产平台全方位的转型升级。

世界一流、历史最好,总台科技创新点亮北京冬奥、载入奥林匹克史册。圆满完成历史首次奥运会开闭幕式8K国际公用信号制作,首次实现奥运会赛事全程4K制播,打造全球首个高铁5G超高清移动直播演播室,自主研发全球领先的超高速4K轨道摄像机系统"猎豹"、鱼竿摄像机、锥桶摄像机等特种设备"技惊四座",精彩实现"科技冬奥·8K看奥运"目标,创造了在总台多平台跨媒体总触达超628.14亿人次的传播纪录。国际奥委会主席巴赫先后两次接受总台"独家"专访,盛赞总台"报道和传播达到了史无前例的规模和成功"。奥林匹克广播服务公司(OBS)首席执行官伊阿尼斯·埃克萨科斯称赞:"无论是技术创新、数字科技,还是4K/8K的转播技术应用,总台目前在全球范围内都处于领先地位。"

引领潮流、突破前行,超高清电视制播技术实现从"并跑"到"领跑"的跨越。扎实推进超高清视音频制播呈现国家重点实验室、北京超高清示范园等重点项目建设,积极开展4K/8K电视演播室制作系统等关键系统设备研发。构建8K超高清传播体系,开播8K超高清电视频道,实现全球首次通过8K电视频道进行重大活动直播。开播全球首个24小时上星播出的4K和高清同播的专业体育频道——央视奥林匹克频道及其数字平台,覆盖用户超4.46亿。与有关部门联合发布《超高清视频产业发展行动计划(2019—2022年)》《8K超高清大屏幕系统视音频技术要求》等,创新打造"百城千屏"超高清产业项目。

跃马扬鞭、破圈传播,智能沉浸新媒体新技术研发应用创新突破。2022年全国两会报道中,创新运用虚拟演播室、XR、大数据归集、AI超仿真主播等新技术手段,推出《两会你我他》《两会C+时刻》等移动化、智能化、年轻态的融媒体产品,吸引更多年轻受众主动转发关注。2021年博鳌亚洲论坛报道中,首次启用新型4K/8K航拍直升机,为全球观众带来"高空视角+超高清画面"的全新体验。

深化"台网并重、先网后台、移动优先",持之以恒追求卓越、创造一流,建设好运用好新媒体新平台

习近平总书记强调:"要抓紧做好顶层设计,打造新型传播平台,建成新型主流媒体,扩大主流价值影响力版图,让党的声音传得更开、传得更广、传得更深入。"总台全面推进主力军进入主战场,把更多优质内容、先进技术、专业人才、项目资金向互联网汇集、向移动端倾斜,全力构建涵盖网站、客户端、手机电视、IPTV、互联网电视、户外电视等平台的全媒体传播矩阵,努力打造自主可控、具有强大影响力的新媒体平台。

旗舰平台提质升级,影响力显著提升。首个国家级5G新媒体平台央视频累计下载量达4.1亿,累计激活用户数达1.4亿,《央young之夏》《冬日暖央young》等创新产品"破圈"传播,"国聘行动"入驻企业达2.8万家、提供职位近270万个。"央视新闻"新媒体用户规模达 8.26 亿，着力打造全网新媒体直播第一品牌、新闻类短视频第一平台。云听客户端用户规模超 1 亿，增速位居音频行业第一。发起成立我国首个媒体融合主题国家级产业投资基金——央视融媒体产业投资基金，超额完成募集目标。

新闻网站各具特色，加快转型升级步伐。央视网多终端全球覆盖用户超 18 亿人次，深入推进"人工智能编辑部"、智慧媒体学院建设，"网络春晚"形成网络新品牌。央广网探索音频产品新形态新模式，创新推出"智能语音系统"。国际在线突出多语种国际化报道，《国际漫评》等创新产品海内外反响热烈。

海外平台创新发展，让世界听到更多中国声音。深刻把握国际传播领域移动化、社交化、可视化趋势，完善总台全球报道网络，创新开展"媒体外交"，持续深化"好感传播"，充分发挥 44 种语言、CGTN 融媒体平台、国际视频通讯社、海外总站等海外传播平台优势，抢首发、敢亮剑、争独家。在中美高层战略对话、阿富汗局势、美国国会骚乱、几内亚局势、汤加灾情、俄乌局势等重大报道中，总台一大批独家新闻屡屡成为全球唯一信源，被美国有线电视新闻网（CNN）、英国广播公司（BBC）等大量转发，让全世界听到中国媒体的声音。

奋进实现第二个百年奋斗目标新的"赶考之路"，总台将始终以习近平新时代中国特色社会主义思想为指导，深入学习贯彻习近平总书记对总台工作的一系列重要指示批示精神，坚持守正创新，推动媒体融合向纵深发展，奋力打造具有强大引领力、传播力、影响力的国际一流新型主流媒体，以实际行动迎接党的二十大胜利召开。

（原文刊发于《中国网信》杂志 2022 年第 3 期）

奋力提升国际舆论引领力、传播力、影响力

慎海雄

党的十八大以来，以习近平同志为核心的党中央高度重视国际传播工作，提出了一系列新思想、新观点、新论断，大力推动国际传播守正创新，引领我国国际传播能力建设取得非凡成就，国际话语权和影响力显著提升。习近平总书记对中央广播电视总台发展十分关心、寄予厚望，在中央电视台建台暨新中国电视事业诞生60周年、中央电视台农业农村频道正式开播、总台央视奥林匹克频道及其数字平台开播上线、中国人民对外广播事业创建80周年、首届全球媒体创新论坛开幕等节点多次发来贺信，并作出一系列重要指示批示，明确提出"打造具有强大引领力、传播力、影响力的国际一流新型主流媒体"的目标，要求总台加强国际传播能力建设，积极讲好中国故事、传播好中国声音，为实现中华民族伟大复兴的中国梦、推动构建人类命运共同体作出新的更大的贡献。

作为党的意识形态重镇和国家广播电视台，总台深入学习贯彻习近平总书记关于新时代加强和改进国际传播工作的重要论述和对总台工作的一系列重要指示批示精神，坚持从中找启迪、找思路、找答案，坚持守正创新、以攻为守，以传播实效为检验，持续加强国际传播能力建设，努力增进国际社会对中国发展的理解支持，为推动构建人类命运共同体、弘扬全人类共同价值发挥负责任媒体的积极作用。近年来，总台的国际传播力"骤升"，海外投送能力大增，初步形成"千树万树梨花开""大珠小珠落玉盘"的良好态势。

把握国际传播规律，对外宣介好习近平新时代中国特色社会主义思想，不断提升中国主张、中国智慧、中国方案的世界影响力

面对"两个大局"的深刻演变，习近平

总书记创造性提出了一系列富有中国特色、体现时代精神、引领人类发展进步潮流的新理念、新主张、新倡议，深刻回答了"世界怎么了、我们怎么办"的时代之问。习近平总书记强调，要广泛宣介中国主张、中国智慧、中国方案，我国日益走近世界舞台中央，有能力也有责任在全球事务中发挥更大作用，同各国一道为解决全人类问题作出更大贡献。总台深入学习领会习近平总书记重要论述，努力把握国际传播规律，讲好中国共产党、中国人民、中华民族的故事，浓墨重彩呈现"中国之治"的独特魅力，着力让可信、可爱、可敬的中国形象更加深入人心。

聚焦聚力打造总台"头条工程"，向世界宣传阐释好习近平新时代中国特色社会主义思想。总台始终坚持把对外宣介好习近平新时代中国特色社会主义思想作为首要政治任务，用海外受众能理解、易接受的概念来阐释，用融通中外、生动鲜活的话语来表达，讲好习近平总书记的故事、传播好习近平新时代中国特色社会主义思想。在北京冬奥会、冬残奥会宣传报道中，习近平总书记重要活动时政画面精彩完美呈现，相关时政产品、微视频、言论评论等持续推出，以最佳视角、最优画面、最快时效、最佳效果，向全世界生动展现了大国领袖的魅力风范。总台国际视频通讯社对外发布的习近平总书记相关时政视频新闻及多语种稿件，被88个国家和地区的1188个主流电视台及新媒体平台引用播出1.2万次，其中二十国集团（G20）的电视台数量占81%。精心打造《平"语"近人——习近平喜欢的典故》多语种版本，海外触达47.98亿人次。中国国际电视台（简称总台CGTN）策划制作的《经典里的中国智慧——平"语"近人》（国际版），全球触达超6亿人次。庆祝建党百年相关报道跨媒体总触达超122亿人次，直播信号和新闻素材被全球1000多家主流媒体转载转播，创下我国重大庆典对外传播国际主流媒体采用时间最长、海外落地覆盖最广等多项历史新高。

围绕大国外交创新开展媒体活动，服务好党和国家对外工作大局，展现新时代中国的蓬勃生机。总台紧紧跟随元首外交步伐，以习近平总书记出访阿根廷、意大利、俄罗斯、巴西等国为契机，通过签署合作协议、联合制作节目、共办媒体活动等方式，与到访国具有重要影响的主流媒体建立起稳固合作关系。北京冬奥会开幕前夕，总台举办首届全球媒体创新论坛，习近平总书记专门发来贺信，国际奥委会、俄罗斯全俄国家电视广播公司、美联社、路透社等145家国际组织和媒体机构负责人纷纷参与，引领全球媒体共同奏响"更团结"的和谐乐章。2021年7月，在《中俄睦邻友好合作条约》签署20周年之际，总台主要负责同志作为中俄友好、和平与发展委员会媒体理事会中方主席与俄方主席共同发表题为《加强媒体合作　筑牢睦邻友好》的倡议。2021年12月，在中国和尼加拉瓜恢复建交不久，总台马那瓜记者站即揭牌成立，总台与尼加拉瓜通讯和民政委员会签署中尼两国复交以来媒体领域的首份合作协议。围绕中国与阿根廷、毛里求斯建交50周年，中英建立大使级外交关系50周年等重要外交节点，总台精心打造纪录片《跨越》，举办"跨越50年，风华正茂""50年·新启航：寻找新时代的破冰者"等海外融媒体活动，产生热烈反响。

中央广播电视总台年鉴（2022）

充分发挥国际传播主力军、主阵地、压舱石重要作用，奋力提升在全球媒体格局中的地位、分量、份额

习近平总书记指出，必须加强顶层设计和研究布局，构建具有鲜明中国特色的战略传播体系，着力提高国际传播影响力、中华文化感召力、中国形象亲和力、中国话语说服力、国际舆论引导力。新时代的中国日益走近世界舞台中央，推动形成同我国综合国力和国际地位相匹配的国际话语权，国家主流媒体责无旁贷。总台坚持以变应变，大力创新国际传播工作理念机制，充分发挥44种语言、CGTN融媒体平台、多语种网红工作室、国际视频通讯社、海外总站等对外融合传播优势，实现一跃而起、独家引领，有效扭转以往在国际舆论场上充当"二传手"的被动局面，不断增强在国际舆论场的权威性、影响力。

抢首发、敢亮剑、争独家，加快提升国际传播投送能力，总台报道屡屡成为全球唯一信源，世界听到了中国媒体声音。总台建立国际突发事件快速反应机制，全力争取在全球重大突发事件报道中的"第一定义权"。在中美高层战略对话、阿富汗局势、美国国会骚乱、几内亚局势、汤加灾情、孟晚舟回国、俄乌冲突等一系列重大国际新闻报道中闻风而起、闻令而动，一大批独家新闻报道屡屡成为全球唯一信源，被美国有线电视新闻网、英国广播公司、美联社、路透社、法新社等大量转发。在阿富汗局势报道中，总台CGTN话筒成为美军撤离后塔利班首场新闻发布会上唯一媒体话筒，相关报道触达受众超73亿人次。在孟晚舟回国报道中，总台17条独家快讯均实现全球首发，14条独家视频成为全球唯一信源，相关报道触达34.19亿人次，新媒体平台点赞超4亿人次。在俄乌冲突报道中，总台前方报道员多次第一时间深入现场，实现多条重大消息全球首发、多个独家信源覆盖海外。

创新"思想+艺术+技术"融合传播，总台北京冬奥报道载入奥林匹克史册，国际舆论和全球受众高度赞誉。总台团队直接参与北京冬奥会开闭幕式文学撰稿、美术设计、播控技术、现场播报等重点环节，大量运用"5G+4K/8K+AI"沉浸式技术，向世界更好展示自信从容的中国。圆满完成首次奥运会开闭幕式8K国际公用信号制作，实现首次奥运会赛事全程4K制播，打造全球首个高铁列车5G超高清移动直播演播室，开播上线奥林匹克频道及其数字平台，北京冬奥会成为收视率最高的一届冬奥会。国际视频通讯社对外发布的相关新闻素材和多语种稿件，被116个国家和地区的2172个电视台频道及其新媒体平台引用播出达10.8万次，其中二十国集团的电视台数量占79%。国际奥委会主席巴赫3次接受总台独家专访，高度评价总台冬奥会赛事报道和传播工作。为表彰总台取得的成绩和与国际奥委会的长期合作伙伴关系，巴赫向总台主要负责同志颁授国际奥委会主席奖。

广交海外朋友、实现"四面开花"，积极推动文明交流互鉴，为构建人类命运共同体贡献中国媒体力量

"大道之行也，天下为公。"在这些年的国际传播工作实践中，习近平总书记关于"人类命运共同体""以人民为中心""绿水青山就是金山银山"等重要理念历经时代考验，赢得国际社会广泛关注和强烈共鸣。总台乘势而上、登高而呼，充分发挥国家主流媒体优势，创新开展对外交流合作，持续深化"好感传播"，广交五洲朋友，不断扩大知华友华的国际舆论朋友圈。

创新开展国际交流合作，总台的好伙伴越来越多、朋友圈越来越大、影响力越来越强。总台围绕建党百年、疫情防控、中美关系、涉港、涉疆等议题，持续加强与国际主流媒体负责人以及西方主要国家驻华大使的深入交流。2020年以来，与国际友人互致信函超过1100封，发起成立了"携手并肩"的拉美伙伴、"互信共赢"的欧洲伙伴、"合作发展"的东盟伙伴、"守望相助"的非洲伙伴等区域合作机制，打造了"中国—上合媒体新闻交换平台""融媒体定制化服务平台"等交流共享机制。充分发挥全球8个海外总站前沿传播优势，推出"中非环境保护媒体行动""全球行动倡议2021——气候变化"等一系列品牌媒体活动和特别节目。在受邀出席北京冬奥会开幕式前夕，俄罗斯总统普京接受总台主要负责同志专访。这次时隔3年多的第二次专访引发海外媒体广泛关注，总台多语种相关报道被70多个国家和地区的900多家主流媒体和网站转引转发。

持续深化"好感传播"，以传播效果为导向着力展示真实、立体、全面的中国。总台出品的纪录片《国家公园：野生动物王国》，聚焦中国国家公园独特生态景观和珍稀野生动植物，真实还原了大自然的瑰丽斑斓，再现了各类动植物的千姿百态，呈现了人与自然和谐相处的生态文化，彰显了国际顶尖自然纪录片制作水平，经西方主流媒体购买版权发行到全球100多个国家和地区。云南省10多头亚洲象迁徙的故事被总台历时5个月跟踪报道后，形成海外现象级传播，憨态可掬的"中国象"变成了"国际象"。2021年，总台首次与联合国教科文组织等有关机构举办"2021年联合国中文日活动暨总台首届海外影像节"，全球传播覆盖160多个国家和地区。2022年，第二届海外影像节聚焦国学之美、潮流之韵、时代之进，面向全球45个国家和地区征集近950件中文影像作品，海内外各平台总触达受众超过9亿人次。2022年总台春晚直播期间海内外跨媒体受众总规模近13亿，新媒体端直点播总触达超过71亿人次，全球170多个国家和地区超过650家媒体进行直播和报道，多项传播数据再创新高，总台春晚已成为传播中华文化的重要载体。

有力有效开展国际舆论斗争，持续增强海外投送能力，努力破除西方话语霸权，着力构建公正客观、积极健康的全球舆论生态

近日，习近平总书记在省部级主要领导干部"学习习近平总书记重要讲话精神，迎接党的二十大"专题研讨班上指出，面对国际局势急剧变化，我们在斗争中维护国家尊严和核心利益，牢牢掌握了我国发展和安全主动权。在国际传播工作中，总台有效开展国际舆论引导和舆论斗争，讲究舆论斗争的策略和艺术，不断提升重大问题对外发声能力，持续增强海外投送能力，奋力抢占国际舆论话语权，着力为我国改革发展稳定营造良好的外部舆论环境。

敢于斗争、善于发声，以攻为守突破美西方媒体长期垄断的舆论黑幕。总台优化统合国际舆论斗争工作机制，积极设置议题，不断提升在西方国家就地"消毒"能力，在国际舆论场形成一浪高过一浪的舆论声势。2019年，总台CGTN主播与美国FOX主持人开展"跨洋辩论"引发海内外强烈反响，这一传播效应持续深化，一大批拥有百万级以上海外粉丝的网红主播频频亮相海外主流媒体，讲述鲜活的中国故事，阐明中国立场、中国主张。在美国国会骚乱事件中，总台北美总站记者在全球媒体中成功抢发骚乱直播画面、记录事态真相，总台CGTN有关现场报道在北美地区收视率比肩美国有线电视新闻网，有效发出中国媒体声音。针对彭博社发布虚假"全球抗疫排名"，总台在全球组织3轮"全球网民民意调查"，推出原创视频《起底德特里克堡》等一系列"溯源美国"重磅报道、评论。针对美国举办所谓"民主峰会"，连续打出组合拳，参与承办"民主：全人类共同价值"国际论坛、2021·南南人权论坛，推出专题片《起底"美式民主"》等一批有影响力的产品，戳破"美式民主"画皮。围绕涉疆、涉藏议题打造《暗流涌动——中国新疆反恐挑战》《中国新疆之历史印记》《重走天路看变迁》等，向世界讲述事实真相。2022年以来，连续策划推出《连少年儿童都保护不了，美国政客有何资格谈"民主""人权"？》《看美政客怎么解释他们给新疆编织的这个弥天大谎！》等一大批报道、评论，多角度揭批美国人权虚伪面目，有力有效反制美国恶意诋毁。

针锋相对、以正视听，坚决破除美西方媒体长期形成的话语霸权和有色眼镜。总台持续擦亮《央视快评》《国际锐评》《玉渊谭天》《大湾区之声热评》《总台海峡时评》《主播说联播》、CGTN多语种评论等评论言论品牌，以有风骨、敢亮剑、接地气的新语态持续引领国内外舆论场，坚决不被反华势力"牵着鼻子走"，绝不让政治私利、霸权主义、种族歧视、意识形态偏见误导全球民众。在对外交往中坚决捍卫国家利益，既"和风细雨"推动合作，也旗帜鲜明批评一些国家媒体在疫情和涉华报道上造谣生事的恶劣行径。在国际会议多边舞台上，积极带动国际舆论场共同发出正义之声，为全球治理提供正能量。

在与国际媒体的交流、交往、交锋中，我们深刻认识到，党的十八大以来我国国际传播工作之所以能够取得全方位、开创性成就，最根本在于习近平总书记的掌舵领航，在于以习近平同志为核心的党中央的坚强领导，在于习近平新时代中国特色社会主义思想的科学指引。奋进新征程，我们将更加紧密地团结在以习近平同志为核心的党中央周围，深刻领悟"两个确立"的决定性意义，进一步增强"四个意识"、坚定"四个自信"、做到"两个维护"，牢记嘱托、开拓创新，持续加强国际传播能力建设，奋力打造具有强大引领力、传播力、影响力的国际一流新型主流媒体，以实际行动迎接党的二十大胜利召开，为实现中华民族伟大复兴的中国梦作出新的更大贡献。

（原文刊发于《求是》杂志2022年第15期）

《解码十年》：礼赞山河锦绣

慎海雄

时间的长河里，有些时段因其特殊意义而为历史所铭刻。新时代10年的伟大变革，在党史、新中国史、改革开放史、社会主义发展史、中华民族发展史上具有里程碑意义。

非凡10年，如何以一份景仰之心来描绘、来礼赞？

过去10年，道路自信、理论自信、制度自信、文化自信，让我们解读时代的"脑力"大大增强；过去10年，数字化浪潮席卷全国，各个地区、各行各业的海量数据，让我们丈量时代的"脚力"大大增强；过去10年，太空中的卫星、地面上的传感器遥相呼应，让我们观察时代的"眼力"大大增强；过去10年，新媒体、新应用、新产品层出不穷，让我们描绘时代的"笔力"大大增强。

"明者因时而变，知者随事而制。"作为时代发展的见证者、记录者，中央广播电视总台坚持以创新为主旋律，深入推进"思想+艺术+技术"融合传播，与时俱进地以新语态阐释新思想、以新传播讴歌新时代、以新视听赞美新征程。

2022年8月9日，一档清风扑面、耳目一新的节目在《新闻联播》亮相。13集系列报道《解码十年》一经播出，即引发广泛关注和热评。作为总台迎接党的二十大的重磅作品，《解码十年》以"新发展理念"为魂，首次尝试"卫星视角+大数据调查+新闻故事"的报道方式，生动立体地展现历史性成就和历史性变革，解开奋进路上的成就之码、力量之码、奋进之码、合作之码，让场景随着数字跃动、让人物伴着数字鲜活、让10年巨变可感、可知、可信、可敬。节目实现融媒体传播，全网累计触达量超过60亿人次，获得社会各界一致好评。

数据说话　信而有征

党的十八大以来，在习近平总书记亲自指引下，全党全国各族人民攻坚克难、矢志奋斗,各条战线、各个领域不断发生重大变革、实现重点突破、取得重大成就。在记录时代的海量数据中,以"数"为针,揭示"数"中之"密",讲述"数"内之"事",探究"数"后之"道",《解码十年》找到了解开辉煌10年密码的"金钥匙"。

数据不是单薄的,它有力地展现了中国之进的磅礴力量。"反贫困始终是古今中外治国安邦的一件大事。"为彻底解决千百年来困扰中华民族的绝对贫困问题,以习近平同志为核心的党中央团结带领全国人民组织实施了人类历史上规模最大、力度最强的脱贫攻坚战。"决不能落下一个贫困地区、一个贫困群众。"这是党中央向人民作出的庄严承诺。《解码十年》开篇就将镜头对准脱贫这一历史性难题和脱贫攻坚伟大斗争。《精准扶贫让9899万贫困人口一道迈入小康社会》《易地扶贫搬迁 960多万人迎来新生活》等报道一改宏大叙事,而是以小见大,以数字的力量诉说变化的步伐。9899万相当于世界上一个人口大国的人口总数,960多万贫困人口易地搬迁,相当于给一个中等规模人口的国家搬了一个家。通过一组组有代表性的数字,让全世界见证了中国脱贫攻坚这一人类历史上的伟大奇迹。

数据不是冰冷的,它温暖地讲述了人民之呼的奋进故事。"良好生态环境是最公平的公共产品,是最普惠的民生福祉。"《解码十年》巧妙使用对比方法,使亿万受众自豪地看到,祖国大地上空,雾霾散去,蓝天白云,繁星闪烁。10年间,全国339个地级及以上城市平均空气质量优良天数增加了39天;黄河流域治理水土流失2.68万平方公里,长江优质水断面超过97%,祖国的母亲河重焕生机;农村自来水的普及率提高了19个百分点,数以百万计的农村人口摆脱了"饮水氟超标"和"苦咸水";9195处自然保护地,11亿亩新增林草面积,人与自然的关系正在不断重构。数字的长度标志着成就的高峰,数值的提高代表着群众的幸福,数据的对比见证着历史的跨越。数字不再是简单、枯燥、冰冷的符号,而是温暖人心、激励激情的有生力量。

数据不是沉默的,它昂扬地刻画了时代之变的拼搏画卷。"伟大梦想不是等得来、喊得来的,而是拼出来、干出来的。"在《穿山越壑 向交通空白处挺进》一集中,节目采取"见人见物"的铺陈方法——在海拔4700米终年积雪的色季拉山中,司机王新驾驶中国自主研发的掘进机"雪域先锋号",在坚硬的花岗岩地层中艰难掘进,征服高寒、高海拔、特殊的地质条件,完成了迄今为止人类面临的最具挑战的铁路工程,把雪域高原带入动车时代。在中国中西部,像王新一样的普通建设者还有很多,他们奋战在横断山脉、念青唐古拉山、祁连山……一寸一尺,一块一石,砥砺前行,把一座座过去难以征服的大山巨壑变成通衢坦途,填补了中国巨幅交通网上难以触达的空白之处。蓝图不可能一蹴而就,梦想不可能一夜成真。越是美好的未来,越需要付出艰辛努力,咬定目标、脚踏实地、埋头苦干。

技术助力 破圈传播

借助于新理念、新装备、新技术、新应用,《解码十年》的视听呈现,既可以像孙悟空一样腾云驾雾、钻天入海、幻影移形,也可以像工笔画一样工整、细腻、严谨。如果说,《解码十年》创造性地展示了10年辉煌的巨大成就，那么也正是10年来全国各领域各行业丰富的创新成果，为《解码十年》的理念和实践创新插上了腾飞的翅膀。

思想为硬核，创新为驱动，融合为目标。一档精品节目得益于思想、艺术、技术的和合一体、水乳交融、浑然天成。《解码十年》的创新点在于：一是将以习近平新时代中国特色社会主义思想统揽全局与新闻报道创新高度融合。完整、准确、全面理解创新、协调、绿色、开放、共享的新发展理念，以此谋篇布局、铺陈敷设，搭建整个报道的四梁八柱。二是将影视新技术应用与艺术化节目构建高度融合。《解码十年》运用了卫星遥感、地理信息还原、航空测绘、倾斜摄影、三维建模等多种技术手段，并首次在新闻报道中使用了实景高质量数字化建模，首次将游戏开发领域中使用的虚幻引擎"跨界"应用于报道，此外还大量运用"一镜到底"的拍摄技巧。这些新技术、新应用、新方法，本身并不是难以企及的"天外秘笈"，然而将它们综合融合运用，就支撑起富于想象力的节目构思，造就了极富冲击力的"扶摇天地一镜开，山河巨变入画来"的诗画美景。三是将首创意识与工匠精神高度融合。时代发展，需要大国工匠；迈向新征程，需要大力弘扬工匠精神。对于一档精品节目而言，关键的要素是人。《解码十年》创作团队发挥了"精益求精、一丝不苟、追求完美"的工作精神，对数据再三分析、再三挖掘、再三剖析。如，对云南省怒江傈僳族自治州福贡县统计报送的易地扶贫搬迁数据，经过大量演算分析，最终在地理信息系统的三维地图上还原了移民所有的搬迁路线，这是从来没有人做过的事。在《中国迈入创新型国家行列》一集中，制作团队从上千个倾斜摄影数据包的上亿个建筑剖面中，去瑕撷精、修残补缺、精工细作，仅后期制作就用了半个多月，最终实现了技术与内容、艺术与思想的完美融合。

运用新技术，打开新视角，带来新认知。新科技是新闻宣传事业高质量发展的强大推动力。《解码十年》充分利用高技术、强装备特点，为受众打造了新的认知视角。一是卫星视角的规模化应用，营造出一种大范围、大景深的"空间视角"，带来超乎想象的感官冲击和视觉震撼。在《让母亲河永葆生机活力》一集中，通过环境遥感卫星对数十年间黄河流域的植被进行图像捕捉，还原了黄河沿线的生态变化，让观众通过卫星视角，清晰地看到黄河沿线绿色草地与黄色沙漠之间的交界线。10年间，绿进沙退——这条"黄河绿线"，最远向西推进了150公里，凸显了黄河沿线的生态巨变。二是国家级大数据的集中调用。在各方大力配合下，节目打通50多个部委和直属单位、顶尖级大数据机构、科研院所的国家大数据库，调取数以万亿级的海量大数据，经过错综复杂的计算、推演、分析，再将分析结论以视觉艺术的形式加以呈现。在《绘就命运与共新蓝图》一集中，节目从近10年中国与全球各国的贸易交易数据中，推演出了中国走向全球供应链中心位置的历史进程。三是无人机、穿越机、手持电影机等我国自主研发高科技装备的广泛应用。高科技装备的创新应用，提升了节目的科技感、渲染力和时代性，彰显了主流媒体强大的节目制作能力和科技创新实力。

从群众中来，到群众中去，以人民为本。习近平总书记指出："读者在哪里，受众在哪里，宣传报道的触角就要伸向哪里，宣传思想工作的着力点和落脚点就要放在哪里。"主流媒体应始终坚持以人民为中心的工作方向，守正创新，拥抱数字化，拥抱互联网。一是紧扣时代脉搏，把握时代潮流，展现时代风采，把"群众喜不喜欢，爱不爱看"作为出发点。《解码十年》在采访广西环江毛南族自治县下南乡党委副书记、乡长谭红耀，新疆和田地区于田县达里雅布依新村村民艾巴提·阿不都拉，四川凉山州昭觉县三岔河镇三河村党支部副书记洛古有格时，制作团队请三位嘉宾以手机"自拍"的方式，以"第一人称""第一视角"介绍了各自家乡在易地扶贫搬迁前后的变化。三位嘉宾的自拍很"潮"，画面很生动，起到了画龙点睛的作用。二是紧贴群众生活，放下架子，扑下身子，卷起袖子，甩开膀子，把"向人民学习，拜人民为师"作为根本点。在《易地扶贫搬迁 960多万人迎来新生活》一集中，来自云南省怒江傈僳族自治州福贡县托坪村安置点的居民罗德军过去的家在高黎贡山上，出门一个来回要走整整一天。节目组跟着他一起体会出门不易，并在镜头设计上，从罗德军之前居住的破旧的茅草屋一下子拉到整个怒江大峡谷，使观众对当地居民搬迁情况一览无遗。三是紧紧把握受众的收视心理、满足群众的视听需求，把群众的生活习惯、欣赏习惯作为落脚点。检索《解码十年》网友留言，最醒目的关键词是"震撼"。节目创新叙事表达，大幅度提升了画面内容承载力、主题表现力和视觉冲击力，呈现气象万千、焕然一新的高质量视听体验，特别是满足了年轻受众对强大视觉冲击效果的强烈需求。在《中国迈入创新型国家行列》一集中，深圳前海的呈现画面以三维地球开场，随后利用卫星从太空视角观察10年变化，当镜头推近到城市上空，倾斜摄影技术生成的三维模型，真实还原了这里几十平方公里的设施分布，并在模型与航拍之间实现虚实结合的无缝衔接。五项技术的融合使用，带来了视觉的全新体验。

以新促变　以融致用

习近平总书记指出："惟创新者进，惟创新者强，惟创新者胜。"创新是媒体的内在气质、本质需求和高质量发展的不竭动力。《解码十年》将10年的伟大成就转变为具体鲜活的故事，是党的创新理论转化为节目创新创造的生动实践。

走具有民族特色的思想引领之路。"努力创作无愧于我们这个伟大民族、伟大时代的优秀作品。"新时代呼唤新作品，出新出彩就是要紧紧抓住内容创作这个"牛鼻子"，就是要坚持思想引领这一制胜法宝。一是要始终坚持从习近平总书记的重要思想、重要论述、重要指示中不断找启迪、找思路、找答案。总台成立以来的丰富实践深刻启示我们：只要真正把习近平新时代中国特色社会主义思想学懂弄通做实，进一步做好宣传报道工作就有了取之不尽、用之不竭的动力源泉。无论何种节目形态，都要突出思想引领，让习近平新时代中国特色社会主义思想和习近平总书记的领袖魅力风采"飞入寻常百姓家"，奏响时代的强音，吹响时代的号角。二是在博大精深的文化宝库中获取创作灵感。"只有把美的价值注入美的艺术之中，作品才有灵魂，思想和艺术才能相得益彰，作品才能传之久远。"近年来，总台出品的《典籍里的中国》《国家宝藏》《中国考古大会》《寻古中国》《美术经典中的党史》《荣宝斋》《诗画中国》等一大批精品力作，受到了广泛好评，发挥了主流媒体文化传播主阵地、主渠道、主力军的重要作用。主流媒体应不断提升作品的精神能量、文化内涵、艺术价值，让更多思想性、艺术性、观赏性俱佳的精品内容带领受众"乘风好去，长空万里，直下看山河"。

走具有世界领先优势的技术创新之路。 充分利用高新技术的前沿优势，加快推进全链条、全方位、全领域融合创新。全媒体时代，谁掌握了科技发展主动权，谁就掌握了媒体变革发展权，谁就能够在未来媒体格局中引领潮流。放眼全球传媒业，中国正在成为技术高地、创新高地、人才高地。我们应紧紧抓住当前全球科技创新正处于空前密集活跃期这个关键时机，趁势而为，深入实施"5G+4K/8K+AI"战略，突破国外技术垄断，增强新技术自主研发能力，加快推进技术应用创新，实现技术发展由跟跑、并跑向领跑的战略性转变，让技术创新在全球媒体竞争中一马当先、一枝独秀、一骑绝尘，在确保安全播出和网络安全的前提下，为精品节目生产提供强大的技术支撑力。

走具有主流媒体特色的融合发展之路。 一是逐步形成融媒体传播优势。要将优势资源向新媒体集聚，奋力打造充满创新、浑身创意、满目希望的新媒体、新平台、新内容，深化一体化传播模式，提升融媒体传播效果。二是构建网络舆论场上的"新打法"。在形式上，以攻为守、主动作为，绵绵发力、久久为功；在内容上，以有风骨、敢亮剑、接地气的新语态持续"引爆"舆论场，通过大量形态多样、鲜活灵动的融媒体产品，在互联网上形成排山倒海般的传播声势，达到"奇外无奇更出奇，一波才动千波随"的传播境界。《解码十年》在《新闻联播》播出后，总台新媒体平台立即依据各自特点，以视频、图文特稿、《主播说联播》、话题设置等形式，全方位开展新媒体矩阵传播。央视新闻官方微博主话题"解码十年"累计阅读量超2.9亿，登上微博热搜置顶位，相关稿件跨平台总触达量达57.8亿人次。一组组传播数据彰显了主流媒体强大的引领力、传播力、影响力。

"满眼生机转化钧，天工人巧日争新。"艺术的高度取决于思想的厚度，技术的精度决定了艺术的广度。只有坚持思想、艺术、技术的高度融合统一，不断激发节目创作灵感、增强思想精神内涵、丰富艺术表达和渲染手段，把思想的张力通过艺术、技术表现出来，才能不断创作出大气磅礴、震撼人心、气势如虹、力透纸背，站得住、叫得响、传得开，让人民群众爱不释手、历久弥新的精品力作。总台将始终坚持以习近平新时代中国特色社会主义思想统领一切工作，不断深化"思想＋艺术＋技术"创新实践，不断实现融合传播、破圈传播，奋力打造具有强大引领力、传播力、影响力的国际一流新型主流媒体，以实际行动迎接党的二十大胜利召开，为实现中华民族伟大复兴的中国梦作出新的更大的贡献。

（原文刊发于《求是》杂志
2022年第19期）

奋力打造具有强大引领力、传播力、影响力的国际一流新型主流媒体

慎海雄

人类历史的航程波澜壮阔，总会在重要时点铭刻下永恒的时代印记。党的二十大，是在全党全国各族人民迈上全面建设社会主义现代化国家新征程、向第二个百年奋斗目标进军的关键时刻召开的一次十分重要的大会，是一次高举旗帜、凝聚力量、团结奋进的大会，事关党和国家事业继往开来，事关中国特色社会主义前途命运，事关中华民族伟大复兴。全面学习领会落实党的二十大精神，要求我们奋力打造具有强大引领力、传播力、影响力的国际一流新型主流媒体。

全力以赴、完美呈现，以圆满成功的宣传报道唱响时代最强音

作为党的意识形态重镇和国家广播电视台，中央广播电视总台坚持把深入学习领会党的二十大精神与扎实做好党的二十大宣传报道紧密结合起来。做好党的二十大宣传报道各项工作，是对我们深刻领悟"两个确立"的决定性意义、用实际行动做到"两个维护"的具体检验。全台同志坚决贯彻落实中央精神和中宣部工作部署，团结一致、守正创新、攻坚克难、有条不紊，取得了党的二十大宣传报道的圆满成功，创造了最广覆盖范围、最大触达规模、最多转播转载、最热互动话题的最佳传播效果，赢得海内外受众广泛赞誉。

对外传播实现历史性突破，党的二十大主旋律响彻全球。截至10月24日，总台党的二十大相关报道在总台自有平台跨媒体总触达252.01亿人次，首次实现全球233个国家和地区全覆盖；在总台自有44个语种的基础上，将大会报道语种数量扩展到68个，成功扩大报道全球覆盖面；总台国际视频通讯社向全球

媒体发布党的二十大开幕会等12场直播信号和大量新闻素材，全球133个国家和地区的1818家电视台及其新媒体平台转播总台报道达4.2万次，各项核心传播数据连连刷新对外传播纪录；美欧地区集中突破，其中950家主流电视台均采用总台提供的直播信号和新闻素材进行转播报道，美联社、路透社、法新社、欧广联等也全部采用总台信号和素材；特别是总台坚持以攻为守、"一国一策"、稳扎稳打，开展近身舆论战，历史性地在台湾当局14个所谓"邦交国"实现党的二十大报道全覆盖。

全方位、矩阵式、立体化传播，全景完美呈现大会盛况。 调配最精干力量、集中最优质资源组成最专业直播团队，多次现场踏勘、视频推演，反复打磨、细化方案，确保十拿十稳、万无一失，经典镜头意蕴深长、最佳光影极致呈现、饱满音质直抵人心——总台以最高品质呈现记录了党的二十大盛会盛况，形成了珍贵历史影像。开幕会直播在总台各新媒体平台阅读播放量8.72亿，创历史新高。《新闻联播》《新闻和报纸摘要》等重点新闻栏目开栏播出《二十大时光》《伟大复兴　壮丽航程》《奋进新征程　建功新时代·非凡十年》《大美中国》《江河奔腾看中国》《走进县城看发展》等系列报道，海内外反响热烈。党的二十大闭幕会特别报道、新闻发布会、记者招待会、"党代表通道"直播报道等，累计触达超11.38亿人次。大会期间，"央视新闻"微博开设党的二十大相关话题总阅读量突破147亿，频频占据热搜榜首位。

"思想＋艺术＋技术"创新融合，"满屏皆精品"凝聚起团结奋进的磅礴力量。 迎接党的二十大，宣传贯彻党的二十大精神，总台创新运用"5G+4K/8K+AI"科技成果，持续打造《领航》《征程》《新时代》《解码十年》《思想的力量》《雄安　雄安》《中国大区域》《为了更美好的生活》《高端访谈》等一大批精品力作，用琳琅满目、目不暇接的精品节目矩阵营造浓厚氛围。评论言论产品掷地有声，《央视快评》《国际锐评》《玉渊谭天》《时政新闻眼》《主播说联播》《联播+》等协同发声，连续播发30余篇重磅评论言论产品，以国内国际多重视角权威解读党的二十大精神，海外及港澳台媒体广泛转载，反响热烈。

学思践悟、知行合一，从实践中深刻领悟党的二十大的思想伟力

"一个民族要走在时代前列，就一刻不能没有理论思维，一刻不能没有正确思想指引。"面对快速变化的世界和中国，我们坚持学思践悟、知行合一，从实践中深刻领悟党的二十大的思想伟力，坚持好、把握好、运用好习近平新时代中国特色社会主义思想的世界观、方法论和贯穿其中的立场观点方法，坚定历史自信、增强历史主动，科学回答新的"赶考之路"的时代考题，在新征程上向着新的奋斗目标踔厉奋发、勇毅前行。

党的二十大科学回答了"中国之问"，我们要深入学习领悟过去五年工作和新时代十年伟大变革的重大意义，以实际行动坚定拥护"两个确立"、坚决做到"两个维护"。 习近平总书记指出："事非经过不知难，成如容易却艰辛。这10年，有涉滩之险，有爬坡之艰，有闯关之难，党和国家事业实现一系列突破性进展，取得一系列标志性成果。"党的二十大

开幕前夕，总台推出的特别报道《解码十年》以新发展理念为魂，创新"卫星视角+大数据调查+新闻故事"报道方式，通过一组组数据多元立体地展现了新时代十年的历史性成就和历史性变革，成为中国式现代化实践伟力的生动写照，全网触达人次超60亿。我们每个人都是非凡十年的亲历者、参与者、记录者，从日新月异的变化中深刻领悟到，实现中华民族伟大复兴之所以进入了不可逆转的历史进程，根本在于有习近平总书记作为党中央的核心、全党的核心掌舵领航，有习近平新时代中国特色社会主义思想科学指引。为了完美呈现新一届中共中央政治局常委首次集体亮相的历史性场景，总台报道团队先后组织十余次全流程、全要素演练。如：首次在金色大厅搭建大型专业灯架，一体化设计镜头，以最佳构图呈现历史性画面；首次综合采用最新型超高清转播车、大型伸缩摇臂、全新高倍镜头，展现600多名中外记者云集现场、世界目光关注中国的盛大场面。总台以平实务实、精准精确、高质高效的镜头语言和饱满音质深刻诠释习近平总书记无愧为民族复兴领路人、亿万人民主心骨，用总台人"精益求精、一丝不苟、追求完美"的工作作风让海内外受众深刻感受到，以习近平同志为核心的新一届中央领导集体是领航新时代新征程的坚强领导集体，必将团结带领全党全国各族人民创造新的历史伟业。

党的二十大科学回答了"世界之问"，我们要深入学习领悟胸怀天下的世界担当，敢于斗争、善于斗争，为推动构建人类命运共同体贡献中国媒体力量。"大道不孤，德必有邻。"这些年我们在与国际媒体交流、交往、交锋的工作实践中，深刻感受到习近平总书记关于构建人类命运共同体、"一带一路"倡议、全人类共同价值、全球发展倡议、全球安全倡议等一系列重要理念，赢得国际社会广泛共鸣。总台创新策划"新征程的中国与世界"等52项宣介党的二十大精神的境外媒体活动，反响极为热烈，其中在美国华盛顿举行的专场研讨会，被北美地区100多家主流媒体转播转载，在欧美地区传播取得突破性成果；总台多语种主播、记者与国际主流媒体直播连线160余次，发表署名文章360余篇，尤其是在英国广播公司、英国天空新闻台、法国24台、彭博社等美西方主流媒体广泛发声；总台CGTN发布的《二十届中共中央政治局常委同中外记者见面》英语、法语、西班牙语直播特别节目，均冲上谷歌视频搜索第一位；充分调动海外报道资源，采访1000余位国外政要、专家学者和意见领袖，相关人士衷心祝愿中国新征程取得新成就。一系列"组合拳"，让全世界看到了中国之治的独特魅力。大会胜利召开之际，总台收到俄罗斯全俄国家电视广播公司、西班牙《真理报》、埃及《金字塔报》、阿根廷国家通讯社、巴西旗手传媒集团、英国《晨星报》等50多家国际媒体组织机构负责人发来的信函视频，他们通过总台祝贺中国共产党第二十次全国代表大会胜利召开，期待中国未来发展，期待加强沟通合作。"循大道，至万里。"通过总台党的二十大对外传播报道，我们更加深刻地认识到，只要深刻领悟习近平总书记的大思想大思维大战略，认清新形势下加强和改进国际传播工作的重要性和必要性，就一定能以人间正道团结一切可以团结的力量，赢得历史主动、赢得光明未来，让真理的力量、正义的声音传遍全球。

党的二十大科学回答了"人民之问",我们要深入学习领悟"江山就是人民,人民就是江山"的人民情怀,奋力唱响团结奋斗的昂扬旋律。"团结才能胜利,奋斗才会成功。"党的十八大以来,我们党紧紧依靠人民,稳经济、促发展、战贫困、建小康、控疫情、抗大灾、应变局、化危机,攻克了一个个看似不可攻克的难关险阻,创造了一个个令人刮目相看的人间奇迹。总台推出的《领航》《征程》等系列专题片,把宏大演绎与微观雕琢相贯通,以小切口反映大主题、以小故事折射大时代,让广大受众看到了身边的生活变化、看懂了什么是"以人民为中心"、看清了以中国式现代化全面推进中华民族伟大复兴的坚定步伐。"江山就是人民,人民就是江山。"党的二十大深刻回答了新的历史起点上满足什么样的人民日益增长的美好生活需要、怎样满足人民日益增长的美好生活需要的"人民之问",是我们党"以人民为中心"赤子情怀最为直接、最为集中、最为生动的体现,是对马克思主义唯物史观最鲜活最深刻的表达。作为党的新闻舆论工作者,我们要牢记习近平总书记的谆谆教诲,推出更多讴歌新时代、讴歌人民的精品力作,不断提高艺术水准和群众满意度,更加有力有效地履行好举旗帜、聚民心、育新人、兴文化、展形象的使命任务。

党的二十大科学回答了"时代之问",我们要深入学习领悟习近平新时代中国特色社会主义思想,着力学深悟透、融会贯通、知行合一。中国共产党为什么能,中国特色社会主义为什么好,归根到底是马克思主义行,是中国化时代化的马克思主义行。近日,习近平总书记在河南安阳考察时强调:"中华优秀传统文化是我们党创新理论的'根',我们推进马克思主义中国化时代化的根本途径是'两个结合'。"习近平总书记的一系列重要论述深刻揭示了百年大党不断从胜利走向新的胜利的成功密码。总台推出的20集时政微纪录片《思想的力量》,以年轻化的新语态,生动记录了以习近平同志为核心的党中央以全新的视野深化对共产党执政规律、社会主义建设规律、人类社会发展规律的认识,开辟了马克思主义中国化时代化新境界;生动讲述了在习近平新时代中国特色社会主义思想指引下,十年来一个个改变命运的故事,全网总触达人次超35.8亿,受到年轻受众广泛好评。习近平总书记指出:"伟大梦想不是等得来、喊得来的,而是拼出来、干出来的。"我们要深刻领会习近平总书记的教导,牢牢把握"两个结合"的深刻内涵,切实把握"六个必须坚持"的精髓要义,努力创作无愧于我们这个伟大民族、伟大时代的优秀作品,以媒体人的职责使命刻画时代巨变的壮美画卷。

守正创新、奋发有为,在新的赶考之路上向党和人民交出新的优异答卷

习近平总书记强调:"全党要在全面学习、全面把握、全面落实上下功夫,坚定不移把党的二十大提出的目标任务落到实处,奋力夺取全面建设社会主义现代化国家新胜利。"中央广播电视总台将牢记习近平总书记殷切嘱托,全面学习领会落实党的二十大精神,不忘初心、牢记使命,谦虚谨慎、艰苦奋斗,敢于斗争、善于斗争,撸起袖子加油干,一步一个脚印把党的二十大作出的重大决策部署付诸行

动、见之于成效。

进一步发挥总台党的意识形态重镇作用，平实务实、精准精确、高质高效，把党的二十大精神宣传报道引向深入，着力营造奋进新征程的浓厚舆论氛围。始终坚持把宣介好习近平新时代中国特色社会主义思想作为首要政治任务，持续深化提升总台"头条工程"，深入解读党的二十大提出的重大理论观点、重大方针政策、重大工作部署，策划推出解读党的二十大等系列专题专栏；运用科技创新成果精心谋划做好重大时政报道，春风化雨引导广大受众深刻领悟"两个确立"的决定性意义，提升党的二十大精神宣传报道实效。深化"思想＋艺术＋技术"创新融合，在润物无声、引人入胜上再下功夫，打造《平"语"近人——习近平喜欢的典故》（第三季）、《山河锦绣》、《航拍中国》（第四季）、《典籍里的中国》（第二季）、《灯火里的中国》、《寻古中国》、《诗画中国》、《美术里的中国》、《非遗里的中国》、《智造中国》、《大国建造》（第二季）、《长征之歌》、《共和国符号》、《红色烙印》等一大批创意十足、新风扑面、耳目一新、过目难忘的精品力作，让精彩创意目不暇接、爆款之作频频亮眼，着力以新语态阐释新思想、以新传播讴歌新时代、以新视听赞美新征程。

坚持不懈从习近平总书记的重要思想、重要论述、重要指示中找启迪、找思路、找答案，牢记"三个务必"，奋力打造具有强大引领力、传播力、影响力的国际一流新型主流媒体。习近平总书记对总台工作高度重视、寄予厚望。总台成立4年多来，习近平总书记多次发来贺信并作出一系列重要指示批示，给总台同志以鼓励、以指导、以期望。总台将坚持以习近平新时代中国特色社会主义思想统领一切工作，自觉做习近平新时代中国特色社会主义思想的坚定信仰者、积极传播者、忠实实践者，坚持把学习贯彻党的二十大精神与学习贯彻习近平总书记对总台工作的一系列重要指示批示精神贯通起来，心无旁骛、开拓创新，以新举措、新实招展现新征程、新风貌，更加奋发有为地做好总台各项工作。深入学习领会"高质量发展是全面建设社会主义现代化国家的首要任务"的重要论断，完整准确全面贯彻新发展理念，不断开创总台事业产业高质量发展新局面，助力构建新发展格局。持续深化总台从传统广播电视媒体向国际一流原创视音频制作发布的全媒体机构转变，从传统节目制播模式向深化内容生产供给侧结构性改革转变，从传统技术布局向"5G+4K/8K+AI"战略格局转变，精心谋划"两个效益"双丰收的精品节目创作，推动精品力作井喷式增长，奋力实现"满屏皆精品"的目标。深入学习领会"必须坚持科技是第一生产力、人才是第一资源、创新是第一动力"的重要要求，扎实开拓创新，加快推进全链条、全方位、全领域融合创新。放眼全球传媒业，中国正在成为技术高地、创新高地、人才高地。牢牢把握创新这一总台工作的主旋律，紧紧抓住当前全球科技创新正处于空前密集活跃期这个关键时机，加强在4K/8K、5G、AI、大数据、云计算等领域的深耕细作，扎实推进北京超高清示范园、超高清视音频制播呈现国家重点实验室、国家（杭州）短视频基地、"百城千屏"等重大项目建设，打造充满创新、浑身创意、满目希望的新媒体新平台，持续深化大师闪耀、人才辈出的生动局面，在媒体创新的广阔天地里干出一番新业绩。深入学习领会"全面从严治党永远在路上，党的自我革命永远在路上"的谆谆教诲，锻造一支政治过硬、本领高强、求实创新、能打胜仗的党员干部队伍。弘扬伟大建党精神，以"永远吹冲锋号"的状态始终保持赶考的清醒和谨慎，驰而不息抓好总台作风建设，坚定不移推动总台全面从严治党向纵深发展，对腐败问题做到"零容忍"，切实做到守土有责、守土担责、守土尽责，不辜负习近平总书记和党中央的期望。

以效果为导向，创新国际传播理念和策略，生动鲜活讲好中国故事，讲好中国共产党故事，讲好我们正在经历的新时代故事。扎实履行总台国际传播主力军、主阵地、压舱石重要职责，充分发挥总台自有44种语言、CGTN融媒体平台、国际视频通讯社、海外总站等融合传播优势，主动设置议题，创新话语表达，精准广泛投送，策划传播《领航》《征程》《解码十年》等重点节目的海外多语种版，打造《中国之治》《典故里的新思想》等对外传播产品，办好《高端访谈》等重点栏目，以海外受众能理解、易接受的表达方式把党的二十大精神讲清楚、传出去、落得下、听得懂。坚持以习近平总书记致总台贺信精神为指引，精心谋划实施元首外交总台媒体配合活动，持续加强与国际主流媒体、外国驻华大使和国际组织负责人的交流交往，持续深化提升"拉美伙伴""欧洲伙伴""东盟伙伴""非洲伙伴"等区域合作机制，广交海外朋友、实现"四面开花"，加快形成多层次国际交流格局，建立更为广泛的国际媒体"统一战线"。抢首发、敢亮剑、争独家，持续提升海外投送能力，全力争夺全球重大突发事件报道的"第一定义权"，突破美西方媒体长期垄断的舆论黑幕，不断提升就地"消毒"能力，推动形成"大珠小珠落玉盘""千树万树梨花开"的国际传播格局。

10月26日至28日，党的二十大胜利闭幕不到一周，习近平总书记带领新一届中共中央政治局常委瞻仰延安革命纪念地，并赴陕西延安、河南安阳考察，这是党的二十大后习近平总书记首次国内考察。总台精心准备、完美呈现，精心策划推出一系列独家首发视频和深入解读报道，并通过总台海外平台面向全球广泛传播。习近平总书记亲切的交谈、当地农民由衷的笑脸、现场群众雷鸣般的掌声欢呼声，一个个画面无不彰显了"中国共产党是人民的党，是为人民服务的党"，诠释了"社会主义是拼出来、干出来、拿命换来的，不仅过去如此，新时代也是如此"的深刻内涵，谆谆教诲发人深省、令人动容、催人奋进。

"新征程是充满光荣和梦想的远征。"中央广播电视总台将始终牢记党的新闻舆论工作是治国理政、定国安邦的大事，牢记空谈误国、实干兴邦，大力发扬延安精神和红旗渠精神，吃苦耐劳、自力更生、艰苦奋斗，不负历史、不负时代、不负人民，在新的赶考之路上向党和人民交出新的优异答卷。

（原文刊发于《求是》杂志
2022年第22期）

全面学习领会落实党的二十大精神
忠诚履行党的意识形态重镇职责使命

慎海雄

非凡十年，山河为证。波澜壮阔的历史航程，总会铭记下每一个踔厉奋发、勇毅前行的重要时点。在全党全国各族人民迈上全面建设社会主义现代化国家新征程、向第二个百年奋斗目标进军的关键时刻，党的二十大胜利召开，明确宣示了党在新征程上举什么旗、走什么路、以什么样的精神状态、朝着什么样的目标继续前进，描绘了全面建设社会主义现代化国家、全面推进中华民族伟大复兴的宏伟蓝图，必将在党史、新中国史、改革开放史、社会主义发展史、中华民族发展史上彰显其重要的里程碑意义。

一、深入学习深刻领会党的二十大精神丰富内涵，着力做到学思践悟、融会贯通、知行合一，在新的"赶考之路"上向党和人民交出新的优异答卷

党的二十大是一次高举旗帜、凝聚力量、团结奋进的大会，在政治上、理论上、实践上取得了一系列重大成果，具有重大现实意义和深远历史意义。习近平总书记代表十九届中央委员会作的报告，把握历史主动、彰显历史自信，科学回答了"中国之问""世界之问""人民之问""时代之问"，是党和人民智慧的结晶，是党团结带领全国各族人民夺取中国特色社会主义新胜利的政治宣言和行动纲领。习近平总书记发表的一系列重要讲话，深刻阐述党的二十大精神的重大意义、核心要义、实践要求，是高屋建瓴、全面系统的理论辅导，是团结奋斗、实干兴邦的政治动员，充分彰显了党的核心、人民领袖伟大的历史主动、非凡的理论勇气、卓越的政治智慧、深厚的人民情怀。大会批准的十九届中央纪委工作报告，充分反映党的十九大以来我们党推进全面从严治党的实践探索和重要成果，郑重宣示了党以永远在路上的清醒和坚定推进党风廉政建设和反腐败斗争的坚强决心。大会审议通过的党章修正案，充分体现了党的十九大以来党的理论创新、实践创新、制度创新成果，体现了党心所向、民心所盼。大会选举产生了新一届中央委员会，党的二十届一中全会选举产生了新一届中央领导机构。习近平同志继续全票当选为党的总书记、中央军委主席，体现了全党全军全国各族人民的共同心愿。以习近平同志为核心的新一届党中央必将团结带领全党全国各族人民在新征程上创造新的历史伟业。

习近平总书记深刻指出："学习贯彻党的二十大精神，要在全面把握上下功夫。"我们要按照习近平总书记要求，坚持历史和现实、理论和实践、国际和国内相结合，全面学习掌握党的二十大精神，着力做到学深学透、入脑入心、指导实践。

全面把握习近平新时代中国特色社会主义思想的世界观、方法论和贯穿其中的立场观点方法，坚持不懈从习近平总书记的重要思想、重要论述、重要指示中找启迪、找思路、找答案。"中国共产党为什么能，中国特色社会主义为什么好，归根到底是马克思主义行，是中国化时代化的马克思主义行。"党的二十大开幕前夕，中央广播电视总台策划推出的时政微纪录片《思想的力量》，以年轻化的新语态生动讲述了在习近平新时代中国特色社会主义思想指引下一个个改变命运的故事，全网总触达受众超35.8亿人次，特别受到年轻受众广泛好评。我们要牢牢把握"坚持人民至上""坚持自信自立""坚持守正创新""坚持问题导向""坚持系统观念""坚持胸怀天下"的精髓要义，深刻掌握党的创新理论的道理、学理、哲理，切实把习近平新时代中国特色社会主义思想贯彻落实到工作各方面全过程。

全面把握过去五年工作和新时代十年伟大变革的深刻内涵和重大意义，深刻领悟"两个确立"的决定性意义、坚决做到"两个维护"。大会胜利闭幕后，总台争分夺秒、完美呈现，全力以赴做好习近平总书记在陕西延安和河南安阳考察等时政报道，海内外受众通过总台报道看到了习近平总书记亲切的交谈、当地农民由衷的笑脸、现场群众雷鸣般的掌声欢呼声，一个个画面无不彰显了"中国共产党是人民的党，是为人民服务的党"，彰显了新时代10年伟大变革带来的"翻天覆地的变化"。从日新月异的变化中，我们能够深刻领悟到，实现中华民族伟大复兴之所以进入了不可逆转的历史进程，根本在于有习近平同志作为党的核心、人民领袖、军队统帅的英明领导，有习近平新时代中国特色社会主义思想的科学指导。我们要深刻领悟"两个确立"的决定性意义，增强"四个意识"，坚定"四个自信"，做到"两个维护"，始终在思想上政治上行动上同以习近平同志为核心的党中央保持高度一致。

全面把握中国式现代化的中国特色、本质要求和必须牢牢把握的重大原则，奋力谱写全面建设社会主义现代化国家新篇章。中国式现代化扎根中国大地，切合中国实际，不仅走得对、走得通，而且走得稳、走得好。总台推出的特别报道《解码十年》创新"卫星视角＋大数据调查＋新闻故事"的报道方式，通过一组组生动鲜活的数据，多元立体地展现了中国式现代化的实践伟力，全网触达受众超60亿人次。"全面建设社会主义现代化国家寄托着中华民族的夙愿和期盼，凝结着中国人民的奋斗和汗水。""惟其艰巨,所以伟大;惟其艰巨,更显荣光。"我们要深刻认识做好党的新闻舆论工作是治国理政、定国安邦的大事,坚定自觉把总台工作放到以中国式现代化全面推进中华民族伟大复兴的伟大实践中去谋划、去部署、去推进,为党和国家工作大局作出新的更大贡献。

全面把握党的二十大作出的各项战略部署,为新时代新征程党和国家事业发展提供强大舆论支持、凝聚强大精神力量。习近平总书记指出:"当前最重要的任务,就是撸起袖子加油干,一步一个脚印把党的二十大作出的重大决策部署付诸行动、见之于成效。"总台在二十大前夕推出的《领航》《征程》等系列专题片,把"国之大者"与"民之关切"相结合,把宏大演绎与微观雕琢相贯通,以小切口反映大主题、以小故事折射大时代,传播效果显著。我们要完整、准确、全面领会党的二十大精神,对"是什么、干什么、怎么干"了然于胸,增强贯彻落实的自觉性和坚定性,增强宣传报道等工作的专业性和不可替代性,履行好举旗帜、聚民心、育新人、兴文化、展形象的使命任务。

二、进一步发挥总台党的宣传报道主力军、压舱石的重要作用,把党的二十大精神宣传报道引向深入,更加有力有效地服务好党和国家工作大局

作为党的意识形态重镇和国家广播电视台,中央广播电视总台坚持把学习领会党的二十大精神与扎实做好党的二十大宣传报道紧密结合起来,全台上下团结一致、守正创新,攻坚克难、有条不紊,创造了"最广覆盖范围、最大触达规模、最多转播转载、最热互动话题"的最佳传播效果。截至10月24日,总台党的二十大相关报道在总台自有平台跨媒体总触达252.01亿人次,首次实现全球所有233个国家和地区全覆盖,在总台自有44个语种基础上将大会报道语种数量拓展到68个;国际视频通讯社发布12场直播信号和新闻素材,全球133个国家和地区的1818家电视台及其新媒体平台转播总台报道达4.2万次,其中美欧地区就有950家电视台,包括美联社、路透社、法新社、欧广联等,全部采用了总台信号和素材;坚持以攻为守、"一国一策"、稳扎稳打,历史性地在台湾当局14个所谓"邦交国"实现党的二十大报道的全部落地,取得重大突破性成果。

做好党的二十大宣传报道,是对我们深刻领悟"两个确立"的决定性意义、用实际行动做到"两个维护"的具体检验。中央广播电视总台将继续发扬"精益求精、一丝不苟、追求完美"的工作精神,把党的二十大精神宣传报道引向深入,凝聚起团结奋进的磅礴力量。

深化提升总台"头条工程",深入宣传阐释党的二十大精神,着力营造奋进新征程的浓厚舆论氛围。坚持平实务实、精准精确、高质高效,深入宣传阐释习近平新时代中国特色社会主义思想,运用总台科技创新成果精心谋划做好重大时政报道,春风化雨引导广大受众深刻领悟"两个确立"的决定性意义。进一步做精做强《央视快评》《国际锐评》《主播说联播》等评论品牌,深入解读大会提出的重大理论观点、重大方针政策、重大工作部署,做到言之有物、以质取胜。发挥好各地方总站传播

优势和职责作用，在重大新闻报道中抢首发、争独家、比深度，全面反映各地区贯彻党的二十大精神的生动实践。

创新"思想＋艺术＋技术"融合传播，加快推进全链条、全方位、全领域精品节目创新，提升宣传报道实效。充分发挥总台内容制作和科技创新优势，在润物无声、引人入胜上狠下功夫，持续打造《平"语"近人——习近平喜欢的典故》（第三季）、《山河锦绣》、《航拍中国》（第四季）、《典籍里的中国》（第二季）、《长征之歌》、《灯火里的中国》、《寻古中国》、《智造中国》、《非遗里的中国》、《大国建造》（第二季）、《共和国符号》等一大批创意十足、新风扑面、耳目一新、过目难忘的精品力作，用琳琅满目、目不暇接的创新成果营造浓厚舆论氛围。

以效果为导向，生动鲜活讲好中国故事、讲好中国共产党故事、讲好我们正在经历的新时代故事。主动设置议题，创新话语表达，策划推出《领航》（国际版）、《中国之治》、《典故里的新思想》等对外传播产品，以海外受众能理解、易接受的话语表达方式把党的二十大精神讲清楚、传出去。坚持以习近平总书记致总台贺信精神为指引，持续提升"媒体外交"工作实效，建立更为广泛的国际媒体"统一战线"。对美西方的恶意诽谤污蔑，坚决有力予以回击，着力在对象国（地区）反驳澄清，就地"消毒"、有效反制。

三、坚持以党的二十大精神为指引，坚定历史自信、增强历史主动，奋力打造具有强大引领力、传播力、影响力的国际一流新型主流媒体

习近平总书记对总台工作高度重视、寄予厚望。总台成立4年多来，习近平总书记7次发来贺信并作出一系列重要指示批示，给总台同志以鼓励、以指导、以期望。中央广播电视总台将牢记习近平总书记殷切嘱托，切实把思想和行动统一到党的二十大精神上来，把智慧和力量凝聚到落实党的二十大作出的重大部署上来，更加奋发有为地做好总台各项工作。

深入学习领会"高质量发展是全面建设社会主义现代化国家的首要任务"的重大论断，着力推动总台高质量发展取得更大成效，奋力实现"满屏皆精品"的目标。进一步发扬历史主动精神，在党和国家事业发展大局中找准总台坐标、谋划开展工作，完整准确全面贯彻新发展理念，助力构建新发展格局。坚持以推动高质量发展为主题，狠抓"两个效益"双丰收的精品节目谋划创作，全面加强精品节目的策划统筹、考核管理、传播推广，让精彩创意目不暇接、爆款之作频频亮眼，着力以新语态阐释新思想、以新传播讴歌新时代、以新视听赞美新征程。

深入学习领会"必须坚持科技是第一生产力、人才是第一资源、创新是第一动力"的重要要求，要牢牢把握创新这一总台工作的主旋律，奋力提升总台引领力、传播力、影响力。对标党的二十大提出的工作要求，一条一条改、一项一项抓，加强在4K/8K、5G、AI、大数据、云计算等领域的科技研发，充分发挥北京超高清示范园、国家（杭州）短视频基地、"百城千屏"等重大项目带动作用，打造充满创新、浑身创意、满目希望的新媒体新平台，巩固提升总台媒体科技创新国际一流水平。充分发挥国际传播主力军、主阵地、压舱石重要作用，抢首发、敢亮剑、争独家，持续提升

海外投送能力，奋力提升总台在全球媒体格局中的地位分量份额。持续提升经营"造血"能力，奋力实现大文化、大资本、大经营战略蓝图。加快形成人才引领发展的新格局，更好选人才、配队伍、抓后备，多给根正苗红、品德好、事业心强、有潜力的年轻人以机会，持续深化大师闪耀、新人辈出的生动局面。

深入学习领会"全面从严治党永远在路上，党的自我革命永远在路上"的谆谆教诲，发扬自我革命精神，坚定不移推动总台全面从严治党向纵深推进。弘扬伟大建党精神，发扬延安精神和红旗渠精神，始终保持"赶考"的清醒和谨慎，驰而不息抓好总台风气建设，锻造一支政治过硬、本领高强、求实创新、能打胜仗的党员干部队伍。进一步强化"不敢腐"的震慑，持续保持高压态势，对腐败问题"零容忍"。进一步扎牢"不能腐"的笼子，推动纪律监督、干部监督、巡视监督、财务监督、审计监督等融会贯通，加强制度刚性约束。进一步增强"不想腐"的自觉，坚持勤动"婆婆嘴"、常敲"小木鱼"，筑牢思想防线。

"新征程是充满光荣和梦想的远征。"中央广播电视总台将更加紧密地团结在以习近平同志为核心的党中央周围，全面学习领会落实党的二十大精神，踔厉奋发、勇毅前行，奋力打造具有强大引领力、传播力、影响力的国际一流新型主流媒体，为全面建设社会主义现代化国家、全面推进中华民族伟大复兴作出新的更大贡献。

（刊发于《机关党建研究》2022年第12期）

第二编

组织机构

中央广播电视总台内设机构及职能

总台领导、编务会议成员

中宣部副部长、总台党组书记、台长兼总编辑　慎海雄
总台党组成员、副台长、机关党委书记　阎晓明
总台党组成员、副台长　蒋希伟
总台党组成员、副台长　王晓真

编务会议成员　薛继军
编务会议成员　姜文波
编务会议成员、新闻中心召集人　李　挺
编务会议成员　黄传芳
编务会议成员、民族语言节目中心主任　刘晓龙
编务会议成员、总经理室总经理　彭健明
编务会议成员、国际交流局局长　邢　博
编务会议成员、CGTN主任、视听新媒体中心召集人　范　昀

总台内设机构及职能

办公厅

负责组织协调全台行政管理和综合服务保障工作。

主任：周振红

下设：综合处、总值班室、秘书处、研究处、文电机要处、督查处、舆情信息处、保密处、保卫处、法律事务处、信息化处、档案处、审计一处、审计二处、审计三处、行政保障协调处、行政处、房产管理处、物业管理处、医疗保障处、交通保障处

总编室

负责组织协调全台宣传工作，制订宣传规划，组织各宣传平台播发，组织节目审查、监

看、评议，开展受众数据分析和联系工作。

主任：梁建增

下设：综合部、宣传值班室、评估考核部、业务规划部、统筹协调部、新媒体传播管理部、电视节目播出管理部、广播节目播出管理部、对外传播部、节目推介部、受众工作部、节目审看部、信息研究部、社会合作部、综合频道编辑部、综合频道节目部、综合频道项目部、播音员主持人管理中心（二级事业部）

新闻中心

负责全台新闻的采访、编辑、评论、制作、播出，负责新闻资源的统筹与共享。

召集人：李挺（兼）

下设：综合部、策划部、新闻评论部、融媒部、经济新闻部、社会新闻部、地方新闻部、军事节目部、国际新闻部、广播新闻采访部、新闻频道编辑部、新闻联播编辑部、新闻视觉艺术编辑部、新闻播音部、早间节目部、午间节目部、晚间节目部、夜间节目部、广播新闻编辑部、特别报道部、广播节目协调部、环球资讯广播部、新闻采访中心（二级事业部）、新闻编辑中心（二级事业部）、时政新闻中心（联播节目中心）（二级事业部）

内参舆情中心

负责采集国内外舆情信息，制作编发内参报道。

主任：蔡小林

下设：综合室、专报室（一室）、策划室（二室）、调研室（三室）、舆情室（四室）、视频室（五室）、国际室（六室）

财经节目中心

负责采访、编辑、播出财经类节目及相关新媒体产品。

副主任：蔡俊（主持工作）

下设：综合部、统筹策划部、新媒体部、财经新闻采访部、证券新闻采访部、财经评论部、电视节目编辑部、电视专题部、广播运行部、广播财经新闻部、广播财经专题部、广播证券部、项目合作部、财经活动部

文艺节目中心

负责组织、编辑、播出综艺类、戏曲和音乐类节目及相关新媒体产品。

常务副召集人：许文广

下设：综合部、统筹规划部、综艺频道编辑部、综艺频道节目部、戏曲频道编辑部、戏曲频道节目部、音乐频道编辑部、音乐频道节目部、音乐之声编辑部、音乐之声节目部、经典音乐广播节目部、文艺之声编辑部、文艺之声节目部、阅读之声节目部、劲曲调频编辑部、全媒体采编部、导播和摄像部、大型活动中心（二级事业部）、音乐节目中心（二级事业部）

体育青少节目中心

负责采访、编辑、播出体育类节目及相关新媒体产品，组织、编辑、播出面向青少年、儿童的节目及相关新媒体产品。

主任：曹毅

下设：综合部、统筹规划、运营合作部、新媒体部、特别节目部、体育频道编辑部、少儿频道节目部、体育节目部、体育新闻部、体育竞赛部、少儿频道编辑部、奥林匹克

频道节目部、奥林匹克频道编辑部、动画管理部

社教节目中心

负责采访、编辑、播出科技、教育、文化、卫生、法治、老年类节目及相关新媒体产品。

主任：阚兆江

下设：综合部、特别节目部、科教频道编辑部、社会与法频道编辑部、新媒体部、科技节目部、文化节目部、教育节目部、社会节目部、法制节目部、老年节目部

影视剧纪录片中心

负责组织、制作、播出国内外电影、电视剧，组织、制作、播出纪录片及相关新媒体产品。

主任：庄殿君

下设：综合部、新媒体部、电视剧频道编辑部、纪录频道编辑部、电视剧项目部、电视剧创作部、纪录片项目部、纪录片一部、纪录片二部、纪录片三部、电影项目部、审片和版权部

民族语言节目中心

负责采访、编辑、翻译、播出少数民族语言节目及相关新媒体产品。

主任：刘晓龙（兼）

下设：综合部、统筹策划部、新闻编辑部、融媒体部、对外联络部、技术保障部、蒙古语节目部、藏语节目部、维吾尔语节目部、哈萨克语节目部、朝鲜语节目部、拉萨编辑部、藏语方言部、乌鲁木齐编辑部、西藏民族语言中心（二级事业部）、新疆民族语言中心（二级事业部）

军事节目中心

负责采访、编辑、播出军事类节目及相关新媒体产品。

主任：何新宇

下设：综合部、策划部、新闻编辑部、新闻采访部、专题节目部、创新节目部、融媒体部、频道编辑部、广播节目部

农业农村节目中心

负责采访、编辑、播出农业农村类节目及相关新媒体产品。

副主任：王晓斌（主持工作）

下设：综合部、统筹策划部、电视节目编辑部、广播节目部、融媒体部、新闻部、合作节目部、专题节目部、文艺节目部、社会交流部、项目部

港澳台节目中心

负责采访、编辑、播出面向香港特别行政区、澳门特别行政区、台湾地区及珠江三角洲地区的节目及相关新媒体产品。

主任：王全杰

下设：综合部、对港澳新闻部、对台新闻部、节目策划部、新媒体部、对港澳专题部、对台专题部、综艺节目部、音乐节目部、广州节目制作室、深圳节目制作室、厦门节目制作室、联络部

英语环球节目中心（CGTN）

负责采访、编辑、播出面向全球的英语节

目及新媒体产品，发布外宣英语通稿。

主任：范昀（兼）

下设：综合部、策划部、新媒体编辑部、电视新闻编辑部、采访部、评论部、财经节目部、专题节目部、文化节目部、音频节目部、西班牙语部、法语部、阿拉伯语部、俄语部、对外合作部

亚洲非洲地区语言节目中心

负责组织、编辑、翻译、播出面向亚洲和非洲地区的多语种节目及新媒体产品。

主任：安晓宇

下设：综合部、策划采编部、融媒体制作部、日语部、朝鲜语部、蒙古语部、越南语部、老挝语部、柬埔寨语部、泰语部、马来语部、印度尼西亚语部、菲律宾语部、缅甸语部、尼泊尔语部、印地语部、乌尔都语部、泰米尔语部、僧伽罗语部、孟加拉语部、土耳其语部、波斯语部、普什图语部、豪萨语部、斯瓦希里语部、希伯来语部、亚洲地区语言节目中心（二级事业部）、西亚非洲地区语言节目中心（二级事业部）

欧洲拉美地区语言节目中心

负责组织、编辑、翻译、播出面向欧洲和拉美地区的多语种节目及新媒体产品。

主任：夏勇敏

下设：综合部、策划采编部、融媒体制作部、德语部、意大利语部、葡萄牙语部、波兰语部、捷克语部、匈牙利语部、塞尔维亚语部、罗马尼亚语部、保加利亚语部、阿尔巴尼亚语部、克罗地亚语部、乌克兰语部、希腊语部、世界语部

华语环球节目中心

负责采访、编辑、播出面向海外华人华侨的中文节目及新媒体产品，发布外宣中文通稿。

主任：李欣雁

下设：综合部、节目统筹部、编辑部、新媒体部、新闻部、新闻专题部、文化专题部、音乐文艺部、纪录片部、普通话广播节目部、方言广播节目部、南海之声

融合发展中心

组织协调全台媒体融合发展事务，制订新媒体发展战略规划，统筹全台新媒体平台建设，建立内容资源和用户数据共享库，建立新媒体传播评价体系，规范管理新媒体社会合作。

主任：汪文斌

下设：综合部、发展规划部、统筹运营部、监测评估部、对外合作部

新闻新媒体中心

负责全台新闻新媒体旗舰平台建设及新闻类微博、微信等媒体账号的运营，负责新闻新媒体专线产品的组织、策划、生产、推广等工作。

召集人：钱蔚

下设：综合部、客户端编辑部、评论特稿部、媒资通稿部、特别产品制作部、合作媒体部、融媒体技术部、策划部、用户运维部

视听新媒体中心

负责全台视听新媒体旗舰平台建设及非新闻类微博、微信等媒体账号的运营，负责非

新闻类视听新媒体专线产品的组织、策划、生产、推广等工作。

召集人：范昀（兼）

下设：综合部、策划部、客户端运营部、社交媒体运营部、视频创作部、音频创作部、产品设计部、融合业务部、创意互动部、技术应用部、大数据管理部

国际传播规划局

负责国际传播理论研究和战略规划，统筹全台国际传播能力建设，负责广播电视节目和新媒体产品的海外落地推广，承担对外汉语推广工作。

召集人：滕云平

下设：综合处、项目规划处、落地传播一处、落地传播二处、落地传播三处、落地传播统筹处、海外品牌推广处、文化传播处、海外评估核查处

人事局

负责全台干部和人力资源管理工作。

副局长：朱焰焰（主持工作）

下设：综合处、干部管理处、派出机构干部管理处、干部监督处、劳动工资处、社会保障处、教育培训处、人才工作处、员工管理处、信息档案处、地方机构管理中心（二级事业部）

财务局

负责全台财务管理工作。

局长：张红梅

下设：综合处、预算管理处、财务管理处（派出机构财务管理处）、收入核算处、会计核算一处、会计核算二处、会计核算三处、绩效管理处、国有资产管理处、采购管理处、总台采购中心、企业财务处、资金结算处

总经理室

负责组织协调全台经营管理工作，负责广告经营和版权维护，负责下属企业管理。

总经理：彭健明（兼）

下设：综合部、广告资源管理部、客户服务一部、客户服务二部、电视频道经营部、新媒体业务部、市场推广部、合同管理部、广告监审部、广告播出部、公益广告部、权益维护部、版权经营部、战略投资部、企业经营管理部、广告运营中心（二级事业部）、版权运营中心（二级事业部）

技术局

负责全台技术管理、技术制作和安全播出工作。

局长：徐进

下设：综合部、安全播出管理部、网络安全管理部、质量管理部、工程管理部、技术规划研究部、技术联络部、传输覆盖部、技术业务部、网络技术统筹部、网络运行部、融媒体频率统筹部、云数据中心运行部、新媒体应用部、制播应用部、业务应用部、数据应用部、技术资源统筹部、录制一部、录制三部、录制六部、录制七部、制作部、综合制作统筹部、录制二部、录制四部、录制五部、音频制作一部、音频制作二部、播控新闻统筹部、播出一部、播出二部、播出三部、播出四部、总控一部、总控二部、总控三部、转播一部、转播二部、转播三部、新闻制播五部、时政制作部、

新闻制播一部、新闻制播二部、新闻制播三部、新闻制播四部、动力管理一部、动力管理二部、动力管理三部、动力管理四部

国际交流局

负责全台外事工作、外籍人员管理、国际交流及对外援助项目管理。

局长：邢博（兼）

下设：综合处、亚非处、欧美处、国际合作处、护签处、外籍员工管理处、海外业务协调处、海外机构管理中心（二级事业部）

创新发展研究中心

负责全台创新体制机制建设，组织创新节目研发，管理创新研发资金，承担事业产业发展战略研究。

召集人：杨华

下设：综合部、发展战略部、新媒体研究部、创新管理部、创意研发部、学术联络部、期刊编辑部、中国电视报编辑部

机关党委

负责全台党群和纪检工作。

常务副书记：潘晓闻

下设：党委办公室、组织处、宣传处、党员干部教育培训处、派出机构党建工作处、工会工作处、青年工作处、妇女工作处、精神文明协调处、统战工作处（侨联）、纪委办公室、党风廉政教育处、信访案管处、监督审查一处、监督审查二处、监督审查三处、案件审理处、巡视一处、巡视二处

离退休干部局

负责全台离退休干部工作。

局长：牛道斌

下设：综合处、党务工作处、生活保障一处、生活保障二处、生活保障三处、文体活动处

台属事业单位

音像资料馆

主要承担全台音视频资料、图文资料等的统筹管理工作。

馆长：黄平刚

党委书记：刘智力

下设：办公室、人力资源部、财务部、统筹规划部、音频资源部、资源采集部、编目生产部、全媒体应用部、特藏资源部、图书资料部、质量审核部、开发运营部、技术保障部、党委办公室

影视翻译制作中心

主要承担专题片、影视剧、纪录片、动画片等的翻译制作和海外推广工作。

主任：王璐

下设：综合部、财务部、融媒体节目部、译制部、海外推广部、创新发展部

总台直属企业

中国国际电视总公司
　　党委书记、总裁：唐世鼎

央视国际网络有限公司
　　党委书记、董事长：过彤（兼）

中央新闻纪录电影制片厂（集团）
　　党委书记、董事长：姜海清

中广影视卫星有限责任公司
　　总经理：黄瑞刚

中国电视剧制作中心有限责任公司
　　执行董事、总裁：李向东

中国环球广播电视有限公司
　　总裁：滕云平

央视频融媒体发展有限公司
　　总经理：过彤

央广传媒集团有限公司
　　董事长、总经理：王跃进

国广传媒发展有限公司
　　副总经理（主持工作）：黄永国

中广视资产管理有限公司
　　总经理：韩峰

中国国际广播出版社有限公司
　　社长：张宇清

中国国际广播音像出版社
　　社长：张宇清

北京国广物业管理有限公司
　　总经理：康悦

地方派出机构

中央广播电视总台北京总站
　　副站长（主持工作）：王小节
　　下设：办公室、总编室、经理室

中央广播电视总台天津总站
　　召集人：方钢
　　下设：办公室、总编室、经理室

中央广播电视总台河北总站

站长：康维佳

下设：办公室、总编室、经理室、雄安记者站

中央广播电视总台山西总站

常务副召集人：王跃军

下设：办公室、总编室、经理室

中央广播电视总台内蒙古总站

常务副召集人：刘晓波

下设：办公室、总编室、经理室

中央广播电视总台辽宁总站

副站长（主持工作）：田忠卿

下设：办公室、总编室、经理室、大连记者站

中央广播电视总台吉林总站

常务副召集人：裴奔

下设：办公室、总编室、经理室

中央广播电视总台黑龙江总站

站长：冯雪松

下设：办公室、总编室、经理室

中央广播电视总台上海总站

站长：齐竹泉

下设：办公室、总编室、经理室、策划部、技术部、浦东报道中心

中央广播电视总台江苏总站

站长：季明

下设：办公室、总编室、经理室、苏南记者站

中央广播电视总台浙江总站

站长：张国飞

下设：办公室、总编室、经理室、宁波记者站、温州记者站

中央广播电视总台安徽总站

常务副召集人：彭德全

下设：办公室、总编室、经理室

中央广播电视总台福建总站

召集人：刘涛

下设：办公室、总编室、经理室、厦门记者站

中央广播电视总台江西总站

常务副召集人：宋大珩

下设：办公室、总编室、经理室

中央广播电视总台山东总站

副站长（主持工作）：陈永庆

下设：办公室、总编室、经理室、青岛记者站

中央广播电视总台河南总站

常务副召集人：毛才桃

下设：办公室、总编室、经理室

中央广播电视总台湖北总站

常务副召集人：王亚民

下设：办公室、总编室、经理室

中央广播电视总台湖南总站
　　副召集人（主持工作）：朱兴建
　　下设：办公室、总编室、经理室

中央广播电视总台广东总站
　　副站长：肖振生
　　下设：办公室、总编室、经理室、新媒体部、深圳记者站、珠海记者站

中央广播电视总台广西总站
　　常务副召集人：何盈
　　下设：办公室、总编室、经理室

中央广播电视总台海南总站
　　副召集人（主持工作）：王文昌
　　下设：办公室、总编室、经理室

中央广播电视总台重庆总站
　　站长：郭彦
　　下设：办公室、总编室、经理室

中央广播电视总台四川总站
　　副召集人（主持工作）：樊承志
　　下设：办公室、总编室、经理室

中央广播电视总台贵州总站
　　站长：阎建光
　　下设：办公室、总编室、经理室

中央广播电视总台云南总站
　　召集人：张江元
　　下设：办公室、总编室、经理室

中央广播电视总台西藏总站
　　副召集人（主持工作）：曾晓东
　　下设：办公室、总编室、经理室

中央广播电视总台陕西总站
　　副召集人（主持工作）：张巍
　　下设：办公室、总编室、经理室

中央广播电视总台甘肃总站
　　常务副召集人：刘龙龙
　　下设：办公室、总编室、经理室

中央广播电视总台青海总站
　　副召集人（主持工作）：李亚玮
　　下设：办公室、总编室、经理室

中央广播电视总台宁夏总站
　　召集人：郭长江
　　下设：办公室、总编室、经理室

中央广播电视总台新疆总站
　　站长：田彤
　　下设：办公室、总编室、经理室、新疆生产建设兵团记者站

海外派出机构

中央广播电视总台北美总站
　　主要负责人：江和平
　　下设：办公室、总编室、经理室

中央广播电视总台拉美总站
　　站长：朱博英
　　下设：办公室、总编室、经理室

中央广播电视总台非洲总站
  副站长（主持工作）：曹日
  下设：办公室、总编室、经理室

中央广播电视总台中东总站
  副站长（主持工作）：张立
  下设：办公室、总编室、经理室

中央广播电视总台欧洲总站
  常务召集人：姜秋镝
  下设：办公室、总编室、经理室

中央广播电视总台亚欧总站
  副站长（主持工作）：王斌
  下设：办公室、总编室、经理室

中央广播电视总台亚太总站
  站长：李毅
  下设：办公室、总编室、经理室

中央广播电视总台联合国总站
  主要负责人：（空缺）
  下设：办公室、总编室、经理室

第三编

工作概况

中央广播电视总台工作概况

2022年是党和国家进入全面建设社会主义现代化国家、向第二个百年奋斗目标进军新征程的重要一年，也是中央广播电视总台打造国际一流新型主流媒体的关键之年。习近平总书记1年内3次、4年多来7次给总台发来贺信，给全体同志以鼓励、以指导、以期望。在以习近平同志为核心的党中央亲切关怀和坚强领导下，在中宣部归口领导下，中央广播电视总台各项工作稳中有进，发展态势持续向好，综合实力不断跃升，向着打造具有强大引领力、传播力、影响力的国际一流新型主流媒体的目标加速前进，有力有效服务好党和国家工作大局，以实际行动推动"两个维护"再上新台阶。

一、创新总台"头条工程"，用心用情用功做好领袖宣传报道，持续推动习近平新时代中国特色社会主义思想润物无声深入人心、领袖魅力风采向全世界广泛传播

1.倾情倾力、精益求精，持续创新做好时政报道

坚持以领袖的高度就是宣传报道追求的高度为标准，精心组织习近平总书记赴各地考察，出席2022年北京冬奥会、上海合作组织成员国元首理事会（简称"上合峰会"）、二十国集团领导人峰会（简称"G20峰会"）、亚太经合组织领导人非正式会议（简称"APEC峰会"）、首届中国—阿拉伯国家峰会（简称"中阿峰会"）、中国—海湾阿拉伯国家合作委员会峰会（简称"中海峰会"）等活动，会见党的二十大后访华外国领导人等一系列重要时政活动报道，《新闻联播》栏目首播时政新闻440余条。《新闻和报纸摘要》栏目播发头条报道超700条，全年直播重大时政活动23场次，高质量制作信号2230分钟。发挥"总台时政"品牌集群优势，以最快发稿时效、最快现场直击、最快反响报道，牢牢占据主流媒体舆论引领制高点，全年出品时政新媒体产品770余条，推出时政专题片、纪录片104部，央视新闻客户端全网首发584条重要时政快讯，同比增长近23%。

2.力求春风化雨、润物无声，持续创新做好党的理论宣传阐释

强化受众意识和效果导向，坚持以新语态

阐释新思想，充分彰显引领时代的思想伟力。《新闻联播》栏目播出宣传阐释习近平新时代中国特色社会主义思想报道200余条，推出30余个专栏，播出490余篇主题主线报道。特别报道《解码十年》创新运用"卫星视角+大数据调查+新闻故事"的报道方式，全网触达受众超60亿人次。专题片《领航》彰显领袖思想强大的真理力量，全网总触达受众55.1亿人次。央视新闻客户端发布时政稿件3100余篇，1971件时政产品全网置顶传播，同比增长61%。《主播说联播》全年话题阅读量突破112亿人次。央视网时政原创稿件全网头条、二条置顶通发稿件达1300余篇，在中央重点新闻网站中继续排名第一。

3. 坚持"一国一策""一群一策"，持续创新做好海外传播宣介

充分发挥总台68个语种、CGTN融媒体平台、国际视频通讯社、海外总站等融合传播优势，策划推出《领航》《征程》《解码十年》等重点节目的多语种版本。CGTN新媒体累计发布习近平总书记时政报道26 300余条，全球阅读量超9.1亿人次。创新语态迭代，时政特稿《中国之治》累计触达海外受众19.5亿人次，《典籍里的新思想》全年阅览量超6000万人次、被150多家海外重要媒体转载。国际视频通讯社对外编发时政新闻素材1218条、重大活动直播信号13场，共被136个国家和地区的2685家电视台及新媒体平台采用17.5万余次，采用国家和地区量、媒体量、外媒转播量、播出时长均创历史新高。

二、发挥总台党的宣传报道主力军、压舱石重要作用，聚焦学习宣传贯彻党的二十大精神，汇聚起奋进新征程的强大力量

1. 全力以赴推动党的二十大主旋律唱响全球

在党的二十大宣传报道中，在总台自有44个语种的基础上，将大会报道语种数量拓展到68个，相关报道在总台自有平台跨媒体总触达252.01亿人次，首次实现全球233个国家和地区全覆盖。总台国际视频通讯社向全球媒体发布党的二十大开幕会等12场直播信号和大量新闻素材，全球133个国家和地区的1818家电视台及其新媒体平台转播总台报道达4.2万次，各项核心传播数据连连刷新对外传播纪录，其中美欧地区950家主流电视台均采用总台提供的直播信号和新闻素材进行转播报道，美联社、路透社、法新社、欧广联等也全部采用总台信号素材。总台坚持以攻为守、稳扎稳打，历史性地在台湾当局所谓"邦交国"实现党的二十大报道全覆盖。

2. 全景完美呈现大会盛况

圆满完成党的二十大开幕会、第二十届中共中央政治局常委同中外记者见面会等一系列重大直播和新闻报道，实现经典镜头意蕴深长、最佳光影完美呈现、饱满音质直抵人心，以最高品质呈现了党的二十大盛会盛况，记录下珍贵历史影像。开幕会直播在总台各新媒体平台阅读播放量8.72亿人次，创历史新高。《新闻联播》《新闻和报纸摘要》等重点新闻栏目开栏播出《二十大时光》《聚焦二十大》《奋

进新征程　建功新时代·非凡十年》《大美中国》等系列报道，海内外反响热烈。党的二十大闭幕会特别报道、新闻发布会、记者招待会、"党代表通道"直播报道等，累计触达超11.38亿人次。大会期间，"央视新闻"微博开设党的二十大相关话题，总阅读量突破147亿人次，频频占据热搜榜首位。

3."满屏皆精品"凝聚起团结奋进磅礴力量

围绕迎接党的二十大、学习宣传贯彻党的二十大精神，持续打造《沿着总书记的足迹》《领航中国》《在习近平新时代中国特色社会主义思想指引下》《喜迎二十大》《伟大复兴　壮丽航程》《伟大变革》《江河奔腾看中国》《走进县城看发展》《大美边疆行》等特别报道和《领航》《征程》《新时代》《解码十年》《雄安　雄安》《中国大区域》《为了更美好的生活》《追光》《高端访谈》《山河锦绣》《村庄十年》《挑起我们的金扁担》《山水间的家》《端牢中国饭碗》等一大批精品力作，用琳琅满目、目不暇接的精品节目矩阵营造浓厚氛围，以国内国际多重视角进行权威解读，反响热烈。

三、聚焦做好重大主题宣传报道，持续巩固壮大主流思想舆论，有力有效服务好党和国家工作大局

1.庆祝香港回归祖国25周年宣传有声有色

总台全媒体多平台共播发"庆祝香港回归祖国25周年"相关报道17 622条，总触达受众56.02亿人次，国际视频通讯社对外发布的直播信号和新闻素材被83个国家和地区的876家主流媒体采用播出7731次，并被86家港澳台主流媒体转载2518次，对外传播效果创历史新高。精心打造专题片《香江永奔流》、纪录片《见证香港故宫》《空中看香港》、电视剧《狮子山下的故事》、广播剧《香江兄弟》、《创新港湾2022》特别节目、香港科创成就嘉年华系列活动等，展现香港蓬勃发展的图景。

2.精彩完成2022年北京冬奥会、冬残奥会转播报道

圆满完成首次奥运会开闭幕式8K国际公用信号制作，首次实现奥运会赛事全程4K制播，打造全球首个高铁列车5G超高清移动直播演播室，奋力实现"科技冬奥·8K看奥运"的目标。策划推出《艺术里的奥林匹克》《大约在冬季》《带你一起看冬奥》《冰雪之约》《冬奥山水间》《飞越冰雪线》等一系列原创精品节目，亮点频出、高潮迭起。2022年北京冬奥会、冬残奥会传播效果刷新历史纪录，在总台自有平台总触达受众628.14亿人次，成为收视率最高的一届冬奥会。国际奥委会主席巴赫3次主动接受总台独家专访，称赞总台赛事报道和传播达到史无前例的规模和成功。

3.统筹疫情防控和经济社会发展的舆论引导

推出《踔厉奋发　勇毅前行——2022年中国经济观察》《感知中国经济韧性》《高质量发展看中国》等系列报道，充分展现中国经济发展活力和韧性。推出《抗疫三年：三问三答》等报道，有力提振国民信心。参与主办"2022年（春季）全国消费促进月　北京消费季""好客山东""好品山东"宣传推介活动等。创新开展"国聘行动"（第三季、第四季），总触达

规模超 122 亿人次。"品牌强国工程"为 6 个省（自治区）34 个产业进行公益宣传推广。

四、提升国际舆论斗争本领能力，谋划"整体战"、打出"组合拳"、奏好"交响曲"，总台声音越来越响、地位越来越重、朋友越来越多

1. 积极开展国际舆论斗争，以攻为守着力提升国际话语权

《美国之殇》《永动的战争机器》《被枪支绑架的美利坚》《揭批西方主流媒体"七宗罪"》等专题片海外阅览量近 3 亿人次，全球舆论广泛关注。坚持落地传播，扩大就地影响力。《国际锐评》发布评论 236 篇；《玉渊谭天》全网粉丝量突破 800 万；CGTN 发布评论产品 8860 余篇，策划推出《人设崩塌的"人权卫士"》《假人权、真霸权！美"以疆乱华"故伎重施》等特别报道节目，在国际舆论场形成一浪高过一浪的舆论声势。

2. 全面提升国际传播效能，对外传播效果取得历史性突破

完善全球突发事件快速反应机制，国际新闻全球首发率达 14.55%，在全球主要媒体中排名第二。快速揭批反制美国众议院议长佩洛西窜访中国台湾地区，总台报道成为全球媒体主要信源，超 3000 家媒体密集转发，首次实现在中国台湾地区主要电视台全覆盖、在 G7 国家主流电视台全覆盖。国际视频通讯社全年发稿外媒采用总量 246 万次，同比增长 31.4%。

3. 广交海外朋友、实现"四面开花"，一系列"媒体外交"活动亮点纷呈

成功举办首届全球媒体创新论坛、中国阿根廷人文交流高端论坛，参与承办"全球发展：共同使命与行动价值"智库媒体高端论坛，习近平总书记均致信祝贺。以元首外交为引领，与多国政府机构和主流媒体签署 7 份合作文件，5 份被列入双边活动成果清单。创新举办 58 场"新征程的中国与世界"系列海外媒体活动，有效宣介党的二十大精神，3800 多家国际媒体积极响应并传播。策划推出 2022 年联合国中文日暨总台第二届海外影像节、首届"中国影像节"全球展映活动、首届"中拉情缘"影视展映活动、"东盟伙伴"媒体合作论坛等一系列媒体活动，总台朋友圈不断扩大。

五、加快推进全链条、全方位、全领域创新，着力实现"满屏皆精品"的传播格局，推动总台引领力、传播力、影响力取得新的飞跃

1. 深化"思想+艺术+技术"融合传播，进一步擦亮打响"大剧看总台""大作看总台"的品牌影响力和社会美誉度

坚持以人民为中心的创作导向，坚定文化自信，推出一大批优秀作品。《"字"从遇见你》《美术里的中国》《诗画中国》《荣宝斋》《古韵新春》《典籍里的中国》（第二季）、《故事里的中国》（第三季）、《中国国宝大会》（第二季）、《2022 中国诗词大会》《艺术里的奥林匹克》《大师列传》《从延安出发》《非遗里的中国》、2022 年中央广播电视总台春节联欢晚会（简称"春晚"）、2022 年中央广播电视总台中秋晚会（简称"秋晚"）等文化品牌类节目呈井喷式上升态势，《人世间》《山河锦绣》《航拍中国》（第四季）、《种子 种子》、

《中国品牌强国盛典》等影视剧、专题片、纪录片、媒体活动口碑品质俱佳。发挥顶级体育赛事转播引领力，总台2022年卡塔尔世界杯转播报道全媒体总触达受众254.27亿人次，进一步夯实总台体育传播国际领先地位。

2. "5G+4K/8K+AI" 战略硕果累累，媒体科技创新实力稳步走在世界第一方阵

投入使用超高清视音频制播呈现国家重点实验室，扎实推进北京超高清示范园、国家（杭州）短视频基地等重点项目。"科技冬奥"重点专项"冬奥超高清8K数字转播技术与系统"及国家重点研发计划相关项目成果成功应用于2022年北京冬奥会。积极开展8K传播体系建设和8K制播关键技术应用，"百城千屏"公共大屏项目覆盖全国21个省（自治区、直辖市），"5G+4K/8K超高清制播示范平台"形成生产能力，超高清科技创新成果多项达到国际领先水平。自主创新科研项目"4K/8K超高清电视制播呈现系统及产业化应用"，多项技术达到国际领先水平。

3. 加强全媒体传播体系建设，持续打造主流舆论新格局

2022年，央视频客户端累计下载量超4.91亿次，累计激活用户数1.85亿，用户规模和活跃用户量均位居央媒新媒体平台首位。央视新闻客户端总下载量突破1.91亿次，社交平台用户数超7.38亿，同比增长近1亿。云听客户端用户量接近2亿，规模增速位居音频行业第一。积极应用"总台算法"，初步建立总台"用户画像"模型。发布《短视频融媒体传播评价体系》，推出评议品牌《象舞指数》，成立总台国家电子竞技发展研究院。

六、全面贯彻新发展理念，大力开拓产业发展，不断提升管理水平，综合实力迈上新台阶

1. 以变应变、敢想敢为，产业经营稳中向好、不断突破

2022年"品牌强国工程"创新升级，深挖顶级赛事资源优势，融合传播优势不断转化为变现能力，收入结构进一步优化，版权运营、交互式网络电视（IPTV）、新媒体营销等各项新业务收入再创新高。

2. 深化规范性、高效性、精准性，运行管理保障能力持续提升

坚持常态化疫情防控和应急处置相结合，科学精准调整总台疫情防控措施，确保重大宣传报道安全平稳，全力保障员工健康安全。深化总台规章制度建设，梳理形成《总台规章制度汇编》。建立"过紧日子"长效机制，加强全过程绩效管理，提升资金使用效能。

3. 台属机构发展稳中有进、亮点频出

音像资料馆创新优化服务举措，为重大主题宣传提供优质影像资料保障。影视翻译制作中心译制176部影视作品，落播范围扩大到全球51国75家媒体，创历史最好纪录。国家应急广播中心不断提速重大突发事件响应，成为应急预警信息发布的核心龙头。中国国际电视总公司加快提质升级，连续14届荣获"全国文化企业30强"。中央新闻纪录电影制片厂（集团）制作推出《穿越烽火》《新三峡》等作品，改革发展持续深入，集团品牌影响力不断扩大。中国电视剧制作中心有限责任公司立足打造"总台出品"金名片，美誉度持续提升。中广影视卫星有限责任公司全年上缴总台版权

收入较 2021 年再度增长，总营收较 2021 年翻一番，总利润和利润率均创新高。央视国际网络有限公司 2022 年实现收入、利润总额均创新高。中国环球广播电视有限公司稳步拓展海外阵地和覆盖，加大海外传播力度。央广传媒集团有限公司积极推进产业链布局，加速融媒体营销生态圈建设，加强优质项目培育。国广传媒发展有限公司积极调整公司经营结构，加快推进自主经营。央视频融媒体发展有限公司以创新、创收为全年工作主线，运营生态进一步完善。中广视资产管理有限公司聚焦主责主业，扎实推动总台各项重点项目建设。中国国际广播出版社有限公司推出《党的盛典　人民的节日——中央广播电视总台庆祝建党百年全记录典藏》《中央广播电视总台年鉴》（2020—2021）等精品出版物，引发社会广泛关注。

七、以高质量党建为引领，锤炼政治过硬、本领高强、求实创新、能打胜仗的人才队伍

1. 强化政治引领，锻造对党绝对忠诚的"新闻铁军"

坚持旗帜鲜明讲政治，把政治要求和政治标准贯穿融入总台工作全过程、各方面，严格落实意识形态工作责任制。在雄安新区等三地建设总台增强"四力"实践基地，持续加强思想淬炼、政治历练、实践锻炼、专业训练等。

2. 加强人才培养，推动形成大师闪耀、人才辈出的生动局面

坚持正确选人用人导向，落实新时代好干部标准，精准科学选贤任能。分类建设总台"大师级"人才库，启动总台第二届"十佳"和青年英才评选，构建适配总台高质量发展的人才培养体系，推动各类人才茁壮成长。建立健全年轻干部选育管用全链条机制，选派第二批青年业务骨干赴地方"蹲苗"历练，建立新入职大学生基层锻炼常态化机制，青年人才不断涌现。

3. "民心工程"发挥实效，着力解决干事创业后顾之忧

在住有所居、病有所医、幼有所育、学有所教等方面持续用力、效果显著。涿州文化产业综合项目启动区建设初具规模，14 个老旧小区综合整治项目主体工程基本完成，员工医疗保障水平有效提升，员工落户保障更加有力，员工子女入园入学服务保障工作取得新突破，餐饮服务持续升级，为广大员工干事创业增添了力量。

办公厅工作概况

2022年，在总台党组的领导下，办公厅围绕中心、服务大局，进一步突出规范性、高效性、精准性等，持续深化转职能、提效能、赋动能，不断提升"三个服务"工作水平，推动各项重点工作和民生实事落到实处、取得实效。

一、全力做好服务保障总台党组各项工作

1. 做好文稿服务工作

加强文稿起草、调查研究、信息舆情等工作，严把政治关，全年组织起草总台相关文字材料200余篇20余万字。认真做好《总台专题会议纪要》《总台简报》《总台内部通报》《总台工作日报》等信息报送工作。

2. 做好会议活动服务保障工作

持续优化升级总台党组会议组织服务工作，提高制度化、规范化、程序化、精细化水平。全年共协调保障CMG全球媒体创新论坛、中国阿根廷人文交流高端论坛、2022年春节联欢晚会等重大宣传报道活动418场，拍摄照片23.8万张，整理历史图片资料3万余张，及时发布有关新闻信息。

3. 做好涉总台舆情防范处置工作

贯彻"信息灵、反应快、处置得当"要求，事前防范和事后处置并重，紧盯重大报道活动、重要时间节点、重点群体、重点人员动态动向，通过多种手段，盯牢意识形态领域可能出现的风险隐患。

4. 做好督查督办工作

严格落实"回头看"常态化机制，全年对习近平总书记和中央领导重要指示批示逐条逐项盯办，持续跟踪问效，做到不折不扣贯彻落实。对《总台党组2022年工作要点》、总台党组作出的各项决策部署，制定任务分工，下发督查通知，督促高效推进。对总台签署的框架合作类协议、重点项目、"民心工程"等，落实督办措施，紧盯不放、跟踪问效。扎实做好巡视"后半篇文章"，向中央巡视办上报整改进展情况，总台党组巡视整改方案中须在2022年年底前完成的任务全部完成，对需要长期抓

好落实的措施，按计划制定了相关制度机制或工作方案。

二、全力做好总台迎接党的二十大、学习宣传贯彻党的二十大精神服务保障工作

1. 守住安全防线

现场协调保障党的二十大安全播出17场，对指定闭环酒店报备驻地车辆进出200余次。组织参与报道人员集中核酸检测12 778人次、开展环境核酸检测432次，检测准确率达到100%。开展全覆盖保密检查，确保安全万无一失。

2. 控住舆情动态

制定突发事件舆情应急处置预案，梳理全台重点选题23项，将关键词纳入监测系统。联合节目部门建立舆情快速反应机制，加强各节目栏目以及主持人、记者、编辑、员工个人新媒体账号发布提醒，妥善引导网上热点。

3. 盯住后勤补给

统筹好台内办公用房、"影视之家"住房等房屋资源，提前安排好供住宿、工作使用的机动用房，做到有备无患。加强对食材采购、存储、制作、端上餐桌的全流程监管，确保员工吃得可口、吃得放心。配备检查好大型转播车等各类车辆，做到有求必应、随叫随到，充分保障宣传报道用车需求。

4. 管住服务保障

系统安排重要会议活动报名反馈、核酸检测、行车路线等综合协调保障，周全准备、周密安排、周到服务，做到行云流水、有条不紊。统筹厅局级值班领导24小时在岗带班，及时准确传达各类信息、流转公文函件、做好应急处置，确保指令传达通畅，坚决杜绝延误错漏。

三、全力做好服务保障总台高质量发展有关工作

1. 抓好疫情防控

始终把总台疫情风险控制在"可防可控""稳妥有序"水平，确保党的二十大、2022年北京冬奥会和冬残奥会、香港回归祖国25周年、春晚等重大宣传报道安全平稳。在总台四址办公区分别注册搭建核酸采样点，开展总台员工全覆盖核酸筛查，累计开展多轮次区域核酸检测692场次，共检测超过85万人次、5230个环境点位核酸，四址办公区总消杀面积超过56万平方米。

2. 抓好"护牌行动"

重拳出击严打假冒总台虚假宣传行为，开展"打假治敲"专项行动，采取多种手段依法打击损害总台品牌行为，取得显著成效。

3. 抓好运行保障

抓好全年24小时值班值守，抓好文件管理。全年累计处理各类电话、传真、文件、电报、监督办理、机要收发等业务4万余件，受到国务院办公厅在全国政务系统范围内通报表扬，是受表扬单位中唯一的中央媒体单位。全年办理报刊信件收发业务120万余件，编发《每日报告》53期。加强保密安全管理，妥善处理好总台法律事务，强化办公用房保障，制定鲁谷新大楼办公用房分配建议框架方案，稳妥做好地方总站购置或划转房产的权属登记、办公用房配置审核、房屋维修改造方案审批等工作。

4. 抓好建章立制

编辑逾50万字的《总台规章制度汇编》，修订完善《总台党组贯彻落实中央八项规定精神的实施细则》《总台定密工作管理办法》，制定出台《总台值班工作规范（试行）》《总台艺术品档案管理办法（试行）》《总台公务用车管理办法》《总台企业公务用车管理办法》等。

5. 抓好档案工作

积极配合中宣部"奋进新时代"主题成就展布展工作，提供图片资料43幅、成片与素材视频资料386条，制作完成开篇视频《这十年，我们一起走过》、展望视频《奋进新征程 建功新时代》等31部。全力配合国家版本馆建设，向国家版本馆送交展示图书178种385册，增加补充图书284种340册；展厅展品7种、15套、69盘，展览用视频资料32项、160条、时长约82小时49分。完成总台发展历史陈列馆展陈方案调整施工。

四、"民心工程"发挥实效

持续在住有所居、病有所医、幼有所育、学有所教等方面用力，切实解决总台员工干事创业的后顾之忧。全力做好服务保障全台员工有关工作。员工医疗保障水平有效提升，全年累计服务医保职工超过17 860人次。复兴路办公区园区改造扎实推进，老旧小区综合整治项目主体工程基本完成。统筹做好员工日常保障，优化劳保用品采购，升级餐饮服务，获得员工好评。优化交通服务，加强驾驶员安全教育，圆满安全完成各类重大宣传报道活动、市内日常交通、时政、医疗、老干部及应急突发事件等用车需求任务。

五、全力推进党建工作

1. 推动迎接党的二十大、学习宣传贯彻党的二十大精神走深走实

坚持把迎接党的二十大、学习宣传贯彻党的二十大精神作为全年首要政治任务，综合运用办公厅党委会议、主任办公会议、党支部党员大会、专题党课、交流研讨等多种形式传达学习，把迎接党的二十大、学习宣传贯彻党的二十大精神不断引向深入。

2. 持续强化党的创新理论武装

制定《办公厅党委理论学习中心组2022年学习计划》，严格落实"三会一课"等制度，定期组织召开办公厅党委理论学习中心组集体学习研讨会，深学笃行习近平经济思想和习近平总书记重要讲话精神。充分发挥青年学习小组作用，进一步深化辅导报告机制、学习交流机制、资源共享机制等，制定《办公厅2022年青年学习小组工作要点》，引领青年员工成长成才。

3. 深化风气建设

认真履行从严管党治党政治责任，组织签订《办公厅2022年落实全面从严治党责任书》，完善《办公厅项目管理廉洁风险防控手册》，不断健全廉洁风险防控体系，扎紧制度笼子，确保资金安全、工程安全和人员安全。坚持敢于管理、敢于批评，办公厅主要负责人与处级干部、年轻干部等重点人群经常性开展谈心谈话，及时传达学习总台警示教育大会精神，针对重点领域有针对性地开展警示教育，一体推进"三不腐"（不敢腐、不想腐、不能腐）能力和水平。

总编室工作概况

2022年，总编室紧密围绕规划统筹、导向口径、考核监管的职能定位，用好指挥棒、当好排头兵，狠抓精品力作、狠抓阵地管理，充分发挥宣传管理中枢职能作用，确保各项工作有序推进、不断取得新成效。

一、聚焦核心，全台宣传报道一体化统筹工作有力有效

1. 深化提升"头条工程"统筹协调力度

围绕各类重要活动的宣传报道组织召开40场专项协调会，落实落细总台党组部署要求，实现多平台融合传播效果最大化。统筹推出12部外宣微视频，以新语态阐释新思想、以新传播讴歌新时代、以新视听赞美新征程，让习近平总书记的思想魅力和品格风范传遍海内外。

统筹全台宣传部门，高质量报送各类宣传报道方案65份、重大宣传报道总结61份，多次获得中央领导同志的批示和肯定。

2. 全链条做好党的二十大主题宣传统筹

超前谋划，主动作为。全年共组织服务总台编务会议28次，审议议题91项。统筹全台提早规划党的二十大宣传重点项目，分阶段协调节目部门汇报进展情况，形成台账并持续督促落实。有序推动《领航》《征程》等一大批精品力作的制作播出和宣推。党的二十大胜利闭幕后，第一时间起草印发《中央广播电视总台学习宣传贯彻党的二十大精神宣传报道方案》，督导各节目中心持续做好宣传阐释工作。

抓好落实，十拿十稳。围绕党的二十大的11场重大直播和13场重要活动，组织召开3场直播协调会，确保总台各平台按照统一部署做到导向正确、主题突出。同时，制定电视、广播、新媒体多平台播出方案和突发事件应急处置预案，多次组织节目系统、技术系统就直播工作进行细化推演。协调相关节目中心、各播出平台、各地方总站做好专栏节目《二十大时光》主线宣传，多角度诠释大会主题、多层次烘托热烈氛围。

立体宣推，科学排播。组织"礼赞新时

代——中央广播电视总台迎接党的二十大首批重点节目片单发布活动"等活动；通过"一键触发"机制第一时间推送105篇时政重点稿件；牵头负责党的二十大新闻中心"融媒体体验区"内容设计及布展工作，总台展区线下接待境内外机构媒体记者2200多人次，获得中外媒体广泛报道。协调《锻造雄师向复兴》等十余部重点专题节目在CCTV-1综合频道、CCTV-13新闻频道、CCTV-2财经频道、CCTV-4中文国际频道等梯次播出，形成次第花开、精彩纷呈的宣传报道声势。

织密传播网，实现全覆盖。精细统筹组织党的二十大对外传播，推动总台报道首次实现全球233个国家和地区、68种语言全覆盖，特别是历史性实现在台湾当局14个所谓"邦交国"全部落地，各项核心传播数据连连刷新对外传播纪录。牵头制定总台党的二十大重点专题片多语种译配推送方案，统筹"读懂中国共产党——外国人士的视角"主题宣介活动，协调"新征程的中国与世界"58场媒体活动等活动发稿及海外宣推工作，超过3400家境外媒体进行直播和报道，触达海外受众超18亿人次。

3. 全方位做好各项重大报道统筹工作

统筹协调2022年北京冬奥会和冬残奥会报道。制定播出方案，组织召开6场专题直播协调会，协调8K超高清频道顺利开播，实现"科技冬奥·8K看奥运"的播出目标。周密组织总台台长慎海雄对俄罗斯总统普京的第二次专访相关工作。

全力组织庆祝香港回归祖国25周年宣传报道。建立前方沟通协调工作机制，全方位做好各项统筹协调。选调符合CGTN-Documentary纪录频道定位和适合对港传播的新片、大片，精心制定播出编排计划，协调大型融媒体报道《直播大湾区》暨"大湾区之声"新媒体改版上线、统筹总台CGTN-Documentary纪录频道和粤港澳大湾区之声频率在港落地发布仪式活动。

统筹做好总台主办的大型节展等重大活动。完成北京、长春和海南岛三个电影节的筹备及宣传报道统筹工作。协调15场总台重大活动。与相关部门共同完成广西、江西、江苏总站揭牌仪式相关活动组织和发稿宣推工作。

推进国家文化公园建设宣传及电视专题片制作。协调CCTV-13新闻频道暑期推出"直播长征国家文化公园"特别报道。建立工作月报制度，主动服务，有效推进《长征之歌》《大运河之歌》《黄河之歌》《长城之歌》等4部电视专题片的拍摄和制作。

高效组织重大活动报名办证和信息报送工作。全年围绕各项重大活动累计为总台35个部门、3645人次办理相关证件5537张，并在党的二十大、2022年北京冬奥会和冬残奥会、全国两会等期间牵头成立专班，完成信息材料撰写和报送工作。

4. 持续做好对外传播统筹工作

统筹重要国际媒体外交活动宣传报道。统筹全球媒体创新论坛、中国阿根廷人文交流高端论坛、2022中国—阿拉伯媒体合作论坛、巴赫向总台台长慎海雄颁发国际奥委会主席奖等重大外事活动宣传报道。对接海外总站，协调"迎冬奥 一起向未来"大型媒体行动等活动发稿及海外宣推40多场。

二、科学谋划、有序排布、应急快反，有力保障全台宣传管理一盘棋

1. 突出"创新"和"两个效益"要求，优化重点选题播出管理

提前谋划、及时论证、充分审议，持续深化重点选题统筹及评估力度，增设广告经营价值、4K/8K超高清制作可行性研究、项目经费投入等指标，牵头组织召开6场重点选题论证会，分11批次向总台编务会议推荐立项重点选题71个。

2. 以新锐灵动的优质原创宣推产品集群，有效提升总台重大活动和精品节目影响力

全年统筹协调117场总台重大活动的宣传推介工作，策划制作原创宣推产品143个，推出39个原创视频融媒体产品，突出年轻态表达，实现"破圈"传播。总台"最强音"贯穿全年，2022年春晚宣推工作首次实现春晚彩排等重点稿件全网推送，全球投送获650多家海外主流媒体直播和报道，海内外跨媒体受众总规模达12.96亿人次，新媒体端直点播总触达71.33亿人次。"新征程·新大剧——中央广播电视总台2023年'大剧看总台'"发布会活动收获全网热搜热榜超84个，融媒体触达超7亿人次。

3. 突出重点科学排布，应急快速反应行云流水

围绕全国两会和元旦、春节、暑假、中秋、国庆等重点宣传期和主要节假日设计特别编排方案，强化新媒体平台与电视端和广播端的精品节目协同，形成亮点不断、精彩纷呈的传播局面。

组织召开180场每日编前会。及时准确传达各类宣传精神。持续做好电视广播节目播前排查，围绕重大突发事件，迅速启动快速反应机制，确保各类节目导向正确、氛围和谐。

三、综合频道奋力实现"满屏皆精品"目标和"两个效益"双丰收，平均收视份额创八年来新高

1. 持续推出深化"思想+艺术+技术"融合创新的原创精品节目，有效增强旗舰频道的引领力、传播力、影响力

《典籍里的中国》（第二季）先后荣获第十六届精神文明建设"五个一工程"奖、第27届电视文艺"星光奖"优秀电视综艺节目奖、第58届亚洲—太平洋广播联盟奖（简称"亚广联奖"）电视娱乐节目奖。

《山水间的家》创总台大型季播节目创收新高。《2022开学第一课》受到中央领导充分肯定和社会各界普遍赞扬。《古韵新声》获《新闻阅评》两度专文高度评价。

2. 精准荟萃全台精品，奋力打造全链条、全方位、全领域精品节目集群

全年安全播出总台重大宣传项目、节目等90多项，荟萃全台多种类型精品节目122档。CCTV-1综合频道年均收视份额在2022年打破连续多年总体下降的趋势，逆势上扬至4.32%，创8年来年度收视份额最高值，在全国上星频道中排名第一，超额完成总台下达的CCTV-1综合频道收视份额任务。其中，春节期间平均收视份额创下11年来最高值。

四、优化评估考核，狠抓阵地管理，助推全台宣传工作高质量发展

1. 全流程跟踪考核，助力高质量发展改版提质升级

充分发挥精品化水平考核对"满屏皆精品"的撬动力，跟踪督促各平台改版项目提质升级。进一步优化《总台高质量发展改版精品化水平考核办法》及实施细则，有序组织开展2022年度全媒体平台、国内地方总站、海外总站的业务考核，覆盖总台15个电视频道、19个广播频率的常态栏目、季播节目、特别节目、晚会、电视剧等889项。

2. 充分发挥"指挥棒"作用，保障业务考核工作科学规范协同高效

动态调整、科学优化相关指标算法，有效发挥考核对一线宣传业务的引导激励作用。完成924项关键事项信息收集整理审核，核算地方总站稿件共计约10万件，海外总站考核稿件6万件；对比分析国际序列语部考核稿件8.7万件，43个语种的国际传播主流媒体及关键意见领袖（KOL）播出/播发数据8540万条。

国内外新闻报道监测助推总台报道首发率、时效性稳步提升。截至2022年12月31日，《国内新闻报道监测专报》比稿重大新闻报道2263条，在监测媒体中总台首发1892条，月均首发率83.6%，最高达到88.2%。《国际新闻报道监测专报》监测国际新闻6387条，全球首发率14.6%，超过美联社、法新社、美国有线电视新闻网（CNN）、英国广播公司（BBC）、今日俄罗斯电台（RT）、卡塔尔半岛电视台等国际主流媒体，平均首发率在全球主要媒体中排名第二。

3. 提高政治站位，坚决筑牢意识形态工作安全阵地

全程覆盖，精准监看监听监管。全年收集受众意见30 677件（条），编发《监看监听日报》227期，登载意见建议和情况反馈文章各681篇。

加强新媒体平台管理。不断优化新媒体平台及账号备案管理工作，完成总台新媒体平台及境内机构账号、个人新媒体账号、三审人员信息、制度备案等共14轮次。关停影响力较低的客户端5个、第三方平台账号4个。截至2022年年底，总台共备案客户端25个，第三方平台机构账号276个，个人账号1376个，备案新媒体端内容三级审核人员3759人。

4. 抓好关键人员管理，着力提升播音员主持人综合素养

全面强化总台播音员主持人队伍管理和建设。进一步落实落细总台播音员主持人系列管理制度，重点围绕播音员主持人参加社会活动、网络信息发布、持证上岗等明确细化管理的具体要求，督促各节目中心落实执行。坚持在每个重要节点发布播音员主持人岗位风险警示，抓日常、多提醒、重督促，确保各项要求及时准确传达，全员覆盖，不留死角。着力提升总台播音员主持人政治素质、业务素质和综合素养，鼓励青年播音员主持人成长成才。2022年，共举办10期总台播音员主持人业务培训，参与人员达1021人次。

加强外请嘉宾、配音人员管理。修订完成《中央广播电视总台外请嘉宾管理办法（试行）》，制定出台《中央广播电视总台外请配音人员管理办法（试行）》，加强对艺人身份嘉宾的舆情监测排查力度。

新闻中心工作概况

2022年，新闻中心坚持稳中求进、守正创新，突出做好领袖宣传报道，深入宣传新时代十年的伟大成就和宝贵经验，深入推进融合创新，把坚定拥护"两个确立"、坚决做到"两个维护"落实落细到全年的宣传报道之中。

一、用心用情做好领袖宣传，进一步彰显习近平总书记的魅力风范、思想伟力

2022年，新闻中心坚持守正创新，精益求精，全力以赴做好领袖宣传报道，深入宣传阐释习近平新时代中国特色社会主义思想。

1. 重大直播屡创经典

新闻中心提升重大时政直播报道水平，推进技术创新，优化机位设计，提升现场光效，圆满完成党的二十大开幕会、第二十届中共中央政治局常委同中外记者见面会等一系列重大直播报道，两场直播全媒体触达55.57亿人次。"总书记与党徽党旗同框""大礼堂眺台巨幅标语与满天星交相呼应"等经典镜头，突出展现习近平总书记沉稳、坚毅、自信的人格魅力，生动呈现习近平总书记领航中国号巨轮奋勇前行的领袖形象。在第二十届中共中央政治局常委同中外记者见面会上，首次通过动态接力拍摄，完整展现大门开启、习近平总书记入场、挥手致意、发表讲话的全过程。

2. 时政新媒体产品首发、独家、深度优势更加凸显

2022年，习近平总书记国内考察调研《时政快讯》全部实现首推首发。习近平总书记带领新当选的第二十届中共中央政治局常委瞻仰延安革命纪念地，时政报道团队精心推出的《新一届中央领导集体宣示》在微信朋友圈曝光人数超7亿。2022年北京冬奥会、冬残奥会举行期间，独家视频《外国友人说：没有共产党就没有新中国》《习近平会见摩纳哥亲王：选一对冰墩墩带回去　送给你的双胞胎》等成为网络爆款。

2022年下半年，习近平主席先后赴中亚、东南亚和西亚多国进行国事访问、出席多边外交活动，时政报道团队创新推出"直播态、伴随式、进程感"系列新媒体产品，做到所有重

大活动、重要节点信息均全网首发首推。

3. 持续提升"头条工程"

新闻中心坚持领袖的高度就是宣传报道追求的高度，着力在画面拍摄、声音录制、后期编辑等方面下功夫。习近平总书记在新疆考察期间，时政报道团队生动记录习近平总书记与新疆大学师生亲切交流、走进社区乡村与各族群众拉家常、慰问兵团干部群众、亲切接见驻疆部队官兵代表等热烈互动场景和细节。《新闻联播》在习近平总书记考察结束当天头条播出33分钟时政新闻，创下国内考察报道时长之最。《新闻联播》《新闻和报纸摘要》《第一资讯》等重点新闻栏目持续推出《沿着总书记的足迹》《领航中国》《新思想引领新征程》《在习近平新时代中国特色社会主义思想指引下》等多个系列报道，生动展现各地区、各部门全面贯彻习近平新时代中国特色社会主义思想的新实践、新气象和新图景。

4. 时政纪录片、专题片趋于常态化

2022年，新闻中心全年推出专题片、纪录片104部。开年推出2集时政纪录片《非凡的领航2021》，回顾2021年习近平总书记治国理政经典画面和场景。纪录片《功勋闪耀新时代》首次对中国特色功勋荣誉表彰体系进行系统梳理。

二、党的二十大宣传报道主题鲜明、精品不断、氛围浓厚

新闻中心精心策划组织党的二十大宣传报道，精准把握节奏，分阶段、多层次、有侧重、持续推出一系列主题深刻、样态鲜活、反响热烈的视音频精品节目。

1. 精准高效报道大会进程，准确权威解读党的二十大报告，全面反映海内外对党的二十大报告的高度评价

新闻中心精益求精做好党的二十大开闭幕会和大会程序的报道，充分报道党代表分组讨论情况，全面反映广大代表对党的二十大报告的积极评价，全面反映大会提出的重大理论观点、重大方针政策、重大工作部署，生动呈现团结奋进、昂扬向上、开拓创新、民主开放的大会盛况。独家直播的"党代表通道"为世界打开一扇观察中国的大门。融媒体直播特别节目《二十大时光》伴随大会进程深入解读党的二十大精神，相关报道在总台全媒体多平台跨媒体触达人次达10.13亿。《焦点访谈》专访近40位权威专家，独家系统解读阐释党的二十大报告精髓要义。

2. 分阶段、有重点、多形式开展主题主线报道

系列报道《解码十年》首次以"卫星视角+大数据调查+新闻故事"的方式，解码新时代十年的历史性成就和历史性变革，节目通过总台29种语言全球落地，全网触达量累计超过60亿人次。《新闻联播》创新推出《大美中国》开放式报尾巡礼篇，充分展现中华大地山河之美、历史之美和文化之美。CCTV-13新闻频道和中国之声推出《走进老区看新貌》《走进县城看发展》《大美边疆行》《江河奔腾看中国》等直播特别节目，从不同视角展示新时代的非凡十年。推出《深入学习贯彻二十大精神》《在新征程上》《二十大代表在基层》等节目，生动反映各地区各部门深入学习贯彻党的二十大精神。

3. 纪录片专题片多角度展现新时代十年的非凡成就

结合重要时间节点，精心制作推出《新时代》《为了更美好的生活》《不负绿水青山》等专题片、纪录片和《不负青山》《中国空间站》《山河之上》等广播剧，为党的二十大胜利召开营造浓厚氛围。

三、着力做好经济社会发展成就报道，聚人心、强信心

2022年，我国新冠疫情防控平稳转段，经济社会发展取得一系列重大成就，新闻中心全方位、多角度、深入报道高效统筹新冠疫情防控和经济社会发展，聚力于提振全国人民的精气神。

1. 精心做好重要会议、重大活动和重要时间节点报道，全面展现新时代中国蓬勃奋进景象

推出《冬奥来了》《冬奥一点通》《冬奥1+1》《一起向未来》等多个系列作品，邀请导演张艺谋做客新闻演播室，第一时间独家揭秘2022年北京冬奥会开闭幕式亮点。高质量完成全国两会报道，突出做好习近平总书记下团组活动报道，生动讲述全过程人民民主的故事。庆祝香港回归祖国25周年报道充分反映香港全面落实"一国两制"的成功经验和发展成就。博鳌亚洲论坛、中国国际消费品博览会、中国国际服务贸易交易会、中国国际进口博览会等报道出新出彩，向世界展示泱泱大国的自信与开放。在春节、国际劳动节、国庆节等节假日推出《中国声音中国年》《家国端午》《大国工匠》等特别节目，创新呈现三星堆科考等考古发现，传承中华优秀传统文化，厚植家国情怀，弘扬社会主义核心价值观。

2. 充分报道建成空间站等我国关键领域重大成就

2022年，中国空间站完成在轨建造，新闻中心各平台持续跟进，不断创新。神舟十四号发射直播首次使用无人机拍摄火箭点火起飞的画面，神舟十五号发射首次拍到火箭起飞与明月同框的绝美画面，首次实现总台演播室主持人在特别节目中与空间站航天员实时天地对话。全年密切跟进C919大型客机验证飞行、我国第三艘航空母舰福建舰下水、白鹤滩水电站左岸机组全部投产、"华龙一号"示范工程全面建成等我国关键领域重大成就，激发广大人民的爱国情和强国志。

3. 及时权威解读经济形势，持续唱响中国经济"光明论"

新闻中心持续做好经济形势宣传引导，充分展现我国经济的活力和潜力。各频道、频率压茬推出《稳字当头 稳中求进：怎么看 怎么办》《数据看中国》《中国底气》《一线调研》《迎难而上 主动作为》等系列报道，多角度、多层面反映中国经济的强大韧性和深厚潜力。全年跟踪报道春耕、夏管、秋收、冬种，推出《在希望的田野上》等特别节目，充分反映我国粮食生产"十九连丰"背后的极不平凡。

4. 正面引导疫情防控热点和平稳转段，充分阐释我国疫情防控取得重大决定性胜利

《新闻联播》《新闻和报纸摘要》《新闻盘点》等旗舰栏目密切跟进疫情防控进展，及时发布、权威解读信息，充分报道各地疫情防控积极成效。随着疫情防控平稳转段，《焦点访谈》《新闻1+1》《新闻纵横》等重点栏目第一时间推出系列报道，聚焦医疗力量、药品资源

和救治资源下沉,提升基层医疗救治能力方面的积极举措。《玉渊谭天》重磅推出文章《三年:三问三答》,摆事实,讲道理,用三年同心抗疫的非凡答卷有力引导社会舆论。

5. 及时准确报道各类突发事件,加强社会热点舆论引导

新闻中心快速反应,客观准确报道"3·21"东航MU5735航空器飞行事故、泸定里氏6.8级地震等突发事件和自然灾害,用心捕捉一幕幕舍生取义、守望相助的场景,在感动中凸显中国力量。在唐山烧烤店打人事件等社会热点事件中,权威发声,呈现真相,有效引导舆论。中国之声独家调查报道《陕西宝鸡千余份工程质量检测报告涉嫌造假》,推动全国开展工程质量检测专项治理。

四、统筹考虑国内、国际两个舆论场,不断增强国际舆论斗争的针对性和有效性

新闻中心发扬斗争精神,有理有利有节开展国际舆论斗争,及时主动发出中国声音,有力回击美西方的攻击污蔑,深入揭批美国乱象。

1. 持续做好对美西方舆论斗争

新闻中心着力做好涉疆、涉藏、涉港、涉台、涉疫等舆论反制,坚定回击美西方的造谣抹黑,针锋相对地揭批美国内政外交乱象。广泛报道多国政府和政党、多国驻华大使、国际组织、国际人士的正义声援。针对美国众议院议长佩洛西窜访我国台湾地区,各平台快速播发外交部、国防部等权威部门声明表态,成为全球媒体主要信源。《蓝厅观察》《玉渊谭天》《环球深观察》等融媒体品牌栏目,推出一系列内容深刻的融媒体产品,精准揭批美西方的虚伪本质。

2. 客观平衡适度报道俄乌局势,加强重大国际热点事件的舆论引导

各平台客观平衡报道俄乌局势,充分阐释中国对俄乌冲突的原则立场,坚决反击美西方对华攻击抹黑,深入揭批美国为首的北约是俄乌冲突的始作俑者。抓住北溪管道爆炸疑云、美军仓皇撤离阿富汗一周年等动态新闻事件,主动设置议题开展舆论斗争。此外,各频道、频率第一时间报道日本前首相安倍晋三遇刺身亡、韩国梨泰院严重踩踏事件、汤加火山喷发等重大突发或热点事件,及时发出中国声音,加强中国立场解读。

五、全方位、全链条、全领域推进融合创新

新闻中心持续深化"思想+艺术+技术"融合创新,充分挖掘利用新技术手段,着力创新节目呈现形式,不断提升各频道、频率收看收听体验,努力探索融合创新的路径。

1. 重磅推出融媒体节目《高端访谈》

党的二十大召开前夕,新闻中心重磅推出《高端访谈》,就世界之变、时代之变、历史之变对话全球顶级政要。该节目除了在国内播出外,还通过20多种语言在海外传播,有力有效服务党和国家外交大局。

2. 做优做强《玉渊谭天》等融媒体产品并探索新垂类领域

《玉渊谭天》积极探索"多模态大数据+"的数字技术运用,丰富拓展直播、漫画、特种

道具、3D建模等手段,在海内外的品牌效应和舆论引导能力显著增强,全网粉丝量突破800万,超过200篇报道被全球共计770家媒体使用超1万次,其中美英等西方国家媒体占据多数。在CCTV-13新闻频道和央视新闻客户端同步推出融媒体栏目《蓝厅观察》,权威解读国际社会关切的涉华热点话题。

内参舆情中心工作概况

2022年，内参舆情中心坚决落实总台各项部署，围绕党和国家工作大局，以迎接党的二十大胜利召开为主线，在总台党组的坚强领导下，完成党的二十大、2022年北京冬奥会和冬残奥会、俄乌冲突等关键节点与重大事件的内参调研报道工作，切实做好参谋助手，为中央和国家重大决策提供参考建议。

一、发稿量、批示量、批示率再上台阶

2022年，内参舆情中心发稿共2109期，发稿量同比增加10.9%。多篇稿件获中央领导批示，批示件数和批示率均位居全国呈报单位前列。

总台内参报送及时高效，得到上级领导部门多次肯定和表扬。多地省（自治区、直辖市）委、多个国家部委先后以致函等形式，感谢总台内参在当好参谋助手、积极建言献策、服务中央决策等方面的重要贡献。总台内参权威性、影响力进一步提升。

二、聚焦重大活动、重要节点做好内参上报

内参舆情中心主动调研社会各群体对党的二十大的期许希冀，密切关注网络舆论场风险苗头，深入分析境外媒体涉及党的二十大的相关舆情，呈报多篇重要内参。完成中宣部有关"意识形态和文化安全"多期重大调研任务，相关材料获上级领导部门高度肯定。

内参舆情中心借调干部参与2022年北京冬奥会和冬残奥会筹备工作，前后方联动编发40多期有关调研和舆情，所提建议受到中央重视并部署实施。

2022年，内参舆情中心聚焦香港回归25周年、香港特别行政区第六任行政长官选举等重大时间节点，推出系列调研稿件，为有关部门了解民意、精准施策提供智力支持。持续关注台海问题发展走向，在美国众议院议长佩洛西窜访我国台湾地区、台积电在美国设厂、台湾地区"九合一"选举等重大事件中收集民意，做好预警研判，为有关部门提供专业建议。

三、涉疫内参及时、准确、高效

2022年，继续按常态化、全面化、深度化的要求做好涉疫情内参的采编工作。实时关注全国各地疫情及防疫动态，全面扫描疫情给经济、社会、民生等领域带来的新困难，深度剖析问题产生的原因，寻求对策建议。聚焦国家《关于进一步优化新冠肺炎疫情防控措施 科学精准做好防控工作的通知》（简称"二十条"）、《关于进一步优化落实新冠肺炎疫情防控措施的通知》（简称"新十条"）实行难点、堵点，全年上报涉疫情内参600多篇，其中60多篇获中央领导同志批示。

"二十条"实行前，内参舆情中心侧重于关注疫情动态，第一时间向中央呈报涉疫信息、物资供应保障困难等重要情况，关注重大事件、重要节点中的防疫风险，扫描疫情防控中的舆情风险点，为优化调整措施建言献策。

"二十条"与"新十条"实行后，总台内参及时反映一些地方"一封了之""一放了之"等典型问题，呈报相关稿件，反映问题及时准确，得到中央领导肯定和重视。

四、调研问题找得准，建议提得实

2022年，内参舆情中心围绕中央关心、百姓关切的问题，完成数百篇深度调研稿件，上百篇稿件获中央领导批示。

内参稿件持续关注我国经济运行中出现的新情况新问题，聚焦社会发展难题与民生热点，密切关注外贸形势及资本市场新动向，问诊汛情、旱情、农业生产及粮食安全情况，充分发挥总台采访资源优势，组织地方总站完成多次重大系列调研，受到中央领导同志关注和重视。

2022年，中美战略竞争加剧，乌克兰危机长期持续，"世界百年未有之大变局"加速演进，内参舆情中心加强与知名国际智库专家合作，力求做到研判准确，建议有针对性，国际内参全年发稿量、批示量均实现稳定增长。

五、对舆情与突发事件反应迅速

2022年，重大突发事件多，内参舆情中心在突发事件中不断优化完善内参快速反应机制，打通与地方总站沟通的多处堵点，优化内部组稿送稿流程，实现重大突发事件的全天候紧盯和第一时间报送。在"3·21"东航MU5735航空器飞行事故、"大秦铁路火车碰撞"、"广东、江西洪水"等重大突发公共事件中，总台内参从不缺位，因报送及时、事实准确、研判得当而受到上级有关部门表扬。

在"江苏丰县八孩母亲""唐山打人案""河南为储户赋红码"等热点舆情事件中，内参舆情中心践行总台领导"抢首发、敢亮剑、争独家"的要求，第一时间拿出舆情分析研判，提出对策建议，警示次生风险，为上级机关呈送大量有价值的快讯信息，多篇稿件获中央领导同志批示。

六、视频内参优化成型

视频内参是总台内参独家产品。2022年，内参舆情中心以"时效""效果"为目标，不断探索对《焦点访谈》（内参版）改版，效果良好，获总台领导肯定表扬。从"天津某高校发生聚集事件"的报道开始，总台视频内参实现突发事件即时报送，完成视频内参"短平快"的重大突破。有关"假冒伪劣化肥坑农害农"的报道得到中央领导批示后，国家市场监督管理总局和农业农村部有关部门负责人与主创人员座谈深入了解情况，并向有关省（自治区、直辖市）下发《紧急通知》，直接推动问题解决。

七、党建工作落实落细

内参舆情中心党总支组织党史学习教育民主生活会及下属各支部组织生活会，制定实施《党史学习教育常态化长效化工作方案》《落实意识形态工作责任制监督检查方案》，组建内参舆情中心工会，组织中心"七一主题党日""走好第一方阵　我为二十大做贡献""弘扬清廉家风"等主题党日活动，相关党建文章被机关党委推荐给总台职工阅读学习。

财经节目中心工作概况

2022年，财经节目中心奋力打造新时代国家级专业化财经融媒体。CCTV-2财经频道累计收视份额1.0919%，在全国电视财经节目份额中占比91.19%；经济之声市场份额在总台所有广播平台中稳居第二位。《2021中国汽车风云盛典》《超级生活家》《中国国宝大会》（第二季）等多个重点项目实现"两个效益"双丰收。央视财经新媒体1个客户端、12个第三方平台账号总粉丝量超1.5亿，同比增长15%。央视财经微博居财经视频影响力榜首，央视财经微信公众号居金融财经类账号第一名。

一、突出政治引领，党的二十大主题报道出新出彩，充分展现习近平经济思想伟力

3集纪录片《雄安 雄安》全景记录习近平总书记亲自决策、亲自部署、亲自推动河北雄安新区规划建设的历程，解读这座城市从"一张白纸"到"拔节生长"的升级密码，展现雄安新区高水平社会主义现代化城市的美好图景，用一个个有力量、有温情、有韧性的故事，呈现京津冀协同发展的速度。电视端观众触达人次近9000万，央视财经新媒体总阅读播放量近4000万次，相关话题词总阅读量破1亿次。

5集专题片《中国大区域》聚焦京津冀协同发展、长江经济带发展、粤港澳大湾区建设、长三角一体化发展、黄河流域生态保护和高质量发展等区域重大战略，解读党的十八大以来推动我国区域协调发展的新气象、新格局。

围绕习近平总书记"要以智能制造为主攻方向推动产业技术变革和优化升级，推动制造业产业模式和企业形态根本性转变"重要论述，财经节目中心联合工业和信息化部，推出大型融媒体直播活动《智造中国》，首次以融媒体直播形式，深入全国16个省（自治区、直辖市）的智能制造工厂一线，讲述产业、企业探索践行智能制造的生动鲜活故事，全方位立体呈现中国制造业数字化转型和智能升级的进程。

经济之声推出融媒体报道《追梦路上》，展现全国各地、各行业的代表人物在实现中国梦的道路上砥砺前行、不断奋进的动人风采。

二、突出正面引领，全面贯彻新发展理念，大力唱响中国经济"光明论"

2022年开年，财经频道推出系列报道《开年迎新访名企》，中国石化、南方电网、长江三峡集团等7家企业的"掌门人"直面经济热点，回应社会关切，为中国经济发展增添信心和底气。2022年9月下旬，推出系列报道《非凡十年看名企》，集中展现国有企业的原创性贡献、突破性进展、标志性成果、历史性成就等，让十年巨变可感、可知、可信，凸显中国经济10年来的发展动能和底气。

2022年10月，《经济信息联播》播出10集系列报道《集装箱里看出口》，选择我国出口贸易领域表现亮眼的10个产业，通过记者走访调研，用讲故事方式，深入报道这些产业的发展现状、技术突破、国际地位等，充分反映我国新兴能源产业的活力，以及传统制造业的韧性。

9月至10月，经济之声携手总台云听客户端推出《数说中国故事》，以"小故事＋大数据"的结构，以百姓身边的小故事为切入点，全面展现党的十八大以来我国经济社会发展波澜壮阔的新图景。

围绕国民经济运行数据，通过电视、广播、新媒体联动推出《中国经济年报》《中国经济春季报》，梳理分析中国经济成绩单，正面解读经济政策和经济形势，深入挖掘经济运行亮点，展现中国经济长期发展向好态势。

围绕重大经济事件和重点经济任务，推出达沃斯论坛、第五届上海进博会、中国服贸会、世界互联网大会、中国消博会、中国电商年度发展报告等特别报道，以及《稳价保供进行时》《助企纾困进行时》《国际通胀观察》《中国经济第一线》《中国这十年：央企产业新坐标》《国货之光》《乡村振兴中国行》等系列节目，全方位展现中国经济的强大内生动力及其对全球经济发展的积极贡献。

围绕宣传解读中央经济工作会议精神，2022年年末推出《行稳致远：中国经济底气何在？》《区域发展观察》《稳中求进看经济》等系列重点专题报道及评论，宣传2022年我国经济工作坚持稳中求进总基调，贯彻新发展理念、构建新发展格局取得的成就。

2022年12月上旬，按照中央有关疫情防控措施调整的部署，财经节目中心迅速策划推出直播节目《各地加力拼经济 企业组团出海》，以及《浙江企业包机东京参展 外商来华也明显增多》等多篇资讯报道，新媒体稿件被网信办置顶，在舆论场抢先发声、抢占先机，释放市场暖意。

三、突出创新引领，深化"思想＋艺术＋技术"，奋力实现"满屏皆精品"

精心制作播出我国首部全面展示种源安全的纪录片《种子 种子》，阐释保障我国种源安全，牢牢掌握粮食安全主动权的深远意义。纪录片拍摄历时9个月，走进全国19个省（自治区、直辖市）的29座城市和乡村，讲述中国种子的成长发展故事，助推农业农村高质量发展。经总台领导亲自出题"种子种 种种种",在全网开展"寻找最'对'的人"下联征集活动,受众纷纷叫好,产生了持久的"破圈"效应。

《超级生活家》在节目样态、内容内涵、舞美设计、场景搭建、技术运用等方面实现高品质呈现,平均收视较2021年同期大幅提升。

《中国国宝大会》(第二季)深入全国各大博物馆和文博胜地,精选数百件文物,展示中华文明悠久历史和国宝的历史文化价值。

《中国风物大集》以地域特色物产为切入口,以中国之美、物产之丰,打造"原产地风物"知识产权(IP),助力区域经济发展。

新闻资讯特色IP令人耳目一新。《龙洋说两会》采用全新虚拟演播室技术,聚焦全国两会经济热点话题,成为总台全国两会报道的亮眼品牌。《2022财经榜》大胆探索扩展现实(XR)、大数据归集、人工智能(AI)超仿真主播等新技术手段,为观众带来全新观看体验。

系列工业纪录片做出风格、打出品牌、赢得市场。《大国建造》(第二季)选择标志性建筑和工程,展现大国建造在推动中国式现代化进程中的中国智慧、中国方案与中国力量;《动力澎湃》揭秘超级动力系统如何为中国经济高质量发展注入澎湃动力。

四、突出价值引领,大型财经活动强化议题设置,持续树立主流舆论主导权和话语权

2022年,"3·15"晚会直击数字经济等消费维权领域的新模式、新业态和新问题,引发热烈反响,强IP效应充分彰显。大屏节目收视率创近三年"3·15"晚会新高。"3·15"晚会话题词霸榜微博热搜,创全网热搜47个,总阅读量达75亿次。相关话题热度在微博和微信群、朋友圈持续走高,被称为近年来"最有话题度的一次'3·15'"。

《2021中国汽车风云盛典》助力中国汽车产业发展行稳致远,进一步拓展了总台在汽车领域的影响力和话语权。

《"数说美好生活"——中国美好生活大调查发布》用海量的市民生活大数据,全面展示中国人对美好生活的追求和期待,为观察中国经济社会运行提供了新视角。

《乡村振兴中国行》行走壮美中国,赋能乡村振兴,以记者行走、寻找、探访等方式,寻找乡村振兴典型案例,讲述乡村奋斗者的拼搏与梦想,展现乡村振兴时代画卷。

《百年百城》活动历时116天,足迹涉及28个省(自治区、直辖市)的100座城市(区、县),聚焦各地全面建成小康社会的壮丽图景,揭秘城市产业成长密码,全网总点击量超5亿次。

《寻百强 看中国》走进全国100个县(市、区),记录精彩纷呈的"小城故事",展现县域经济发展特色,传递经济发展信心。

《最美自驾路》联合总台各地方总站,深度挖掘各地最具特色的自驾路线,带观众一起"云游"绿水青山,感受风土人情之韵,品味烟火生活之美。

五、突出融合引领,融媒体报道品牌知名度、美誉度持续上升

坚持"台网并重、先网后台、移动优先",

央视财经新媒体及时报道日本强震、美联储加息、央行降准等重大财经热点事件，全年实现8条全球首发，36条国内首发，相关报道被各大主流媒体积极转载。

紧扣主题主线，深化融合创新，全力打造原创IP。聚焦2022年北京冬奥会和冬残奥会，推出原创新媒体小游戏《冬奥集"盒"令》，参与量超8200万人次。持续打造财经主持人IP《财运道道道》《萌萌哒健康》，拓展新媒体经营新模式。

探索年轻态表达，打造爆款青年财经IP《新青年　新经济》。11月16日，"央视财经"标识与《新青年　新经济——青春宇宙》中秋特别节目的青春宣言"青春宇宙　奋斗有我"，以火箭外体涂层的方式，随我国"谷神星一号"遥四运载火箭发射升空。

打造"广播+"融合传播新样态，加强经济之声在总台各新媒体平台的呈现与合作。《王冠红人馆》依托"548A红人馆工作室"追踪前沿技术，参与总台首个超仿真主持人项目研发，在全国两会期间成功推出"真人评论员＋AI虚拟主持人"交互的全国两会专栏《"冠"察两会》，获国家广播电视总局第二届广播电视和网络视听人工智能应用创新大赛一等奖。

文艺节目中心工作概况

2022年，文艺节目中心坚持抓好精品节目创作，完成2022年春节联欢晚会、《中国梦·祖国颂——2022国庆特别节目》等重点节目，推出了12个创新项目。

一、聚焦迎接宣传贯彻党的二十大这条工作主线，做好文艺宣传报道

1. 圆满完成总台2022年春节联欢晚会

1月31日晚（农历除夕），中央广播电视总台2022年春节联欢晚会向全球直播，新媒体端总触达人次达71.33亿。《只此青绿》《忆江南》《行云流水》等节目成为传播亮点。首次推出的"竖屏看春晚"累计观看人次达4.39亿。

2. 筹划主题宣传，为党的二十大胜利召开营造浓厚舆论氛围

国庆期间推出《中国梦·祖国颂——2022国庆特别节目》，采用专题和文艺节目相结合的方式，以重点项目、重大成就的奋斗者团队"报捷"为主线，结合微电影、人物纪实等形式，展现经济社会发展取得的巨大成就。《江山如画》系列交响音乐会以实景交响音乐会的风格特点，选取五座城市，用情景交融的方式谱写江山如画的新时代音乐长卷。《唱支山歌给党听》特别节目，通过经典旋律、系列短片、XR技术呈现等热情赞颂伟大的党，与《庆祝中国共产党成立101周年交响音乐会》《音乐中的党史》《先锋之歌》等形成节目矩阵，共同庆祝党的生日。

3. 推出新年新春特别节目

2022年中央广播电视总台元宵晚会营造天南地北闹元宵的欢乐氛围，收视总份额达23.61%，相关话题阅读量达22.9亿；《启航2022》《启航2023》跨年晚会连续两年在浙江台州录制，打造出跨年节目新样态，营造出热烈的迎新年氛围。《扬帆远航大湾区——2022新年音乐会》以诗画般的意境谱写出湾区城市群高质量发展的当代音乐交响。

4. 策划推出云上音乐会

总台联合国内十家交响乐团推出《坚持就是胜利！》《音乐传递温暖 坚持就是胜利》云上音乐会，为抗击新冠疫情的人们带来温暖和信心，在央视频播放量超过1600万次，后又连续12周推出《云上音乐季》，全平台播放

量超2000万次，其中6场演出在央视频当日播放量排行第一。

5. 精心设计推出各类主题晚会、特别节目

2022年中央广播电视总台七夕晚会以"寻找中国式浪漫"为内核，打造了多个唯美视觉场景，全网累计曝光量破38亿。《多情的土地》《最忆是端午》特别节目以年轻态表达方式解锁传统节日的文化基因。有声读物《韩美林艺术随笔》通过新技术手段赋能，倾力传播优秀文艺作品，云听点击量超过300万。

6. 紧跟时事热点，策划多档精品节目

五一前后推出《中国梦·劳动美——2022五一国际劳动节"心连心"特别节目》《奋斗的青春——2022年五四青年节特别节目》等30档特别节目。《2022年好记者讲好故事》生动讲述了年轻的新闻人努力践行"四力"、忠实履职尽责的动人故事。纪念延安文艺座谈会80周年特别节目《从延安出发》，集结16家全国顶尖文艺院团，创新呈现一代代文艺工作者发展社会主义先进文化、弘扬革命文化、传承中华优秀传统文化的不懈追求。广播节目《行走大运河》实地探访大运河沿线16座城市，生动鲜活地反映"千年的运河，流动的文化"这一主题。此外，还推出《开卷品书香——世界读书日特别节目》《花开中国——2022三八国际妇女节特别节目》《总台第二届中欧音乐节暨中德建交50周年音乐会》等特别设计。

二、深化"思想+艺术+技术"融合传播，坚持创新引领，深挖创意潜能，推出创新项目

2022年，文艺节目中心组织召开33次创新专班工作会议，研讨60个创新项目、重点项目、改版栏目方案，推出的创新项目从2021年的3个增加到2022年的12个。

1. 以高质量的作品弘扬和传承中华优秀传统文化

《诗画中国》以"诗画合璧"的全新样态，结合先进技术手段，展现中华优秀传统文化中彰显的民族精神，全网视频播放量累计超2.8亿次。《经典咏流传·大美中国》创新运用电脑图形（CG）动画、XR等技术丰富主题呈现，相关话题阅读量75.7亿次。《拿手好戏》以"研学、吸纳、融合、磨炼"为创作内核，创新戏曲传播的新样态。《一馔千年》以"历史+美食+综艺"为架构，探索复原中国古代美食，发掘历史美馔背后深厚的文化积淀，全网触达用户破5.4亿人次，入选2022年度"中华文化广播电视传播工程"。

2. 全媒体内容生产能力逐步提升

2022年总台春晚首次推出的"竖屏看春晚"制作满足了更多移动端用户的收视需求，30岁以下用户占比超过50%。2022总台夏日歌会《这young的夏天》，全网话题阅读量超过16亿次，获首届全国广播电视融媒体营销创新大赛金奖。跨时空云合奏《保卫黄河》各平台播放总量达1.2亿次，话题阅读总量达3.4亿次。竖屏直播节目《DoRe呱啦·猜唱季》打造7场户外现场歌会，总观看收听量超过1亿次。"4·23全民阅读十小时直播活动"累计阅读量超过36.74亿次。五四特别节目《UP青春》《年年有戏》，音乐赏析专栏《听你的夜》等一系列生动活泼的文化产品，不同程度满足了用户多样化需求。

3. 加速日常栏目提质升级

CCTV-3综艺频道推出《生活最有戏》《多彩少年》《了不起的歌》等改版节目。CCTV-11

戏曲频道立足专业特色，推出《众生戏》《凡而不凡》等10余个创新项目。文艺之声策划《听潮》《经典歌曲诞生记》等多个文艺专题节目。阅读之声推出《看见5000年——良渚王国记事》等多部有声书。各平台努力打破路径依赖和习惯思维，以重点项目为带动，不断提升日常节目的策划、制播水平，努力实现艺术水准和群众满意度两个有所提高的目标。

4. 获得多个国内外奖项

《国家宝藏·展演季（少年十八岁）》获2022年亚洲—太平洋广播联盟奖（简称亚广联奖），《英雄儿女》《百年礼赞》、2021年春节戏曲晚会等获第27届电视文艺"星光奖"。

三、深入推进科学化、规范化管理

2022年，文艺节目中心强化制度建设，改进工作流程，不断提升管理水平。

1. 优化节目生产管理

制定《文艺节目中心电视栏目考核办法》，精心组织考核评估工作。根据市场动态做好数据分析，形成各频道、频率周监测系列报告312份，焦点分析和专题研究49项，开展春晚等节目座谈10次，邀请48人次的专家和2000多人次的观众代表参与调研。

2. 推进人才队伍建设

完成首批处级干部选拔，高度重视并大力推进年轻骨干力量培养，定期组织重点节目导演座谈交流。于蕾获得2022年全国五一劳动奖章，任鲁豫获第31届中国电视"金鹰奖"最佳电视节目主持人奖，另有6人获得第二届"总台十佳"。同时，设立中心奖励机制，鼓励优秀的主持人、导演、制片人、导播等发挥示范引领作用，为打造更多文艺领域的"大师"和"工匠"打牢基础。

体育青少节目中心工作概况

2022年,体育青少节目中心坚持守正创新,提质升级,激发全平台创作活力,2022年北京冬奥会和冬残奥会、2022年卡塔尔世界杯等传播数据屡创历史纪录,巴黎奥运会信号制作数量全球第一,国际传播能力建设成果显著。CCTV-16奥林匹克频道引领4K制播潮流,CCTV-14少儿频道焕然一新,新媒体各项数据位居总台领军行列。

一、精彩展示奥林匹克新篇章,2022年北京冬奥会和冬残奥会转播报道实现历史性突破

1. 圆满完成2022年北京冬奥会和冬残奥会转播报道,荣获"北京冬奥会、冬残奥会突出贡献集体"称号

总台2022年北京冬奥会和冬残奥会相关报道创造了跨媒体总触达受众超628.14亿人次的纪录,成为电视收视最高、新媒体触达量最高、跨媒体传播量最大、承担公用信号制作占比最高、市场营销成绩历史最好的冬奥会传播报道。首次完成CCTV-16奥林匹克频道奥运前场播出、冬奥会全4K超高清制播、冬奥会开闭幕式8K制作播出、冬奥会国际公用信号制作,被党中央、国务院授予"北京冬奥会、冬残奥会突出贡献集体"称号。

体育青少中心全面统筹开闭幕式信号转播制作,精彩展现习近平主席大国领袖自信姿态和魅力风采,充分展现赛会盛景和大气磅礴的国家形象。2022年北京冬奥会开幕式总触达受众73.66亿人次,闭幕式触达受众7.95亿人次。坚持"一体制作,融合传播"工作思路,科学统筹信号转播、赛事编排、节目创作等,最大化释放奥运版权核心资源,实现冬奥会全部109个项目、冬残奥会78个项目金牌和突破性比赛成果全网首发首推,助力2022年北京冬奥会创造全球转播观众人数超过20亿、社交媒体互动量达32亿的历史纪录。发挥"总台在现场"独家优势,推出《艺术里的奥林匹克》《带你一起看冬奥》《大约在冬季》等原创专题节目,《荣誉殿堂》《体坛英豪》成为双奥营销拳头产品。

秉持"两个奥运"同样精彩的理念，首次以4K标准承制冬残奥会开闭幕式国际公用信号，承担冬残奥会全部6大项78个小项赛事及颁奖广场国际公用信号制作，赛事转播规模创冬残奥会历史之最，跨媒体触达人次78.32亿。国际奥委会主席巴赫多次称赞总台的报道和传播达到了史无前例的规模和成就，为全球广泛的奥林匹克运动电视转播增光添彩。

2. 总台团队制作的冬奥会节目和《艺术里的奥林匹克》同获奥林匹克金环奖，奥林匹克频道"4K+高清"同播形态全球领先

奥运会公用信号制作是检验广播电视媒体制播能力和体育赛事报道水平的全球最高标准。总台首次参与冬奥会赛事公用信号制作，雪上项目制作团队即荣获奥林匹克最佳主播制作金环奖金奖。总台团队全面应用自主研发的"猎豹"4K超高速轨道拍摄系统、鱼竿摄像机、锥桶摄像机等高科技转播设备，以全4K标准高频次全方位记录冬奥赛事精彩瞬间，631个小时公用信号专业精准优质，受到奥林匹克广播服务公司（OBS）等国际机构和媒体同行一致好评。紧盯"科技冬奥·8K看奥运"目标，开创性完成冬奥会开闭幕式等项目8K信号制作，历史首次"8K+AI"奥运赛事实践应用，8K信号制作的"总台标准"惊艳全球，8K国际公用信号通过OBS分发至日本广播协会（NHK）等国际持权转播机构，在全球范围分享科技赋能的冬奥盛宴。

扎实推动CCTV-16奥林匹克频道建设，完成历史首次冬奥会、冬残奥会全程4K制播，共计直播精彩赛事197小时，收视市场份额达到0.32%。深挖奥林匹克精神内涵，高质量推进频道内容建设，创新推出《艺术里的奥林匹克》《冬奥山水间》《奥秘无穷》等高品质的体育文化节目，《艺术里的奥林匹克》播出百期，广受好评，荣获奥林匹克金环奖最佳奥运节目奖金奖。强化国内外顶级赛事交流合作，扩充德甲、中超、中职篮（CBA）等联赛4K制播场次，加大成都世乒赛、全国手球联赛、全国体操锦标赛等自主自办赛事4K信号制作规模。

3. 总台成为巴黎奥运会上承担公用信号制作项目最多的国家广播电视台，体育赛事制播水平稳居世界一流

总台与奥林匹克广播服务公司签署合作协议，正式成为巴黎奥运会公用信号制作机构，承担体操、乒乓球、羽毛球、攀岩等4个大项的国际公用信号制作，成为巴黎奥运会上承担公用信号制作项目最多的国家广播电视台。作为巴黎奥运会乒乓球信号制作首次实战练兵，总台受邀承担成都世乒赛开幕式及核心球台国际公用信号制作任务，首次以4K标准完成世乒赛信号制作，向全球120余个国家和地区提供120余小时高质量信号。成功探索"竖屏+多角度"全新制播模式，搭建多角度直播入口，通过央视频和央视体育客户端竖屏全景动态直播中国队全部16场比赛，赛事转播创近十年来世乒赛收视新高，受到国际乒联和成都世乒赛组委会高度称赞。

二、全面释放前场制播优势，卡塔尔世界杯形成收视热潮

体育青少节目中心统筹CCTV-1综合频道、CCTV-5体育频道、CCTV-5+体育赛事频道、CCTV-16奥林匹克频道、CCTV-4K超高清频道、央视频、央视体育客户端等平台搭建

全方位全场景传播矩阵，充分释放卡塔尔世界杯赛事资源。9.19亿用户通过总台关注世界杯，赛事相关内容全媒体受众总触达254.27亿人次，用户收视总时长59亿小时，赛事平均收视率达1.7%，单场最高收视率4.4%，单场最高收视份额51.37%。2022年卡塔尔世界杯赛事期间，CCTV-5体育频道收视率连续位居全国上星频道第一位，多次刷新2020年东京奥运会以来最佳收视数据，年轻高学历观众大幅增加。

总台首次在世界杯前场搭建完整制播系统，调用多方资源构建具有国际视野、展现总台全球报道能力的实时报道系统，满足广大球迷多元观赛需求。赛事解说专业精彩，"世界杯央视解说金句频出"成为网评主流声音。《最前线》《我爱世界杯》《足球盛宴》《传奇金杯》等节目各具特色，虚拟阵容展现、触屏技战术分析系统、AI图像检索、AI数据产品等前沿应用以"科技感"十足的手段点亮世界杯转播，推动大赛报道水准再上新台阶。

三、持续深化"三个转变"，打造全直播样态体育矩阵

1.自主自办赛事开发探索全链条营销模式

深化与国家体育总局战略合作，共同探索合办赛事组织、运营、传播全链条长效工作机制，打造中国手球超级联赛、中国飞盘联赛等自主自办赛事，创新推出2022年首届世界龙舟联赛和"龙腾虎跃"2022海峡两岸赛龙舟活动。强化赛事版权谈判能力，德甲、意甲、英超、法甲、欧冠等欧洲足球顶级赛事落户总台。完成杭州亚运会、国际排联赛事、网球四大满贯赛事、体操联合会系列赛事、举重世锦赛、国际篮联三对三篮球赛等高关注度、高经营价值优质赛事的版权谈判。

2.深化赛事资源排布的整体布局

科学排布女足亚洲杯、女篮世界杯、世界女排联赛、国际泳联世锦赛、田径世锦赛、成都世乒赛等赛事转播报道，带动体育各频道收视大幅提升。布达佩斯游泳世锦赛场边的"中国红"成为宣传亮点，中国女篮时隔28年再获世界杯亚军、国乒世锦赛男团十连冠、女团五连冠等全程直播精彩呈现。全年收视高峰迭起，持续提升品牌价值。

3.持续深化与澳门合作

按照总台与澳门特别行政区政府启动的新一轮合作约定，续签新周期总台CCTV-5体育频道落地澳门播出协议，发布2022—2023年赛事合作目录，免费授权澳门广播电视股份有限公司播出杭州亚运会、巴黎奥运会等赛事节目，进一步服务好澳门民众。持续高规格打造WTT冠军赛澳门站、中国网球巡回赛总决赛、澳门格兰披治大赛车等在澳门举办的赛事，升级融媒体特别节目《擎动中国》，打造总台与澳门合作共赢新标杆。

四、加大融媒体创作力度，不断提升融合传播整合能力

体育标签页（Tab页）在央视频平台垂类页始终保持第一，"黄金赛事"账号播放量超过21亿次，为央视频唯一突破20亿播放量账号，主持人账号"于嘉的嘉时赛"为全台主持人账号播放量第一名。动漫Tab页直播近40场，发布视频约3万条，阅读量排名多次跻身

前三名。

在2022年北京冬奥会、2022年卡塔尔世界杯、成都世乒赛等重点赛事转播报道中，创新5G、4K、虚拟现实（VR）、三维声等科技应用，成功探索竖屏制播模式，推出独具特色的融媒体节目和新媒体产品。央视体育客户端新增用户324.5万，累计用户3 271.7万，累计下载1.63亿次。体育青少节目中心融合传播矩阵彰显蓬勃市场开发潜力，全年累计融媒体广告收益实现历史新高。

五、少儿频道释放"活力、灵动、创意"特色优势，提升"思想＋艺术＋技术"融合传播实效

1."六一"特别节目精彩纷呈，传承红色基因

"六一"特别节目《童心筑梦 志在未来》以谋篇布局创新凸显主题，突破传统晚会形态，以微纪录片结构全场，四大篇章环环相扣；以技术应用创新打造奇趣时尚现场，XR棚拍摄、增强现实（AR）、"动画+VCR"强化总台少儿旗舰品牌节目的科技底色；以内容表达创新释放融合传播能量，总台自主IP、优质体育资源充分调动，体育青少两翼齐飞效果显著，大小屏同频共振，全媒体矩阵高效联动，"六一"特别节目并机收视率0.63%，收视份额3.19%，观众规模达3144万，多个话题登上微博热搜，全网相关话题阅读量超8亿。

2.经典品牌焕然一新，《小喇叭》改版成效显著

开播66年的广播栏目《小喇叭》改版升级，《春天的书香》《月亮的童谣》《小喇叭剧院》《红色故事我来讲》《声音里的大世界》等5档全新节目精彩亮相，传播效果显著提升。百集特别节目《吴玉中奇趣儿童故事》首次在少儿节目应用我国自主研发三维声音技术"菁彩声"。改版上新之后，栏目平均收听率显著提升。新媒体直播节目《小喇叭开始广播了，一起寻找童年的快乐》直播观看量超500万次。

3.优质少儿节目蜚声国际，传播新时代中国少年儿童风貌

儿童剧《神奇音乐盒》入围德国慕尼黑国际青少年电视节，在日本NHK的教育频道、国际综合频道播出，反响热烈，成为继《铃铛帽》《彩色熊猫》之后总台制作的第三部在发达国家主流媒体播出的儿童剧。参与组织筹办第18届中国国际动漫节"金猴奖"评选工作，吸引来自19个国家和地区的近1000部动漫作品参赛，持续强化总台在国际动漫领域的影响力。

社教节目中心工作概况

2022年，社教节目中心深入践行"思想＋艺术＋技术"创作思路，创新融合，全面推进全链条、全方位、全领域精品节目创新，以丰硕的社教宣传高质量发展成果有力有效服务党和国家工作大局。

一、突出主线，创作完成专题片《领航》《征程》

2022年，为迎接党的二十大召开，社教节目中心以"思想＋艺术＋技术"为引领，以"政论情怀、故事表达"的叙事方式，创作完成两部重量级专题片《领航》《征程》，分别于2022年10月8日至15日、9月27日至10月6日在CCTV-1综合频道播出。两部专题片相互呼应，合力呈现新时代的非凡成就。

1.《领航》聚焦伟大思想，在全社会凝聚起深刻领悟"两个确立"的思想共识，全网总触达55.1亿人次

节目论从史出，史论结合，深刻回答"为什么能够领航、未来还将继续领航"的时代之问，凸显习近平新时代中国特色社会主义思想在新时代伟大实践中彰显的强大真理力量，全面反映党的十八大以来党和国家事业取得的历史性成就、发生的历史性变革。节目首轮播出全网总触达55.1亿人次，相关话题登上热榜125次。节目国际精编版成功落播CNN，并以7个语种同步落播欧洲新闻台，覆盖全球160多个国家的近4亿观众。

2.《征程》描摹生动实践，在全社会汇聚起奋进新征程的磅礴力量，主话题全平台阅读量超30亿次

节目用小故事折射大时代，生动书写14亿多中国人与党同心、与国同进、与新时代同行的奋斗史诗。节目自预热起共获21次全网置顶，每次覆盖750多家主要网站，主话题"大型纪录片征程"全平台阅读总量超30亿次，相关话题分别登上微博热搜总榜、地方榜、热推榜共62次，通过总台20余家境内外派出机构进行宣推，发布推文600多条。

二、以"头条工程"金标准推进《平"语"近人》(第三季),创新形式、语态,阐释新思想

社教节目中心以领袖的高度就是宣传报道追求的高度为标准,坚持"创新语态迭代、艺术升华、技术升级新路径",贯彻"思想＋艺术＋技术"的创新思路,从"政治高度""领袖情怀""故事表达""融合传播"等4个维度入手,全力创新升级《平"语"近人——习近平喜欢的典故》(第三季)创作,力求用有高度、有温度、有情怀的内容,以更生动、更感人的方式,全面彰显习近平总书记作为大党大国领袖的学识、思想和人格魅力,更好地凝聚忠诚核心、拥戴核心、维护核心、捍卫核心的强大正能量。

三、深化"思想＋艺术＋技术"融合传播,以满屏精品生动展现可信、可爱、可敬的中国形象

2022年,社教节目中心聚焦红色主题宣传、科技、文化、法治、社会、民生、老年等重点领域创作精品,大力唱响主旋律,生动传播正能量。

1. 讲好中国共产党故事,弘扬以伟大建党精神为源头的中国共产党人精神谱系

《美术经典中的党史》以鲜明的具象性和强烈的艺术张力定格百年大党的光辉时刻,累计触达超23亿人次,相关短视频在北美总站传播平台的浏览量突破2亿人次。《我们,从延安走来》全网累计触达1.1亿人次。《红色烙印——革命文物的故事》《闪亮的名字——最美(系列)人物发布仪式》《薪火相传——全国爱国主义教育示范基地巡礼》《榜样的力量》等节目聚焦初心使命,以创新视角深入讲好中国共产党的故事。

2. 讲好文化自信故事,深入推动中华优秀传统文化创造性转化和创新性发展

《荣宝斋》记录老字号数百年发展历程,多角度呈现中华文明之美,全媒体音视频总触达2.39亿人次。《大师列传》首开270度绿箱全虚拟拍摄模式,从艺术史视角访谈新时代大家名师,将影像、作品、文献和评论融为一体,记录新时代文艺工作者勇攀文艺高峰的奋斗历程,全网传播破3亿次。节目通过CGTN五种语言发布相关报道152条,累计获得全球阅读量3672万次、独立用户访问量3487万。《美术里的中国》聚焦中国近现代经典美术作品,打造影像化、数字化的美术馆,两季节目总触达累计2.95亿人次。《2022中国诗词大会》全媒体触达17.39亿人次。《风物》《2022年度国内、国际十大考古新闻》《仰韶故事》《看见纪南城》等节目追溯中华文明根脉,解读中华文明的时代新意,展现中华文明之美。

3. 讲好自主创新故事,全面呈现科技强国战略丰硕成果

《你好!火星》《智能中国》《2021科普中国揭晓盛典》等节目深化运用"5G+4K/8K+AI"科技创新手段,全面展现我国科技发展伟大成就。《2022年度国内、国际十大科技新闻》《奠基》等节目在重要科技时点全面普及科学知识,推动全民科学素质提升,营造热爱科学、崇尚创新的良好氛围。

4. 讲好法治中国故事，系统宣传阐释习近平法治思想

一方面，推出《民法典进行时》《平安中国2021》《英雄无悔》《红色法庭百年志》《2022守护明天》等法治重点节目，全面宣传阐释习近平法治思想，准确反映我国在推进全面依法治国、平安中国建设等方面的理论实践和创新成果。另一方面，推出《为了人民的安全——全民国家安全教育日特辑》《中国骄傲》《平安行》《2022年度法治人物颁奖盛典》等特别节目，在重要法治时间节点有力彰显我国法治建设的突出成就。

5. 立足社教特色，有力弘扬社会主义核心价值观

2022年全年聚焦《两会》《乡村振兴》《医疗卫生》《老龄社会》《北京冬奥》等主题，推出《我建议2023》《春迎两会话养老》《全民阅读大会2021年度中国好书》《人生能有几回搏》《一起上冰雪》《健康冬奥》等一系列广播电视节目，有力弘扬社会主义核心价值观。

四、持续塑造社教全媒体传播新格局

2022年，社教节目中心深入对标党的二十大报告关于"坚持全面依法治国，推进法治中国建设"的重要战略部署，抓紧推进CCTV-12社会与法频道改版工作，取得阶段性成果。CCTV-10科教频道和老年之声频率的精品节目比重不断提升，观众认可度、满意度等显著增强。

持续发力新媒体端社教品牌力建设，打造多样态社教爆款融媒体产品，全年推出《幸福是如何奋斗出来的》融媒体节目20期，全网总阅读播放量达3亿次；打造的"互联护苗2022""护苗开讲啦""禁毒剧本杀"等多场直播，观看量超1000万次。

截至2022年年底，社教节目中心86个央视频账号的粉丝量总计388.7万，较2021年同期增长41%；阅读播放量总计6.12亿次，较2021年同期增长76%。联动微博、抖音、快手、哔哩哔哩等新媒体平台打造"央视社教"第三方平台矩阵，全年共计发布内容逾3万条，阅读播放浏览量近10亿人次。

五、以科学管理强化队伍建设

2022年，社教节目中心强化队伍建设，进一步充实干部队伍，完成综合部、特别节目部、科教频道编辑部、教育节目部等6个部门30个业务团队业务负责人的调整任命；强化制度建设，制定《社教节目中心节目经费管理办法（试行）》，堵住财务风险点，制度化提升经费管理能力和经费使用效率；制定《社教节目中心疫情防控工作预案及工作要求》，压紧压实疫情防控责任，营造安全、平稳、健康的工作环境。强化科学管理，对行政办公流程进行系统再梳理、再细化、再明确，制定全新行政办公业务手册。

影视剧纪录片中心工作概况

影视剧纪录片中心精心策划、创制、播出一大批兼具主旋律导向与艺术审美价值的大剧大作。CCTV-8电视剧频道累计收视份额达4.14%，排名全国第二。观众平均忠实度4.53%、平均收视时长65分钟，均较2021年提升30%。CCTV-9纪录频道收视份额0.714%，较2021年提升约40%，观众规模累计达7.8亿人次。

总台自制电视剧《跨过鸭绿江》《大决战》荣获第十六届精神文明建设"五个一工程"奖电视类特别奖、第33届电视剧"飞天奖"优秀电视剧奖，总台首播电视剧《人世间》荣获第十六届精神文明建设"五个一工程"奖电视类优秀作品奖和第31届中国电视"金鹰奖"优秀电视剧奖。

一、用精品力作凸显发展成就，为党的二十大召开营造浓厚氛围

1. 全力打造《跨过鸭绿江》等多部精品力作

由影视剧纪录片中心与中联部、外交部等单位共同策划、制作的短视频《携手建设更加美好的世界》以习近平总书记亲自引领党的对外工作、推动新时代党的对外工作取得一系列重大成就为主要内容，生动展现习近平总书记的博大胸怀与卓越风范。

首部"总台出品、原创自制"故事片电影《跨过鸭绿江》院线票房达1.04亿元，成为党史学习教育的生动素材，荣获第八届丝绸之路国际电影节最佳电影视觉效果奖、第十六届中国长春电影节最佳音乐奖、俄罗斯电影节金剑奖最佳视觉效果奖等。

总台出品、原创自制电视剧《山河锦绣》，谱写脱贫攻坚奋斗史诗，抒咏新时代家国情怀，话题阅读量超13.43亿次。

总台联合出品并首播的新春大剧《人世间》各平台总触达人次超20亿，单集最高收视率达3.38%，收视份额15.47%，刷新十年来同时段收视纪录。全网热搜1156个，话题阅读量超138亿次。

纪录片《航拍中国》（第四季）完成对包括港澳台在内的11个省级行政区域的航拍全覆盖，标志着《航拍中国》成为首个以航拍方

式对中国各省级行政区全领域进行航拍展示的文艺作品，集中展现新时代中国形象、中国文化、中国精神、中国之治。纪录片播出后，话题阅读量超16.5亿次，总触达人次超44亿。

贯彻党的二十大精神的重点剧目《县委大院》聚焦县域治理，第一集播出后便登顶黄金时段收视榜单第一。根据"时代楷模"黄文秀事迹改编的当代农村题材剧《大山的女儿》话题阅读量超2.16亿次。国内首部反映"晋江精神"电视剧《爱拼会赢》全面展现晋江改革开放历程，平均收视率1.919%。《大考》在党的二十大召开前夕播出，以在疫情防控的特殊时期举行高考为背景，书写了众志成城全民"大考"的热血诗篇。《那山那海》以少数民族畲族人民脱贫攻坚的奋斗历程为主线，再现20世纪80年代以来的山乡巨变。《高山清渠》《运河边的人们》《麓山之歌》以不同主题热情讴歌中华大地上日新月异的发展变化，突出展现新时代壮丽篇章。文献纪录片《为人类谋进步》将宏大主题与生动叙事相结合，谱写出一部中国共产党日益走近世界政党舞台中央的壮丽诗篇。纪录片《与青春有关的日子》在共青团成立100周年庆祝大会当天精彩亮相，回望百年青春，奏响奋进颂歌。

冬奥题材开年大剧《超越》作为第一部以中国短道速滑为主题的电视剧，观众规模近2亿，全网话题阅读量破13.5亿次，视频播放量破13.2亿次。中荷联合摄制纪录片《飞越冰雪线》在首届全球媒体创新论坛发布，以全球视野传递奥林匹克精神。《从北京到北京》聚焦历史上首座"双奥之城"北京，全网话题阅读量2.8亿次。中法联合摄制的《粉雪奇遇》及《了不起的冬天》《零度之下》《燃情冰雪》《欢迎来到我的世界》《跨越》等纪录片以国际化视角、年轻态表达，精准强化"好感传播"。

围绕庆祝香港回归祖国25周年宣传主题，电视剧《狮子山下的故事》为"狮子山精神"注入新的时代内涵，话题阅读量3.5亿次。纪录片《见证香港故宫》《空中看香港》于庆典日首播，香港《大公报》《文汇报》以大幅版面高度称赞。

2. 观照当下社会热点与生活百态，满足受众多元化收视需求

《警察荣誉》收视率与热度同时抢眼，连续18天收视排名全国第一，成为2022年豆瓣评分最高的国产剧之一，话题阅读量超33亿次。古装谍战剧《风起陇西》在历史写实基础上以现代创作合理虚构，填补历史缝隙。聚焦教育、医疗、住房、生育、养老等民生热点和生活困惑，推出《心居》《加油！妈妈》《老闺蜜》《今生有你》《幸福二重奏》《海之谣》《光阴里的故事》等剧目。其中，家庭生活剧《亲爱的小孩》话题阅读量超30亿次，成为2022年家庭生活题材爆款剧。都市生活剧《玫瑰之战》《谢谢你医生》《亲爱的生命》《关于唐医生的一切》《女士的法则》聚焦职场日常，展现平凡生活的真实与美丽。近代历史传奇剧《一代洪商》、谍战剧《对手》、古装武侠剧《雪中悍刀行》、军旅剧《特战行动》等在思想与艺术层面给予年轻观众以惊喜。

纪录片方面，《中国想象力》摹画8位行业先锋人物的真实奋斗历程。《码农的异想世界》以更新潮视角讲述程序员硬核工作。《我与星空有个约会》聚焦小众职业人群，记录仰望星空、逐梦星河的故事。《厨房里有哲学家》讲述4位主厨在厨房里的奋斗时光、传奇故事

和人生哲学。《荒野至上》（第二季）讲述荒野工作者与大地生灵相互依存、影响和改变的故事。影视剧纪录片中心协同总台地方总站云端共制作微纪录片《奋进的中国》及《大美中国》系列，传递新时代中国朝气蓬勃、智慧奋进的精神气质。《鲜生史》由点及面折射中华优秀传统文化，《重生技》聚焦宝藏文物修复后涅槃重生。"世界读书日"推出《书店，遇见你》，"国际禁毒日"推出《全球公敌》。《国乐的侧脸》挖掘国乐中的现象级古韵古曲，向世界展现中国文化的独特魅力。《又见三星堆》《良渚》《云冈》《石窟中国》《城子崖》从不同视角寻访华夏文明，文化科普与美学体验相得益彰。《中国湿地》《遇见最极致的中国》《钱江潮》《我住江之头》《珠穆朗玛》《节气：四季的交响》透过自然之美和生命之奇，揭示新时代"共建万物和谐的美丽家园"深刻内涵。《天眼》《逐梦天河》聚焦重大科研创新的跨越式发展，《下一站，火星》《我们的征途》《窗外是蓝星》将触角伸向广阔无垠的宇宙太空，讲述中国航天事业的一系列重大科技突破。《他们与天地永存》（第二季）、《十三年红楼梦圆荷兰》、《辣椒的征途》、《甲骨王朝》、《打开一颗心》等纪录片，兼具文化性、国际性、贴近性，满足受众多元化收视需求。

3. 奋力推进"5G+4K/8K+AI"科技创新，持续巩固提升总台技术实力

正值神舟十四号载人飞船乘组首次亮相，由总台自主研发的8K太空摄影机拍摄的《中国空间站8K超高清影片花絮特辑》重磅发布，全网触达率超12亿，210余家主流媒体转发报道。神舟十五号载人飞船发射升空之际，影视剧纪录片中心深挖独家资源，全网首发《写给父亲邓清明的一封信——女儿邓满琪》《邓清明女儿讲述父亲25年追梦故事》等全媒体产品。纪录片《航拍中国》（第四季）拍摄地区跨越经纬度最大、海拔高差悬殊，首次应用高分辨率卫星拍摄，从中国空间站捕捉的影像带来前所未有的动态太空视角。总台与国际顶尖机构联合出品的纪录片《绿色星球》运用最前沿的电影拍摄技术和最新的科学发现带领全球受众沉浸式聚焦植物，豆瓣评分高达9.7分。纪录片《自然的力量·大地生灵》历时5年，采用全4K高清拍摄，话题阅读量超5亿次。

二、多措并举提升台网联动融合创新效果

北京冬奥会、冬残奥会期间推出《纪录陪你看冬奥》《和小8一起看懂冬奥》等新媒体产品，清明节期间联动总台地方总站、国际传播规划局等台内机构，推出"大美中国·诗话清明"10小时融媒体直播活动；五一假期推出"在世界最高峰，向劳动者致敬"6小时融媒体直播活动；五四青年节当天，推出"青年关键词""国剧正青春"融媒体活动。

举办新征程·新大剧——中央广播电视总台2023年"大剧看总台"发布会，发布30部拟于2023年在总台首播的重磅大剧。发布《2021中国电视剧发展报告》，深挖青年观众的收视习惯及需求，全面梳理2021年度中国电视剧创作与产业发展的客观情况。《央视剧评》全年发布原创评论文章近百篇，话题阅读量超7.6亿次。

三、持续深化"好感传播",讲好中国故事

1. 运用国际表达,讲好中国故事

纪录片《"字"从遇见你》从独特视角挖掘五千年文脉中汉字形成的"密码",被纳入由国际传播规划局组织的"魅力中文"汉语文化节目海外展播片单,先后在全球最大国际中文教育网络平台"中文联盟网站"、央视网、CGTN Radio海外社交媒体账号,以及英国天空卫视191频道Ayozat TV的"China Hour"时段集中推出。大型文献专题片《山河岁月》(国际版)作为中宣部"纪录中国"传播工程重点项目,把握国际传播规律,运用国际语态体系,讲述中国共产党的百年奋斗历程,使更多国际受众读懂中国、中国人民和中国共产党,呈现"中国之治"的独特魅力。

2. 创新国际合作模式,引领国际舆论场

北京冬奥会期间,由总台和荷兰洞察电视公司联合制作的4K纪录片《飞越冰雪线》以12种语言版本通过53个国家主流媒体平台和新媒体机构同步推出。《世界遗产漫步》(4K版)在日本NHK上星频道精品频道和4K频道播出,并在亚太北美地区进行传播。

3. 充分发挥总台融合传播优势,实现中国形象、中国理念的"跨圈层传播"

在国际传播规划局、CGTN的大力支持下,影视剧纪录片中心在海外媒体平台集中推荐《大山的女儿》《高山清渠》《天才基本法》《幸福二重奏》《风起陇西》等总台暑期热播剧,《"字"从遇见你》《见证香港故宫》《从北京到北京》《遇见最极致的中国》《千里江山万里歌》《大美中国·春天系列》《鲜生史》等精品纪录片。有关内容获G7、G20及共建"一带一路"国家和中国香港、中国澳门等地区的华文媒体"中国电视"专区报道推荐。微纪录片《空中看香港》依托CGTN-Documentary纪录频道,在全球129个国家和地区落地,超3.8亿海外用户一同感受香港魅力。电影《跨过鸭绿江》译制配音版已在老挝、柬埔寨等国放映。

民族语言节目中心工作概况

2022年，民族语言节目中心（简称"民族中心"）扎实推动中华民族一家亲理念深入人心，新媒体的传播力和影响力持续提升，不断推进各项工作高质量发展。民族中心全年各新媒体平台总阅读量、播放量超过58亿次，较2021年增加39.2亿次，增长209%；较2020年增加53亿次，两年平均增幅达241%，民族语言宣传影响力逐年提升。

一、用心用情做好领袖宣传报道

民族中心在广播重点新闻节目、央视频等新媒体专栏《学习时间》《今日关注》及时报道习近平总书记重要活动和讲话精神。

在重要时间节点，策划原创报道，彰显习近平总书记对各族群众的深情厚谊。2022年7月，习近平总书记前往新疆考察调研，民族中心沿着习近平总书记的考察足迹推出《习近平新疆行》视频节目和系列新媒体报道。2022年全国两会期间，策划推出《总书记四次下团 每年都提到这片绿》，回顾习近平总书记4年参加内蒙古代表团审议时发表的重要讲话。在习近平总书记考察青海、西藏一周年之际，推出融媒体专题《雪域山高 领袖情深》。在习近平总书记给库尔班大叔家后人回信的第5个年头，特别策划《一封回信 催人奋进》特别报道。

《民语学习》作为民族语言首个全面阐释习近平新时代中国特色社会主义思想的新媒体学习平台，在云听客户端上线后，站内曝光量及H5页面浏览量不断提升。

充分发挥民族语言优势，录制并推出全国首部藏语安多方言版广播纪实文学《梁家河》，青海省及相关自治州、县广播电视台相继转播。民族语言少儿节目《少儿强则国强 听习伯伯讲故事》，面向民族地区青少年讲述习近平总书记重要讲话中的典故和故事。

二、做好党的二十大宣传报道

1. 党的二十大报道在广播和新媒体实现全国民族语言媒体"双端首发"

党的二十大召开期间，民族中心与《新

闻联播》《新闻和报纸摘要》等重点栏目同频共振，及时精准编译党的二十大重要稿件。创新播出安排，将录播节目调整为"模块化直播流"，确保党的二十大开闭幕会、二十届一中全会等重大会议中重要新闻在广播端随时插播，并与新媒体端共同实现民族语言媒体"双端首发"。

2. 用心打造多档节目，为党的二十大预热

大型新媒体报道《十年见证　石榴飘香》全景展示在习近平总书记关于加强和改进民族工作重要论述指引下，民族地区十年来各方面取得飞速发展的壮美景象，总阅读量达2000多万次。视频节目《喜迎二十大》以"靓丽北疆""激情雪域""多彩天山""魅力长白"等4个主题，记录新时代那些奋斗在我国边疆地区的建设者故事，从他们的视角聚焦民族地区日新月异的变化。《雪域高原这十年》反映西藏及涉藏地区的发展成就和藏族群众幸福生活的美好画面。

三、推动"中华民族一家亲"理念深入人心

1. 推广普通话和中华优秀传统文化，进一步增强少数民族同胞对中华文化的了解和认同

对国家通用语言文字的大力推广，进一步优化普通话广播节目《新时代　新征程》内容设置和编排，播出了一系列主旋律精品广播节目。以中国传统节日为切入口，策划《春节序曲》《情满中秋》等特别节目，突出中华文化的魅力。推出一批民族语言主播聊中华文化的短视频节目，如在视频博客《印象·京城》中，主播以第一视角展开的北京文化之旅等。

2. 促进各民族同胞情感上的联通共振，达成团结共识

2022年3月3日，视频《十一世班禅发表藏历水虎新年祝辞》在总台藏语广播、藏语新媒体、央视新闻客户端、CGTN新媒体等平台先后推出，及时触达受众目标。推出民族团结先进典型人物事迹系列特别报道，以生动的事例和质朴的表达方式，反映各民族亲如一家、共建美好幸福生活的景象和良好精神风貌。

3. 以重大主题宣传为契机，提升少数民族同胞对于国家重大事件的关注度和参与感

2022年全国两会期间，打造《履职故事》《代表委员Vlog》等一批获受众好评的原创特色栏目，推出百集短视频《相约冬奥　共享未来》以及记录赛场精彩时刻的《北京冬奥时刻》《墩墩容融日记》等新媒体报道，其中视频《谷爱凌比赛时嘴里咬了什么》受到广泛关注。

4. 自主策划的系列报道紧扣"铸牢中华民族共同体意识"主线

紧紧围绕"铸牢中华民族共同体意识"主线，立足民族团结主题，推出广播节目《汇聚磅礴力量——各民族像石榴籽一样紧紧抱在一起》。每篇报道对应阐释习近平总书记重要讲话，以多层次、多角度报道党的十八大以来各族儿女为铸牢中华民族共同体意识而不懈努力的群体形象。短视频节目《援疆"硕果"格外甜》《天山南北变通途》分别讲述新一轮对口援疆工作有效助力新疆经济社会持续健康发展，以及新疆加快建设现代综合交通运输体系的生动事例。《我们都是追梦人》等节目反映了各族人民群众积极参与家乡建设，用双手创造幸福生活的美好景象。

四、新媒体传播力和影响力持续提升

1. 形成全新传播格局

民族中心不断加强新媒体平台建设，从过去单一制作广播节目发展到广播节目和视频产品"双轮驱动"的全新传播格局。新媒体各平台粉丝量再创新高，各平台总阅读量、播放量较2021年增长219%。

2. 成立民族语言网红工作室，积极引导舆论

2022年2月，正式成立网红工作室，发掘并打造一批有鲜明个人风格特质的网红主播，并形成一套相对成熟的短视频业务流程，参与重大主题策划和视频制作工作。

3. 新技术赋能新媒体生产

搭建5G轻量化直播平台及多套移动云采编平台，开展多轮5G新媒体直播业务和视频云采编业务培训，将部分拍摄工作转移至总台演播厅，利用新技术手段提升新媒体节目质量。

军事节目中心工作概况

2022年，军事节目中心立足国防军事前沿，关注全球军事动态，深入宣传贯彻习近平强军思想，广泛报道国防和军队建设成就、展示新时代新征程人民军队的新风貌，积极普及国防教育、传播军事知识，圆满完成各项宣传任务。

据统计，CCTV-7国防军事频道2022年收视份额达0.87%，较前两年提升超24%。观众平均忠实度提升至1.639%。"央视军事""央广军事"等新媒体账号保持军事垂类账号中的领跑地位，进一步突出军事报道的权威性、影响力和不可替代性。

一、从习近平总书记重要思想、重要论述、重要指示中找启迪、找思路、找答案，深化"头条工程"，精心组织开展重大报道

军事节目中心坚持以领袖的高度就是宣传报道追求的高度为标准，着力构建CCTV-7国防军事频道、"央视军事""央广军事"新媒体矩阵以及军事广播的融合传播网络，打造宣传阐释习近平新时代中国特色社会主义思想和习近平强军思想的权威平台，推出一大批精品力作。

1. 聚焦"头条工程"，精心做好习近平新时代中国特色社会主义思想特别是习近平强军思想报道

在及时、准确、权威发布习近平总书记重要时政新闻的基础上，军事节目中心围绕习近平新时代中国特色社会主义思想特别是习近平强军思想展开创新策划，持续推出《在习近平强军思想指引下·我们在战位报告》等重头系列报道，深入宣传阐释习近平总书记重要思想。同时，军事节目中心突出一线视角，讲好基层故事，生动展现全军官兵深入学习贯彻习近平强军思想、忠诚维护核心、矢志奋斗强军的精神风貌。

2. 集中精力做好迎接宣传贯彻党的二十大主题主线报道

制订系统全面的大会宣传报道方案，顺利完成各重要场次新闻直播，推出新闻系列报

道、重点专题节目、系列融媒体产品等内容产品矩阵，包括《非凡十年·强军征途》《二十大代表风采》《锻造雄师向复兴》《追光》《喜迎二十大·"舰"证新时代》《喜迎二十大·走进长征国家文化公园》《阔步强军新征程》《红心向党·强军故事会》《军工巡礼　非凡十年》等。

3. 全平台集中发力，重点推出建军95周年报道

创新组织形式，与总台多个地方总站、全军多个部队宣传部门的"兵记者"联动，八一建军节当天推出直播特别节目《我们的节日》。央视军事新媒体平台推出新媒体特别直播《力量密码》（第二季），4场直播观看总量近1000万，《战士是怎样炼成的》等短视频产品获中央网信办全网置顶推荐。重磅推出文艺节目《永恒的军魂》，新媒体平台总触达近8000万人次，收视份额达1.39%，系列短视频产品《戎装》以"一身戎装　一生忠诚"为主题，以5分钟亲历者口述还原历史的方式，展现各地不同军种老兵的战火青春，总触达3.8亿人次。

4. 全力以赴完成第十四届中国航展报道，努力塑造学习宣传贯彻党的二十大精神新品牌

航展期间，军事节目中心派出一支由150余人组成的精锐团队，推出集电视、新媒体产品、广播于一体的组合式产品，创下多项新纪录，比如首次将8K、4K、裸眼3D、VR、虚拟演播室等新技术、新手段集中运用在航展报道中；首次在航展现场搭建军事节目中心专属演播室；首次在新媒体平台上实现"霸屏"，央视军事新媒体矩阵在航展期间收获"热搜"73个，总阅读量超过8亿次；首次实现飞行员下机直接接受采访，飞行表演重点机型飞行员全部接受采访、独家专访；首次大规模实现影响力从屏幕内向屏幕外"溢出"，8K系列节目在珠海和深圳8K大屏上滚动播出。

二、强化阵地意识，拓展"大国防"概念，安全稳妥、及时精准做好国防军事领域突发重大新闻事件报道

军事节目中心先后推出《山河铭刻》等重点节目，在树立典型的同时宣传国家总体安全观。清明节期间，推出传承英雄精神的10集特别节目《你的名字》。建军节期间，推出讲述"八一勋章"获得者背后故事的3集特别节目《"八一勋章"获得者》等。在美国众议院议长佩洛西窜访我国台湾地区前后，推出系列报道，有力有效震慑"台独"气焰，在微博收获29个热搜，总阅读量超70亿次。四川泸定地震期间，立即启动突发事件应急报道响应机制，军事节目中心报道团队迅速抵达震区，为总台各平台提供大量第一手报道资源。

三、积极推进高质量发展，深化融合传播，持续创新产品形态

新闻栏目坚持精耕细作，积极践行"抢首发、争独家、比深度"，实现全年精品不断。15集思想解读类融媒体特别节目《追光》系统阐释、创新传播习近平强军思想，生动反映党的十八大以来国防和军队建设取得的历史性成就、发生的历史性变革，跨媒体总触达受众超30亿人次。特别节目《国防公开课》首播收视率环比上一周同时段提升超50%，《兵器面面

观》《砺剑》等栏目通过改版创新，收视率也明显提升。

各新媒体平台依托独家优质资源，创新AI等技术应用，拓展融合传播渠道，影响力持续提升。央视军事新媒体全年全网首发46次，近50篇报道获中央网信办全网置顶，微博共收获热搜499个，微信阅读量超过10万人次的作品达53篇。《央视军事披露》在央视频专题播放量达641万次。央广军事新媒体矩阵共推送稿件1.6万余条，阅读总量约33.5亿次。三个个人工作室账号影响力稳步提升。推出多个有影响力的融合传播活动和技术创新作品，包括春节期间联合北京市征兵办制作征兵海报、庆祝香港回归祖国25周年期间推出现象级作品报道《1997那一刻》《珍贵画面！驻港部队守卫香江25周年》等。

四、强化阵地意识，严格落实意识形态工作责任制，持续提升宣传统筹管理实效

高度重视内容安全、播出安全等，严格落实意识形态工作责任制，持续强化国防军事宣传管理体系建设。强化流程管理，切实压紧责任，持续调研和优化中心宣传管理规章制度。2022年，修订完善《军事节目中心落实意识形态工作责任制实施细则》《军事节目中心外请嘉宾管理办法》《军事节目中心内容产品播前审查管理办法》《军事节目中心差错管理办法》，制定《军事节目中心影响力提升奖励办法》《军事节目中心跨部门推送播发稿件运行机制》《军事节目中心岗位标兵评选办法（试行）》，以制度建设压实责任落实，确保阵地安全。

五、强化政治机关意识，高质量做好党建工作，全方位加强队伍建设

持续深化理论武装，严格落实"三会一课"制度，全力落实好全年重点学习计划，军事节目中心党委理论学习中心组共集体学习研讨46次，形成制度化学习机制。军事节目中心党委制定实施《2022年军事节目中心党的建设工作要点》，持续加强基层组织建设，完成党委、纪委选举工作，策划部党支部被评为中央和国家机关工委"四强"党支部和总台"四强"党支部。军事节目中心党委举办"走近英雄，学习英雄，我为二十大作贡献""走好第一方阵，我为二十大作贡献"等主题党日活动，教育引导军事节目中心党员学先进、赶先进、争先进。频道主持人录制的主题微党课获得多方肯定。

六、规范管理，推进行政运行安全高效，从严从紧做好常态化疫情防控

2022年，军事节目中心对《军事节目中心合同管理规定》进行更新、修订，通过审计自查进一步严格制度执行。同时，军事节目中心高度重视保密、消防、疫情防控等安全管理工作，严格执行总台和军事节目中心各项安全管理制度，有针对性地建立健全军事节目中心内部检查制度，保证各项安全工作万无一失。

农业农村节目中心工作概况

2022年，农业农村节目中心深入贯彻落实习近平总书记致CCTV-17农业农村频道正式开播的贺信精神，进一步提高政治站位，坚持守正创新，深化融合传播，全力推进高质量发展进程。CCTV-17农业农村频道2022年累计观众规模7.05亿人次，在农业节目市场占有率达93.34%，中国乡村之声听众规模达2955.86万人次。农业农村节目中心在央视频平台2022年新增视频内容4.53万条，新增播放量3.27亿；云听音频产品集群新增播放量6043.89万次。

一、紧扣主题主线，深入开展党的二十大主题宣传报道

"丰收中国"融合传播行动为党的二十大召开营造积极舆论氛围。截至10月12日，该行动电视端观众规模2.67亿人次，在广播端带动中国乡村之声频率市场份额提升93.9%，在新媒体端相关话题阅读量超100亿次。

一是总台重点选题项目充分展现"三农"事业发展成就。《村庄十年》《挑起我们的金扁担》《脱贫之后再出发》三大总台重点选题项目累计观众规模分别达2256.5万人次、1486万人次、1300万人次。《村庄十年》被国家广播电视总局评为2022年第三季度优秀国产纪录片。

二是"丰晚"产品集群受到欢迎。2022年中国农民丰收节晚会和2022年网络丰收节晚会叠加受众规模达到6134万人次。

三是特别编排推动传播效果提升。9月23日中国农民丰收节当天，农业农村节目中心首次创新推出跨越全天的全媒体直播活动。截至9月24日，相关视频产品全网累计播放量5542.4万次。

二、深化融合传播，多方发力打造涉农传播全媒体矩阵

一是坚持"四维一体"，构建"一体两翼"布局。农业农村节目中心一体统筹电视、广播、新媒体、在线包装资源，积极建设"央视

三农""田园频道"融合传播矩阵。"央视三农"矩阵全网粉丝量达707万;云听产品集群播放量在云听所有垂类频道中位列前茅;央视频"田园频道"在全台所有垂类频道周排名中,29次位居前三,9次排名第一。二是精心打造融媒体原创项目。"主播说三农"账号持续推出富有网感、观点鲜明、贴近群众的新闻评论类短视频,全网播放量11亿人次。三是深入推进广播融合变革。中国乡村之声频率推出首个常态化视频直播项目"大医生来啦"。频率还基于云听客户端以新媒体内容反哺广播。

三、强化编排思维,系列融合传播行动持续擦亮"乡聚"品牌

农业农村节目中心以"乡聚"为统一呼号,围绕春节、"五一"等重要时间节点,以及春耕、夏收等重要农时,策划推出"乡聚中国年""乡聚春天里""乡聚·正青春""乡聚·向未来""乡聚·尝鲜季"等融合传播行动。其中,新春季特别编排"乡聚中国年"在三周时段内电视端累计触达受众16.97亿人次;新媒体端相关话题阅读量达8.4亿人次。融媒体行动"乡聚·向未来"相关内容获全国300余家媒体重点推荐,累计新闻报道量超2000篇。

四、激发创新活力,以优质创意构建精品节目集群

精心打造主题化、系列化节目。"年画"主题系列产品《年画画年·寅虎送福》在年轻人聚集的网络社区哔哩哔哩评分达9.8分,年画裸眼3D动画登陆纽约时报广场大屏幕。"乡音"主题系列产品云听专辑《乡音里的中国节》累计收听量达841万次。"农耕文明"主题系列产品《农耕春秋之画说农桑》《假如名画会说话》以中国古代名画为载体,深度探寻中华农耕文明发展之路。"地图"主题系列融媒体产品《春茶地图》《麦收地图》《丰收地图》产生较好传播效果。其中,《春茶地图》相关话题全网累计阅读量超1000万次,《麦收地图》收视率较以往同时段节目提升115%。"二十四节气"主题融媒体项目《国色驾到之二十四节气》相关话题全网阅读量超3亿次。

推动品牌栏目全新改版。《我爱发明》栏目摒弃传统人机竞赛模式,强化"行进式记录"与故事表达。《致富经》《三农群英汇》等品牌栏目强化《我的村庄和我》《热血少年》等系列化选题节目呈现。

此外,农业农村节目中心先后开展"春耕计划""春耕·五月行"创意征集活动,征集各类型方案共计208件。《看得见风景的教室》等13个创新项目制作播出。

五、联动线上线下,多元精彩活动有力提升农业农村节目中心品牌影响力

线上互动活动强化服务性,打造个性化品牌。"农科招生行动"在高校招生季连续七天邀请60余位涉农高校负责人,为考生及家长介绍涉农学科发展现状、解答报考疑问。行动相关新媒体直播累计播放量超3280万次。"丰收"主题系列线上征集活动《生生不息——来田园庆丰收》《县里丰收》《稻花香里拍丰年》面向地方媒体、广大网友征集互动故事。其

中，《县里丰收》得到53个县域响应，相关内容引发百余家媒体关注发布。

线下落地推广助力品牌提升。2022年，乡村振兴观察点项目先后落地宁夏西吉、四川成都、河北保定、福建宁德，覆盖6个省（自治区）的7座地级市。依托乡村振兴观察点启动仪式，中心先后举办了"走进西吉看振兴""山海交响 闽东特色"等多场特色媒体活动。此外，农业农村节目中心还策划推出CCTV-17农业农村频道"乡村助农行动"暨"乡村助农团"项目等多项公益助农活动。

六、统筹内外资源，推动各项工作不断开拓新局面

一是不断深化和委托制作机构合作关系。对接中国农业电影电视中心等台内外委托制作机构，强化互联互通，努力形成目标一致、协同高效的合作机制。二是积极拓展台外资源。农业农村节目中心联动多个涉农部委，顺利举行总台"丰收中国"融合传播行动暨"三农"主题宣传系列重点项目发布仪式，获得全网百余家主流媒体客户端及网站转发；《三农绿厅总台发布》对接中国工程院农业学部院士等专家资源，打造特别节目《"三农"这十年》。三是大力协调台内资源。协调总台对外传播资源，在海外媒体发布纪录片《农耕春秋》相关内容，对外讲述中国"三农"发展故事。

七、在"三农"一线践行"四力"苦练内功，彰显国家媒体使命担当

农业农村节目中心始终坚持深入农村、扎根农业、贴近农民，用一个个沾泥土、带露珠、接地气的"三农"宣传报道，真诚服务于亿万农民，倾情奉献于乡村振兴事业。一是在火热的生活中寻找创作灵感，在深入的实践中记录乡村变迁。农业农村节目中心依托各地乡村振兴观察点，组建蹲点创作团队前往各地开展驻村报道。他们与农民群众同吃同住，在执着坚守中记录着"三农"一线的鲜活故事。二是扎实开展内参工作，用客观权威作品为国家农业农村建设建言献策，11篇作品获得中央领导同志批示，批示率超30%。

八、优化体制机制，为农业农村节目中心高质量发展奠定坚实基础

一是深化组织架构调整。农业农村节目中心对部门职能定位、组织架构、人员配备进行全面优化，成立项目部、合作节目部，置换评论部、广播节目编辑部。根据工作能力、工作业绩，持续更新青年人才库，为农业农村节目中心长远发展、可持续发展建立人才梯队。二是强化制度管理。建立完善各项制度并梳理形成《农业农村节目中心规章制度汇编》。三是深入推进巡视整改、审计整改。农业农村节目中心始终将巡视整改任务落实与高质量发展紧密结合，撰写《农业农村节目中心巡视整改月报》，真实及时反映整改情况，确保立行立改、即时即改、真改实改；严格按照总台审计部门要求，全面自查2021年预算合同执行情况，并根据自查结果规范财务运行体系，力争实现可执行、可操作、可监控、见成效。

九、突出党建引领，以党建业务深度融合筑牢政治基石

2022年，农业农村节目中心党委以迎接党的二十大、学习宣传贯彻党的二十大精神为统领，推动中心党的建设高质量发展。一是创新开展各类党建活动。举办"走好第一方阵 以高质量发展为二十大作贡献"征文演讲比赛等活动。二是持续深化政治机关意识教育，把抓好"学查改"专项工作作为强化政治机关意识和巩固拓展党史学习教育成果重要内容，在重点工作落实中推动问题整改。三是加强改进理论学习。四是持续深化全面从严治党。强化"一岗双责"，逐级签订全面从严治党责任书；深入开展警示教育活动，要求干部职工强化遵规守纪思想自觉。五是强化落实意识形态工作责任制。六是推进党工团标准化建设。完成农业农村节目中心党委、纪委选举，以及相关党支部架构调整、书记任命等工作，并成立农业农村节目中心党建工作领导小组，发展预备党员1人，确定发展对象6人。

港澳台节目中心工作概况

2022年,港澳台节目中心以习近平总书记关于坚持"一国两制"和推进祖国统一的重要论述为根本遵循,认真落实总台领导相关工作要求,积极履行对港澳台传播职责使命,不断推动融合传播高质量发展。

一、做好习近平新时代中国特色社会主义思想对港澳台传播,圆满完成党的二十大、庆祝香港回归祖国25周年等宣传报道任务

1. 充分发挥自身优势,圆满完成党的二十大宣传报道任务,在港澳台营造良好舆论氛围

大湾区之声、台海之声高质量完成党的二十大开闭幕会等4场共560分钟重要会议活动直播,向粤港澳大湾区以及海峡两岸听众生动呈现大会盛况。大湾区之声、台海之声重点新闻栏目及时准确播发习近平总书记出席党的二十大重要活动等时政报道,精准稳妥做好大会各项程序性报道,充分播发国内外特别是港澳台各界积极反响。党的二十大召开期间,及时播发《大湾区之声热评:为实现中华民族伟大复兴更好发挥作用》《总台海峡时评:祖国完全统一一定要实现,也一定能够实现!》,两篇评论长时间位列香港文汇网评论排行榜第一,台湾中时新闻网等岛内媒体刊发转引,美国商业新闻网、法国《欧洲头条》等境内外1200多家媒体广泛转发。

精心策划推出系列主题报道。大湾区之声头条专栏《大湾区 大作为》采制播发10集系列报道,台海之声头条专栏采制播发《融合发展 两岸一家》10集原创报道。系列创意短视频《花开大湾区》生动展现大湾区高质量发展建设成就,内地和港澳180多家媒体转发报道。融媒体系列报道《大湾区惊艳了世界》《新双城故事》,以点带面讲述近年来粤港澳大湾区发展变化和巨大成就。融媒体报道《我的两岸家事》聚焦在陆台胞家庭故事和奋斗历程。以乡村振兴为主题的融媒体系列专题《湾区新农人》《大陆乡村行脚》,以小切口展现新时代祖国农业强、农村美、农民富的乡村振兴美好图景。《港澳台青年告白祖国》系列原创

新媒体产品引发广泛关注。做好《领航》《征程》《解码十年》等总台党的二十大重点作品的粤语和闽南话转译工作，以更贴近的语言向港澳台受众讲述祖国近十年来非凡的发展成就。

2. 庆祝香港回归祖国25周年报道在粤港澳大湾区特别是香港引发热烈反响

大湾区之声作为总台唯一在香港会展中心典礼现场有专门工作区域并在现场播报的媒体，对习近平主席出席庆祝香港回归祖国25周年大会暨香港特别行政区第六届政府就职典礼并发表重要讲话进行全程直播。连续播发3篇《大湾区之声热评》，香港《大公报》等媒体第一时间转载。联合华语环球节目中心共同推出大型融媒体报道《直播大湾区》，广播、电视、新媒体平台连续直播11天，大小屏直播累计触达人次超过2.5亿，跨平台触达人次超10亿。七一前后播出《前行——香港纪事》等广播专题节目、《25·正青春》等融媒体产品，通过视频、动漫、沙画等形式，讲述香港与内地血脉相连的故事。歌曲MV《我们会更好》、广播剧《香江兄弟》等在粤港澳大湾区引发热烈反响。

3. 创新主题主线报道形式，有力有效引导涉港澳台舆论

2022年是大湾区之声、台海之声直播场次最多、直播时长最长的一年，两个频率全年高标准高质量完成21场重大活动的粤语直播和普通话直播。

及时全面播发全国两会新闻报道，深入开展全国两会精神对港澳台传播，推出特别策划《两会——京港澳明信片》《两会落力帮》等，积极解读阐释涉大湾区、涉台热点议题。

2022年北京冬奥会举办之际，大湾区之声、台海之声开设北京冬奥专栏，并同步在央视频直播。推出《相约冬奥 映像北京》《双奥之光》等系列短视频，以港澳台青年视角讲述冬奥故事。

针对美国众议院议长佩洛西窜访我国台湾地区，台海之声和"看台海"新媒体平台快速反应、密集报道、有力发声，共播发新闻稿件900多篇，设置的话题连续3天登上微博热搜第一，阅读总量超过7亿次。精编制作150多条短视频，总播放量超过5.2亿次。连续播发3篇《总台海峡时评》，台湾中时新闻网、ETtoday东森新闻云等岛内主要媒体予以刊发，近100家北美及其他地区国家主流媒体转载引用，通过总台国际视频通讯社编发的视频素材被包括CNN、BBC、法国24台、德国之声等在内的23个国家和地区的45个电视台及新媒体平台采用；精心策划、连续推出5篇融媒体评论产品，深入揭批美所谓"与台湾关系法"非法无效，被编译成英语、西班牙语、法语、阿拉伯语、俄语等5种语言，英国天空新闻台、意大利广播电视公司、澳大利亚广播公司等国外电视台采用370多次。

大力创新主题主线报道形式。歌曲MV《我们同唱一首歌》推出后短时间即成为深受海峡两岸民众喜爱的音乐作品，中天、东森、《自由时报》等台湾近百家媒体转发报道，累计阅读量超过3.7亿次。庆祝香港回归祖国25周年主题歌曲《我们会更好》，全网收获22个热搜热榜，话题阅读量超过1.3亿次。精心制作的两部粤语/普通话双语广播剧《香江兄弟》《湾区，我的家》，在大湾区之声及香港电台、澳门电台等播出，反响热烈。此前推出的优秀广播剧《安妮的花海》持续热播，2022年连续获得国家广播电视总局广播电视年度创新创优节目奖、亚广联奖广播剧（常规剧）奖。

二、以效果为导向，广播频率持续提质增效

1. 大湾区之声调频整频率落地香港

7月1日，大湾区之声通过香港FM102.8正式在香港调频整频率落地播出，并在香港电台官方网站及网络新媒体平台实现在港新媒体端覆盖传播。这是内地广播频率首次在香港实现调频落地。

大湾区之声以落地香港为契机，进一步优化广播节目，突出港澳、湾区元素。《湾区，早晨！》《"港"清楚》等重点新闻和言论节目，及时传播中央声音、解读中央政策。午间新闻节目增设与新媒体联动的《信息直通车》栏目，集萃播发中央大政方针和国家各部委发布的政策举措。《听多啲识多啲》《谈股论金》《科创梦工场》等节目，增设直接服务香港受众的版块。

2. 台海之声着力打造精品节目带

台海之声着力打造上午、下午、晚间三个精品节目带。8点至11点早间精品节目带，重点新闻栏目《朝闻两岸》《两岸开讲》加强中央声音、大政方针的对台传播。优化特色专题栏目《趣旅行》《两岸好生活》子栏目设置。14点至18点下午娱乐精品带，做精品牌栏目《音乐小聚蛋》《艺文两厅苑》。19点至21点晚间新闻精品带，《两岸观潮》《海峡军事》等栏目新闻信息量、资讯贴近性进一步提升。广播节目在新媒体平台开设《趣旅行》《音乐小聚蛋》等新媒体专栏。

三、对港澳台新媒体传播矩阵快速发展

港澳新媒体矩阵"大湾区之声"等快速发展，对台新媒体矩阵"看台海"等不断建强，各平台多项指标较2021年大幅增长，日益成为包括港澳台同胞在内的大湾区以及海峡两岸受众获取资讯信息的重要渠道。

1. "大湾区之声"新媒体矩阵全方位改版升级

矩阵整体用户规模较2021年翻了一番。全年阅读总量较2021年增长近50%。微博热搜次数达2021年的8倍。全年推发原创稿件超过1300篇，其中50多篇全网首发，比2021年增长1倍。与澳门特别行政区政府联合制作的《观览澳门》专栏推出《走进深合区》等系列专题。系列专题《血脉交融香江情》被香港文汇网、香港电台等香港媒体置顶推荐，240多家境内外媒体转发转载。全新启动的"大湾区之声"视频平台快速发展，半年发布短视频500多条。全年开展31场多种形式视频直播，直播时长超过300小时，景观类慢直播《云游湾区》、神舟十四号发射等热点新闻事件直播，受到广大湾区受众欢迎。"大湾区之声"央视频账号全年播发视频节目2000多条。

2. "看台海"矩阵不断建强

"看台海"矩阵粉丝整体规模较2021年增长近75%，涉台消息首发量、阅读量均超过国内多家主流媒体涉台传播版块，全网首发量达2021年的4倍，阅读总量达2021年的3倍。全网视频首发台湾地区"九合一"选举结果。

四、评论矩阵合力发声、有力有效，质量持续提升

1.《大湾区之声热评》《总台海峡时评》及时有力发声

持续擦亮评论品牌，以攻为守，及时亮剑，全年播发《大湾区之声热评》《总台海峡时评》49篇，多家中央媒体多次转载。香港《文汇报》《大公报》和《澳门日报》等港澳媒体紧盯"热评""时评"，设计专门版式，高频次、常态化刊发。岛内《联合报》、中时新闻网等主要媒体多次转载引用"时评"观点。美国主流财经新闻网站Benzinga、《菲律宾商报》等国际媒体纷纷转发。在香港特别行政区第六任行政长官选举期间，及时播发《大湾区之声热评》，700多家境内外媒体转载。在解放军东部战区组织多军兵种联合战备警巡之际，以图文音视频全媒体形态播发《总台海峡时评》，境内外超过350家媒体转载。

2. 拓展评论形式，打造涉港澳台评论矩阵

进一步拓展评论形式和题材，在新媒体平台开设《台海快评》《势观台海》《台海一周热评》等三档对台和《湾区观察》《"港"清楚》等两档对港澳评论专栏，打造面向港澳台地区的评论矩阵，以贴近性强的话题、特色鲜明的语言、灵活多样的形式，多层次及时引导涉港澳台舆论。全年共发布《台海快评》66篇、《势观台海》36篇、《台海一周热评》22篇、《湾区观察》37篇、《"港"清楚》57篇。

英语环球节目中心（CGTN）工作概况

2022年，英语环球节目中心（简称"CGTN"）着力打造总台国际传播品牌，在"头条工程"对外传播、舆论斗争、报道能力、"好感传播"、媒体外交、融合创新等方面取得突破，获纽约国际电影电视节金奖、奥林匹克金环奖等27个国际奖项，传播力和影响力大幅提升。

一、聚焦核心，构建立体传播格局，不断扩大领袖思想海外落地范围

CGTN持续加强领袖思想对外传播，着力构建中国话语叙事体系。2022年，CGTN共发布习近平总书记时政活动和领袖思想相关报道2.8万条，海外阅读量30亿次。

1.结合时事热点传播领袖思想

2022年，CGTN持续报道习近平总书记先后在北京、山西、海南、四川、湖北、新疆等地考察调研，出席国内外系列会议并发表讲话。重点报道新冠疫情暴发以来习近平总书记首次外访，出席上合峰会、G20峰会、APEC峰会等国际会议，会见俄罗斯总统普京等外国元首。充分调动中外记者力量打造《时政现场评》，推出《治国理政新格局》（第二季）、《遇见习近平》等系列报道，全方位剖析习近平经济思想、法治思想、强军思想、生态文明思想和外交思想。对外发布时政特稿92篇，被76个国家和地区1583家海外重点网站累计转载超10万次，实现G20国家全覆盖。

2.结合重大主题宣介领袖思想

CGTN结合党的二十大、全国两会等重要会议开展领袖思想对外传播，相关直播信号和新闻素材被全球数百家电视台及新媒体平台转播、采用。CGTN发布的党的二十大、全国两会主题报道，在谷歌视频搜索页频频占据首位。10期《中国之治》时政特稿，受访专家结合报告内容和实践成就系统解读党的二十大报告精神和《习近平谈治国理政》（第四卷）中相关论述，被59个国家和地区972家媒体转载3013次，累计触达海外受众19.5亿人次。推出《论中国》演讲产品，用国外受众熟悉的演讲方式传递领袖思想和理念。结合中外文化宣介领袖思想。历时一年打造4集纪录片《了

不起的决心》，跟拍24组人物，向世界讲述中国十年巨变，通过15种语言在全球落地播出，全球阅读量1.14亿次。《温故知新》（第三季）结合中华优秀传统文化介绍习近平总书记执政理念，突出播客产品特色，海外阅读量1.1亿次，较上一季翻一番。多语种打造《不止于"词"》《习语心愿》《诗印初心》等领袖思想解读系列，强化区域化分众化传播。

二、深化主题，有效引领，大力提升重点报道的海外传播力、影响力

1. 围绕主题主线，推出大批国际传播精品

在党的二十大报道中，CGTN以5个语种（英语、西班牙语、法语、阿拉伯语和俄语）全平台发稿2万余条，全球阅读量累计27.3亿次。《看中国》系列专访印度尼西亚总统佐科·维多多、黑山共和国总统米洛·久卡诺维奇、巴基斯坦总理夏巴兹·谢里夫、塞尔维亚总理阿娜·布尔纳比奇、金砖国家新开发银行行长马科斯·特罗约等国际政要和国际机构负责人，邀请联合国秘书长古特雷斯等高端人士撰稿发声，聚焦国际化视野下大会对中国和世界的意义，累计采访320人次，全球阅读量1.7亿次。7路中外报道团队拍摄大型融媒产品《新时代进行时》，展现新时代变革及中国为世界带来的发展机遇，全球阅读量5177万次。15篇系列时政特稿《新时代 新征程》被海外主流网络媒体转载1.23万次。推出《中国式现代化与世界》《共同应对全球挑战，携手开创美好未来》《全球青年说：中国发展与青年机遇》等20余场系列论坛，与会嘉宾共论新时代背景下中国创新实践的世界价值。以党的二十大报道国际传播为契机，CGTN将总台报道语种范围由44个扩充到68个，时政报道触达中国台湾地区全部14个所谓"邦交国"，实现全球230多个国家和地区全覆盖。

2. 冬奥报道突出特色，不断创新

在海外社交平台发起"冬奥加油舞"创意模仿挑战活动，抖音国际版平台聚合页面话题量破170亿。打造音乐品牌《因乐冬奥》，4位国际音乐人接力创作冬奥主题作品，阅读量突破1.2亿次。推出北京冬奥主题口号推广歌曲《一起向未来》，全球阅读量近2亿次。CGTN积极践行总台"5G+4K/8K+AI"战略，与技术部门合作在冬奥列车上搭建5G移动超高清演播室，推出直播特别节目《开往冬奥的5G列车》、系列直播《全球会客厅：冬奥伴你行》等，全球阅读量1248万次。CGTN推出纪录片《舞出我精彩》，讲述北京冬残奥会开幕式表演幕后故事，获米兰国际体育电影电视节全球总决赛金花环奖和纽约国际电影电视节纪录片铜奖。

此外，围绕全国两会、香港回归祖国25周年、博鳌亚洲论坛、第二届消博会、第五届进博会等展开重点报道，向海外介绍全过程人民民主、"一国两制"新成效以及中国经济活力如何助力全球经济复苏，发稿1万余条，全球阅读量超5.4亿次。

三、守正创新、敢于亮剑，以"先手棋""组合拳"打赢舆论斗争主动仗

面对美西方媒体对华舆论压制，CGTN主动设置议题、敢于正面交锋，形成了报道、评论、专题、民调的组合打法，在国际舆论场打

出声势、打出底气、打出信心。

CGTN与新闻中心联合推出总台重点栏目《高端访谈》，专访黑山总统米洛·久卡诺维奇、巴基斯坦总理夏巴兹·谢里夫等重量级嘉宾。其中，主持人王冠专访黑山总统被黑山国家广播电视台完整播出。CGTN推出新媒体快评《先声夺人》、短视频评论《就实论事》、记者观察《世事》等评论产品，多语种评论矩阵全年累计发布评论1万余篇（期），全球阅读量超5亿次，有效引导国际舆论。

推出4部专题片《美国之殇》《永动的战争机器》《被枪支绑架的美利坚》《揭批西方主流媒体"七宗罪"》，分别戳穿美西方"人权卫士""和平卫士""民主卫士""言论自由卫士"的谎言，海外阅读量近3亿次。其中，《永动的战争机器》入选国家广播电视总局2022年第二季度优秀国产纪录片名录。

针对美国众议院议长佩洛西窜访我国台湾地区，CGTN以5个语种推出各类评论产品4700余条，痛批佩洛西窜访我国台湾地区的险恶用心，捍卫我国核心利益，全球阅读量3.18亿次。推出《起底佩洛西》《佩洛西窜台，法理不容》《锁台军演，震慑台独势力》《起底"蔡氏骗局"》等评论专题，被BBC、英国天空新闻台、法国24台等数十家海外电视台及新媒体平台采用。

针对外媒质疑我国防疫政策和疫情防控成效，CGTN推出《抗疫第一线》特别报道，调派40余名记者分赴北京、成都、广州、武汉、沈阳等地，用物资保障、重症救治、就医配药、医疗生产等抗疫一线的一手报道回应国际关切。《众志成城战疫情》《人间烟火看中国》等系列节目通过中外权威专家采访、网红拍客体验，有力戳穿美西方"尽可躺平"的荒谬言论，被美国广播公司（ABC）、西班牙国家电视台等149家媒体转载播出。

CGTN围绕美国从阿富汗撤军一周年、美联储加息、美国科技遏华、美英澳核潜艇合作加剧核扩散风险等话题展开4次民调，以一手数据反映全球受众真实看法，有效揭露美西方国家的社会问题，把舆论斗争的战火烧到美西方腹地。

四、力争时效，努力提升国际传播报道能力，抢占国际舆论话语权

CGTN大力拓展全球报道网络，5个语种全球报道网规模同比增长75%，首发、独家报道不断，持续打破美西方媒体对国际热点报道的垄断地位，抢占国际舆论话语权。

俄乌冲突爆发以来，CGTN先后调派6组总部记者和8批次英语、俄语报道员分赴俄罗斯、乌克兰及周边国家，近50位报道员和本土通讯员、80余名拍客参与报道。其中，俄语报道员马斯拉克推出57集《马斯拉克战地日记》，全球阅读量4.3亿次。乌克兰籍报道员丽娜推出55集《丽娜日记》，记录俄乌冲突对乌克兰普通人生活的影响，全球阅读量2200万次。在冲突升级后乌克兰总统的首次新闻发布会上，CGTN作为现场唯一中国媒体提问乌克兰总统泽连斯基。跟拍联合国秘书长古特雷斯考察基辅，CGTN话筒在联合国官网页面醒目呈现。主持人田薇先后两次提问俄罗斯外交部部长拉夫罗夫，相关报道全球阅读量1145万次，话题"俄外长怒怼抢话田薇的CNN记者"登上微博热搜榜，获1.3亿次话题量。在俄乌

冲突报道中，CGTN成为最平衡的国际媒体和全球信源，报道被2204家外媒转载21.9万次。

在美军撤离阿富汗一周年之际，推出《苦难与希望》《阿富汗遗留问题》《逃离后的生活》《阿富汗日记》等系列报道。报道团队走进阿富汗喀布尔、坎大哈、赫尔特等地，真实呈现美国20年的军事占领给当地民众带来的苦难，全球阅读量超1.1亿次，素材被CNN、BBC、法国24台、德国电视一台等63个国家和地区364家电视台和新媒体平台采用。

2022年，CGTN全球首发国际国内重要新闻209条。在汤加火山爆发、"3·21"东航MU5735航空器飞行事故等国内外突发事件报道中，CGTN报道力量迅速抵达新闻核心现场，及时发回报道。其中，汤加火山爆发后，记者随我军机第一时间抵达汤加，成为中国记者直击汤加救灾报道第一人。此外，在美国得克萨斯州枪击案、英国首相约翰逊辞职、法国总统大选、韩国梨泰院踩踏事件等国际热点新闻事件报道中，CGTN大量一手新闻被国际媒体竞相转载，成为权威可信的信息源。

五、持续深化"好感传播"，引导国际社会感受新时代中国的可信、可爱、可敬

《2022超级夜看春晚》特别节目通过5个语种伴随式直播解读春晚和节俗，打造"超级夜看春晚"品牌，全球阅读量1.77亿次。邀请来自8个国家的青年音乐家共同演奏中国民族管弦乐《节日序曲》，以音乐的融合和碰撞向全球观众推介中华优秀传统文化，获2022年纽约国际电影电视节文艺类金奖。

推出《诗约万里》（第二季）"我在全世界为你读诗"活动，十余国驻华大使、海内外诗人、音乐人与多语种主持人以诵读诗词的方式阐释"梦想""和平""生命""家""自然"等五大主题，全球阅读量2.19亿次。与欧洲新闻台联合打造系列专题《中欧非遗》，深度展现中国与欧洲优秀非物质文化遗产中的共通之处，在欧洲新闻台以英语、法语、德语、意大利语、葡萄牙语、西班牙语、俄语等7种语言播出，全球阅读量近1600万次。

数字特展《千年调·宋代人物画谱》（第一季）精选收藏在全球10家博物馆的110幅高清宋代画作，通过数字技术使其"活"起来，让观众品读中国宋画的精妙技法、构图巧思，在笔墨方寸间领略中华文明博大精深的文化底蕴。

六、内联外合，拓展对外传播新平台、新领域、新空间

CGTN以电视、广播、新媒体平台为根本，不断拓展国际传播新平台、新渠道，持续推进媒体外交和合作传播，以立体化传播格局实现海外有效覆盖。

推动主持人、记者上外媒发声，到国际舆论场发出中国声音。2022年，CGTN共有68名记者、主持人参与外媒评论节目、发表署名文章2380篇（次），涌现出了王冠、许钦铎、荣寰、叶欣华、张善辉等一批活跃在外媒的中国面孔。

持续推进网红个性化传播，搭建多语种网红孵化平台。截至2022年年底，CGTN共拥有多语种网红工作室103个，总粉丝量超过6000

万，其中海外粉丝量过100万的工作室有30个。网红类别涵盖舆论斗争、科技、财经、文化、教学、环保以及其他主要海外社交热点垂类。

CGTN积极拓展媒体外交、扩大朋友圈，英语、西班牙语、法语、阿拉伯语、俄语等5个语种与全球168家媒体实现内容推送。阿拉伯语部在阿拉伯联合酋长国迪拜电视台开设周播专栏《看中国》，作为海湾国家主流媒体首次开设介绍中国的固定电视专栏，其覆盖人口达4亿。法语部与法国媒体BFM Business经济电视台联合制作88期《中国经济》。CGTN与文化和旅游部联合举办第一届"中国影像节"全球展映活动，50余部CGTN出品的英语、西班牙语、法语、阿拉伯语、俄语等5个语种优秀纪录片和专题片在全球百家媒体和平台展映，向全球观众讲述普通中国人的故事等。

拓展新传播渠道，打造融媒体定制化服务平台（AMSP），为全球媒体特别是发展中国家媒体提供内容交换和定制服务，搭建全球媒体合作交流平台。该平台2022年2月上线，截至2022年年底已有129个国家和地区的405家合作媒体入驻。平台汇聚44种语言超过9500条融媒报道，其中CGTN上传的2600条报道被合作媒体转载使用。

亚洲非洲地区语言节目中心工作概况

2022年,亚洲非洲地区语言节目中心(简称"亚非中心")在国际舆论场持续提升中国话语权。多语种融合传播能力进一步提高,产品形态更加丰富,视频节目生产量超过3200小时,在境外电视台落地率大幅提升,电视节目触达海外17亿受众,融媒体产品被外媒转载转发超过33万次,海外合作媒体数量超过400家,海外社交媒体平台总粉丝量超1.4亿,内容总阅览量近175亿次。

一、以最高标准做好头条报道

1. 精心打磨头条节目品牌

一是从习近平总书记的地方工作经历中找选题、找素材,推出多语种《足迹》《改革引领者习近平的故事》等系列节目,全球阅览量超5000万次。二是新一季《典籍里的新思想》推出古画版、动画版、图书版等,全年阅览量超6000万次。其中,党的二十大特辑运用动画形态,打造虚拟主播,深入浅出地解读全过程人民民主、"中国的安全观与和平观"等多个主题,在柬埔寨国家电视台、老挝国家电视台等十多家电视台播出,被日本、韩国、印度等国150多家媒体转载。

2. 传递国际社会对习近平主席的高度评价

在党的二十大前后,亚非中心推出系列专题报道《我眼中的习近平》,国际社会积极反馈。巴基斯坦总理夏巴兹·谢里夫表示:"习近平是具有远见卓识的伟大领导人,他提出的'一带一路'倡议和全球发展倡议,给广大亚非发展中国家乃至世界都带来了发展机遇。"老挝人民革命党中央总书记、国家主席通伦表示:"习近平有原则、有立场、有坚定信念,有非凡的领导能力。"

3. 让习近平主席的形象走进国外受众心里

在习近平主席赴印度尼西亚出席G20峰会、赴泰国出席APEC峰会并对泰国进行访问前,亚非中心与印度尼西亚、泰国媒体联合制作《习近平喜欢的典故》印尼语版、泰语版系列节目,在印度尼西亚国家电视台、泰国国家电视台、泰国民族电视台播出,并举办开播仪式,中央广播电视总台台长兼总编辑慎海雄与印度尼西亚、泰国媒体负责人共同出席。这是总台首次与国外主流电视台联合制作《习近平喜欢的典故》节目。

二、广泛宣介党的二十大精神

党的二十大召开期间，亚非中心以多语种发布大会相关报道和融媒体产品2654个，总阅览量约4.8亿次，总互动量1775万条，被外媒转载10 141篇次；与亚非国家主流电视台合作制播新闻专题313个，多语种记者应约与对象国媒体连线112次，覆盖受众约10.3亿人。

泰米尔语、豪萨语等多语种版《动析中国式现代化》，以"真人+动画"的形式，采用VR、裸眼3D等技术，生动阐释中国式现代化，境外社交媒体阅览量超8000万次，并在尼日利亚国家电视台和老挝国家电视台落地播出。《研习之路》系列微纪录片通过讲述普通中国人的奋斗故事，展现新时代脱贫攻坚、乡村振兴、保障粮食安全等方面的成就。日语版《秒懂中国》、泰米尔语版《我在中国这十年》、豪萨语版《我的新职业》等系列节目结合对象国受众关切，以多种形式展示中国新成就。"中共二十大问答""二十大关键词"等多语种互动产品，各国受众积极参与。"共绘航天梦"绘画征集和"太空之问"互动活动，征集了20多个国家青少年的600余幅绘画作品和上千条有关航天的问题，邀请神舟十四号3位航天员从中国空间站与全球青少年对话，引发全球青少年"望天宫"热潮。

三、推动精品节目创作，内容生产提质升级

1. 探索多国合作制作播出精品主题纪录片的新模式，与多个国家主流电视台联合制作《中国，新的征程》

亚非中心与亚非地区8个国家主流电视台联合制作纪录片《中国，新的征程》。11月14日起，该片陆续在土耳其NTV电视台、巴基斯坦GNN电视台、老挝国家电视台等11个国家的主流电视台播出。

2. 推出融媒体产品《西藏，在路上》，讲述新时代的西藏故事

组织多语种主播以自驾方式开展报道，推出20集微纪录片、298条行进式报道，阅览量近2亿次，覆盖5.8亿海外受众，并在印度电讯电视台、尼泊尔光线电视台等海外电视台播出。

3. 普什图语部摄制纪录片《伤痕》，揭露美国霸权主义行径给阿富汗带来的伤害

美军撤离阿富汗一周年之际，普什图语部摄制纪录片《伤痕》在阿富汗引发强烈反响。当地6家主要电视台均在黄金时段播出该片，并致信总台表示感谢，赞赏中国在阿富汗问题上所持的公正立场。

4. 通过精品创作推动文化交流

针对亚非国家对中国农业发展经验的关注，连续推出《我们与大地之间》《襄阳四季》等纪录片，在多国电视台播出。与伊朗国家电视台合拍纪录片《伊路向东》反映中华文明与波斯文明的交流互鉴。邀请多国艺术家共同演绎2022年北京冬奥会主题推广歌曲《一起向

未来》，在以色列、肯尼亚、巴基斯坦等国十多家电视台播出。

四、优化社交媒体平台业务，影响力不断增强

1. 社交媒体数据指标持续增长

截至2022年年底，亚非中心海外社交媒体平台多语种账号总粉丝量超1.4亿，总阅览量175亿次，总互动量9.2亿条。乌尔都语、泰米尔语、孟加拉语、印地语4个海外社交媒体综合账号粉丝量分别突破1000万，日语综合账号超过500万。泰语播客频道和节目入围苹果播客平台2022年最受欢迎泰语频道和十大最受欢迎泰语新节目。

2. 融媒体产品新意迭出

2022年，亚非中心各工作室阅览量超100万次的作品近300部，超过1000万次的作品有十多部。以印度尼西亚雅万高铁为主题背景的手势舞挑战赛——"共赢新速度"创意互动活动，海外社交平台上话题观看量超过4亿次、发帖总量达16万条，创造了中国和印度尼西亚两国社交媒体平台互动新纪录。《主播变形记》系列产品阅览量不断推高，并在斯里兰卡主流电视台播出。体验片《阿里！阿里！》系列展现中国式现代化为西藏地区绘就的美好蓝图。印地语版《姐妹逗》风格独特，文化交流效果突出。缅甸语抖音国际版微短剧《用一碗面的价格体验复兴号高铁》，戏剧化呈现复兴号高铁的方便与快捷，自然播放量达340万次。泰米尔语冬奥特别节目《冰雪历险记》境外阅览量达1074万次，并在印度电讯电视台同步播出。

3. 多语种网红工作室快速发展

2022年，新增10个百万级账号，拥有百万级粉丝的主播超过18个。

五、持续深化媒体合作，不断扩大朋友圈

1. 媒体合作提质升级

2022年，亚非中心广泛建立与各国媒体的业务联系，合作媒体数量超过400家，亚非中心稿件、节目被转载转发的次数超过33万次；注重与各国国家电视台、通讯社、有影响力的商业电视台等开展合作；重视发展新媒体合作伙伴，与土耳其欧亚新闻网、日本雅虎、柬埔寨Fresh News、蒙古国Sonin、Mongoltur等形成了专线供稿机制。

2. 扩大与境外电视栏目合作成果

2022年，亚非中心在17个国家与境外电视台联合制作33个电视栏目，相关语言部全流程参与内容策划和节目制作。日语部在日本BS吉本卫星频道开办《味知中国》栏目，首次实现与日本媒体联合开办常态化电视栏目，得到中国驻日使馆和日本驻华使馆高度评价。斯瓦希里语部实现新突破，在肯尼亚、坦桑尼亚等6家电视台播出《趣中国》等两个栏目。蒙古语部与蒙古国媒体形成制播联盟机制，陆续在6家电视台播出《动感中国》栏目。泰语部连续在泰国民族电视台和TNN电视台落地《CHINA TALK》等4档不同类型的原创节目。孟加拉语部在孟加拉国多家电视台开办《读懂中国》等7个栏目。土耳其语部与土耳其NTV电视台联合开办《科技生活》等3个栏目。

3. 加强互动，夯实友好基础

结合中日邦交正常化50周年，日语KANKAN客户端推出"我和邻居50年的故事"线上互动活动，征集中日友好交往的故事，参与活动人数近40万，相关推文阅览量近150万次。结合中韩建交30周年，朝语部与韩国《中央日报》等多家媒体联合推出"三十年三十个关键词"征选活动，并根据征选结果制作系列节目。柬埔寨语部在柬埔寨太皇西哈努克百年诞辰之际，策划制作特别节目《天下谁人不识君》，柬埔寨太后莫尼列亲自为该节目定名，柬埔寨王室在纪念柬埔寨太皇西哈努克百年诞辰音乐会上播放该节目，并致信总台，对中国人民不忘老朋友的情怀表达谢意。孟加拉语部举办"同唱一首歌"冬奥征歌比赛、"青春无悔 与孟前行"中孟诗歌朗诵比赛等活动。老挝语部联合老挝人民革命青年团中央举办"青年说——老挝青年演讲大赛"，成为老挝青年的年度盛事。"全球农业对话"推出柬埔寨专场、肯尼亚专场，组织中国农业专家与各国农业官员、涉农人员对话，解疑释惑，传授中国农业发展经验。

欧洲拉美地区语言节目中心工作概况

2022年，欧洲拉美地区语言节目中心（简称"欧拉中心"）不断开拓创新，着力增强对外投送能力，着力拓展合作传播和"好感传播"，高质量完成全年各项目标任务。

一、聚焦宣传党的二十大，有效宣介习近平新时代中国特色社会主义思想

欧拉中心第一时间编译播发推送习近平总书记重要活动、重要会议、重要讲话相关新闻，全年领袖报道海外总阅读量超1亿次，同比增长3.76倍；总互动量291万次，同比增长13.69倍；4824篇报道被欧洲拉美地区92家主流媒体转引转载，同比增长超8倍。以视频专题、金句海报、"外嘴"解读、网红报道等多种形式开展配合性、解读性报道，有效提升头条报道的吸引力、亲和力。头条栏目《擘画中国》推出系列视频节目55期共350余个多语种产品，围绕重要节点解读习近平总书记的重要论述，海外社交平台总阅读量5300万次。5集系列短视频《人类命运共同体启示录》多维呈现人类命运共同体理念得到世界各国普遍认同，海外阅读量超600万次。多语种网红工作室系列融媒体产品《大河回响》解读习近平总书记关于文明交流互鉴的重要论述，全球阅读量3600万次。系列网红融媒体报道《一个中国村庄的"绿色"变迁》讲述习近平总书记在地方工作的故事，小中见大展现领袖崇高品格与非凡人格魅力，海外阅读量超300万次。《携手共进 从"上海精神"到"人类命运共同体"》《团结合作是复苏之基》《中阿合作迈入新的"黄金时代"》等视频评论以欧洲拉美地区专家学者的视角深度解读习近平主席2022年内三次重要出访的世界意义，被对象地区主流媒体广泛转载。

党的二十大召开期间，欧拉中心多语种多媒体多平台发布报道3238篇，海外总阅读量1.85亿次，互动量304万条。17个网红工作室发布产品517篇，海外总阅读量4218万次，总互动量129万条。采访16个国家68位政要、专家学者、意见领袖，38位海外报道员、评论员和外籍记者主动发声，全面反映国际社

会对党的二十大的高度关注和对中国发展的积极评价。

欧拉中心围绕习近平经济思想和党的二十大报告，推出多语种系列短视频《新发展之路》，约请海外智库专家学者围绕新发展理念，积极评价中国走高质量发展之路所取得的成就，海外总阅读量700万次。推出《后疫情时代的中国与世界》《期盼更紧密的中欧关系》等评论言论产品，以对象国专家学者视角展望后疫情时代中国经济发展和中欧经贸合作的光明前景。多维度展现中国经济成就，推出5集短视频《行稳十年》以及《人工智能离我们还有多远》《数字经济如何造福民生？》等系列融媒体报道，海外阅读量2030万次，总互动量超18万条。

欧拉中心充分发挥海外合作传播网络优势，先后举办13场《新征程的中国与世界》宣介活动，以研讨会、电视论坛、云对话等多种形式对外充分宣介党的二十大精神，增进世界各国对中国共产党和中国道路的理解与认同。相关报道海外总阅读量超2100万次，互动量62万次，50余家对象国主流媒体进行充分报道。

二、突出针对性多样性，立体呈现中国式现代化发展成就

欧拉中心2022年北京冬奥会、冬残奥会报道发稿总量超4000条，海外总阅读量1.1亿次，总互动量140万条，60余家对象国主流媒体转载引用总台稿件，受众规模1.8亿。推出《情暖冬奥》系列短视频，讲述参与2022年北京冬奥会和冬残奥会的运动人士的鲜活故事，展现开放的中国与世界深度融合、同频共振的胸怀格局，海外阅读量超2300万次。《冬奥面对面》系列访谈广泛采访对象国奥委会官员、运动员、教练员、冰雪运动爱好者等，呈现国际社会对中国办奥理念的赞赏，总阅读量980万次。推出14个国别化卡通"主播"，与多语种网红同框出镜，提升北京冬奥会、冬残奥会报道的表现力、亲和力。《冬奥场馆探秘》《冬奥漫谈》《残奥观察》等200多个产品海外总阅读量超9000万次，20多家主流媒体刊播转载。葡萄牙语原创歌曲《相约冬奥》海外阅读量540万，落地巴西旗手电视台。与塞尔维亚贝塔通讯社联合发起《北京冬奥会——为中塞健儿加油》媒体活动，视频产品被塞尔维亚和波黑两国11家主流媒体转播转发，覆盖受众2000万。

欧拉中心2022年全国两会相关稿件海外总阅读量3488万次，总互动量58.6万条，50余家海外主流媒体转引转发。推出多语种系列高端访谈《外眼看两会》，以外国政要的视角观察中国民主实践。发布《教育开放迎来新时代》等配合性图文互动产品，展现中国民生领域的长足发展，总阅读量约748万次，落地《欧洲时报》德文网、保加利亚24小时新闻网等对象国主流媒体。多语种海报《问政于民》用数据图表解读中国围绕人民当家作主构建国家各项制度，完善国家治理体系；《人大代表这样履职》通过9亿中国人参与世界规模最大的基层选举，生动说明全过程人民民主的生命力；《人民政协这样运作》通过全国政协委员构成说明人民政协是具有中国特色的制度安排，用委员履职尽责实效展示中国特色社会主义协商民主的成功实践。

围绕中国生态文明建设成果，推出5集系列短视频《绿水青山　有你有我》，讲述普通人在生活工作中践行绿色环保理念的故事，总阅读量1156万次，意大利《米兰财经报》、Area通讯社网站及其地方电视台转载刊播。策划推出5集纪录片《自然守护人》，以真实记录客观展现中国在野生动植物保护方面的发展状况和工作成效，海外阅览量超500万次。

围绕人权事业进步，与新疆维吾尔自治区党委宣传部共同制作推出8集系列短视频《新疆故事》(第二季)，聚焦不同领域不同民族的典型人物，展现新时代新疆社会稳定的大好形势和人民安居乐业的美好图景，海外阅览量465万次，并被德国、葡萄牙、意大利、塞尔维亚等国多家媒体转载。推出《隐形的翅膀》《达里奥和他的徒弟们》《演绎冰雪旋律的歌者》《星星的希望》《走进手语的世界》等视频节目，通过中国普通残疾人自立自强的故事，展现中国残疾人保障和人权事业不断发展进步的事实。

围绕共建"一带一路"推出6集系列短视频《奔跑吧！中欧班列》和系列数据海报《中欧经贸关系的现实与前景》，集中呈现中欧经贸关系发展成果，海外阅读量超430万次。配合金砖国家领导人会晤，专访巴西驻华大使和巴西多位专家学者，展现金砖合作机制的蓬勃生机，海外总阅读量超820万次，总互动量超10万条；经巴西多家主流媒体二次传播，覆盖受众超1亿人。围绕"中国—中东欧国家合作机制"建立10周年，推出"多彩青春"中国—中东欧国家青年影像交流活动。中德建交50周年之际，推出纪录片《筑梦》，在德国萨克森州电视集群、柏林首都电视台、汉堡电视一台、巴登—符腾堡州电视台播出，覆盖逾1000万观众，海外新媒体平台总阅览量超1000万次。围绕中国—希腊建交50周年，推出《和合为美》人物故事系列微视频和《观察与思考》系列专家访谈，点阅量779万次；与驻希腊使馆合作开展《友谊跨越山海》中希建交50年微视频征集活动，获希腊Alpha TV和SKAI TV重点报道，触达受众近1000万人次。

三、着力网红工作室建设，融合传播影响力明显提升

欧拉中心17个网红工作室培育网红主播37名，开设社交平台账号60个，总粉丝量414万，同比增长80.78%；海外总阅览量10.83亿次，总互动量3 890.4万条，同比分别增长9.82倍和6.49倍；首次出现阅览量超1000万的产品1条，阅览量超100万次的产品293条，优质内容同比增长11.25倍。

欧拉中心多语种社交媒体传播形成覆盖脸书、推特、优兔、照片墙、抖音国际版等5个主流平台，聘请来自欧洲拉美地区18个国家有一定影响力的120名海外评论员、报道员及3家海外报道机构，用海外受众听得懂、能理解的方式发声，增强了评论言论产品的引导力和说服力，全年刊播约稿2700条，视频评论350条。新增立陶宛语、爱沙尼亚语、拉脱维亚语、冰岛语、挪威语、丹麦语、瑞典语、芬兰语、荷兰语等9个对外传播语种。

四、大力拓展合作传播，有效抗衡美西方舆论围堵

有效应对严峻复杂的国际舆论环境，合作

传播规模和成效实现双提升，共与28个国家和地区的145家主流媒体机构建立合作关系。全年产品被采用21 608条（次），同比增长2.8倍，新媒体端覆盖约4.82亿受众，电视端覆盖约2.2亿用户。与对象国主流媒体合办49个常态化栏目，发布10 903期（条）合作产品，实现大幅提升。

在西巴尔干半岛构建起覆盖电视受众超700万、社交媒体受众超600万的立体传播集群。总台新闻产品在葡萄牙11家全国性和地方性报纸、周刊及其新媒体平台定期刊播。周播栏目《看世界》在捷克布拉格电视台和布尔诺电视一台开播。

罗马制作室与意大利Corallo广电媒体协会、Pavia电视集团和Primapress通讯社开展合作，实现《未来的故事》等品牌栏目跨媒体落地。法兰克福制作室与柏林首都电视台、汉堡电视一台、巴登—符腾堡州电视台集群、萨克森州电视台集群等媒体开展常态化合作。

华语环球节目中心工作概况

华语环球节目中心（简称"华语中心"）扎实推进各项工作，引领力、传播力、影响力稳步提升。2022年，CCTV-4中文国际频道在国内市场的收视份额3.87%，创5年来新高；单日最高收视份额6.7%，创2003年伊拉克战事报道以来新高。2022年度海外受众调查报告显示，海外观众对CCTV-4中文国际频道的满意率达95.9%。

一、以效果为导向做好时政报道和领袖思想传播

华语中心坚持以领袖的高度就是宣传报道追求的高度为标准，把传播好习近平新时代中国特色社会主义思想作为首要政治任务。

1. 安全稳妥完成习近平主席出访报道

习近平主席出席上合组织峰会、G20峰会、APEC峰会、首届中阿峰会和中海峰会，并对哈萨克斯坦、乌兹别克斯坦、泰国和沙特阿拉伯王国进行国事访问期间，为第一时间满足海外华人收看需求，华语中心动态调整CCTV-4中文国际频道编排，增加新闻播出频次和时长，确保相应版面24小时整点有新闻，及时报道习近平主席与会情况和重要讲话，充分展示大国领袖的魅力风范。

2. 精心策划做好重大时政报道

全程直播2022年北京冬奥会和冬残奥会开闭幕式、香港回归祖国25周年庆祝大会、2022年世界经济论坛等习近平主席出席的重大活动，递进式报道解读习近平主席发表的重要讲话要点，传播中国理念、中国主张和中国智慧。

3. 持续深耕"头条工程"

CCTV-4中文国际频道策划推出《推进乡村振兴 实现农业农村现代化》《老区行》《透视中国经济"韧性"》等70多集头条报道，通过典型案例，阐释习近平新时代中国特色社会主义思想在各领域的生动实践。华语环球广播《头条关注》专栏推出280多期相关报道，解读习近平总书记重要思想、重要论述、重要指示的深远意义。

二、圆满完成党的二十大等主题主线宣传报道

华语中心全面聚焦党的二十大，全力以赴做好宣传报道。统筹安排全年重大活动、重要会议、重要节点的宣传，形成有序衔接、亮点不断的一体化传播态势，营造浓厚舆论氛围。

1. 全过程立体化做好党的二十大宣传报道

预热阶段，高质量完成36场"中国这十年"系列主题发布会直播并提供公共信号；推出19集系列报道《新时代的中国》以小切口、小人物、小细节反映党的十八大以来的时代变迁与国家进步。

党的二十大召开期间，开启全天候报道模式，全程直播开闭幕会、第二十届中共中央政治局常委见面会等10场重要活动，电视端挂标推出《聚焦二十大》版块，各平台密集推出特别报道《奋进新征程》、访谈节目《新时代　新征程》、系列报道《非凡十年》、广播专题《海外华媒看中国发展》、融媒体产品《看！中国》等，从不同层面解读党的二十大精神，展现国际社会对中国发展的积极关注。

党的二十大闭幕后，推出20集纪录片《根脉》和百集系列节目《天下黄河》，深入讲述中国共产党人精神谱系的形成过程与历史传承，展现黄河的文化传承和沿线发展进步，把党的二十大精神宣传报道引向深入。

2. 高标准高质量做好重大活动和重要节点宣传报道

围绕2022年北京冬奥会和冬残奥会宣传，创新推出"大小屏联动"融媒体节目《中国冰雪传奇》，《人民日报》、新华社等国内主流媒体及海外华文媒体广泛转发，三个话题被中央网信办全网宣推，电视端观众规模超2亿，跨媒体触达16.6亿人次，40次登上热搜榜。在对2022年北京冬奥会为期半个多月的报道中，电视端推出《直通冬奥会》《冬奥零距离》《外媒看冬奥》三大系列报道，新媒体端和广播端推出《冰雪V体验》《一起趣冰雪》《冰雪·新青年》等产品，形成联动传播之势。

围绕香港回归祖国25周年宣传，联合港澳台节目中心推出大型融媒体报道《直播大湾区》，连续11天以"1小时电视端+12小时新媒体端"的规模，全景式报道粤港澳大湾区建设成就和城市群风采。大小屏直播累计触达人次超2.5亿，跨平台触达人次超10亿。

围绕全国两会、博鳌亚洲论坛和第五届进博会，华语中心推出《新时代的中国》《进博时刻》等配合报道以及《全球智库看中国》《海外华人热议两会》等特色版块，充分反映海外各界对中国发展的信心。

3. 全景式报道中国航天系列任务

围绕神舟十三号、十四号、十五号系列载人飞行任务以及问天实验舱发射等，推出《筑梦空间站》《天宫课堂》等17场特别节目，全景记录中国空间站在轨建造历程，深入解读我国航天事业发展新成就。

三、有效提升国际舆论主导权和话语权

华语中心充分发挥对外新闻传播优势，紧盯国际重大新闻，第一时间发声，第一时间解读，主动设置议题，驳斥谬论，澄清事实真相。

1. 台网联动报道俄乌局势

在俄乌局势报道中，华语中心成功打造

"环球直击"新媒体IP,将电视端《中国新闻》《今日亚洲》《今日关注》等节目引入新媒体同步直播。新媒体累计直播60场,全网观看量超11亿次,拉动"CCTV4"账号涨粉1020万。《今日亚洲》《深度国际》《中国舆论场》等栏目单日最高收视率均创开播以来新高。

2. 紧跟热点做好对美西方舆论斗争

针对美国签署所谓"维吾尔强迫劳动预防法案"、以美国众议院议长佩洛西为首的美国政客接连窜访我国台湾地区等干涉我国内政的言行,华语中心第一时间播发中方权威部门表态,推出《佩洛西窜访台湾 我军开展军事慑压行动》等系列报道,充分报道中方反制措施,向国际社会阐明中国立场。同时,华语中心主动设置议题,制作《新时代中国人权》《人设崩塌的"人权卫士"》《星条旗下的"永久外来者"》等专题片,有力揭批美西方险恶用心。

3. 扎实推进"好感传播"

2022年底,CCTV-4中文国际频道举办的6场海外观众座谈会累计触达海外观众超9245万人次。联合CGTN推出"听见彼此"海洋主题线上音乐会,邀请20国青年多语种联唱,触达人次超5亿。

四、深入推进高质量发展和精品节目创新

华语中心继续深化高质量发展,全面推进精品节目创新,精心安排全年上新节奏,努力实现"满屏皆精品"。

《记住乡愁》(第八季)乡村振兴系列前50集节目首播平均收视率0.67%,单期节目最高收视率1.12%,两项数据均创节目开播八年来新高。

《中国考古大会》深入落实习近平总书记关于中华文明探源工程的重要讲话精神,聚焦考古遗址,展现中华文明灿烂成就。13期节目电视端累计触达观众超6亿人次,融媒体端触达用户超97.4亿人次。

《遇鉴文明》首次用双向交互视角表现"中外文明交流互鉴"主题,全网跨媒体触达38.6亿人次。550余家国内媒体以及上百家海外媒体广泛报道。

总台2022年中秋晚会首次通过"百城千屏"传播体系播出,海外30家媒体平台同步播出。晚会着力突出"思想+艺术+技术"融合传播,以中秋文化和家国情怀为纽带,成为继春晚之后向海内外广泛传播中华优秀文化的载体。晚会跨媒体总触达人次超19亿,收获全网热搜超650个,主话题阅读量超70亿次。

此外,华语中心还精心打造了《绝笔》(第二季)、《年的味道》、《我住江之头》、《传奇中国节》、《方言这么美》、《人类的记忆——中国的世界遗产》、《中国地名大会》(第三季)等弘扬中华优秀传统文化的节目。

五、融合传播力影响力显著提升

华语中心在重大报道中积极推动大小屏、电视广播融合传播走深走实。同时,小屏端加强原创,充分挖掘延展大屏资源,形成华语中心和栏目账号、国内和海外账号各有侧重和专攻的精准布局。截至2022年年底,各平台"CCTV4"账号的粉丝总量超4300万人,账号曝光度和影响力显著提升。

1. 加强特色原创产品生产创作

"CCTV4"账号紧跟国内、国际热点,推出系列直播《俄乌局势突变》,累计观看量超10亿次;深挖中心优质节目和主持人、记者资源,推出"一年一度致春晚挑战赛"活动、原创短视频《主播说节气》等内容;利用新搭建的融媒体演播区,推出《最美中秋月》主题直播、系列直播《进博新发现》等。《中国文艺》原创的《致敬四大名著》系列短视频总阅览量达25.7亿次,总点赞量3478万次。结合侨乡和方言文化推出的融媒体产品《方言这么美》。

2. "先网后台"运营好央视频内容

华语中心利用央视频平台"新闻快速反应"机制和原创内容首发机制,运营好央视频内容。截至2022年年底,"CCTV4"央视频号播放量超4.3亿次。"环球"Tab页观看量近2.5亿人次。"国家记忆"是央视频端内首个播放量破2亿的文史类账号。

3. 强化原创评论和网红工作室建设

2022年,《华语环球评论》聚焦国际热点事件,全年累计发稿300篇。建立面向海外社交平台的工作室,围绕时事热点、传统节日策划制作相关短视频。

融合发展中心工作概况

2022年，融合发展中心（简称"融发中心"）积极开展融合创新实践、精品案例赏析、评价体系升级等工作，助力总台融合发展。

一、策划开展《领航》融合传播创新实践

融发中心聚力"项目落地见效"，积极开展重大主题报道融合创新策略研究，以一体化融合创新工作模式与社教节目中心共同策划实施大型电视专题片《领航》融合传播创新工作，44个形态多样的短视频融媒体产品，通过总台新媒体自有平台和台外平台立体传播引领全网传播，形成大小屏多"屏"联动的局面。《领航》融合创新实践项目电视端相关节目及报道观众总触达9.11亿人次，全网点击量超26.4亿次，全网话题总阅读量超20亿次。

二、组织开展"党的二十大融创精品案例推选"征集和赏析

融发中心以月度为周期，面向全台26个单位征集"党的二十大报道融创精品案例"共130件，经组织评审，向中国记协报送《解码十年》《领航》等14件总台优秀精品案例，参评中国记协组织的"党的二十大融创精品案例推选"活动。同时，融发中心组织参评国家广播电视总局"喜迎党的二十大广电媒体融合新品牌推选活动"，央视新闻与《时政新闻眼》入选"新闻品牌"，央视频与云听入选"平台品牌"，《玉渊谭天》入选"产品品牌"。在此基础上，为强化优秀案例示范作用，融发中心精选总台20件党的二十大报道融合创新精品案例，通过掌上通"象舞指数"专区等方式，邀请主创人员和专家一起开展赏析活动，推广与分享优秀案例经验，为一线节目部门提供有益借鉴和参考。

三、迭代升级"短视频融媒体传播评价体系"，推出"象舞指数"评议品牌

融发中心秉持"思想＋艺术＋技术"理念，扎实开展"短视频融媒体传播评价体系"2.0版迭代升级工作，在评价范围、评价

层级和专业细分领域延伸方面完成创新升级。以拓展评价体系应用领域和广度深度为重点，常态化发布"象舞指数"主流媒体短视频日榜和月榜，开展短视频月度评析活动，为总台各业务部门创作生产优秀短视频提供专项服务。2022年卡塔尔世界杯举行期间，发布"象舞指数"世界杯短视频前十名榜单30余套，世界杯优质短视频评议文章80余篇，全网转发超1100篇次，深度解析总台世界杯优秀短视频的融合传播创新特点，以榜促评，以评助创，引导并提升世界杯短视频创作。以神舟十五号出征、神舟十四号顺利返回为契机，开启科普类短视频评议活动，发布科普类短视频月度榜单，推出20余篇评议文章，通过短视频融媒体传播评价标准的运用，实现"象舞指数"评议品牌的应用价值和有效落地。

四、组织实施传统品牌融媒体多形态改造，推动总台优质IP资源焕发新活力

融发中心进一步加强与台内相关部门合作，积极开展短视频策划、培训等融合创新工作，在推进落实新闻中心《感动中国2021年度人物颁奖盛典》、社教节目中心"典赞·2021科普中国"揭晓盛典等大型活动融合创新实践的基础上，积极主动与港澳台节目中心、军事节目中心和影视翻译制作中心对接，合作开展系列短视频《花开大湾区》、《第十四届中国航展特别报道》、广播剧《千里江山》等广播电视节目的全方位、立体化融合创新传播实践。其中，《花开大湾区》全网相关话题阅览量3.5亿次，《第十四届中国航展特别报道》全网相关话题阅览量8亿次，《千里江山》全网相关话题阅览量2.5亿次。

五、深化国家（杭州）短视频基地业态设计，探索构建总台国家电子竞技新业态平台

融发中心以基地业态规划为基础，创新推进构建总台电子竞技新业态平台。经中宣部批准，成立总台国家电子竞技发展研究院，这是中宣部批准的总台第一家面向社会的研究类机构。在总台国家电子竞技发展研究院工作框架下，融发中心积极推动总台在电子竞技领域前瞻性战略布局，规划全球电子竞技发展蓝皮书，着手打造全球电子竞技发展论坛等项目。

六、开展前沿研究，夯实总台融合发展实践基础

融发中心全面梳理总台2018年组建以来媒体融合创新成效，形成《"大象也会跳街舞"——中央广播电视总台走出一条具有鲜明特色的媒体融合发展之路》总结报告，系统梳理总台组建以来媒体融合发展的探索成效、创新经验；面向广电行业媒体融合发展，汇集媒体融合前沿研究成果，撰写《中国媒体融合发展智库报告》；面向新媒体技术发展，聚焦元宇宙技术落地应用，深入研究元宇宙产业链分布及与总台关联度高的热门应用场景，其中《虚拟数字人成为进入元宇宙的重要载体》等报告获总台领导批示肯定。

七、立足共享共用，精准搭建《象舞沙龙》分享平台

融发中心联合人事局在总台网络课堂《专

题专栏》版块开设《象舞沙龙》，面向总台员工开展培训，为节目生产部门提供及时性、专业性、前瞻性、实操性参考，助力总台业务部门融合创新实践。《象舞沙龙》围绕新技术应用、传媒业态发展、智能媒体传播，开设垂类、前沿探究、纵深发展等课题，邀请学界业界专家学者开展专题讲座，到2022年年底共举办《象舞沙龙》20余期。总台多个部门主动将《象舞沙龙》内容纳入选题和节目创作，切实助力一线融媒内容生产。

新闻新媒体中心工作概况

新闻新媒体中心围绕迎接党的二十大、学习宣传贯彻党的二十大精神这条工作主线，以"时时放心不下"和"须臾不可懈怠"的责任感，锚定"央视新闻"在总台的战略定位，探索新闻新媒体在竞争中的若干独特战法，持续打造总台新闻新媒体旗舰平台，各项工作有力有序有效开展。

一、全力以赴做好党的二十大宣传报道，精彩呈现领袖风采和大会盛况，多项融合传播数据创历史新高

全景式聚焦习近平总书记系列重要活动、重要讲话。大会期间，新闻新媒体中心首发首推24条时政快讯、18条独家视频，112条时政内容获全网置顶。开设超160个微博话题，总阅读量破147亿次，93个话题登上热搜榜。圆满完成党的二十大开闭幕会等重要直播，直播总观看量超11亿次，各平台直播数据均创新高。率先推出全网首部系统梳理新思想的20集系列微纪录片《思想的力量》均获全网置顶，18个微博话题登上热搜榜。《主播说联播》党的二十大宣传系列累计总阅读量近1亿。《国际锐评》《热评》有力开展对内对外传播，多篇获全网置顶。以央视新闻新媒体矩阵服务全台主题主线融合传播，助力以《领航》《征程》为代表的党的二十大主题大制作、大戏、大剧等，引领舆论场。

二、以三个"第一"平台建设为全年工作抓手，打造中国新闻新媒体旗舰平台，做大做强"央视新闻"四梁八柱，各项工作稳中有进

夯实以时政为核心的"源新闻"首发第一平台。央视新闻客户端严守时政报道"金标准"，精准对接时政新闻中心，不断精进发稿策略，2022年共发布习近平总书记相关时政稿件3100余篇；全网首发584条时政快讯，同比增长近23%。新闻新媒体中心时政团队始终坚持"小系列新常态、快反全覆盖、节点重布局"的新媒体战法，原创时政品牌产品全网置顶同比增长超61%。探索时政重磅系列产品新思路，推出《遇见习近平》《香江永奔流》等一批社会反响强烈的大型系列作品。创新时政短视频的"情感化表达"，《习近平和父亲》《连心》等多条原创时政微视频成为全网刷屏之作。

"大事看总台"擦亮全网新媒体直播第一品牌。依托总台全媒体资源优势，圆满完成庆祝香港回归祖国25周年大会时政直播报道。全国两会期间，发起80余场次直播，56个"两会话题"登上热搜榜。航天科技等主题直播贯穿全年，全景展现经济社会发展成就。重大突发事件大直播彰显总台专业水准和人文关怀，俄乌冲突、"3·21"东航MU5735航空器飞行事故、美国众议院议长佩洛西窜访我国台湾地区等国内外重大新闻事件均实现全网首发和不间断直播。

打造全网新闻类短视频第一平台。贯彻总台"人人懂视频"的要求，形成重大直播+短视频快反的新媒体战法。2022年北京冬奥会和冬残奥会期间，新闻新媒体中心策划制作的200余条冬奥快反短视频，总播放量超100亿次。40集微纪录片《我的故事》以凡人口述历史的方式呈现伟大的时代变革，总浏览量33亿次，并探索短视频季播模式。聚焦情绪表达和场景代入创新短视频品类和形态，推出以新闻微剧《人生就是一届又一届世界杯》为代表的新品类微视频。

三、聚焦国际重大突发事件，抢速度、抓亮点、敢亮剑，提升国际舆论引领力、传播力、影响力

央视新闻客户端全年首发国际新闻52条，跻身国际突发快讯第一阵营；24小时对接总台派驻全球63个国家和地区的海外记者，日均发布150余条涉外稿件。争夺全球重大突发事件报道"第一定义权"，打响俄乌冲突新闻战"第一枪"。就美国众议院议长佩洛西窜访中国台湾地区，央视新闻客户端首发30条权威消息，有力有效引导社会舆论。言论品牌《国际锐评》坚持从正面引导与驳斥谬论两方面开展对美西方舆论斗争，全年共发表评论约260篇，被CNN、BBC等国际主流媒体广泛转载引用，并尝试推出小视频产品。品牌栏目《世界观》持续推出特色产品，包括"美国深镜头"等主题，通过独家素材、深度观察等在对美西方舆论战中发挥战斗力。

四、深化全媒体新闻品牌矩阵建设，全力提升引领力

2022年，不断夯实"每逢大事看央视新闻"的传播力，增强"精准解读看央视新闻"的引导力，锻造"深度态度看央视新闻"的影响力，并不断塑造"服务可用看央视新闻"的工具属性。从这一品牌认知出发，建设央视新闻品牌矩阵。

提升名牌栏目的影响力和引导力。《主播说联播》以习近平总书记重要时政活动和系列重要讲话解读为指引，成为传达党中央声音的重要阵地，获中国新闻奖一等奖。《相对论》"蹲点观察"以民生视角切入硬核新闻现场，创新全媒体报道解答民生关切。持续打造一批国风类、文化类、知识类IP，以"新闻+服务"最大化链接用户。青春励志IP《中国UP！》打造主题性与艺术性相统一的新媒体节

目,总触达量近34亿人次。文化IP国风节令动画《人间好时节》,运用多种科技手段让古画"活起来",系列产品累计阅读量超3.3亿次。持续打造《医学公开课》《世界观》《医问到底》等各领域重点垂类产品,广泛尝试4K、8K、AR、VR等技术进行内容制作,开设央视新闻4K视频社交账号,成为新闻类短视频的技术领头羊。

五、深化技术与平台建设成效显著,客户端累计下载量超1.99亿次,社交平台用户数超7.38亿,影响力不断扩大

2022年,央视新闻客户端下载量较2021年增长1800万,累计下载量超1.99亿次;发稿总数达40.8万条,日均发稿量1135条,实现翻一番;平均月活量3660万,自有平台影响力不断提升。央视号运营安全有序,全年发稿6.8万余条。除客户端外,央视新闻所属新媒体平台用户总数超7.38亿,同比增长近1亿用户,在今日头条等七个平台均为第一大媒体账号。"央视新闻"官方微博全年热搜话题超5000条。传播渠道不断拓展,形成线上线下"同心圆",打造"央视新闻无处不在"的全屏传播联盟。围绕科技创新这一主旋律,打造前沿移动技术驱动的融媒体新平台,创新应用竖屏"瀑布屏+AR"技术、AR桌面虚拟互动技术等;与技术局共同开发最新前沿技术,并运用于短视频创作,实现"思想+艺术+技术"创新提速。聚焦安全播出和网络安全保障,进一步筑牢"防火墙",着力增强整体技术安全防范能力。

六、深入学习宣传贯彻党的二十大精神,以党建工作为引领,守牢意识形态责任阵地

把深入学习宣传贯彻党的二十大精神作为头等大事和最重要的政治任务,带领全体党员干部和广大员工深入学习党的二十大报告,做到吃透精神实质,把握核心要义。全面落实意识形态工作责任制,完善中心三审三校制度,履行意识形态重镇的职责使命。在全面从严治党和作风建设上持续发力,加强对重点岗位、重点人群的教育管理,开展有针对性的党性教育、纪律教育、家风教育等,营造风清气正的政治生态。重视青年培养工作,以举办"青年说云论坛"、评选"央视新闻之星"等,多措并举把年轻人推到"听得见炮声"的舞台,全力锻造能征善战的"新媒体铁军"。

视听新媒体中心工作概况

2022年,视听新媒体中心围绕迎接党的二十大、学习宣传贯彻党的二十大精神这条主线,以推动央视频5G新媒体平台高质量发展为主旨,在内容生态、技术系统、经营体系等方面不断提质升级,推动央视频跨越式发展。

一、发挥新媒体平台优势,做好重大主题宣传报道

1.高水平完成党的二十大等重大主题宣传报道

聚焦党的二十大,全方位、多角度、立体化展现大会盛况,圆满呈现开幕会、闭幕会、党代表通道、记者招待会等重要活动直播,发布相关直点播稿件1866条,端内相关直点播内容观看量超2亿次;首发首播总台《领航》《征程》等党的二十大重点专题片,端内总观看量超4亿次;原创推出《延安记忆》《新时代的我们》系列节目,实现流量与口碑双丰收。"2022年全国两会"报道中,央视频运用新媒体先进技术手段打造差异化新媒体传播矩阵,推出总台首个超仿真主播"AI王冠"入驻全国两会报道矩阵,首推5G消息版全国两会报道。端内全国两会报道累计播放量达6065万次,全网总播放量近2亿次;端外稿件及主持话题累计阅读量超1.4亿次,话题"来央视频看两会"累计登上各平台热搜热榜14次。此外,做好香港回归25周年、建军95周年、G20峰会等重大热点新闻报道呈现工作。

2."国聘行动"积极践行主流媒体社会责任

央视频持续推出国家级融媒体招聘品牌活动"国聘行动"。2022年,央视频联动总台各地方总站,先后推出第三季"不负韶华 国聘行动"与第四季"奋斗有我 国聘行动"。在推出"重庆两江新区智能制造"等多个特色专场的基础上,"国聘行动"第四季升级打造"走进城市、走进校园、走进企业"等一系列创新产品,为求职者与企业提供信息纽带,助力"六稳""六保"。据统计,四季"国聘行动"全年累计入驻企业超4.2万家,累计提供职位总数超360万个,收到简历超过1755万

份，总触达规模超 129.6 亿人次。

3. 重点关注国内外热点事件积极回应社会关切

央视频充分发挥平台聚合传播优势，有效扩大平台影响力、号召力。第一时间上线"乌克兰局势"Tab 聚合俄乌冲突资讯，相关直点播内容累计播放量超 10 亿次；"疫情"Tab 及时呈现权威消息回应民众关切，累计播放量近 1500 万次。与新闻中心共同完成中国航天日、神舟十四号发射、神舟十四号"天宫课堂"、航天员出舱、2022 中国航展、神舟十五号发射、神舟十四号返航等航空航天重要节点直播报道，其中《直击中国空间站建设》不间断直播，端内累计播放量近 1700 万次。

二、以总台优质内容资源为核心，聚力打造央视频内容生态"金字塔"

1. 深挖版权赛事价值，提升"来央视频看体育赛事"品牌价值

充分发挥独家版权优势，创新运用 8K、5G、VR、AI 等技术，对 2022 年北京冬奥会全程全场次赛事进行直播。金牌榜系列产品以及《赛场看一看》《冰雪之约》等多档原创节目备受用户喜爱，端内 2022 年北京冬奥会、冬残奥会相关内容总播放量超 8.23 亿次。2022 年北京冬奥会和冬残奥会期间，央视频新增激活用户超 900 万人，相关内容直点播放量达 8.3 亿次。提前部署 2022 年卡塔尔世界杯报道，对比赛进行全程直播。除推出多屏观看、多角度观赛模式外，依托自身竖屏制作技术能力及国际足联（FIFA）独家授权，创新推出"竖屏世界杯"产品，引入 AI 技术对前方信号进行"横转竖"处理，打造世界杯沉浸观赛新体验。同时，推出《央视频之夜——花 young 不断 "足"够精彩》《金杯的旅程》《乘着大巴看世界·不一 young 的卡塔尔》等原创节目。64 场赛事端内直点播播放量超 14 亿次，"来央视频看世界杯"相关话题全网阅读量超 37.5 亿次，播放量超 13.85 亿次，登上热搜热榜 144 次。

2. 创新商务模式，打造"可创收、可复制、有格调"的央视频 IP

推出以《乘着大巴看中国》为代表的一系列文旅推介活动，其中《乘着大巴看中国｜微醺烟台见海见你》与"2022 中国·烟台国际葡萄酒节"深度联动，实现了影响力与经济价值双丰收。深耕"央 young"系列原创 IP，创新策划大型融媒体节目《央 young 之城》。推出首档原创喜剧脱口秀节目《开工喜央 young》，端内累计观看量超 2650 万次，全网相关短视频播放量超 4.2 亿次；策划融媒体直播活动《花 young 新生活》，全网相关内容播放量超 3500 万次；创新推出"脱口秀+访谈"大型融媒体微综艺《周末新花 young》，全网播放量超 1.7 亿次。"竞猜王"系列 IP 持续上新，冬奥互动产品《奥战竞猜王》、世界杯互动产品《金杯竞猜王》精准聚焦体育爱好者用户群体，累计浏览量超 6000 万次，参与互动用户量超 1500 万次。

3. 创意赋能新媒体综艺，聚力打造多款独家晚会和网综

央视频发力新媒体综艺赛道，打造多款新媒体特色鲜明的晚会和网综。《闪耀吧 2022》30 小时不间断大直播为网友送上跨年视听盛宴，端内观看量达 609 万次，全网观看量超

2133万次。除夕融媒体直播节目《young在春晚》12小时不间断陪伴全国网友过大年，端内央友圈"花young看春晚"互动区与大屏春晚实时交互，直播端内观看量达655万次，全网累计观看量超4451万次。围绕总台秋晚IP推出央视频特色融媒体节目《今年秋晚不一样》，虚拟主持人"央小月"首次登场，端内播放量超1500万次。《可爱的国 美丽的家》带领网友国庆"云游"祖国大好河山，直播总观看量超1630万次，全网相关内容阅读、播放量超2亿次。央视频首档原创纪实向微综艺《闪闪发光的少年》端内播放量超1104万次，全网视频播放量超1亿次。《央视频之夜——花young不断 "足"够精彩》与世界杯热点深度融合，全网直播观看量近4000万次。

4. 持续放大融合效应，不断孵化新媒体IP

联合文艺节目中心、总经理室共同推出《这young的夏天——2022夏日歌会》，全网直点播播放量超1.7亿次。联合文艺节目中心推出《UP青春·2022年五四青年节新媒体特别节目》，全网累计观看量达2600万次。联合农业农村节目中心策划推出《2022网络丰晚》等2022中国农民丰收节系列报道，相关内容全网直点播播放量超6500万次。联合体育青少节目中心，升级打造"美育"Tab，推出2022春季学期"银河云课堂"系列美育课程内容，端内播放量近8000万次。联合CGTN推出《国风遇见冬奥》《国之大雅·二十四节气》等"国风"主题节目，全网播放量均超3000万次。联合影视剧纪录片中心深耕"影视"Tab，持续丰富片库，全量首播总台热播电视剧、纪录片，相关内容端内总播放量超11亿次，"影视"Tab长期位居Tab运营榜首位。

5. 深挖主持人IP与地方特色资源

持续深耕主持人IP品牌，《康辉说》推出《光影·特写》《康辉咬文嚼字》等系列内容全网播放量均在1000万以上，敬一丹主持的《一丹说节气·长城》、王冠主持的《王冠红人馆》深受用户喜爱。联手地方总站，立足地方特色策划系列精品内容。联合海南总站、黑龙江总站等推出《问天，请回答》《天宫筑梦记》等原创中国航天融媒体报道IP矩阵，全网阅读播放量超3615万次。联合山东总站推出《"乡村振兴看齐鲁"大型融媒体活动》，H5互动量近3.5亿次；推出首届"新时代 新鲁菜"鲁菜创新大赛，总观看量超350万次。联合总编室、CCTV-1综合频道、江苏总站推出"《品读》4.23读书日特别节目"并反哺大屏，全网播放量破4000万次。

三、全方位加强平台能力建设，推动央视频高质量发展

1. 着重强化经营体系建设

央视频多措并举，不断打造新媒体经营核心竞争力。一是以制度建设为引导，强化市场理念与经营意识。修订《央视频5G新媒体平台专项经费考核暂行办法》，完善独播原创项目经费申请流程，挖掘原创项目商务潜力。制定《央视频广告上刊规范》等广告全流程管理机制，推出央视频精品会员剧场和系列会员活动，努力实现产业经营、会员变现、广告营销"三驾马车"齐头并进。二是着力打造央视频全方位传播矩阵，赋能品牌营销。建立央视频5G消息平台，应用于2022年北京冬奥会、全国两会、2022年卡塔尔世界杯等重大活动，打

造集活动宣推、广告露出、会员购买于一体的全新渠道；精细运营第三方平台官方账号，做好总台及央视频原创IP宣推，多平台累计粉丝量超6000万，发布内容累计登上热搜热榜超3000次，有效扩大品牌影响力。三是探索电商、文创等多元化价值变现路径。升级央视频商城，为商务经营、节目互动提供更多玩法，商城累计点击量达3.7亿次，"花样好物季"等直播购物活动深受用户喜爱，实现电商赛道创收；深度运营"央友圈"，策划推出系列主题活动，建立社交互动阵地，开设的77个圈子总阅读量超1.7亿次，为端内会员增长、商务宣推等业务有效拓宽宣推渠道。

2.持续推进客户端迭代升级

央视频客户端不断升级迭代，优化搜索呈现、竖屏直播、直播购物、个性化推送、节目库运营等功能，推进会员服务、社交互动能力建设，并配合商业化需求，升级广告、电商、内容付费等商业化能力；为满足重大体育赛事多元化运营需求，对赛事赛程、奖牌榜功能组建、数据呈现等方面进行优化，全面提升用户观赛体验。着力开发央视频多终端产品，加速推出PAD版、PC版等。同时，与技术局等部门紧密合作，充分运用人工智能、大数据等新技术，将总台算法运用于首页、影视、综艺等11个Tab，有效推动优质内容个性化、精准推荐和智能化分发。

3.创新技术研发与应用

以财经主播王冠为原型打造总台首个拥有超自然语音和表情的超仿真虚拟主播"AI王冠"，推出的《"冠"察两会》入选中国记协2022年全国两会报道融媒产品案例，并获第二届广播电视和网络视听人工智能应用创新大赛虚拟数字人技术应用组一等奖。"央视频AI手语翻译官"先后应用于2022年北京冬奥会和冬残奥会、NBA总决赛等大型赛事直播中，达到业界领先水平。引入AI剪辑工具，支持竖屏短视频内容剪辑处理，大幅提高内容生产效率。依托AI技术，开发推出"央视频世界杯多终端智能语音助手"，为用户实时提供便利的服务。充分利用8K/VR赛事直播等先进技术，推出"VR看冬奥"、北京2022年冬奥官方VR系列宣传片、VR春晚等节目，为用户带来全景沉浸式体验。利用多元数据采集和高精度三维建模技术对艺术品进行数字存档与先进影像技术加工，打造《国画·数字秘境》系列节目。利用高速通信卫星空地互联系统技术，《冠军回家——亚洲杯冠军中国女足回国》独家特别节目实现万米空地直播连线，节目全网播放量近1800万次。《三星堆大发掘》创新升级12K技术应用，打造《裸眼3D看国宝》《纵目降临》线上线下裸眼3D视觉产品，节目全网播放量超8000万次。

国际传播规划局工作概况

2022年，国际传播规划局围绕总台国际传播战略部署，在党的二十大精神海外宣介、国际频道和频率海外落地、国际传播项目规划和管理、重点内容及品牌形象融合传播、舆论斗争应急处置、效果监测评估及核查等方面取得突出成效，海外投送能力和国际传播效能实现大幅提升。

一、以全面提升总台海外投送能力为目标，推动总台海外落地传播工作展现新局面

一是在落地国家和地区范围上，总台国际频道已在173个国家和地区直接签约落地，通过卫星信号覆盖全球所有国家和地区。二是落地用户规模尤其是CGTN英语频道用户规模持续扩大。三是在海外落地传播结构上，积极适应媒体发展趋势和受众收看方式的转变，大力拓展新媒体平台落地项目，新媒体用户在海外用户总数中的占比实现重大结构性转变。四是在广播落地方面，大力创新合作模式，积极推进传统广播媒体向音频新媒体转型，实现广播落地项目渠道建设的标志性突破。

二、以确保实际传播效果为导向，大力优化总台海外落地传播布局

一是优化国家和地区布局。在总台国际频道海外用户构成中，G7国家、G20国家用户占比显著高于其他国家和地区。二是优化资金投入，集中有限资金着力加大对CGTN英语频道海外落地的投入，着力加大其入户覆盖面。大力压缩原有项目成本，淘汰效果不佳或重复交叉建设的项目。三是以突出旗舰品牌、突出重点国家、突出重点平台、突出重点任务、强化效果导向、强化成本管控、强化风险防控为原则，以实现"重点更突出、布局更合理、业态更先进、效能更显著、成本更经济、风险更可控"为总体目标，提出进一步优化总台海外落地传播布局的思路原则与具体措施，形成工作方案，同时确保现有项目落地国家和地区总量不减，海外用户总数不减。四是以科学的效

果评估和绩效评价支撑落地传播优化工作。实现对总台各国际频道、频率在海外传统平台和新兴媒体平台上传播广度、深度以及竞争力、影响力等效果指标的评测，为国际传播能力建设和落地传播发展提供数据支撑。

三、发挥国际主流媒体资源聚合优势，助力总台有效开展党的二十大精神海外宣介

1. 实现《领航》国际精编版在美西方国家主流平台播出

一是与美国有线电视新闻网（CNN）达成落地播出合作，在 CNN 多个电视频道播出《领航》国际精编版。为让海外受众能理解、易接受，国际传播规划局会同社教节目中心、CGTN 特别制作《领航》国际精编版，共 10 集。该片在 CNN 美国本土频道、国际北美频道、欧洲频道和亚太频道播出，累计播出 30 次，黄金时段占比约 40%，触达全球用户超过 3.95 亿人次。

二是在习近平主席赴印度尼西亚出席二十国集团领导人第十七次峰会之际，与探索传媒集团达成落地播出合作，在探索频道（东南亚地区）连续 40 天播出《领航》国际精编版，黄金时段播出占比约 50%，覆盖印度尼西亚、泰国等东南亚国家和地区。

三是与欧洲新闻台达成《领航》国际精编版落地播出合作，在该台电视频道以英语、法语、西班牙语、俄语、德语、意大利语、葡萄牙语等 7 种语言同步播出，覆盖全球 160 多个国家的近 4 亿受众，其中欧洲地区受众近 2 亿人。

2. 聚合海外华文媒体资源，广泛宣介党的二十大精神

国际传播规划局遴选总台党的二十大主题精品节目，包括《解码十年》《身边的快递》《非凡十年》《征程》《航拍中国》（第四季）、《奋进的中国》等，在美国《国际日报》网站、俄罗斯《龙报》网站、法国《欧洲时报》网站及 APP、葡萄牙"葡新网"、意大利侨网、南非《非洲时报》网站、日本华商网、菲律宾《商报》微信公众号等 10 家华文新媒体开设"中国电视"专区，并发布图文、视频等多种形式推文共 30 余篇。

四、围绕重大外交活动和重要节点，开展形式多样的配套活动和节目传播

一是在习近平主席赴印度尼西亚出席二十国集团领导人第十七次峰会之际，国际传播规划局与印度尼西亚传媒集团旗下美都电视台开展合作传播项目，联合 CGTN 与美都电视台共同制作专题片《"雅万"出发！——东南亚首条高铁纪实》，通过美都电视台播出覆盖印度尼西亚 211 座城市约 1.8 亿人。

二是在香港回归祖国 25 周年之际，推动 CGTN 纪录频道和粤港澳大湾区之声频率在香港落地播出，并牵头成功举办"潮涌香江谱新篇——CGTN 纪录频道和粤港澳大湾区之声频率在港落地发布"仪式。此外，与澳门广播电视股份有限公司续签 CCTV-5 体育频道落地播出协议，并举办"风劲濠江新启航——中央广播电视总台与澳门特别行政区政府新一轮合作启动仪式"。

三是与日本电通集团开展敦煌主题文化合

作传播项目，牵头组织总台日语网红"A酱"与日本头部网红合作，依托纪录片《大敦煌》中的敦煌建筑、壁画艺术等内容，共同创作系列主题短视频产品。该项目内容产品在优兔平台集中推送，并在推特、照片墙、抖音国际版等社交媒体平台围绕相关话题进行多轮次宣推。

四是以联合国《生物多样性公约》第十五次缔约方大会为契机，聚焦生态环保主题实施"总台斯瓦希里语时段"项目，在四达时代斯瓦希里语电视频道每晚黄金时段播出总台精品纪录片和专题片。同时，联合非洲总站与四达时代合制《非洲人物》10集特别节目，讲述中国和非洲在全球生态保护中发挥的积极作用，传播可持续发展观和"人类命运共同体"理念。

五、创新开展国际媒体合作传播，不断扩大总台精品节目和品牌形象的海外影响力

一是联合总台CGTN与CNN开展中国春节文化合作推广项目，在CNN官网搭建"中国春节文化专区"，并在其电视端和数字端投放春晚宣传片及相关宣推物料。总台春晚宣传片在CNN电视端累计播出152次，覆盖全球受众达4.08亿户。

二是通过创新开展"魅力中文"文化传播专项工作，在英国、法国、摩洛哥等国的媒体推广《"字"从遇见你》《全球共享一堂中文课》等展播片，受众覆盖欧洲、北非和西亚十多个国家，新媒体宣推平台累计浏览量超过1200万次。与10家海外华文媒体合作开展"中国电视"新媒体专区宣推工作，策划"春节文化""冰雪情缘——北京冬奥会""丰收中国""中华文明探源"等40多个专题，向英国、法国、意大利、日本、南非等国家华文受众推广总台《国家宝藏》《诗词大会》《典籍里的中国》等200余部精品节目。

三是在CNN数字端联合搭建沉浸式交互专题页面，以总台CGTN融媒体产品《千年调·宋代人物画谱》为基础，联合CGTN和CNN，共同在CNN数字端搭建互动页面"Harmony of Song"，制作多个主题视频和专题文章，从不同视角挖掘宋画所蕴含的文化意义和精神密码。该项目首次利用CNN社交媒体平台开展聚合推广，提高了CGTN内容产品在CNN平台的精准触达水平。

四是与欧洲新闻台聚焦中国和欧洲的民间非物质文化遗产保护与传承，共同推出全新品牌栏目《中欧非遗》，介绍中欧非物质文化遗产。相关节目在欧洲新闻台电视端、官方网站、移动客户端和社交媒体平台以10种语言传播，并在欧洲新闻台官方网站和移动客户端开展CGTN配套品牌宣推。

五是主导设计制作的CGTN品牌主视觉获6项国际大奖。其中，《如果国宝会说话》互动画册和俄语版《西游记》互动产品均获得2022年德国国家设计奖银奖；动物拼图系列宣介产品、美洲地区品牌主视觉和非洲地区两版品牌主视觉均荣获2022年德国国家设计奖优秀奖。

六、牢固树立底线思维，敢于斗争、善于斗争，坚决守护总台海外传播阵地

一是对重点国家落地取得重大突破。二是稳妥处置国际合作纠纷，切实维护国家和总台

权益。三是多措并举扎实推进总台海外落地传播合规建设。

七、充分发挥党建引领作用，推动党建工作和业务工作全面深度融合发展

一是深入学习宣传贯彻党的二十大精神，不断夯实思想基础。二是建立常态化理论学习机制，将理论学习作为头等大事。三是深入落实意识形态工作责任制，确保落地传播阵地安全。四是以巡视整改为抓手，稳步推进整改落实，推动开创高质量发展新局面。

人事局工作概况

2022年，人事局在总台党组的领导下，坚决贯彻组织路线服务保证政治路线的总要求，把握"稳字当头、稳中求进"的总基调，加强政治引领，突出梯队建设，为总台高质量发展提供坚强的组织保障和人才支撑。

一、抓好后继有人这个根本大计，建设堪当总台发展重任的高素质干部队伍

人事局坚决贯彻总台党组决策部署和总台领导指示要求，始终坚持正确的选人用人导向和新时代好干部标准，着眼总台发展大局，着力增强领导班子整体功能，大力发现培养历练优秀年轻干部，坚持严管和厚爱结合、激励和约束并重，真正把想干事、肯干事、能干成事的干部及时发现出来、合理使用起来。

1. 选优配强各级领导班子

树立重实干、重实绩、重基层的用人导向，统筹推进干部队伍梯队建设，优化确定考察对象、任职等环节流程，形成规范、高效的工作机制，制订总台直属企业领导人员管理级别对应方案，规范台属企业领导人员管理。

2. 健全年轻干部选育管用全链条机制

着眼战略需要"选"，开展总台干部队伍年龄结构及后备力量专项调研，动态把握总台年轻干部队伍情况，及时发现优秀年轻干部，35—40岁处级干部比例持续提升，年龄结构进一步优化。注重综合施策"育"，启动新任职干部轮训工作，顺利完成首批27名青年业务骨干赴地方总站"蹲苗"历练工作，择优选派第二批40人赴地方历练，畅通年轻干部成长的"快车道"。加强跟踪了解"管"，实施年轻干部常态化"政治体检"，在干部考察、集中培训、谈心谈话中注重了解年轻干部思想状况、精神状态、履职能力等，全面加强"蹲苗"人员的在站管理、持续培养、服务保障和日常监督。坚持事业为上"用"，对于在重大任务中敢扛事、愿做事、能干事的干部，大胆选拔使用，让"有为者有位"。

3. 全面提升干部监督工作效能

在健全监督机制上下功夫，建立健全组织部门干部监督工作专题会商机制、内部巡视信息沟通机制、监督执纪协作机制，把各种监督力量融合贯通起来、形成合力。常态化开展干部社团兼职、个人有关事项报告等规范工作，对配偶移居国（境）外，配偶、子女及其配偶经商办企业情况，干部在高校科研院所兼职和退（离）休干部社团兼职情况进行专项检查，领导干部个人有关事项报告查核一致率达93%，比2021年进一步提升。按时完成档案专审巡视整改任务，为干部选任打下良好基础。在突出监督重点上下功夫，聚焦关键人、关键时、关键事，强化选人用人监督，组织实施台属企业2021年度选人用人检查整改工作，以有力有效监督确保选人用人风清气正。

二、夯实人才引领发展的战略支点，加快打造全媒体人才高地

人事局紧紧围绕建设国际一流新型主流媒体的目标，持续深化人才发展体制机制改革，推动人才培养、引进、使用、评价、激励工作融入深化"三个转变"、构建"5G+4K/8K+AI"战略格局、"思想＋艺术＋技术"创新融合的实践，努力将人才优势转化为发展优势，为总台全链条、全方位、全领域创新、实现"满屏皆精品"提供坚实人才支撑。

1. 坚持高端引领、整体推进，加快形成梯次清晰、结构合理的专业人才梯队

充分发挥重大人才工程牵引作用，主动对接中国工程院和国家科技奖励办公室，了解院士评选相关程序，积极推动相关工作。分类建设总台"大师级"人才库，2人成功入选第17届长江韬奋奖，精准引进2名优秀播音员、1名特种设备研发工程师、91名重点领域大学毕业生，高水平人才队伍建设进一步加快。建立新入职员工基层锻炼常态化机制，组织开展专题培训，总台领导讲授"入职第一课"，帮助员工扣好职业生涯的"第一粒扣子"。开展总台第二届"十佳"评选，召开总台首届青年英才座谈会，推动各类人才茁壮成长、新人辈出。

2. 坚持围绕中心、服务大局，全力构建适配总台高质量发展的人才培养体系

坚持政治理论和专业能力建设两手抓，开展学习贯彻党的二十大精神系列培训，开设"CMG大讲堂"，邀请知名专家学者和重点节目主创人员授课研讨，精心策划推出"4K/8K超高清技术""重大体育赛事报道"等专题培训，全年培训11.2万人次。持续深化以创新价值、能力、贡献为导向的人才评价机制改革，专业人才评价"指挥棒"作用得到更好发挥。对总台成立以来的人力成本使用情况开展多维度统计分析，为优化总台薪酬制度、完善正向激励体系夯实数据基础。完成2020—2022年度台属企业工资总额清算和预算相关工作，从政策层面入手，充分调动台属企业加快发展的主动性和积极性。提升人事系统安全性、便利性、准确性，清理风险账户，优化调改功能，完善业务流程配置，不断完善数据，打牢人事业务数据基础，建设员工线上管理服务系统，人才工作信息化水平进一步提升。开展党的二十大宣传报道专题培训，为2022年北京冬奥会和冬残奥会、俄乌冲突前线报道团投保商业保险，为总台重大宣传报道和重点项目做好服务保障。

三、用心用情办好"民心工程",让总台员工安心、安身、安业

人事局持续深化总台"民心工程",努力解决好员工的户口身份、职业荣誉、生活待遇等实际问题,为人才干事创业消除后顾之忧,体现总台党组对优秀人才的关心爱护,大力营造识才爱才敬才用才的良好环境,助推人才成长成才、发挥作用。

1. 提升优秀人才落户保障

用好京外调干、解决夫妻两地分居、积分落户、人才引进、工作居住证等政策,加大重点民生项目申办力度。顺利完成职工京外调干和两地分居员工户籍迁移工作,加大户证申办力度,户籍难题得到有效纾解,进一步增强员工的归属感、获得感和幸福感。

2. 健全总台职业荣誉体系

充分发挥荣誉表彰的精神引领、典型示范作用,为2300名考核优秀员工颁发荣誉证书,为总台成立以来近1000名退休员工颁发荣誉退休证书。按照《总台援派挂职交流干部待遇规定》,持续做好生活补贴、探亲休假、异地医疗办理等保障工作,宣传总台挂职工作及挂职干部事迹,提升挂职工作的荣誉感。

3. 完善总台福利保障体系

积极争取政策支持,稳妥完成社保基数申报工作,确保总台员工养老待遇不降低。全方位保障企业年金项目安全平稳运营,7800余名员工参加企业年金,57名退休人员顺利领取了企业年金。结合总台海外机构特点,为短期派驻艰苦战乱地区员工核发艰苦地区津贴和战乱补贴。推出台聘员工子女补充医疗保险线上理赔服务,北京普惠健康保相关工作取得政策支持,为员工发放慰问补助金,营造暖心留人的良好人才环境。

四、提升地方总站管理效能,为总台高质量发展提供重要支撑

人事局围绕总台党组对地方总站工作的各项要求,充分发挥统筹协调服务职能,统筹地方总站做好规划建设、行政、财务、技术保障、项目推广、人才培养等工作,推动总站实现规范化管理、流程化运行,进一步巩固拓展总站发展的良好势头,不断提升总台综合影响力。

1. 提升精细化专业化管理水平

按照管理垂直化、业务扁平化原则,建立多部门常态化沟通联络机制,推动出台总站《用房管理暂行规定》《财务管理办法》《技术管理办法》《技术建设规范》,制定总站《预算管理实施细则》《负责人请休假及跨省出行管理细则(试行)》《公务用车编制方案》等工作细则。建立总台重要活动、重点报道总站"一键触发"宣推机制,实现第一时间推送落地、第一时间反馈传播效果,全年宣推总台重要活动、重点报道2.1万条(次),用实际行动擦亮总台的"金字招牌"。

2. 为地方总站高质量发展提供有力服务保障

建立地方总站用房管理工作小组机制,推动总站新址建设,组织完成江苏、广西、江西3个地方总站的挂牌工作。建设集展示、通联、大数据管理于一体的地方总站管理服务平台,改版《地方总站信息周报》,推出《地方总站季报(试刊)》,为总站精细化、信息化管

理提供平台支撑。制定总站技术服务标准清单目录，全年推进750余项具体服务、201个住房保障项目落地实施。

3. 持续加强地方总站人才队伍建设

完善地方总站综合考核办法，推进资源向综合考核优秀和事业产业发展有实绩的总站倾斜。常态化开展涵盖宣传报道、技术创新、项目推进、行政管理等多方面内容的"地方总站建设综合能力提升"系列培训，全年培训6290余人次。制定《地方总站岗位服务组织实施细则》，启动4大类135个技术服务岗位的招聘计划，为事业可持续发展提供有力支撑。

人事局地方总站管理工作概况

2022年,总台31个地方总站忠诚履行党的意识形态重镇职责使命,准确把握地方总站职责定位,充分发挥宣传报道"先锋队"和战略合作"桥头堡"作用,持续提升总台在各地的引领力、传播力和影响力。

一、充分发挥党的宣传报道主力军、压舱石作用,抢首发、争独家、比深度

地方总站聚焦主责主业,精心谋划、精细实施,用心做好重大主题主线报道,快速跟进时事热点,创新打造融媒体精品节目,助力总台"满屏皆精品"的良好态势。

1. 浓墨重彩完成重大主题宣传报道任务,助力"头条工程"

围绕迎接党的二十大、学习宣传贯彻党的二十大精神这条主线,精心策划选题、认真扎实采访、创新话语表达,配合总台有关部门和平台推出一批喜迎二十大、礼赞新时代的精品力作。党的二十大召开前,采制推出《沿着总书记的足迹》《非凡十年》《走进老区看新貌》《走进县城看发展》《江河奔腾看中国》《大美边疆行》等一系列重磅主题报道,用具体案例和数据反映新时代各地经济社会发展成就,展现社会各界喜迎党的二十大的精神风貌。党的二十大召开期间,地方总站精心部署、尽锐出战,赴革命老区、工矿企业、大专院校、街道社区、港口码头等地,在《喜迎二十大》《二十大时光》《二十大代表在基层》等栏目推出多篇报道,第一时间拍摄各地党员干部群众收看大会开幕盛况的画面,报道党的二十大报告引发的热烈反响。党的二十大召开后,迅速掀起学习宣传贯彻热潮,精心做好中央宣讲团在各地宣讲报道,谋划推进好主题宣传报道,全方位、多角度、深层次展现各地踔厉奋发、奋进新征程的具体举措。

2. 狠抓时事热点和突发事件报道,彰显应急报道能力

切实履行"突发事件快速反应排头兵"职责使命,不断完善应急报道机制,坚持"阵地前移、一线发声",以闻令即动的战斗姿态不断提升对时事热点和突发事件"快、稳、准"

报道能力，确保总台报道的权威性、影响力。在疫情防控报道中，充分发挥身处疫情一线、离疫情防控最近的优势，与各地疫情防控部门建立常态对接机制，率先挺进疫情暴发核心区，持续跟进各地疫情防控动态和举措，大力宣传抗疫一线先进典型，精准把握时度效，推出一大批权威鲜活的首发原创报道，回应公众关切。聚焦疫情下经济社会发展和保民生保供给推出一系列稳民心、强信心、暖人心的报道，持续打好信息发布、政策解读和宣传引导"组合拳"，有效引领社会舆论。在"1·8"门源地震、"3·21"东航MU5735航空器飞行事故、"9·5"泸定地震、"11·21"安阳特别重大火灾事故、"11·24"乌鲁木齐火灾事故、防汛防台抗旱等突发事件报道中，充分利用地方新闻资源，第一时间权威播发消息，迅速抵达核心现场，持续跟踪报道处置进展，为总台各平台提供大量独家首发内容。在"丰县生育八孩女子事件""唐山烧烤店打人事件"等时事热点报道中，深入事件核心现场多方采访，围绕舆情焦点展开调研，获取大量一手独家素材，以翔实报道还原真相，有力有效引领舆论。

3. 加强自主策划，创新融合传播，打造精品节目

立足总台融合传播优势，以重大主题宣传、重大事件报道为抓手，强化自主策划，创新表达方式，尝试运用XR、虚拟、全息、裸眼3D、VR、AR等前沿科技，扎实推进"思想+艺术+技术"融合传播实践，推出一系列独具特色的全媒体报道。深耕各地在经济、社会、历史、地理、人文等方面特色，加强内容策划，推出《冬奥食堂》《亚运场馆谁最靓？你说了算！》《"巅峰使命"珠峰科考》《峥嵘岁月　家国记忆》《春风习习物华新》《流萤学堂》《东北虎三胞胎全球征名活动》《龙江新动能》等一批系列报道。研究新技术、新设备、新理念在节目制作、传播中的使用，充分发挥无人机、穿越机、相机微距镜头等特种设备功能，运用手持摄影、无人机拍摄、分屏视图、特效转场等先进技术手段，为《2022钱塘观潮》《航拍接力瞰杭州》《新疆昭苏草原上演"万马奔腾""天马浴河"》等精品节目创作赋能，推动"总台出品"的金字招牌深入人心、更加闪亮。

二、蹄疾步稳推进总站建设，开创高质量发展新局面

地方总站围绕总台奋力打造国际一流新型主流媒体的战略目标，立足总站建设实际，找准切入点、发力点，持续深化改革、加强融合，完善制度体系，打造学习型总站，推进总站建设各项工作再上新台阶。

1. 深化制度建设和制度执行，不断提升精细化专业化管理水平

在严格遵守总台各项规章制度的基础上，对总站组建以来制定的规章制度进行重新梳理、完善和修订，强化制度保障、狠抓制度执行，逐步构建起内容科学、程序严密、责权清晰、有效管用的总站制度体系。坚持用制度管权管事管人，健全宣传报道、党建工作、行政运行、人事管理、业务考核、督查督办等日常管理制度与办法细则，形成"事前请示、过程监管、事后可追溯"的全流程管理体系。梳理选题策划、节目采编、三审三校、应急报道等

宣传业务流程，与总台多部门和省内各级部门建立长效合作机制，拓展新闻来源、提高响应能力、畅通发稿渠道，构建适合融媒发展趋势的采编体系、传播体系、组织架构和管理体制。修订完善疫情防控预案，建立具有针对性和可操作性的应急防控机制，做到预案前置、风险可控，压实主体责任、明确职责分工，形成一级抓一级、层层抓落实的工作格局。

2.扎实推进学习型总站建设，锻造"新闻铁军"

把学习型总站建设作为总站能力建设的关键环节，从强化业务培训、突出实践锻炼、完善激励机制等方面入手，持续打造学习型总站，努力锻造一支政治过硬、本领高强、求实创新、能打胜仗的"新闻铁军"。建立有计划、有组织、多层次、多渠道的培训教育机制，开展基层调研、联学共建和业务"大比武"，安排优秀员工分享经验，抓住员工知识空白、经验盲区、能力弱项，精心设计培训内容，不断提高员工的业务能力。坚持学用结合，建立"老带新""结对子"机制，实行项目制管理，在重大任务、重大新闻一线、重要岗位给予总站青年职工独当一面的实践机会，在实战中淬炼才干。完善以业务为核心的考核机制，通过优秀作品评选、先进模范选拔、绩效奖金倾斜等方式，强化正向激励，营造比学赶超的良好氛围。

三、抓好重点项目落地、重要报道宣推

地方总站切实发挥总台品牌拓展"爆破点"作用，把重点项目落地、重要报道宣推作为重要抓手，协同总台相关部门、深耕地方优势资源，持续强化总台品牌效应，不断为开创事业产业高质量发展新局面增添新动能、激发新活力，为打造国际一流新型主流媒体提供坚实支撑。

1.稳扎稳打推进总台重点项目建设

充分发挥战略合作"桥头堡"、产业发展"生力军"作用，协同推进总台超高清视音频制播呈现国家重点实验室、北京超高清示范园、涿州项目、国家（杭州）短视频基地、总台版权交易中心、新型显示与视觉感知石城实验室等项目建设，推进总台与多省（自治区、直辖市）政府战略合作协议取得实质性进展。促成各地资源加入总台"品牌强国工程""百城千屏"等重点项目，实现"百城千屏"21省（自治区、直辖市）300余块户外大屏组网，在虎年春晚、2022年北京冬奥会、中秋晚会、2022年卡塔尔世界杯直播中发挥效用，逐步构建总台8K超高清"内容＋平台＋渠道＋服务"媒体生态体系。做好"不负韶华 国聘行动"大型融媒体招聘活动，在前期宣推、直播宣讲、跟进对接等环节，充分利用身处一线的优势，聚合优质就业资源，搭建引才聚才平台，精准助力稳就业、保就业。

2.发挥地域优势、挖掘区位特点，探索与地方合作共赢模式

切实当好"社会活动家""民间外交家"，不断扩大"朋友圈"，积极探索媒体深度融合背景下中央主流媒体与地方合作共赢模式，大力培育新动能、实现新突破。在媒体活动、文旅项目、科技创新等领域与地方党委政府持续开展全方位、多渠道、深层次的战略合作，尤其是强化与宣传、文化和旅游、商务等部门和

支柱产业、大型企业的深度合作，承接城市品牌宣传、地方活动推广等工作，升级品牌推广推介服务。强化策划意识，培育品牌项目，打造中国时尚盛典、第五届世界顶尖科学家论坛·科学T大会、第二届"新时代　新鲁菜"创新大赛、《品读中国·南京》等自有IP，实现"两个效益"新突破。挖掘体育项目营销空间，联合相关机构举办"中国冰雪之夜"活动，持续打造"中国网球巡回赛"自主赛事IP，积极开发群众体育和青少年体育赛事，助推总台进入优质体育赛事运营领域。积极推进其他更多自主策划IP和项目落地方案。

3. 全方位做好总台重要活动、重点报道宣推工作，放大总台品牌效应

建立完善总台重要活动、重点报道"一键触发"宣推机制，全方位加强与各省（自治区、直辖市）委宣传部、网信办等部门的沟通联络，搭建覆盖各地传统媒体、新媒体、政府公务号的宣推矩阵，有效扩大总台报道在31个省（自治区、直辖市）的覆盖面，擦亮总台金字招牌，放大总台品牌效应。协调各地宣传部门做好总台出品首部故事片《跨过鸭绿江》落地推广和观影收看工作，整合各地户外大屏等优质媒介资源广泛宣推。宣推《俄罗斯总统普京接受中央广播电视总台台长专访》《巴赫祝贺中央广播电视总台冬奥会业绩斐然并向总台台长颁发国际奥委会主席奖》《国际奥委会主席巴赫再次接受总台独家专访》《中央广播电视总台关于2022年卡塔尔国际足联世界杯版权保护的声明》以及总台涉港、涉台重点报道。

财务局工作概况

2022年，财务局坚决落实总台党组"过紧日子"的要求，从严从紧、有保有压，精打细算、厉行节约，加强财务统筹谋划，严格财务审核把关，完善财务规章制度，创新财务服务举措，深化财务数据分析，强化财务管理监督，不断提高管好财、理好财、用好财的能力，着力保障总台重大宣传报道、精品节目、国际传播等重点项目实施，全力支持总台"三个转变"、"5G+4K/8K+AI"战略格局、"思想+艺术+技术"融合传播，为总台高质量发展和国际一流新型主流媒体建设提供有力的财务资产保障。

一、加强财务谋划，沟通协调、开源节流，为总台高质量发展做好服务

2022年，财务局加强重点业务纳税筹划和大额资金统筹规划。

财务局完善创新创收的激励机制。激励开拓电视广告市场，稳住广告创收大盘。为总台高质量发展改版精品化水平考核测试提供财务分析指标数据。

二、加强财务审核，从严从紧、精打细算，确保总台重大宣传、重点项目、民心工程的资金需求

严格按照"过紧日子"要求审核把关。推进总台中央预算管理一体化建设，初步建立总台预算标准体系。制定印发《关于建立"过紧日子"长效机制 进一步精打细算厉行节约的通知》，持续强化成本意识。

全力保障重大宣传报道、精品节目创作、新媒体新平台建设的资金需求。为党的二十大重大直播及特别报道等重点选题安排预算，为总台精品节目安排预算，为总台新媒体新平台建设安排预算。

全力保障总台国际传播能力建设的资金需求。2022年，财务局全力保障总台国际传播能力建设的资金需求。

全力保障总台民心工程的资金需求。安排资金用于涿州项目启动区建设，安排总台医疗

等项目预算，安排员工社保等预算。

积极稳妥推进总台重点项目和地方总站选址建设。完成总台复兴路园区综合改造项目可研批复和预算安排，推进总台超高清示范园项目审批。推进米阳大厦项目产权转让和装修改造、国家（杭州）短视频基地项目。推进北京等总站建设。

加强全过程绩效管理，提高资金使用效益。深入开展绩效自评、绩效评价和绩效结果应用，有效提高资金使用效益。

三、加强财务服务，优化流程、创新手段，为总台各部门员工提供精准服务

优化财务管理系统、网上报销和商旅平台功能。加快财务管理系统和网上报销系统升级改造，新增"线上耗材领用"等模块和台外人员报销入卡功能。定向开发电子发票代扫入库功能，方便离退休同志报销医疗费。不断优化商旅平台，面向全台提供7×24小时商旅平台服务。

优化财务业务流程，提高财务报销效率。动态调整《业务操作指南》，完善《总台现金流处理规则》，更新《温馨提示》《经费报销100问》。建立动态调整海外总站银行账户合并和周转金制度，完善总台境外节目制作室、海外总站经费报销模式。明确了多种应急汇款方式。

深入业务一线，靠前精细提供财务服务。安排会计人员到业务部门交流办公，对新媒体等业务推行"全业务链财务支持"服务，对广告收款提供全方位核算服务。为《中国影像方志》等重点选题提供会计委派服务。委派财务人员进驻2022年北京冬奥会闭环，协调解决报销问题。为总台2022年卡塔尔世界杯报道团队及时办理机票预订等业务。为春晚委派专门会计人员，指导财务报销事项。

做好涉及总台员工利益的财务事项。及时安排全台防疫专项预算、核酸移动快速实验室检测服务项目预算。安排预算推动餐饮中心餐饮用具采购。统筹福利资金，配合做好总台医联体项目等员工福利事项。组织实施总台职工薪酬发放、公积金缴存、个税汇算清缴等工作。推进总台全体员工各项保险的采购和核算支付。

四、加强财务分析，优化指标、完善内容

完善总台收入月报，开展重大项目收入专题分析。与预算指标挂钩，完善收入月报样本，突出电视广告收入、新媒体业务收入、版权收入、投资收益等指标，侧重数据对比分析。对春晚收入进行专题分析，起草分析报告。

高质量完成2021年度总台企业财务会计决算编报工作。

深化总台财务数据分析。起草《2021年财务分析报告》，按季度起草报送财务情况报告，建立季度、年度人力成本、税务数据分析报告机制。

优化总台企业经济效益月报和台属企业经济运行简报。衔接中央新闻纪录电影制片厂（集团）由国家广播电视总局划转至总台相关财务工作，将新影厂、科影厂及所属企业纳入总台月报范围，按时完成台属企业单位汇总月报。

稳步推进总台合并报表。研究适合总台财务特点的合并报表工作方案和工作机制，确定报表合并的范围和路径，研究制订系统流程架构等方案，为试编2022年度总台合并报表做好准备。

高质量完成总台统计工作。按时完成广播

电视行业统计报表、北京市属地统计报表以及各项专项统计任务报送，首次用全口径数据填报广播电视和网络视听统计年报。

五、加强采购管理，完善规程、严格程序，确保总台政府采购项目依法高效实施

完善采购规程制度，严格采购流程管理。制定《总台采购工作规程（试行）》，为总台采购工作提供比较完善的操作制度。制定《总台政府采购进口产品审批管理办法》，满足总台重大宣传报道任务对进口产品的实际需求。

编制政府采购实施计划，严格政府采购需求管理。分批审核、编制、下达政府采购实施计划。认真落实《政府采购需求管理办法》要求，严格需求管理审查把关。

强化采购"全流程"服务，严格控制采购价格。组织各部门进行政府采购业务操作培训。组织采购项目部门、代理机构开展业务研讨。多次赴国采中心交流，建立良好沟通机制。按照"过紧日子"要求，严控设备采购价格，提升采购价格管控水平。

助力总台重大项目，严格程序合规。保障重点宣传任务，将党的二十大报道等列为重点保障项目。参与总台重点工程项目，对总台涿州文化产业综合项目等提出优化建议。保障财政资金项目，推动提高财政资金执行率。

六、加强资产管理，优化配置、提高效能，确保总台国有资产安全完整

优化业务流程，实现总台四址办公区全要素物资保障。实现耗材线上申请及审批功能。在复兴路办公区增设"一站式"服务，在四址建立资产全业务动态管理体系，实现总台四址全要素全时段物资保障。

优化资产配置，提升资产绩效管理水平。制订办公设备年度需求数量和批次采购计划。对库房资源进行整合，加快库存旧设备报废，开展资产管理绩效评价，完成年度资产决算和资产绩效评价申报任务。

加强资产管理，全力保障重大宣传和重点任务。先后为春晚等各项重大宣传报道任务和紧急任务筹措借用设备、发放耗材等。组织落实总台帮扶事项，完成援助设备的账务梳理、实物交接、捐赠手续办理等任务。完成2022年度固定资产盘点工作。完成多处房产登记入账。

积极推进台属企业产权登记，加强台属企业资产评估备案管理。组织台属一级企业全面梳理完成企业产权登记办理情况，制订整改工作方案。指导台属一级企业填报申办材料。推动完成央视频融媒体发展有限公司等一级企业办证工作。就台属企业资产评估备案中的共性和易出错问题编制评估指南。配合总经理室，推动台属企业国资收益申报上交，完善公司法人治理结构。

七、加强财务管理，完善制度、强化监督，确保总台有效防范财务风险

全力对接、积极配合国家审计。积极配合国家审计署专项审计，制订整改工作方案，建立审计整改台账，督促问题整改。

加强财务规章制度建设，形成比较完善的

财务管理制度体系。制定出台《总台采购工作规程（试行）》等7项制度，形成比较完善的财务管理制度体系。

加强内控建设，完善内部稽核制度。梳理总台内控建设关键点，严格复审预算、收支、采购等支撑材料，编报2021年度行政事业单位内控报告，编制2022年内控建设实施方案，成立内部稽核组，加强审核把关，发现问题及时反映，夯实凭证质量基础。

加强合同审核，严格大额支出事项管控。明确委托制作合同等不同合同类别的适用情况，对大额支出合同加强审核，重点从预算、审批程序、合同内容等方面提出财务意见。

八、推动全面从严治党与财务工作融合发展

组织修订《财务局定岗定责汇编》，将业务工作、全面从严治党、意识形态、廉政建设责任落实到每个岗位。组织编辑《财经法规制度汇编》，起草《财务局会议纪要》，编辑《每周工作动态》等材料。提高公文运转效率。严格执行总台疫情防控要求。确保保密安全、治安消防安全、舆情安全，确保财务业务平稳有序开展。

总经理室工作概况

2022年，总经理室强化全台经营工作"一盘棋"工作机制，在广告创收、版权经营、新媒体营销、产业拓展、公益传播、安全播出等方面积极努力，实现"两个效益"协调发展。

一、稳住"品牌强国工程"全年收入大盘，创新重点项目拓增量

1.创新设计2023"品牌强国工程"，40余家客户签约"品牌强国工程"

2022年，总经理室开展局域性集中式客户走访。5月27日，在线举办"以品牌之光，照强国之路——中央广播电视总台品牌强国工程发布新增合作企业"活动。11月8日，举办品牌强国工程线上发布及签约活动，与十余家企业现场签订2023年合作意向。2022年11月29日，2023"品牌强国工程"继续采用云直播方式，与品牌企业实时连线，实现线上签约，近40家优秀品牌与总台签订2023"品牌强国工程"战略合作协议，进一步夯实2023年经营大盘。

2.深挖总台顶级赛事资源优势，赛事营销成果丰硕

在2021年"双奥"统一营销基础上，进一步挖掘北京冬奥资源存量及客户预算，促成丰田、美的、中国移动等客户追加冬奥项目投放。做好2022年卡塔尔世界杯赛事营销：总经理室派人分赴上海、广东、江苏、山东等地拜访重点客户，促成19家客户对2022年卡塔尔世界杯项目进行投放；在世界杯开赛后，继续深挖剩余资源销售潜力，促成9家中小体量客户增投。

3.挖掘春晚IP营销空间，产品创新催生春晚"新玩法"

依托总台融媒体资源优势，利用企业在春节旺季的销售需求，实现与三只松鼠股份有限公司合作春晚现场摆放；中旅集团、仲景食品、平安银行信用卡等客户投放贺岁套，达利食品、雪天盐业、招商银行、养元饮品等企业投放春节期间专案。深挖大客户春晚需求，实现茅台、劲酒、洋河、飞鹤等"品牌强国工程"客户的春晚增量投放。充分拓展春晚营销

模式，将春晚营销从品牌露出展示延伸到企业线下销售。

4."民族匠心品牌""美丽中国行"等创新项目销售成果持续涌现

根据客户对"民族匠心品牌"系列产品通案进行个性化定制需求，先后与汾酒、稻花香等中等投放体量客户达成合作。以"美丽中国行"项目为抓手，依托《新闻联播》《新闻30分》《朝闻天下》等优质栏目的传播势能，先后与国际交流局、地方总站以及海外总站建立深入联系，并合力开发16家地方政府客户加入"美丽中国行"项目。

5.多措并举维稳承包经营收入，优化承包产品，推进2023年谈判

为维护承包项目稳定执行，总经理室与多个节目中心进行一对一沟通，与总编室、财务局共同督促节目部门落实总台重点项目落地。针对CCTV-14少儿频道、CCTV-12社会与法频道、CCTV-3综艺频道等，详尽分析有关问题对广告经营产生的深刻影响。对产品进行重组优化，加强承包产品市场竞争力。

二、积极开展多元经营，打造版权经营"一盘棋"格局

1.拓展版权营销创收方式，增强变现能力

大力拓展体育赛事版权营销创收方式，在与咪咕公司合作基础上，与抖音集团达成版权合作，2022年卡塔尔世界杯营销版权创收良好。积极联合相关台属机构开展有线电视、IPTV、互联网电视（OTT）、手机电视版权运营。加大版权开发经营力度，《大决战》等重点影视剧发行收入超亿元。挖掘库存资源版权价值，与央视频公司达成总台库存媒资二创及经营代理合作。

2.规范总台版权授权体系，注重IP相关衍生品和文创产品开发

理顺IP衍生品和文创产品经营开发授权体系，联合形成央拓、卫传、实业等开发集群，打造总台版权IP衍生品和文创产品经营品牌，推出"大春晚季"IP品牌授权与版权合作计划以及"百人千创"合作计划，推出"十二生肖迎冬奥"数字藏品等具有总台特色的文创产品。

3.高规格实施2022年北京冬奥会和2022年卡塔尔世界杯的版权维权保护

与国家版权局联合举办2022年北京冬奥会"版权保护集中行动"暨"版权守护计划"发布会，实施最高规格全媒体版权维权保护方案，全媒体各领域侵权情况相比2020年东京奥运会大幅减少且处置迅速。全力开展2022年卡塔尔世界杯7×24小时监测保护，借助区块链等先进技术手段进行全量实时取证，重点打击对直播、短视频的侵权行为。

三、提升融媒体经营能力，构筑总台特色新媒体经营局面

2022年，总台共有16个中心（局）、18个地方总站和4个海外总站共计38个机构实现新媒体创收。

1.统筹抓好春晚、冬奥、世界杯等重点项目营销

围绕首创"竖屏看春晚"新媒体直播项目进行商业化开发，累计观看量达2亿人次，总点赞量达3.6亿人次。充分利用版权优势，整

合总台新媒体矩阵资源，2022年北京冬奥会期间新媒体投放客户达56家，是2020年东京奥运会的2倍。拓展项目承包、平台合作营销模式，实现《世界杯最前沿》《大咖陪你看》《不一young的卡塔尔》等新媒体节目广告销售。

2. 发挥总台平台资源优势，构筑总台特色新媒体经营格局

《健康公开课》《国聘行动》《乘着大巴看中国》《最美自驾路》等创新新媒体节目渐成IP化趋势，以优质内容吸引客户，拉动创收。深挖企业重要时间节点宣传需求，通过新品发布、工厂探访、年度论坛、定制短视频等定制产品，广受品牌主青睐。

3. 联合地方总站、海外总站拓展区域市场，培育创收增长点

发挥地方总站区域优势，联动地方政府和企业，大力拓展地方总站新媒体业务，"中国冰雪之夜""鲁菜创新大赛""何以中国·渝见""可爱的国 美丽的家"等活动实现创收。

四、强化企业管理，推动产业经营健康发展

1. 开展建章立制工作

出台并印发《中央广播电视总台投资收益收取管理暂行办法》《中央广播电视总台所属企业负责人履职待遇、业务支出管理办法》，起草《中央广播电视总台企业兼职外部董事管理暂行办法》，草拟《中央广播电视总台企业负责人经营业绩考核办法》，参与起草《中央广播电视总台企业公务用车管理办法》等规章制度和管理办法。

2. 推动总台国有企业公司改制工作

2022年，中国广播电影电视节目交易中心改制完成，无锡太湖影视城改制方案经总台党组审议通过并下发批复。

3. 总台2021年度企业投资收益收缴工作见成效

2022年，总经理室收取总台企业2021年度的投资收益，有效起到企业上缴投资收益反哺总台事业发展的作用。

五、推进重大项目顺利实施

1. 升级"品牌强国工程—乡村振兴典范"公益项目

2022年乡村振兴行动、湖北公益行动为6个省（自治区）共计34个产业在总台多个频道进行公益宣传推广，播出频次达7000多次。在此基础上，将"乡村振兴行动"升级扩容为"乡村振兴典范"公益传播服务项目，以更大力度助力乡村振兴战略。2022年11月8日，与内蒙古自治区、江苏省、浙江省、福建省、湖南省、广西壮族自治区、重庆市、四川省、宁夏回族自治区、新疆维吾尔自治区等签订2023"品牌强国工程——乡村振兴典范"公益传播服务项目战略合作协议。

2. 推动广告代理公司信用评级持续深入，发布4A和3A级名单

修订《2022年中央广播电视总台（央视版块）广告代理公司信用评级办法》，根据最新评级办法评出2022年AAAA级广告代理公司30家，AAA级广告代理公司28家。

六、公益广告持续做精品、出亮点

2022年，共制播公益广告143支，在总

台17个电视频道和各广播频率累计播出54.5万次，总时长61.2万分钟。冬奥公益广告《冰雪有你更精彩》获国际奥委会颁发奥林匹克金环奖最佳转播宣推奖银奖，《虎年大吉》《妈妈的幸福年》等多支作品在年度各项国家级专业评奖评选中荣获20余个奖项，广播公益广告《身心健康》被评为亚广联广播类公益广告特别推荐作品。

1. 聚焦主题主线宣传

围绕党的二十大，推出公益广告《鼓舞中华》《中国道路》。与中宣部宣教局紧密合作，推出《时代楷模张连印》《时代楷模潘东升》《时代楷模海军航空大学某基地舰载机飞行教官群体》《时代楷模钱海军》等4支系列公益广告，春节期间推出时代楷模2022春节版《美好中国年 建功新时代》。创新制作《岗位学雷锋》《国防教育》《厉行节约》《绿色低碳》《双减》《发展数字经济》等主题主线公益广告。制播《新时代新西藏》主题公益广告。

2. 弘扬中华优秀传统文化，传播体育精神

2022年春晚播出期间，推出《虎年大吉》《在一起》《妈妈的幸福年》三支公益广告，被CNN、BBC等264家海外电视台引用播出，广泛传播中国文化；冬奥会公益广告《冰雪有你更精彩》，2022年北京冬奥会期间在央视全频道及央视频平台集中展播，同时登陆全北京户外大屏、地铁公交电视、机场大屏和楼宇电视等1000余个平台展映，累计触达受众超过2亿人次。

七、坚守总台广告审查"金标准"，确保广告播出万无一失

1. 净化广告环境，为重大经营项目保驾护航

加强对广告代言人、企业等背景情况审查和排查，完善黑名单制度，完成相关排查40余次。根据营销工作需要，加强对白酒新国标、零糖减糖食品、区域公共品牌、农产品地理标志、绿色环保认证等领域的研究，提升把关能力和专业水平。做好重大营销项目和品牌强国客户前置审查服务，提供审查建议，为客户降低违法风险。2022年，总经理室共完成硬广、软广、新媒体等不同形式广告审查26 000余条。

2. 严格落实应急保障、值班值守工作，确保广告播出安全

全力以赴做好党的二十大召开期间广告投放、审查、排播工作，全面提级重点频道、重点时段排播的公益、商业广告播出内容审核工作，确保播出的广告内容与大会活动、大会报道内容氛围相吻合。与节目播出线密切对接，完成对广告的紧急调整确认，确保营销执行和播出安全。全年共完成21个电视频道和14个广播频率总时长16 935余小时、248.5万条次的广告审看和编播执行工作。

技术局工作概况

2022年，技术局着力增强整体性技术安全能力，持续以"技术实验+节目实践"的方式多维度推进科技创新，以"思想+艺术+技术"融合传播推动媒体融合向纵深发展。

一、突出重点，适配全面，圆满完成党的二十大宣传报道技术支撑

技术局按照"十拿十稳、万无一失"的标准严格要求，重点围绕人民大会堂灯光设计改造、特种装备使用、远程视频采访等方面开展创新应用，高质量完成党的二十大宣传报道各项技术保障任务。

1.在灯光效果和画面呈现上下功夫

提前制订党的二十大直播视觉质量控制方案，将人民大会堂大礼堂灯光系统设计改造作为核心突破点，历经数次论证、踏勘、测试、演练，最终将大礼堂会议照明系统改造为既满足重大活动直播，又满足日常会议要求。改造后的灯光系统实现了灯光控制可视化管理，全面提升大礼堂直播灯光效果，大幅度改善人物视频画面呈现质量。此外，以特种设备应用进一步丰富了直播报道镜头语言，实现主观镜头高点稳定移动拍摄和不同点位伸缩摇移拍摄，多角度全方位呈现第二十届中共中央政治局常委首次集体亮相。

2.搭建网络视频采访系统，满足境内外记者对党的二十大代表远程连线采访需求

在北京新世纪日航饭店党的二十大新闻中心和10个党代表驻地，技术局通过部署RTC即时通信服务，开通双可用网络视频专线，实现了采访记者与代表线上"面对面"沟通。闭环外记者可通过CMG媒体云与驻地代表进行一对一视频采访，画质可达到广播级播出标准，采访素材可用于新媒体端和大屏端。党的二十大召开期间，网络视频采访系统共完成百余场闭环内网络视频采访，十余场闭环外互联网视频采访。

3.做好大会常规技术支撑和新增的驻地音像保障

党的二十大召开期间，前方共投入6套转播系统，以全流程4K转播制作、8K采录重要

素材的方式圆满完成多地、多场次转播报道任务，为CCTV-13新闻频道和CGTN提供多场直播连线服务，在新世纪日航饭店新闻中心共计为35家国内外媒体提供公共信号分发服务，音像保障团队结合不同会场特性，为280场各代表团全体会议、543场分组会议提供技术服务。

二、以重点项目、重大活动、专项任务为抓手，推动科技创新

1.超高清领域技术创新取得突破性进展，持续推动超高清产业发展

依托CCTV-8K超高清频道的开播和"百城千屏"项目，对2022年北京冬奥会开闭幕式及赛事进行了8K直播，并通过户外大屏精彩呈现，实现了"科技冬奥·8K看奥运"目标。自主创新科技项目"4K/8K超高清电视制播呈现系统及产业化应用"多项技术达到国际领先水平，项目成果有力地支撑了2022年北京冬奥会4K/8K超高清国际公共信号转播。总台自主研发的"猎豹"超高速4K轨道拍摄系统、4K AI时间切片系统，以及大型8K/4K箱载式EFP转播系统等投入2022年北京冬奥会开闭幕式和赛事4K/8K公共信号制作和赛事转播。国家发改委"5G+4K/8K超高清制播示范平台"在上海总站演播室投入应用形成生产能力。国家重点研发计划《4K超高清电视制播系统研制》《基于广播网与5G移动网融合的超高清全媒体内容协同分发关键技术研究》项目成果均成功应用于2022年北京冬奥会。《面向混合网络的电视伴音与大屏视频协同呈现技术研究》应用于"百城千屏随身听"，相关技术内容纳入世界超高清视频产业联盟团体标准。

2.加大5G和云计算技术多样化应用，为重大活动宣传报道和融媒体直播提供新技术支撑

冬奥高铁"5G超高清移动直播演播室"完成近百场4K超高清信号移动直播，并用5G技术回传了100余公里奥运火炬接力传递信号。《冲顶珠峰》系列节目采用700M频率5G网络进行新媒体直播。北京马拉松采用"5G+微波"传输方式进行长距离、超高清信号直播。厦门马拉松应用5G技术成功传输高码率高清画质航拍信号。5G轻量化制播系统支撑第二十届阿拉伯媒体论坛及阿联酋首届全球媒体大会新媒体直播。技术局支持地方总站大量使用便携式、轻量化移动制作系统进行新媒体直播。总台牵头的5G超高清媒体应用已经成为5G行业应用的典范。"CMG媒体云助力奥林匹克传播"项目获得奥林匹克金环奖最佳可持续管理奖金奖。"北京冬奥会虚拟演播室及冬奥5G列车直播"项目荣获最佳创新/布景设计奖银奖。

3.推进云边端（CET）架构系统建设，逐步形成跨区域一体化全媒体制播支撑体系

技术局围绕"云网一体化"技术路线，持续推进基于云边端新型技术架构的CMG媒体云和新闻云的应用落地。CMG媒体云+IBC节点的一体化外场移动制播系统，为2022年北京冬奥会编辑记者提供4K/8K采集、编辑、播出、存储一体化的前后场协同生产模式；卡塔尔边缘节点助力世界杯前方团队全媒体生产，结合多样化的移动制作工具支撑新媒体稿件快速发布；建设地方总站边缘云节点，依托CMG媒体云搭建地方总站轻量化全媒体制播

系统。完成国内新闻公有云节点建设，支持国内总站新闻云化生产，亚太公有云节点为"庆祝香港回归祖国25周年"系列活动提供有力保障。

4. 强化科技与节目融合，以技术创新赋能节目形态和内容呈现

2022年春晚，首次推出"竖屏看春晚"和户外公共大屏8K超高清直播新样态；一号演播厅用LED屏幕打造出720度沉浸式全景舞台效果。2022年，技术局与财经节目中心、华语环球节目中心、体育青少节目中心和CGTN等节目中心持续开展5G虚拟云连线、XR技术、AI、AR交互呈现在各类节目中的创新应用，在成都世乒赛实现多角度看赛场5G竖屏直播。原创混合现实（IMR）超高清制作平台突出"原创+技术"双引擎特色，使用三维复原虚拟影棚、数字资产库、实时渲染技术等为《领航》《风物》等重点节目，构思设计生产大量原创特技效果和内容。自主研发的三维菁彩声技术打破了我国在三维声制作—传输—终端整体链路上对国外技术的长期依赖，并在2022年北京冬奥会开幕式、纪录片《美丽中国说》、世界杯的三维声制作播出中成功应用。2022年中央广播电视总台中秋晚会通过云听客户端进行菁彩声实时播出，有声读物《韩美林艺术随笔》三维菁彩声版本在云听上线，100集儿童广播剧《怪怪奇小怪》在云听客户端"菁彩声"专区和中国之声《小喇叭》栏目中播出，成为全国首次在广播端呈现三维菁彩声制作的节目。

5. 开展超高清、高清节目技术质量研究与实践，相关研究成果进入国际电联推荐报告

技术局视音频质量管控团队完成了"JPEG-XS编码技术研究与测试""4K超高清和高清节目同播关键技术研究与测试"项目，其成果成功应用于2022年北京冬奥会等重大活动，向国际电信联盟（ITU）提交的总台超高清和高清同播实践报告已经发布。在ITU秋季会上，总台提交的《超高清HDR和高清SDR肤色研究》报告书和《用于图像质量评价的高清、超高清及HDR电视测试素材》文稿受到各国与会者的广泛关注与高度认可。技术局牵头承担或参与制定20多项超高清电视、IP化制播、媒体大数据等方面国家及行业标准的研究制定。

三、强化新媒体技术支撑能力，助力总台新媒体发展

1. 探索"总台算法"深化应用，稳步推进总台统一的用户和内容大数据库建立

总台算法已完成央视频的汽车、美食、纪录三个垂类版块100%覆盖。基于《新媒体用户画像标准》的编制，结合央视新闻客户端、央视频用户特征，总台"用户画像"模型初步建立。总台融媒体大数据标准的初步完成，进一步规范了总台大数据的管理和应用。总台融媒体大数据库的不断完善，节目收视综合评价大数据指标研究工作的完成。

2. 提升传播投送能力，建设CGTN西班牙语频道、法语频道、阿拉伯语频道和俄语频道新媒体内容生产平台和构建"网红工作室"融媒体技术支撑系统

2022年9月，新版CGTN西班牙语频道、法语频道、阿拉伯语频道和俄语频道新媒体技术支撑系统正式上线，在内容管理、直播分

发、全球协同工作、系统资源对接、安全保障、业务响应速度等多方面实现能力升级和扩展，全面提升了 CGTN 西班牙语频道、法语频道、阿拉伯语频道和俄语频道新媒体内容制作手段、生产效率和呈现质量，并持续推进光华路办公区 35 层新媒体演播区建设，完成华语环球节目中心轻量化新媒体演播区建设。对鲁谷办公区演播室的 IP 化改造，与竖屏演播区一起初步形成融媒体演播室集群，构建鲁谷办公区"网红工作室"融媒体技术支撑系统。

3. 逐步将新媒体集成发布平台打造成融合媒体播出与分发的枢纽

以新媒体集成发布平台为核心，建设面向总台四址的新媒体内容生产分发网络，形成新媒体直播流统一汇聚、调度、分发的全链路支撑体系，面向国内外总站，提供服务于全球的新媒体直播流调度及传输能力。2022 年 11 月 14 日，新媒体集成发布平台首次全链路支撑央视新闻客户端参加 G20 峰会的新媒体时政直播报道，发布《习近平主席抵达印度尼西亚巴厘岛》。

4. 探索广播新媒体技术支撑，广播融媒体直播向常态化、多样化发展

复兴门办公区以广播中心系统作为安全播出主体，以全媒体内容生产和精品音频节目制作为两翼，全力推动传统广播向全媒体转型，"一体两翼"发展格局初步建立。鲁谷办公区持续推进广播直播向融媒体方向转型，以 5G 技术为核心，运用轻量化融媒体设备，结合外场移动互动直播模式创新，广播融媒体直播在云听、央视频等新媒体客户端的展现形式逐步多样化，完成两址广播频率与央视频、央视文艺、CMG 观察、云听等融媒体外场同步直播 74 场次，同比增长 124%；有序推进多语种影视译制配音和后期制作工作，共完成 5 种通用外语 9 部纪录片作品的视频后期制作工作以及 11 个语种 39 部影视作品的译制配音和音频后期制作工作。

四、着力增强整体性技术安全和保障能力，做好节目生产技术支撑

2022 年全年，复兴路和光华路办公区各频道播出总时长为 351 113.55 小时，停播率为 0.3 秒/百小时；复兴门办公区各频率播出总时长为 127 760.75 小时，停播率为 0.01 秒/百小时；鲁谷办公区各频率播出总时长为 392 784 小时，停播率为 0.03 秒/百小时。在 2022 年元旦、春节、冬奥会、全国两会、国庆、党的二十大等共计 30 天的重要保障期内，未发生技术事故。2022 年度总台电视、广播均达到安全播出运行一级指标要求。

1. 强化管理督促落实，守好安全播出和网络安全底线

围绕党的二十大等重大活动宣传报道，发布《技术局技术工程项目网络安全管理实施细则》，从系统建设入手规范各系统网络安全方案设计与实施；印发《总台工作人员网络安全行为管理规定》和《总台安全播出管理暂行办法》，并与各节目中心和台属公司建立了安全播出工作联络机制。

总台安全管理平台覆盖四址 307 个信息系统，监控信息资产对象共 10 487 台；完成总台网络安全等级保护定级备案规划，以等级保护三级、四级系统为重点，开展网络安全等级保护年度测评工作；梳理形成总台互联网暴露

面资产台账，实现快速高效的问题资产定位和安全事件应急处置；总台网络安全统一监测平台于2022年10月试运行，进行网络安全分级监测。

2. 推进相关技术项目建设，为节目生产和业务运行做好保障

推进"信创"（信息技术应用创新产业）内容在总台生产系统和业务管理系统方面落地实施的规划。基本实现总台各类技术资源的统一管理和预约使用。发布《广播电视音像资料内容标签体系规范》（试行版），标签业务系统投入使用，总台全媒体内容资产管理系统技术方案基本形成。节目生产管理系统、广告备播系统等完成适配8K超高清内容生产、传输和播出分发的调改。完成鲁谷办公区音频媒资系统的建设以及国际在线45个网站的迁移整合，劲曲调频直播系统更换、多语种新闻共享池等项目进入试运行。推进复兴门办公区直播机房系统改造和民族地区调频广播覆盖。推进复兴路办公区数据中心机房建设和总台数据中心异地容灾布局规划和实施。完成复兴路办公区核心机房UPS电源腾挪。配合完成超高清示范园项目可行性研究报告的编制工作。

五、提升技术运行管理效能，推动技术工作高质量发展

1. 结合业务移动化应用探索提效率降成本的服务方式，依托新技术新手段进一步提升技术服务能力

依托掌上通移动应用平台，提供云盘、WPS在线文档等服务，掌上通低代码平台快速应对海外总站管理、地方机构管理、技术局管理"轻应用"需求，提供高效、低成本的技术支撑。AI服务能力持续加强，OCR、语音识别、智能翻译等能力服务从5G新媒体平台扩展至其他应用系统。为降低线路资源使用成本，探索使用软件定义广域网络（SD-WAN）技术并在"空中剧院"节目录制中首次应用，实现基于公网的JPEG-XS编码的远程制作，拓展外场转播业务新模式，同时在"百城千屏"项目进行试点应用。持续做好云资源供给和保障；总台评选业务服务平台、总台评估考核业务系统持续为多个业务部门提供服务。总台职工餐卡实现一张餐卡四址消费。技术局通过"技术实验+业务实践"的方式，助力总台业务工作移动化。

2. 推进超高清国家重点实验室建设，采用多种手段宣推科技创新成果

国家重点实验室建设"全媒体融合传播技术研究实验室"和"新型显示与视觉感知石城实验室"。"4K/8K超高清电视制播呈现系统及产业化应用"项目完成向中国电子学会申报的鉴定工作，由7位院士和5位行业专家给出的鉴定结论为：项目技术复杂、难度很大、应用规模广泛、创新性强、自主可控程度高，总体达到国际先进水平，其中8K/4K/HD电视无阻塞、高确定性、超宽带的IP信号交换技术、XR虚实融合超高清制作技术和异构网络视音频同步传输技术达到国际领先水平。国家重点实验室发布的"百城千屏"世界超高清视频产业联盟第一批5个标准效果良好。

国际交流局工作概况

2022年，国际交流局在媒体外交、国际合作、海外投送能力、涉外管理等多方面取得新突破，持续推动总台国际交流高质量发展。

一、围绕大国外交，创新开展媒体活动

2022年，习近平总书记先后向总台主办的首届全球媒体创新论坛、中国阿根廷人文交流高端论坛和承办的"全球发展：共同使命与行动价值"智库媒体高端论坛等三个论坛发来三封贺信，对总台工作以鼓励、以指导、以期望，为总台进一步做好对外交流工作提供重要遵循和行动指南。作为三个论坛牵头落实部门，国际交流局密切加强与各相关部门的沟通协同，持续推动总台国际交流高质量发展。首届全球媒体创新论坛服务北京冬奥大局，78个国家和地区的145家媒体机构和国际组织负责人线上相聚，集智共商、交流分享；相关报道被71个国家和地区的828家境外主流媒体广泛采用，为2022年北京冬奥会成功举办营造良好氛围。"全球发展：共同使命与行动价值"智库媒体高端论坛配合2022年金砖国家领导人第十四次会晤，来自全球60多个国家（地区）和国际组织的200余位代表线上线下参会，面向全球发布总台融媒体定制化服务平台，对外阐释落实全球发展倡议、推动全球发展事业的理念主张。中国阿根廷人文交流高端论坛在中阿建交50周年、中阿友好合作年框架下成功举办，来自中国、阿根廷及其他拉美国家的政府官员和100多位媒体机构代表参与论坛共商合作大计，引发中阿、中拉及国际社会热烈反响；总台相关特稿被53个国家和地区的595家媒体引用播出。

以元首外交为引领，媒体交流再创新亮点。围绕习近平主席出席二十国集团领导人第十七次峰会、亚太经合组织第二十九次领导人非正式会议、首届中国—阿拉伯国家峰会、中国—海湾阿拉伯国家合作委员会峰会等元首外交活动，以及阿根廷、蒙古、老挝等国领导人访华，总台领导与多国政府机构和主流媒体负责人签署7份合作文件。其中，《中国中央

广播电视总台与阿根廷公共媒体国务秘书办公室合作协议》《中国中央广播电视总台与印尼国家广播电台合作备忘录》《中国中央广播电视总台与蒙古国家公共广播电视台合作备忘录》《中国中央广播电视总台与老挝新闻文化旅游部合作协议》《中央广播电视总台和沙特阿拉伯广播电视局合作谅解备忘录》等5份合作文件被列入元首重要双边活动成果清单，成为2022年总台媒体外交的一大亮点。

二、做好党的二十大精神海外宣介工作，媒体活动、信函往来、高端访谈相得益彰

统筹推出"新征程的中国与世界"系列媒体活动。在党的二十大闭幕后，统筹海外总站在美国、英国、日本等13个国家和地区，连续推出14场"新征程的中国与世界"党的二十大精神对外宣介活动，所在国（地区）政府官员、国际组织负责人、智库专家及媒体机构代表等600多人参加，美联社、美国全国广播公司、法新社等700多家国际主流媒体深度报道。

高效稳妥开展迎接党的二十大媒体信函往来。党的二十大召开前夕，多国媒体组织机构负责人和国际友人通过总台祝贺大会胜利召开，总台共收到来自俄罗斯全俄国家电视广播公司、阿根廷国家通讯社、英国《晨星报》、西班牙《真理报》等41家媒体机构负责人和国际友人44封贺信及视频，为党的二十大胜利召开营造浓厚氛围。

前后联动配合打造重点栏目《高端访谈》。统筹海外总站发挥"民间外交家""社会活动家"作用，完成对印度尼西亚总统佐科、伊朗总统莱希、委内瑞拉总统马杜罗、金砖国家新开发银行行长特罗约、上海合作组织前秘书长阿利莫夫等10余位国际政要约采工作。

三、广交海外朋友，推动文明交流互鉴，全力构建国际交流新格局

以媒交友对外合作成果丰硕。2022年北京冬奥会前夕，统筹协同亚欧总站，积极落实普京总统接受总台领导书面专访事宜，相关报道被70多个国家和地区900多家主流媒体转载。落实中美元首巴厘岛会晤重要共识，策划实施总台领导视频会见美联社社长戴茜薇。以中以建交30周年为契机，精心策划总台领导会见以色列驻华大使潘绮瑞。持续深化总台与国际奥委会战略合作，2022年北京冬奥会期间，总台领导获颁"国际奥委会主席奖"。

统筹完成庆祝香港回归祖国25周年配套活动、香港特别行政区行政长官李家超就职后会见总台领导等事宜。扎实落实总台领导与澳门特别行政区行政长官贺一诚两次互致信函精神，高质高效推进总台与澳门特别行政区新一轮合作项目，策划实施党的二十大总台精品节目展映暨赛事媒体权利授权仪式等。

举办媒体论坛，搭建交流平台。配合首届中国—阿拉伯国家峰会，统筹中东总站举办2022中国—阿拉伯媒体合作论坛，中国和22个阿拉伯国家的政府官员、媒体机构代表及专家学者等150余位嘉宾参加，30余家阿拉伯国家主流媒体对论坛进行直播和报道。统筹举办"东盟伙伴""非洲伙伴"两个媒体合作论坛，助力构建中国—东盟命运共同体、中非命运共同体。高效统筹2022中国国际智能传播论坛、2022丝绸之路电视共同体高峰论坛。

围绕重要主题，主动策划活动。北美总站以"庆新春 迎冬奥"为主题，举办的"迎冬奥 一起向未来"媒体行动。借中英建立大使级外交关系50周年、中德建交50周年之机，精心打造"50年·新启航——寻找新时代的破冰者""50年·新启航——中央广播电视总台第二届中欧音乐节暨中德建交50周年音乐会"等媒体活动，受到海外受众喜爱。

多元化"好感传播"增进文明互鉴。统筹海外总站成功举办2022年联合国中文日暨总台第二届海外影像节、巴西及阿根廷"中国影视作品展播季"、"遇见你"中非青年视频原创者大赛、第二届"全景中国"在线论坛、"为大自然发声"中非环境保护媒体行动等众多原创活动，触达全球受众超26亿人次。

四、有力有效开展国际舆论斗争，海外新闻采发能力、投送能力实现新跃升

奋力提升重大报道首达首发能力。持续提升海外新闻采发能力，以攻为守冲破西方媒体新闻垄断。2022年，海外总站实现全球首发176条。国际视频通讯社对外编发的海外总站新闻素材被CNN、FOX、BBC、法国24台等全球2490家电视台及新媒体平台引用播出达64万余次。

有力有效提升国际舆论引领力。围绕中美高层会晤、第77届联合国大会、美国众议院议长佩洛西窜访中国台湾地区等国际新闻热点，与《玉渊谭天》等平台深度合作，充分挖掘独家资源，依托社交短视频发声优势，打造过亿级现象级传播。反制佩洛西窜访我国台湾地区系列报道被69个国家和地区705家电视台及新媒体平台采用。海外总站在马岛战争爆发40周年、美国国会暴乱一周年、美军撤离阿富汗一周年等节点积极引导舆论，发布《马岛战争爆发40周年 阿根廷老兵讲述马岛战争之殇》《关塔那摩监狱设立20周年》《被遗弃的阿富汗》等报道，以事实真相破除西方媒体"话语霸权"。

合作传播持续提升海外投送能力。统筹海外总站与416家国际媒体开展深度合作，合办《中国故事》《中国全景》《看中国》等20余个栏目，展示新时代中国的发展成就。

五、高质量管理赋能高质量发展，推进涉外管理科学化、规范化、精细化

多方联动统筹海外总站提质增效。持续深化海外总站与CGTN协同联动机制，统筹前后方同向发力，有效整合资源，海外传播屡创佳绩。出台总台海外管理多项规章制度，夯实管理体系"四梁八柱"。完善全球运行保障机制，确保海外总站安全运行。严格规范费用支出，提高资金使用效率，统筹海外总站降本增效。大力推进"集约型"海外总站建设，多举措助力点滴入海、颗粒归仓。

多措并举做好外事保障。高效保障总台时政报道、《高端访谈》栏目、香港回归祖国25周年报道以及2022年卡塔尔世界杯报道团组顺利成行，全年办理因公临时出访团组1000多人次。以"绿色通道"为保障，优化与主管部门协同机制，做到重要团组"即来即办"。以信息化手段为支撑，推动全台护照自助设备全部上线，"智慧护签"建设取得新进展。

国际交流局海外总站管理工作概况

2022年，国际交流局海外机构管理中心和海外业务协调处紧扣工作重点，统筹海外总站聚焦重大主题对外传播、精心策划实施特色媒体活动，在海外总站运行保障、国际传播等方面创造性开展工作，较好地推动了海外总站发展，确保海外总站在国际传播一线的先锋队、前沿哨的作用得以有效发挥。

一、进一步做好党的二十大精神对外宣介，着力打造全球权威信源，国际传播投送能力快速提升

1. 创新做好党的二十大精神对外宣介

根据总台党组统一部署，统筹海外总站提前谋划布局，创新打造全球联动对外宣介活动，积极约采高端嘉宾，策划推出系列报道，大力拓展合作传播渠道，不断深化党的二十大精神宣传阐释。统筹海外总站稳妥迅速开展"新征程的中国与世界"党的二十大精神对外宣介活动，在美国、英国、日本、沙特阿拉伯等13个国家和地区成功举办14场对外宣介活动，美联社、法新社等超过700家国际主流媒体进行报道，触达全球受众超20亿人次。其中，在美国华盛顿举行的专场研讨会被北美地区100多家主流媒体转播转载。

海外总站着力提升党的二十大精神宣传报道效果，约采158位多国政要和官员、近200位智库专家学者，精心打造《万里尚为邻》《二十大开幕！亚太政要、学者谈二十大与中国》《中共二十大和非洲》《我的中国故事》等系列报道，阅读量突破1亿次。拓展海外传播渠道，与巴基斯坦主流媒体《国民报》、肯尼亚发行量最大的英文日报《民族报》联合推出《中共二十大》专版，通过合办栏目播发节目68期，发表署名文章22篇，370多家媒体平台转引转载总台重点稿件，报道覆盖108个重点国家和地区。

2. 争抢首发，有力打造全球权威信源

海外总站依托国际重大突发事件快速反应机制，抢首发、争独家，围绕俄乌冲突、北约东扩、英国女王伊丽莎白二世去世、美国得克萨斯州小学枪击事件等国际舆论热点，推出一

大批独家新闻报道。2022年，海外总站国际新闻全球首发176条。根据国际视频通讯社统计，海外总站新闻素材全年被CNN、BBC、法国24台、德国电视一台等全球约2500家电视台及新媒体平台引用播出超64万次，其中G7国家电视台数量占比达71%。

3. 创新打出对美西方斗争"组合拳"

海外总站充分调动资源，全力配合打造总台创新节目《高端访谈》，完成对印度尼西亚总统佐科、伊朗总统莱希、委内瑞拉总统马杜罗等十余位国际政要的约采工作，就全球热点、焦点话题展开对话，发出中国声音。围绕第77届联合国大会、美军撤离阿富汗一周年、阿根廷纪念马岛战争爆发40周年等国际事件，海外总站积极设置议题，精心打造特别节目、系列报道，阐明中国立场、中国主张，不断提升重大问题对外发声能力。针对中美元首会晤、中美防长会谈、美国众议院议长佩洛西窜访中国台湾地区等重要涉华报道，海外总站与《玉渊谭天》展开深度合作，联合推出多形态独家报道，有效传播中国声音。

二、协同联动，精心打造海外媒体活动品牌，国际影响力不断增强

1. 协同筹办总台高端媒体论坛

依托前后方协同联动机制，统筹指导海外总站与CGTN加强合作，围绕大国外交重要活动，成功举办中国阿根廷人文交流高端论坛、2022中国—阿拉伯媒体合作论坛两场总台高级别论坛，有力服务党和国家对外工作大局。中国阿根廷人文交流高端论坛是庆祝中阿建交50周年暨2022中阿友好合作年重要活动，习近平主席同费尔南德斯总统分别向论坛致贺信。这是总台成立四年多来，习近平总书记发来的第七封贺信，也是总台高级别双边论坛首次同时收到中外两国元首贺信。习近平总书记的贺信为总台做好"媒体外交"工作指明了方向。2022中国—阿拉伯媒体合作论坛是总台首次在海外举办的大型配套论坛，筹办过程中，与中东总站组建专班密切对接，邀请来自中国和22个阿拉伯国家150余位嘉宾与会，为推动中阿战略伙伴关系迈上更高水平作出媒体贡献。

2. 统筹谋划实施全球联动项目

统筹海外总站充分释放全球联动机制效能。围绕"庆新春 迎冬奥"主题，实施全球联动媒体行动，北美总站"迎冬奥 一起向未来"媒体行动触达全球受众约1.9亿人次。围绕中德建交50周年、中英建立大使级外交关系50周年、尼克松访华50周年等节点，打造"50年·新启航：中央广播电视总台第二届中欧音乐节暨中德建交50周年音乐会""50年·新启航：寻找新时代的破冰者"等媒体活动，并推出《握手》等精品纪录片，相关报道触达海外受众约3亿人次，赢得国际社会广泛关注和共鸣。

3. 精准传播打造海外活动品牌

充分发挥海外总站前沿传播优势，推出2022年联合国中文日暨总台第二届海外影像节、2022全球发展在行动——可持续发展、2022"非洲伙伴"媒体合作论坛、第二届"全景中国"线上论坛等活动，形成海外总站媒体活动品牌效应。持续深化"好感传播"，推出"遇见你"中非青年视频原创者大赛、"为大自然发声"中非环境保护媒体行动、巴西"中国影视作品展播季"等一系列媒体活动，并运用

裸眼3D技术、"5G+4K"超高清直播等总台先进技术手段，积极推动文明交流互鉴，为弘扬中华优秀传统文化作出媒体贡献。

三、多措并举、降本增效，多领域实现创新突破

1. 多举措促进降本增效

结合海外总站建设运营情况，首次调研完成海外机构投入产出分析报告。积极加强海外总站建设战略布局规划，采取精简人员配置、严控规模花费和系列精细化管理举措，切实提高海外总站资金使用效益。统筹拉美总站和中东总站与CGTN对口语言部建立选题策划、首发首达、资源共享等日常工作机制，推动古巴国家电视台、阿拉伯联合酋长国通讯社等25家当地主流媒体加入CGTN融媒体定制化服务平台，有效提升了总台对阿拉伯地区和拉美地区的传播效果。

2. 多方面夯实制度管理

以效果为导向，推动建立以业务考核为重点的海外总站综合考评体系，制定《中央广播电视总台派驻海外人员随居未成年子女基础教育保障及费用管理办法》《中央广播电视总台海外雇员管理规定》《中央广播电视总台海外总站技术管理规定》等规章制度，筑牢运行管理体系的"四梁八柱"。在俄乌冲突、巴基斯坦恐怖袭击、伊朗骚乱等突发事件中，迅速启动海外安全防护机制，组建专班24小时与前方对接，协调前线记者保险升级、调配防弹衣和应急制播设备，制定紧急救援预案，切实保障记者人身安全和报道安全。持续推进海外心理关爱项目，先后为150名驻外记者提供咨询服务，有效纾解驻外记者心理压力。统筹做好百余人次跨境移动的防疫保障与动态统计，做好防疫药品的海外输送保障，筑牢疫情防控的海外防线。

3. 多领域取得创新突破

大力推进"集约型"海外总站建设，组建海外经营专班，与海外总站、总经理室密切对接，创新开拓海外总站经营创收项目。与技术局合作开发全球线上办公系统，实现海外总站日常管理业务的线上申请、逐级审批和流程管控，助力海外管理加速实现数字化转型，被技术局作为样板项目在全台进行推广。

四、加强党的创新理论武装，持之以恒推进全面从严治党，党建工作质量有力提升

统筹海外总站对标对表总台具体目标任务，细化措施、狠抓落实，通过《一起学习》在线专栏、海外总站月度例会、专题会议等形式，引导督促海外党员干部时时处处向党中央看齐，不断提高政治判断力、政治领悟力、政治执行力。坚持党建工作与业务工作同研究、同部署、同落实，组织优秀海外党员干部进行经验交流分享，增强党员干部的模范带头和支部的战斗堡垒作用。在习近平总书记"5·31"重要讲话发表一周年之际，联合创新发展研究中心推出"CMG云创论坛"海外传播专场系列活动，邀请海外总站交流分享优秀国际传播和媒体合作案例及经验做法。

创新发展研究中心工作概况

2022年，创新发展研究中心（简称"创发中心"）始终围绕"最强大脑""创新发动机""传媒风向标"三个定位，广泛开展理论探索和创新实践，努力为推动总台高质量发展贡献智慧与力量。

一、发挥"最强大脑"的参谋作用

重视课题报告的专业性。全年共刊发《调研专报》40期。一是聚焦融合传播大数据监测，完成《中国共产党第二十次全国代表大会海外网络传播效果分析》等多期融媒体传播效果监测分析报告。二是聚焦高质量发展重点难点，围绕打造精品内容、国际传播、新媒体运营、多元经营等方面提出具有战略性、针对性、实操性的决策参考。其中，《海外社交媒体上的涉华传播"新势力"》《关于总台纪录片精品创作和品牌运营的对策建议》《开拓农村市场 激发总台三农领域经营活力》等多篇报告获关注。

重视调研走访的深入性。围绕"融媒体经营转型升级""精品内容创新""国际传播""新媒体新技术"等课题，创发中心以线上线下、台内台外、业界学界相结合的方式，强化调研的力度、深度和广度，助力课题研究更有水准、更接地气、更解渴管用。

重视图书发布的影响力。全年编撰出版三本重磅图书，成功举办三场图书发布暨赠书仪式，产生广泛社会影响。大型图书《党的盛典 人民的节日——中央广播电视总台庆祝建党百年全记录典藏》共40万字、300余幅图，编辑了大量珍贵图文资料，为重大宣传报道树立了"总台标准"。一年完成两部总台年鉴出版任务，记录总台发展脉络和突出成效。《中央广播电视总台年鉴》（2018—2019）共114.5万字、267幅图，《中央广播电视总台年鉴》（2020—2021）共150万字、304幅图。

二、发挥"创新发动机"的推动作用

创发中心通过多种形式的策划会、问诊会、评审会等方式，聚焦新媒体，开门搞创意，逐步形成一套较为成熟、科学、有效的创意研发孵化运作机制，为节目一线业务团队提供创意支持。

通过不断完善的"选、投、管、退"创意孵化机制，激发节目一线业务部门的创新活力。新闻中心通过创意孵化机制孵化的《吾家吾国》《白问》初具影响力。《吾家吾国》以新媒体访谈形式对均龄90岁以上的国士大家进行挖掘式、抢救式采访，《〈吾家吾国〉专访百岁院士陆元九》获第32届中国新闻奖一等奖。《白问》推动《新闻1+1》大屏节目不断向新媒体端延伸。《白岩松专访林郑月娥》获第32届中国新闻奖一等奖；白岩松对话张艺谋、黄伟芬、李家超等热点人物，3期直播话题阅读量均破亿。《空天逐梦》已成为国内航空航天领域的"总台报道"名片，各平台账号矩阵粉丝总量达100万，总阅读、播放量超过2亿次。《拍得漫》为第十二届北京国际电影节特制定格动画宣传片登上国内热门商圈户外大屏、公交地铁航班，并在纽约时代广场纳斯达克大屏滚动播出一周。

全年共推出24期云创论坛，全网播出9期。《荣宝斋十二时辰》创新尝试10小时不停机"场景化竖屏直播"形态，创下央视频竖屏功能开设以来的新突破，微博话题词累计曝光量6517.7万。《讲好鲜活基层故事》《打造地方文化名片》联动各地方总站，将新闻报道与助力当地文化建设所取得的成绩娓娓道来。《抢占C位的台标》《跳出新舞步　一起向未来》《海内寻知己　天涯若比邻》《创新国际传播策略　扩大亚非"朋友圈"》系列论坛，聚焦总台国际传播能力建设的成果和经验。

编辑《海外媒体创意想象力周报》共45期，跟踪并收集全球创意前沿节目模式及深度分析1060条。"海外模式库"在"掌上通"首页上线，涵盖15大类400多个节目案例。为一线部门定向培训，举办5期主题化海外模式赏析及业务探讨活动。举办"首届总台创意大赛"，积极推进项目落地。

三、发挥"传媒风向标"的传播作用

《CMG观察》推介总台亮点、讲好总台故事。截至2022年12月31日，共发布推文398篇，139篇阅读量突破10万，总阅读量超过2179万人次，微信视频号共发布680条视频，总播放量超过402万人次，获赞量超7.8万人次。一是围绕主题主线，彰显总台党的宣传报道主力军、压舱石重要作用。推出《覆盖全球所有国家和地区！252亿人次！总台党的二十大报道刷新多项传播纪录》《超3400家外媒报道！总台"新征程的中国与世界"系列活动火爆海外》等稿件，展现总台强大的融合传播优势。二是抓准"第二落点"，深入幕后再现国际舆论场上的总台声音。《多圈层、多元化、多维度！CGTN在海外是怎么传播中共二十大的》《多家国际组织、国际媒体机构负责人热议首届全球媒体创新论坛》等稿件展现总台"大珠小珠落玉盘""千树万树梨花开"的大传播格局；针对美国众议院议长佩洛西窜访中国台湾地区事件，连续刊发《首发！首次！独家！总台传递坚定的中国声音！》《全球3000多家媒体密集转发！总台声音持续宣示中国立场》等多篇稿件，凸显总台"抢首发、敢亮剑、争独家"的斗争精神。三是聚焦"总台现

象",全面展示"满屏皆精品"的生动局面。通过《为"是以中国"继续作答——慎海雄谈〈典籍里的中国〉第二季》《慎海雄解读：何为中国？》《中国诗画"活起来"有多美？》等稿件，凸显总台中华优秀传统文化传播主阵地、主渠道、主力军的高峰矩阵。此外，在春节、中秋、七夕、国庆等重要节日，以原创宣推优势扩大宣传声势。四是关注技术引领，充分展现"5G+4K/8K+AI"的创新成果。《秋云万里听菁彩　晚月千屏看团圆》《拿好这张高铁票，去看总台超高清移动演播室！》《虎年新春庆团圆　百城千屏看春晚》等稿件，用通俗易懂的语言对专业知识进行"解码"。

差异化期刊矩阵提升行业影响力。《电视研究》作为广电业界唯一"双核"期刊，全年正刊12期共编发学术论文360余篇，约计182万字。紧扣重大宣传报道，约请三大央媒领导撰写权威文章，并推出一系列新专栏，拉网式组稿约稿，为精品力作创新实践提供理论支撑。《国际传播》继续着力办成社科类"最受欢迎期刊"，把握国际传播规律，探索中国话语表达，全年共发文62篇，约60万字。《中国广播》完成全年6期出刊任务，并在充分内外部调研基础上，形成改版方案，分步骤、有计划稳步推进。

《中国电视报》不断焕发"连心桥"新活力。总台领导高度重视报纸发展，亲自策划部署重大选题任务，《中国电视报》充分发挥与文化大家、广大读者的"连心桥"作用，完成了多个"命题作文"和"自选动作"。一是精心策划。全年共完成2228个版面的稿件撰写、设计编校工作，总字数840万。推出《美术经典中的党史》特别报道，总台领导亲自撰写编者按，独家刊发16位艺术家评论文章，形成规模大、内容全的回顾总结报道；《种子　种子》打造融媒体报道矩阵，并联合安徽总站，推出读者回访报道及专题视频；大力宣推纪录片《荣宝斋》，通过整版报道、专访报道、文本精编等揭秘幕后故事；围绕重要选题，刊发范扬、韩美林、陈家泠、吴悦石、李苦禅、沈鹏等文化大家的专题文章；针对重点晚会、重点节日、重点节目，推出系列特稿，10期冬奥特刊全渠道总触达605万人次；特别策划"大学生看电视""父母最在乎什么"等报道和活动。二是服务读者。采写《一份报纸，牵起跨越六十余载师生情》《老读者找到了63年未见恩师，您要的"续集"来了》，帮助分别63年的师生重获联系，引发各界关注。三是融合传播。官方微博全年共发布2896条，单条最高阅读量超100万次，以"报哥"形象为依托的自主话题阅读量超7.1亿次；成立"报哥工作室"，稳步推进报社新媒体转型，共制作发布短视频189条，全网累计曝光量近2亿次；电子版"天天见"，增强了读者黏性。推出"重阳报安康"活动，全网累计曝光量突破1.3亿次。

高效组织国内外重要奖项评选工作。全年共组织报送650件作品（含集体、个人）参评22个国内外奖项及相关评选活动，共有143件作品获奖，其中包括亚广联奖、奥林匹克金环奖等国际奖项12件，中国新闻奖21件，精神文明建设"五个一工程"奖11件。全力推进总台奖评选，共570件作品获奖。加强协会管理联络，扩大"朋友圈"。

四、发挥党建工作的引领作用

创发中心成立党委和纪委,健全完善规章制度。以"好记者讲清廉家风故事""创发青年对话《领航》"等主题活动,凝心聚力建强队伍。青年骨干勇挑重担,获得总台多项荣誉。综合部党支部先后获评总台与中央和国家机关工委"四强"党支部称号。打造公益品牌栏目《鹿鸣课堂》(第二季),录制沉浸式普通话情景微课堂"婆婆来了",助力"乡村振兴"行动。

机关党委工作概况

2022年，在中央和国家机关工委、总台党组领导下，机关党委坚持以习近平新时代中国特色社会主义思想为指导，围绕迎接宣传贯彻党的二十大这条主线，深入贯彻落实习近平总书记在中央和国家机关党的建设工作会议上重要讲话精神，以高质量党建推动高质量发展。

一、持续深化理论武装，推动理想信念教育常态化制度化

机关党委坚持以党的政治建设为统领，持续推动政治机关意识教育，引导全台党员干部深刻领悟"两个确立"的决定性意义，以实际行动推动"两个维护"再上新台阶。

始终把学习贯彻习近平新时代中国特色社会主义思想作为首要任务，进一步在学懂弄通做实上下功夫，以"三会一课"、主题党日为重要抓手，综合运用学习研讨、辅导讲座、在线培训等多种方式学习党的十九届六中全会精神、党的二十大精神、《习近平谈治国理政》第四卷、习近平经济思想等。通过党员大会、党小组会、专题学习会、座谈交流会、主题党日活动等第一时间传达学习习近平总书记对总台工作的系列重要指示批示精神和贺信精神。

推进总台网上党校改版升级。积极开展总台青年理论学习活动，在全台范围内推进青年理论学习提升工程，组织各单位青年理论学习小组开展基层调研。

二、扎实做好迎接党的二十大、学习宣传贯彻党的二十大精神各项工作

机关党委聚集党的二十大，扎实做好各项工作，积极营造良好氛围。

把做好党的二十大代表选举工作作为重大政治任务，严格程序、周密组织，圆满完成总台出席党的二十大代表候选人初步人选推荐提名工作，获得中央和国家机关工委充分肯定并致函感谢。

在迎接党的二十大阶段，举办总台"走好第一方阵　我为二十大作贡献——庆祝中国共

产党成立101周年主题党日活动",总台主要负责同志在活动中讲专题党课。以"走好第一方阵 我为二十大作贡献"为主题,组织开展有总台特色和媒体特点的"四个一百"(100个优秀主题党日活动、100堂优秀微党课、100位播音员主持人讲述中国共产党人精神谱系列微视频展播、100篇优秀学习体会文章)系列活动。组织开展"喜迎党的二十大"职工书画摄影作品征集、短视频拍摄、主题阅读、绘画、征文等群众性活动。

在学习宣传贯彻党的二十大精神阶段,组织党员、干部职工收看党的二十大开闭幕会盛况,及时发放辅导材料组织集中学习。举办"学习宣传贯彻党的二十大精神"局级领导干部专题培训班和分管党建工作副书记、专职组织员、党务专员等专题培训班、总台"党的二十大精神"知识竞赛答题活动及"好记者讲好故事"青年编辑记者岗位练兵活动等。召开工会、共青团、妇联、民主党派、无党派重点人士、侨联委员等专题学习会、研讨会,在全台掀起学习贯彻党的二十大精神热潮。

三、积极为全面推进乡村振兴和新时代文明实践中心建设贡献更多总台力量

机关党委认真履行总台定点帮扶工作领导小组办公室责任,扎实开展定点帮扶工作。总台全年投入帮扶资金1.16亿元,引入帮扶资金1400多万元,购买脱贫地区农产品1020多万元,帮助脱贫地区销售农产品5900多万元。为四川省凉山彝族自治州喜德县举办综合能力提升暨推进乡村振兴专题培训、"两优一先"基层党员示范培训暨党员教育基层师资重点网络培训。全年培训喜德县乡村基层干部、乡村振兴带头人、专业技术人才2000多名。积极组织中央美术学院画家开展"走进大美凉山 描绘时代新貌"采风创作活动及作品展。有针对性地协助做好产业发展规划,开展文化帮扶、教育帮扶等援助,探索党建帮扶等新方式新途径。通过文艺小分队、"心连心"慰问演出等,积极推进文化下乡,推动形成乡村振兴合力。

组织总台挂点联系北京、上海两地新时代文明实践中心建设工作,开展相关调研并向两地新时代文明实践中心赠送总台精品节目库。《新闻联播》《晚间新闻》等品牌栏目进一步加强对文明实践"北京样本""上海模式"的宣传推广。精心组织各类志愿服务小分队开展"走基层送培训"活动,助力两地志愿者提升宣讲习近平新时代中国特色社会主义思想的能力水平。

四、认真开展"学查改"专项工作和党的建设专项督查整改等工作

按照中央和国家机关工委部署,集中开展"学习研讨、查摆问题、改进提高"专项工作。协助组织总台党组理论学习中心组在中央国家机关中率先开展集体学习研讨习近平经济思想。《中央和国家机关中心组学习文选》编发总台专刊,刊发中心组成员发言稿。组织党员、干部深入研读习近平总书记在历次中央经济工作会议上的重要讲话及重要文章《论把握新发展阶段,贯彻新发展理念,构建新发展格局》,以党支部(党小组)为单位召开专题组

织生活会，在学习研讨、查摆问题基础上，建立工作台账，推动整改落实。举办总台青年论坛，以"按经济规律办事，总台青年怎么办"为主题开展交流座谈。

针对中央和国家机关工委党的建设专项督查反馈意见，开展对台属企业党组织分类指导调研，摸清情况、深入分析，完成总台台属企业党建工作专项调研报告，提高对台属企业党建工作指导的有效性和针对性。

五、加快推进基层党组织和群团组织建设

督导总台31个党委中的229个基层党组织完成书记、副书记任免，选举成立、改选或补选党支部委员会委员工作。全年发展新党员203人，审批预备党员转正259人。建立党建工作提醒督促机制，对基层党组织党员发展、转正、处置等工作进行书面提醒。举办发展党员工作专项培训班。

在全台范围内开展"四强"党支部评选，共有68个党支部被评为总台首批"四强"党支部，并被中央和国家机关工委命名为"中央和国家机关'四强'党支部"。深入开展"四强"党支部创建、台属企业业务外包单位派驻党员管理以及离退休党员管理等工作调研。完成总台基层党组织建设三年行动计划总结评估报告。

印发《地方总站党委调整党支部设置原则和程序》《地方总站落实全面从严治党责任清单》《地方总站基层党支部落实全面从严治党责任清单》，编写《关于地方总站基层党建工作相关问题的答复（二）（三）》，持续加强地方总站党组织标准化规范化建设。

指导内设机构、台属企业组建基层工会委员会，建立健全总台工会组织体系。成立总台妇女工作委员会并召开第一次全体会议。

六、持续强化机关党委自身建设及总台文化建设

全年召开机关党委全体委员会议6次、常委会会议9次、书记会议32次，及时传达学习党中央文件、党内法规，研究落实中央和国家机关工委、总台党组各项任务要求。

督促各部门各单位逐级签订全面从严治党责任书。起草《中央广播电视总台2022年党的建设工作要点》，并经总台党组审议通过后印发。组织64家单位党组织书记参加2021年度基层党组织书记党建工作述职评议考核。

认真落实专兼职党务工作经历纳入干部履历工作。移动端缴纳党费、在线管理党员、线上教育培训、智慧团建、计生服务系统及工会服务平台等信息化智慧化建设取得新进展。

总台网上党校、"总台之声"微信公众号、《总台党建》杂志、《总台生活》报纸发挥各自特点，打造重点精品栏目，发稿量和影响力稳步提升，形成了务实有效的党建宣传平台矩阵以及党员干部学习交流的重要渠道。《正风反腐就在身边》《党课开讲啦》《榜样5》《党旗飘扬》《非凡百年——百位播音员主持人讲党史》等作品分别获得相关部委和行业机构党建宣传奖项。

不断创新，组织开展"就地过年云团圆"总台职工新春线上厨艺秀、"奋进新征程、岗位作贡献"岗位技能练兵、"健康向上总台人"

系列线上健身以及职工菜谱进食堂、写春联送福字等丰富多彩的文体活动。组织全台职工编织毛裤、帽子、围巾等爱心织品，赠送给新疆、四川、河北的少年儿童。组织开展"幸福工程——救助贫困母亲行动"捐款以及无偿献血、绿色出行宣传等志愿服务和公益活动。

机关纪委工作概况

2022年，总台机关纪委围绕迎接党的二十大、学习宣传贯彻党的二十大精神工作主线，强化监督执纪问责专责，充分发挥监督保障执行、促进完善发展作用，为总台打造具有强大引领力、传播力、影响力的国际一流新型主流媒体提供坚强政治保障。

一、深入学习贯彻党的二十大精神，坚持不懈强化理论武装

1. 把学习贯彻党的二十大精神作为首要政治任务

党的二十大胜利召开后，机关纪委通过多种形式，组织学习党的二十大报告、中央纪委工作报告和习近平总书记重要讲话，制订学习方案，加强对党的二十大精神的学习领会，深刻领悟"两个确立"的决定性意义，深刻把握党的二十大关于全面从严治党、党风廉政建设和反腐败斗争的战略部署，深刻领悟党的自我革命战略思想和实践要求，保持永远在路上的战略定力，努力把学习成果转化为敢于斗争、善于斗争、主动担当、忠诚尽责的政治信念和工作本领。

2. 制度化常态化开展政治理论学习

坚持每周集体学习制度，通过读原著、学原文、悟原理，系统学习习近平总书记重要讲话精神以及习近平总书记对总台工作的一系列重要指示批示和贺信精神，在进一步学懂弄通做实习近平新时代中国特色社会主义思想上持续用功，坚定拥护"两个确立"、坚决做到"两个维护"，不断提高政治判断力、政治领悟力、政治执行力。

二、强化政治监督，持续推动政治监督具体化、精准化、常态化

1. 开展"正风气、守纪律、排隐患、强管理"爱台护牌专项行动

聚焦"两个维护"，围绕迎接党的二十大、学习宣传贯彻党的二十大精神这条主线，抓紧抓实纪律教育、专项监督、专题调研等各项举措，打出正风肃纪"组合拳"，督促全台各部

门各单位把握正确政治方向和舆论导向，促进宣传报道、日常管理等各项工作圆满完成，提升干部员工遵规守纪意识和爱台护牌意识。

2. 开展落实意识形态工作责任制监督检查

坚持排查隐患、解决问题原则，聚焦责任落实、导向把关、内容审核、安全播出、队伍管理等方面风险隐患，在组织各部门自查整改的基础上，与相关职能部门组成联合检查组开展抽查检查，深度了解相关部门单位落实意识形态工作责任制自查及整改情况。通过监督检查，扎实推动各部门各单位严把导向、守好阵地，有力维护了总台意识形态阵地安全。

3. 加强对"一把手"和领导班子监督

为深入贯彻落实中央精神，进一步加强对总台各部门各单位"一把手"和领导班子监督，机关纪委结合实际牵头制定《中央广播电视总台党组关于加强对"一把手"和领导班子监督的实施办法》，督促总台党员领导干部自觉接受监督，认真抓好监督，用好监督措施，做到严于律己、严负其责、严管所辖。

三、坚持监督关口前移，紧盯重点领域、关键环节做细做实日常监督

1. 持续加固中央八项规定堤坝

在重要时间节点开展落实中央八项规定及其实施细则精神监督，节前印发通知强调纪律要求并转发上级纪检监察机关通报的典型案例，加强提醒、敲响警钟、压实责任。持续开展纪律教育，制作廉洁提示海报并在总台"掌上通"首页展示，推送廉洁提示短信，在各办公区显要位置电子显示屏播出各项纪律要求。持之以恒纠治"四风"，督促干部员工时刻绷紧纪律规矩之弦。

2. 对重点人群、重点项目开展专项监督

加强对年轻干部监督，对近年来总台年轻干部违规违纪问题进行梳理，深入剖析其中原因，找到监督管理的薄弱环节，提出改进提升举措。开展第三方新媒体平台账号收益专项监督检查，摸清总台相关账号的收益底数，形成意见建议，实现收益颗粒归仓，推动管理更加科学规范。选派业务骨干对2023年春晚筹备工作进行专项监督，探索有针对性的监督方法，为廉洁、节俭办好春晚提供纪律保障。

3. 加强对派出机构和台属企业监督

加强对总台派出机构的监督，对31个地方总站进行书面调研，建立廉政档案。强化对台属企业"三重一大"决策制度落实的监督，开展现场调研，分析问题原因，提出整改措施，形成专题报告。指导台属企业开展专项教育活动，在端正基层风气、严守工作纪律、排查风险隐患、强化管理提升、推动企业高质量发展上，摸索形成有效经验做法，并在台属企业全面推广。指导相关台属企业制定商务接待、公务用车相关管理规定，进一步强化廉洁风险防范。

4. 织密织牢总台监督网络，提升监督质效

充分发挥党风廉政建设协调小组作用，召开会议研究部署全年党风廉政建设重点工作。强化与总台内设机构、台属单位纪委的工作衔接，提升监督执纪工作合力。持续推动总台内设机构和台属单位党组织设置纪检机构，配备人员力量。通过组织座谈、列席会议、参加民主生活会、下沉调研、听取述责述廉等方式，把监督见诸日常、严在经常。

四、持之以恒正风肃纪，一体推进不敢腐、不能腐、不想腐

1. 精准研判处置线索，深化运用"四种形态"

按照机关纪委《信访举报受理和问题线索处置实施办法》，严格落实"三级联动机制"，召开线索处置研判小组会议，做到线索处置既快速高效又精准规范。加大转办和督办力度，压紧压实相关党组织管党治党主体责任。常态化开展案件督办，每周汇总、通报案件办理进度，督促提高办案质效。

2. 推进执纪审查制度机制建设，促进办案质量整体提升

加强向中央和国家机关纪检监察工委、驻中宣部纪检监察组的请示报告，不断提高定性量纪的精准性。制定《关于进一步规范证据工作及总台执纪审查常见问题线索主要证据清单的指导意见》《案件监督审查联席会议制度》《关于"走读式"谈话安全工作的意见》，推动执纪审查工作质量提升。

3. 坚持以案为鉴、以案促改、以案促治

坚持举一反三、警钟长鸣。践行将处分决定"一张纸"变成警示教育"一堂课"工作理念，实现监督执纪、处分执行、警示教育贯通融合。抓好受处分党员干部回访教育工作，指导处分期满党员所在党组织完成首次教育回访工作，实现执纪问责政治效果、纪法效果、社会效果有机统一。开展"点对点"纪律教育，为新入台员工讲授纪律教育专题课，录制处级干部廉洁教育课程，组织年轻干部赴北京市全面从严治党警示教育基地开展警示教育，不断提高教育的针对性和实效性。

五、坚定不移深化政治巡视，充分发挥巡视利剑作用

1. 高质量完成2022年巡视巡察工作任务

按照总台党组巡视工作部署，圆满完成2022年对6个单位党组织的常规巡视。建立巡视整改监督机制，压紧压实整改主体责任，狠抓成果运用，切实做好"后半篇文章"。

2. 扎实推进巡视工作五年规划编制工作

系统回顾党的十九大以来总台巡视工作情况，起草完成《中央广播电视总台党组党的十九大以来巡视工作总结》，为做好下一个五年巡视工作奠定良好基础。将学习贯彻党的二十大精神与谋划总台未来五年巡视工作结合起来，确定巡视工作五年规划框架和思路，稳步推进具体内容的落实。

3. 持续推进内部巡视规范化建设

2022年共制定4项巡视业务相关制度，对巡视巡察上下联动、巡视信息沟通、巡视信访工作、巡视整改工作成效评估等作出规范。出台3项巡视办内部管理制度，规范巡视工作专项经费使用、档案管理和印章管理。做好专兼职巡视干部培训管理工作，调配3名处级干部充实专职巡视力量，选派2名同志分别参加十九届中央第九轮巡视、中央单位巡视工作专项检查，"以点带面"提升巡视干部业务水平。

六、深化拓展"学抓改强"活动成效，推动纪检工作高质量发展

1. 持续加强机关纪委自身建设

用好机关纪律检查委员会工作机制，压实机关纪委委员责任。完善工作考核体系，细化

考核内容，制定政治表现、工作实绩、廉洁自律等评分指标，激励纪检干部更加奋发有为。

2. 持续深化全员业务培训

邀请中央纪委国家监委有关处室负责同志来台授课，机关纪委书记讲授专题党课，开设业务微课堂，组织机关纪委业务骨干分享工作经验体会，有效提升机关纪委干部把握政策、调查取证、监督执纪等多方面能力。选派干部参加上级机关和总台组织的专题培训班，选派业务骨干借调中央纪委国家监委、中央和国家机关纪检监察工委、驻中宣部纪检监察组等上级机关"以干代训"，进一步提高业务能力和履职本领。

3. 持续加强日常管理约束

把不敢腐、不能腐、不想腐一体推进的理念贯穿机关纪委自身建设，健全权力运行机制和管理监督体系，制定《机关纪委党员干部"八小时以外"监督管理办法（试行）》等制度，勤动"婆婆嘴"、常敲"小木鱼"，督促纪检干部自觉接受最严格的约束，争做政治过硬、本领高强、纪法严明、作风优良的表率，打造忠诚干净担当的总台"纪检铁军"。

审计部门工作概况

2022年，审计部门严格执行总台领导"防范在前、预警在先，防患于未然"的工作总要求，充分发挥内部审计规范管理、防范风险、助力决策的重要作用。一年来共完成各类审计项目475项，发现问题233项，提出审计建议及风险提示128条，中止高风险项目1个。

一、高质量完成年度审计工作

（一）全面推进重点工作

1. 强化节目经费专项审计

围绕"以业务为核心、以监督为手段、以服务决策为目标"的理念，全面加大总台重大节目经费的监督力度，聚焦经费使用的关键环节，深入核查节目经费预算编制的合理性、费用开支的合规性、采购活动的真实性、付款依据的充分性。通过追踪资金流向，对委托制作业务合作企业进行延伸，关注项目执行过程中的合同签订、资源投入、财务收支等重点内容，及时发现存在的问题及薄弱环节，提出改进建议，进一步提升节目经费的管理水平，增强重大风险的防范能力。

2. 开展重大工程建设项目全过程审计

以规范工程项目实施程序、有效控制投资成本、提高建设资金安全性、提升资金使用绩效为目标，全面推进总台重大建设工程自开工前准备至投入使用全过程审计，通过在工程实施的重要环节、关键节点进行风险隐患的预判预警，揭示存在的突出问题和管理漏洞，强化成本控制，服务总台民生实事落实落地，保证项目安全、合规、高效。2022年，陆续开展涿州项目启动区建设工程、国家（杭州）短视频基地项目、复兴路园区综合改造项目三个重大工程的全过程审计工作。

3. 推进投资收益收取审核工作

为切实强化总台所属企业投资收益收取的审核监管，全面梳理24家所属企业应上缴2021年度投资收益情况，对投资收益计算基数、上缴比例、上缴程序等进行深入核查，并按照重要性原则选取5家公司同步开展现场复核工作，揭示问题风险5项，提出管理建议3条。相关企业根据审核意见，校正投资收益上

缴基数。

4. 全力配合审计署专项审计任务

审计署对总台进行了2021年度预算执行、网络安全等情况专项审计以及关于国际传播能力建设专项资金的延伸审计，按照职责分工全力配合审计署工作。一方面，做好日常服务，为审计署工作人员提供办公用房、疫情防控等必要保障，创造良好工作环境，确保审计顺利开展；另一方面，做好沟通汇报，针对审计署提出的问题，认真对照政策法规，将相关情况形成的历史原因及客观因素进行细致解释汇报，帮助审计署对总台工作进行深入切实的了解。

（二）持续开展常态化工作

1. 开展预算审核工作

把预算审核作为推动落实"过紧日子"的重要抓手，提前介入重点项目、重要事项、大额资金的预算审核环节，深化对预算编制科学性、合理性、准确性的审核，客观评价预算管理的有效性，从预算编制源头扎紧"钱袋子"。2022年，共完成预算编制审核项目63个，提出合理化建议39条，向相关部门发出风险提示函12份。

2. 推进政府采购审计

依托审计系统技术优势，以信息化手段全面推进政府采购程序审计，对政府采购项目全样本数据进行整合、分析、筛查，识别风险问题行为规律，通过前移监督关口，提前介入采购过程，就审计发现的具体情况向相关部门提供专业咨询和指导服务。

3. 实施工程结算审计

以规范总台工程项目管理、提高资金使用效益为目标，将总台所有工程项目结算纳入审计范围，重点关注结算资料编制依据的充分性、工程量计算的准确性、工程价格的合理性等内容，加大对工程结算"高估冒算"的审减力度，切实降低工程成本，将厉行节约落到实处。2022年，共完成结算审计项目14个。

二、巩固拓展审计整改成效

审计部门坚持揭示问题与推动解决问题相统一，持续跟踪、狠抓落实，推动审计整改治标更治本，进一步健全完善审计整改长效机制，着力打通审计监督"最后一公里"。

（一）深入开展审计整改"回头看"

针对2021年度重大节目经费支出专项审计发现的有关情况，组织实施对5个节目中心的审计整改"回头看"，指导开展全中心范围的节目经费自查及整改工作，督促其举一反三全面排查风险隐患，协助其进一步补短板、强弱项、促提升，夯实节目部门预算管理基础、提升自我防范化解重大风险的能力。整改"回头看"期间组织业务座谈8次、面对面沟通16次、咨询服务50余次，各节目部门根据业务实际，优化更新16项部门规章制度。

（二）全面跟踪督促问题整改落实

积极采取有效措施，持续加大审计整改的跟踪检查力度，不断提升审计整改成效。一方面，紧盯国家审计发现问题的整改落实，根据总台审计整改任务分工，积极跟进台属企业审计整改情况，按照问题清单逐项对照检查，协调推进审计整改落地见效；另一方面，强化内部审计发现问题的整改落实，采取动态跟踪、分类指导、实地抽查等措施，实时跟踪督促整改情况，严格落实对账销号，确保问题整改见底清零。在审计整改推进过程中，针对审计查出的问题以及2021年度未完成整改的审计事项，制定完善相关规章制度9项，优化业务流程7项，内部处理、处罚1人。

三、优化提升审计组织管理

（一）审计业务管理实现新突破

1. 全面实施审计标准化建设

制定完善审计通知书、工作底稿、审计报告等标准审计业务文书模板，结合工作实际分类编制审计项目标准化作业流程，统一工作标准和程序，以制度规范审计行为，进一步推动审计精细化管理水平。

2. 积极探索研究型审计新路径

通过深入研究政策法规和行业规范，吃透政策精神、把握行业规律，全面了解规划、资金、政策、项目，双向贯通"资金—项目—政策—政治"主线，确保问题查得准、拿得住，审计建议可操作、能落实，有效提升审计工作的政治性、敏锐性和前瞻性。

（二）审计信息化建设取得新成效

1. 强化"数据分析＋现场核查"线上线下有机融合的工作机制

在多个审计项目中探索实施"在线审""远程审"，做好数据采集、分析、疑点筛查等工作，开展数据探测、扫描、锁定，进行针对性分析，对疑点较多、金额较大的事项进行现场精准核查，有力提升审计质效。

2. 优化完善审计系统平台

完成总台派出机构工程项目审计系统的开发上线，有序推进预算审核、专项审计等业务模块的研究建设，着力打通与被审计单位、相关职能部门的资源交互渠道，推进审计工作的系统集成和数字化管理，让信息化审计成为审计价值持续增值的原动力。

（三）推动监督力量贯通获得新进展

1. 建立健全审计成果的共享共用机制

通过向财务、机关纪委等部门及时送达审计报告，同步审计线索信息，推动审计成果成为预算安排、执纪问责的重要依据。

2. 完成内部巡视任务

按照总台党组巡视工作安排，选派人员参加总台内部巡视工作，充分发挥审计人员精通财政财务知识、熟悉各类经济政策法规的优势，保质保量完成内部巡视工作任务。

3. 加强外部沟通合作

依托总台干部监督联席会议、党风廉政建设小组等制度，深化与其他监督部门的统筹衔接和沟通协作，努力构建衔接顺畅、保障有力、配合有效的"大监督"格局。

离退休干部局工作概况

2022年，离退休干部局强化对离退休干部政治引领，统筹做好离退休干部疫情防控工作，积极协调解决离退休干部"急难愁盼"问题，组织引导离退休干部发挥余热，推进部门自身建设，各项工作稳步推进。

一、以政治建设为统领，围绕迎接党的二十大、学习宣传贯彻党的二十大精神这条主线，全面加强党的建设

1. 全面落实好迎接党的二十大、学习宣传贯彻党的二十大精神的重要政治任务

组织离退休干部开展"建言二十大""我看新时代"主题活动，收集有关党和国家事业发展意见建议50余条。制定印发《局党委学习贯彻党的二十大精神工作安排》，组织收看习近平总书记在党的二十大开幕会上的报告及其他重要直播报道。完成总台"喜迎二十大"书画摄影展老年书画、摄影、手工作品征集80余件。推动老年文学协会举办"喜迎二十大 讴歌新时代"主题征文活动。组织老年合唱、舞蹈、模特协会参加中央和国家机关工委庆祝党的二十大云展演活动。"总台老干部之家"微信公众号推出《新时代"银发"先锋 畅享中国式幸福生活》等特别策划，集中发布离退休干部学习党的二十大精神情况。

2. 组织引导离退休干部深入学习新时代党的创新理论

离退休干部局党委制订《离退休干部理论学习方案》，依托线上学习平台、支部微信群、老年活动站等，通过"集中+自学+研讨"等形式，深入学习贯彻习近平新时代中国特色社会主义思想。组织在线收看全国离退休干部网上专题报告会5场。通过支部微信群推送习近平总书记重要讲话、党史学习教育、总台动态等学习材料1400余条（篇）。组织"学决议 话征程 喜迎二十大"党的十九届六中全会精神答题活动。在总台14个老干部活动站首次设置党建学习专区，配置最新政治理论书籍300余册。

3. 强化组织建设，发挥各基层党支部的战斗堡垒作用

建立离退休干部局党委纪委联席会议机制，研究细化2022年党建工作要点、学习安

排、组织发展等重要事项。深入学习贯彻中央印发的《关于加强新时代离退休干部党的建设工作的意见》，结合总台实际起草总台相关实施意见。召开离退休干部支部书记会议，广泛征集意见建议，就老同志提出的合理建议逐项研究落实。协助各党支部开展重温入党誓词、"我看中国特色社会主义新时代"等主题党日活动。为78位获得"光荣在党50年"纪念章的老党员举行颁发仪式。完成98位新退休党员关系接转以及2499名离退休党员党费收缴工作。7个离退休党支部荣获"中央和国家机关'四强'党支部"称号。

二、统筹做好老同志疫情防控与服务保障

1. 严格落实疫情防控主体责任

成立疫情防控工作领导小组，研究细化疫情防控措施。及时向老同志发出疫情防控倡议书、提示、通知等，按北京市和总台要求自觉配合各项疫情防控措施和风险排查。

2. 加强疫情期间的服务保障

及时调整服务方式，开展电话、微信慰问近1万人次，及时摸排掌握离退休人员涉疫情况，关心关注老同志特别是鳏寡孤独、重病人员的生活和健康状况，帮助解决疫情期间取药、购物等困难。启动并完成老年合唱、舞蹈等5门为期8个月的春季、秋季线上教学课程。

3. 持续推进老同志疫苗接种工作

研究制订老同志疫苗接种工作方案。向老同志发出30余次疫苗接种宣讲动员通知，摸底未接种名单并逐一动员，建立疫苗接种档案。通过党支部微信群等渠道多方位持续开展科普宣传，在"总台老干部之家"公众号推出5期系列专访。对接办公厅医疗处、相关街道办事处，为老同志就近、就便、上门接种新冠疫苗创造条件，提供交通保障和陪伴式服务等。协调街道专业医生，为尚未接种新冠疫苗人员答疑解惑，为211位有疫苗禁忌证的老同志开具"不宜接种"证明。跟进做好加强针接种等后续工作，接种者平均年龄74岁，年龄最大者99岁。

三、立制度建阵地，为老同志办好事、做实事、解难事

1. 扎实做好老同志服务保障

春节前后，为3817位离退休干部发放慰问金、慰问品、防疫物资，走访慰问离休干部、高龄老人、孤寡老人、病困老人、独居老同志、老红军配偶等80余位，电话慰问病困、高龄老干部等1000余人次。为155位80岁以上老同志祝贺生日，协助处理86位病故老同志身后事，为352位老同志申请病困慰问金并登门看望。

成立离休干部健康巡检工作专班，为离休干部提供"一人一策"精准服务，切实落实好总台领导有关"好事办好"的要求。

对接新退休人员170余位，联合人事、财务、机关党委，举办3期新退休干部座谈会，颁发荣休证书，帮助新退休同志尽快适应退休生活。

建管用好14个老干部活动站，为老同志学习、交流、娱乐创造条件。依托活动站，策划实施"爱心助老"义剪活动，邀请志愿者就

近为行动不便的60余位高龄老人义务理发。

持续跟进五棵松、鲁谷、羊坊店、定慧寺等台属老旧小区改造及电梯加装工作，协助台内相关部门、所在社区，对存在顾虑的老同志及家属耐心开展思想工作，推动改造工作顺利进行。

配合办公厅行政保障中心完成300余位去世老同志餐卡余额结算工作，并形成长效工作机制，解决去世老同志餐卡管理不便、家属消费不便等问题。

在老同志体检报名、预约、复检提醒等方面做细做实服务保障工作，累计发放体检报告1300余份。协调各总站确定不同的体检费用结算方式，完成97位老同志体检及费用报销。

此外，为1100余位老同志及家属办理复兴门办公区临时出入证，为1807位老同志分发总台新餐卡，协助完成老同志日常药费报销、异地医疗报销备案、开具证明等日常服务。

2.加强制度建设，促进规范管理

编辑印发《中央广播电视总台离退休干部服务手册》，引导离退休干部遵守总台纪律，了解相关业务办理流程。联合人事局研究制定《总台各地方总站离退休人员日常管理事项》清单，规范地方总站离退休干部管理事务。加强内部制度建设，制定《总台老干部活动站管理员管理办法》等8项规章制度。

3.推进信息化平台建设，促进离退休工作提质增效

开发上线"总台老干部之家"微信小程序，为老同志提供消息通知、信息采集、在线学习等便捷服务。搭建离退休干部信息管理系统和"掌上通"信息应用功能模块，全面提高离退休干部人员信息和服务手段的准确性、及时性、全面性。

四、发展多元老年教育文体活动，丰富离退休干部精神生活

1.依托"桑榆金辉"云平台，共享共建老年教育资源

为900多位老同志申请注册成为国家机关事务管理局"桑榆金辉"云平台会员。向国家机关事务管理局推荐录制两门精品课程，老干部陈铎录制的《党的十九届六中全会〈决议〉学习辅导百问》被纳入国管局《习近平新时代中国特色社会主义思想》微课专栏。

2.节点策划覆盖全年，点多面广丰富离退休生活

协助老年书画、摄影、合唱等协会完成迎新春特别策划，联合总台书画院举办首届职工楹联创作书法展，举办老干部楹联知识"云"讲座，开展"写福送春进军营"军民共建活动。组织老年手工协会完成端午节粽子挂件编制展示活动。组织老年文学、书画、摄影协会，联合总台书画院举办总台首届重阳诗歌笔会。组织老年合唱团录制《南湖的船》等3首曲目，在央视频重阳节特别节目中播出，网上观看量超760万人次。

3.组织开展公益文化交流

推荐葛兰、铁城、雅坤等知名退休播音员助力总台大型节目《乐龄唱响》录制。联合云听客户端推出"国声公益讲堂"系列主题讲座，邀请退休体育节目主持人韩乔生、蔡猛、宁辛做客云听客户端，围绕"冬奥"等主题，开展线上讲座，节目收听、收看人数累计19.5万人次，线上互动9万次。协助老年戏剧社参

加电视展演展播系列公益盛典活动。配合总台向喜德县赠送书画作品定向创作工作。组织20位老年摄影协会会员参加国家乡村振兴局举办的主题摄影展并获奖。助推老年手工协会会员参与完成北京妇联组织的爱心援疆活动，70余件爱心织品已运往新疆和田地区。组织老同志向国家版本馆捐赠老版图书近500本。与办公厅档案处合作，启动总台离退休领军人物抢救性档案收集工作。

五、打造政治坚定、作风优良、业务精通的老干部工作者队伍

1. 加强党建引领，不断提升政治能力

离退休干部局党委理论学习中心组定期传达学习上级和总台党组会议精神、工作要求和部署，通过领学、自学、交流研讨、撰写体会，集体收看专题报告会、参加知识竞答、开展主题党日活动等形式，开展学习教育30余次（场）。策划制作的《一生追寻》获总台党史学习教育"四个一百"活动"最佳微党课"奖，离退休干部局党委获《百名播音员主持人讲党史》系列微视频优秀组织奖。邀请总台退休干部刘振敏以《一辈子为党工作》为题讲党课并完成微党课录制。组织"薪火传承践初心　青春向党担使命""七一"主题党日活动并完成主题党日活动录制及上报。

2. 提升专业能力，营造和谐向上工作氛围

举办第二届业务技能大赛。邀请"全国先进老干部工作者"荣誉获得者进行业务交流研讨。引导辅助青年理论学习小组开展丰富多彩的学习实践活动。组织员工参加总台职工厨艺秀、AI健身达人秀等活动，组织女职工开展"最美春天"三八节主题活动。

国家应急广播中心工作概况

2022年，国家应急广播中心在应急广播新媒体内容生产、拓展应急信息播发渠道、发挥应急信息关键作用、技术系统运行维护等方面工作成效显著。

一、突出特色，打造应急科普节目，丰富应急科普知识库建设

1. 策划推出以燃气安全为主题的原创科普节目

国家应急广播中心联合应急管理部、中国城市燃气协会等单位，策划推出以燃气用气常识及应急处置为主要内容的燃气安全科普系列4K高清短视频12集，展示现场实验和应急处置过程，对公众进行风险提示，宣传正确应对方法。此外，还策划推出燃气安全VR短片《燃气安全无小事　日常用气别大意》，以第一视角带领网友沉浸式感受燃气事故的伤害力，引导网友排查隐患，提高安全意识。

2. 做精应急科普原创视音频节目，完善国家应急广播科普知识库建设

以4K标准完成应急科普动画《急急侠》（第7季）11集正片，并衍生制作更为短小精悍的应急科普知识短视频14集。与天津市公安交通管理局合作完成系列交通安全科普短视频20集。制作播出应急类公益广告共12套（每套含长短版）及250集"快问快答"系列音频应急知识。50集"应急小剧场"，将应急知识巧妙融入真实生活场景和人物对话，结合央视频、微博、抖音等平台特点播出。《汽车备胎也有保质期》《碳酸饮料冷冻易爆炸》等节目阅读量均突破10万次。

截至2022年年底，国家应急广播中心应急科普库共收录应急科普类原创动画、实拍类视频603集，时长1803分钟；原创音频类节目储备累计达到810集，时长1929分钟。落地播出应急广播节目时长超过27万分钟，各媒体平台发布定制类应急新闻图片超过11万张。

二、紧跟社会关注，创新节目样态，持续提升国家应急广播传播力和影响力

1. 在重要时间节点推出大型科普直播、联播活动

策划重大选题，在央视频、学习强国、微

博、抖音等平台，开展"应急广播 科普应急"主题网络直播2场、科普联播11场，累计触达量超16亿人次。其中，"应急广播 科普应急"主题网络直播被央视频首页重点呈现并弹窗推送、学习强国首页重点呈现，累计触达受众近2.7亿人次。《世界气象日——应急科普大联播》《开学季 知危险会避险——儿童安全科普大联播》分别登上央视频直播页重点位置。《暴雨洪涝如何应对——应急科普大联播》直播播放量373万次。开设主持"英德洪水"话题，阅读量12.4亿次，讨论量98.6万条。

2. 打造应急科普传播新样态

策划推出4个主题微信SVG产品。动态交互长图《极端天气，我真的栓Q了》阅读量突破10万次。"数描应急"创意视频《"热死人"的热射病到底是什么？》以手绘漫画形式为网友答疑解惑，播放量1353万次、阅读量2720万次。

3. 推动原创应急科普产品走出去

连续三年向学习强国提供应急科普内容。截至2022年年底，学习强国《每日一招》栏目共发布国家应急广播中心原创科普视频1032篇，累计为学习强国题库提供应急科普类题目80套共计445道题目及答案解析，并在学习强国《每日答题》《挑战答题》版块呈现。

三、省级广电机构应急广播试点试验顺利收官，开拓融合媒体应急信息公共服务模式

从2017年开始的国家应急广播云南、贵州试点试验实现了总体目标，于2022年年底顺利收官。2022年全年，国家应急广播中心分别向云南、贵州应急广播平台下发预警信息52 864条和24 577条。云南IPTV发布橙色及红色预警约1300条，云南交通广播播出应急广播预警信息逾千条，七彩云端手机客户端发布应急广播提示近3万条。贵州交通广播播发各级各类预警2000余条，贵州有线电视网、贵州IPTV播发红色预警信息400余条，贵州省内超过300万有线电视及IPTV用户接收到国家应急广播预警弹窗，其中国家应急广播科普视频的点播收看量达到43万人次。

云南、贵州的试验项目经过5年多的积累与完善，基本实现预期目标：一是通过试验技术平台打通并测试了应急信息由国家级权威信息源经由国家级应急广播系统向省级广播电视机构实时自动共享传输的数据链路；二是实现了应急信息通过传统广播、有线电视、IPTV、手机客户端等多种融合手段向用户进行定向精准播发，精确度可达到县级行政区划；三是建立并完善了应急广播预警信息面向受众的播发策略，尤其是音视频呈现方式；四是在大屏端成功试验了在播发预警信息同时匹配播出相应灾害的应急科普视频。

四、顺应新媒体平台化、智能化发展趋势，拓展总台应急信息传播新领域

与台属两家互联网电视牌照方未来电视、银河互联网电视合作进行应急信息发布试验。未来电视应急广播系统全年接收5000余条由国家应急广播中心发送的预警信息，向江西、广西两个试点地区共发布近1300条预警，两地未来电视用户接收到应急广播提示近2万次。

银河互联网电视依托"中央银河"播控平台分别打通了与其合作的智能品牌酷开电视、银河奇异果客户端的应急信息实时共享通道。"中央银河"播控平台全年接收到超过45万条国家应急广播中心发送的预警信息。自7月启动酷开智能电视应急广播试验到12月底，向酷开电视用户发布10万余条各等级预警提示，用户端累计接收应急广播预警弹窗逾320万次，点击科普视频约4.4万人次。自10月底银河奇异果启动发布应急信息至12月底，共向用户发布413条红色预警提示，用户端累计接收应急广播预警弹窗约57万次。

此外，上述两家均在其互联网电视平台建立了应急科普节目点播专区，向用户提供由国家应急广播中心制作的形式多样、内容丰富的应急科普动画视频短片等。

小米电视作为银河互联网电视牌照使用方，2022年延续以往应急广播试验，继续向试点省份黑龙江、河南用户自动定向发布应急广播提示。全年共发布约7000条应急广播预警提示，累计触达两省近130万小米电视用户。

五、加强管理，保障预警信息自动适配播发系统稳定运行，发挥应急预警信息发布的龙头作用

国家应急广播中心从组织领导、制度保障、技术准备、应急处置以及培训和演练等方面采取措施，确保预警信息自动适配播发系统运行安全，持续发挥预警信息发布系统核心龙头作用。全年预警信息自动适配播发系统接收来自中国气象局、中国地震局和水利部的预警信息共60余万条。向对接平台成功发送预警信息共71.9万条，其中给中国广播云采编平台发送预警信息共52万条，向对接的省级平台（四川、贵州、云南、黑龙江、湖南、湖北等省）发送预警信息共18.3万条。向国家广播电视总局监管中心预警信息调度控制平台发送红色预警信息共1.58万条。预警信息自动适配播发系统累计发送红色预警信息3.65万条，橙色预警信息12.9万条。

音像资料馆工作概况

2022年，音像资料馆积极做好"四个服务"，持续深化"三个转变"，加快打造"两个平台"，努力建设国际一流音像资料馆。

一、突出为总台重大主题宣传报道提供资料保障，全面落实"四个服务"

创新优化服务举措，全面落实为总台宣传制播服务、为领导机关服务、为总台新媒体传播服务、为社会和公益服务。

（一）聚焦党的二十大，服务总台重点宣传任务

1. 建立主题数据库

建设"总书记十年足迹""总书记金句"等40多个视音频主题数据库，对670条领导人重点素材进行二次深度切分，为社教节目中心《平"语"近人——习近平总书记用典》、新闻新媒体中心《遇见习近平》等提供专项资料服务。

2. 专注资料保障服务

为《领航》《征程》等总台党的二十大宣传重点项目提供全流程、全方位、嵌入式的资料保障服务，并通过加强主题数据库建设、成立专项资料保障组提供深度资料服务、跟随剧组外拍收集资料、为新媒体平台深挖优质资料制作短视频、修复经典视频资料、提供图文资源服务等系列举措，为总台春晚、全国两会、庆祝香港回归祖国25周年等重大活动报道，以及总台53个重点宣传项目做好资料服务。

3. 开展多元化服务

2022年北京冬奥会、冬残奥会期间，高效开展体育赛事资料收集与多元化服务，派出专门团队在前场和后场开展赛事公共信号收录、素材归档和实时场记著录工作，做到2022年北京冬奥会相关资料的应收尽收，并第一时间提供全台使用。同时，高效优质地向北京冬奥组委提供2022年北京冬奥会宣传片所需资料。

4. 聚力优质资料编辑服务

发挥馆藏资源优势，为总台外宣融媒体

产品提供精准化、定制化、产品化资料编辑服务，持续与各外宣网红工作室联合策划展现中华文明的对外传播新媒体产品。

（二）围绕工作大局，高效精准服务领导机关

2022年，音像资料馆为中央和国家机关107个项目提供视音频资料近2500小时。根据中办、中宣部等领导机关需求，提供党的十七大至十九大的相关资料，为党的二十大筹备工作提供参考。

（三）不断增强开拓意识，服务总台新媒体传播

音像资料馆积极与央视频融媒体发展有限公司联合策划创作"珍贵影像馆"等系列短视频；与CCTV-10科教频道《中国诗词大会》节目组、央视频共同策划《品味中国诗词》系列新媒体产品；深挖馆藏经典，自主策划制作18个系列、214条短视频在央视频"忆海拾贝"账号发布。同时，为总台多个节目部门进驻资料馆工作区的新媒体团队提供资料查询、编辑、下载等一站式服务。

（四）助力总台版权经营，探索服务社会新模式

探索利用馆藏资源服务总台产业经营新路径，分别与央视频公司、中广影视、爱上电视等台属企业就馆藏资源开发事宜进行沟通探讨。有序开展节目资料社会和公益服务，2022年受理订单86单，提供资料98小时。

二、提升服务保障能力水平，加快实现媒资管理服务"三个转变"

提出推进媒资管理服务"三个转变"的任务目标，采取一系列举措。

（一）适配全媒体传播，加快推进系统建设和标准制定

1. 列入总台"十四五"发展规划的"三化"平台建设取得新进展

与技术局共同研究形成的平台规划设计方案已通过台工程审定会审定。"基于私有云化部署的服务国内总站的媒资系统架构方案"稳步实施。围绕新一代媒资系统全流程需求开展系统化、前瞻性研究，为系统深化设计提供参考建议。

2. 与技术局共同建设总台媒资标签验证系统，正式应用于部分编目生产

积累包含大量数据的标签库和人物库，完成约5700小时新闻、体育、专题类节目的标签编目。

3. 协同技术局建设的音频共享系统正式上线试运行

在全部导入历史数据的基础上，新增数据可同步归档和编目功能，系统可供全台查询检索，实现音频资源共享。

4. 创新提出全新的视频资料元数据规范

优化形成《视频节目资料编目标准（2022版）》，完善《音频资料编目细则》。

（二）拓展资料收集范围，推进采集工作升级

以重点选题专项收集和优质新媒体产品收

集为切入点，完成多个中心新媒体资源的收集并建立常态化收集机制。以"巅峰使命"珠峰科考节目素材收集归档为抓手，开展面向西藏总站的历史积存素材定向收集并建立长效互动的素材入库机制。协同技术局，为中视前卫、中视北方公司的台外制作岛配置素材提交媒资系统专用工作站，使资料收集范围延展至台外制作区域。完成总台历史音频资料收集，复制原国广珍贵历史音频资料，对复兴门办公区17个广播频率播出节目全时段档案留存，正式启动鲁谷办公区6个通用语广播频率播出节目全时段档案留存。

（三）试点视频编目"年清"，提升编目生产管理水平

构建精编、普编、简编的分级编目策略体系，按即播、即发、即编、即审的原则科学组织编目工作，利用标签业务系统辅助编目生产，实现视频编目项目"年清"的目标。持续开展编目质量监管与促进工作，强化对视频、音频、特藏编目项目的日常监督和审核力度。

（四）筑牢意识形态防线，加强资料使用把关

制定《视频节目资料下载审批管理办法》，进一步规范下载使用。2022年资料审核发现版权问题数据8830条，内容安全隐患数据2650条。

（五）厘清数据提升效能，开展媒资数据研究

音像资料馆开展库存资源回溯清理项目，对各类型节目整理聚类，查缺补漏，取得了阶段性成效。创新推出《媒资业务季报》，为媒资管理和服务高质量发展提供有力数据支撑。

（六）营造全台阅读氛围，完善图文资料服务

协调办公厅向全台印发《中央广播电视总台图书资料管理规定（试行）》。2022年，音像资料馆首次独立完成全台各部门年度报刊征订工作；将音像资料馆大厦部分办公区改造为面向总台读者开放的综合查询阅览区，打造书香总台；配合总台机关党委筹建"总台党史学习教育书库"。

三、筑牢高质量发展根基，推进机构队伍建设

2022年，音像资料馆着力在队伍建设、行政建设、品牌建设、文化建设等方面下功夫。

（一）加大青年人才培养力度，建设高素质专业化团队

始终把政治标准放在首位，在年轻化、专业化上下功夫，配合人事局完成第二批处级干部推荐考察工作。加大青年人才队伍培养力度，强化递进式培养、多岗位历练。建设职工书屋，关心关爱员工，打造健康向上的团队文化，增强凝聚力和向心力。支持总台援藏工作，选派1名年轻干部援藏。

（二）提升规范性高效性精准性，加强行政保障建设

持续推进全馆规章制度建设。编制总台音像资料馆2022年年鉴。提升财务服务保障水平，牢固树立"过紧日子"思想，把每一笔钱

都用在刀刃上、紧要处。

（三）加强宣传推广，树立音像资料馆良好品牌

完成音像资料馆大厦门头标识改造，正式启用"中央广播电视总台音像资料馆"中英文标识。同时，加强对外联络，接待全国政协办公厅新闻局、学习强国平台等多家单位来馆参观交流。

四、提升党建工作质量水平，推进全面从严治党

（一）持续深化理论武装

全年党委理论学习中心组集体学习25次，学习各类材料和讲话53篇，各党支部、青年理论小组组织形式多样的学习活动。

（二）认真落实"一岗双责"

逐级签订全面从严治党责任书，落实落细全面从严治党主体责任和党员领导干部"一岗双责"。落实好巡视整改，巩固深化整改成果。开展廉政教育和清廉家风主题党日活动，要求党员干部树牢纪律规矩意识，严格落实中央八项规定及其实施细则精神，持之以恒加强风气建设。

（三）不断加强党的组织建设

召开党员大会，选举产生音像资料馆党委和纪委。加强馆党委和党支部自身建设，以开展创建模范机关和"四强"党支部为抓手，推进标准化、规范化建设，第三党支部分别被中央和国家机关工委、总台机关党委评为首批"四强"党支部。

影视翻译制作中心工作概况

2022年,影视翻译制作中心稳步推进多语种译制和海外传播高质量发展。紧扣重大主题,发力重点译制项目效能建设,共使用26种外语译制176部共1119集影视作品、总时长33 577分钟。服务主客场外交,抓住印度尼西亚G20峰会、2022年北京冬奥会及中韩建交30周年、中国阿根廷建交50周年等契机,促成多项影视文化国际交流成果。自主策划"中拉情缘"、"中国电影非洲行——'中非情缘'"(第三季)、"发现新疆之美"(第二季)等区域展播和主题展映活动。影视作品传播范围再创新高,成功落播全球51国75家媒体。创新探索创作与译制融合新模式,"屏幕里的中国"二创多语种短视频项目和《千里江山》原创中英双语微剧阅览量分别达3.5亿次、2.5亿次。

一、扎实做好党的二十大精神对外宣传,译制推送重大题材多语种版产品

跟随习近平总书记走访浙江余村、福建武夷山、河北塞罕坝等地的"绿色足迹",改编译制《绿水青山》5集系列国际版短视频,深刻讲述习近平总书记的生态文明思想和人类命运共同体理念,总台各语言部和巴基斯坦、柬埔寨、蒙古国等多国主流媒体播出。30个小时完成《解码十年》英语、西班牙语、法语、阿拉伯语、俄语等5个语种版本紧急译配,保质如期交付总台发布会和各语种播出平台使用,并推送印度尼西亚、菲律宾、墨西哥、哥伦比亚、坦桑尼亚等国主流媒体播出。克服疫情影响,同步译制发布《领航》国际版德语、意大利语、巴西葡语、印地语等12个非通用语版正片和系列短视频。译制10个语种版纪录片《了不起的决心》,并阶段性实现印度尼西亚语、缅甸语、越南语、波斯语、希伯来语等5个语种版的推送播出。完成党史题材《山河岁月》(第二季)创译传播,"小切口"叙事创作11集微视频产品,在老挝、柬埔寨等国主流媒体播出。

二、配合高访、主客场外交和重大活动开展多项影视文化交流

配合习近平主席赴印度尼西亚出席G20峰

会，积极开展"影视外交"，促成总台与印度尼西亚国家广播电台签署合作备忘录，成为高访期间两国媒体领域最新合作成果；与印度尼西亚国家电视台（TVRI）联合举办"总台精品纪录片展播季"，陆续播出《活力中国》《我的新疆日记》等10部精选主题纪录片。

抓住2022年北京冬奥会、中韩建交30周年契机，在韩国京仁电视台推出纪录片《冰雪道路》《记住乡愁》等影视作品，收视率超过韩国京仁电视台播出纪录片平均水平。

抓住中国阿根廷建交50周年契机，在双边人文交流高端论坛期间，在阿举办首届"中国影视作品展播季"，播出《我的新疆日记》《航拍中国·新疆篇》等9部影视作品。紧跟中国尼加拉瓜复交，开展媒体文化交流，与尼加拉瓜国家电视台签约播出《人世间》等6部影视剧/纪录片。

三、扎实推进国际传播力建设，海外落播取得新突破

2022年，影视翻译制作中心共实现124部影视作品落播全球51个国家75家主流媒体，刷新2021年48个国家56家媒体的历史最好落播纪录，其中G7、G20国家达到14个。区域展播和主题展映活动继续扩围造势，完成中国影视作品在阿拉伯语、西班牙语国家传播趋势及海外主流视频网站传播专项调研，为区域化、分众化投放提供决策参考。与拉美10个国家16家媒体合作举办首届"中拉情缘"影视展映，成为总台首次在拉美开展的大规模区域性影视展映，其中在哥伦比亚国家电视台播出的电视剧《外科风云》触达受众364万人次，占该国电视人口的18.4%。开展"中国电影非洲行——'中非情缘'"（第三季）展映活动，《十八洞村》等5个语种17部中国优秀电影在尼日利亚、肯尼亚、坦桑尼亚等13个国家15家主流媒体播出。举办"发现新疆之美"（第二季）展映活动，节目在16个国家19家媒体播出。

四、发力重点项目效能建设，强化译制项目精细管理

2022年，影视翻译制作中心共使用26种外语译制176部影视作品，涵盖国家级译制项目和自主译制项目"中国剧场"，总时长达33 577分钟。优质高效完成国家级译制项目，仅用6个月完成"中非影视合作创新提升工程"4期（简称"中非创提4期"）和"丝绸之路影视桥工程"7期项目的10部作品译制工作，"丝绸之路影视桥工程"6期西班牙语和阿拉伯语项目及"中非创提4期"阿拉伯语项目在国家广播电视总局结项评审中分获综合评分第一名、第二名。

通过精细化项目管理，自主译制项目"中国剧场"运营水平和管理效能显著提升，与2021年相比，平均译制成本降低31.6%，译制语种数增加85.7%，译制时长增加50.9%，译制节目部数增加175%，其中总台原创节目占比82.1%。

五、探索发展新空间，创作译制和原创作品成为新增长点

创新探索发展新空间，依托总台重点选题专题片、纪录片和文艺文化精品节目，进行

二次创作，推出系列短视频，对外讲述脱贫攻坚、生态文明建设、典籍文博传统文化和Z世代故事。项目面向海外年轻受众精准投放14个语种的内容产品共1555分钟，境外总阅览量超3.5亿次，其中《文物月历》系列短视频阅览量超1亿次，并通过老挝国家电视台、法国Daily Motion网站等十几个国家的主流平台实现二次传播。围绕总台虎年春晚开展10个语种的精编版创译，以伴随式解说字幕代替原唱词台本，在全球26国30个主流媒体播出，文化和旅游部中外文化交流中心通过全球60多个分支170个社交平台转发节目官方链接，相关短视频境外新媒体阅览量超1744万次；携手CGTN和融合发展中心，原创出品总台首部跨语种融媒体微剧《千里江山》，以声音、图文、H5、动画等多维度立体展现名画背后的传奇故事和中华优秀传统文化经久不衰的魅力，全网总阅览量、总播放量、总互动量分别超2.5亿次、1200万次、24万条。

六、积极推动国家多语种影视译制基地技术平台建设

启动"国家多语种影视译制基地"（云基地）技术建设，在总台"智能语音转写系统"基础上开发"智能译"功能模块，与技术局成立联合项目组制订中长期方案，为AI赋能多语种译制、实现线上全流程管理夯实技术根基，打造重科技轻资产高效能的"云端基地"。

七、精心组织总台主办的影视节展活动

圆满完成总台主办的北京国际电影节、长春电影节、丝绸之路国际电影节、海南岛国际电影节及其奖项的申报、作品把关和总台作品参评参展等，确保导向正确。推荐总台纪录电影《穿越烽火》作为长春电影节开幕大片并举办专场观众见面会。

中国国际电视总公司工作概况

2022年,中国国际电视总公司(简称"国际电视总公司")全年实现营业收入与2021年持平,大幅超过2020年水平,有效稳住经营发展基本盘;利润总额连续两年实现同比正增长,实现社会效益和经济效益双丰收,连续14年荣膺"全国文化企业30强"称号。

一、聚焦重大宣传报道,高质高效完成重点任务

2022年,国际电视总公司聚焦总台对党的二十大、2022年北京冬奥会、香港回归祖国25周年、2022年卡塔尔世界杯、第五届进博会、G20峰会、APEC峰会、神舟十五号发射等重大活动宣传报道,原创承制一批重点节目项目,派出多批业务骨干赴前方助力报道,发挥集团优势,做强做亮主题宣传。

1.全力参与总台党的二十大宣传报道,助力重大主题宣传

承制重点献礼节目。承制专题片《领航》、特别报道《解码十年》、政论片《追光》、纪录片《端牢中国饭碗》《征程》等。承制的重点纪录片《中国,新的征程》在亚洲和非洲的多个国家和地区主流媒体同步播出。制作的风光短片《我们的新时代》在党的二十大开幕会会场播放,营造热烈喜庆气氛。

做好主题内容发行译制。出版发行20部以党的二十大为主题的音像制品和多语种主题出版物,《了不起的决心》等多个重点节目译制成15种语言版本对外发行。全力配合总台"新征程的中国与世界"活动。

打造原创重点剧目。自主开发首部当代核工业题材国产电视剧《许你万家灯火》和原创纪录片《镜像中国》,打造的航天题材动画电影《新大头儿子和小头爸爸5:我的外星朋友》成为国庆档动画电影票房冠军。

确保节目播出网络安全万无一失。党的二十大召开期间,严格审核把关,各播出平台61个收转播电视频道实现零差错、零失误、零事故播出11 364小时。自主研发新媒体集成发布平台。发布网络安全预警,有效应对网络攻击。

2. 助力总台冬奥报道，完成开闭幕式相关任务

围绕2022年北京冬奥会、冬残奥会开闭幕式及总台宣传报道，创新营销，国际电视总公司6家公司获北京冬奥组委致函感谢，实现"两个效益"双丰收。参与2022年北京冬奥会开闭幕式，呈现总台技术创新发展新成果。《智慧冬奥》《筑梦冰雪》《零度之下》《冰球旋风》《燃情冰雪》等精品亮相海内外受到好评。深度参与完成开闭幕式公共信号制作、8K转播系统搭建运维等，助力赛事转播。配合宣传推广，联合制作AR光影秀，播放2022年北京冬奥会宣传片等。发挥营销专长，与多家地方台签约，拓展2022年北京冬奥会版权收入；取得咪咕视频核心代理权，实现顺鑫农业与丰田汽车冬奥广告投放；推出卡式U盘与冰墩墩摆件相结合的2022年北京冬奥会开闭幕式特辑。

3. 拓展总台世界杯版权收益，新应用新技术落细报道服务

开展互动营销，助力总台融媒体节目及大型互动直播，定制打造"央友圈"社群互动活动。

积极开拓市场，作为总台代理机构与国际足联签署2022年卡塔尔世界杯公共场所放映权授权协议，作为中国一级代理，加大本届世界杯纪念币线上销售。

探索技术应用，首次将中国自主数字版权保护标准——中国广播影视数字版权管理（China DRM, China Digital Rights Management）技术应用于总台自主平台手机直播，防范直播泄露及盗链。

二、打造精品集群，构建融合传播优势

1. 配合重要节点，策划制作多部原创精品

策划制作原创大型纪录片《航拍中国》（第四季）、《遇见最极致的中国》、跨国纪录片《又见丝路》、微纪录片《丝路，我们的故事》等。

国际电视总公司14部动画新作全年在总台首播，推出《新大头儿子和小头爸爸——智能小当家》《新大头儿子和小头爸爸——欢乐亲子营》《棉花糖和云朵妈妈——快乐生活》《超能钢小侠》《围棋旋风 新围棋少年》等动画系列片，以及真人情景剧《新大头儿子和小头爸爸》等。

2. 承制参投节目，弘扬主流价值佳作频出

承制中国和阿根廷建交50周年纪录片《跨越》、共青团成立100周年纪录片《与青春有关的日子》。承制总台重点节目《荣誉殿堂》《艺术里的奥林匹克》、纪录片《梦筑田湾》《野性的守望》《荒野至上》《民宿里的世界》等。

参投的动画大电影《海底小纵队2：洞穴大冒险》取得暑期档动画电影票房第一名。联合出品的美食纪录片《下饭江湖》（第二季）线上总播放量突破1000万人次。

3. 发力新媒体，构筑融合传播新优势

国际电视总公司逐步建立起多品类、全链条、规模化的新媒体服务优势。

打造原创《当动漫遇上冬奥》《康辉说·咬文嚼字》等短视频，承接"国聘行动"（第三季）、融媒体节目《我的三星堆》等。

2022年，国际电视总公司运营央视新闻、央视频、CGTN、CMG观察、玉渊谭天等27

个总台和13个自有新媒体客户端、账号、国内重点网红工作室和多语种网红工作室。持续优化"象舞广告"营销平台运营保障。

国际电视总公司为总台多个中心频道提供精品内容。创制的影视、出版物作品累计获得第十六届精神文明建设"五个一工程"奖、第三十二届中国新闻奖、第31届中国电视"金鹰奖"、第33届中国电视剧"飞天奖"、第27届电视文艺"星光奖"等国内外重要奖项75个。

三、深化国际合作，巩固扩大对外传播集群

1. 推进国际合拍，讲好中国故事

积极推进中加、中葡、中德等合拍纪录片、电影等项目。中加合拍的融媒体节目《冰雪缘梦》在两国国家电视台及欧美20多家主流媒体广泛传播，海外观众超3亿人次。中葡合拍的动画片《熊猫和卢塔》登陆葡萄牙广播电视总台等欧洲国家主流媒体。中德合拍的纪录片《筑梦》作为中德建交50周年献礼片，在德国4家主流电视台播出。

2. 孵化全新商业模式，壮大译制落播业务

2022年，海外译制落播业务发展为面向市场、服务总台的拳头产品。译制语种、时长、总体业务金额等同比大幅提升。为总台提供译制保障的同时，创造性孵化"译制+落播+推广"一站式新业务。

3. 聚焦G7和G20国家，海外发行取得突破

以重点节目为抓手，新媒体签约量在海外发行总量中占近70%。独家海外发行主旋律大剧《大博弈》；电视剧《上阳赋》登陆美国，日语配音版登陆NHK黄金时段并发售配套图书；《风起霓裳》《舌尖上的中国》《众神之地》等在发行地区和媒体平台数量上取得新成效。首次与印度主流新媒体平台MX Player达成商业合作等。

4. 海外传播集群量质齐升，新媒体取得突破

新设巴西"China Zone"新媒体专区，实现拉美地区从单节目发行到规模化播出。2022年，海外自主本土化播出平台集群规模达3个频道和7个时段、9个新媒体专区。印度"Hi-Dost!"频道全新改版，收视效果显著提升；优兔"China Zone"专区总订阅用户突破214万，并新添垂直频道"China Zone 梦想剧场"。截至2022年年底，长城平台覆盖海外用户4 502.32万。"聚宝"平台实现美国主流媒体首播春晚。

5. 丝绸之路电视共同体成员扩增、活动创新

丝绸之路电视共同体成员扩增至63个国家和地区的143家机构。精心策划组织丝绸之路电视共同体高峰论坛，创新发起"金丝带——丝路映像派"优秀提案评选活动、春节联播、智库活动、技术论坛等，开展招商引资合作。

四、推进总台重大项目，综合服务保障能力切实提升

1. 落实项目推进，服务总台"一部一站"建设运营

上海国际传媒港完成"金盒子"精装修工程，举办对外活动；同时积极配合上海总站推进"百城千屏"项目，与17个省（自治区、

直辖市）近30个运营主体签署试点合作协议。配合亚太总站完成新址搬迁及旧址清拆还原工作。

2. 提高服务质效，提升总台综合服务保障工作

完成总台职工社保、积分落户申请等人事服务工作，以及122项外出踏勘、177项总台大型活动外场动力保障任务。做好"民心工程"，提升后勤服务。

五、提升技术创新驱动，推进项目应用落地见效

1. 围绕"5G+4K/8K+AI"战略，稳步推进4K/8K超高清项目落地

配合总台完成8K超高清频道正式开播，"百城千屏"8K超高清节目运营管理平台验收；同爱上电视和未来电视对接推出央视专区，并完成其在IPTV和OTT的初步落地。

2. 聚焦融媒技术，深耕平台建设助力总台技术创新发展

着力扩大新媒体集成发布和播控平台规模，扩建总台直播播控系统，建设上线多语种支撑系统、总台音频制作岛网络管理系统。推进境外频道精准管理系统设计开发。做好"象舞广告"营销平台技术运维。完善人工智能监听监看管理平台。

3. 开发多项新技术，深化融合应用

首次采用720°环幕设计，创意打造春晚舞台；搭建全流程竖屏制作系统，实现"竖屏看春晚"。助力总台建设全球首个高铁5G超高清演播室，打造全IP技术的演播室切换系统。依托自主研发的虚拟植入引擎，制作国风系列数字人等。

2022年，国际电视总公司新增软件著作权9个，"新媒体可视化互动视频制作系统""《威凤吟》XR沉浸式舞美拍摄流程及技术"获国家广播电视总局第二届高新视频创新应用大赛一等奖。智慧媒体云架构制播网络系统等4个项目入选中国电影电视技术学会成立40周年重要科技创新项目。

4. 做好技术安全保障，确保播出安全

长城平台通过优化自主可控的信号传输方式紧急应对突发情况，确保总台国际频道在海外的安全播出。2022年，国际电视总公司运营的各播出平台累计播出51.93万小时，安全播出可用度达99.9999999%，圆满完成党的二十大、2022年北京冬奥会和冬残奥会、春节、全国两会、国庆等重大报道安全播出的保障任务。

六、拓展多元经营发展，加大台外市场增量

1. 深挖版权资源价值，市场化产业化经营效果显著

拓展授权开发，推动5款电视剧《西游记》主题人物皮肤上线《王者荣耀》等热门游戏。推出图书《国家宝藏》、"故宫瑞兽"贵金属饰品及收藏品，累计售出30多万套。

策划文创产品，开发"年到福盒"、"虎悦春碗"、"花好月圆"月饼礼盒、首个春晚吉祥物"兔圆圆"和"兔团团"系列等文创产品。

延伸线下演出，打造"新年动漫音乐会""央视动漫春节市集"等活动，实现产业收益。探索数字藏品，《西游记》、《哪吒传奇》、"萌

神归来"原创国潮系列等数字藏品反响良好。

创新出版发行，多语言版本中国四大名著、总台精品纪录片等音像制品成为国家领导人高访活动礼品。搭建图书出版业务全矩阵，电视图书签约量较2021年翻一番，策划开发电子书、立体书等。

2. 加快转型升级，广告业务向全媒体全案整合营销转型

以节目投资形式联合制作《2022中国诗词大会》，持续探索"节目投资+广告招商+IP开发运营"模式。发力总台融媒矩阵及台外新媒体平台，持续探索跨屏整合全案服务。电视购物"双十一"活动多渠道发力，业绩创新高。

3. 深耕文化和旅游、电视购物等业务，创新开发节日经营潜力

深耕文化和旅游、电视购物等业务，挖掘节庆经营潜力，推出多元文化和旅游活动和特色产品，加大新媒体宣推销售。无锡影视基地推出首台收费演出《洛神赋图》。南海影视基地扩大央视动漫IP活动与露营、垂钓等业态。梅地亚中心和中央电视塔结合国际电视总公司原创动漫IP精心策划活动。

4. 扩大台外市场，多点突破开拓地方增量

中标第19届亚运会（杭州亚运会）、第31届世界大学生夏季运动会（成都大运会）主转播机构国际广播中心（IBC）广播电视工程以及新疆迎接党的二十大晚会等多个台外项目。开拓电影市场，承接《流浪地球2》《长津湖》万向鹰眼特种设备拍摄项目。联合总台地方总站，深度融合记者站建设工作，与20个省（自治区、直辖市）开展合作拓展地方市场。

七、强化党建引领作用，提升集团管控整体效能

1. 深化创新理论武装，落实巡视整改任务

举办国际电视总公司党委及基层党组织主题党日暨专题党课活动。先后有5个主题党日和5个微党课入选总台"四个一百"征集活动，6个基层党支部获评中央和国家机关及总台"四强"党支部称号。

全力配合总台内部巡视，加强组织领导，认真制订整改方案，抓紧推进剩余长期整改问题措施，扎实做好巡视整改"后半篇文章"；召开专题民主生活会，开展对照检查及批评和自我批评。

强化党风廉政建设，认真开展落实意识形态工作责任制监督检查工作；严格落实中央八项规定精神，坚持执纪必严、保持高压态势。加强警示教育，切实维护总台形象声誉。

2. 强化内部协同发展，形成合力管理增效

举办国际电视总公司"十四五"发展规划13场系列宣讲会，60人次线上发言并分享经验，逾5000人次参会。

推进制度管理长效机制，全年修订制定"三重一大"、承接总台节目委托制作业务、工资总额管理办法等29项制度，修订出版《国际电视总公司管理制度汇编》。

完善内控管理，加快资金管理平台和劳务费票据综合服务平台建设，提高管理效率。推进落实审计整改工作，细化措施完善流程，防范运营风险。

持续优化资源配置，完成3家企业改制、1家划转、3家关闭；督促指导亏损企业落实减亏扭亏措施，其中6家企业减亏扭亏，增加

企业效益。

深入实施人才强企战略，积极推进干部队伍建设，修订完善干部选拔任用管理办法及指引流程；紧跟全媒体时代发展步伐，组织全媒体运营主题培训；对首届国际电视总公司创新创优项目进行奖励表彰、加强职称评定，充分发挥示范带动及激励保障作用。

央视国际网络有限公司工作概况

2022年,央视国际网络有限公司(简称"央视网")提升"头条工程",强化时政宣传,巩固评论言论产品线,精心打造网络春晚和系列精品节目IP,深耕"新闻+政务服务商务",不断深化向中国网络媒体领军者和全媒体综合服务"国家队"全面转型升级。

一、深化提升"头条工程",时政宣传报道品牌矩阵不断扩大

持续巩固置顶优势。2022年,央视网共有1300余篇稿件获中央网信办推荐全网头条、二条置顶通发,在中央重点新闻网站中连续6年排名第一。

持续擦亮《联播+》《热解读》《天天学习》等原创时政品牌。深耕《中南海月刊》栏目,通过AI与大数据的形式梳理和解读习近平总书记每月的活动内容。《家风》系列时政微视频全网总阅读量近7亿次。微纪录片《习近平与乡村振兴的故事》累计播放量1.26亿次。《跟着习主席看世界》系列报道累计播放量超3.3亿次,相关话题总阅读量超28亿次。

拓展时政报道传播渠道。在抖音平台开设时政栏目《天天学习》合集,总播放量超18.2亿次。在海外社交平台基于《中国习近平》等专栏开展对外宣介,总浏览量超3.4亿次。

二、推进"思想+艺术+技术"创新融合,做好党的二十大等重大主题报道

党的二十大报道数据再创新高。央视网党的二十大相关报道全网累计浏览量超25亿次。

打造沉浸式、互动式、服务式、体验式新闻报道产品。融媒体产品《这十年》总阅读量近1000万次。数据可视化微视频《非凡十年》《奋进中国》《一步一中国》和国风动画视频《十年画卷》等创意产品累计播放量超2亿次。

强化技术创新应用。"奋进新时代"主题成就展是迎接党的二十大宣传工作的一项重要内容,央视网承担建设数字化网上展馆任务。利用AI换脸技术与实景拍摄相结合推出的沉

浸式互动产品《种花家这十年 一路生花》，登上抖音热榜第一名，超7000万人次参与互动，相关话题浏览量3.8亿次，并在党的二十大新闻中心融媒体体验室重点展出。2022年全国两会报道中，推出沉浸式融媒体直播节目《两会C+时刻》，实现"AI+3D+新闻"的报道创新。

制作多款创新表达的年轻态产品。策划打造"青春大课"系列思政课，累计播放量超3.1亿次。春节限定"虎虎生威换新装"数字藏品新媒体互动产品上线三天浏览量1.1亿次。"熊猫星团新年音乐会"总浏览量超1.24亿次。五四特别节目《出圈·闪光青年》单期视频总话题量2.8亿次。

三、巩固具有央视网特色的评论言论产品线，主动发声，敢于斗争

《央视快评》做到重要讲话、重大活动、重大事件必发声。全年刊发评论员文章120余篇，90%以上获全网置顶通发，有力发挥舆论引导作用。

在对美西方、涉疆、涉台、涉港等舆论斗争前沿主动发声。推出《美国遍布全球的336个生物实验室到底在研究啥》《美式控枪：嘴上说不要 身体却很诚实》《为何美国如此痴迷四处制裁》等短视频，深度揭批美国丑陋行径。

通过海外平台开展舆论斗争及舆论引导。《即看》《全球说》等新闻评论类社交化产品总浏览量近6亿次。央视网熊猫频道持续推进以大熊猫为纽带的"好感传播"，2022年全球总浏览量超67.7亿次。

四、持续推进"青年+"战略，打造青春态、差异化系列精品节目IP

强化打造青春文艺精品IP。总台2022网络春晚相关内容视频播放量10亿次，全网引发热门话题260个，累计阅读量超50亿次。与央视新闻、总经理室合作出品总台首档开年青春分享节目《@青春，2022！》，全网斩获81个热搜，相关话题阅读总量超22.2亿次。

深耕具有央视网特色的人文纪录片品牌。军事人文纪录片《新兵请入列》之《青春无悔｜180日的蜕变，新兵已入列》荣获第32届中国新闻奖一等奖。"人生三部曲"系列IP《人生第二次》，全网累计播放总量超5.9亿次，累计收获106个热搜，微博话题阅读量累计突破17亿次，荣获2022年电视类亚广联奖视野奖特别推荐作品、第27届亚洲电视大奖"最佳社会观察节目"。

实施内容精品化工程，打造具有品牌效应的原创内容。系列动画短剧《以梦为马》以传世名画为载体，结合社会热点，首期节目观看量达5000多万次。融媒体漫画品牌《小央画话》以创意海报、精品条漫、古风手绘等形式推出作品近百期，热搜率高达65%。围绕2022年卡塔尔世界杯全新升级陪伴式观赛节目《大咖陪你看》，全网观看量超过7.7亿次。

五、积极推进"央博"数字平台建设，举办多个论坛、活动

以"央博"数字平台建设为契机，探索布局数字人、数字藏品等创新产品。在总台领导的直接部署和指导下，启动建设中央广播电视

总台数字文化艺术博物馆。依托央视网超写实数字人"小C",推出十余档共180余期创新节目内容,并获得2022年国家广播电视总局第二届广播电视和网络视听人工智能应用创新大赛二等奖。建设自有数字藏品交易平台"央数藏",推出央视网首款航天主题阳阳师师数字藏品。

举办2022中国国际智能传播论坛、中国生活体育大会等活动。与总台江苏总站等共同承办的2022中国国际智能传播论坛触达美联社、福克斯新闻网等多个国家和地区的主流媒体500余家,相关内容全网阅读播放量突破10亿次。在四川成都成功举办首届中国生活体育大会,并发布多项研究成果,启动"中国城市生活体育指数"调查,公布"美好生活 运动榜样"征集活动结果,相关内容微博阅读量超2.3亿次。

保障多个国家级大型政务活动。政务服务产品线具有业内领先的竞争力,保障中国网络文明大会、全国大众创业万众创新活动周、中国国际智能产业博览会等多个大型政务活动。推出"央会见"全场景视频应用产品,保障政务活动百余场。

六、强化新媒体传播平台建设

截至2022年12月底,央视网各平台全球覆盖用户总数超20亿,同比增长10%。网站月度独立访问用户超2亿,央视影音月度活跃用户近3200万。互联网电视累计激活用户终端超2.8亿户,手机电视累计独立用户数超2亿人,均居行业前列。

央视网国内社交平台账号累计粉丝量3.78亿,粉丝量超过1000万的账号共9个。海外社交平台累计粉丝量超1亿,其中脸书平台粉丝量超5300万,为央媒海外社交平台第一梯队;脸书平台熊猫频道英文账号互动率保持全球主流媒体第一位;优兔平台系列账号订阅用户超1200万,居国内主流媒体首位;照片墙熊猫频道账号粉丝量居国内主流媒体首位,互动率在同类账号中与BBC Earth并列第一。

央视网承建的共产党员网总独立访客数3.57亿人,同比增长15%,比2021年全年增长12.2%,受到中组部好评。

七、深耕"新闻+政务服务商务",持续拓展体系化、规模化的经营服务产品线

2022年,央视网全力以赴拓展生态化多元经营,市场化转型取得显著成效,经营收入同比增长20.7%,利润总额实现同比增长64%,均创新高。在中国互联网协会发布的"中国互联网综合实力前百家企业"榜单中连续四年在中央媒体所属互联网企业排名第一。

广告版权经营产品线提质增效。在总台总经理室统一部署下,成立专项组服务2022年"品牌强国工程"融媒体传播,配合完成2022年北京冬奥会、2022年卡塔尔世界杯重点项目经营开发。《人生第二次》实现版权售卖收益。

深耕"媒体+行业"经营产品线,为国内外一线品牌提供定制化服务。针对金融行业,推出《大国金融》《金融普惠中国》等产品。针对健康行业,推出《在线大名医》《名医说节气》等科普节目。针对时尚行业,打造《颜选攻略》《面面俱到》等原创节目。推进全民

阅读，上线阅读频道，举办直播带货等。

拓展"媒体＋地方"经营产品线，打造"央地联动"服务新模式。与无锡市合作承办2022中国国际智能传播论坛，并签署城市形象宣传战略合作协议，拍摄制作无锡城市形象宣传片；与成都市合作举办中国生活体育大会；与景德镇市签订"央视网·瓷"项目，共同打造央视网陶瓷数字文化产业基地。

深挖精品内容价值，升级垂直IP经营产品线。高端人物访谈节目《云顶对话》上线3期，实现用户触达10亿人次。围绕《超级工厂》打造"超级+"系列，推出《超级发布会》等新节目；以"直播+综艺+带货"模式，探索推出全民生活分享直播综艺《生活向上》、青春文化直播综艺《开新炙造夜》；推进"技术+艺术"服务创新，探索建设"中国戏剧现场"云演播平台，与国家话剧院联合出品首部文献话剧《抗战中的文艺》，与中央芭蕾舞团、中央民族乐团、中国爱乐乐团等深耕"中国文化品牌出海计划"。

持续稳固牌照业务线领先地位。互联网电视进一步夯实在运营商渠道的经营潜力和智能终端渠道的平台能力，"央视专区"覆盖近4000万用户，并推进定制终端、垂直IP、电竞等业务。手机电视以内容联合运营、总播控、总审核、总聚合等为业务抓手，并不断拓展智能审核、5G消息、渠道聚合推广、智能终端等创新业务。

八、全力做好党的二十大报道等安全重保任务，持续强化技术能力

多措并举，牢牢守住技术安全防线。通过攻防实战演习和安全检查相结合，持续检验安全防护成果，精心制订党的二十大报道等重点报道技术保障方案，确保网络安全保障工作万无一失。

技术引领，深入建设"人工智能编辑部"、智慧媒体学院。成立总台国家重点实验室下设机构全媒体融合传播技术研究实验室。自主研发完成2022年北京冬奥会直点播VR系统。以AIGC平台为依托，面向政府、企业及教育行业推进技术输出。人工智能编辑部获评中国新闻技术工作者联合会2022年度技术赋能"新闻+"推荐案例。

中央新闻纪录电影制片厂（集团）工作概况

2022年，中央新闻纪录电影制片厂（集团）（简称"新影集团"）扎实贯彻落实总台领导对集团的批示要求，统筹推进疫情防控和经营发展，履职尽责，面对疫情带来的严峻挑战，确保企业经营不停摆、重点工作项目不停滞，清理整顿和改革发展持续走向深入，多项工作扎实开展、稳中有进。

一、服务中心大局，践行职责使命

1. 完成重要时政拍摄任务

2022年，共拍摄完成时政主题62个，累计拍摄胶片约2960分钟。完成中国共产党第二十次全国代表大会、2022年北京冬奥会和冬残奥会总结表彰大会、庆祝中国共产主义青年团成立100周年大会、庆祝香港回归祖国25周年大会、中央领导出访等重要时政拍摄任务。

2. 推进国家重点工程实施，打造国家历史影像档案库

多部门协同配合，推进"国家影像典藏工程"（一期）进入实施阶段，该工程被列入国家《"十四五"文化发展规划》重大文化工程项目。国家影像纪录工程入选国家文化产业发展项目库第二批重点项目。

3. 继续组织实施"口述历史"纪录工程

对革命老同志进行抢救性采访拍摄，力争将他们弥足珍贵的个体记忆以影像化方式留存到国家档案中。截至12月底，共完成对65位老同志的采访拍摄工作。

4. 为总台提供影视资料保障

向总台华语环球节目中心、文艺节目中心、影视剧纪录片中心、亚洲非洲地区语言节目中心、CGTN等部门的数十个项目提供了近730分钟的资料转录服务。

二、服务外宣工作，讲好中国故事

1. 立足国际视野，提升国际传播项目创作水准

2022年，《环球同此凉热》（第二季）、《时间里的家当》、《中国草》等三个项目成功申报

中宣部"纪录中国"项目，摄制工作顺利展开。《防疫之链》《故土的陌生人》《邬达克》等国际传播项目有条不紊推进。《采棉时节》全球触达受众约3亿人次。《全球公敌》4月底在总台CCTV-9纪录频道播出，首播收视率为0.074%，较同时段均值提升32%。《新西行漫记》在CGTN纪录频道播出。

2. 发挥多语种译制节目优势，助力总台国际传播能力建设

与总台CGTN、影视翻译制作中心继续加强合作，提供多语种译制服务，完成各类译制项目及隐藏式字幕制作800余集，近28 000分钟。

三、聚焦主题主线，精品力作不断涌现

1. 打造礼赞新时代的优秀作品

参与承制总台五一特别节目《瞬间中国》。参与策划制作CCTV-3综艺频道大型文化节目《从延安出发》。7集大型纪录片《新三峡》收视份额0.735%，在新媒体平台相关话题触达受众8000万人次。5集大型纪录片《挑起我们的金扁担》单集最高收视率为0.063%。

2. 聚力打造"大电影"

《伟大征程》《一路幸福》《极限守护》《生命线》已制作完成。《穿越烽火》武汉首映仪式是第36届中国电影百花奖主体活动之一，并作为开幕影片参加第17届长春电影节。《冰雪之歌》《八卦楼》《中国大粮仓》《地上的云朵》等多部纪录电影都在推进当中。

3. 服务总台精品节目战略，创作多部优秀纪录片

制作播出《珠穆朗玛》《星火》《战旗》《总师传奇》《向往》《旌旗猎猎》《歌声里的追梦人》《年画画年·寅虎送福》《听乡音过大年》《乡土中国》《农耕春秋—画说农桑》《青春如画》《了不起的冬天》等原创纪录片。

与总台军事节目中心合作的清明节特别节目《你的名字》，播出期间基本位居CCTV-7国防军事频道每日收视前三名，观众规模累计达3507万。

4. 深入对接总台高质量改版，巩固日常栏目合作

继续承接制作《国家记忆》《瞬间中国》《重走古战场》《我的美丽乡村》《三农群英汇》等总台精品栏目。

5. 多种形式开展合作，探索拓展新空间

联合中国电影家协会、珠海市委宣传部等机构单位，成功举办首届华语纪录电影大会。中宣部、文化和旅游部共管项目"中国戏曲像音像集萃工程"持续推进，同时开拓戏曲素材修复业务市场。继续组织举办第五届社会主义核心价值观主题微电影（微视频）征集展播活动、第九届亚洲微电影艺术节等活动。

6. 依托传统创作优势，打造新媒体产品

围绕重要时间节点和社会热点，与总台新闻新媒体中心、港澳台节目中心、央视频融媒体发展有限公司联合策划制作"新影像"系列短视频及《双奥之光》《我们的山河岁月》等短视频节目。与优酷深度合作，上线播出《洛阳铲下的古国》《古蜀秘境：三星堆迷踪》等考古探秘类纪录片。

四、节目创作硕果累累

2022年，新影集团共有45部作品获奖。

其中，在国家广播电视总局2021年度优秀国产纪录片及创作人才扶持项目中，新影集团获优秀制作机构称号，《远方未远——一带一路上的华侨华人》《野性的呼唤》(第二季)、《留法岁月》等多部作品和主创获奖。《郑板桥——一枝清瘦竹》《先锋》《向往》《到人民中去》等纪录片入选国家广播电视总局"十四五"纪录片重点选题规划。《安娜与中国》《西藏和平解放纪实》《风筝·风筝》《红色密档》获国家广播电视总局2021年季度优秀国产纪录片推荐。《一起走过》《听，穿透历史的中国声音》《战旗》(第一季)、《留法岁月》等获评2021年度总台优秀作品。《珠穆朗玛》《了不起的冬天》《中国人丁龙》《采棉时节》(中文版)、《新西行漫记》《全球公敌》等8部作品获国家广播电视总局2022年优秀作品季度推荐。在第七届中国科普作家协会优秀科普作品奖评选中，《隐匿杀手》《被数学选中的人》获金奖。

五、筑牢疫情防线，推进"民心工程"

1. 扎实筑牢筑严疫情防控防线

做好政策解读、物资保障、应急处置、督促检查、风险摸排等各项工作，切实保障集团员工健康安全。

2. 全力保障离退休老同志待遇

确保离退休老同志医药费发放，推动国家福利政策落实，为11名20世纪60年代精简退职老职工申请补助费，积极开展职工之家建设，设立职工书屋，组织参与总台举办的各类文体活动。

3. 做好基本民生保障工作

加装安全监控和消防安全标识、重装部分公共区域卫生间，改善新影集团办公条件。维修并展示新影集团1965年红旗敞篷检阅车。

4. 加强人才梯队建设

配合总台人事局完成集团三名副总经理的选拔任用工作。正式聘任2021年公开选拔的21名中层干部，进一步建强集团干部人才队伍。同时，畅通人才选拔通道。

六、坚定不移推动全面从严治党向纵深发展

1. 抓好党的政治建设，组织开展"学习研讨、查摆问题、改进提高"专项工作

坚持把学习宣传贯彻党的二十大精神作为首要政治任务，在知行合一中不断提高政治判断力、政治领悟力、政治执行力。

2. 深化党支部标准化规范化建设

新影集团党群党支部和时政部党支部荣获中央广播电视总台首批"四强"党支部称号，以及中央和国家机关工委"四强"党支部称号。

3. 探索拓展集团党建品牌建设

继续发挥新影集团影像资源优势，系统梳理、深度挖掘党史学习教育影像资料。作为总台的红色影像党员党性教育基地，全力配合服务好总台党史学习教育，扩大新影红色品牌的影响力和号召力。

4. 深入推进党风廉政建设和反腐败工作

组织开展落实中央八项规定、纠治"四风"问题的自查自纠和针对违规兼职及兼职取酬情况自查自纠活动，及时通报各类典型警示教育案例，切实把一体推进"三不腐"各项任务落实到集团全面从严治党工作当中。

5. 狠抓阵地管理，严格落实意识形态工作责任制

开展2022年度落实意识形态工作责任制监督大检查工作，重点加强对新影集团数字频道、官网官微、微信群等各类媒介阵地的风险管控，严格执行三审三校、重播重审制度，把好政治关、采编播审核关和网络舆情关，确保集团意识形态阵地绝对安全。

中广影视卫星有限责任公司工作概况

2022年，中广影视卫星有限责任公司（简称"卫传公司"）深耕主营主业，加快多元拓展，奋力打造集版权经营、数字营销、全媒体制作于一体的台属一级骨干企业。统筹发展与安全、社会效益与经济效益，充分考虑各地实际情况，给予经营困难地区优惠减免政策，助力脱贫攻坚国家战略，彰显社会责任担当。

一、聚焦主营主业，推动多个频道全媒体版权收入逆势上扬

树立"一盘棋"意识，制定"一省一策"，统筹协调与国网、三大运营商和各省（自治区、直辖市）之间合作关系，推动全国全媒体版权收入整体稳中有升。充分利用CCTV-5体育频道、CCTV-5+体育赛事频道、CCTV-16奥林匹克频道和2022年北京冬奥会、2022年卡塔尔世界杯等重大赛事版权资源，放大体育营销矩阵，实现CCTV-5+体育赛事频道和CCTV-16奥林匹克频道版权变现零的突破。

与华数集团举行战略签约仪式，深化双方战略合作伙伴关系，增强合作黏性，促进长远发展。努力解决多家有线网违约欠费历史沉疴，全力保障总台版权利益最大化。

二、围绕多元拓展，推动全媒体制作总营收实现从0到1的飞跃

落实总台"满屏皆精品"战略，积极参与"大剧""大作"创作，为"第一动画乐园"量身打造以《山海经》为蓝本的大型动画片《山海奇遇》。承制挖掘式纪实采访节目《吾家吾国》，数据领跑各大央媒专区，微博话题阅读总量累计超50亿次，全网视频播放量超5.5亿次，荣获第32届中国新闻奖一等奖。推出《我的"村晚"我的年》《Young在春晚》《冬奥宣传》《UP青春》《这young的夏天——2022夏日歌会》等10大宣推项目，拉动总台新媒体平台"内容+流量"双效引擎。

拓展体育垂类合作，与咪咕公司、抖音平台等开展世界杯制作项目，承接《鏖战世界

杯》《沸腾卡塔尔》《詹前顾后》节目制作和内容安审相关工作，建立总台版权赛事在新媒体平台转播行业标准。助力央视频体育精细化运营，联合北京体育大学、北京羽毛球协会上线直播北京市第十六届运动会羽毛球比赛，采买2023年国际羽联赛事版权，持续与网球、台球、跆拳道等官方协会接洽，引流更多顶级赛事。协助总经理室完成总台"大春晚季"策划、营销及商务谈判工作，承接总台多部门节目宣推服务，树立"卫传品牌"。

拓展社会化合作，携手华数集团联合落地"大春晚季"年礼项目，开创与地方广电战略合作的先河；与爱奇艺达成版权非独家合作，成功试水纪录片电视剧化发行模式；加强与腾讯、浙江省文化产业投资集团有限公司等头部企业对接。

三、加强顶层设计，推动文创产业成为经营发展新支柱

在总经理室统一指导下，与版权中心、央拓国际共同组建总台IP衍生品和文创产品开发基地，全面盘点总台精品IP资源，从组织构架、运营体系、发展策略、重点项目等全产业链授权开发进行整体布局和路径规划，推动文创产业起好步、开好局。

打造数实结合文创产品，发行总台首个数字藏品"十二生肖福娃"。代表总台文创基地携《舌尖上的中国》IP亮相山东文博会，荣获"十佳省外展区"称号。策划完成自主文创品牌"中视元创"的品牌设计、商标全类注册及品牌账号搭建。深入调研总台地方总站，精心筹备文创体验店等首轮合作。

发挥资源整合新优势，深化"5G+4K/8K+AI"融合传播，联合跨部门一体化打造特别节目《科学T大会》。

四、实施追绿工程，推动绿色低碳创新发展战略全面落地

突出创新为要，聚焦科技引领，找准媒体企业发展新方向和着力点，全面制定公司战略升级转型目标。深入"双碳"研究，梳理制定《碳达峰碳中和政策精编》，为卫传公司实现绿色低碳创新发展提供理论基础和决策参考。研究制定《绿色低碳创新发展行动方案》，构建具有卫传公司鲜明特色的"1234"绿色低碳创新发展体系。配套制定公司《绿色发展与节能低碳行为规范》，将原有倡议制度化，不断提升全员行动自觉，形成节约集约、绿色发展新风尚。向全员征集目标愿景，达成认知趋同，制定《公司转型升级战略目标（2021—2030年）》，向着绿色数字科技创新产业集团全面进军。制定《战略投资与战略布局规划（2022—2032年）》及配套投资管理办法，构建"文化+金融+科技"的产业经营新发展模式，探索运用资本手段快速完成战略性和前瞻性布局，尽早驶入数字化和多元化产业发展新航道。

五、提升治理能力，推动公司高质量发展提质升级

健全卫传公司维权体系，组建法律服务供应商库，全面提升法律服务管理质量和效率。开展电视信号回传监测系统二期建设，累计布点133个，有效保障2022年北京冬奥会和

2022年卡塔尔世界杯信号监测甄别、查处取证等。应用于该系统的智能控制终端获国家知识产权局新型专利证书，实现公司首个自主研发专利新突破。推动电子化办公建设，采购无纸化会议系统，完善OA系统，开设企业邮箱，加强电子档案管理，确保疫情期间居家办公各项工作正常运转。坚持"过紧日子"，优化财务管理，严格预算编制，对自制节目、自有版权、节目宣推等项目加强精细化核算和动态监测。加强大额采购管理，完善固定资产管理体系，实现资产保值增值。加强所属企业中广融发管理，配齐班子与队伍，完善组织建设、机构设置、制度建设、人才队伍、财务核算等全链条规范管理，推进节目制作、文创开发、物业服务一体化协同发展，与总台和上级公司同心同向、同频共振，释放集团效能。

六、筑牢安全生产总防线，推动重大安全工作部署落地落实

把安全生产作为重大政治任务，召开安全专题会议传达部署总台各项要求，层层压实责任，坚决筑牢安全屏障，党的二十大、2022年北京冬奥会、2022年卡塔尔世界杯赛等保障安全播出"零事故"。落实总台和国家广播电视总局安播要求，制订实施方案和应急预案，开展安全播出大检查。加强网络安全，累计拦截350个网络威胁。圆满完成中星6C、6D卫星转星接替、国家广播电视总局卫星直播中心高清6频道设备研发测试、信号标识嵌入，与中数传媒顺利交接CCTV-5+体育赛事频道授权。保障信号传输安全规范，完成NDS智能卡升级更换，实现信号可管可控可查。

科学精准统筹疫情防控，把全体员工健康安全摆在重要位置，安排上门核酸、组织专业消杀、购买防疫物资，抓紧、抓实、抓细各项疫情防控工作举措。

绷紧保密安全弦，严格落实总台各项保密工作要求，召开保密专题会、组织保密专员培训会，组织参加"保密观"学习和考试，做到保密常识人人知晓、人人执行、人人落实。开展微信泄密专项行动，严格信息公开保密审查，做到"书面审批、一事一审"。全面统筹大楼保卫消防、治安、交通、值班值守、食品安全等各项安全工作，做到万无一失。

七、旗帜鲜明讲政治，自觉将思想和行动统一到党中央要求和总台党组安排部署上来

把学习贯彻党的二十大精神作为首要政治任务，共召开39次党委（扩大）会、5次理论学习中心组会、9期常态化读书班，学习习近平总书记重要论述、重要讲话和中央文件精神71次。创新举办迎七一"七个一"系列活动，参观香山革命纪念馆、军事博物馆、国家博物馆等革命教育基地，切实推动党的二十大精神见诸行动、付诸成效。

八、强化正风肃纪，推动全面从严治党向纵深发展

卫传公司党委坚持每半年专题研究党建和从严治党工作，开展落实意识形态工作责任制监督检查、常态化审计自查自纠。树牢规矩意识，严格执行《公司守纪律讲规矩若干规定》，

开展新任职干部廉政考察，按程序处置反映问题。加强廉政宣传力度，开展廉政风险防控检查，组织参观北京全面从严治党警示教育基地，一体推进"三不腐"。实施"民心工程"，落实职工总台门诊部就诊，组织在职职工参加重大疾病综合互助保障活动，为职工安全健康加上"双保险"。持续推进办公区升级改造、增设休闲区，改善用餐体验等，积极沟通子女入学等政策保障，尽最大可能为员工答疑释惑、排忧解难，持续提升员工的安全感、归属感和幸福感。

中国电视剧制作中心有限责任公司工作概况

2022年，中国电视剧制作中心有限责任公司（简称"电视剧中心"）以电视剧为主业，丰富精品内容产出，同时开展电影、纪录片、综艺栏目、新媒体节目等多元化内容生产创制和营销。2022年，电视剧中心收入创历年新高，实现了扭亏为盈，超额完成年初制定的经营目标。

一、立足电视剧生产主业，开拓电视剧合作市场

由总台出品、影视剧纪录片中心摄制、电视剧中心承制的原创电视剧《山河锦绣》于2022年11月15日在总台CCTV-1综合频道黄金时间首播，爱奇艺、腾讯视频、优酷、芒果TV等平台同步播出，形成回顾脱贫攻坚全景，致敬和弘扬伟大脱贫攻坚精神的全媒体传播格局。该剧获得CMG首届中国电视剧年度盛典年度优秀电视剧、年度男演员、年度实力男演员、年度实力女演员、年度幕后等奖项。

由电视剧中心参与投资、出品、摄制与发行的电视剧《人世间》于2022年1月28日在总台CCTV-1综合频道20:00档黄金时间首播，收视率创下近八年新高。该剧入选第十六届精神文明建设"五个一工程"奖优秀作品奖，荣获第31届中国电视"金鹰奖"优秀电视剧奖、最佳导演奖、最佳男主角奖、最佳女主角奖，2022年度亚广联电视剧特别推荐奖以及CMG首届中国电视剧年度盛典年度海外传播剧提名等多项殊荣。

电视剧中心通过多种方式与社会化机构合作，推出了反映新时代党员干部勤政风貌和大运河旧貌换新颜的重大现实题材电视剧《运河边的人们》，展现经侦商战成果的现实题材电视剧《杠杆》，讲述首都城市管理和社区建设、反映党为人民服务理念的电视剧《胡同》等在总台、各大卫视、互联网等平台播出。

二、丰富内容产出，打造纪录片品牌

由电视剧中心摄制的6集纪录片《生态秘境》在党的二十大开幕当日播出。首次全景

式展示抗美援朝空战历程的纪录片《亮剑长空》，在中国人民解放军空军建军73周年之际播出，荣获第十二届中国纪录片学院奖最佳历史文献纪录片奖。由电视剧中心制作的纪录片《红色法庭百年志》《了不起的核工业》在总台CCTV-12社会与法频道和CCTV-9纪录频道播出。

三、深入贯彻创新理念，打造多元化内容生产矩阵

电视剧中心承制总台文艺节目中心以综艺为形、以戏剧为意打造的饮食文化探索类节目《一馔千年》。该节目自开播以来，全网反响热烈，视频播放量超7692万次，相关话题阅读量超10亿次，全网热搜热榜48个。由电视剧中心承制的总台CCTV-8电视剧频道周播栏目《剧说很好看》完成44期节目录制并顺利播出，实现该栏目创办以来年度最高产量。

此外，电视剧中心参与CCTV-8电视剧频道包装广告运营，陆续承接《黄金强档剧场》等4个该频道分时段剧场的广告包装工作。

四、提高企业管理水平，加强人才队伍建设

按照总台制度建设要求，结合电视剧中心工作实际，从2021年起，电视剧中心着手修订、完善及增订各项规章制度。截至2022年年底，电视剧中心历时两年制定、修订25项制度，逐步建立起一套适应市场发展和企业实际的现代制度体系。电视剧中心高度重视人才队伍建设，制定《人才队伍建设工作方案》，积极引进选拔企业核心岗位创作、经营、管理人才。同时，电视剧中心启动企业会计准则转换工作，出台新准则下的会计政策，并全面梳理账务情况，做好资产清查核资和准则下的调整工作，从制度层面提升公司的财务管理水平。

五、坚持党建引领，推进全面从严治党

电视剧中心党委高度重视党建工作，积极引导全体党员干部深刻领会"两个确立"的决定性意义，将党建与业务同谋划同部署，将学习成果转化为解决问题的具体行动，切实落实主体责任、监督责任和意识形态责任。以《山河锦绣》为选题，制作《优秀微党课》和《优秀主题党日》微视频，切实做到党建与业务深度融合。压紧压实全面从严治党责任，认真落实"三会一课"、民主评议党员等党的组织生活制度，提高民主生活会、组织生活会质量。严格落实谈心谈话制度，用好用足监督执纪的第一种形态。公司党委与各部门逐级签订全面从严治党责任书。恢复公司党办职能并配备了专职干部，加强纪检干部队伍业务素质，夯实全面从严治党基层基础。公司党委高度重视对年轻同志的政治培养，有2名预备党员如期转正，接收4名一线青年发展对象为预备党员，推荐5名青年员工为入党积极分子，另有3名员工递交入党申请书。

电视剧中心党委坚定不移地贯彻群众路线，开展"我为群众办实事"实践活动，两年来积极为群众落实了十余项惠民举措。

中国环球广播电视有限公司工作概况

2022年,中国环球广播电视有限公司(简称"环球公司")带领国际视频通讯社,在总台国际传播格局中找准定位、发挥优势、奋发作为、创新突破,在稳步拓展海外阵地和覆盖、加大海外传播力度等方面,成效明显。

一、以效果为导向,奋力提升海外投送能力

做好总台重大时政新闻的对外传播。编发总台时政新闻素材1218条,重大活动直播信号13场,共被136个国家和地区的2685个电视台及新媒体平台采用,累计播出17.5万余次,播出总时长1086小时,采用国家和地区量、采用媒体量、外媒采用转播量、采用播出时长四项核心传播数据较2021年增幅分别为8%、17%、42%和54%。

精心组织党的二十大对外发稿和全球投送。大会期间,对外发布总台直播信号12场、新闻素材468条,133个国家和地区的1818个电视台及新媒体平台持续引用播出超4.2万次。

奋力争取国际奥委会特别授权。2022年北京冬奥会、冬残奥会相关内容共被116个国家和地区的2172个电视台及新媒体平台采用,累计播出10.8万次。

精准高效做好G20峰会对外发稿。相关报道共被106个国家和地区的1295个电视台及新媒体平台引用播出1.8万次。

精准投送庆祝香港回归祖国25周年特别报道。习近平总书记抵达香港出席庆祝香港回归祖国25周年大会等重要时政活动直播信号和新闻发稿,共被83个国家和地区的876个电视台及新媒体平台累计播出7731次。

持续宣介中国经济高质量发展亮点,大力唱响中国经济"光明论"。相关内容共被133个国家和地区的2381个电视台及新媒体平台采用,累计播出23.6万余次。

持续投送总台独家新闻内容和评论言论,全力配合总台开展对美西方舆论斗争。积极引导国际舆论走向,相关内容共被130个国家和地区的2658家电视台及新媒体平台采用,累计播出50.9万余次。

加强中国重大科技进展发稿投送，充分展示中国科技自主创新水平。相关内容共被120个国家和地区的2124个电视台及新媒体平台采用，累计播出8.5万余次。

俄乌冲突对外发稿持续成为全球媒体报道信源。相关内容共被128个国家和地区的2610个电视台及新媒体平台采用，累计播出86.3万余次，创国际热点事件发稿历史最高纪录。

二、充分发挥企业机制作用，为总台国际传播大局提供服务保障、保驾护航

全力保障海外公司安全平稳运行。环球公司围绕总台海外总体战略布局，紧扣各类境外运营风险，抓牢"资金、资产、人员"等核心焦点，有力配合了总台海外传播各项工作的平稳开展。

对海外资金实施全链条全流程全方位精细化管理。2022年，环球公司向机制挖潜力、向管理要效益，把牢预算源头关、紧握资金支付关、抓好财务审计关，建立海外公司财务状况月度上报及动态监督机制，想方设法节约海外公司运营成本，形成对海外资金全链条全流程全方位的精细化管理机制，做好海外资金出口的"看门人"和"守关人"，有力保障了总台海外资金资产的安全平稳。

三、积极拓展自主签约用户规模，持续扩大国际媒体合作朋友圈，全面助力总台"媒体外交"

全球签约用户规模持续稳定增长。国际视频通讯社全球自主签约用户达631家，涵盖全球146个国家和地区的2366个电视频道和2050个网络新媒体平台。

创新国际媒体合作机制，国际媒体"朋友圈"不断巩固深化。目前已覆盖全球127个国家和地区312家媒体。

充分发挥客户资源和专业团队优势，全面助力总台"媒体外交"。国际视频通讯社配合国际交流局等部门，精心策划、周密组织、高质量执行，全年共主办、承办、协办12场涉外媒体活动，在活动级别、嘉宾规格、现场呈现效果及国际传播效果等方面均得到提升。

与CGTN共同打造"融媒体定制化服务平台"。发挥技术优势、平台资源，与CGTN共同打造"融媒体定制化服务平台"（AMSP），目前已有来自129个国家和地区的400多家用户入驻。

四、持续提升经营能力

在抓好疫情常态化防控工作基础上，提升经营业绩，实现营业收入同比增长35.5%。

提升服务质量效率、扎实做好对台业务服务。对接CGTN、亚洲非洲地区语言节目中心、欧洲拉美地区语言节目中心等部门，细化执行涵盖内容制作、版权购买、设备租赁、宣传推广、培训咨询等各类项目上千个，保障总台全链条、全方位、全领域精品节目创新。

积极与台内部门展开合作论坛及节目创作工作。与总台CGTN、新闻中心、文艺节目中心、总编室等10多个部门建立合作关系，参与首届全球媒体创新论坛、《平"语"近人——习近平喜欢的典故》、《2022中央广播电视总台春节联欢晚会》、《CGTN超级夜看春晚》、《美术经典中的党史》等大型节目录制及

制作。

加快向"立足总台、面向市场、助力服务总台"转变。通过CGTN平台引流、环球公司承接了山东省委、长沙市委、宁波市委的对外宣介服务项目，开创汇聚地方外宣资源、提升经营反哺能力的新模式；承接中国建筑股份有限公司《如果建筑会说话》的制作与推广项目，探索搭建中资企业面向海外传播的桥梁纽带；加强国际新闻音视频产品服务项目和政企服务项目的市场拓展力度，通过素材销售、节目制作、合作传播等产品多元化运营，努力增加营收，增强企业自主造血功能。

央视频融媒体发展有限公司工作概况

2022年，央视频融媒体发展有限公司（简称"央视频公司"）全面落实总台党组各项决策部署，持续推进全链条、全方位、全领域创新，为总台建设国际一流新型主流媒体贡献力量。

一、紧扣"广告+会员+产业"经营主线，借力冬奥会、世界杯等大型活动，强化与视听新媒体中心"一体两翼"合作体系，大力开拓创新，力求效益最大化

1.抓住冬奥会、世界杯等赛事契机，打造优质版权内容产品矩阵，推动会员业务持续增长

央视频公司针对2022年北京冬奥会、2022年卡塔尔世界杯重大赛事传播节点和2022年总台春晚、"央young"系列节目等重点IP，实施多元化经营策略，通过上线会员专属内容、创新直播答题节目、打造限时福利活动、推出联合会员产品等，有效促进付费会员转化。为进一步提高平台会员权益吸引力，在总台总经理室的支持下，央视频顺利打通版权采购全链路，不断扩充和优化内容版权储备，创新打造"剧场化"内容矩阵，分阶段分层次聚合热点作品，推高稀缺版权热度，进一步拉动会员用户增长。自上线至今，会员业务版块已实现总体收入破亿。

2.创新内容营销模式，持续打造新媒体广告增量

央视频公司针对《开工喜央young》《周末新花young》《会员请回答》等原创纯网IP，精心优化新媒体广告形态，推动营销服务升级，赢得了客户的广泛认可。同时，立足大小屏融合优势，提供定制化商业广告服务，基于《故事里的中国》《典籍里的中国》《最炫农科生》等大屏精品IP开发《经典冷知识》《典"亮"光明》《农科生乡村奇遇记》等衍生内容，成功促成与客户的广告订单。

3.成功打造"烟台葡萄酒节"经营案例，盘活地方资源，持续开拓"央地合作"营收空间

央视频公司积极挖掘地方产业资源，以"2022烟台国际葡萄酒节"为起点，为当地精心定制城市品牌推广方案，产出了大型融媒体

节目、直播、短视频、微电影、纪录片、线下活动等一系列多元化精品内容。该项目形成以赋能地方文化和旅游产业发展为核心的"央地合作"创新模式，在助力当地打造城市品牌的同时，进一步延伸央视频"媒体+产业"价值。在此基础上，公司不断提升体系化内容服务能力，还与其他政府部门、大型企业成功达成合作，助力客户打响品牌声量，实现互利共赢。

4. 发挥平台与产业集群优势，与中国建设银行顺利组建运营公司，推进"媒体+产业"布局，延展央视频平台营收生态

央视频公司发挥平台与产业集群优势，与中国建设银行通力合作，共同建设聚合高频生活场景的综合生活服务平台"建行生活"。该平台运营公司建立后，加速拉动央视频下沉渠道拓展、多场景引流、会员销售等，开拓央视频平台全新稳定营收渠道。

二、"央视频出品"IP体系快速成长，"两个效益"有效提升

1. 深耕大屏精品IP创作，持续推动"思想+艺术+技术"创新融合，斩获一系列重量级奖项

央视频公司旗下央视创造内容团队与CCTV-1综合频道共同打造的《典籍里的中国》获得第十六届精神文明建设"五个一工程"奖，成为首个囊括全国电视文艺"星光奖"、广播电视创新创优节目、亚广联奖、上海电影节"白玉兰奖"等重要奖项的"大满贯"获奖作品。节目第二季融入XR新技术应用，播出前3期，相关视频播放总量已近7亿次，全网收获90个热搜热榜。联合CCTV-1综合频道推出大型文化旅游探访类节目《山水间的家》，11期节目视频播放量已近4亿次，热搜热榜达335个，话题总阅读量累计超27亿次。联合总台文艺节目中心打造大型文化节目《诗画中国》，结合科技手段与艺术形式，向观众展现"诗画合璧"的全新样态和新颖视角，节目视频播放量超3.2亿次，热搜热榜超440个，话题总阅读量超27.4亿次。此外，央视频公司联合总台相关中心推出《故事里的中国》（第三季）、《经典咏流传》（第五季）、《古韵新声》、《少年的奇幻世界》、《擎动中国》等一系列精品节目，利用CG动画、XR（扩展现实）等先进技术，凸显视觉冲击力和艺术感染力。

2. 紧扣年轻用户需求，持续丰富央视频平台"央young"系列新媒体原创IP矩阵

继推出《央young之夏》《冬日暖央young》之后，央视频公司联合视听新媒体中心，发挥新媒体内容研发制作优势，探索音乐、体育、科普等多元领域与综艺、直播、季播等节目形式的有机结合，原创推出《多young科学夜》《开工喜央young》《周末新花young》《这young的夏天——2022夏日歌会》《这young的世界杯》等"央young"系列节目。其中，《开工喜央young》主打全国首档"开工盛典"，全网视频总播放量超5亿次，话题阅读量超12亿次；微综艺《周末新花young》以"周末时段"小切口彰显"美好生活"大主题，视频播放量超过2.7亿次，收获96个热搜热榜，话题阅读量超14亿次；总台首档竖屏综艺《这young的夏天——2022夏日歌会》打造"沉浸式、同场感、交互性"的线上视听盛宴，直播观看量超3200万，视频播放量近1.4亿次，全网热搜热榜111个，话题阅读量达16.9亿次。

3. 积极探索多赛道、多圈层新媒体节目创新

2022年卡塔尔世界杯举行期间，央视频公司原创《欧雷欧雷陪看团》节目，以"边吃边聊边嗨"线上观赛模式，推动广告营销、会员变现、品牌传播、用户口碑的有效融合，话题阅读量超3.1亿。年初推出的青春纪实微综艺《闪闪发光的少年》，集合青年记者王冰冰的视角、世界冠军的"B面人生"、少年榜样的"发光故事"等多维度元素，并于2022年年底推出第二季。央视频公司另一原创融媒体IP《奇妙中国》以微纪录片的形式，展现一系列国家超级工程的建设成就，切入纪实类产经内容赛道，实现内容传播与经营创收的双重价值。

三、核心研发能力不断提升，自主可控平台建设持续完善，新媒体技术逐步落地转化

1. 加强关键技术领域自主研发，融合创新成果屡获行业认可

央视频公司在融媒体前沿核心技术领域持续投入研发力量，积极推进总台算法研究、短视频智能化研究、人工智能视频"横转竖"生产技术研究等一系列重大科研项目，斩获多项国家级荣誉。央视频"5G消息"项目获得国家工业和信息化部第五届"绽放杯"5G应用征集大赛一等奖；数字藏品应用"冬奥数字雪花"获得国家广播电视总局高新视频创新应用大赛一等奖；"融媒体演播室云连线互动平台"成功入选国家文化产业发展项目库。

2. 丰富央视频客户端适配功能，央视频大屏版、HD版顺利上线使用

在总台相关部门有力支持下，央视频公司攻克内容跨屏适配技术难点，顺利完成央视频大屏版、HD版等客户端版本的开发工作。央视频公司技术团队通过开发OMS内容运营管理系统，实现匹配不同终端的特色化运营模式，满足不同终端用户的差异化观看需求。

3. 加速新技术应用成果转化，积极开拓新业态蓝海

央视频公司持续优化智能安审系统，加强全天候、实时化舆情监测与风险提示，有效保障全国两会、党的二十大等重大主题宣传报道和2022年北京冬奥会、2022年卡塔尔世界杯等重要赛事活动顺利进行；以大数据技术为抓手，创新打造央视频会员数据看板功能，驱动会员运营效率提升；顺利完成"央视频5G消息平台"开发，打通三大运营商消息通道，支持文字、图片、视频、音频等多种内容载体，构建起全新的传播场景；探索区块链技术融合创新，打造"央视频数字藏品平台"，集数字藏品发行、购买、确权、展示为一体，为后续布局新赛道提供更多可能。

四、平台拉新、品宣、运营同频共振，打造出多个"融合传播"活动案例

1. 不断扩大获客渠道，优化平台拉新、留存模式，用户规模持续扩大

截至2022年年底，央视频平台累计下载量已突破4.92亿次，累计激活用户数达1.86亿，单日最高播放量超1.1亿次。央视频公司充分挖掘优质资源和重大节点传播效能，通过

渠道、物料、话题、稿件等方式实现线上线下有效传播、精准触达，推动平台用户规模持续稳定增长。

2. 高质量完成总台重点项目推广任务，拓展品牌宣传外部合作

央视频公司联动总台相关内容中心，完成《2022中央广播电视总台春节联欢晚会》《2022年中央广播电视总台中秋晚会》《中国考古大会》《国家公园》《我的"村晚"我的年》《典籍里的中国》《诗画中国》《山水间的家》《经典咏流传》等重点项目的宣传推广，以及《总台2023品牌强国工程云发布活动》《中国短视频大会启动仪式》等大型活动的策划与执行工作。在此基础上，央视频公司抓住外部市场机遇，完成第十七届中国长春电影节系列活动等多个大型合作项目，在丰富内容宣传、品牌推广、活动策划执行经验的同时，实现了创收增收目标。

3. 优化垂类内容运营模式，积极推进资源整合与开发经营

央视频公司继续承接CCTV-1综合频道、CCTV-9纪录频道等央视频端内Tab页面运营工作，同时进一步推动汽车、美食频道市场化运作。央视频公司获得总台总经理室独家授予的总台视频资源开发经营委托及版权授权书，为央视频搭建版权内容生态，提升平台资源和渠道整合能力打开全新空间。

央广传媒集团有限公司工作概况

2022年，央广传媒集团有限公司统筹抓好疫情防控与产业发展，盯紧降本增效，抓内控强管理、稳经营促发展，积极稳步推进产业链布局，营业收入在2021年的基础上继续保持较快增长。

一、传统业务板块：深挖品牌价值，打造央广传媒融媒体营销生态圈

（一）广告业务

1. 积极稳固经营大盘

成立上海（华东地区）办事处和广州（珠三角地区）办事处，布局区域市场。注重精细做好快消品等央广平台支柱行业的企业客户开发和维护，同时在文旅宣传、家居家电及政府公益类客户开发上深度拓展，客户集群化、规模化效应初显。

2. 加快融合营销创新

立足自有品牌，以线上广播为根基，聚合央广传统媒体、新媒体、媒体零售和数字产业四大板块资源，持续推进融媒体营销生态圈建设。与央广购物频道联合打造"广播+购物"营销方案，与银河互联网电视联合推出快消、汽车、白酒、金融、文旅和家居等行业"广播+互联网电视"大屏广告营销通案，与云听深化"广播+音频客户端"营销模式。不断推进"FM广播+大屏+小屏"全媒体融合营销创新，加快由媒体服务型公司向融媒体营销型公司转型。

（二）交通传媒业务

中国交通广播频率在全国覆盖基本成型基础上，稳步推进基础设施改造升级，力保节目完整、信号安全和技术安全，全年安全播出无事故，零秒空播率。狠抓节目创新，聚焦时政热点、解读政情民意，高质量完成系列重点宣传报道和主题策划。推出《中国交通这十年》系列报道，展现交通领域取得的巨大成就。联合云听推出2022年北京冬奥会特别节目《2022冬奥冰雪之旅》系列专题。围绕"保畅通"，积极宣讲政策举措、开展舆论监督、讲好先进故事，全方面、多角度关心帮助疫情

下出行听众的衣食住行。不断提升频率舆论宣传水平的同时，央广交通公司积极借助平台资源，开展整合营销，推进业务稳健发展。

二、新媒体业务板块：全面提升媒体融合经营能力

（一）央广网等内容生产业务

央广网扎实做好重大主题主线报道，全面提升媒体融合经营能力，推动社会效益和经济效益双提升、双丰收。

1. 内容生产多点开花、亮点频现

持续创新品牌节目，扩大IP内容产品的质量、产量和声量，打造成体系、成系列的大型融媒体产品和轻量化、分众化的新媒体精品。"习近平治国理政国家声音库暨习近平新时代中国特色社会主义思想声音平台"传播成效显著，"头条工程"重点栏目《每日一习话》《习声回响》《看图学习》全年累计推出516期产品。部署地方频道80多名采编人员深入采访践行"四力"，策划推出《开局十四五》《大时代》《远山的回响——你好！新村民》等系列报道，累计触达受众达73亿人次。打造央广网5G+AI智慧语音实验室，升级内容生产能力，移动客户端、有声资讯音频平台内容生产投送占比扩大至45%。内容生产全线业务取得长足发展，全平台全年累计发布稿件68.5万余篇。主持微博话题并登上热搜145个，其中53个话题阅读量过亿。

2. 经营管理立足优势、持续创收

严格遵循"采编经营两分开"原则，严把经营安全关卡，充分发挥地方分、子公司业务拓展优势，形成多样态创收态势，在稳住业务基本盘基础上，积极创新业务并开拓新的市场机遇。

（二）银河互联网电视业务

银河互联网电视有限公司的用户规模、收入、利润等指标继续保持互联网电视行业领先。

1. 电信运营商渠道方面

积极拓展项目覆盖面，深入探索中屏等泛终端业务，拓宽电信运营商合作范围，业务触达20个省（自治区、直辖市），计费基础用户较2021年增长12%。

2. 智能电视终端渠道方面

用户和收入规模继续扩大，接入银河集成平台的终端累计突破1亿台，"银河奇异果"累计安装量突破3.6亿，行业领先优势明显，整体盈利能力稳步提升。

3. 广电融合业务快速增长

完成广西、内蒙古、山东、陕西、青海、海南、新疆等7个省（自治区）网络项目落地，在全国20个省（自治区、直辖市）实现落地运营。达成与康佳、索尼电视渠道的合作，在智能电视终端（含投影仪）市场超过90%的覆盖率。银河互联网全年实现营业收入较2021年增长19%。

（三）央广视讯手机音视频业务

央广视讯加快推进战略转型和创新业务开拓，扎实做好核心业务梳理和管理优化，推进减员增效，打造视听智慧党建等新业务，努力实现多点创收。

三、媒体零售业务板块：探索电商直播模式，加强私域运营能力和供应链整合

央广购物完成股份制改造，改制为"央广购物股份有限公司"，为整合优质资源助力转型升级和发展壮大奠定基础。持续深化创新转型，以电视直播为基础，加强供应链整合，利用频道资源开发地方特色商品。在注重"大屏"同时，全力提速移动互联网短视频直播，通过小程序、朋友圈、微信群、公众号、视频号等多种触点，加强个性化精准营销，不断提高私域运营能力，培育新的核心竞争力，提升业绩。

四、云听推进"思想＋艺术＋技术"融合传播，加速提质升级

云听依托总台广播版权独家授权的资源优势，聚焦核心竞争力，加速提质升级。累计用户量突破2亿，覆盖手机、车机、鸿蒙应用、智能穿戴设备等多终端应用场景，规模增速位居音频行业第一，全年各项经营指标稳中有进。与47家汽车厂商建立合作，在68个汽车品牌上线应用服务，集纳全国1500余套电台频率，车载业务用户数超5600万。

扎实推进"思想＋艺术＋技术"融合传播，云听资讯"日产千条"目标如期完成，为用户提供全天候、全场景音频资讯服务；自制多人有声剧《谢谢你医生》获评国家广播电视总局优秀网络视听作品；党的二十大、全国两会、2022年北京冬奥会、2022年卡塔尔世界杯等重大报道做到及时呈现，强化"听大事，来云听"的用户认知；围绕总台22个广播频率直播流、7个电视音频流分别对"听广播"和"听电视"频道改版升级，精准运营总台IP资源，中国之声直播流播放量6.41亿次，经济之声播放量3.63亿次，环球资讯广播播放量1.68亿次，CCTV-1综合频道、CCTV-13新闻频道和CCTV-5体育频道电视节目的音频直播流播放量持续攀升；立足总台"5G+4K/8K+AI"战略格局，上线"百城千屏"播放器，实现终端与音频流的匹配和声画同步。

国广传媒发展有限公司工作概况

2022年，国广传媒发展有限公司（简称"国广传媒"）党的建设和内部管理不断强化，积极调整公司经营结构，加快新媒体建设步伐，稳妥推动各项工作有序进行。

一、积极调整经营结构　加快推进自主经营

国广传媒调整发展方向及业务结构，从"以授权经营为主"向"以自主经营为主、授权经营为辅"转变，从单一依靠分红的营收模式向多种经营的营收模式转变，从主要依托传统媒体资源运营向依托新媒体及融合媒体运营转变。

组建节目制作团队及广告经营团队，启动全新节目策划机制、重建各类市场营销渠道。经过近一年探索，自主经营业务发展显著。

（一）广告业务

1. 建立广播广告基本盘

广告业务在与原代理公司及节目部门沟通交接的同时，迅速建立自有销售团队及销售渠道，开展劲曲调频、轻松调频和环球资讯广播的广告销售工作。重新梳理建立与各个渠道公司及代理公司的业务关系，进入各大4A公司及公关公司的媒体库，拓展更多符合目前市场发展和客户需求的广告模式。在广告投放形式多元化的时代背景下，打通线上线下多种销售渠道，实现新的广告创收效果。

2. 逐步建立劲曲调频新媒体矩阵

劲曲调频广告业务以客户服务为核心，先后搭建"HitFM-Live"官方微博账号、官方抖音号、微信公众号和微信视频号。在抓住客户商业价值点的同时，以"新媒体+线下活动"相结合的方式开展商务合作。

（二）节目制作业务

1. 调整节目内容，加强节目针对性

坚持类型化音乐台定位，以国际流行音乐娱乐为主，对节目内容进行调整，加强内容的丰富度和贴近性。

2. 理顺管理机制，强化媒体策划能力

对节目制作团队结构进行调整，减少层级，实现扁平化管理。明确管理范围，通过团

队建设提高管理效率，保证节目管理、策划、制作、播出的高效和安全。

3. 配合广告市场，提升内容建设能力

从内容角度对流行趋势进行判断，寻找目标用户在音乐、出行、休闲等领域的兴趣偏好变化，有针对性地调整节目内容方向，推出类型化的节目。同时，继续挖掘如户外装备、新型饮料、新能源汽车等高增长型领域的客户价值，为其提供多元化新媒体营销服务。

二、下属媒体企业宣传经营取得成效

（一）国际在线

深化提升"头条工程"，圆满完成党的二十大等主题报道。策划对外舆论斗争，打造融媒体精品栏目，创新网络国际传播活动，持续迭代技术支撑能力，开展境外舆情监测工作，初步形成研究培训体系，不断优化经营模式，有力落实党建工作。

（二）聚鲨环球精选频道

持续推动传统媒体与新兴媒体优势互补，从商品开发、节目制作、渠道联动、后端保障、组织管理等全方位着手，不断开拓创新。

（三）其他相关公司

新成立的北京中广视传媒有限公司与原代理公司交接并同步推进与总台总经理室在审核及上播流程方面的对接，同时建立自有销售团队及销售渠道，开展三个频率的广告销售工作。

北京希尔爱印刷有限公司积极完成总台相关设计制作印刷工作。

三、强化内部建设管理，防范化解各类风险

（一）积极落实各项职能工作

通过《国广传媒每周文件处理明细表》跟踪文件流传并完善归档工作。组织所属企业完成总台下达的各项工作部署、要求及反馈工作。

与此同时，国广传媒严格落实各项防控措施，按照总台要求每日报送相关防疫报表，积极组织疫情排查、每周行程卡核查等工作。

（二）加强制度建设

修订印发《总经理办公会议事规则》，不断提升管理水平。同时，为进一步加强下属企业经营管理，先后起草印发《国广传媒发展有限公司下属企业经营管理暂行办法》《国广传媒发展有限公司外派下属企业董监事文件签署流程的规定》等管理文件。

（三）推动形成人才引领发展新格局

以公司发展需求为导向，持续加强针对重点业务、关键岗位的人员培养，引进创新型人才。

针对现有业务结构，先后引进新媒体运营人才、广告销售人才等，努力实现人才队伍与经营发展的高度契合，持续打造一支政治素质高、业务能力强、能打硬仗的经营队伍，加快形成人才引领发展的新格局。

中广视资产管理有限公司工作概况

2022年,中广视资产管理有限公司(简称"中广视公司")全力以赴做好总台"民心工程"、重大项目建设、地方总站购置装修运营等工作。

一、统筹推进重点项目建设与运营工作

1. 全力以赴推进涿州项目建设,确保总台重要"民心工程"建设稳中有进

项目启动区依法办理施工建设审批手续,公开招标选聘国内一流的施工、监理、监测、检测等参建单位。项目于2022年下半年开工,截至年底启动区的20栋住宅楼已全部进入地上主体结构施工阶段,其中13栋楼已施工至5层以上,最高已达9层,共计64 670平方米的主楼、配套设施实现了"正负零",完成了总台党组赋予的"启动区年底前大部分楼栋施工至5层以上"的年度任务。同时,中广视公司积极配合总台有关部门做好启动区"房票"发放的准备工作,按计划开展项目地块一后续用地开发建设的前期工作,协助涿州市启动项目地块二建设用地的出让,实现涿州项目建设的整体推进。

2. 稳步推进国家(杭州)短视频基地项目建设,助力总台打造国家级主流视听新媒体高地

中广视公司与杭州文广集团签署《国家(杭州)短视频基地项目合作实施协议》,制订科学规范、把控有力、确保成效的工作实施方案。采用专业机构测算、同类项目调研及工程经验推导等方法,在项目施工图设计、审计、监理、场地平整招标控制价等方面,核减成本预算。开展项目招标工作,稳步推进场地平整,高标准推进国家级主流视听新媒体高地建设。

3. 有力推进地方总站业务用房的购置装修运营,为地方总站高质量发展做好基础性支撑

在总台人事局、财务局、办公厅和相关地方总站先期大量工作基础上,中广视公司接续推进地方总站业务用房相关工作。相继取得天津、南京、济南等多地房产,有序推进北京米

阳大厦、中广视听谷、天津总站用房装修改造及基础设施完善工作，引入南京艺术学院等优质客户入驻中广视听谷。

二、夯基垒台，强基固本，加强制度建设

1. 围绕项目搭建科学有效的管控机制

以项目为核心进行矩阵式的整合管控，明晰流程的环节与细节，提高协调管理的效率、精度和力度。在项目安全生产和工程质量管控中，通过使用执法记录仪实施全过程音像留痕，实现"双向记录"和"双向监督"。细化合同履约管理，定期考核评价，确保合同条款和权责义务的充分履行。

2. 以制度建设不断筑牢公司管理体系"四梁八柱"

2022年，中广视公司制定并下发涵盖采购管理、内部审计、重大事项和重要文件督办、保密工作在内的共22项管理制度，出台公司员工守则等配套文件，有力推进了工程项目管理、成本控制、物业管理、招商运营、固定资产管理、地方总站后勤保障和园区经营、工程审计等一系列规章制度和操作流程的完善细化。

3. 以风险内控体系保障公司规范经营

出台内部审计管理制度手册，汇编下发招标采购常用法律法规、投资购置现有房屋操作指引等规章制度。将风险意识、底线思维融入经营全过程，确保各项风险防控措施在体系架构上有效衔接、在实施过程中相互配合，确保总台利益得以有效维护。

4. 以招标采购和成本管理体系实现降本增效

不断完善招标采购组织建设，优化招标采购流程，严格过程管控。建立造价咨询机构库，积极发挥第三方服务机构专业性。科学核定招标控制价，充分发挥招标采购降本作用，合理确定成本管控红线。在各项目中应用建设工程造价专业软件，加强第三方造价咨询单位监督。逐步优化项目支付审核流程，确保进度款支付与项目产值同步。

5. 以安全工作的万无一失确保稳定发展

强化政治机关意识，坚决落实意识形态工作责任制，强化保密意识，提高网络信息安全意识。慎终如始做好公司疫情防控各项工作。严格执行安全生产规章制度，确保施工现场绝对安全、项目建设平稳有序。

三、锻造高素质实干型专业人才队伍

在重大项目中培养人才、在攻坚克难中锻造人才、在日常业务中储备人才，培养了一批涉及各层级、各部门的管理团队和专业技术力量。注重对青年员工的培养和历练，给予青年人才独当一面的实践锻炼机会。

四、抓好廉政建设和作风建设

充分发挥财务、审计、法务等专业岗位监督作用，严密防范重大项目、关键岗位风险。常态化开展警示教育，坚决筑牢拒腐防变的"第一道防线"，完善作风建设长效机制。

中国国际广播出版社有限公司工作概况

2022年，中国国际广播出版社有限公司（简称"国广出版社"）发扬"立志、崇实、创新、担当"的企业精神，奋力完成宣传出版、经营管理主要任务，并在加强党的建设、深入推进出版业务转型等方面取得了一系列新成果。

一、企业"两个效益"保持增长势头

国广出版社2022年共出版纸质图书、电子图书、音像制品等各类出版物约303个品种/批次。其中，新版图书218种、电子图书73种、重印图书85个批次，全年策划立项各类出版选题182个、签订出版合同160份，全年发行图书近40万册/套。在疫情反复冲击、图书市场需求持续萎缩、出版结构深入调整的情况下，国广出版社2022年出版业务规模与2021年基本持平；发行业务规模有一定程度的收缩，但发行综合效益有所提升，销售渠道开始向专业出版市场转变。

在社会效益方面，国广出版社2022年连续7年保持宣传出版导向和内容口径"100%安全"的记录。在中宣部组织的"图书出版单位社会效益评价考核"中取得85.5分，保持"良好"等级。国广出版社全年共有6种传媒专业图书获得国家级奖项，出版20多种省部级以上重点科研项目图书；3种中华优秀传统文化图书对外输出版权，实现"出版走出去"零的突破。

在经济效益方面，在疫情打乱工作部署、市场持续疲弱、国广出版结构调整遇到新问题等不利条件下，国广出版社2022年仍实现营业收入同比增长。同时，得益于专业出版转型取得成效，以及出版项目逐步实行精细化成本核算，国广出版社全年净利润同比增长约112%，国有资本保值增值率达103%，首次实现经营利润翻一番。另外，在岗位人数增加18%的情况下，职工待遇与企业效益同步提高。

在全面转向传媒专业出版的第一个年头，国广出版社"两个效益"保持稳中有进，为各项业务改革措施逐步深入提供系统性保障。

二、出版业务转型改革蹄疾步稳

国广出版社在2021年确立全新战略发展目标，制订一整套业务改革和创新计划。2022年，相关举措逐步推进落实，在优化出版结构和市场结构、提升出版效率和效益等方面取得一定成效，在全面转型专业出版道路上迈出了扎实的第一步。

国广出版社大力度调整重组图书编辑中心、传媒合作出版部、发行营销部等主营业务部门，强化编委会运行机制、增设经营管理委员会，初步形成匹配新业务结构、突出转型重点、严把出版内容质量的管理新构架。同时，引进一批优质编辑、优化编审岗位绩效考核及分配办法、深入开展编校质量检查、加强编辑业务培训、建立重点岗位人才培养计划，使图书"编审校排印发"队伍整体实力和素质明显提升。

2022年，国广出版社进一步优化传媒专业出版产品结构，传媒学术研究、高校教材、传媒产学研融合类出版品种占比提到约70%，专业出版业务收入占比达到约50%。与国内约300所传媒院校、科研机构建立业务合作关系；同时为下一步提质增效储备约150个专业出版选题。继续优化传媒专业出版学科布局，在初步形成影视艺术学科、新媒体学科、国际传播研究、媒体实务培训等6个主要专业方向基础上，联合知名院校和专家，启动"新时代中国特色新闻学研究文丛"等重头出版项目。经过一年努力，国广出版社的传媒专业图书初步形成了覆盖传媒教育、传媒科研、媒体应用、人才培养等用户群的布局，并持续提升"专精特新"选题标准、品牌特色，不断努力推出一些具有行业引领力、影响力的精品。

在推进专业出版建设的同时，国广出版社不忘强化国家级出版企业的政治担当，做强做优"主题宣传出版"，紧紧围绕迎接党的二十大、学习宣传贯彻党的二十大精神的出版主旋律，出版《党的盛典 人民的节日——中央广播电视总台庆祝建党百年全记录典藏》《和合与共——纪念上海合作组织成立20周年大型纪录片〈和合与共〉全记录》等10多种主题图书。同时，国广出版社在对外出版上取得突破，与欧洲思想出版社合作，将总台资深罗马尼亚语专家编译的中罗对照版《诗经》《论语》《道德经》等在欧洲出版发行。

三、党的建设向高标准推进

2022年，国广出版社党支部围绕迎接党的二十大、学习宣传贯彻党的二十大精神这条主线，努力推动政治建设、思想建设、组织建设、作风建设、纪律建设向更高标准迈进。

国广出版社党支部组织员工以自学、集体研讨、外出参观、举办主题党日、参加专题培训班等多种形式，深入开展读原著、学原文、悟原理系列政治理论学习。同时，不断完善个人政治学习、青年理论学习小组、"政治理论学习日"等机制，推动政治理论学习全方位、全覆盖、常态化。党的二十大闭幕后，国广出版社领导班子第一时间率领党员干部集体学习党的二十大报告，部署全社学习贯彻工作。为了弘扬伟大建党精神，党支部举办"学习党史 军史 缅怀革命先烈"主题党日活动，大家一起重温"特级英雄黄继光"的事迹，收到很好的教育效果。

国广出版社党支部还始终把严肃党内政治生活、规范组织生活作为党建工作重点，认真执行"三会一课"制度，开展批评与自我批评，积极参加总台机关党委和国广传媒党委组织的各项活动。严格按照《总台党员发展工作流程》，完成3名预备党员转正工作，培养5名入党积极分子，接受3名同志的入党申请。

国广出版社党支部继续推进党建与业务工作相融合。在前几年探索党支部治理企业的经验基础上，出版社支委会与社委会、编委会、经委会协调运转的机制日趋成熟。2022年，国广出版社还首次将党的建设工作要求正式纳入各业务部门的"运行管理及绩效考核方案"，增强干部的党建意识，强化党建对业务系统的统领作用。

2022年，国广出版社党支部严格落实全面从严治党各项要求，扎实开展意识形态工作责任制落实情况监督检查，以及"学习研讨、查摆问题、改进提高"专项工作；编委会强化"意识形态管理情况研判"环节，图书编辑中心、校对部分别编纂《政治理论应用手册》《校对业务手册》。

在全面转型传媒专业出版的第一个年头，在党支部政治引领和统筹推进下，全社上下一齐发力，共担把好导向、守好阵地的政治责任，共同维护意识形态阵地安全。

第四编

统计数据

中央广播电视总台年鉴（2022）

频道、频率设置及节目播出情况

中央广播电视总台电视频道设置及节目播出情况

截至 2022 年年底，中央广播电视总台（含台属公司等）共开办电视频道 51 个，包括 31 个公共电视频道和 20 个付费电视频道，另有 2 个互联网电视频道。

中央广播电视总台电视频道设置一览表

一、公共电视频道 31 个	
1. 总台自办频道 27 个	
频道名称	开播时间
CCTV-1 综合频道	1958 年 9 月 2 日
CCTV-1 综合频道（港澳）	2011 年 3 月 1 日香港版开播 2016 年 12 月 20 日落地澳门
CCTV-2 财经频道	1973 年 4 月 14 日（经济·生活·服务频道） 2003 年 10 月 20 日调整为经济频道 2009 年 8 月 24 日调整为财经频道
CCTV-3 综艺频道	1986 年 8 月 25 日
CCTV-4 中文国际频道（亚洲）	1992 年 12 月 1 日
CCTV-4 中文国际频道（欧洲）	2007 年 1 月 1 日
CCTV-4 中文国际频道（美洲）	2007 年 1 月 1 日
CCTV-5 体育频道	1995 年 1 月 1 日 2019 年 12 月 17 日落地澳门
CCTV-5+ 体育赛事频道	2013 年 8 月 18 日
CCTV-7 国防军事频道	1995 年 12 月 1 日（少儿·军事·农业·科技频道） 2010 年 10 月调整为少儿·军事·农业频道 2011 年 1 月 3 日调整为军事·农业频道 2019 年 8 月 1 日调整为国防军事频道
CCTV-8 电视剧频道	1996 年 1 月 1 日
CCTV-9 纪录频道	2011 年 1 月 1 日

续表

频道名称		开播时间
CCTV-10 科教频道		2001 年 7 月 9 日
CCTV-11 戏曲频道		2001 年 7 月 9 日
CCTV-12 社会与法频道		2002 年 5 月 12 日（西部频道） 2004 年 12 月 28 日调整为社会与法频道
CCTV-13 新闻频道		2003 年 7 月 1 日
CCTV-14 少儿频道		2003 年 12 月 28 日
CCTV-15 音乐频道		2004 年 3 月 29 日
CCTV-16 奥林匹克频道		2021 年 10 月 25 日
CCTV-17 农业农村频道		2019 年 9 月 23 日
CCTV 超高清频道	CCTV-4K 超高清	2018 年 10 月 1 日
	CCTV-8K 超高清	2022 年 1 月 24 日
CGTN 英语频道		2000 年 9 月 25 日（英语频道） 2010 年 4 月调整为英语新闻频道 2017 年 1 月 1 日调整为中国环球电视网 2022 年 6 月 30 日调整名称为 CGTN 英语频道，呼号为 CGTN
CGTN-F 法语频道		2004 年 10 月 1 日（西班牙语法语频道） 2007 年 10 月 1 日调整为法语国际频道 2017 年 1 月 1 日调整为中国环球电视网法语频道 2022 年 6 月 30 日调整名称为 CGTN 法语频道，呼号为 CGTN FRANÇAIS
CGTN-E 西班牙语频道		2007 年 10 月 1 日（西班牙语国际频道） 2017 年 1 月 1 日调整为中国环球电视网西班牙语频道 2022 年 6 月 30 日调整名称为 CGTN 西班牙语频道，呼号为 CGTN ESPAÑOL
CGTN-A 阿拉伯语频道		2009 年 7 月 25 日（阿拉伯语国际频道） 2017 年 1 月 1 日调整为中国环球电视网阿拉伯语频道 2022 年 6 月 30 日调整名称为 CGTN 阿拉伯语频道，呼号为 CGTN العربية
CGTN-R 俄语频道		2009 年 9 月 10 日（俄语国际频道） 2017 年 1 月 1 日调整为中国环球电视网俄语频道 2022 年 6 月 30 日调整名称为 CGTN 俄语频道，呼号为 CGTN РУССКИЙ
CGTN-Documentary 纪录频道		2011 年 1 月 1 日（纪录频道国际版） 2017 年 1 月 1 日调整为中国环球电视网纪录频道 2022 年 6 月 30 日调整名称为 CGTN 纪录频道，呼号为 CGTN-Documentary 2022 年 7 月 1 日落地香港

续表

2. 中宣部电影卫星频道节目制作中心经办频道1个	
频道名称	开播时间
CCTV-6 电影频道	1996年1月1日 2012年12月10日自行播出

3. 台属公司承办的频道3个	
频道名称	开播时间
CCTV 戏曲频道	2004年10月1日
CCTV 娱乐频道	2004年10月1日
CCTV 中视购物频道	2007年1月1日

二、台属公司承办付费电视频道20个

频道名称	开播时间	开办主体
风云音乐频道	2004年8月9日	中国国际电视总公司
第一剧场频道	2004年8月9日	中国国际电视总公司
风云剧场频道	2004年8月9日	中国国际电视总公司
世界地理频道	2004年8月9日	中国国际电视总公司
卫生健康频道	2004年8月9日	中国国际电视总公司
高尔夫·网球频道	2004年9月1日	中国国际电视总公司
风云足球频道	2004年9月1日	中国国际电视总公司
电视指南频道	2004年11月1日	中国国际电视总公司
怀旧剧场频道	2004年11月1日	中国国际电视总公司
央视文化精品频道	2005年1月1日	中国国际电视总公司
兵器科技频道	2006年5月8日（国防军事付费电视频道） 2019年8月1日调整为兵器科技付费电视频道	中国国际电视总公司
女性时尚频道	2006年8月9日	中国国际电视总公司
央视台球频道	2010年4月12日	中国国际电视总公司
央广购物频道	2010年6月17日	央广传媒集团有限公司
环球奇观频道	2007年11月23日	国广传媒发展有限公司
聚鲨环球精选频道	2011年3月29日	国广传媒发展有限公司
中国交通频道	2015年10月21日	国广传媒发展有限公司
老故事频道	2005年4月16日	中央新闻纪录电影制片厂（集团）
发现之旅频道	2005年10月	中央新闻纪录电影制片厂（集团）
中学生频道	2009年5月4日	中央新闻纪录电影制片厂（集团）

中央广播电视总台互联网电视一览表

频道名称	开播时间	开办主体
未来电视（New TV）	2011年12月2日	央视国际网络有限公司
银河互联网电视（GITV）	2012年7月25日	央广新媒体文化传媒（北京）有限公司

中央广播电视总台电视频道播出量一览表

播出频道	每日播出量（小时）	全年播出量（小时）
CCTV-1 综合频道	24.0	8760
CCTV-1 综合频道（港澳）	24.0	8 760.3
CCTV-2 财经频道	24.0	8 760.3
CCTV-3 综艺频道	24.0	8 760.2
CCTV-4 中文国际频道（亚洲）	24.0	8760
CCTV-4 中文国际频道（欧洲）	24.0	8760
CCTV-4 中文国际频道（美洲）	24.0	8760
CCTV-5 体育频道	24.0	8760
CCTV-5+ 体育赛事频道	24.0	8760
CCTV-7 国防军事频道	19.0	6 952.8
CCTV-8 电视剧频道	24.0	8 759.7
CCTV-9 纪录频道	24.0	8760
CCTV-10 科教频道	20.7	7 559.9
CCTV-11 戏曲频道	20.1	7 332.2
CCTV-12 社会与法频道	20.2	7 377.2
CCTV-13 新闻频道	24.0	8760
CCTV-14 少儿频道	19.2	7006
CCTV-15 音乐频道	19.5	7 104.9
CCTV-16 奥林匹克频道	24.0	8760
CCTV-17 农业农村频道	20.1	7343
CGTN 英语频道	24.0	8760
CGTN-F 法语频道	24.0	8760

续表

播出频道		每日播出量（小时）	全年播出量（小时）
CGTN-E 西班牙语频道		24.0	8760
CGTN-A 阿拉伯语频道		24.0	8760
CGTN-R 俄语频道		24.0	8760
CGTN-Documentary 纪录频道		24.0	8760
CCTV 超高清频道	CCTV-4K 超高清	18.4	6 703.1
	CCTV-8K 超高清	15.0	5 469.5
CCTV 戏曲频道		24.0	8760
CCTV 娱乐频道		24.0	8760
CCTV 中视购物频道		24.0	8760
风云音乐频道		17.3	6 313.5
第一剧场频道		18.9	6 886.5
风云剧场频道		17.7	6 472.1
世界地理频道		18.3	6671
卫生健康频道		24.0	8760
高尔夫·网球频道		24.0	8760
风云足球频道		24.0	8760
电视指南频道		24.0	8760
怀旧剧场频道		17.8	6 504.9
央视文化精品频道		17.9	6 535.2
兵器科技频道		17.4	6 347.9
女性时尚频道		16.4	5 983.4
央视台球频道		24.0	8760
央广购物频道		24.0	8760
环球奇观频道		24.0	8760
聚鲨环球精选频道		24.0	8760
中国交通频道		18.0	6570
老故事频道		18.0	6570
发现之旅频道		24.0	8760
中学生频道		18.0	6570

中央广播电视总台各类电视节目播出量及比例一览表

节目大类	首播（时:分:秒）	首播占套（%）	首播占台（%）	重播（时:分:秒）	重播占套（%）	重播占台（%）	总播出量（时:分:秒）	占比全台（%）
新闻资讯类	42 255:36:30	35.63	12.04	76 352:56:10	64.37	21.75	118 608:32:40	33.78
专题服务类	19 908:30:07	17.94	5.67	91 054:14:12	82.06	25.94	110 962:44:19	31.61
综艺益智类	5 480:25:23	12.86	1.56	37 129:43:54	87.14	10.58	42 610:09:17	12.14
影视剧类	4 554:07:16	6.58	1.30	64 611:19:49	93.42	18.40	69 165:27:05	19.70
广告类	5 848:31:45	100	1.67	—	—	—	5 848:31:45	1.67
导视类	3 880:18:22	99.79	1.11	8:02:00	0.21	—	3 888:20:22	1.11
合计	81 927:29:23	23.34	23.34	269 156:16:05	76.66	76.66	351 083:45:28	100

中央广播电视总台互联网电视用户情况表

播出频道	日活（每日播放用户数）（个）	全年用户总数（个）
未来电视（New TV）	—	2.7 亿
银河互联网电视（GITV）	2394 万	4.63 亿

中央广播电视总台电视频道栏目编排表

CCTV-1 综合频道栏目编排表

时间	星期						
	星期一	星期二	星期三	星期四	星期五	星期六	星期日
05:30	人与自然						
06:00	朝闻天下						
08:35			生活圈			电视剧	
09:25			电视剧				
12:00	新闻30分						
12:35	今日说法						

续表

时间	星期						
	星期一	星期二	星期三	星期四	星期五	星期六	星期日
13:15	电视剧						季播项目（重播）
17:20	动画乐园 + 专题					星光大道（首播）	电视剧
							正大综艺（首播）
19:00	新闻联播 + 焦点访谈						
20:06	电视剧					季播项目	
22:00	晚间新闻						
22:35	专题节目					开讲啦	等着我
23:30	季播节目（重播）						
次日 1:00	专题节目	中华民族 + 人口	专题节目				
次日 1:30	晚间新闻（重播）						

注：《时代楷模发布厅》在综合频道黄金时段 21 点档不定期安排播出。

CCTV-2 财经频道栏目编排表

时间	星期						
	星期一	星期二	星期三	星期四	星期五	星期六	星期日
07:00	第一时间（首播）						
09:00	正点财经（首播）					重播节目/精编节目	
10:00	正点财经（首播）						
10:30	经济半小时（重播）						
11:00	正点财经（首播）						
11:30	精编节目						
12:00	天下财经（首播）						
13:00	重播节目/精编节目					重播节目/精编节目	
	回家吃饭（重播）						
14:00	正点财经（首播）					周播节目/季播节目（重播）	
	消费主张（重播）						
15:00	正点财经（首播）					重播节目/精编节目	
	生财有道（重播）						
16:00	正点财经（首播）						
17:00	正点财经（首播）						

续表

时间	星期						
	星期一	星期二	星期三	星期四	星期五	星期六	星期日
17:30	精品财经纪录						
18:30	回家吃饭（首播）					是真的吗（首播）	一槌定音（首播）
19:00	生财有道（首播）						
19:30	消费主张（首播）					季播节目（首播）	职场健康课（首播）
20:00	经济半小时（首播）						
20:30	经济信息联播（首播）						
21:30	央视财经评论（首播）					对话（首播）	中国经济大讲堂（首播）
	22:00 精品财经纪录						
23:00	重播节目/精编节目					22:20 重播节目/精编节目	

注：9月30日（周五）21:58播出《乡村振兴中国行》第1期。从10月28日开始，每周五22点档播出《乡村振兴中国行》（11月11日播出特别节目《2022中国电商年度发展报告》，当天节目调整至11月12日播出）。

CCTV-3综艺频道栏目编排表

时间	星期						
	星期一	星期二	星期三	星期四	星期五	星期六	星期日
07:00	季播节目	季播节目	幸福账单	黄金100秒	回声嘹亮	我的艺术清单	季播节目
08:00	文化十分（重播）						
08:15	综艺喜乐汇：语言类节目集锦						
09:15	季播节目（重播）	季播节目（重播）	季播节目（重播）	幸福账单（重播）	黄金100秒（重播）	回声嘹亮（重播）	我的艺术清单（重播）
10:15	我爱满堂彩（重播）	星光大道（重播）	开门大吉（重播）	向幸福出发（重播）	越战越勇（重播）	非常6+1（重播）	综艺盛典（重播）
11:45	文化十分（首播）						
12:00	星光大道（重播）	开门大吉（重播）	向幸福出发（重播）	越战越勇（重播）	非常6+1（重播）	综艺盛典（重播）	我爱满堂彩（重播）
13:30	精品节目重播带						
15:00	季播节目（重播）	幸福账单（重播）	黄金100秒（重播）	回声嘹亮（重播）	我的艺术清单（重播）	季播节目（重播）	季播节目（重播）
16:00	综艺盛典（重播）	星光大道（重播）	开门大吉（重播）	向幸福出发（重播）	越战越勇（重播）	非常6+1（重播）	我爱满堂彩（重播）
17:30	天天把歌唱					动物传奇	舞蹈世界

续表

时间	星期						
	星期一	星期二	星期三	星期四	星期五	星期六	星期日
18:00	中国文艺报道						
18:30	综艺喜乐汇：语言类节目集锦						
19:30	开门大吉	向幸福出发	越战越勇	非常6+1	综艺盛典	我爱满堂彩	星光大道
21:00	幸福账单	黄金100秒	回声嘹亮	我的艺术清单	季播节目	季播节目	季播节目
22:00	艺览天下	常规节目重播					
23:00	电视剧						

CCTV-4 中文国际频道（亚洲）栏目编排表

时间	星期						
	星期一	星期二	星期三	星期四	星期五	星期六	星期日
04:00	中国新闻（直播）						
04:30	今日关注						
05:00	环球综艺秀	记住乡愁（第一季度）/国家记忆（第二季度至第四季度）					中国文艺（周末版）
		国宝·发现/走遍中国				鲁健访谈	
06:00	海峡两岸						
06:30	深度国际	今日亚洲					
07:00	中国新闻（直播）						
07:30	今日关注						
08:00	今日环球（直播）						
09:00	中国舆论场	今日亚洲					记住乡愁/国家记忆（5集连播）
09:30		中国文艺				中国文艺（周末版）	
10:00	中国新闻（直播）						
10:10	远方的家					环球综艺秀	
11:00	记住乡愁（第一季度）/国家记忆（第二季度至第四季度）						
11:30	海峡两岸						
12:00	中国新闻（直播）						
13:00	鲁健访谈	国宝·发现/走遍中国				华人故事（首播）	深度国际

续表

时间	星期						
	星期一	星期二	星期三	星期四	星期五	星期六	星期日
13:30	经典剧场（5集连播）					中国缘	经典剧场（5集连播）
14:00						经典剧场（5集连播）	
14:10							
15:00							
15:45							
16:30							
17:15	远方的家（首播）						
17:45						平凡匠心（首播）	
18:00	中国新闻（直播）					中国文艺（周末版）（首播）	环球综艺秀（首播）
18:30	中国文艺（首播）						
19:00	中国新闻（直播）						
19:30	今日亚洲（直播）					中国舆论场（直播）	
20:00	记住乡愁（第一季度）（首播） 国家记忆（第二季度至第四季度）（首播）					深度国际（首播）	
20:30	海峡两岸（首播）						
21:00	中国新闻（直播）						
21:30	今日关注（直播）						
22:00	国宝·发现（首播）/走遍中国（首播）					鲁健访谈（首播）	国家记忆	中国缘（首播）
22:30	新闻联播						
23:00	电视剧（3集连播）						
次日01:15	中国文艺					国家记忆	中国缘
次日01:45	记住乡愁（展播）						
次日02:00	新闻联播						
次日02:30	国宝·发现/走遍中国					鲁健访谈	平凡匠心
次日03:00	中国新闻（直播）					华人故事	中国文艺（周末版）
次日03:10	远方的家					深度国际	
次日03:45						记住乡愁（展播）	
次日03:55	导视						

CCTV-4 中文国际频道（欧洲）栏目编排表

北京时间	星期						
	星期一	星期二	星期三	星期四	星期五	星期六	星期日
04:00	中国新闻（直播）						
04:30	今日关注（重播）						
05:00	星光大道（首播）	远方的家（首播）					开门大吉（首播）
		探索·发现（首播）					
06:20	平凡匠心	记住乡愁（第一季度）+ 国家记忆（第二季度至第四季度）					平凡匠心
07:00	中国文艺（周末版）	走遍中国					环球综艺秀
		海峡两岸					
08:00	今日环球						
09:00	环球综艺秀	远方的家					中国文艺（周末版）
10:00	中国缘	中国文艺					鲁健访谈
10:30	电视剧场一（重播）						
11:15	电视剧场一（重播）						
12:00	中国新闻（直播）						
13:00	华人故事	走遍中国/国宝·发现				鲁健访谈	深度国际
13:30	电视剧场二（重播）						
14:15	电视剧场二（重播）						
15:00	中国舆论场	记住乡愁（第一季度）+ 国家记忆（第二季度至第四季度）					梨园闯关我挂帅（首播）
15:30		中国文艺					
16:00	中国新闻（直播）						
16:30	电视剧场一（首播）						
17:15	电视剧场一（首播）						
18:00	中国新闻（直播）					鲁健访谈	中国缘
18:30	海峡两岸						
19:00	中国新闻（直播）						
19:30	今日亚洲（直播）						中国舆论场（首播）
20:00	开讲啦（海外版）（首播）	远方的家					

续表

北京时间	星期						
	星期一	星期二	星期三	星期四	星期五	星期六	星期日
20:45	记住乡愁（展播）						深度国际
21:00	中国新闻（直播）						
21:30	今日关注（直播）						
22:00	电视剧场二（首播）						
22:45	电视剧场二（首播）						
23:30	中国缘（首播）	中国文艺					华人故事（首播）
次日 00:00	精彩音乐汇（首播）						
次日 00:45	动画城（首播）						
次日 01:30	走遍中国（首播）/国宝·发现（首播）				中国缘	中国文艺（周末版）（首播）	环球综艺秀（首播）
次日 02:00	记住乡愁（第一季度）+国家记忆（第二季度至第四季度）（首播）						
次日 02:30	海峡两岸（首播）						
次日 03:00	新闻联播						
次日 03:30	中国文艺（首播）					深度国际（首播）	鲁健访谈（首播）

CCTV-4 中文国际频道（美洲）栏目编排表

北京时间	星期						
	星期一	星期二	星期三	星期四	星期五	星期六	星期日
04:00	中国新闻（直播）						
04:30	今日关注（重播）						
05:00	平凡匠心（首播）	中国文艺（重播）					平凡匠心（首播）
05:30	新闻联播（重播）						
06:00	海峡两岸（首播）						
06:30	中国缘（首播）	走遍中国（首播）/国宝·发现（首播）				鲁健访谈（首播）	华人故事（首播）
07:00	中国新闻（直播）						
07:30	今日关注（重播）						
08:00	今日环球（直播）						

续表

北京时间	星期						
	星期一	星期二	星期三	星期四	星期五	星期六	星期日
09:00	电视剧场一（首播）						
09:45	电视剧场一（首播）						
10:30	环球综艺秀（首播）	记住乡愁（第一季度）+国家记忆（第二季度至第四季度）（首播）					中国文艺（周末版）（首播）
11:00	中国缘（重播）	远方的家（首播）+导视+记住乡愁（展播）					深度国际（首播）
12:00	中国新闻（直播）						
13:00	海峡两岸（重播）						
13:30	中国舆论场（重播）	走遍中国（重播）/国宝·发现（重播）				鲁健访谈（重播）	华人故事（重播）
14:30	电视剧场二（重播）						
15:15	电视剧场二（重播）						
16:00	中国缘（重播）	远方的家（重播）					梨园闯关我挂帅（首播）
16:30	电视剧场一（重播）						
17:15	电视剧场一（重播）						
18:00	中国新闻（直播）					海峡两岸	中国文艺（周末版）（重播）
18:30	平凡匠心（重播）	记住乡愁（第一季度）+国家记忆（第二季度至第四季度）（重播）					
19:00	中国新闻（直播）						
19:30	今日亚洲（直播）						中国舆论场（直播）
20:00	环球综艺秀（重播）	中国文艺（重播）					
20:30		美食中国（重播）/国宝·发现（重播）				鲁健访谈（重播）	深度国际（重播）
21:00	中国新闻（直播）						
21:30	今日关注（直播）						
22:00	精彩音乐会（首播）						
22:45	动画城（首播）						
23:30	中国缘（重播）	国家记忆（重播）					平凡匠心（重播）

续表

北京时间	星期						
	星期一	星期二	星期三	星期四	星期五	星期六	星期日
次日 00:00	海峡两岸（重播）						
次日 00:30	开讲啦（海外版）（首播）	远方的家（重播）					星光大道（首播）
次日 01:15	中国文艺（首播）					开门大吉（首播）	
次日 01:45	探索·发现（首播）						华人故事（重播）
次日 02:30	电视剧场二（首播）						

CCTV-5 体育频道栏目编排表

时间	星期						
	星期一	星期二	星期三	星期四	星期五	星期六	星期日
04:00	现场直播、实况录像、导视（不定时播出）						
07:30	健身动起来						
08:00	现场直播、实况录像、导视（不定时播出）						
12:00	体坛快讯						
12:35	艺术里的奥林匹克						
12:55	现场直播、实况录像、导视（不定时播出）						
18:00	体育新闻						
18:35	天下足球	现场直播、实况录像、导视（不定时播出）			篮球公园	足球之夜（赛季）	无固定栏目
19:30	现场直播、实况录像、导视（不定时播出）						
21:30	体育世界						
22:00	现场直播、实况录像、导视（不定时播出）						
次日 00:30	顶级赛事（高尔夫）	顶级赛事（围棋）	实况录像		顶级赛事（象棋）	现场直播、实况录像、导视（不定时播出）	
次日 01:25			现场直播、实况录像、导视（不定时播出）				
次日 03:30		实况录像					

注：除上述所列栏目外，体育频道还有下列非固定时间的栏目以及季播节目，如《冠军欧洲》《体育人间》《赛车时代》等特别节目。

CCTV-6电影频道栏目编排表

时间	星期						
	星期一	星期二	星期三	星期四	星期五	星期六	星期日
06:15	国歌、频道片头						
06:20	国产片						
07:50	光影星播客1						
08:10	国产片					少儿影院国产片	
09:40	光影星播客2						
09:50	电影快讯（重播）						
10:00	国产片					少儿影院译制片	
11:30	光影星播客3　音乐电影欣赏						
11:55	国产片						
13:30	光影星播客4						
13:40	译制片					影人1+1（国产片、译制片轮周）	佳片有约（重播）佳片有约（周日影评版）
15:20	光影星播客5						
15:30	电影快讯（重播）						
15:40	国产片					影人1+1（国产片、译制片轮周）	国产片
17:20	光影星播客6						
17:30	无固定栏目				1905影视频	世界电影之旅	无固定栏目
17:50	电影快讯						
17:55	光影星播客7						
18:05	黄金时段一国产片				动作90分黄金时段一国产片	周末影院黄金时段一国产片	周日点播黄金时段一国产片
19:45	光影星播客8　今日影评						
20:05	黄金时段二国产片						
21:50	光影星播客9						
21:57	体彩开奖						
22:00	中国电影报道						
22:25	艺术影院	译制片			环球影院（译制片）	佳片有约（周六推介版）佳片有约（译制片）	译制片

续表

时间	星期						
	星期一	星期二	星期三	星期四	星期五	星期六	星期日
次日 00:05	音乐电影欣赏						
次日 00:15		今日影评（重播）		光影星播客 10	电影快讯（重播）		
次日 00:30	国产片						探索影厅 国产片
次日 02:10	国产片						
次日 03:40	国产片	译制片	国产片	译制片	国产片	译制片	国产片

CCTV-7 国防军事频道栏目编排表

时间	星期					时间	星期	
	星期一	星期二	星期三	星期四	星期五		星期六	星期日
06:03	第二战场（重播）	军事纪实（重播）				06:03	军事纪实（重播）	军迷行天下（重播）
06:34	国防故事（重播）					06:34	砺剑（重播）	军武零距离（重播）
06:59	国防微视频—军歌嘹亮					07:04	国防故事（重播）	世界战史（重播）
07:02	世界战史（重播）							
07:30	国防军事早报（直播）					07:30	国防军事早报（直播）	
07:58	讲武堂（重播）	谁是终极英雄（重播）	军事科技（重播）	讲武堂（重播）	老兵你好（重播）	07:58	讲武堂（重播）	老兵你好（重播）
08:28			第二战场（重播）					
09:02	军事制高点（重播）	防务新观察（重播）				09:00	国防微视频—军歌嘹亮	
09:34	军事科技（重播）	军事纪实（重播）				09:05	防务新观察（重播）	军事制高点（重播）
10:04	兵器面面观（重播）					09:37	军事纪实（重播）	军事科技（重播）
10:33	世界战史（重播）					10:09	国防微视频—军歌嘹亮	
10:58	国防故事（重播）					10:16	军迷行天下（重播）	砺剑（重播）
11:27	军事纪录（重播）					10:52	谁是终极英雄（重播）	
11:52	国防微视频—军歌嘹亮					11:52	国防微视频—军歌嘹亮	

续表

时间	星期					时间	星期	
	星期一	星期二	星期三	星期四	星期五		星期六	星期日
12:00	正午国防军事（直播）					12:00	正午国防军事（直播）	
12:32	军事制高点（重播）	防务新观察（重播）				12:32	防务新观察（重播）	军事制高点（重播）
13:06	砺剑（重播）	军营的味道（重播）	军武零距离（重播）	军营的味道（重播）	军迷行天下（重播）	13:06	军武零距离（重播）	
						13:36	国防微视频—军歌嘹亮	
13:41	兵器面面观（重播）					13:43	军迷行天下（重播）	军营的味道（重播）
14:06	军事纪录（重播）					14:13	国防微视频—军歌嘹亮	
14:36	五星剧场（3集）					14:21	五星剧场（3集）（首播）	
17:02	世界战史（首播）					16:47	军事科技（重播）	老兵你好（重播）
17:29	军事纪录（首播）					17:17	第二战场（重播）	
17:54	国防微视频—军歌嘹亮					17:47	国防微视频—军歌嘹亮	
18:03	兵器面面观（首播）					17:54	砺剑（重播）	讲武堂（首播）
18:29	国防故事（首播）					18:24	军营的味道（首播）	
19:00	新闻联播（并机直播）					19:00	新闻联播（并机直播）	
19:33	军事报道（直播）					19:33	军事报道（直播）	
20:03	国防微视频—军歌嘹亮					20:03	国防微视频—军歌嘹亮	
20:10	防务新观察（首播）					20:10	军事制高点（首播）	
20:46	军事纪实（首播）					20:46	老兵你好（首播）	谁是终极英雄（首播）
21:20	军武零距离（首播）	军事科技（首播）	军迷行天下（首播）	砺剑（首播）	第二战场（首播）			
21:56	五星剧场（2集）					21:54	五星剧场（2集）	
23:36	军事纪实（重播）					23:33	军事制高点（重播）	
次日 00:11	兵器面面观（重播）					次日 00:08	第二战场（重播）	军营的味道（重播）
次日 00:47	晚曲（结束）					次日 00:47	晚曲（结束）	

CCTV-8 电视剧频道栏目编排表

时间	星期						
	星期一	星期二	星期三	星期四	星期五	星期六	星期日
04:18	星推荐						
04:25	早间剧场（重播）						
07:30	星推荐						
07:35	魅力剧场（重播，两集）+ 星推荐						
12:16	星推荐						
12:34	佳人剧场（首播/重播）						
16:14	星推荐						
16:30	热播剧场（重播，两集）+ 星推荐						
19:20	星推荐						
19:30	黄金强档（首播/重播）						
22:20	经典剧场（首播/重播）						
23:54	星推荐						
次日 00:03	深夜剧场（重播，一集）+ 星推荐						

CCTV-9 纪录频道栏目编排表

时间	星期						
	星期一	星期二	星期三	星期四	星期五	星期六	星期日
04:46	故事·中国（重播）						
05:46	全景自然（重播）						
06:47	魅力万象（重播）						
07:43	9视频（重播）						
08:03	活力·源（重播）						寰宇视野（重播）
08:32	魅力万象（重播） 寰宇视野（重播）					纪录电影（重播）	
08:59	^					^	特别呈现（重播）
09:31	^					^	^
09:59	^					^	周末纵排

续表

时间	星期						
	星期一	星期二	星期三	星期四	星期五	星期六	星期日
10:30	活力·源（重播）					寰宇视野/全景自然/魅力万象/特别呈现/中国故事（重播）	
10:59	特别呈现（重播）						
12:03	故事·中国（重播）						
13:04	特别呈现（重播）						
14:05	寰宇视野（重播）						
15:10	特别呈现（重播）						
16:09	活力·源（重播）						
16:38	9视频（重播）						
17:00	全景自然（首播）						
18:03	魅力万象（首播）						
19:02	9视频（首播）						
19:22	活力·源（首播）						
20:00	特别呈现（首播）						
21:00	寰宇视野（首播）						
22:00	故事·中国（首播）					纪录电影（首播）	
23:05	活力·源（重播）						
23:39	寰宇视野（重播）						
次日 00:35	全景自然（重播）						
次日 01:32	魅力万象（重播）						
次日 02:27	故事·中国（重播）						
次日 03:42	9视频（重播）						
次日 03:46	特别呈现（重播）						

CCTV-10科教频道栏目编排表

时间	星期						
	星期一	星期二	星期三	星期四	星期五	星期六	星期日
06:00:00	读书（重播）						
06:10:00	时尚科技秀（重播）						

续表

时间	星期						
	星期一	星期二	星期三	星期四	星期五	星期六	星期日
06:21:00	百家说故事（重播）						
06:32:00	探索·发现（重播）						
07:19:00	科学动物园（重播）	考古公开课（重播）	解码科技史（重播）			大千世界（重播）	
08:13:00						时尚科技秀（重播）	
08:28:00	健康之路（重播）						
09:17:30	探索·发现（重播）						
10:04:00	自然传奇（重播）					解码科技史（首播）	
11:00:30	百家说故事（重播）						
11:14:00	地理·中国（重播）						
11:46:00	时尚科技秀（首播）						
12:00:00	百家讲坛（首播）						
12:49:30	透视新科技（重播）	实验现场（重播）		味道（重播）		实验现场（重播）	实验现场（首播）
13:27:30	大千世界（重播）	自然传奇（重播）					
14:27:00	百家说故事（首播）						
14:37:30	读书（首播）						
14:48:00	时尚科技秀（重播）						
15:02:00	地理·中国（重播）						
15:39:00	探索·发现（重播）						
16:27:00	百家说故事（重播）						
16:39:30	创新进行时（重播）					科幻地带（重播）	科幻地带（首播）
17:01:30	跟着书本去旅行（重播）						
17:27:30	地理·中国（首播）						
18:05:00	健康之路（首播）						

续表

时间	星期						
	星期一	星期二	星期三	星期四	星期五	星期六	星期日
18:54:00	时尚科技秀（重播）	人物故事（重播）		人物故事（首播）		味道（首播）	
19:06:00	百家说故事（重播）						
19:16:00	跟着书本去旅行（首播）					19:31:30 透视新科技（首播）	
19:42:30	创新进行时（首播）						
20:10:00	自然传奇（首播）					科学动物园（首播）	考古公开课（首播）
21:10:30	探索·发现（首播）					21:20:30 探索·发现（首播）	
22:00:00	解码科技史（重播）	科学动物园（重播）		考古公开课（重播）	时尚科技秀	22:10:00 大千世界（首播）	
23:08:30	大千世界（重播）	自然传奇（重播）					
次日 00:04:30	百家讲坛（重播）						
次日 00:45:30	地理·中国（重播）					次日 00:45:30 科学动物园（重播）	次日 00:45:30 考古公开课（重播）
次日 01:15:30	创新进行时（重播）						
次日 01:35:30	跟着书本去旅行（重播）						
次日 01:55:30	健康之路（重播）					次日 01:45:30 健康之路（重播）	

CCTV-11 戏曲频道栏目编排表

时间	星期						
	星期一	星期二	星期三	星期四	星期五	星期六	星期日
06:06:30	九州大戏台						
07:16:00	青春戏苑	角儿来了	戏曲青年说 07:50 梨园周刊	宝贝亮相吧	角儿来了	一鸣惊人	梨园闯关我挂帅
08:31:00	名家书场						
09:15:00	CCTV空中剧院	中国京剧像音像集萃	CCTV空中剧院	中国京剧像音像集萃	戏曲电影	九州大戏台	CCTV空中剧院

续表

时间	星期						
	星期一	星期二	星期三	星期四	星期五	星期六	星期日
11:52:30	影视剧场						
13:33:30	戏曲电影	九州大戏台	戏曲电影	九州大戏台	中国京剧像音像集萃	戏曲电影	九州大戏台
15:47:00	宝贝亮相吧	梨园周刊 16:30 戏曲青年说	梨园闯关我挂帅	一鸣惊人	青春戏苑	角儿来了	青春戏苑
17:08:00	影视剧场						
18:55:00	典藏						
19:30:00	中国京剧音配像精粹	戏曲电影/九州大戏台	CCTV空中剧院	中国京剧像音像集萃	一鸣惊人 20:34 梨园闯关我挂帅 21:40 梨园周刊	CCTV空中剧院	宝贝亮相吧 20:34 角儿来了 21:40 戏曲青年说
22:11:00	影视剧场						
次日 00:49:00	中国京剧像音像集萃	CCTV空中剧院	中国京剧像音像集萃	九州大戏台	九州大戏台	中国京剧像音像集萃	CCTV空中剧院
次日 02:10:00	结束						

CCTV-12 社会与法频道栏目编排表

时间	星期						
	星期一	星期二	星期三	星期四	星期五	星期六	星期日
06:03	夕阳红（重播）						
06:34	道德观察（重播）						
06:56	法律讲堂（重播）	法律讲堂（文史版）（重播）				法律讲堂（重播）	
07:30	热心话（重播）	热线12（重播）				法治深壹度（重播）	
08:05	生命线（重播）						
08:25	夕阳红（首播）						
09:00	道德观察（重播）						

续表

时间	星期						
	星期一	星期二	星期三	星期四	星期五	星期六	星期日
09:24	法律讲堂（重播）						
09:56	小区大事（重播）	生命线（重播）					心理访谈（重播）
10:36	见证（重播）	10:16 一线（重播）					
11:20	从心开始（重播）	11:00 天网（重播）					10:40 现场（重播）
		11:30 热线12（重播）					11:20 小区大事（重播）
12:00	生命线（首播）						
12:20	道德观察（重播）						
12:43	社会与法电视剧精选（重播）						
13:28	社会与法电视剧精选（重播）						
14:13	社会与法电视剧精选（重播）						
15:00	小区大事（重播）	天网（重播）					心理访谈（重播）
15:40	生命线（重播）	15:30 热线12（重播）					生命线（重播）
16:02	法律讲堂（重播）						
16:35	夕阳红（重播）						
17:09	热心话（重播）	一线（重播）					法治深壹度（重播）
17:39	从心开始（重播）	17:49 天网（重播）					现场（重播）
18:20	热线12（首播）					法治深壹度（首播）	热心话（首播）
18:50	法律讲堂（首播）						
19:22	一线（首播）					现场（首播）	从心开始（首播）
20:05	天网（首播）					心理访谈（首播）	见证（首播）
20:37	道德观察（首播）					20:47 道德观察（首播）	
20:57	方圆剧阵（首播）					21:07 方圆剧阵（首播）	

续表

时间	星期						
	星期一	星期二	星期三	星期四	星期五	星期六	星期日
21:50	法律讲堂（文史版）（首播）					22:00 小区大事（首播）	22:00 现场（重播）
22:25	热线12（重播）					22:45 法治深壹度（重播）	22:45 热心话（重播）
22:55	天网（重播）					23:15 现场（重播）	23:15 从心开始（重播）
23:28	一线（重播）					23:58 心理访谈（重播）	23:58 见证（重播）
次日 00:11	方圆剧阵（重播）					次日 00:41 方圆剧阵（重播）	
次日 01:04	法律讲堂（重播）					次日 01:34 法律讲堂（重播）	
次日 01:34	生命线（重播）					次日 02:04 生命线（重播）	
次日 01:55	结束					次日 02:25 结束	

CCTV-13 新闻频道栏目编排表

时间	星期						
	星期一	星期二	星期三	星期四	星期五	星期六	星期日
00:00	午夜新闻（直播15分钟）	午夜新闻（直播60分钟）				午夜新闻（直播）	午夜新闻（直播）
	00:15 面对面（重播15分钟）					00:30 高端访谈（重播30分钟）	00:15 新闻调查（重播30分钟）
01:00	新闻直播间（直播15分钟）	新闻直播间（直播20分钟）					新闻直播间（直播）
01:20	01:15 世界周刊（重播）	焦点访谈（重播16分钟）					01:15 新闻周刊（重播45分钟）
01:36		法治在线（重播24分钟）					
02:00	新闻直播间（直播）	新闻直播间（直播33分钟）					新闻直播间（直播15分钟）
02:33	02:15 面对面（重播45分钟）	新闻1+1（重播27分钟）					02:15 新闻调查（重播45分钟）

续表

时间	星期						
	星期一	星期二	星期三	星期四	星期五	星期六	星期日
03:00	新闻直播间（直播24分钟）	新闻直播间（直播44分钟）				新闻直播间（直播30分钟）	新闻直播间（直播20分钟）
03:44	03:24 焦点访谈（重播16分钟）	焦点访谈（重播16分钟）				03:30 高端访谈（重播30分钟）	03:20 焦点访谈（重播16分钟）
	03:40 每周质量报告（重播20分钟）						03:36 军情时间到（重播24分钟）
04:00	新闻直播间（直播15分钟）	新闻直播间（直播33分钟）					新闻直播间（直播15分钟）
04:33	04:15 世界周刊（重播45分钟）	新闻1+1（重播27分钟）					04:15 新闻周刊（重播45分钟）
05:00	新闻直播间（直播12分钟）	新闻直播间（直播17分钟）					新闻直播间（直播12分钟）
05:17	05:15 面对面（重播45分钟）	焦点访谈（重播16分钟）					05:15 新闻调查（重播45分钟）
05:33		法治在线（重播24分钟）					
05:57	国旗国歌（3分钟）						
06:00	朝闻天下（直播180分钟）						
09:00	09:12 世界周刊（重播）	上午直播间（直播180分钟）					09:12 新闻周刊（重播）
12:00	新闻30分（直播30分钟）						
12:30		法治在线（首播24分钟）				军情时间到（首播24分钟）	每周质量报告（首播20分钟）
13:00	14:12 面对面（重播）	下午直播间（直播300分钟）					14:12 新闻调查（重播）
18:00	共同关注（首播60分钟）						
19:00	新闻联播+焦点访谈（首播60分钟）						
20:00	东方时空（首播60分钟）						
21:00	新闻联播（重播30分钟）						
21:30	新闻1+1（首播30分钟）				高端访谈（首播30分钟）	新闻调查（首播45分钟）	面对面（首播45分钟）

续表

时间	星期						
	星期一	星期二	星期三	星期四	星期五	星期六	星期日
22:00	国际时讯（首播30分钟）				新闻1+1（首播）	22:15 新闻周刊（首播45分钟）	22:15 世界周刊（首播45分钟）
22:30	环球视线（首播30分钟）				国际时讯（首播）		
23:00	24小时（首播60分钟）						

CCTV-14 少儿频道栏目编排表

时间	星期						
	星期一	星期二	星期三	星期四	星期五	星期六	星期日
05:55	台标、频道呼号、晨曲及频道宣传片						
06:00	小小智慧树（首播）					七巧板（首播）	英雄出少年（首播）
06:30	异想天开（首播）	风车转转转（首播）	动物好伙伴（首播）	快乐体验（首播）	看我72变（首播）		
07:15	大手牵小手（首播）	智力快车（首播）	音乐快递（首播）	动感特区（首播）	快乐大巴（首播）	07:00 动画大放映（周末早间版）	
08:00	新闻袋袋裤（首播）						
08:15	智慧树（首播）						
08:45	动画大放映（周末黄金版）（首播）						
09:45	动画大放映（上午版）						
11:25	节目导视						
11:30	动漫世界						
15:25	动画大放映（周末上午版）						
17:00	动画大放映（周末下午版）						
18:30	节目导视						
18:35	动画大放映（黄金版）						
21:45	节目导视						
21:50	红色经典电视剧展播带						
次日 00:18	儿童情景剧						
次日 02:00	结束						

CCTV-15 音乐频道栏目编排表

时间	星期						
	星期一	星期二	星期三	星期四	星期五	星期六	星期日
06:00	中国音乐电视（首播）						
06:33	中国节拍（首播）						乐享汇（重播）
07:05	一起音乐吧（重播）	民歌·中国（重播）	合唱先锋（重播）	影视留声机（重播）	乐享汇（重播）	一起音乐吧（重播）	
08:13	风华国乐（首播）						
08:51	民歌·中国（重播）						
10:01	经典（重播）						
11:15	精彩音乐汇（重播）						
12:18	一起音乐吧（首播）	民歌·中国（首播）	合唱先锋（首播）	影视留声机（重播）	乐享汇（重播）	一起音乐吧（重播）	全球中文音乐榜上榜（重播）
13:30	精彩音乐汇（首播）						
14:20	CCTV音乐厅（首播）						
15:35	音乐周刊	风华国乐（重播）		合唱先锋	风华国乐（重播）		
16:31	音乐人生（重播）	聆听时刻（重播）	乐游天下（重播）		音乐人生（首播）	聆听时刻（首播）	乐游天下（首播）
17:10	民歌·中国（首播）						
18:19	精彩音乐汇（首播）						
19:30	民歌·中国（首播）	合唱先锋（首播）	影视留声机（首播）	乐享汇（首播）	一起音乐吧（首播）	全球中文音乐榜上榜（首播）	音乐公开课（首播）音乐周刊（首播）
20:43	音乐公开课	民歌·中国	乐享汇（纯享版）	一起音乐吧（纯享版）	全球中文音乐榜上榜（重播）	影视留声机（纯享版）	一起音乐吧（纯享版）
21:42	精彩音乐汇（重播）						
22:57	CCTV音乐厅（首播）						
23:44	经典（首播）						
次日 00:46	CCTV音乐厅（重播）						

CCTV-17农业农村频道栏目编排表

时间	星期						
	星期一	星期二	星期三	星期四	星期五	星期六	星期日
05:49	开始曲						
06:00	田间示范秀（重播）					乡理乡亲（重播）	
	三农群英汇（重播）						
07:00	中国三农报道（重播）						
07:30	谁知盘中餐（重播）						
08:00	我爱发明（重播）						
08:30	致富经（重播）					乡村大舞台（重播）	
09:00	我的美丽乡村（重播）						
09:30	三农群英汇（重播）						
10:00	晚间乡村剧场（2集）（重播）						
12:00	中国三农报道（重播）						
12:30	谁知盘中餐（重播）					我的美丽乡村（周末版）（重播）	谁知盘中餐（重播）
13:00	田间示范秀（首播）						田间示范秀（首播）
13:30	下午剧场（4集）（重播）						
17:00	致富经（重播）						
17:30	我爱发明（首播）					乡理乡亲（首播）	
18:00	中国三农报道（首播）						
18:30	谁知盘中餐（首播）						
19:00	晚间乡村剧场（2集）（首播）						
20:45	三农群英汇（首播）						
21:20	致富经（首播）						我的美丽乡村（周末版）（重播）
22:10	我的美丽乡村（首播）					我的美丽乡村（周末版）（首播）	乡村大舞台（首播）
22:30	我爱发明（重播）						我爱发明（重播）
23:00	田间示范秀（重播）					乡理乡亲（重播）	
23:30	致富经（重播）						
次日 00:00	谁知盘中餐（重播）						

续表

时间	星期						
	星期一	星期二	星期三	星期四	星期五	星期六	星期日
次日 00:30	三农群英汇（重播）						
次日 01:00	我的美丽乡村（重播）					我的美丽乡村（周末版）（重播）	
次日 01:30	我爱发明（重播）						
次日 02:00	结束						

CCTV-4K 超高清频道栏目编排表

时间	星期						
	星期一	星期二	星期三	星期四	星期五	星期六	星期日
06:00	国歌						
06:01	体育（第一轮重播：重播前一日 22:40 体育节目）						
07:20	专题、纪录片等（第一轮重播：重播前一日 18:00—22:40 除电视剧节目外）						
09:00	电视剧（重播前一日晚间电视剧）						
10:35	专题、纪录片等（第一轮重播：重播前一日 18:00—22:40 除电视剧节目外）						
12:00	军武零距离（重播）	专题、纪录片等（第二轮重播：重播前一日 18:00—22:40 除电视剧节目外）					
12:30							
14:00	电视剧（两集）（首播）						
15:35	体育（第二轮重播：重播前一日 22:40 体育节目）						
16:55	专题、纪录片等（第二轮重播：重播前一日 18:00—22:40 除电视剧节目外）						
18:00	味道						
18:30	美丽中国：自然						
18:35	探索·发现						
19:15	记住乡愁 / 远方的家						精选专题 / 纪录片
19:30							军武零距离
19:45	艺术里的奥林匹克						
20:00	电视剧（两集）（首播）						
21:35	我的美丽乡村						
22:00	精选专题 / 纪录片						
22:40	体育						

CCTV-8K 超高清频道栏目编排表

时间	星期						
	星期一	星期二	星期三	星期四	星期五	星期六	星期日
07:00	重播前一日 19:00—23:00 节目						
11:00	重播前一日 19:00—23:00 节目						
15:00	重播前一日 19:00—23:00 节目						
19:00	春晚集锦 如果国宝会说话	美丽中国说	元宵晚会集锦 短视频集锦	短视频集锦 元宵晚会集锦	元宵晚会集锦 如果国宝会说话	美丽中国说	春晚集锦 如果国宝会说话
19:30	美丽中国说	元宵晚会集锦 如果国宝会说话	如果国宝会说话 北京冬奥会集锦	春晚集锦 如果国宝会说话	美丽中国说	元宵晚会集锦 短视频集锦	短视频集锦 元宵晚会集锦
20:00	短视频集锦 元宵晚会集锦	北京冬奥会集锦	春晚集锦 短视频集锦	美丽中国说	春晚集锦 8K 看航展	如果国宝会说话 北京冬奥会集锦	短视频集锦 春晚集锦
20:30	如果国宝会说话 北京冬奥会集锦	春晚集锦 8K 看航展	美丽中国说	短视频集锦 春晚集锦	北京冬奥会集锦 短视频集锦	春晚集锦 8K 看航展	美丽中国说
21:00	春晚集锦 短视频集锦	追踪长臂猿	短视频集锦 北京冬奥会集锦	如果国宝会说话 北京冬奥会集锦	元宵晚会集锦 如果国宝会说话	追踪长臂猿	8K 看航展 短视频集锦
21:30	中国：野生动物家园	元宵晚会集锦 如果国宝会说话	如果国宝会说话 元宵晚会集锦	元宵晚会集锦 如果国宝会说话	中国：野生动物家园	如果国宝会说话 春晚集锦	如果国宝会说话 北京冬奥会集锦
22:00	元宵晚会集锦 如果国宝会说话	北京冬奥会集锦 短视频集锦	美丽中国说	8K 看航展 短视频集锦	春晚集锦 如果国宝会说话	短视频集锦 北京冬奥会集锦	美丽中国说
22:30	8K 看航展 短视频集锦	春晚集锦 如果国宝会说话	如果国宝会说话 春晚集锦	魅力海南	北京冬奥会集锦 短视频集锦	如果国宝会说话 元宵晚会集锦	元宵晚会集锦 如果国宝会说话

CGTN 英语频道栏目编排表

北京时间	星期						
	星期一	星期二	星期三	星期四	星期五	星期六	星期日
01:00	非洲直播室 Africa Live（首播）（非洲）	非洲直播室 Africa Live（首播）（非洲）					非洲直播室 Africa Live（首播）（非洲）
01:30	非洲人物 Faces of Africa（重播）（非洲）						对话非洲 Talk Africa（首播）（非洲）
02:00	锋向标 Razor（重播）（欧洲）	全球财经 Global Business（首播）（非洲）					环球体育 Sports Scene（首播）（非洲）
02:30	对话非洲 Talk Africa（重播）（非洲）						财经高峰会 Biz Talk（重播）
03:00	今日世界 The World Today（首播）（北美）						
03:30	传承中国 Inheritors（重播）	世界观察 World Insight with Tian Wei（重播）					旅游指南 Travelogue（重播）
04:00	今日世界 The World Today（首播）（北美）						
04:30	旅游指南 Travelogue（重播）	对话 Dialogue（重播）					议程 The Agenda（重播）（欧洲）
05:00	今日世界 The World Today（首播）（北美）	全球财经 Global Business（首播）（美洲）					今日世界 The World Today（首播）（北美）
05:30	亚洲观察 Assignment Asia（重播）	视点 The Point with Liu Xin（重播）	舆论纵贯线 The Hub with Wang Guan（重播）	视点 The Point with Liu Xin（重播）	舆论纵贯线 The Hub with Wang Guan（重播）	视点 The Point with Liu Xin（重播）	高端访谈 Leaders Talk（重播）

续表

北京时间	星期						
	星期一	星期二	星期三	星期四	星期五	星期六	星期日
06:00	美洲观察 Americas Now（首播）（北美）	今日世界 The World Today（首播）（北美）				美洲观察 Americas Now（重播）（北美）	全景 Full Frame（首播）（北美）
06:30		中国再发现 Rediscovering China（重播）					
07:00	今日世界 The World Today（首播）（北美）	热点 The Heat（首播）（北美）					今日世界 The World Today（首播）（北美）
07:30	非洲人物 Faces of Africa（重播）（非洲）	今日世界 The World Today（首播）（北美）					亚洲观察 Assignment Asia（重播）
08:00	今日世界 The World Today（首播）（北美）	全球财经 Global Business（首播）（美洲）					今日世界 The World Today（首播）（北美）
08:30	传承中国 Inheritors（重播）						议程 The Agenda（重播）（欧洲）
09:00	今日世界 The World Today（首播）（北京）	今日世界 The World Today（首播）（北美）					环球纪实 Big Story（重播）
09:30	锋向标 Razor（重播）（欧洲）	中国 24 小时 China 24（首播）（美洲）					
10:00	今日世界 The World Today（首播）（北京）						
10:30	旅游指南 Travelogue（重播）	世界观察 World Insight with Tian Wei（重播）					传承中国 Inheritors（重播）
11:00	今日世界 The World Today（首播）（北京）						

续表

北京时间	星期						
	星期一	星期二	星期三	星期四	星期五	星期六	星期日
11:15	环球体育 Sports Scene（首播）（北京）						
11:30	视点 The Point with Liu Xin（首播）	舆论纵贯线 The Hub with Wang Guan（首播）	视点 The Point with Liu Xin（首播）	舆论纵贯线 The Hub with Wang Guan（首播）	视点 The Point with Liu Xin（首播）	旅游指南 Travelogue（首播）	高端访谈 Leaders Talk（重播）
12:00	环球瞭望 Global Watch（首播）						
13:00	今日世界 The World Today（首播）（北京）						
13:15	环球体育 Sports Scene（首播）（北京）					环球纪实 Big Story（首播）	全景 Full Frame（重播）（北美）
13:30	中国再发现 Rediscovering China（首播）				亚洲观察 Assignment Asia（首播）		
14:00	今日世界 The World Today（首播）（北京）						
14:30	锋向标 Razor（重播）（欧洲）	热点 The Heat（重播）（北美）					财经高峰会 Biz Talk（重播）
15:00	今日世界 The World Today（首播）（北京）						
15:30	环球体育 Sports Scene（首播）（北京）						
16:00	今日世界 The World Today（首播）（北京）					今日世界 The World Today（首播）（北京）	
16:15	全球财经 Global Business（首播）（亚洲）					16:30 财经高峰会 Biz Talk（首播）	16:30 对话非洲 Talk Africa（重播）（非洲）
17:00	今日世界 The World Today（首播）（北京）						
17:30	文化速递 The Vibe（首播）					传承中国 Inheritors（首播）	非洲人物 Faces of Africa（首播）（非洲）
18:00	今日世界 The World Today（首播）（非洲）						

续表

北京时间	星期						
	星期一	星期二	星期三	星期四	星期五	星期六	星期日
18:15	非洲直播室 Africa Live（首播）（非洲）						
19:00	亚洲直播室 Asia Today（首播）						周末聚焦 Zoom in（首播）
19:30	对话 Dialogue（首播）					高端访谈 Leaders Talk（首播）	
20:00	今日世界 The World Today（首播）（北京）						
20:15	中国 24 小时 China 24（首播）						
21:00	全球财经 Global Business（首播）（亚洲）					今日世界 The World Today（首播）（北京）	
21:30	视点 The Point with Liu Xin（重播）	舆论纵贯线 The Hub with Wang Guan（重播）	视点 The Point with Liu Xin（重播）	舆论纵贯线 The Hub with Wang Guan（重播）	视点 The Point with Liu Xin（重播）	财经高峰会 Biz Talk（重播）	议程 The Agenda（重播）（欧洲）
22:00	今日世界 The World Today（首播）（欧洲）						
22:30	世界观察 World Insight with Tian Wei（首播）					亚洲观察 Assignment Asia（重播）	环球纪实 Big Story（重播）
23:00	今日世界 The World Today（首播）（欧洲）						
23:30	文化速递 The Vibe（重播）					传承中国 Inheritors（重播）	旅游指南 Travelogue（重播）
次日 00:00	全球财经 Global Business（首播）（欧洲）					今日世界 The World Today（首播）（欧洲）	
次日 00:30						议程 The Agenda（首播）（欧洲）	锋向标 Razor（首播）（欧洲）

CGTN-F 法语频道栏目编排表

北京时间	星期						
	星期一	星期二	星期三	星期四	星期五	星期六	星期日
04:00	中国通（首播）	美食大搜索（首播）	五洲瞭望（首播）	中国通（首播）	五洲瞭望（首播）	美食大搜索（首播）	五洲瞭望（首播）

续表

北京时间	星期						
	星期一	星期二	星期三	星期四	星期五	星期六	星期日
04:30	电视剧（首播）						
05:15	电视剧（首播）						
06:00	魅力东方（首播）						
06:45	对话世界（首播）	光华世界观察（重播）	对话世界（首播）	光华世界观察（重播）	时事青年说（首播）	你所不知道的中国（首播）	巴黎会客厅（首播）
07:15	中国通（重播）	美食大搜索（重播）	五洲瞭望（重播）	中国通（重播）	五洲瞭望（重播）	美食大搜索（重播）	五洲瞭望（重播）
07:45	动画城（首播）					味道（首播）	开讲啦（首播）
08:00	中国大舞台（首播）	非洲面孔（首播）	生活在中国（首播）	旅游指南（首播）	非洲面孔（重播）		
08:30	纪事东八区（首播）						
09:00	中国全视角（首播）						
10:00	对话世界（重播）	光华世界观察（重播）	对话世界（重播）	光华世界观察（重播）	时事青年说（重播）	你所不知道的中国（重播）	巴黎会客厅（重播）
10:30	电视剧（重播）						
11:15	电视剧（重播）						
12:00	中国全视角（重播）						
13:00	综合新闻（直播）						
13:30	魅力东方（重播）						
14:15	动画城（重播）					味道（重播）	开讲啦（重播）
14:30	中国大舞台（重播）	非洲面孔（重播）	生活在中国（重播）	旅游指南（重播）	非洲面孔（重播）		
15:00	综合新闻（直播）						
15:30	纪事东八区（重播）						
16:00	财经时间（直播）						
16:30	中国通（重播）	美食大搜索（重播）	五洲瞭望（重播）	中国通（重播）	五洲瞭望（重播）	美食大搜索（重播）	五洲瞭望（重播）

续表

北京时间	星期						
	星期一	星期二	星期三	星期四	星期五	星期六	星期日
17:00	对话世界（重播）	光华世界观察（首播）	对话世界（重播）	光华世界观察（首播）	时事青年说（重播）	你所不知道的中国（重播）	巴黎会客厅（重播）
17:30	电视剧（重播）						
18:15	电视剧（重播）						
19:00	综合新闻（直播）						
19:30	纪事东八区（重播）						
20:00	非洲新闻联播（直播）						
20:30	魅力东方（重播）						
21:15	动画城（重播）					味道（重播）	开讲啦（重播）
21:30	中国大舞台（重播）	非洲面孔（重播）	生活在中国（重播）	旅游指南（重播）	非洲面孔（重播）		
22:00	综合新闻（直播）						
22:30	对话世界（重播）	光华世界观察（重播）	对话世界（重播）	光华世界观察（重播）	时事青年说（重播）	你所不知道的中国（重播）	巴黎会客厅（重播）
23:00	中国通（重播）	美食大搜索（重播）	五洲瞭望（重播）	中国通（重播）	五洲瞭望（重播）	美食大搜索（重播）	五洲瞭望（重播）
23:30	魅力东方（重播）						
次日 00:15	电视剧（重播）						
次日 01:00	电视剧（重播）						
次日 01:45	动画城（重播）					味道（重播）	开讲啦（重播）
次日 02:00	中国大舞台（重播）	非洲面孔（重播）	生活在中国（重播）	旅游指南（重播）	非洲面孔（重播）		
次日 02:30	纪事东八区（重播）						
次日 03:00	中国全视角（重播）						

CGTN-E 西班牙语频道栏目编排表

北京时间	星期						
	星期一	星期二	星期三	星期四	星期五	星期六	星期日
04:00	中华艺苑（首播）						
04:30	动画片（首播）	美洲观察（首播）	神州行（首播）	美洲观察（首播）		动画片（首播）	
05:00	CGTN咖啡座（首播）	对话（首播）				焦点财经（首播）	CGTN咖啡座（首播）
05:30	纪录片（首播）						
06:00	影视看台（首播）						
06:45	影视看台（首播）						
07:30	寻味中国（首播）						
07:45	中国通（首播）						
08:00	纪录片（首播）						
08:30	这就是中国（首播）						
09:00	综合新闻（首播）						
09:30	文化之约（首播）	中华艺苑（重播）					
10:00	综合新闻（直播）						
10:30	动画片（重播）	美洲观察（重播）	神州行（重播）	美洲观察（重播）		动画片（重播）	
11:00	CGTN咖啡座（重播）	对话（重播）				焦点财经（重播）	CGTN咖啡座（重播）
11:30	影视看台（重播）						
12:15	影视看台（重播）						
13:00	综合新闻（直播）						
13:30	寻味中国（重播）						
13:45	中国通（重播）						
14:00	纪录片（重播）						
14:30	这就是中国（重播）						
15:00	文化之约（重播）	美洲观察（重播）	神州行（重播）	美洲观察（重播）		动画片（重播）	
15:30	中华艺苑（重播）						

续表

北京时间	星期						
	星期一	星期二	星期三	星期四	星期五	星期六	星期日
16:00	综合新闻（直播）						
16:30	CGTN咖啡座（重播）	对话（重播）				焦点财经（重播）	CGTN咖啡座（重播）
17:00	综合新闻（重播）						
17:30	纪录片（重播）						
18:00	影视看台（重播）						
18:45	影视看台（重播）						
19:30	寻味中国（重播）						
19:45	中国通（重播）						
20:00	纪录片（重播）						
20:30	这就是中国（重播）						
21:00	综合新闻（直播）						
21:30	文化之约（重播）	纪录片（重播）					
22:00	中华艺苑（重播）						
22:30	动画片（重播）	美洲观察（重播）	神州行（重播）	美洲观察（重播）		动画片（重播）	
23:00	CGTN咖啡座（重播）	对话（重播）				焦点财经（重播）	CGTN咖啡座（重播）
23:30	纪录片（重播）						
次日 00:00	影视看台（重播）						
次日 00:45	影视看台（重播）						
次日 01:30	寻味中国（重播）						
次日 01:45	中国通（重播）						
次日 02:00	纪录片（重播）						
次日 02:30	这就是中国（重播）						
次日 03:00	综合新闻（重播）						
次日 03:30	文化之约（重播）	寻味中国（重播）					
		中国通（重播）					

CGTN-A 阿拉伯语频道栏目编排表

北京时间	星期						
	星期一	星期二	星期三	星期四	星期五	星期六	星期日
04:00	综合新闻（重播）						
04:30	电视剧（重播）						
06:00	综合新闻（重播）						
06:30	财经中国（重播）	面对面（重播）	对话（重播）		面对面（重播）		财经中国（重播）
07:00	话说中国（重播）						
07:30	中国中东（重播）						
08:00	综合新闻（重播）						
08:30	活力中国（重播）						
09:00	中国文艺（首播）						
09:30	中国之旅（首播）						
10:00	综合新闻（直播）						
10:30	动画公园（首播）						
11:00	纪录片（首播）						
11:30	面对面（首播）	对话（首播）		面对面（首播）		财经中国（首播）	
12:00	综合新闻（直播）						
12:30	电视剧（首播）						
14:00	话说中国（首播）						
14:30	中国中东（首播）						
15:00	综合新闻（直播）						
15:30	活力中国（首播）						
16:00	中国文艺（重播）						
16:30	中国之旅（重播）						
17:00	综合新闻（直播）						
17:30	动画公园（重播）						
18:00	纪录片（重播）						
18:30	电视剧（重播）						
20:00	综合新闻（直播）						

续表

北京时间	星期						
	星期一	星期二	星期三	星期四	星期五	星期六	星期日
20:30	面对面（重播）	对话（重播）		面对面（重播）		财经中国（重播）	
21:00	话说中国（重播）						
21:30	中国中东（重播）						
22:00	综合新闻（直播）						
22:30	活力中国（重播）						
23:00	动画公园（重播）						
23:30	电视剧（重播）						
次日 01:00	综合新闻（重播）						
次日 01:30	中国文艺（重播）						
次日 02:00	中国之旅（重播）						
次日 02:30	纪录片（重播）						
次日 03:00	综合新闻（重播）						
次日 03:30	中国中东（重播）						

CGTN-R 俄语频道栏目编排表

北京时间	星期						
	星期一	星期二	星期三	星期四	星期五	星期六	星期日
04:00	放映厅（重播）						
04:45	放映厅（重播）						
05:30	生财有道（重播）						
06:00	纪录片（重播）						
06:30	纪录片（重播）						
07:00	旅游指南（重播）						
07:30	缤纷中国（重播）						
08:00	欧亚时间（首播）						
08:30	中国厨艺（首播）						
08:45	放映厅（首播）						
09:30	放映厅（首播）						

续表

北京时间	星期						
	星期一	星期二	星期三	星期四	星期五	星期六	星期日
10:15	健身动起来（首播）						
10:30	生财有道（首播）						
11:00	纪录片（首播）						
11:30	纪录片（首播）						
12:00	综合新闻（直播）						
12:30	对话（首播）	观点聚焦（首播）	对话（首播）	观点聚焦（首播）	对话（首播）	观点聚焦（首播）	对话（首播）
13:00	旅游指南（首播）						
13:30	缤纷中国（首播）						
14:00	综合新闻（直播）						
14:30	放映厅（重播）						
15:15	放映厅（重播）						
16:00	综合新闻（直播）						
16:30	欧亚时间（重播）						
17:00	纪录片（重播）						
17:30	纪录片（重播）						
18:00	综合新闻（直播）						
18:30	对话（重播）	观点聚焦（重播）	对话（重播）	观点聚焦（重播）	对话（重播）	观点聚焦（重播）	对话（重播）
19:00	缤纷中国（重播）						
19:30	旅游指南（重播）						
20:00	综合新闻（直播）						
20:30	欧亚时间（重播）						
21:00	纪录片（重播）						
21:30	纪录片（重播）						
22:00	综合新闻（直播）						
22:30	对话（重播）	观点聚焦（重播）	对话（重播）	观点聚焦（重播）	对话（重播）	观点聚焦（重播）	对话（重播）

续表

北京时间	星期						
	星期一	星期二	星期三	星期四	星期五	星期六	星期日
23:00	健身动起来（重播）						
23:15	中国厨艺（重播）						
23:30	生财有道（重播）						
次日 00:00	放映厅（重播）						
次日 00:45	放映厅（重播）						
次日 01:30	缤纷中国（重播）						
次日 02:00	欧亚时间（重播）						
次日 02:30	健身动起来（重播）						
次日 02:45	中国厨艺（重播）						
次日 03:00	生财有道（重播）						
次日 03:30	旅游指南（重播）						

CGTN-Documentary 纪录频道栏目编排表

时间	星期						
	星期一	星期二	星期三	星期四	星期五	星期六	星期日
04:00	人文地理（重播）					精彩放送	人文地理（重播）
04:30	时代写真（重播）						时代写真（重播）
05:00	特别呈现（重播）						特别呈现（重播）
06:00	发现之路（重播）						发现之路（重播）
06:30	历史传奇（重播）						历史传奇（重播）
07:00	人文地理（重播）						人文地理（重播）
07:30	时代写真（重播）						时代写真（重播）
08:00	特别呈现（重播）						特别呈现（重播）
09:00	精彩放送（重播）						精彩放送（重播）
10:00	发现之路（重播）						发现之路（重播）
10:30	历史传奇（重播）						历史传奇（重播）
11:00	精彩放送（重播）						精彩放送（重播）

续表

时间	星期						
	星期一	星期二	星期三	星期四	星期五	星期六	星期日
12:00	人文地理（重播）						人文地理（重播）
12:30	时代写真（重播）						时代写真（重播）
13:00	特别呈现（重播）						特别呈现（重播）
14:00	发现之路（重播）						发现之路（重播）
14:30	历史传奇（重播）						历史传奇（重播）
15:00	精彩放送（重播）						精彩放送（重播）
16:00	人文地理（重播）						人文地理（重播）
16:30	时代写真（重播）						时代写真（重播）
17:00	特别呈现（重播）						特别呈现（重播）
18:00	发现之路（重播）						发现之路（重播）
18:30	历史传奇（重播）						历史传奇（重播）
19:00	精彩放送（首播）					精彩放送	精彩放送（首播）
20:00	人文地理（首播）						人文地理（首播）
20:30	时代写真（首播）						时代写真（首播）
21:00	特别呈现（首播）						特别呈现（首播）
22:00	发现之路（首播）						发现之路（首播）
22:30	历史传奇（首播）						历史传奇（首播）
23:00	精彩放送（重播）						精彩放送（重播）
次日 00:00	人文地理（重播）						人文地理（重播）
次日 00:30	时代写真（重播）						时代写真（重播）
次日 01:00	特别呈现（重播）						特别呈现（重播）
次日 02:00	发现之路（重播）						发现之路（重播）
次日 02:30	历史传奇（重播）						历史传奇（重播）
次日 03:00	精彩放送（重播）						精彩放送（重播）

中央广播电视总台广播频率设置及节目播出情况

截至 2022 年年底，中央广播电视总台共开办 23 套对内广播频率（其中央广开办 17 套、国广开办 6 套），44 种语言对外广播及 4 种仅有在线广播的外语网站。

中央广播电视总台对内广播频率设置一览表

频率	开播时间
中国之声	1940 年 12 月 30 日开播延安新华广播电台 1947 年 3 月至 1949 年 9 月，先后更名为陕北新华广播电台、北平新华广播电台、北京新华广播电台 1949 年 12 月 5 日正式定名为中央人民广播电台 2004 年 1 月 1 日起中央人民广播电台第一套节目改为现呼号
经济之声	1954 年 5 月 30 日开播中央人民广播电台第二套节目 2002 年 11 月 18 日起改为现呼号
音乐之声	1980 年 5 月 5 日开播中央人民广播电台第三套调频立体声节目 2002 年 12 月 2 日起改为现呼号
经典音乐广播	1999 年 8 月 1 日开播面向北京地区的少数民族广播 2003 年 6 月 16 日改为中央人民广播电台第四套节目都市之声 2017 年 7 月 10 日起改为现呼号
台海之声	1954 年 8 月 15 日开播对台湾广播 2003 年 12 月 29 日起使用"中央人民广播电台中华之声"呼号播出 2021 年 3 月 24 日转建升级为"中央广播电视总台台海之声"
神州之声	1982 年 10 月 1 日开播对台湾广播第二套节目 2003 年 12 月 29 日起使用现呼号
粤港澳大湾区之声	1992 年 10 月 1 日开播对香港、澳门广播 1994 年 6 月 18 日起使用"中央人民广播电台华夏之声"呼号播出 2019 年 9 月 1 日转建升级为"中央广播电视总台粤港澳大湾区之声" 2022 年 7 月 1 日起通过 FM102.8 整频率落地香港播出
民族之声	1950 年 5 月 22 日开播藏语广播节目 1950 年 8 月 15 日开播蒙古语广播节目 1956 年 7 月 6 日开播朝鲜语广播节目 1956 年 12 月 10 日开播维吾尔语广播节目 1971 年 5 月 1 日开播哈萨克语广播节目 2000 年 12 月 25 日起形成一套完整的民族语言广播频率 2004 年 1 月 1 日起使用现呼号
文艺之声	2004 年 8 月 18 日开播
老年之声	2009 年 1 月 1 日开播

续表

频率	开播时间
藏语广播	1950年5月22日开播藏语广播节目 2009年3月1日起开播藏语广播频率，使用现呼号
阅读之声	2009年10月28日开播中央人民广播电台娱乐广播 2019年10月21日起改为现呼号
维吾尔语广播	1956年12月10日开播维吾尔语广播节目 2010年12月16日起开播维吾尔语广播频率，使用现呼号
香港之声	2011年11月7日开播
中国交通广播	2012年6月26日开播中央人民广播电台中国高速公路交通广播 2017年1月1日起改为现呼号
中国乡村之声	2012年9月25日开播
哈萨克语广播	1971年5月1日起开播哈萨克语广播节目 2015年1月1日起开播哈萨克语广播频率，使用现呼号
轻松调频	1984年1月1日开播英语综合广播，后改为现呼号
劲曲调频广播	1999年3月28日开播国际流行音乐广播 2003年4月16日起改为现呼号
外语教学广播	2003年12月10日开播 2022年2月14日停播
英语资讯广播	2003年12月10日开播
环球资讯广播	2005年9月28日开播
南海之声	2013年4月9日开播

中央广播电视总台对内广播频率播出量一览表

播出频率	每日播出量	全年播出量
中国之声	24小时	8760小时
经济之声	24小时	8760小时
音乐之声	18小时10分钟	6630小时50分钟
经典音乐广播	20小时10分钟	7360小时50分钟
台海之声	20小时10分钟	7360小时50分钟
神州之声	18小时10分钟	6630小时50分钟
粤港澳大湾区之声	21小时10分钟	7725小时50分钟
民族之声	18小时10分钟	6630小时50分钟
文艺之声	21小时10分钟	7725小时50分钟
老年之声	21小时40分钟	7908小时20分钟
藏语广播	18小时10分钟	6630小时50分钟
阅读之声	21小时10分钟	7725小时50分钟

续表

播出频率	每日播出量	全年播出量
维吾尔语广播	18 小时 10 分钟	6630 小时 50 分钟
香港之声	24 小时	8760 小时
中国交通广播	24 小时	8760 小时
中国乡村之声	24 小时	8760 小时
哈萨克语广播	18 小时 10 分钟	6630 小时 50 分钟
轻松调频	24 小时	8760 小时
劲曲调频广播	24 小时	8760 小时
英语资讯广播	24 小时	8760 小时
环球资讯广播	24 小时	8760 小时
南海之声	24 小时	8760 小时

中央广播电视总台对内广播频率节目播出时间表

中国之声节目播出时间表

播出时段	节目名称	播出方式	节目定位
00:00—00:30	档案揭秘	录播	环球资讯广播优质节目
00:30—01:00	记录中国	录播	广播剧
01:00—03:00	昨日新闻重现	录播	回顾昨日重点新闻
03:00—04:00	新闻有观点（重播）	录播	新闻解读类直播节目
04:00—05:00	朝花夕拾（重播）	录播	深夜泛文化类节目
05:00—06:00	云听清晨	录播	健康知识类节目
06:00—06:30	国防时空	录播	军事新闻节目
06:30—07:00	新闻和报纸摘要（首播）	直播	我国历史最长、影响最大、地位最高的新闻广播栏目
07:00—09:00	新闻纵横	直播	广播深度报道
09:00—09:30	新闻和报纸摘要（重播）	录播	我国历史最长、影响最大、地位最高的新闻广播栏目
09:30—12:00	新闻进行时	直播	半小时单元滚动新闻直播
12:00—13:00	正午 60 分	直播	重点国际新闻板块节目
13:00—16:30	新闻进行时	直播	半小时单元滚动新闻直播
16:30—18:30	新闻晚高峰	直播	新闻新鲜说
18:30—19:00	全国新闻联播（首播）	直播	全国广播晚间龙头新闻栏目
19:00—20:00	新闻有观点	直播	新闻解读类直播节目
20:00—20:30	小喇叭	录播	著名少儿节目

续表

播出时段	节目名称	播出方式	节目定位
20:30—21:00	全国新闻联播（重播）	录播	全国广播晚间龙头新闻栏目
21:00—22:00	新闻超链接	直播	主持人谈话类节目，萃取新闻中的知识
22:00—23:00	决胜时刻	直播	体育新闻
23:00—次日 00:00	朝花夕拾	直播	深夜泛文化类节目

注：1. 全天 24 小时播音，其中直播 16 小时，录播 8 小时。
　　2. 每周二凌晨 02:05—04:25 停机检修。

经济之声节目播出时间表

播出时段	星期一至星期五			星期六至星期日	
	节目名称	播出方式	节目定位	节目名称	播出方式
00:00—01:00	那些年	录播/重播	历史事件财经解读	那些年	录播/首播
01:00—02:00	财经夜读	录播/重播	分享财富人物的最新报道、新锐商业传奇、创业故事、亲情故事等，共赏财经之美	财经夜读	录播/重播
02:00—03:00	视听大会（夜间版）	录播/重播	精彩呈现总台优质音频、视频内容	视听大会（夜间版）	录播/重播
03:00—04:00	那些年	录播/重播	历史事件财经解读	那些年	录播/重播
04:00—05:00	财经夜读	录播/重播	分享财富人物的最新报道、新锐商业传奇、创业故事、亲情故事等，共赏财经之美	财经夜读	录播/重播
05:00—06:00	新鲜早世界	录播	清晨健康类节目	新鲜早世界	录播
06:00—07:00	视听大会（早间版）	直播	精彩呈现总台优质音频、视频内容	视听大会（早间版）	直播
07:00—07:29	新闻和报纸摘要	录播	转播中国之声《新闻和报纸摘要》栏目	新闻和报纸摘要	录播
07:29—09:00	天下财经	直播	最新鲜的财经要闻	天下财经	直播
09:00—12:00	交易实况（上午版）	直播	能听能看的证券市场，耳边的投资顾问	王冠红人馆	直播
12:00—12:30	环球新财讯（午间版）	直播	实时追踪全球最新财经新闻资讯	天天 315（周末版）	直播
12:30—13:00	天天 315	直播	权威的消费维权节目		

续表

播出时段	星期一至星期五			星期六至星期日	
	节目名称	播出方式	节目定位	节目名称	播出方式
13:00—16:00	交易实况（下午版）	直播	能听能看的证券市场，耳边的投资顾问	王冠红人馆（最动听的财经周刊）	重播/直播
16:00—17:30	视听大会（下午版）	直播	精彩呈现总台优质音频、视频内容	视听大会（下午版）	直播
17:30—19:00	环球新财讯（晚间版）	直播	实时追踪全球最新财经新闻资讯	环球新财讯（晚间版）	直播
19:00—19:30	天天315（重播）	直播	权威的消费维权节目	天天315（周末版）	重播/直播
19:30—20:00	视听大会（晚间版）	录播	精彩呈现总台优质音频、视频内容	视听大会（晚间版）	录播
20:00—21:00					
21:00—22:00	那些年	录播/首播	历史事件财经解读		
22:00—23:00	财经夜读	录播/首播	分享财富人物的最新报道、新锐商业传奇、创业故事、亲情故事等，共赏财经之美	财经夜读	录播/首播
23:00—次日00:00	视听大会（夜间版）	录播/首播	精彩呈现总台优质音频、视频内容	视听大会（夜间版）	录播/首播

注：每周二00:05至04:55停机检修（其间04:35至04:40试线），节目相应调整。

音乐之声节目播出时间表

播出时段	星期						
	星期一	星期二	星期三	星期四	星期五	星期六	星期日
05:55—06:00	开始曲						
06:00—07:00	城市初音（流行音乐节目）					我要我的音乐（流行音乐节目）	
07:00—10:00	早安双声道（音乐话题类节目）						
10:00—12:00	Music Corner（流行音乐节目）					音乐LIVE（流行音乐节目）	
12:00—14:00	超级冲击（音乐话题类节目）					我要我的音乐	
14:00—17:00	Music Corner（流行音乐节目）						

续表

播出时段	星期						
	星期一	星期二	星期三	星期四	星期五	星期六	星期日
17:00—19:00	尖峰音乐秀（音乐互动类节目）					音乐 LIVE	
19:00—21:00	中国 TOP 排行榜（音乐榜单类节目）					我要我的音乐	
21:00—22:00	音乐 VIP（音乐访谈类节目）						
22:00—次日 00:00	听说（音乐互动类节目）					城市节奏（流行音乐节目）	
次日 00:00—00:05	结束曲						

注：每周二 14:05 至 16:55 停机检修。

经典音乐广播节目播出时间表

播出时段	星期						
	星期一	星期二	星期三	星期四	星期五	星期六	星期日
04:55—05:00	开始曲						
05:00—08:00	日出古典（古典音乐节目）					Classical Songs（经典歌曲联播）	
08:00—09:00	他电台（以主持人为核心的主题音乐节目）						
09:00—11:00	耳朵的旅行（世界各地经典歌曲联播）					耳朵的旅行	
11:00—12:00							
12:00—14:00	梦剧院（传播音乐文化信息、赏析经典剧目）						
14:00—16:00	民歌走天下（新创作、经典民歌及各民族原生态歌曲展播）					中国民歌榜（新创作、经典民歌展播）	
16:00—17:00	时间的歌（华语流行音乐精选）					地球寻声计划（世界及共建"一带一路"国家音乐展播）	
17:00—18:00							
18:00—19:00	她电台（以主持人为核心的主题音乐节目）					时间的歌	
19:00—21:00	Let's...Live——黑胶时刻（爵士、蓝调、布鲁斯的晚间音乐空间）						

续表

播出时段	星期						
	星期一	星期二	星期三	星期四	星期五	星期六	星期日
21:00—22:00	不眠古典 （经典悦耳的古典音乐赏析）					当诗遇见歌 （古典文学与经典音乐的融合传播）	
22:00—次日 01:00	用音乐说晚安 （电影原声、流行经典的晚间音乐陪伴）						
次日 01:00—01:05	结束曲						

台海之声节目播出时间表

播出时段	节目名称	播出方式	节目定位
04:35—04:40	试线音乐	录播	—
04:55—05:00	开始曲、预告节目	录播	—
05:00—06:00	古典悦动听	录播	音乐类节目，欣赏中外古典音乐
06:00—07:00	早安悦晨光	录播	音乐类节目，分享华语休闲音乐
07:00—08:00	两岸好生活	录播/重播	生活类节目，为台胞提供大陆财经、健康、时尚等民生资讯
08:00—08:30	朝闻两岸	直播	新闻类节目，第一时间报道两岸权威新闻
08:30—09:00	两岸开讲	直播	新闻评论类节目，解读中央对台政策，批驳"台独"言行
09:00—10:00	趣旅行	直播	旅游类节目，提供大陆旅游动态和服务信息
10:00—11:00	两岸好生活	直播	生活类节目，为台胞提供大陆财经、健康、时尚等民生资讯
11:00—12:00	欣欣大陆	直播	生活类节目，全方位呈现大陆发展成就的有声杂志
12:00—12:30	聚焦台海	直播	新闻类节目，报道海峡两岸社会、经济、文化等发展情况，观察两岸时事
12:30—13:00	两岸开讲	录播/重播	新闻评论类节目，解读中央对台政策，批驳"台独"言行
13:00—14:00	古典悦动听	录播	音乐类节目，欣赏中外古典音乐
14:00—16:00	艺文两厅苑	直播	文化类节目，为台湾"文青"烹制的文化、艺术、影视、娱乐大餐
16:00—18:00	音乐小聚蛋	直播	音乐类节目，轻松"下午茶"，最潮单曲&经典老歌
18:00—19:00	趣旅行	录播/重播	旅游类节目，提供大陆旅游动态和服务信息
19:00—20:00	两岸观潮	直播	新闻类节目，报道两岸重要新闻事件、热点话题
20:00—20:30	海峡军事	直播	新闻类节目，对台特色军事专题报道

续表

播出时段	节目名称	播出方式	节目定位
20:30—21:00	激情体育	直播	新闻类节目，体育专题报道
21:00—23:00	艺文两厅苑	录播/重播	文化类节目，为台湾"文青"烹制的文化、艺术、影视、娱乐大餐
23:00—次日00:00	两岸观潮	录播/重播	新闻类节目，报道两岸重要新闻事件、热点话题
次日00:00—01:00	欣欣大陆	录播/重播	生活类节目，全方位呈现大陆发展成就的有声杂志
次日01:00—01:05	结束曲、预告节目	录播	—
次日01:05—04:35			休息

神州之声节目播出时间表

播出时段	节目名称	播出方式	节目定位
05:35—05:40	试线音乐	录播	—
05:55—06:00	开始曲、预告节目	录播	—
06:00—07:00	闽南讲古场（闽南话）	录播	文化类节目，用评书形式演绎两岸历史文化，连接两岸共同记忆
07:00—08:00	叭叭叭 来听歌（闽南话）	录播	音乐类节目，精选闽南语歌曲，分享上班路上好心情
08:00—09:00	咱厝上正港（闽南话）	录播	文化类节目，探讨闽台风土习俗
09:00—10:00	闽台服务站（闽南话）	录播	资讯类节目，介绍大陆惠台举措和海西地区经济、社会等方面发展信息
10:00—10:30	两岸连连看（闽南话）	直播	资讯类节目，连线岛内记者，聚焦两岸热点事件，评点重大新闻
10:30—11:00	两岸斗相共（闽南话）	直播	生活类节目，通过多平台互动了解台胞需求，为其在大陆生活提供贴心服务
11:00—12:00	斗阵趴趴GO（闽南话）	直播	旅游类节目，为两岸驴友提供互动平台，分享旅游体验
12:00—13:00	有味生活（客家话）	直播	生活类节目，分享两岸美食、文艺、人物故事
13:00—13:30	两岸连连看（客家话）	直播	资讯类节目，连线岛内记者，聚焦两岸热点事件，评点重大新闻
13:30—14:00	闲来打嘴鼓（客家话）	直播	生活类节目，以谈话形式探讨两岸民生热点
14:00—15:00	讲牙舍（客家话）	录播	生活类节目，为台湾客家青年群体提供大陆就学、就业等服务信息

续表

播出时段	节目名称	播出方式	节目定位
15:00—16:00	涯爱转屋卡（客家话）	录播	文化类节目，讲述客家人物故事、民俗记忆，欣赏客家经典曲艺作品
16:00—17:00	闽台服务站（闽南话）	录播	资讯类节目，介绍大陆惠台举措和海西地区经济、社会等方面发展信息
17:00—17:30	两岸连连看（闽南话）	录播	资讯类节目，连线岛内记者，聚焦两岸热点事件，评点重大新闻
17:30—18:00	两岸斗相共（闽南话）	录播	生活类节目，通过多平台互动了解台胞需求，为其在大陆生活提供贴心服务
18:00—19:00	斗阵趴趴GO（闽南话）	录播	旅游类节目，为两岸驴友提供互动平台，分享旅游体验
19:00—20:00	咱厝上正港（闽南话）	录播	文化类节目，探讨闽台风土习俗
20:00—22:00	艺文两厅苑（普通话）	录播	文化类节目，为台湾"文青"烹制的文化、艺术、影视、娱乐大餐
22:00—次日 0:00	音乐小聚蛋（普通话）	录播	音乐类节目，轻松"下午茶"，最潮单曲＆经典老歌
次日 0:00—00:05	结束曲、预告节目	—	—

粤港澳大湾区之声节目播出时间表

播出时段	节目名称	播出方式	节目定位
04:55—05:10	乐曲、节目预告	录播	—
05:10—06:00	醒晨好音乐	录播	音乐节目
06:00—07:00	韵味岭南	录播	文化节目
07:00—08:00	叹世界	录播	旅游节目
08:00—08:30	湾区，早晨！	直播	新闻节目
08:30—09:00	"港"清楚	录播	新闻评论节目
09:00—10:00	科创梦工场	录播	科创节目
10:00—11:00	华夏原创金曲榜	直播	音乐节目
11:00—11:30	湾区速递	直播	新闻节目
11:30—12:00	热搜新视界	直播	新闻专题类节目
12:00—13:00	谈股论金	直播	财经节目
13:00—14:00	搵食大湾区	录播	生活服务节目
14:00—15:00	科创梦工场	录播	科创节目

续表

播出时段	节目名称	播出方式	节目定位
15:00—16:00	叹世界	录播	旅游节目
16:00—17:00	谈股论金	直播	财经节目
17:00—18:00	听多哟识多哟	直播	文化知识互动答题节目
18:00—18:30	湾区在线	直播	新闻节目
18:30—19:00	"港"清楚	录播	新闻评论节目
19:00—20:00	搵食大湾区	录播	生活服务节目
20:00—21:00	穿梭体坛	录播	体育节目
21:00—22:00	天下潮人	录播	潮汕话节目
22:00—23:00	四海乡音	录播	客家话节目
23:00—次日 00:00	同一星空下	录播	心理疏导服务节目
次日 00:00—02:00	千千阙歌	录播	音乐节目
次日 02:00—02:05	节目结束语	录播	—

注：1. 每周二 14:05 至 16:55 停机检修。

2. 播出频率：香港（FM102.8），澳门、珠海（FM105.4），广州（FM98.0），深圳（FM101.2），佛山（FM93.2）。

民族之声节目播出时间表

播出时段	节目名称	节目定位
04:35—04:40	试线音乐	—
04:55—05:00	全天播音开始曲	—
05:00—06:00	知书达理（蒙古语）	国学文化
06:00—07:00	声动民族风（蒙古语）	各民族音乐欣赏
07:00—08:00	新闻联播与深度热搜（蒙古语）（重播）	国内、国际要闻和专题
08:00—09:00	声动民族风（蒙古语）（重播）	各民族音乐欣赏
09:00—10:00	新时代新征程（普通话）	习近平新时代中国特色社会主义思想宣传、文化知识和文艺节目
10:00—11:00	经典一小时（蒙古语）	翻译播出总台精品节目
11:00—12:00	新闻联播与深度热搜（蒙古语）	国内、国际要闻和专题
12:00—13:00	经典一小时（蒙古语）（重播）	翻译播出总台精品节目
13:00—14:00	新时代新征程（普通话）（重播）	习近平新时代中国特色社会主义思想宣传、文化知识和文艺节目
14:00—15:00	午后茶座（朝鲜语）	广播剧和听众点歌
15:00—16:00	缤纷金达莱（朝鲜语）（重播前一日节目）	生活服务互动类栏目

续表

播出时段	节目名称	节目定位
16:00—17:00	新时代新征程（普通话）	习近平新时代中国特色社会主义思想宣传、文化知识和文艺节目
17:00—18:00	新闻与解读（重播）	国内、国际要闻和专题
18:00—19:00	缤纷金达莱（朝鲜语）	生活服务互动类栏目
19:00—20:00	与书相伴（朝鲜语）	播送经典文学作品
20:00—21:00	新闻与解读（朝鲜语）	国内、国际要闻和专题
21:00—22:00	缤纷金达莱（朝鲜语）（重播当日节目）	生活服务互动类栏目
22:00—23:00	新时代新征程（普通话）（重播）	习近平新时代中国特色社会主义思想宣传、文化知识和文艺节目
23:00—23:05	全天播音结束曲	—

注：1. 全天播音18小时10分钟，均为录播。
　　2. 每天05:00至14:00为蒙古语广播，14:00至23:00为朝鲜语广播。

文艺之声节目播出时间表

播出时段	节目名称	播出方式	节目定位
04:35—04:40	试线音乐	录播	—
04:55—04:59	全天节目预告	录播	—
05:00—06:00	评书听天下	录播	评书赏析节目
06:00—07:00	中国相声榜	录播/首播	相声曲艺节目
07:00—09:00	快乐早点到	直播	以新闻播报、新闻评论、脱口秀为主要内容的新闻资讯类节目
09:00—11:00	综艺对对碰	直播	以相声、小品赏析为主的综艺娱乐类节目
11:00—12:00	天天听书	录播	小说连播类节目
12:00—13:00	文艺大家谈	直播	文化新闻评论类节目
13:00—14:00	中国相声榜	录播/重播	相声曲艺节目
14:00—15:00	戏迷天地	直播	戏曲赏析类节目
15:00—16:00	民歌风行	直播	民歌赏析类节目
16:00—17:00	文旅中国	直播	以旅游、文博为主的语言类节目
17:00—18:30	海阳现场秀	直播	以资讯、脱口秀为主的娱乐类节目
	海阳现场秀（周末）	录播	
18:30—19:30	快乐晚高峰	直播	综合性新闻资讯类节目

续表

播出时段	节目名称			播出方式		节目定位		
19:30—20:00	精彩故事汇			录播		以讲述中国故事为主的语言类节目		
20:00—21:00	文化聊吧			直播		以文史为主要内容的语言类节目		
21:00—22:00	品味书香			直播		图书赏析类节目		
22:00—23:00	李峙的不老歌（星期一至星期五）	国家大剧院（星期六）	人文课堂（星期日）	直播	录播	情感音乐节目	音乐赏析类节目	名家解析类语言节目
23:00—次日00:00	交响时空（星期一至星期五）			录播	录播	古典音乐赏析类节目		
次日00:00—02:00	午夜书场			录播		有声书赏析类节目		
次日02:00—02:05	结束曲			录播		—		

注：每周二13:05至16:55停机检修。

老年之声节目播出时间表

播出时段	节目名称	播出方式	节目定位
04:05—04:10	试线音乐	录播	—
04:25—04:30	开始曲	录播	—
04:30—06:00	养生音乐馆	录播	音乐类节目
06:00—07:00	健康之家	录播/首播	健康科普类节目
07:00—08:00	乐享时光	录播/首播	谈话类节目
08:00—09:00	笑口常开	录播/首播	文艺类节目
09:00—10:00	听书	录播/首播	文艺类节目
10:00—11:00	养生音乐馆	录播	音乐类节目
11:00—12:00	评书开讲	录播/首播	文艺类节目
12:00—13:00	戏曲舞台	录播/首播	文艺类节目
13:00—14:00	文史精品节目荐赏	录播	文化类节目
14:00—15:00	养生音乐馆	录播	音乐类节目
15:00—16:00	听书	录播/重播	文艺类节目
16:00—17:00	健康之家	录播/重播	健康科普类节目

续表

播出时段	节目名称	播出方式	节目定位
17:00—18:00	乐享时光	录播/重播	谈话类节目
18:00—19:00	笑口常开	录播/重播	文艺类节目
19:00—20:00	养生音乐馆	录播	音乐类节目
20:00—21:00	戏曲舞台	录播/重播	文艺类节目
21:00—22:00	健康之家	录播/重播	健康科普类节目
22:00—23:00	评书开讲	录播/重播	文艺类节目
23:00—次日00:00	伴你入眠（导引篇）	录播	音乐类节目
次日00:00—02:00	伴你入眠（音乐篇）	录播	音乐类节目
次日02:00—02:05	结束曲	录播	—

藏语广播节目播出时间表

播出时段	节目名称	节目定位
05:35—05:40	试线音乐（藏语）	—
05:55—06:00	全天播音开始曲（藏语）	—
06:00—07:00	新时代新征程（普通话）	习近平新时代中国特色社会主义思想宣传、文化知识和文艺节目
07:00—08:00	新闻联播（藏语）（重播）	时政要闻、国内外重要新闻
08:00—09:00	行进中国（藏语）	人物访谈、话说文化
09:00—10:00	译彩纷呈（藏语）	翻译总台精品节目
10:00—12:00	安多在线（安多方言）（重播）	安多方言新闻综合节目
12:00—13:00	新闻和报纸摘要（藏语）	时政要闻、国内外重要新闻
13:00—14:00	康巴在线（康巴方言）（重播）	康巴方言新闻综合节目
14:00—15:00	行进中国（藏语）（重播）	人物访谈、话说文化
15:00—16:00	新时代新征程（普通话）（重播）	习近平新时代中国特色社会主义思想宣传、文化知识和文艺节目
16:00—17:00	新闻和报纸摘要（藏语）（重播）	时政要闻、国内外重要新闻
17:00—18:00	声动民族风（藏语）	60%为中国各民族音乐欣赏，40%为藏族音乐
18:00—19:00	康巴在线（康巴方言）	康巴方言新闻综合节目
19:00—20:00	新闻联播（藏语）	时政要闻、国内外重要新闻
20:00—22:00	安多在线（安多方言）	安多方言新闻综合节目

续表

播出时段	节目名称	节目定位
22:00—23:00	声动民族风（藏语）（重播）	60%为中国各民族音乐欣赏，40%为藏族音乐
23:00—次日00:00	译彩纷呈（藏语）（重播）	翻译总台精品节目
次日00:00—00:05	藏语全天播音结束曲	—

注：全天播音18小时10分钟，均为录播。

阅读之声节目播出时间表

播出时段	节目名称	播出方式	节目定位
04:35:00—04:40:00	试线音乐	录播	—
04:55:00—04:59:55	全天节目预告	录播	—
05:00:05—06:00:00	评书开讲	录播/首播	精彩的评书栏目
06:00:05—06:30:00	阅读时光	录播/首播	以情感、励志类散文、故事为主的读书栏目
06:30:00—07:00:00	人文课堂	录播/首播	以历史、文学、国学等知识性、趣味性读物为主的有声书栏目
07:00:05—08:00:00	纪实春秋	录播/首播	以历史、传记等纪实作品为主的有声书栏目
08:00:05—09:00:00	都市言情	录播/首播	以都市言情作品为主的有声书栏目
09:00:05—10:00:00	名著经典	录播/首播	以世界文学名著为主的有声读书栏目
10:00:05—11:00:00	网络书吧	录播/首播	以优秀网络文学类作品为主的有声书栏目
11:00:05—12:00:00	作家文库	录播/首播	以中国作家优秀文学作品为主的有声书栏目
12:00:05—13:00:00	畅销书屋	录播/首播	以文学类畅销书为主的有声书栏目
13:00:05—13:30:00	阅读时光（重播）	录播/重播	以情感、励志类散文、故事为主的读书栏目
13:30:00—14:00:00	人文课堂（重播）	录播/重播	以历史、文学、国学等知识性、趣味性读物为主的有声书栏目
14:00:05—15:00:00	纪实春秋（重播）	录播/重播	以历史、传记等纪实作品为主的有声书栏目
15:00:05—16:00:00	评书开讲（重播）	录播/重播	精彩的评书栏目
16:00:05—17:00:00	名著经典（重播）	录播/重播	以世界文学名著为主的有声读书栏目
17:00:05—18:00:00	网络书吧（重播）	录播/重播	以优秀网络文学类作品为主的有声书栏目
18:00:05—19:00:00	作家文库（重播）	录播/重播	以中国作家优秀文学作品为主的有声书栏目
19:00:05—20:00:00	畅销书屋（重播）	录播/重播	以文学类畅销书为主的有声书栏目
20:00:05—20:30:00	人文课堂（重播）	录播/重播	以历史、文学、国学等知识性、趣味性读物为主的有声书栏目
20:30:00—21:00:00	睡前故事	录播	以儿童出版物为主，给小朋友讲故事的栏目

续表

播出时段	节目名称	播出方式	节目定位
21:00:05—22:00:00	纪实春秋（重播）	录播/重播	以历史、传记等纪实作品为主的有声书栏目
22:00:05—23:00:00	作家文库（重播）	录播/重播	以中国作家优秀文学作品为主的有声书栏目
23:00:05—23:59:59	都市言情（重播）	录播/重播	以都市言情作品为主的有声书栏目
次日 00:00:05—01:00:00	午夜悬疑	录播	以悬疑作品为主的有声书栏目
次日 01:00:05—02:00:00	畅销书屋（重播）	录播/重播	以文学类畅销书为主的有声书栏目
次日 02:00:05—02:05:00	结束曲	录播	—

注：每周二 13:05 至 16:55 停机检修。

维吾尔语广播节目播出时间表

播出时段	节目名称	节目定位
07:35—07:40	试线音乐	—
07:55—08:00	全天播音开始曲	—
08:00—09:00	早安中国	生活服务信息
09:00—10:00	新闻在线（重播）	时政要闻、国内外及地方重要新闻
10:00—11:00	广播杂志	习近平新时代中国特色社会主义思想宣传、故事和美文
11:00—12:00	知书达理（重播）	国学文化讲堂，含双语学习、成语故事、小说连播等
12:00—13:00	社会纵横	法治宣传、旅游、文化、科技、体育资讯
13:00—14:00	声动民族风（重播）	60% 为中国各民族音乐欣赏；40% 为维吾尔族音乐
14:00—15:00	广播杂志（重播当日节目）	习近平新时代中国特色社会主义思想宣传、故事和美文
15:00—16:00	行进中国	讲好中国故事，中国报道+财经类内容
16:00—17:00	社会纵横（重播当日节目）	法治宣传、旅游、文化、科技、体育资讯
17:00—18:00	新时代新征程（普通话）	习近平新时代中国特色社会主义思想宣传、文化知识和文艺节目
18:00—19:00	声动民族风（重播当日节目）	60% 为中国各民族音乐欣赏；40% 为维吾尔族音乐
19:00—20:00	行进中国（重播）	讲好中国故事，中国报道+财经类内容
20:00—21:00	社会纵横（重播当日节目）	法治宣传、旅游、文化、科技、体育资讯
21:00—22:00	新闻在线	时政要闻、国内外及地方重要新闻
22:00—23:00	广播杂志（重播当日节目）	习近平新时代中国特色社会主义思想宣传、故事和美文
23:00—次日 00:00	新时代新征程（普通话）（重播）	习近平新时代中国特色社会主义思想宣传、文化知识和文艺节目

续表

播出时段	节目名称	节目定位
次日 00:00—01:00	声动民族风	60%为中国各民族音乐欣赏；40%为维吾尔族音乐
次日 01:00—02:00	知书达理	国学文化讲堂，含双语学习、成语故事、小说连播等
次日 02:00—02:05	全天播音结束曲	—

注：除《新时代新征程》为普通话播出，其他节目均为维吾尔语广播。

香港之声节目播出时间表

播出时段	节目名称	播出方式	播出时段	节目名称	播出方式
00:00—01:00	天下潮人（首播）	录播	13:00—14:00	叹世界（首播）	录播
01:00—02:00	四海乡音（首播）	录播	14:00—14:10	十分新闻（首播）	直播
02:00—03:00	同一星空下（首播）	录播	14:10—15:00	民歌风尚（重播）	录播
03:00—05:00	香江月夜（首播）	录播	15:00—16:00	岭南音乐风（重播）	录播
05:00—06:00	韵味岭南（首播）	录播	16:00—17:00	双城生活（首播）	录播
06:00—07:00	岭南音乐风（首播）	录播	17:00—18:00	听多啲识多啲（首播）	并机直播
07:00—07:10	国歌节目预告（首播）	录播	18:00—18:10	十分新闻（首播）	直播
07:10—08:00	民歌风尚（首播）	录播	18:10—19:00	民歌风尚（重播）	录播
08:00—08:30	湾区，早晨！（首播）	并机直播	19:00—20:00	青春无限（重播）	录播
08:30—09:00	"港"清楚（首播）	录播	20:00—21:00	叹世界（重播）	录播
09:00—10:00	科创梦工场（首播）	录播	21:00—22:00	双城生活（重播）	录播
10:00—11:00	华夏原创金曲榜（首播）	并机直播	22:00—23:00	有声夜读（首播）	录播
11:00—12:00	揾食大湾区（首播）	录播	23:00—23:30	"港"清楚（重播）	录播
12:00—13:00	青春无限（首播）	直播	23:30—次日 00:00	学讲普通话（首播）	录播

注：播出频率为FM87.8和AM675。

中国交通广播节目播出时间表

播出时段	星期		节目定位
	星期一至星期五	星期六至星期日	
00:00—02:00	千山万水只为你		深夜出行，音乐情感陪伴
02:00—04:00	车友书场		优秀评书联播
04:00—06:00	汽车相声大会		优秀相声节目
06:00—06:45	乐活清晨		晨间音乐叫醒节目

续表

播出时段	星期		节目定位	
	星期一至星期五	星期六至星期日		
06:45—07:00	中国交通新闻	乐活清晨	中国交通新闻：交通新闻资讯联播	
			乐活清晨：晨间音乐叫醒节目	
07:00—09:00	向快乐出发	早安，假日	向快乐出发：早高峰出行服务	
			早安，假日：资讯陪伴节目	
09:00—10:00	一呼百应帮帮忙	家在996	一呼百应帮帮忙：热线帮忙服务节目	
			家在996：家装房产服务节目	
10:00—11:00	央广车友会	岁月如歌	央广车友会：汽车购买指导	
			岁月如歌：经典老歌节目	
11:00—12:00	高速加油站		应急科普节目	
12:00—14:00	锵锵麦克风	岁月如歌	锵锵麦克风：相声、脱口秀娱乐节目	岁月如歌：经典老歌节目
14:00—15:00	畅游天下		畅游天下：旅游服务指南	
15:00—16:00	汽车风云		汽车风云：汽车售后、维修保养服务	
16:00—17:00	月吃越美		月吃越美：美食服务节目	
17:00—19:00	下班快乐	周末FUN局	下班快乐：晚高峰出行服务	
			周末FUN局：陪伴节目	
19:00—20:00	汽车能量音乐		音乐节目	
20:00—21:00	全球流行音乐金榜		流行音乐榜单节目	
21:00—22:00	乐夜越动听	电波光影	乐夜越动听：音乐陪伴节目	
			电波光影：电影介绍节目	
22:00—次日00:00	汽车相声大会	岁月如歌	汽车相声大会：优秀相声节目	
			岁月如歌：经典老歌节目	

注：1. 全天24小时播音，均为直播。
　　2. 每周二00:05至04:55停机检修。

中国乡村之声节目播出时间表

播出时段	节目名称	播出方式	节目定位
00:00—01:00	乡村音乐	录播/重播	音乐节目
01:00—02:00	梨园乡韵	录播/重播	戏曲节目
02:00—02:30	田野听书	录播/重播	评书节目

续表

播出时段	节目名称	播出方式	节目定位
02:30—03:00	乡村故事汇	录播/重播	故事节目
03:00—04:00	这里有说法	录播/重播	普法节目
04:00—05:00	田间笑语	录播/重播	曲艺节目
05:00—06:00	健康到家	录播/重播	健康科普节目
06:00—06:30	田野听书	录播/首播	评书节目
06:30—07:00	三农早报	录播	农业专题
07:00—08:00	中国三农报道	直播	对农新闻节目
08:00—09:00	田园新主张	直播	对农服务专题
09:00—10:00	山水乡愁	录播/首播	文化专题
10:00—10:30	田野听书	录播/重播	评书节目
10:30—11:00	乡村故事汇	录播/首播	故事节目
11:00—12:00	乡村音乐	录播/首播	音乐节目
12:00—13:00	中国三农报道	录播	对农新闻节目
13:00—14:00	田园新主张	录播/首播	对农服务专题
14:00—15:00	这里有说法	直播	普法节目
15:00—16:00	健康到家	直播	健康科普节目
16:00—17:00	梨园乡韵	录播/首播	戏曲节目
17:00—18:00	田间笑语	录播/首播	曲艺节目
18:00—19:00	乡村音乐	录播/重播	音乐节目
19:00—20:00	田园新主张	录播/重播	对农服务专题
20:00—21:00	这里有说法	录播/首播	普法节目
21:00—22:00	健康到家	录播/首播	健康科普节目
22:00—23:00	山水乡愁	录播/重播	文化专题
23:00—23:30	乡村讲堂	录播	农业专题
23:30—次日 00:00	乡村故事汇	录播/重播	故事节目

注：1. 全天 24 小时播音。其中，直播 4 小时，录播 20 小时。
　　2. 每周二 00:05 至 04:55 停机检修。

哈萨克语广播节目播出时间表

播出时段	节目名称	节目定位
07:35—07:40	试线音乐	—
07:55—08:00	全天播音开始曲	—
08:00—09:00	行进中国（重播）	中国报道+财经类内容
09:00—10:00	弹起冬布拉（重播）	民族音乐类节目，阿肯弹唱、哈萨克民族音乐、歌曲等
10:00—11:00	品味书香（重播）	演绎中外经典小说，赏析中外经典影视剧
11:00—12:00	人生百味（重播）	播送经典散文、诗歌、精选短文等
12:00—13:00	幸福时光（重播）	为中老年受众提供新闻信息、生活服务、养生保健、休闲娱乐等信息服务
13:00—14:00	新闻进行时	国内外要闻和自采报道，翻译播出《习近平谈治国理政》等总书记重要著作、论述
14:00—15:00	新视线	时尚资讯类节目，以旅游、文化、文娱资讯为主
15:00—16:00	弹起冬布拉	民族音乐类节目，阿肯弹唱、哈萨克民族音乐、歌曲等
16:00—17:00	新时代新征程（普通话）	习近平新时代中国特色社会主义思想宣传、文化知识和文艺节目
17:00—18:00	人生百味	播送经典散文、诗歌、精选短文等
18:00—19:00	行进中国（重播）	中国报道+财经类内容
19:00—20:00	文化长廊	介绍民乐、民歌为主的中外经典曲目
20:00—21:00	品味书香	演绎中外经典小说，赏析中外经典影视剧
21:00—22:00	幸福时光	为中老年受众提供新闻信息、生活服务、养生保健、休闲娱乐等信息服务
22:00—23:00	新闻进行时（重播）	国内外要闻和自采报道，翻译播出《习近平谈治国理政》等总书记重要著作、论述
23:00—次日 00:00	新时代新征程（普通话）（重播）	习近平新时代中国特色社会主义思想宣传、文化知识和文艺节目
次日 00:00—01:00	文化长廊（重播）	介绍民乐、民歌为主的中外经典曲目
次日 01:00—02:00	新视线（重播）	时尚资讯类节目，以旅游、文化、文娱资讯为主
次日 02:00—02:05	全天播音结束曲	—

注：1. 全天播音18小时10分钟，均为录播。
　　2. 除《新时代新征程》为普通话播出，其他节目均为哈萨克语广播。

轻松调频节目播出时间表

播出时间	星期						
	星期一	星期二	星期三	星期四	星期五	星期六	星期日
06:00—07:00	Special English 慢速英语						
	More to Read 美文阅读						
07:00—08:00	The Agenda 议程（重播）	World Insight 世界观察					Sideline Story 侃体育吧
	Biz Talk 财经高峰会	Dialogue 对话					Music Talks 音悦中国（重播）
08:00—11:00	Music Matters 音乐至上					Classical Saturday 古典言色	Classical Sunday 古典星期天
11:00—13:00						Music Memories 岁月留声	
13:00—14:00	Round Table 圆桌议事						
14:00—16:00	Music Matters 音乐至上					The New Wave 新浪潮	Key Change 周末变奏
16:00—18:00	On the Road 一路有聊						
18:00—19:00	The Beijing Hour 新闻纵贯线					Pods Plus 爱播客	The Agenda 议程
						Music Talks 音悦中国	Footprints 足迹
19:00—20:00	World Today 今日					Chat Lounge 时事聊天室	World Today 今日
20:00—22:00	The Groove Sessions 酷乐空间						
22:00—23:00	All That Jazz 爵士春秋					All About Rock 摇滚战国	All That Jazz 爵士春秋
23:00—次日 00:00	Jazz Show 爵士漫步						
次日 00:00—06:00	Music Matters 音乐至上						

注：1. 每整点播出 5 分钟英语新闻。
2. Weekly Feature 周播专题包含 The Agenda 议程、Biz Talk 财经高峰会、China Africa Talk 中国与非洲、精选播客组合等专题栏目。

劲曲调频广播节目播出时间表

播出时段	星期						
	星期一	星期二	星期三	星期四	星期五	星期六	星期日
00:00—05:00	Music Flow					Music Flow	Music Flow
06:00—07:00	Morning Call						
07:00—08:00	Morning Hits						
08:00—09:00							
09:00—10:00	At Work Net Work					Weekend Morning Show	Weekend Morning Show
10:00—11:00							
11:00—12:00							
12:00—13:00	Lazy Afternoon					Hit the Road	Rock DJ
13:00—14:00							
14:00—15:00						Soul Make	中国电子音乐巅峰榜
15:00—16:00							
16:00—17:00	Big Drive Home					Rock DJ	Hit FM OST
17:00—18:00							
18:00—19:00	New Music Express					Top 20 Countdown	Top 20 Countdown
19:00—20:00							
20:00—21:00						中国电子音乐巅峰榜	Hit FM Dance Carta & Co.
21:00—22:00							
22:00—23:00	Hit FM Dance						

英语资讯广播节目播出时间表

播出时段	星期						
	星期一	星期二	星期三	星期四	星期五	星期六	星期日
00:05—00:30	World Today 今日（重播）						Chat Lounge 时事聊天室（重播）
00:30—01:00							
01:05—01:30	Sideline Story 侃体育吧（重播）	World Insight 世界观察					China Africa Talk 中国与非洲

续表

播出时段	星期						
	星期一	星期二	星期三	星期四	星期五	星期六	星期日
01:30—02:00	Music Talks 音悦中国（重播）	Dialogue 对话					Faces of Africa 非洲人物
02:05—02:30	China Africa Talk 中国与非洲（重播）	Pods Plus 爱播客（重播）	The Heat 热点（重播）				
02:30—03:00	Biz Talk 财经高峰会（重播）	Global Business 全球财经（重播）					Biz Today 今日财经（重播）
03:05—03:30	Round Table 圆桌议事（重播）						
03:30—04:00							
04:05—04:30	The Bridge 桥					Pop Muse 音乐猜猜秀	
04:30—05:00							
05:05—05:30	Alight on Literature 文学之光						
05:30—06:00	Takeaway Chinese 随行汉语						
06:05—06:30	Chinese Theatre 中国剧场						
06:30—07:00	Special English 慢速英语						
07:05—07:30	The Agenda 议程（重播）	World Insight 世界观察（重播）					Sideline Story 侃体育吧
07:30—08:00	Biz Talk 财经高峰会（重播）	Dialogue 对话（重播）					Music Talks 音悦中国（重播）
08:05—08:30	World Today 今日（重播）						Chat Lounge 时事聊天室（重播）
08:30—09:00							
09:05—09:30	Round Table 圆桌议事（重播）						
09:30—10:00							
10:05—10:30	Alight on Literature 文学之光（重播）						
10:30—11:00	Takeaway Chinese 随行汉语（重播）						

续表

播出时段	星期						
	星期一	星期二	星期三	星期四	星期五	星期六	星期日
11:05—11:30	The Bridge 桥（重播）					Pop Muse 音乐猜猜秀（重播）	
11:30—12:00							
12:05—12:30	Pods Plus 爱播客（重播）	The Heat 热点					China Africa Talk 中国与非洲（重播）
12:30—13:00	Special English 慢速英语（重播）						
13:05—13:30	The Agenda 议程（重播）	World Insight 世界观察（重播）					Sideline Story 侃体育吧（重播）
13:30—14:00	Biz Talk 财经高峰会（重播）	Dialogue 对话（重播）					Music Talks 音悦中国（重播）
14:05—14:30	World Today 今日（重播）						Chat Lounge 时事聊天室（重播）
14:30—15:00							
15:05—15:30	The Bridge 桥（重播）					Pop Muse 音乐猜猜秀（重播）	
15:30—16:00							
16:05—16:30	Alight on Literature 文学之光（重播）						
16:30—17:00	The Point/The Hub 观点						Footprints 足迹
17:05—17:30	Round Table 圆桌议事						
17:30—18:00							
18:00—18:05						Hourly News 整点新闻	
18:05—18:30	The Beijing Hour 新闻纵贯线					Pods Plus 爱播客	The Agenda 议程
18:30—19:00						Music Talks 音悦中国	Footprints 足迹（重播）
19:05—19:30	World Today 今日					Chat Lounge 时事聊天室	World Today 今日
19:30—20:00							
20:05—20:30	The Agenda 议程（重播）	The Heat 热点（重播）					China Africa Talk 中国与非洲（重播）

续表

播出时段	星期						
	星期一	星期二	星期三	星期四	星期五	星期六	星期日
20:30—21:00	Global Business 全球财经					Biz Today 今日财经	Biz Talk 财经高峰会
21:00—21:05						Hourly News 整点新闻	
21:05—21:30	The Beijing Hour 新闻纵贯线（重播）					Pods Plus 爱播客（重播）	The Agenda 议程（重播）
21:30—22:00						Music Talks 音悦中国（重播）	Footprints 足迹（重播）
22:05—22:30	Round Table 圆桌议事（重播）						
22:30—23:00							
23:05—23:30	The Bridge 桥（重播）					Pop Muse 音乐猜猜秀（重播）	
23:30—次日 00:00							

注：1. 每整点播出 5 分钟英语新闻。
2. Weekly Feature 周播专题包含 The Agenda 议程、Biz Talk 财经高峰会、China Africa Talk 中国与非洲、精选播客组合等专题栏目。

环球资讯广播节目播出时间表

播出时段	星期						
	星期一	星期二	星期三	星期四	星期五	星期六	星期日
00:00—01:00	整点环球这一刻、半点环球这一刻（录播）						
	环球财富故事（录播）	资讯有故事（录播）					环球财富故事（录播）
01:00—02:00	整点环球这一刻、半点环球这一刻（录播）						
	环球军事报道（录播）	环球阅读（录播）					
02:00—03:00	整点环球这一刻、半点环球这一刻（录播）						
	边走边看（录播）						
03:00—04:00	整点环球这一刻、半点环球这一刻（录播）						
	资讯非常道（录播）						

续表

播出时段	星期						
	星期一	星期二	星期三	星期四	星期五	星期六	星期日
04:00—05:00	整点环球这一刻、半点环球这一刻（录播）						
	环球名人坊（录播）	环球阅读（录播）					
05:00—06:00	整点环球这一刻、半点环球这一刻（录播）						
	新闻盘点（录播）						
06:00—06:30	整点环球这一刻（直播）						
	档案揭秘（录播）					老外看点（录播）	
06:30—08:00	直播世界（直播）						
08:00—09:00	早间第一资讯（直播）						
09:00—10:00	整点环球这一刻、半点环球这一刻（直播）						
	资讯导航仪（直播）					环球名人坊（录播）	记者视界（录播）
10:00—11:00	整点环球这一刻、半点环球这一刻（直播）						
	资讯有故事（录播）					环球财富故事（录播）	
11:00—12:00	整点环球这一刻、半点环球这一刻（直播）						
	环球直播间（直播）						
12:00—13:00	午间第一资讯（直播）						
13:00—13:30	整点环球这一刻（直播）						
	老外看点（录播）						
13:30—14:00	半点环球这一刻（直播）						
	档案揭秘（录播）						
14:00—15:00	整点环球这一刻、半点环球这一刻（直播）						
	边走边看（直播）					边走边看（录播）	环球直播间（直播）
15:00—16:00	整点环球这一刻、半点环球这一刻（直播）						
	资讯有故事（录播）					环球军事报道（录播）	
16:00—16:30	整点环球这一刻（直播）						
	档案揭秘（录播）						
16:30—17:00	半点环球这一刻（直播）						
	老外看点（录播）						

续表

播出时段	星期						
	星期一	星期二	星期三	星期四	星期五	星期六	星期日
17:00—18:00	环球新闻眼（直播）						
18:00—19:00	整点环球这一刻、半点环球这一刻（直播）						
	资讯非常道（直播）						
19:00—19:30	新闻联播（直播）（转播）						
19:30—20:00	资讯空间站（直播）						
20:00—21:00	整点环球这一刻、半点环球这一刻（直播）						
	新闻盘点（录播）						新闻盘点（录播）
21:00—22:00	整点环球这一刻（直播）						
	大话体坛（直播）						
22:00—23:00	整点环球这一刻、半点环球这一刻（录播）						
	环球阅读（录播）						记者视界（录播）
23:00—次日 00:00	整点环球这一刻、半点环球这一刻（录播）						
	新闻盘点（录播）						

南海之声广播节目播出时间表

播出时段	星期						
	星期一	星期二	星期三	星期四	星期五	星期六	星期日
00:00—01:00	南海旅行家						
01:00—02:00	南海圆桌派						
02:00—03:00	平常记录						听见
03:00—06:00	Music Matters						
06:00—07:00	慢速英语＋美文阅读						
07:00—08:00	行走自贸港						
08:00—11:00	Music Matters					古典言色	古典星期天
11:00—12:00	南海轻阅读						
12:00—13:00	中国新闻						
13:00—14:00	圆桌议事						岁月留声

续表

播出时段	星期						
	星期一	星期二	星期三	星期四	星期五	星期六	星期日
14:00—16:00	Music Matters							
16:00—17:00	南海旅行家						
17:00—18:00	行走自贸港						
18:00—19:00	南海圆桌派						
19:00—20:00	平常记录						听见
20:00—22:00	酷乐空间						
22:00—23:00	南海轻阅读						
23:00—次日 00:00	岛屿不寂寞						

注：每日 12 点与 CCTV-4 中文国际频道同步播出《中国新闻》。

中央广播电视总台对外广播语种设置一览表

类型	频率语种	开播时间
对外广播	日语	1941 年 12 月 3 日
	英语	1947 年 9 月 11 日
	广州话	1949 年 6 月 20 日
	潮州话	1949 年 6 月 20 日
	闽南话	1949 年 6 月 20 日
	客家话	1950 年 4 月 10 日
	印度尼西亚语	1950 年 4 月 10 日
	越南语	1950 年 4 月 10 日
	泰语	1950 年 4 月 10 日
	缅甸语	1950 年 4 月 10 日
	朝鲜语	1950 年 7 月 2 日
	俄语	1954 年 12 月 24 日
	汉语普通话	1955 年 12 月 15 日
	西班牙语	1956 年 9 月 3 日
	柬埔寨语	1956 年 12 月 15 日
	老挝语	1956 年 12 月 15 日
	波斯语	1957 年 10 月 15 日

续表

类型	频率语种	开播时间
对外广播	土耳其语	1957年10月21日
	阿拉伯语	1957年11月3日
	法语	1958年6月5日
	马来语	1959年3月1日
	印地语	1959年3月15日
	德语	1960年4月15日
	葡萄牙语	1960年4月15日
	意大利语	1960年4月30日
	塞尔维亚语	1961年6月2日
	斯瓦希里语	1961年9月1日
	豪萨语	1963年6月1日
	泰米尔语	1963年8月1日
	蒙古语	1964年12月1日
	世界语	1964年12月19日
	菲律宾语	1965年10月30日
	乌尔都语	1966年8月1日
	捷克语	1968年8月27日
	波兰语	1968年8月27日
	罗马尼亚语	1968年8月30日
	孟加拉语	1969年1月1日
	阿尔巴尼亚语	1969年6月6日
	普什图语	1973年7月15日
	保加利亚语	1974年4月19日
	僧伽罗语	1975年1月1日
	尼泊尔语	1975年6月25日
	匈牙利语	1976年7月26日
	克罗地亚语	2010年3月30日
	乌克兰语（仅网站）	2008年5月30日
	希腊语（仅网站）	2009年9月23日
	希伯来语（仅网站）	2009年9月23日
	白俄罗斯语（仅网站）	2009年9月23日

中央广播电视总台对外大广播首播节目播出时数统计表

播出频率	每日首播时数（小时）	全年播出时数（小时）	播出频率	每日首播时数（小时）	全年播出时数（小时）
华语环球广播	4	1460	印地语	1	365
广州话	2	730	乌尔都语	1	365
闽南话	2	730	泰米尔语	1	365
客家话	2	730	僧伽罗语	1	365
潮州话	2	730	孟加拉语	3	1095
温州话	1	365	土耳其语	1	365
南海之声	1	365	普什图语	0.5	182.5
英语环球广播	8.9	3 255.8	波斯语	0.5	182.5
西班牙语	2	730	豪萨语	1	365
法语	2	730	斯瓦希里语	1	365
阿拉伯语	2	730	捷克语	1.5	547.5
俄语	1	365	塞尔维亚语	1	365
日语	3	1095	罗马尼亚语	1.5	547.5
蒙古语	1	365	阿尔巴尼亚语	1	365
朝鲜语	1	365	保加利亚语	2	547.5
越南语	1	365	匈牙利语	1	365
老挝语	1	365	波兰语	1	365
柬埔寨语	1	365	克罗地亚语	1	365
泰语	1	365	德语	2	730
马来语	1	365	世界语	1	365
菲律宾语	0.5	182.5	意大利语	1	365
印度尼西亚语	1	365	葡萄牙语	1	365
缅甸语	1	365	合计	69.4	25 155.8
尼泊尔语	1	365			

注：以上每日播出时数及全年播出时数均为首播节目时数，不含重播节目时数。

技术发展情况

重要技术建设项目

总台算法项目

总台算法项目是一个具有主流媒体价值认知智能的个性化推荐系统。根据中央广播电视总台"十四五"科技发展规划和媒体深度融合发展三年行动计划的任务部署，依托5G新媒体平台——央视频2.0数据中台项目，总台算法创新了三项核心技术。第一项是基于双向编码模型（BERT）的主题扩散算法，通过"标题+标签+品类+账号"等提取表征向量扩展相似特征，实现对主流价值内容的精准认知。第二项是基于图嵌入模型（Graph Embedding）的相似性算法，通过高阶相似性反向关联实现精品艺术节目的精准认知。第三项是流量赛道算法，将人工编排的宣传内容与算法推荐的价值认知、品质认知、用户喜好等内容有机融合、弹性混排，形成有导向的个性化内容推荐，实现主流价值、艺术价值和商业价值的协调统一。总台算法技术体系包括算法推荐系统、用户画像系统、内容标签系统等部分。

总台算法项目于2021年4月启动建设，2021年8月18日在央视频平台正式上线，首先覆盖影视内容版块，2022年1月前后又覆盖了央视频综艺、音乐、少儿、动漫、汽车、美食、文史、纪录、法治等9个内容版块。2022年5月，总台算法开始在央视频首页上线。截至2022年12月底，总台算法日均接入数据达10亿条、调用服务达3000万次，累计服务用户8000余万，内容播放量、播放时长平均提升300%以上，取得良好效果。使用期间，总台算法经历2022年总台春晚、全国两会、党的二十大、2022年卡塔尔世界杯等重要活动和宣传报道期的考验，系统运行稳定、安全可控。总台算法与总台新媒体集成发布平台、央视频平台CMS、媒资库等业务系统紧密耦合，成为总台新媒体技术体系的重要组成部分。

人民大会堂大礼堂灯光系统改造项目

为做好党的二十大宣传报道工作，技术局经过两年的调研、测试、招标等准备工作，克服新冠疫情等不利因素给施工带来的影响，于2022年8月21日完成人民大会堂大礼堂灯光系统项目的建设工作，实现人民大会堂大礼堂新闻灯光系统面光、顶光一体化的升级改造。改造后的系统在安全性、灯具配置、信号调整、布光灵活性等方面均有质的飞跃，为大礼堂新闻直播画面的优质呈现打下坚实基础。

一、系统架构

本项目改造范围包括人民大会堂大礼堂的面光和舞台顶光两大系统。

1. 面光系统部分

重建人民大会堂大礼堂面光系统的灯具设备、灯光控制系统和灯光配电系统，配置了一批光源质量高、显色指数高、使用寿命长的灯具。依据灯位合理配置灯具类型及控光配件，精准布光，满足超高清摄像需求；配置稳定先进的可视化智能网络控制系统，包括先进的第三代控制台、安全可视化的信号传输设备、增强网络信号控制，提高了系统的稳定性、安全性和可靠性；新建的配电系统增加了冗余回路数量，增设安全监测及故障预警功能。

2. 舞台顶光系统部分

更换人民大会堂大礼堂舞台的顶光系统灯具设备和配电系统。配置了一批质量优良、显色指数高、光线柔和均匀、使用寿命长的高清平板柔光灯，灯具参数可根据现场布光需求灵活调整。在电视直播需求场景下，由面光控制系统控制，可兼顾参会人员会议照明需求和电视画面的艺术效果；在日常会议照明需求场景下可实现独立控制。

二、技术特点及功能

1. 融合会场照明与电视灯光

在电视灯光领域首次联合室内照明专业，在灯光照度、色温、显色指数、光位等方面将各类光源融合，为大礼堂定制同时满足现场照明和电视直播的光环境，且可支持快速响应临时场景的布光需求。

2. 解决面光眩光问题

项目组联合中国建筑科学研究院照明专业权威专家，建立时政新闻灯光的眩光评价体系，并进行眩光控制关键技术的研究。

三、应用效果

项目完工后，技术局相关转播团队架设电子现场制作（EFP）对大礼堂灯光效果进行测试。本次灯光改造大幅度提高了大礼堂内重点点位的灯光显色素质，整体显色素质达到极佳水平。

在党的二十大宣传报道任务中，该灯光系统的应用有效提升了领导人电视画面形象，全面提升了大礼堂电视画面细节质量，项目成果得到中央和总台领导的肯定，完成了既定目标。

8K超高清视频制播关键技术和应用推广公共服务平台
——8K超高清电视IP集成分发平台（一期）

一、项目介绍

为建设面向全国公共大屏的8K超高清节目流调度分发能力平台，提供节目流调度分发服务与终端管控服务，技术局项目组在8K超高清AVS3节目流的调度控制、应急切换、终端管控、集中监测等方面进行深入研究，以提升节目流调度灵活性和快速应急能力。

该项目于2021年11月完成招标工作；2021年12月与8K播出系统同步进行系统设备调试；2022年1月初完成与各运营商线路的全链路联通，并完成随身听伴音系统全链路联调；2022年1月24日起，复兴路办公区8K超高清电视IP集成分发平台正式开始为全国各省（自治区、直辖市）户外大屏提供节目流分发，系统整体状态良好，运行正常。

2022年6月，技术项目审定会确认云听三维声伴音系统技术方案，项目组同时推进各环节测试联调，以2022年9月10日总台中秋晚会为契机，正式上线云听三维声伴音系统，系统运行状态良好。

二、关键技术

项目利用8K超高清AVS3流调度分发单元、安全防护单元等核心设备，搭建8K超高清电视IP集成分发平台，实现与8K超高清运营管理平台单据信息交互、总控AVS3压缩编码平台节目流接收、与专业解码终端授权信息及运行状态的对接，全方位把8K融入全台网络化的节目生产体系当中。项目具备输出主备各30路节目流的调度分发能力，系统设计符合全台业务流程规范，符合全台网络分级和信息安全的要求。

节目流调度分发模块采用流调度分发设备及调度服务，对8K AVS3节目流按照运营需求进行调度分发，配置合理的IP流监听监看环境，实现对8K AVS3节目流的监测和应急选切，为各省（自治区、直辖市）的大屏提供安全稳定的节目流信号。

对于面向终端用户的AVS3节目流，该设计实现了基于关键帧的切换方式，保障了信号调度的连续输出；针对节目流的状态进行实时监测及融合自动倒换策略，能够实现节目流在异常情况下的自动倒换，同时可实现多路8K AVS3信号的平滑切换，实现节目画面在较高质量下进行切换与应急。

利用抽帧解码服务器实现平台中心端的强管控。通过部署双端内容比对提取抽帧解码服务器来采集的终端回传图像，与节目流中的哈希值、时间戳等信息进行二次比对，确保信号在终端侧正确、安全地解码播放，如遇异常情况可在平台进行报警提示。

本项目由三维声音频编码模块独立提供持续的三维菁彩声（Audio Vivid）音频流，并在音频编码时加入精确时间协议（PTP）时间戳，最终通过云听客户端进行呈现。以移动端定位点位获取大屏终端视频延迟时间并主动对齐，保证与视频流差异化传输后的相对延时一致性，实现大屏8K视频与手机三维声音频的声画同步播放。

三、完成情况

本项目通过平台对自主研发的音频标准三维菁彩声进行编码传输，实现了户外大屏视频与移动端音频的同步呈现与融合传播。本项目自2022年1月24日CCTV-8K超高清频道开播之日起向全国提供8K超高清AVS3节目信号，截至2022年12月31日，可同时为全国70多座城市的500余块户外大屏输送信号，结合云听客户端实现个性化音频收听方案，顺利完成了多个重大活动的宣传播出任务。

复兴路办公区8K超高清电视频道播出系统

一、项目介绍

技术局根据总台"5G+4K/8K+AI"发展战略，建设了复兴路办公区8K超高清电视频道播出系统。该系统运用超高清、IP化、软件定义、虚拟化、资源池化等技术和工艺，为超高清视频播出技术攻关、系统方案建设等提供技术支撑。

本项目于2021年9月完成项目招标工作，2021年11月完成机房土建改造并同步进行系统设备线下调试，12月初完成机房装修后进行硬件集成，12月底进行软件部署及调优工作，2022年1月初完成跨系统全流程联调。从1月24日起，复兴路办公区8K超高清电视频道播出系统承担总台CCTV-8K超高清频道的播出任务。截至2022年年底，系统运行正常，整体工作状态良好。

二、关键技术

8K超高清电视频道播出系统具备1个主备双通路的主频道和1个个性化通道的播出能力；支持8K超高清文件录播和8K超高清信号直播两种播出形式；系统内视音频信号为全ST 2110无压缩信号，以IP信号调度矩阵进行调度管控。

通过推动技术标准的落地，项目实现了与台内节目生产管理系统流程对接，与媒资的节目文件整备对接，与总控调度信号对接，与节目分发的发布对接，以及与全台网络分级规划的信息安全域的网络对接；通过播出IT基础架构的虚拟池化，推进播出应用业务实现虚拟化、资源能力化；通过应用视音频信号流的IP封装传输，实现播出信号的高带宽传输与路由。在运行管理方面，通过智能化监控手段，实现故障应急的自动切换处理。

本项目首次采用全ST 2110 IP化的8K播出视频服务器，播出文件节目采用单文件JPEG XS编码方式，通过集群架构解决8K文件读写带宽大的需求。视频服务器具备8K文件解码、图文叠加、信号切换和8K高帧精度自动控制能力。

无压缩IP核心调度交换机采用IP信号调度矩阵与IP调度管理服务对信号进行分配调度。通过自动播出控制或人工干预控制，实现播出节目信号源的净静切换。可以对播出信号视音频进行分别处理或调整。同时，适配传输系统的需求，提供8K超高清节目播出视音频信号。8K超高清无压缩视频信号封装为4个基于SMPTE ST 2110标准的IP组播流。通过切换设备内部资源的灵活调配，实现4路无压缩视频的同时缓存，保证四路画面切换的一致性。同时，采用MBB切换机制，在接收端对切入IP流完整缓存一帧画面后再将切出流中断，从而实现8K超高清无压缩信号净静切换的效果。

三、完成情况

由本项目负责运行的总台CCTV-8K超高清频道，是首个全国落地的8K超高清综合性频道。项目上线以来顺利完成了2022年总台春晚、2022年北京冬奥会、2022年总台中秋晚会等重要活动和赛事报道的播出任务。

复兴路办公区第九演播室 4K视频系统

一、工程背景

第九演播室（1000m²）位于总台复兴路办公区圆楼，主要承担大、中型综艺和访谈类节目的录制和直播工作。第九演播室原有高清系统于2009年投入使用，已超出合理使用年限。总台于2019年立项对第九演播室进行超高清视频系统改造，目标是要形成一个超高清、IP构架、全文件化、智能化的视频系统，以满足总台超高清节目制作需求，保证节目制作和播出安全。

二、技术特点

第九演播室视频系统是4K超高清IP系

统，遵循《中央广播电视总台4K超高清电视节目制播技术规范》，采用通用交换机（主备）+IP接口切换台为核心的系统构架，支持SMPTE ST 2110-20/30/40通用IP传输标准，4K单光栅单流；符合SMPTE ST 2022-7 IP信号的冗余机制和无缝倒换标准，系统同步采用SMPTE ST 2059的PTP信号基准，演播室同步机再生BB信号使用。系统为全4K HDR制播环境，采用的信号分辨率为3840×2160/50P，支持BT.2020宽色域及HLG/1000 nit高动态范围，基带信号符合2SI/Level A格式。全系统能够通过聚合资源，将切换台、在线包装设备、监看系统调整为8K超高清制作方式工作，网关卡可级联整合为8K模式，接入8K基带设备。

视频系统配置10讯道4K摄像机系统、4K视频切换系统、演播室数据交换系统、文件记录及播出系统、监看监听系统、在线包装制作系统、同步系统、TALLY系统、时钟系统、通话系统、管理监控系统等。演播室数据交换系统以25G/100G通用交换机作为数据汇聚核心，配置成镜像备份的主备网络，同时配置镜像备份的基于可视化管理界面的控制服务器及软件，实现对全系统进行带宽和策略管理。

系统采用SMPTE ST 2110 IP信号交互方式与总控进行信号对接，可接收总控传送的6路4K外来信号，向总控输出4路4K输出信号（4K PGM主/备信号、4K Clean主/备信号）。

系统采用文件化方式与台内4K后期制作岛进行数据交互，录制的素材文件通过网关服务器推送至超高清制作岛，文件编码封装格式采用XAVC-I Class 300/MXF，10 bit，500 M。

三、完成情况

第九演播室改造项目在2021年12月以临时系统的方式集成为一套8K直播系统，通过国家广播电视总局广播电视规划院广播电视计量检测中心的测试，并承担《2022年中央广播电视总台春节联欢晚会》8K直播工作。在2022年北京冬奥会和冬残奥会期间，承担开闭幕式以及短道速滑、速度滑冰、花样滑冰等项目的8K超高清直播工作。2022年7月，第九演播室开始进行土建；12月30日，第九演播室4K视频系统建设完成。

5G+4K/8K+AI等技术研究与应用情况

4K/8K超高清制播呈现系统及产业化应用取得重大成果

总台牵头承担的"4K/8K超高清电视制播呈现系统及产业化应用"项目取得重大成果，2022年6月10日通过中国电子学会科技成果鉴定。

一、成果概述

"4K/8K超高清电视制播呈现系统及产业化应用"项目针对超高清领域的科技前沿问题，从体系架构、关键技术、系统研制、标准制定、应用推广五个层次开展深入研究，在超高清电视"采、编、存、播、传"制播呈现体系关键技术领域取得突破，首创超高清电视IP化制播平台，研发出超高清电视智能化制作平台，创新超高清电视传播呈现模式，构建了全球首个4K/8K超高清电视制播呈现全链路IP

化技术体系。

二、主要创新点

一是针对全IP化高实时超高清视频传输带来的挑战，技术团队提出了保障实时性的SDN集中算路无阻塞调度算法、超高清视频帧精度净切换算法、高精度PTP时钟抖动平滑算法，发明了8K/4K/HD电视无阻塞、高确定性、超宽带的IP信号交换技术，研制了全球首套8K/4K/HD电视IP信号交换系统，结合研发的4K/8K超高清摄像机、5G超高清传输系统和云网协同制播系统等核心设备，创建了4K/8K超高清电视全流程IP化制播平台，首次实现大规模、高质量、云网化的超高清节目制播。

二是针对虚实融合超高清制作需求，技术团队提出了近红外光和可见光的联合校准方法、AI实时3D鲁棒感知算法和分布式渲染虚实配准算法，发明了XR虚实融合超高清制作技术及研制了制作系统，结合研发的超高清智能修复增强系统和4K/8K伴随HD智能制作系统，并创建了相应的智能化制作平台，首次实现超高清节目高质量、高效率、低成本制作。

三是针对公共大屏的视音频同步传播的要求，技术团队提出了异构网络的视音频控制方法，结合研发的超高清帧精度播控和叠屏显示等关键技术，首创"百城千屏"8K超高清公共大屏传播平台，实现超高清电视高可靠传播和高质量呈现。

三、知识产权情况

各项目单位共申请发明专利144项，其中已授权发明专利61项；获软件著作权21项；发表学术论文76篇；制定超高清标准62项，其中行业标准19项、国家标准1项，为两项国际电信联盟（ITU）标准（ITU-R BT.2245和ITU-R BT.2408）做出重要贡献。

四、应用情况及社会经济效益

项目的创新成果在新中国成立70周年盛典、庆祝中国共产党成立100周年活动、2022年北京冬奥会、春节联欢晚会等重大宣传报道活动中得到成功应用。项目通过技术创新和应用示范带动我国电视产业的转型升级，引领中国超高清电视产业快速发展，产生了巨大的社会效益和经济效益。

项目通过由知名院士和专家组成的技术鉴定委员会鉴定，认为项目技术复杂、难度很大、应用规模广泛、创新性强、自主可控程度高，总体达到国际先进水平，其中8K/4K/HD电视无阻塞、高确定性、超宽带的IP信号交换技术、XR虚实融合超高清制作技术和异构网络视音频同步传输技术达到国际领先水平。

2022年北京冬奥会技术创新应用

一、北京冬奥会和冬残奥会开闭幕式现场视频播控

应北京冬奥会组委会开闭幕式工作部邀请，总台技术局承担了2022年北京冬奥会和冬残奥会开闭幕式现场视频播控工作。为此，技术局组建了冬奥会视频播控团队，抽调26名技术骨干从2021年10月起在国家体育场现场开展工作。

视频播控团队的任务如下：①场地内演出大屏视频信号播控，主要播放配合演出的视频影像，包括地屏、冰立方、冰瀑、雪花台等显示素材和奥运五环、雪花火炬等遥控触发素材。②观众席上方南北两侧大屏视频信号播控，主要播放奥林匹克广播服务公司（OBS）

转播节目信号、插播短片、各国运动员入场、国旗及三种语言文字展示、嘉宾致辞字幕三种语言的同步显示等图文信息。③向OBS转播系统同步提供南北大屏幕插播短片的4K超高清版本。④建设小型信号调度中心，向导演、灯光、扩声等各工种各岗位提供高清、超高清OBS PGM（节目信号）信号或可选切视频信号。⑤完成数字资产归档和素材格式检查以及插播素材OBS插播放像版本（XAVC Class300）和南北大屏播出服务器素材版本（H.265）的同步转码工作。⑥配合演出单位配置虚拟机位和AR实时渲染工作，完成三个机位AR实时渲染。

北京2022年冬残奥会开幕式和闭幕式所有环节全部使用大屏进行展现。视频画面采用每秒50帧的播放帧率，影像素材显示流畅度显著提高。

在本届冬奥会开幕式和闭幕式上，使用AR虚拟增强现实技术，实现了空间扩展虚实结合的艺术表现。据统计，2022年北京冬奥会和冬残奥会开幕式和闭幕式播控系统素材管理文件11.727TB，文件21 217个，实时播放素材包括冬奥会开幕式546 000帧、闭幕式306 000帧、冬残奥会开幕式264 000帧、闭幕式165 000帧。

二、2022年北京冬奥会大道速滑8K转播

为做好2022年北京冬奥会大道速滑赛事转播，总台在国家速滑馆（冰丝带）建设了大道速滑8K系统。该系统负责2022年2月5日至2月19日国家速滑馆所有赛事的8K直播，为奥林匹克广播服务公司提供赛事的8K公共信号，并在CCTV-8K超高清频道同步播出。

大道速滑8K系统搭建在国家速滑馆南侧OBS赛事综合制作区内，采用以交换机为核心的信号交换系统，通过软件来规划和定义制作规模和形态，实现视频、音频、通话、同步、控制等信号的IP化传输和调度。

1. 首次使用我国自主研发的8K摄像机参与转播

总台联合国内企业自主研发生产的华光UDCAM-9000型8K EFP摄像机，在2022年北京冬奥会大道速滑8K转播中首次亮相。整个赛程期间，国产8K摄像机不仅完成转播任务，还顺利通过OBS现场测试，并被允许进入国际电视公共信号系统使用，打破了我国广播电视行业摄像机一直依赖进口的局面。

2. 首次集成两套4K IP化系统融合制作8K视频系列

由于大道速滑8K转播的节目要求复杂，信号源较多，需要制作系统具备包装、精彩回放、切换台8K扫画特技和上键等功能。为此，总台调拨了两套4K EFP系统的核心设备，融合成一套全链路ST2110标准的8K视频系统来满足制作需求。在两套系统集成过程中，克服了光纤不匹配、IP地址冲突或网段不一致、部分IP设备不兼容等多个问题。

大道速滑8K系统在2022年北京冬奥会期间共直播赛事12天，总时长22小时20分。直播中，系统在8K制作模式下的稳定性、可靠性、功能性等得到了充分检验，对大型赛事活动的8K转播具有示范效用。

三、2022年北京冬奥会8K包装系统技术制作

总台复兴路办公区第九演播室作为后方8K包装演播室，承担了2022年北京冬奥会和

冬残奥会开幕式和闭幕式以及部分赛事项目的8K超高清直播工作。

系统配备主备2台4K在线包装设备，并充分利用IP系统机动灵活的优势，将其调整配置为8K工作模式，用于节目名和直播标等图文包装制作播出。视频系统通过ST2110 IP方式，向总控提供主备2路8K节目信号（PGM信号）和主备2路8K应急切换信号（EMG信号）。系统配备2套录制服务器，用于收录8K PGM信号和8K无字幕节目信号（CLEAN信号）；还配备了2台单通道8K录放像机，用于收录总控回传信号，并播放频道宣传片、冬奥宣传片、精彩集锦和垫播信号。

从2月4日的开幕式到2月20日的闭幕式，第九演播室系统为短道速滑、速度滑冰、花样滑冰等项目提供了17天的直播服务，播出总时长92小时4分40秒。该系统还收录约10小时的素材，用8K录放像机即时编辑出36段精彩小片，总时长约1小时。

5G轻量化移动制播系统应用案例

自2018年总台组建以来，总台的5G媒体应用实验室不断取得技术研究突破，并应用于各类大型宣传报道活动中。2022年，该实验室的相关技术在以下案例中得到有效应用：

一、使用"5G+4K+MEC"技术实现冬奥高铁列车在时速350公里下超高清移动直播

2022年北京冬奥会期间，5G媒体应用实验室实现了在时速350公里的高速列车上基于5G网络进行4K超高清节目直播。该项目建设将高铁技术、5G通信技术和超高清视频技术有机结合，为科技冬奥打造了一个全新的技术服务和展示平台。

演播室在建设过程中，解决了三大难题：超高速运动下多普勒频偏导致的数据传输性能大幅下降，全封闭车体、隧道和声屏障造成的5G信号穿损严重，沿途400余个5G基站高速切换导致的数据传输带宽和延时极其不稳定。在全长160公里路段，时速350公里超高速列车上，该演播室首次使用5G技术对超高清节目进行实时稳定传输。该演播室于2022年1月6日正式投入使用，在运行期间为总台CCTV-1综合频道、CCTV-13新闻频道、CCTV-16奥林匹克频道、CCTV-4中文国际频道、CGTN各频道及央视新闻、央视频等移动客户端提供了北京冬奥会全媒体内容的生产和直播服务；在冬奥会期间共完成了40余场大小屏的直播录制和180小时的慢直播，并为13家外媒提供定制连线总计18次。

二、首次使用5G网络+超高清技术助力马拉松转播

在2022年北京马拉松转播任务中，技术局组建技术保障团队，并首次尝试使用"5G+微波"的传输方式，在超高清、长距离体育比赛直播中，顺利完成了马拉松全线路7辆移动拍摄车的4K超高清信号传输制作工作。

三、向海内外总站推广5G轻量化移动制播系统

为满足国内地方总站和海外总站节目制播需求，依托5G媒体应用实验室科研成果，制订外场直播技术实现方案，进一步推广5G轻量化移动制播使用经验，为总台各总站提供更丰富的轻量化移动制播技术手段。

另外，总台全程使用5G技术完成2022年

北京冬奥会和冬残奥会火炬传递超高清节目回传技术保障任务,圆满完成《冲顶珠峰》系列新媒体直播保障任务。这也是总台首次使用700M频段5G网络对珠峰冲顶及科考进行全过程新媒体直播。

AI 时间切片系统

时间切片系统是总台自主研发的一种 AI 图像处理系统,可以利用 AI 技术识别运动员的空中技巧姿态,并生成视觉暂留视频特效。该系统能够根据体育等节目特点,对高速运动的物体进行 4K 图像采集、合成、存储等,并对运动过程进行相关可视化数据分析、运动视觉暂留、移动轨迹跟踪等创新的视频图文呈现方式。系统通过视频服务器渲染的视频图像可以直接用于体育节目直播。

系统由软件模块与硬件系统共同组成。软件模块包括空中技巧人工智能学习模块、运动视觉暂留效果合成模块、空中技巧之运动数据交互测量分析模块、数据可视化设计形成模块等。硬件系统包括 4K 输入输出存储及 AI 运算服务器、图像合成服务器等。

一、项目主要技术成果

1. 时间切片技术呈现

AI 时间切片系统用于生成时间切片特效,该系统称为在线包装系统,主要用于在生成视频的同时,使用 AI 深度学习模型生成时间切片特效,时间切片特效包括多个视频帧,时间切片特效中的视频帧,将呈现目标对象不同时间点的运动状态,呈现出运动视觉暂留的视觉效果,使观众可以看清高速运动状态中目标对象的运动状态。

2. 高效 4K 格式编码

根据视频帧提取的目标轮廓信息、运动轨迹信息和素材数据,对视频帧进行 4K 编码,对视频数据进行压缩,提高处理 4K 视频文件效率。

3. 运动员姿态数据实时捕捉

利用深度 AI 学习模型从视频信号提取目标对象的轮廓信息和运动轨迹信息,并计算目标对象在视频数据中的运动轨迹;根据视频数据坐标与现实物理坐标系的映射关系,获得目标对象真实的运动轨迹、运动高度坐标和运动速度等运动数据信息。

4. AI 自动开始及结束运算技术

将加载指令和视频数据发给 AI 系统;系统预先加载素材数据,并触发系统对视频数据生成的时间切片。播控系统自动确认赛程信息与目标信息并进行实时纠错并重新排序。

二、成功应用于 2022 年北京冬奥会报道

总台在 2022 年北京冬奥会报道中,创新使用自研 AI 时间切片系统,实时精准地呈现了滑雪跳台运动员的技术动作,完成了首钢自由式滑雪大跳台、单板滑雪大跳台赛事的 4K/8K 公共信号制作。

该系统使用人工智能深度学习算法,结合视觉暂留技术、图形学、图像学及自动化控制技术构成 AI 图像处理系统。系统能够实时地从视频背景中快速分离出滑雪运动员的技术动作,通过数据分析和二次包装,逐帧呈现和提炼放大"时间切片"的数据可视化效果。系统具有智能化、多样性、及时性等特点,只需 15 秒就能完成技术动作剥离运算和时间切片包装渲染的过程,可充分地满足电视直播实时性需求。

北京冬奥会 4K/8K 公共信号制作应用实践

2022年北京冬奥会期间，总台依托最先进的4K/8K兼容制作全IP架构超高清转播系统及各类型特种设备，首次实现所有赛事全程4K HDR公共信号的制作，也首次实现开幕式、闭幕式等部分重要赛事8K公共信号的制作和播出。

一、全面采用 4K/8K 兼容制作 IP 架构超高清转播系统

为适配2022年北京冬奥会转播需求，总台提前布局，全面推进4K/8K超高清转播系统建设。新建的A类4K/8K超高清转播车采用了基于SMPTE 2110无压缩标准的8K视音频IP传输技术，构建以类叶脊—双核心网络架构为主体的8K转播系统，通过SDN系统集中调度8K视音频IP数据流与实时冗余备份管理，实现从拍摄采集到收录传输的8K全流程制作，建成超大规模、超高传输速率的8K无压缩全IP架构转播系统。这是国际上首批能够同时支持4K/8K兼容制作的超高清转播系统，具有极强的兼容性和扩展性。

二、4K/8K 转播车通过大规模 IP 级联满足冬季两项 4K 公共信号制作需求

冬季两项赛事是2022年北京冬奥会室外场馆项目中制作难度最高的，摄像机数量最多，制作工位最多，系统最复杂。长达4千米的赛道和射击区共设置44台系统摄像机、14套特种设备、12套无线摄像机以及120多支拾音话筒。2辆A级4K/8K超高清转播车及配套辅助车首次采用大规模IP级联方式，大量减少线缆，符合2022-7标准，实现视/音频、通话、控制和TALLY信号的统一调度，提升了系统安全性。转播期间全程以4K HDR格式、5.1.4三维声进行制作，统一HDR/SDR之间转换标准；合理搭建场馆跳线间交互设备，成为OBS标杆和应用典范；克服酷寒气候设备搭建难度大、傍晚比赛摄像机光圈调整难度大等难题，打破了雪上项目长期由国外团队垄断的局面。

三、8K 公共信号制作实现从制作到传输全 IP 架构

通过搭建转播车——国际广播中心（IBC）机房——台内演播室全链路完整IP通路，使用ST2110协议将前方4K/8K转播系统主备核心交换机与IBC总控核心调度系统IP直连，世界范围内首次实现冬奥会开幕式、闭幕式及部分重要赛事8K无压缩IP传输。

花样滑冰、短道速滑赛事8K包装信号制作期间，由于首都体育馆带宽资源有限，将8K视频信号分解为4路12G基带信号，通过10:1压缩比编码封装为4路XS IP信号，同时符合2022-7标准，首次使用JPEG-XS编码技术实现8K制作IP传输。

四、国产电视装备彰显技术优势

为打破广电行业长期依赖国外进口设备的局面，总台大力发挥国产技术优势。"中国红"4K/8K超高清转播车及配套辅助车采用国产车体，视频核心调度系统使用自研集中控制系统，8K广播级摄像机、8K超高清IP净切换交换机、4K/8K监视器以及在线包装系统、虚拟合成系统等，实现超高清信号采集、调度、终端呈现全产业链国产化应用；以"猎豹"超高速4K轨道拍摄系统、锥桶无线传输摄像机、陀螺稳定系统、AI时间切片系统等为代表的各类型高精尖特种设备，显著提升了4K/8K公共

信号制作水平。

2022年春节联欢晚会高清、4K、8K全要素直播

技术局在2022年中央广播电视总台春节联欢晚会播出期间，通过有序安排一号厅高清系统、第八演播室4K系统和第九演播室8K系统的协同工作，顺利完成了春晚的高清、4K、8K全要素直播。

总台春晚于1月31日20时准时开始直播，一号厅演播室高清系统将主备2路高清节目信号（PGM信号）、主备2路高清无字幕版节目信号（CLEAN信号）送至总控，完成各高清频道的直播，直播总时长4小时32分35秒。直播过程中，技术局收录了主备无直播标版PGM信号、主备CLEAN信号4套内容，及时传送至后期制作机房，方便制作重播文件。直播结束后，一号厅高清系统继续负责春晚的重播工作，进行素材检查、核对播出通路，直至2月1日凌晨5时20分38秒结束。

综上，一号厅演播室视频系统完成了总台春晚高清信号的直播、现场大屏幕素材的播放，以及大年初一凌晨重播等多项任务。一号厅使用了包含电动轨道机器人、伸缩摇臂、二维升降索道、减震器等特种设备在内共计13台摄像机，并接入主备8套虚拟制作系统，进行全超高清的制作。

第八演播室4K系统与一号厅演播室高清系统通过IP网络采用智能联动的方式，实现春晚高清和4K超高清的同步直播。一号厅为第八演播室4K系统提供了主备2路高清PGM信号、主备2路高清上变换4K CLEAN信号，以及13台摄像机、8套虚拟合成后的4K信号和导演监视墙画面信号。同时，第八演播室向一号厅提供2路4K PGM信号用于信号监看。本次春晚直播中使用的插播素材，其录制任务也全部由第八演播室4K系统负责。

第九演播室8K系统负责2022年春晚的8K直播，使用经过4K超高清改造的第九演播室设备，搭建成8K超高清视频系统。系统提供了3讯道8K摄像机信号，并配置了1路由第八演播室4K系统4K PGM信号上变换的8K信号，充分满足了不同景别、拍摄位置的8K信号制播需求。在直播过程中，8K录像机收录了主备PGM信号作为备份。

第九演播室在短时间内将一套4K系统调整并集成为8K系统，顺利完成8K春晚的直播任务；参与春晚直播的各系统均配备了全台通话面板，实现了与一号厅导播以及总控的通话联络，突显了系统开放协同的重要性。2022年春晚的高清、4K、8K全要素直播，在保障春晚多终端、多渠道安全播出的同时，也为今后多个演播室系统的协同制作积累了经验。

4K超高速轨道摄像机系统（"猎豹"系统）

"猎豹"系统是总台自主研发的一款4K超高速轨道摄像机系统，专门用于速度滑冰运动项目的跟踪拍摄。其系统包含轨道及运动平台、大功率移动供电系统、驱动及控制系统、4K五轴陀螺仪稳像平台、无线传输系统。

一方面，系统采用感应式短定子直线电动机结构与滑触轨供电的方式组合，建立一套总长约350米的U型整体直线电动机系统，由

120米直线段、70米直径的半圆和120米直线段组成。该系统使短定子与陀螺仪稳定拍摄系统一体化设计的轨道车在U型轨道上可达到最高速度25米/秒，加减速度大于3.5米/平方秒，实现高速、低噪稳定拍摄。为降低轨道车自重，提高轨道车加减速响应效率，将笨重的变频驱动器与短定子轨道车分离，将变频器置于地面通过滑触轨输送变频后的电机UVW三相电流。

另一方面，系统采用磁制动器牵引阻拦索方式，在轨道两端进行安全保护。绳索通过滚筒与机械阻尼磁粉制动器耦合，通过实时控制不间断电源电压和电流逐渐增加磁粉制动器的阻力，均匀释放绳索，保证搭载4K超高清摄像机的轨道车能在安全距离内停下且不会对车体及拍摄系统造成损伤。

另外，系统将来自多厂家、多协议不同波特率的各种实时控制数据（包括摄像机实时参数控制数据、云台及镜头控制数据、轨道车工况及控制数据等）采用队列形式进行排队收发，在排队前进行协议封装，然后通过单一无线信道统一发射出去，实现多码率、非同步的多种双向数据源打包，形成只占用单一频点的数据链。

2022年年初，这套完全自主研发的4K高速轨道摄像系统正式在2022年北京冬奥会投入使用。这是奥林匹克广播服务公司首次采用中国自主研发的大型特种设备。总台技术团队用它完整参与了12天共14个小项的赛事直播，累计赛事直播运行时长约22小时，系统直播累计运行行程约155千米，拍摄出精彩高质量的运动镜头，得到了奥林匹克广播服务公司和国外制作公司的高度赞誉。

4K超高清和高清节目同播关键技术研究与测试

"4K超高清和高清节目同播关键技术研究与测试"是中央广播电视总台与北京中视北方影视制作有限公司于2020年联合开展的4K超高清技术科研项目。

项目针对4K HDR、HD SDR在电视制播流程关键环节的技术质量控制，重点研究超高清和高清同播的可行性及关键技术，并确定了4K超高清和高清节目同播流程。项目还制定并发布了《中央广播电视总台4K超高清、高清电视节目同播技术规范》和《中央广播电视总台HDR视频制作白皮书》，为总台CCTV-16奥林匹克频道4K和高清的同播提供了技术支持。项目确定了新的HDR-SDR映射关系，并首次提出"窄范围+超白"电平的使用。项目还研发出6个总台转换映射表，并制定了超高清和高清同播下的制播系统与关键设备参数集及操作细则。项目形成的《中国4K/8K超高清hdr与高清SDR同播实践》（*4K/8K UHD HDR and HD SDR simul-production and simulcast practice in China*）被ITU-R BT.2408-5报告书采纳。项目成果应用于总台超高清节目前后期、外场及演播室制作、文件及信号转换、节目播出等全链路，确保了节目质量，并成功应用于"庆祝中国共产党成立100周年系列活动"、2022年北京冬奥会等重大活动，对总台4K超高清和高清节目同播技术起到示范与引领作用。

该项目于2022年6月正式通过验收。

2022年北京冬奥会和冬残奥会音频系统亮点

总台技术局音频团队参与2022年北京冬奥会和冬残奥会的多项公共信号制作,以及总台体育新闻和赛事节目的包装工作,实现了多个第一次。

一、第一次实现全IP信号交互

2022年北京冬奥会IBC E18演播室音频系统、视频系统和总控系统第一次实现了基于SMPTE 2110协议的全IP信号交互。音频系统从总控系统接入外来信号2110-30音频流,每路外来信号包含4组音频流,分别为立体声信号(第1组)、环绕声信号(第2组)、三维声上层4声道信号(第3组)和评论声信号(第4组)。外来信号多音频流传输,不同音频流根据声道数量采用不同封装格式。从视频系统接入本地播放设备8声道音频流,同时送出主备各两组8声道的播出信号音频流。

二、第一次实现同时制作大屏端和小屏端的节目信号

本届冬奥会总台音频团队同时制作了大屏端(CCTV-16奥林匹克频道)环绕声+立体声播出信号和小屏端(央视体育客户端)三维声播出信号。丰富的制作手段让用户可以选择不同格式的声音信号,用户在移动端可以有高质量的声音体验。

三、第一次实现三维声直播

总台音频团队早已在东京奥运会、春节联欢晚会、欧洲足球冠军联赛决赛等节目中尝试过新媒体端的三维声直播,但均在台内固定演播室进行制作。这是第一次在外场制作中进行尝试,对外场音频制作提出了更高的制作要求。同时,这也是首次基于2110协议进行IP传输三维声编码信号。

四、第一次制作多版本的三维声信号

本届冬奥会音频制作团队为央视体育客户端同时提供CCTV-5体育频道和CCTV-16奥林匹克频道各两种(含解说及不含解说)三维声信号。移动端用户在使用普通耳机体验三维声信号所带来的现场感和沉浸感的同时,还可根据自身需求自行切换监听。

五、第一次制作冬奥会公共信号

1. 雪上项目

总台音频团队在2022年北京冬奥会张家口云顶雪上极限公园承担了雪上技巧、空中技巧、平行大回转、U型池等雪上项目的公共信号制作。音频团队首次参与奥运会的雪上项目公共信号制作,并与来自德国、美国以及奥林匹克广播服务公司(OBS)的多个音频技术团队携手合作,共同完成项目制作。

云顶雪上由A、B、C三块场地组成,分别承办平行大回转和障碍追逐(A场地)、U型池和坡面障碍(B场地)、雪上技巧和空中技巧(C场地)等项目。A、B两块场地总台团队与美国团队合作共享音频光缆箱和环境话筒,C场地则由总台团队独立使用光缆箱和环境话筒。

雪上项目转播的难度极大,在每个项目之间还要穿插进行其他项目的演练。为了保证演练和制作顺利进行,音频团队分成两个小组:一组负责系统和调音台的设置,另一组负责FOP话筒和环境话筒的架设。

雪上项目对线缆铺设要求非常严格,赛道表面不允许有任何线缆,所有线缆需要穿管井,有时甚至要用雪锯在雪地里锯出沟槽,将

线缆埋入其中，铺设线缆的难度很大。采用8.0声道沉浸式话筒，加上固定安装在赛场的FOP话筒，为受众带来更美好的视听体验。

2. 冰壶项目

总台在多届夏季奥运会以及平昌冬残奥会后，首次正式承担冬奥会冰壶项目的冬奥公共信号制作任务。音频公共信号制作系统承担此项冬奥赛事的高清立体声、高清环绕声、超高清三维声等多种公共信号的制作任务。音频公共信号制作系统首次全面采用5.1.4声道三维声的制作监听模式，并配备了三维声电平、响度的监看和监测设备，确保录音师在信号制作过程中准确把握和调整声音，也为多类音频公共信号如立体声、环绕声、三维声等的制作奠定了坚实的基础。2022年北京冬奥会冰壶项目的音频制作团队共使用4套大型数字音频制作系统、超过100只不同型号的拾音话筒用于四条比赛赛道的音频公共信号制作。此外，对每只话筒的型号选择与安装隐藏位置都做了充分的技术考量。

采编、制作、媒资管理与共享新技术及应用

CMG媒体云应用保障总台多项重大报道活动

2022年，技术局CMG媒体云技术团队围绕总台"5G+4K/8K+AI"战略格局，积极探索推进"云边端"技术框架的应用，利用中心云的互联网接入能力、弹性扩展能力、移动化快速制作能力，以及边缘节点低延时能力、超高计算能力、高安全能力，顺利支撑并保障了多项重大赛事、活动转播的宣传报道工作。

一、2022年北京冬奥会

2022年北京冬奥会期间，技术团队在国际广播中心（IBC）构建了CMG媒体云IBC边缘节点，通过4K/8K超高清、全IP化等系列新技术，面向总台各电视频道、广播频率，以及央视频、央视体育等新媒体平台，全面提供超高清信号采集、节目移动化制作和全媒体报道立体支撑，实现了总台体育制作区、国际广播中心、张家口山地转播中心（ZBC）多地跨域协同HD/UHD全媒体一体化生产。

IBC边缘节点通过高度集约化的刀片服务器部署分布式后台服务，有效覆盖2022年北京冬奥会国际广播中心和张家口山地转播中心制作区的前方现场制作；同时依托CMG媒体云移动节目制播能力，为冬奥会国际广播中心、张家口山地转播中心、赛事场馆、总台5G办公区、体育制作区等各个区域提供高效、随时随地的移动化、轻量化赛事制作服务。CMG媒体云的"云边端"架构，高效串联总台多址制作区，为总台各业务部门进行冬奥赛事报道提供了全量的赛事素材资源，提高了编辑记者跨域协同制作效率，实现了资源的可扩展性部署，并适当改变了原有的固定化的内容生产方式。

二、中秋晚会

在2022年中央广播电视总台中秋晚会节目制作期间，总台技术团队依托CMG媒体云能力，首次尝试超高清4K/8K+三维声全流程节目制作，并在部分节目实景拍摄时，提供虚拟技术、影视特效技术、增强现实、混合现实等多重技术手段，利用"新工艺、新科技、新

方式"拓展传统晚会的制作工艺,为观众持续带来全新的视觉体验。在中秋节当晚实现超高清与高清版秋晚同步播出。

针对节目录制时间长、节目数量多、多通路素材量大、制作时间紧张等特点,技术团队利用CMG媒体云移动协同制作能力,采用代理码率编辑套片、前方工程文件回套和高码文件上载编辑三种形式共同完成秋晚节目制作。通过前后方协同的制作模式,实现前方编辑制作人员与后方制作人员联动,前后场制作区分工合作,为秋晚超高清节目制作提供了有效的支持和保障,提高了秋晚超高清节目的制作效率。该生产模式为总台其他重点晚会和重点节目制播起到了技术示范作用。

三、2022年卡塔尔世界杯

2022年卡塔尔世界杯举行期间,总台技术团队首次实践了基于"云边端"架构的CMG媒体云境外覆盖,在卡塔尔前场利用当地边缘云节点部署,就近提供HD/4K信号采集、节目编辑包装、文件化送播、战术分析、MAX回传、新媒体直播发稿等全部功能,还解决了国际长链路下网络带宽、延时、稳定性的问题。

卡塔尔边缘节点通过与北京中心云在资源、数据、业务等层面的协同,形成跨区域的一体化全媒体制作生产体系支撑。记者通过轻量化、移动化信号采集、节目制作工具,基于5G和互联网,即可实现跨时空、跨地域、随时随地的节目制作,依托"云边端"架构,利用卡塔尔节点和总台光华路节点间的专线链路,在IBC现场收录素材的同时,将原码素材同步到光华路节点,实现了全部赛事素材、MAX挑选素材等的远程归档。在前场演播室部署的战术分析系统,通过与硬盘录像机系统联动,可对多角度赛场信号进行综合处理,结合专业实时高阶数据,将战术分析图形与实时数据结合,实现专业级战术分析的图形化呈现,丰富了世界杯转播要素。

总台新闻云实现全球一体化部署和新闻全媒体制播

总台新闻云是技术局重点打造的新一代全球新闻全媒体生产平台,旨在实现总台新闻资源的高效共享和快速传播。

总台新闻云于2022年3月启动全球部署,6月完成亚太节点部署,为香港回归祖国25周年报道活动提供服务支撑;7月完成国内节点部署,支持总台31个地方总站日常新闻生产;8月完成北美节点部署,覆盖和支撑总台在南北美洲地区各海外总站及记者站的日常新闻制播业务;11月完成欧洲节点部署,同时进一步提升了非洲总站全媒体新闻制播的资源共享能力,覆盖了欧洲、非洲、亚欧、中东等地区各海外总站所辖记者站的新闻制播服务。截至2022年年底,总台新闻云已实现全球新闻全媒体制播业务的全面覆盖。

一、系统架构及特点

基于云网一体化新型技术架构(云边端)的顶层设计理念,总台新闻云由北京本部私有云节点、国内公有云节点和三个海外节点共同组成"云核心",形成遍布全球的核心技术支撑能力,为总台各新闻业务部门、31个国内总站和8个海外总站提供新闻采编播管存运等服务。"云核心"的服务能力可以与总站本地技术系统相结合,形成"边缘节点",支持进行较复杂的新闻网络制播生产。利用"云核心"的 1+4 部署，实现可覆盖全球各个区域的各类"终端上云"，使得"端"可以就近访问"云核心"资源，获得最佳体验和及时响应。这样，"云边端"就构成立体化的全球新闻报道网络。

总台新闻云采用"混合云"+"分布式"的技术架构，通过应用微服务化与容器技术结合，使平台具备高可用性、高扩展性、高敏捷性等核心能力。在系统组成上，总台新闻云由分布全球的混合云基础资源底座，公共软件服务、微服务框架及容器运行环境的服务中台，符合全球记者编辑使用习惯的业务工具应用前台，以及支持互联网与私有云的安全保障体系后台，共同组成一个有机整体，并提供全球 7×24 的运行维护保障。

此外，总台新闻云还和总台其他技术系统互联互通，整合总台优势资源，实现新闻电视制播、多渠道社交媒体发布、媒资管理、数据统计、集中认证、用户管理等业务功能。

二、系统主要功能

总台新闻云生产平台以新一代的数字新闻工作室为业务模型，旨在适配新闻生产过程中的沟通创作、内容生产、流程管控和绩效管理为目标，实现以下主要功能：

1. 多终端一体化的统一门户

汇聚呈现各类生产工具、业务入口、工作任务、个人消息、推荐信息等系统模块，实现多种工具和服务的无缝使用。

2. 灵活、高效的选题策划

满足用户随时随地进行选报题的工作需求；灵活实现多部门、多机构间的网状报题和一题多报的业务场景，以及面对大型突发事件时跨部门、跨层级的多人协同报题诉求。

3. 安全、稳定、高效的稿件回传

通过自动选取的云端高速优化专线链路和"一稿多发"功能，将新闻稿件和素材安全、稳定、高效地回传至总台的大屏端和小屏端。

4. 海量丰富的内容共享

汇聚总台本部及全球各类新闻素材来源，支持视频、音频、图片、文稿、串联单等新闻素材内容的统一呈现。

5. 多样化的全媒体智能生产工具

"云简编""云精编""本地精编"等编辑方式适配不同工作场景，辅以智能组稿、智能配音、智能唱词、智能翻译、智能校对等多种 AI 智能化生产工具，优化全媒体生产效率。

6. 轻量化的云演播

支持信号预约、内容分发、云上导切、包装制作、直播连线等直播业务流程化运转，使用户可以随时随地利用总台的内容汇聚和分发资源，发起全媒体直播。

7. 汇聚时事热点的互联网线索

通过大数据智能爬虫技术，实时爬取全网主要社交平台和重点新闻媒体机构以及区域内定点信源机构发布的热点信息，快速获取最新资讯，及时掌握社会舆情动态。

三、业务范围

总台新闻云为新闻中心、财经节目中心、CGTN、新闻新媒体中心等总台各部门的大、小屏节目生产，提供选题策划、稿件回传、云上收录、节目制作等功能，并为总台各部门的新媒体部门提供社交平台发稿和新媒体直播的功能。31 个国内地方总站和 7 个海外总站已经使用总台新闻云进行常态化新闻生产工作，涵盖选报题、稿件编辑、稿件回传、节目制作、演播直播等业务工作在内的新闻全流程生产。

另外，欧洲拉美地区语言节目中心和亚洲非洲地区语言节目中心下辖的各个语种部门也开始使用总台新闻云，实现依托台内新闻媒体资源进行全球新闻的共享和制作。

央视新闻新媒体平台建设

央视新闻新媒体平台项目是以总台新闻云为核心，为"央视新闻"建设的内容生产、媒体运营、快速发布和内容消费的技术平台。

一、项目概述

央视新闻新媒体平台项目，以总台"5G+4K/8K+AI"战略为支撑，利用全球云计算资源，建设记者回传链路、时政发稿链路和正直播发布链路；扩大运用5G、AI、XR等新技术手段，丰富内容样态、汇聚渠道和受众用户；实现数据、用户、社交和商业的运营；建立内容版权保护等多项能力。

二、技术特点及功能

平台由央视新闻客户端、客户端前台CMS、用户内容汇聚系统、安全系统、测试系统和运维系统等组成，与总台新闻云内容生产中台、统一门户、大数据平台、广告管理系统等互联互通，支持500个编辑同时在线使用，客户端支持注册用户4亿，客户端常态下可支持500万，峰值状态下支持1000万用户同时在线使用。

央视新闻客户端能够发布媒资、内容管理、发布管理、C端用户管理和数据分析，能够共享资源、数据和用户，提高新闻发布的时效性、内容汇聚的时效性和广泛性，实现生产分发的智能化、用户运营的数据化和频道运营的个性化。

央视新闻客户端的生产系统与总台新闻云无缝整合，总台核心新闻资源全面向新闻新媒体中心开放，提升了央视新闻客户端的发稿数量和稿件内容丰富度。

爬虫系统具备全网最高爬取效率，能够在3秒内爬取指定对象。央视新闻客户端前台发布媒资子系统具有全网最快的新闻发布效率，能够实现2秒内全网发布和1000万级终端推送。此外，央视新闻客户端基于最新超低延时直播技术，具有全网最低的新闻直播延时，从直播源推流到客户端播放的全链路延时低于3秒。同时，央视新闻客户端还具有智能化内容运营能力，基于多维度用户画像和AI内容标签实现智能推荐，支持人群圈选精准推送。

新闻新媒体直播系统采用互联网+NDI环境的新媒体融合制作架构。采用大规模NDI网络发现技术，实现200路NDI信号实时在线制作，满足新闻新媒体直播并发制作、多元分发的业务需求。通过直播资源高效调度管控，实现"央视新闻"新媒体直播信号的统一调度和管理；采用远程制作技术和云端动态组网技术，实现新闻新媒体直播的远程制作模式，满足多场景、多机位远程控制和帧精度切换的需求，实现内外场协同制作模式，即台外便携部署和台内精准控制。

三、建设方案及应用

新闻新媒体平台的基础资源采用"私有云+公有云"的混合云架构，既保证了内容生产制作的安全性，又满足了发布运营的高弹性要求。

新闻新媒体直播系统单独建设直播技术区，按照总台技术规划，通过新媒体专网与新媒体集成发布平台优化连接，实现对"央视新闻"新媒体直播信号和总台各类信号的统一管理和调度。

新闻新媒体平台以等保合规为基线，确保整体的安全。整体安全包括私有云、公有云、应用整体安全架构和防御体系、网络和边界隔离安全、主机安全、应用安全、数据安全、内容安全、客户端安全设计、网络安全监测和安全应急响应方案等方面。整体技术平台通过了安全等保评测。

自投入使用以来，新闻新媒体平台支撑了多个国内外重要事件的新闻报道，包括中国共产党第二十次全国代表大会、2022年全国两会、2022年北京冬奥会和冬残奥会开闭幕式、建军95周年、神舟飞船系列航天发射、天宫课堂、俄乌冲突等。

新闻新媒体平台在新技术应用中不断创新，2022年在央视新闻客户端推出《人间好时节》融媒体产品，以中国的二十四节气为主线，结合AR技术，展示各节气的气候特征、物候现象、民间习俗、传统美德等内容。通过云服务和WebGL的模型实时渲染技术，以及SLAM AR的即时定位和地图构建技术，动态演绎节气变化，使用户更直观地感受节气文化的独特魅力。《穿越百年 以青春之我》微电影，首次以H5页面承载，横竖屏同播无缝切换的呈现方式，展现横竖构图不一致所带来的内容差异化的特别观看体验。

凭借"央视新闻"权威的新闻内容和全网首发的优势，以及新闻新媒体平台新技术的持续应用，央视新闻客户端的影响力持续提升，日活用户数和最大并发访问用户数不断刷新纪录。

新媒体集成发布平台升级为融合媒体播出与分发枢纽

2022年，总台新媒体集成发布平台持续建设和优化，完善了新闻新媒体业务的直播体系，形成了覆盖全球的新媒体直播汇聚、调度、分发技术体系，推进了总台四址新媒体内容生产分发网络的建设，并在美洲、欧洲、亚太区域部署了直播分发能力。平台还整合了总台外采背包、互联网推拉流等直播流接收能力，推进了新媒体技术的研究和实践。

一、建设新媒体内容生产分发网络

以新媒体集成发布平台为核心，打造了贯通总台四址的面向新媒体直播流生产制作的新媒体专网，并推进新媒体直播业务相关的网络优化和流程调整。新媒体内容生产分发网络用于直播流的系统间调度、制作和分发，解决了部分新媒体端直播流分散调度、在各网络间重复流转和交互、主备直播流信号网络链路交叉不独立等问题；该网络已逐步连通了总台四址的新媒体演播区和传统演播室，使直播流能够按业务需求基于IP流送达各制作域。

二、实现与新闻类新媒体直播业务的融合统一

在为总台新闻类新媒体生产提供标准的直播流的基础上，通过搬迁和整合新闻信源接收硬件部分，将高骏5G+4K直播背包、TVU One直播背包和海事卫星的直播信号接收业务纳入新媒体集成发布平台，并优化了新闻直播调度管理和流程单据，实现全台综合类和新闻类新媒体的直播业务融合、信号融合、设备资源整合，以及统一运行监看保障体系。

三、建设服务全球的新媒体直播流调度及传输系统

新媒体集成发布平台进行了面向国际和国内总站的适配改造，建设了国内、亚太、欧洲、美洲等全部区域节点的调度、传输、转码、安全防护等能力，支持全球跨区域流调度管理、直播能力和直播任务管理，并接入新闻云国内节点和亚太节点。为国内外新闻采编、全球总站及记者站信号汇聚和调度，以及跨全球区域直播传输和分发提供技术支撑。

四、移动直播系统全面投入使用

新媒体集成发布平台移动直播系统在现有能力基础上持续进行拓展，扩充了公有云移动直播的支撑能力。央视新闻的慢直播公有云SaaS转码服务已被移动直播系统的自主转码能力替代，央视频的外采直播业务也逐步转移到移动直播系统，慢直播业务已实现了整体替换。

五、实现AI自动化广告替换插播功能

根据总台在新媒体直播领域的广告播出与运营实际需求，平台研究并形成了一套基于AI技术的自动化直播流广告实时替换的方案，在2022年卡塔尔世界杯的新媒体播出中成功应用了该方案。该功能能够在新媒体直播中，自动识别并替换同步播出的电视内容中的广告，从而投放新媒体广告。

经过持续的建设和优化，新媒体集成发布平台已成为总台新媒体技术体系中的核心系统，支撑央视新闻、央视频双旗舰、CGTN、垂直客户端及第三方业务，为总台新媒体快速发展提供安全可靠、稳定高效的技术服务，已打造成为集新媒体直播流统一汇聚、全链路灵活调度、轻量化移动制作和多渠道协同分发于一体的技术支撑平台。

CGTN多语种新媒体支撑系统

2022年，总台技术局针对CGTN西班牙语、法语、阿拉伯语和俄语的新媒体制播业务需求，建设了集直播、制作、审核、发稿等功能于一体的CGTN西班牙语、法语、俄语和阿拉伯语新媒体支撑系统。该系统于2022年9月19日启用，是技术局首个面向海外用户的多语种网站支撑系统。相比于原有发稿系统，这个新系统在内容管理、直播分发、全球协同工作、系统资源对接、安全保障、业务响应速度等方面都有显著的提升，增强了总台国际传播实力。

一、多语种创新型个性化服务

为了适应CGTN西班牙语、法语、阿拉伯语、俄语等多语种的业务需求和部分外籍人员的使用习惯，技术局系统推出全新的中英双语版用户界面（UI），在保持原有发稿系统功能不变的同时，增加了各语种的个性化设置，并且添加了自主审核、轻量化编辑、国内外多渠道分发等多项功能。系统借助新媒体集成发布平台底层能力，连接总台信源和移动直播系统，实现了全球直播的调度，通过云网一体化新型技术架构，打造了轻量化、移动化和稳定的全球新媒体视音频制作发布体系。为增强安全性，系统按照总台统一安全管理体系进行设计，从技术、内容、平台、管理等各个方面确保系统的安全运行。

二、混合云全球架构

CGTN西班牙语、法语、阿拉伯语和俄语新媒体支撑系统借助新媒体集成发布平台的直播和视频处理能力，整合并适配了多个云厂商提供的网络链路、安全产品和底层资源，部署

在全球各地的多节点、多云、多型号的云服务器上，实现了视频编转码、视频云编辑、素材管理、直播收录、直播分发等业务。通过跨境网络专线对数据进行同步管理和传输，充分利用资源优势和应用服务优势，为CGTN多语种用户提供高效、稳定、安全的音视频处理能力。

三、移动轻量化海外分发体系

CGTN西班牙语、法语、俄语和阿拉伯语新媒体支撑系统使用魔兔工具客户端，为多语种编辑用户提供了直播下单、移动审核和移动制播下单等功能。系统根据不同内容载体的安全要求，提供不同安全等级的访问形式，既保证了核心信息的安全性，也满足了用户移动化、轻量化、便携化下单的需求。同时，除了台内网络，系统还方便外出办公人员访问系统进行新媒体内容制作和发布，用户只需登录安全可靠的VPN应用程序连入专线访问支撑系统，就能满足编辑、审核等业务人员在各类场景下的新媒体制播需求。

在全球内容分发方面，系统根据内容分发网络（CDN）动态调整策略，可根据网络服务商和网络环境，实时精准地对不同CDN服务商进行智能动态调度，优化多CDN服务商的播放效果，为用户提供更流畅、更稳定的视听体验。

CGTN西班牙语、法语、俄语和阿拉伯语新媒体支撑系统自上线以来，为四个语种提供全流程新媒体制播业务，包括图文、点播、直播的多形态展示，专题、视频集、图集、人物专题、问卷、投票等编排服务，以及稿件更新、稿件下架、自定义审核、社交媒体发布、外系统素材对接和下载、广告管理等业务功能。同时，系统根据各语种的个性化需求，不断进行个性化更新迭代，逐步上线视频AI横转竖制作、H5新媒体论坛和演播区线上预约等能力，满足多语种新媒体制播业务的需要。

截至2022年年底，该系统已支撑CGTN网站和全球海外平台新媒体直播超过500场，发布稿件超过34 000条，新建专题超过120个，有力保障了重大会议和活动的宣传报道工作。

"竖屏看春晚"模式开启大型晚会直播全新样态

《2022年中央广播电视总台春节联欢晚会》依托总台强大的创新能力和技术支持，首次推出"竖屏看春晚"模式，全程以竖屏方式直播春晚，让春晚展现全新活力。

"竖屏看春晚"直播制作系统，采用轻量化和全IP部署，构建NDI协议网络，实现高质量新媒体信号现场制作，横屏、竖屏不同格式的统一切换，高清、4K多分辨率的混合制作，并采取主备双链路架构，确保竖屏直播安全。该系统设计充分考虑了系统架构、设备配置和传输链路的冗余设置，采用一个切换面板实现对主备双链路NDI切换台的同步操控，在任何一路发生异常的情况下，节目制作流程不会中断。在信号分发环节，提供主备两路PGM信号，并将第三路备播信号通过"二选一"设备接入备路高清编码器，确保直播流的安全传输。系统设置主备编码器将竖屏PGM信号进行编码并推送至新媒体集成发布平台，经过与节目部门和第三方平台的协调，为确保图像质量，信号传输按照《中央广播电视总台新媒体直播流技术规范（2021版）》的相关要求，传输协议为 UDP，源码率为 8Mbps，分辨率采用 1080×1920 50P 的标准。

"竖屏看春晚"首次采用竖屏方式实现春晚的在线包装制播，完成所有插播和备播成片的后期制作。竖屏后期制作不仅对大屏内容进行裁剪和放大，还结合竖屏拍摄素材进行二次创作，并保证竖屏小片与大屏的时长和内容一致。

2022 年总台春晚直播从横屏到竖屏的"跨屏"创新，开启了大型晚会直播全新样态，实现了"大屏用 8K 电视看"和"小屏用手机竖着看"的全场景覆盖，引领传媒行业从创作、制作到传播全链路进入移动优先时代。据相关统计显示，累计超过 4.39 亿人次通过手机"竖屏看春晚"，其中 30 岁以下用户占比超过 50%。"零距离、更沉浸、耳目一新"的观看体验收获了 3.6 亿次点赞。

基于 SD-WAN + 互联网和 JPEG-XS 编码的远程制作测试与应用

伴随互联网技术不断发展，跨地域的远程转播制作具备了技术可行性。2022 年，技术局贯彻"5G+4K/8K+AI"战略格局，认真开展基于软件定义广域网（SD-WAN）+互联网和 JPEG-XS 编码远程制作技术测试研究。

一、远程制作测试系统构建

核心制作系统：采用基于 IP 架构的箱式转播系统。视音频信号通过 ST 2110-20/30 协议封装为 IP 信号，通话、TALLY 和摄像机控制等信号也以 IP 方式通过网络进行传输和调度。

IP 网络传输：以 SD-WAN 捆绑技术解决了互联网环境下获得相对稳定的传输链路。

节目现场信号采集：采用主流讯道 IP 摄像机作为节目现场的信号采集设备。

二、远程制作关键环节测试

1. 同步系统授时方式确定

在网络通信中，网络时钟同步是确保信号正确传输和接收的必要条件，需要单独建立授时系统确保数据有效传输。

2. 视音频信号标准和编码确定

使用 JPEG-XS 浅压缩编码技术既可以有效降低视音频信号在 IP 网络内传输所需要的带宽，又可有效控制编解码产生的时延。

3. 全信号交互测试

视频信号安全传输：经过 SD-WAN 提供的 AB 链路进行前后端系统的全信号交互，并增加防火墙策略。在 SD-WAN + 互联网环境下引入 ST 2022-7 协议的传输链路结构的生效情况，进一步增强互联网传输的稳定性与安全性，增加网络防火墙，提高安全级别。

音频及通话信号：在同步和异步授时状态下，音频信号均可以正常交互。

控制信号：讯道摄像机可以通过带内或带外的方式实现对 TALLY 和 OCP（摄像机调控面板）的控制信号在互联网内的传输。

三、远程制作成果应用

1. 系统构成

根据制作需求及技术方案，远程制作系统由前方节目现场信号采集传输系统、IP 网络传输系统和后方核心制作系统部分组成。

节目现场信号采集传输系统位于长安大戏院现场，转播设置 6 台摄像机、30 路音频采集话筒和视音频信号回传系统。视频信号采用浅压缩 JPEG-XS 进行编码，音频和通话信号采用 ST2110-30 标准进行编码。

后方核心制作系统位于总台光华路办公区综合服务楼，使用大型4K/8K箱载式转播系统作为核心制作系统。

2. 关键环节

同步系统：节目现场信号采集传输系统和后方核心制作系统均采用异步授时模式。

控制系统：采用双活传输链路（SD-WAN+互联网主路传输链路和裸纤备传输链路）方式，有效保证TALLY信号和OCP控制信号的冗余性。

信号传输占宽比：长安大戏院回传流量（视音频、通话和控制信号）约为800M时，主传输链路的数据总带宽约为907M，经主观评价和接收设备状态检测，数据交互正常画面正常。

基于SD-WAN+互联网和JPEG-XS编码的远程制作打破了传统节目现场制作的固定模式，使节目制作手段更加灵活，拓展了外场转播业务新模式。

以AR为代表的前沿技术在总台重点节目中的应用

随着总台"5G+4K/8K+AI"技术发展战略的不断推进，增强现实（AR）技术以其优质的视觉效果和较低实施成本，在总台各重点节目中的应用占比逐年提高。2022年，技术局AR虚拟团队参与许多重大报道活动，将AR技术应用到包括2022年总台春晚、2022年北京冬奥会、香港回归祖国25周年《直播大湾区》大型融媒体报道等重大报道活动中。

在2022年总台春晚上，技术局AR虚拟团队以"技术与内容、技术与艺术"的融合创新为创作理念，以4K超高清HDR实时渲染为输出标准，巧妙运用AR为节目增添亮点，圆满完成3个机位共计9个节目的AR内容创作与实施。在舞蹈节目《只此青绿》中，AR技术渲染出可实时动态反射现实空间环境的水面涟漪，让舞蹈本身成为AR内容，将春晚舞台带入沉浸式的《千里江山图》，让观众感受科技和艺术的融合之美。

在2022年北京冬奥会开闭幕式上，总台负责电视直播所需的AR系统部署和运行的任务。技术局派出大屏播控、排练预演、AR制播等专业团队进驻现场，负责实现总导演的视觉设计方案，以虚拟"雪花"和"中国结"为载体，将各个演出环节衔接起来，为"讲好中国故事"的视觉盛宴提供AR技术应用解决方案。这也是总台首次与国际转播机构合作完成的AR制播案例。

2022年香港回归祖国25周年之际，总台推出大型融媒体特别报道《直播大湾区》。技术局AR虚拟团队根据报道主题和节目需求，制作了大湾区11座城市版块、40多座地标建筑物、数百座三维文字数据构建的现代城市风貌和周边海域，直观地呈现大湾区各座城市的地理位置和城市之间的联通关系，在开场和结尾展现"活力大湾区"的整体氛围，为"魅力大湾区"增添了视觉感染力。

先进声音系统评测研究

先进声音系统评测研究是一项三维声技术科研项目，于2021年由中央广播电视总台联合国家广播电视总局立项并共同完成。项目对三维声制作工具进行了试用和评测，并形成了《测试报告》。所测制作工具能满足多声道扬声器位置配置、对象声像和增益调整、多声道扬声器渲染监听和双耳渲染监听、三维声音频文件存储、用户交互等基本功能。在评测基础上，项目提出了三维声节目采集录制系统、后期制作系统的技术要求和录制参数建议。项目对编解码工具进行评测，并提交了《测试报告》。所测编解码工具支持三维声声床加对象混合模式音频编解码，支持高阶环绕HOA编解码，能对下游渲染所需的关键参数进行有效传递，在评测基础上提出了三维声编解码系统技术要求和编解码码率建议。项目对多扬声器渲染和双耳渲染工具进行了评测，渲染工具能按照制作端形成的ADM元数据参数进行渲染，在评测基础上提出了渲染监听设备要求建议。利用对比评测选出的优胜制作工具［赛因芯微（北京）电子科技有限公司］、编解码（华为技术有限公司）和双耳渲染（字节跳动科技有限公司）技术，制作生成了能体现当今技术发展水平的三个三维声节目，同时生成了编解码和双耳渲染版本，生成的节目空间感、临场感提升明显，可给人带来沉浸式体验。项目以总台中秋晚会为契机，对评测出的优胜方案进行了从节目制作、编解码、渲染、用户交互的全面实践，实现三维声节目端到端的落地实施。通过同时传输音频数据和元数据，为播出、分发等平台提供更灵活的创作手段。项目在国内首次对在编解码质量评价环节携带静态和动态元数据进行评测，通过评测摸清了编解码对元数据的传递情况。该项目于2022年12月正式通过验收。

外场融合制作系统应用实践

为贯彻落实总台"5G+4K/8K+AI"战略格局和超清化、移动化、智能化策略，技术局新建了一套轻量化外场融合制作系统，并于2022年1月正式投入使用。

一、系统介绍

根据2022—2023年的节目统计情况，总台新媒体独立节目制作和大小屏融合制作的占比越来越高。技术局新建成的外场融合制作系统是在拥有大量传统转播系统的状态下进行媒体深度融合的转型探索。

该套系统以"小快灵"为设计思路，占用空间小、面对突发事件反应快、使用场景灵活，是首个以NDI流媒体协议为核心的轻量化IP架构系统。兼容NDI、NDI HX、SRT、RTMP、RTSP、UDP、HTML5页面等流媒体传输协议，可在不同协议之间进行格式转换，极大兼容现阶段丰富的新媒体视频采集源，在制作域实现了4K、HD和各种流媒体信号之间的"互联互通"，在终端呈现出口实现了全媒体"按需发布"的能力，具备较强的系统扩展能力和前瞻性，给节目部门提供了更多选择空间。

二、外场融合制作系统在节目中的灵活应用

2022年，融媒体制作团队充分发挥该系统设备小巧便利、快速反应部署和灵活制播的特点，完成了全国两会报道、《三星堆新发现》（第三季）、《智造中国》等一系列重大活动的融媒体转播任务。

在春晚《龙腾虎跃中国年》节目中，复兴路办公区N07演播室和审看间外设置两处单边采访点。由于场地和人员安保限制，传统线缆无法到达。外场融合制作系统结合台内局域

网，临时搭建小巧的融媒体二级切换台，首次通过NDI视频流的传输方式，将分会场一体机导播台的监看画面回传至演播室，为导播提供两个会场之间无缝切换的条件，圆满完成了直播。

在博鳌亚洲论坛的直播连线工作中，由于连线时间和地点的不固定性，团队成员首次将整套系统集成在一辆商务车内，在不同直播地点快速完成搭建，做到"下车播，上车走"，大大提高了节目连线的灵活性。

在《三星堆新发现》（第三季）考古发掘直播节目的探访修复中心环节，融媒体制作团队将传统讯道机与融媒体制作系统结合起来，在保证节目高质量制作的同时，还接入了无人机、监控摄像头、显微镜、GoPro小车等多种特殊的信号源，统筹安排设备复用和人员复用，在丰富节目内容的同时，也提高了技术团队的工作效率。

在"应急使命·2022"高原高寒地区抗震救灾实战化演习的电视转播中，融媒体制作团队为野外基础设施较弱的地区提供了轻量化的直播服务，并积累了经验，为未来海上、高山、沙漠等环境或灾后应急处理，提供轻量化的外场融媒体解决方案。

三、技术创新赋能外场转播业务高质量发展

1. 系统架构创新

此套系统采用轻量化的设计思路，创新了系统架构，以NDI协议为核心组件，把传统广播级转播制作中"TALLY、返送、通话"等系统制作需求移植到新媒体系统中，解决了之前新媒体或融媒体在小屏制作中的痛点。采集设备除了使用四台摄录一体机外，还配备了四轴稳定电影机、遥控云台摄像机、穿越机、GoPro运动相机、VR全景摄像机、手持云台摄像机等小微型特种采集设备，丰富了节目制作手段，并具备较强的系统扩展能力。此系统与传统转播系统相比，应用场景更加丰富。它不仅可以独立制作新媒体小屏端节目，还可以配合广播级转播系统参与大屏端精品节目制作，并且拥有实时短视频编辑制作能力。

2. 技术运行模式创新

技术运行模式创新，即生产流程创新。为了更好地服务于节目内容，外场融媒团队从节目创意阶段就参与节目策划，根据导演的需求，为节目组提供个性化的拍摄、制作和传输方案。团队成员必须做到一专多能，相互补位。在保证核心技术岗位人员的基础上，其余人员更多地参与节目制作，在保证质量可控的前提下，降本增效。

在《智造中国》大型融媒报道中，技术局外场融媒团队与导播、记者一起参与前期节目策划、宣传片和Vlog拍摄等工作，实现了技术团队与节目团队的深度融合，为技术局轻量化外场融媒制播领域项目运行模式积累了宝贵经验。

轻量化融媒体演播区助力打造制播业务新形态

为了满足华语环球节目中心融媒体制播需求，技术局与华语环球节目中心联合，于2022年9月在光华路办公区打造了一个轻量化融媒体演播区，集常态化融媒体节目制作和突发事

件直播于一体。

技术团队成功支持了华语环球节目中心多部门的一系列融媒体制播业务，包括融媒体系列节目《筑梦空间站》，专题节目《探进博　游上海　发现新鲜好物》和《远方的家·家节有礼　鲜活传盛事》，大型活动"最美中秋月·看秋晚　过中秋"以及《中国新闻》《海峡两岸》《今日关注》等常态化融媒体制播任务。这些业务都得到了节目部门一致认可。

华语环球节目中心融媒体演播区有以下主要特点：

第一，采用"云、边、端"的生产方式，结合云连线、云导播、云剪辑等移动化的云端应用，满足多类型和跨地域的融媒体制播需求，减少设备部署的体量级。

第二，通过轻量化的融媒体终端与音频系统、大屏系统等协同生产，能够根据节目需求灵活部署，快速适配演播区各类制播业务，并随时应对热点事件突发直播需求。

第三，虚实结合，采用国产化的融媒体虚拟包装终端，通过 AR 前景植入的方式，以高效的实时渲染场景为主体，实现虚拟演播氛围与实景大屏的有效融合，完善虚实交融的节目形态。

第四，兼顾大小屏，基于演播区的高质量、易扩展特性，技术团队根据节目制作的需求，为演播区打通与多个大屏演播室之间的通路，实现大小屏的互动播出。

轻量化融媒体演播区助力华语环球节目中心打造的融媒体制播业务新形态，为总台四址融媒体演播区的建设提供了可资借鉴的成功实践。

传输、覆盖、监测监管新技术及应用

SD-WAN 技术在总台广域网单组播制播业务网络传输中的应用

随着总台业务的发展需要，各类高带宽和组播制播业务数据需要通过广域网进行传输。根据总台和技术局保质、增效、降本的要求，技术局探索使用 SD-WAN 技术，利用更低成本的线路资源，形成安全和可靠的数据传输通道，满足上述传输的需要。

技术局与文艺节目中心联合，在 CCTV-11 戏曲频道《CCTV 空中剧院》栏目的《京剧交响音乐会》节目录制中，首次应用公网 SD-WAN 传输技术，实现了 JPEG-XS 编码方式的远程制作。

技术局持续探索节目远程制作的可行性，在前期技术探究性测试的基础上，努力把互联网 SD-WAN 传输技术和 JPEG-XS 视频编码技术有机结合起来，增加节目制作的方式，更好地服务于内容生产，并在《CCTV 空中剧院》栏目中落地应用。

根据节目制作的技术方案，对远程制作的前后端设备进行了部署和调试。其中，远程制作的前端设在长安大戏院音乐会现场，部署了 6 台摄像机、30 路音频采集话筒和视音频信号回传系统；远程制作的后端位于总台光华路办公区，部署了切换台、监看、存储等设备，完成了前端视/音频信号的接收和合成收录。视频信号采用 JPEG-XS 浅压缩编码方式，音频和通话信号采用 ST 2110-30 标准进行编码，保证视音频信号质量，减少传输带宽和编解码时延，并通过"SD-WAN + 互联网"两条链路、以 ST 2022-7 协议进行了备份传输。

在"SD-WAN + 互联网"传输通路的部署和网络安全方面，根据 JPEG-XS 编码压缩比（1:10）和以往多次测试计算出的实际使用带宽与互联网带宽占用比，为本次制作租用了 1Gbps 互联网链路带宽。通过采用 SD-WAN 技术，在互联网上建立了一条专用虚拟通道，对通道进行基于 AES-256 算法的加密，保障数据传输通道的安全；应用 SD-WAN 在互联网传输链路的数据加速能力，提升了互联网数据传输的性能，本次制作数据通过互联网稳定传输的效率为 90%；当链路有少量延迟、抖动或丢包时，依托 SD-WAN 技术对链路质量的实时优化，仍可确保数据的稳定传输；通过在传输通路采用 ST 2022-7 无缝保护协议，确保了此次远程制作任务前后场视频流数据传输的稳定可靠。同时，在前后场制作域与传输域之间部署了专用防火墙，确保前后场制作业务的网络安全。

针对远程制作的具体需求，技术团队细致搭建远程制作导播切换环境和后端音频调音环境，确保信号远程切换的响应速度、导播与摄像之间的调机指令及通话质量、摄像机 TALLY 指示、系统视音频同步、后端调音师节目混音等指标符合节目制播规范，做到与现场制作高度相似，力求一致。

此次基于公网 SD-WAN 传输技术和视频 JPEG-XS 编码技术的远程制作，打破了传统节目现场制作的固定模式，开创了基于公网的远程节目制作的先河，拓展了外场转播业务的新模式。

高通量卫星系统在载人航天工程返回舱着陆直播中的应用

近年来，高通量卫星技术发展迅速，通信速率和带宽成倍提升，数据传输的质量和速度更加稳定高效，应用场景也不断拓展。

技术局紧跟时代潮流，不断进行技术创新，推动高通量卫星相关技术在总台的应用落地，助力总台高质量发展。

2022 年，在东方航空客机事故报道和甘孜地震报道中，总台技术团队基于高通量卫星设备轻量化、信号传送稳定和可靠等特点，有力支撑了新闻应急报道任务。尤其是在载人航天工程返回舱着陆直播报道中的创新应用，更凸显其优越性。

一、在神舟十三号返回舱着陆直播报道中的应用

2022 年 4 月 16 日，神舟十三号飞船返回舱在东风着陆场着陆，总台承担全程直播报道的任务。东风着陆场是一个方圆达数万平方公里的戈壁地区。场区没有通信网络覆盖和电力供应，只能通过卫星通道完成传输任务。由于参与人员有限，并且需要单人背负设备进行定点和移动传输，常规的卫星直播车方式无法满足要求。此外，传统广域覆盖卫星在着陆场区域的参数（EIRP 与 G/T 值）不佳，要想有效传输信号，必须使用大口径天线。综合以上因素，高通量卫星系统在此应用场景下显示出了显著优势。

1. 节目制作需求

神舟十三号返回直播任务的节目需求主要是：在东风气象站、鼎新机场、沿途、第一集结点和落点等地，进行单边连线及公共信号制

作与传输。为了技术保障，配置了两辆高通量动中通卫星车和两套背负式高通量卫星站。

2. 地面搜救分队技术方案

地面搜救分队的直播报道需要在行进中进行。为了保障信号传送，使用了 2 辆高通量动中通卫星车。在主卫星车上，搭建小型切换制作系统，可以实现记者连线功能。在备份卫星车上，架设安全镜头机位，作为备用信号。同时，利用 Mesh 无线自组网系统，把备份卫星车的网络连接到主卫星车，实现备份信号的传送和通信的保障。此外，使用灵犀系统把演播室视频信号和导播的音频信号回传到动中通卫星车，记者和切换导演可以方便地与演播室通讯。车载海事卫星系统也作为应急通信的备份。

3. 搜救空中分队技术方案

空中搜救直播方面，由于空中搜救分队人数的限制，所有传输技术设备只能由一名技术人员携带。在这种情况下，只有轻便的背负式高通量卫星站才能够满足通信需求。为了实现主备切换，技术团队使用两套背负式高通量卫星站进行技术保障。

4. 公共信号制作技术方案

地面分队与空中分队到达落区后，搭建了小型直播系统，包括记者连线、安全镜头、高点机位等 5 路信号一起传送回总台，保证了信号传送和节目安全播出。

二、在神舟十四号返回舱着陆直播报道中的应用

2022 年 12 月 4 日，神舟十四号返回舱在东风着陆场着陆。为了提高卫星系统的传送性能和可靠性，技术团队对神舟十三号的直播系统进行多方面的优化设计。

1. 高通量卫星信关站部署接收机

在高通量卫星信关站部署接收机，提升了卫星系统的传送能力。接收机可以直接通过卫星系统发送重传数据包的请求到前端背包，不用经过公网，从而降低信号传送的延时。接收机前置后，在稳定传输码率相同的情况下，整体系统延时降低了 1.5 秒以上。同时，接收机前置后，背包只预测卫星系统部分的传送链路，避免了公网链路波动令背包预测的准确度下降，影响卫星系统的传送性能，提高了系统的可靠性。

2. 增设临时信号切换点

为确保直播系统信号的传送安全，在当日沿途直播过程中，技术团队在台内增设了临时信号切换点。两辆动中通卫星车共有三路回传信号，经过三选一切换后，送到演播室，保证了信号质量。

北京马拉松赛转播中的新技术应用

2022 年，北京马拉松赛转播，总台首次采用"5G + 微波 + 4K + 5.1 环绕声"的方式进行全程移动信号传输。此次直播将 5G 网络传输系统与微波传输系统相结合，增加移动传输稳定性、降低系统复杂度和对无线电频谱资源的依赖。同时，为了保护环境、推动节能减排，总台特种设备团队将马拉松移动拍摄车从以往的燃油车辆，改为新能源车辆，并对整车的拍摄系统进行了改造升级。

一、移动传输方案设计

在转播任务中，马拉松赛道沿线共使用男

子、女子 2 辆马拉松移动拍摄车和 5 辆摩托车跟随参赛运动员进行多角度拍摄。技术团队根据北京马拉松全程 42 千米赛道的无线电频谱和基站信号覆盖情况，在马拉松移动拍摄车内架设微波设备和 5G 设备，通过 2 种方式同时回传主备两路信号至复兴路办公区微波机房进行调度后传输至终点转播车。

摩托车 1 和摩托车 2 分别跟随男子和女子马拉松移动拍摄车，使用微波设备将拍摄信号通过赛事路程中的各景观微波基站传输至前方马车内的切换系统。

摩托车 3、4、5 在全程自由移动，拍摄运动员画面，通过 5G 设备将 3 路信号传输至终点转播车。所有信号在终点转播车供导演进行切换制作后，分发至电视大屏和央视频同时播出。

二、新能源马拉松移动拍摄车的创新

第一，新能源马拉松移动拍摄车在车顶前方增设了一台微型遥控云台，将自身讯道机位由原先的双机位增至三机位，配合车顶的三轴陀螺仪机位，共同分担拍摄途径景观以及观众的拍摄任务。

第二，新能源马拉松移动拍摄车搭载了自主研发的公里表，可以将实时的马拉松移动拍摄车位置、天气、环境等信息数据通过嵌入音频的一个声道里实时传回到转播车端的字幕机上，得到运动员准确的位置信息，并将这些信息通过字幕的形式展示给观众。

第三，技术团队在车尾处增加了可升降的减震臂，实现了车尾五轴陀螺仪升降拍摄功能。五轴陀螺仪能够在车辆快速移动中，稳定连续地拍摄录制，消除车辆行驶过程中所带来的画面抖动，能够在车辆行驶过程中进行升降稳定拍摄，能够实现从参赛运动员的脚部等局部特写进行二次画面创作的可能，扩大了节目创作空间。

广播节目调频覆盖建设扎实推进

一、实现大湾区之声调频落地香港

2022 年，根据总台的工作部署，技术局配合港澳台节目中心，着力推进大湾区之声调频在香港落地的相关工作。为此，技术局成立专项小组，与国家广播电视总局安全传输保障司对接，进行 102.8 兆赫在粤港澳地区的整体频率协调，并通过总台亚太总站联系香港电台技术部门，沟通对接节目源卫星接收参数和调频发射系统技术方案。总台大湾区之声节目于 2022 年 7 月 1 日通过香港电台在香港歌赋山发射台正式整频率落地播出。

二、加强民族地区调频覆盖建设

2022 年，技术局完成了"2021 年调频广播覆盖工程"的建设，并立项实施了"2022 年调频广播覆盖工程"。技术局克服新冠疫情等不利影响，陆续完成了西藏日喀则（中二 98.4MHz/1kW、中三 97.5MHz/1kW）、贵州遵义（中二 105.9MHz/1kW、中三 103.3MHz/3kW）、黔南州都匀（中二 105.4MHz/1kW、中三 104.6MHz/1kW）、内蒙古乌兰察布（中二 101.9MHz/10kW、中三 107.1MHz/3kW）、锡林浩特（中二 91.6MHz/3kW、中三 95.2MHz/3kW）、满洲里（中二 107.1MHz/3kW）等城市中央广播节目发射系统建设并正式开播，并在此基础上完成了新疆喀什、石河子、吐鲁番、鄯善县、托

克逊县、西藏林芝等城市调频发射系统的技术方案确认和招标采购工作。

三、稳步推进中央广播节目调频落地

技术局协调国家广播电视总局和江西广播电视台等单位，实现英语资讯广播（91.1MHz/3kW）节目在南昌市及周边地区的播出覆盖，该频率于2022年6月9日起正式播出。同时，技术局稳步推进总台广播节目在长治、潍坊等地的落地覆盖，长治（中二106.8MHz/3kW、中三94.4MHz/3kW）和潍坊（中一88.7MHz/0.1kW、中二100.2MHz/3kW）两地的总台广播节目均已正式播出。

四、持续做好调频发射系统更新改造工作

2022年，技术局完成在张家界、吉首、抚顺、锦州、吉安、临沂、曲靖、济南、青岛、淮安等10座城市发射台的16部调频发射机更新，完成太原、信宜、荆州三地的3副天馈线的更新改造，并对上述台站的30台数字音频切换器、75台卫星接收机进行更换，以确保上述地区代播发射系统的平稳高效运行。

广播电视技术标准制定情况

超高清晰度电视系统节目制作和交换参数值

2022年10月12日，国家标准化管理委员会发布《超高清晰度电视系统节目制作和交换参数值》国家标准。该标准由中央广播电视总台牵头制定，标准号为GB/T 41809-2022。该标准采用国际电信联盟标准ITU-R BT.2020-2《超高清晰度电视系统制作和国际间节目交换参数值》，规定了包括4K和8K在内的超高清电视（UHDTV）系统的图像空间特性、图像时间特性、系统光电转换特性、彩色体系、信号格式、节目制作和交换等涉及的基本视频参数数值。该标准是超高清标准体系中重要的基础性参数标准，为超高清电视产品和系统的规划设计、运行维护、节目制作和交换提供了重要依据，对规范和加快超高清电视产业的发展具有重要作用。

高动态范围电视节目制作和交换图像参数值

2022年10月12日，国家标准化管理委员会发布《高动态范围电视节目制作和交换图像参数值》国家标准。该标准由中央广播电视总台牵头制定，标准号为GB/T 41808-2022。标准规定了高动态范围电视节目制作和交换涉及的基本图像参数值及参考观看环境，适用于高动态范围电视节目制作及节目交换，也适用于高动态范围电视系统及设备的设计、生产、验收、运行和维护。该标准对规范高动态范围电视节目制作和交换具有重要作用。

高动态范围电视系统显示适配元数据技术要求

2022年1月30日，全国广播电影电视标准化技术委员会发布《高动态范围电视系统显示适配元数据技术要求》行业标准。该标准由中央广播电视总台牵头制定，标准号为GY/T 358-2022。标准规定了超高清电视高动态

范围（HDR）电视节目在制作、传输、接收、显示等各个环节 HDR 视频显示适配的技术要求，适用于面向电视机或公共大屏幕显示终端的 HDR 视频显示适配，应用领域包括有线电视、直播卫星、地面电视、IPTV 和 OTT。该标准的核心技术已在超高清视频内容制作、编码、接收、解码、显示等的端到端全产业链布局。在内容制播方面，中央广播电视总台、腾讯、爱奇艺、咪咕等平台已率先应用。在制作工具、编码器、解码芯片、显示终端等方面，业内已有成都索贝、当虹科技、数码视讯、上海海思、晶晨半导体、联发科、华为、康佳、夏普等企业应用。该标准已应用于 2022 年北京冬奥会和冬残奥会的相关转播活动，提供了更高技术格式、更美视觉体验的节目，逼真呈现了冬奥特有的冰雪场景和精彩赛事。

SDI/IP 转换网关技术要求和测量方法

2022 年 4 月 15 日，全国广播电影电视标准化技术委员会发布《SDI/IP 转换网关技术要求和测量方法》行业标准。该标准由中央广播电视总台牵头制定，标准号为 GD/J 139-2022。标准规定了 SDI-IP 转换网关、IP-SDI 转换网关的技术要求和测量方法。当前，电视制播系统向 IP 化架构转变，传统 SDI 接口设备和 IP 核心连接依赖 SDI/IP 转换网关，其对整个制播系统的互联互通、运行稳定等均有重要影响。该系统适用于 SDI/IP 转换网关的研发、设计、生产、测试、验收、运行和维护。

立体声和环绕声音频测试序列

2022 年 9 月 19 日，全国广播电影电视标准化技术委员会发布《立体声和环绕声音频测试序列》行业标准。该标准由中央广播电视总台牵头制定，标准号为 GY/T 362-2022。标准规定了双声道立体声和 5.1 声道环绕声音频测试序列集。该标准包含的音频测试序列音质达标、响度统一、类型广泛、数量充足、苛刻度分布合理，体现了我国的文化元素特征、广播电视节目和音像制品的制作实际，适用于双声道立体声和 5.1 声道环绕声音频系统（设备）的声音质量主观评价，也可用于感知音频质量客观测量。

中央广播电视总台新媒体直播流技术规范

2022 年 1 月 17 日，中央广播电视总台技术局发布《中央广播电视总台新媒体直播流技术规范》总台技术标准。该标准由中央广播电视总台技术局新媒体应用部牵头制定，标准号为 CMG/J 100-2022。标准规定了总台新媒体直播流在采集、调度、制作、分发等环节的技术要求，是总台向全媒体转变过程中基础工作的重要一步。在标准制定过程中，充分考虑了新媒体技术发展、现有标准、应用现状以及实际工作的要求，最终包含总述、源输入、汇聚调度、分发、音频等五个部分，对新媒体直播流的主要技术参数提出了规范值和建议值，成为总台新媒体技术运行工作的重要支撑。适用于新媒体直播节目流的输入、汇聚、调度和分发。

广播电视音像资料内容标签管理体系规范

2022年9月22日,中央广播电视总台技术局发布《广播电视音像资料内容标签管理体系规范》总台技术标准。该标准由中央广播电视总台技术局制播应用部牵头制定,标准号为 CMG/J 101-2022。标准规定了标签标注人员对电视、广播、新媒体等生产过程中产生的视音频内容,是对内容进行标注的业务文件。标准中阐述的内容标签主要是针对视音频表现内容的抽象与描述,一般不涉及音像资料的来源、分类、版权等管理信息。这些信息一般在资源编目时进行著录,记录到资源元数据里或者专门的版权信息管理系统里。该标准适用于对音像资料表现内容进行标签化描述的规范,目的是方便检索查询与资源聚类推荐,是对现行《广播电视音像资料编目规范》的补充。该标准定位于视音频内容标签范畴,可以支撑广播、电视、新媒体生产,填补了总台内容标签规范的空白。

"百城千屏"超高清联盟标准体系

2022年,总台技术局参加世界超高清视频产业联盟(UWA)成立的"百城千屏"技术标准主题组,先后参与制定并发布《"百城千屏"超高清视音频传播系统节目播出技术要求》《"百城千屏"超高清视音频媒体编码 第一部分:系统》《"百城千屏"超高清视音频媒体编码 第二部分:视频》《"百城千屏"超高清专业解码器技术要求》《"百城千屏"公共显示屏系统(户外)技术要求》《"百城千屏"超高清视音频传播系统网络传输技术要求》《"百城千屏"超高清编解码器测试方法》《"百城千屏"超高清公共显示屏系统(户外)测试方法》《"百城千屏"超高清视音频传播系统公共显示屏系统(室内LCD)技术要求》等9项团体标准。该系列标准适用于"百城千屏"超高清视音频传播系统节目的播出与交换、视音频码流的复用与传输、公共服务平台的网络传输、专业解码器以及室内外公共显示系统的研发、生产、测试和应用,有效地支撑了"百城千屏"超高清视频落地推广活动。

《中央广播电视总台HDR视频制作白皮书》(2022版)

2022年4月,总台发布《中央广播电视总台HDR视频制作白皮书》(2022版)。该白皮书以ITU-R BT.2408等文件为基础,结合总台4K超高清电视节目制播经验,规定了总台4K超高清电视节目HDR视频前期采集、后期制作(编辑/调色)、节目包装/图形制作等制作环节的主要技术参数要求。特别是对HDR参考白电平、HDR与SDR相互转换、"超白"资源使用、LUT集等方面的技术要求进行了描述,同时针对总台超高清制播流程中部分主体设备,推荐了参数集和直播系统设置、流程检查,供各制播单元参考使用,有效地保证了4K超高清、高清电视节目符合安全播出技术质量要求。

人员情况

2022年中央广播电视总台各系统在职人员情况统计

行政系统　779人
节目系统　8250人
技术系统　2147人
经营系统　319人
合计　11 495人

2022年中央广播电视总台专业技术职称人员统计

正高级职称　1246人
副高级职称　3542人
中级职称　5316人
初级职称　572人
合计　10 676人

受众调查

2022年度中央广播电视总台电视端收视情况分析报告

一、2022年中央广播电视总台频道收视表现

1. 全国电视市场排名前10名的频道份额总量进一步增加，头部频道份额明显提升，总台11个频道进入前20名

从排名情况看，2022年全国电视市场收视份额继续向头部频道集中。全国收视排名前10的合计频道份额28.43%，较2021年（27.32%）有所增加。2022年，全国收视份额前5的合计频道份额与排名6—10名的合计频道份额的落差达10.79个百分点，比2021年提升了3.49个百分点。

在全国电视市场中收视份额增长突出的频道也进一步向头部频道倾斜，其中份额增长最多的6个频道均是总台的频道（CCTV-1综合频道、CCTV-8电视剧频道、CCTV-6电影频道、CCTV-4中文国际频道、CCTV-13新闻频道和CCTV-5体育频道），分列全国第一名、第二名、第三名、第四名、第五名和第七名。总台频道组中，有11个频道进入全国份额收视排名前20名，与2021年相比，增添了CCTV-7国防军事频道和CCTV-9纪录频道。收视份额排名前10的频道中，总台占7席，较2021年增加了CCTV-5体育频道。

2. 总台多个频道收视份额创历史同期新高

2022年，CCTV-13新闻频道收视份额（3.15%）排名保持全国第五位，较2021年（2.47%）提升0.68%，并创频道开播以来历史新高，CCTV-13新闻频道是全国上星频道份额绝对值提升最多的频道。CCTV-9纪录频道和CCTV-5+体育赛事频道也均创频道开播以来历史新高，其中CCTV-9纪录频道首次进入全国上星频道排名前20名，较2021年提升了12名。

另外，2022年CCTV-1综合频道收视份额（4.32%）位列全国第一，较2021年（3.66%）提升0.66个百分点，并创频道近8年来新高。CCTV-2财经频道创近13年来新高。CCTV-4中文国际频道和CCTV-7国防军事频道均创近5年来新高。CCTV-5体育频道、CCTV-6电影频道和CCTV-10科教频道也创近年收视新高。

2022年总台部分频道收视份额创新高情况一览表

频道	2022年收视份额（%）	2022年收视份额创近年新高	备注
CCTV-13新闻频道	3.15	近20年	频道开播以来，历史新高

续表

频道	2022年收视份额（%）	2022年收视份额创近年新高	备注
CCTV-2 财经频道	1.09	近13年	—
CCTV-9 纪录频道	0.73	近12年	频道开播以来，历史新高
CCTV-5+ 体育赛事频道	0.29	近10年	频道开播以来，历史新高
CCTV-1 综合频道	4.32	近8年	—
CCTV-4 中文国际频道	3.87	近5年	历史第二好成绩
CCTV-7 国防军事频道	0.86	近5年	
CCTV-5 体育频道	2.04	近4年	
CCTV-6 电影频道	4.11	近4年	
CCTV-10 科教频道	0.51	近3年	

3. 日活观众规模超5000万的频道均来自总台，省级卫视频道首次退出"5000万俱乐部"

2022年，在全国市场87个上星频道中，日均观众规模过亿的频道仅两个，分别是CCTV-1综合频道（1.15亿人）和CCTV-6电影频道（1.13亿人）。值得注意的是，近两年来"1亿俱乐部""5000万俱乐部"频道（日均规模超1亿人和5000万至1亿人的频道）仅存总台CCTV-1综合频道和8个专业化地位突出的频道。另外，省级卫视收视份额排名靠前的5个频道，2022年观众规模均有不同程度下降，且首次集体从"5000万俱乐部"退出。

4. 总台收视份额排名前列的频道较好地完成年度份额目标任务

2022年，在总台19个设定了年度收视份额目标值的频道中，有9个频道（CCTV-1综合频道、CCTV-2财经频道、CCTV-4中文国际频道、CCTV-5体育频道、CCTV-6电影频道、CCTV-7国防军事频道、CCTV-9纪录频道、CCTV-13新闻频道和CCTV-5+体育赛事频道）完成了目标任务，有10个频道（CCTV-3综艺频道、CCTV-8电视剧频道、CCTV-10科教频道、CCTV-11戏曲频道、CCTV-12社会与法频道、CCTV-14少儿频道、CCTV-15音乐频道、CGTN、CCTV-17农业农村频道和CCTV-4K超高清频道）未完成年度目标任务。

从排名情况来看，完成目标任务的频道有近80%是收视份额排名前10的频道。总台电视频道收视份额排名前6位的频道中，有5个频道完成了年度份额目标任务。

二、2022年总台频道融合传播概况

1. 总台频道组大小屏日均用户规模达4.36亿人次

根据CSM全媒体视听同源数据监测，在融合传播新格局下，2022年全国市场全媒体融合传播的日均用户规模达9.47亿人次，其中新媒体日均用户规模达6.87亿人次已超过电视大屏；电视大屏日均观众规模达5.18亿人次，较2021年（5.29亿人次）减少1100万人次，降幅比2021年有所减缓（2021年减少3800万人次）。新媒体渗透率进一步加大，2022年新媒体日均用户数是大屏的1.25倍，2021年是1.17倍。

2022年总台频道组大小屏日均用户规模达4.36亿人次。与全国市场格局不同，总台频道组大屏端日均观众规模更多，达3.20亿人次。总台新媒体端日均用户规模1.59亿人次，较2021年提升了67%。

2. 总台头部频道在融合传播中发挥积极作用，新媒体用户渗透率进一步提升

从总台各频道内容在移动端的传播情况来看，电视端头部频道在新媒体移动端的平均日活观众规模也排名居前。CCTV-1综合频道、CCTV-13新闻频道和CCTV-4中文国际频道在新媒体移动端的平均日活观众规模均超过2700万人次，在总台各频道中位居前三。

从用户在新媒体端对总台内容的投入时间占比来看，总台头部频道CCTV-1综合频道、CCTV-4中文国际频道、CCTV-8电视剧频道、CCTV-13新闻频道占比居前，4个频道合计投入时长占比达52%，其中CCTV-1综合频道占比最高达15%。

总台新闻的权威性和公信力，在重大活动报道和重大突发事件报道期间，也助推了总台在新媒体端的影响力和渗透率。例如，党的二十大开幕会、第二十届中央政治局常委同中外记者见面、春晚、江泽民同志追悼大会、2022年卡塔尔世界杯、"3·21"东航MU5735航空器飞行事故等重大事件或活动播出当天，总台电视频道组内容在新媒体端的用户渗透率均超40%（平时30%）。

3. 卡塔尔世界杯期间，总台与终端厂商协作，强化在智能电视端入口专区建设，在OTT收视模式中的传播力明显提升

随着智能电视普及，OTT模式互动点播的便利性与电视大屏良好的收视体验相得益彰，拉动2022年OTT模式下观众投入时间进一步增加。来自CSM的35座城市调查网数据显示，在全国主要城市，2022年观众在电视端OTT模式下日人均投入时间达25分钟，较2021年增加9%。电视端OTT模式下日均观众规模达3032.1万人，较2021年增加10%。

2022年卡塔尔世界杯期间，总台通过央视频与海信等智能电视厂商合作，在智能电视开机首页占据显要位置。总台优质资源在OTT渠道产生了明显的引流效应。其间，通过OTT模式收看总台电视频道组的日均观众规模增加48万人，升幅达30%。

通过OTT模式收看CCTV-5体育频道相关内容的日均观众规模也较2022年卡塔尔世界杯开幕前增加114%，其中11月23日至11月26日期间OTT日均观众规模均超过100万人次。

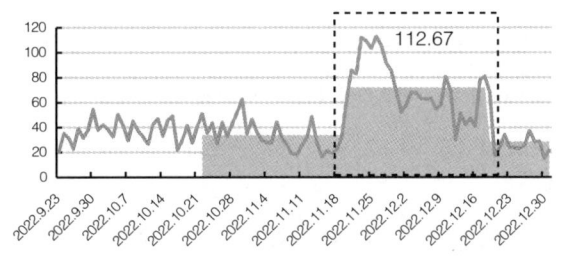

CCTV-5体育频道OTT日均观众规模（万人次）

4. 依托鲜明专业化定位、大时段版块策划联动和承接运作，在融合竞争环境下，总台多个频道具有鲜明识别特征和用户收视黏性

根据总台业务考核所汇集的各季度电视频道的留存率数据分析，总台头部频道（CCTV-1综合频道、CCTV-13新闻频道和CCTV-4中文国际频道）在电视端、新媒体客户端（央视频和央视影音）等平台的用户月度留存率均排名前列。

总台专业化定位鲜明，资源优势突出的频道（CCTV-5体育频道、CCTV-2财经频道和CCTV-7国防军事频道）虽然在电视端多个季度用户月度留存率排名并不靠前，但在新媒体客户端的排名居于前列。

三、总台核心资源及各垂类节目市场竞争情况

1. 在电视节目各垂类市场中,受众品牌认知度居于前列的内容近93%都是总台头部频道的栏目、季播节目和重点资源内容

2022年,总台品牌内容在受众心中仍然占据强势地位。在2022年各季度全国受众节目影响力调查中,在无提示状况下,受众对各垂类节目市场首先想到的节目品牌的访问中,14个大类中有11个类别观众提及次数居前的,均为总台的品牌栏目、季播节目和重点资源节目。

2022年全国受众调查各类型提及次数排名前三的电视栏目

(从左至右降序排列)

类型	电视栏目		
新闻类	新闻联播	焦点访谈	新闻30分
财经类	经济半小时	天下财经	正点财经
文艺/综艺类	开门大吉	星光大道	越战越勇
季播类	中国诗词大会	星光大道	奔跑吧 兄弟(浙江卫视)
体育类	世界杯	体育新闻	体坛快讯
军事类	国防故事	军事纪实	军事报道
电视剧	县委大院	人世间	风吹半夏(省级卫视)
纪录片/纪实类	故事中国	全景自然	魅力万象
科教类	探索·发现	百家讲坛	地理中国
戏曲类	九州大戏台	一鸣惊人	角儿来了
法制类	今日说法	法律讲堂	天网
少儿类	智慧树	熊出没	猪猪侠
音乐类	精彩音乐汇	中国好声音(浙江卫视)	民歌中国
农业/农村类	致富经	中国三农报道	农业气象

2. 总台在11个垂类节目市场中份额过半,9个节目类型市场份额创近三年新高

从2022年全国电视节目14个主要垂类市场的竞争情况来看,总台在新闻、财经、专题、体育、电影、军事、纪录片、法制、戏曲、音乐、农业等11个垂类节目中的市场份额超过50%,其中有9个垂类(新闻、财经、综艺、专题、军事、电视剧、戏曲、法制、生活服务)市场份额创近三年新高。

在新闻、综艺、电视剧等大众收视投入较多的市场领域,总台占有份额分别达到57.33%、40.89%和27.86%,较2021年分别提升5.85、3.96和1.66个百分点。新闻类节目也是2022年总台市场份额提升最显著的节目类型。

3. 收视率超过1%的头部内容近七成来自新闻类品牌栏目和综合频道、电视剧频道黄金档电视剧时段

2022年,总台收视率超过1%的节目共

计2116档,为近三年最高,较2021年增加30.22%。其中,近七成来自新闻和电视剧。新闻类节目占比最高,达43.81%(927期);其次为电视剧,占比25.71%(544集),体育占比13.75%(291期)。

从具体节目来看,在新闻类超过1%的927期节目中,《新闻联播》《焦点访谈》《新闻30分》《东方时空》《新闻直播间》《共同关注》等品牌栏目整体表现突出;CCTV-4中文国际频道播出的《中国新闻》《今日关注》《今日亚洲》三档节目也有较好表现,各有100期以上节目收视率超过1%。在电视剧中,544集收视率超过1%的电视剧均来自CCTV-1综合频道(占比25.92%)和CCTV-8电视剧频道(占比74.08%)。总台电视剧《人世间》在CCTV-1综合频道和CCTV-8电视剧频道两轮播出单集收视率均超过1%。CCTV-8电视剧频道于2022年11月黄金档和12月傍晚档两轮播出的《我最爱的家人》,共有45集单集收视率超过1%。

4. 总台的重大活动报道和重大突发事件报道成为国内核心信源,在电视端新闻垂类市场的份额优势进一步扩大

在2022年全国新闻节目市场中,总台份额占比达57.33%,较2021年(51.48%)提高5.85%,创历史新高。

在2022年各重大新闻事件报道期间,CCTV-13新闻频道收视份额提升明显,俄乌冲突第一周频道收视份额3.69%,较播前平时提升51%;党的二十大召开期间,频道收视份额4.12%,较播前平时提升39%。在"3·21"东航MU5735航空器飞行事故等重大突发事件报道中,总台央视新闻报道内容成为最重要的报道信源,在境内全网二次传播放大倍率最高超2.4万倍。

CCTV-4中文国际频道在重大国际突发新闻事件报道中反应迅速,利用栏目版块群联动策划,节目收视提升显著。自2022年2月俄乌冲突爆发后,整体收视份额提升53%,多档新闻节目收视率创历史新高。

5. 优质电视剧资源的创作和汇聚优势,拉升总台在2022年电视剧市场份额

近三年,总台电视剧进入全国上星频道电视剧前十名的数量逐年增多。2022年前十名剧目中,总台剧目占据9席(2020年7席,2021年8席),且全年共有11部剧收视率破1%。总台在电视端全国电视剧市场的份额占比创近三年新高,达28%。CCTV-1综合频道开年剧《人世间》首播平均收视率为1.65%,创近两年总台电视剧收视新高,大结局单集收视率高达2.41%,创CCTV-1综合频道黄金档剧近6年新高。据CSM全媒体视听同源数据监测,总台播出电视剧《人世间》期间,全媒体受众规模达到5.27亿人次,人均收视时长达151分钟。

6. 总台在体育、纪录片等垂类市场的资源优势进一步得到强化,提升收视竞争力的同时,也助推观众结构优化

体育:从2022年北京冬奥会到2022年卡塔尔世界杯等顶级赛事,2022年总台精彩体育赛事资源贯穿全年。2022年总台在体育节目市场中的份额占比达83.73%,占据绝对优势。总台三个体育频道收视份额较2021年均有明显提升,CCTV-5体育频道收视份额提升21%,CCTV-5+体育赛事频道提升14%,CCTV-16奥林匹克频道提升51%。

除了2022年北京冬奥会和2022年卡塔尔

世界杯两大赛事外，总台转播的《2022年女足亚洲杯决赛》《2022年世界乒乓球团体锦标赛女团决赛》《女篮世界杯决赛》等多场次多类别赛事皆万众瞩目，收视率均超过1%。

纪录片：2022年总台原创纪录片覆盖面广，涉及党的二十大政论宣传、香港回归祖国25周年、反腐、国防军队建设、大国重器、人文等多个主题，收视表现突出。2022年，总台在全国纪录片市场的收视占比达78.29%，较2021年（76.48%）提升1.81个百分点。

财经、专题、军事：2022年总台在财经、专题、军事等专业内容领域进一步将资源优势转化为原创优势和传播优势，在各垂类领域占据绝对市场优势，且市场份额相对2021年提升幅度居于前列。

观众构成：2022年总台在多领域的原创优势和资源优势，对各类型观众产生广泛影响，在年龄、学历、收入等多方面出现显著变化。2022年，总台15—24岁和25—34岁年轻观众的比例分别增加8.37%和7.60%。较高受教育水平（高中以上学历）观众和较高收入观众比例也增加显著，其中大学以上高知观众构成比例增幅为23.55%，5600元及以上收入观众构成比例增幅达47.01%。

7. 在全国电视市场，总台创新节目数量占比略低于总台电视频道组收视份额占比，高收视创新节目主要集中于文化类

2022年，全国上星频道共推出132档创新节目，其中总台11个频道共推出36档新节目，较2021年（22档）增加14档，新节目数量创3年来新高。总台创新节目数量占比（27.27%）略低于总台频道组收视所占份额（29.76%）。

从整体收视效果来看，2022年总台创新节目的整体收视水平较2021年有明显提升，36档新节目首期收视率平均值为0.35%，较2021年（0.22%）提升0.13个百分点。

从全国市场收视水平较高的创新节目类型来看，2022年收视率超0.4%的创新节目共33档，其中总台推出17档、省级卫视推出16档。总台较高收视的创新节目集中于文化类及体育两类。省级卫视创新节目视野较广，涉及文化专题、生活体验、表演、竞技、厨艺、美学、音乐综艺等7个类型。

2022年度中央广播电视总台广播收听调查报告

中央广播电视总台所属对内主要广播频率2022年总体收听情况，主要根据2022年中国广视索福瑞（CSM）全国广播调查数据进行描述。

一、总体收听情况

2022年，总台对内主要广播频率在CSM全国广播调查网的听众规模为3.46亿人（覆盖93%的15岁以上推及人口），日均听众规模为1647万人，听众人均每日收听时长为33分钟。

总台听众中，男性比例高于女性，约占听众总数的六成；35—44岁年龄段听众比例相对较高，占听众总数的1/4；听众绝大多数受教育程度为高中以上，大学及以上听众占比超过40%。

二、总台各频率市场份额

2022年，总台各频率在CSM全国广播调查网中的总收听份额为18%，约占广播收听市场的1/5。

具体到单个频率，中国之声收听份额11.65%，稳居第一；经济之声收听份额2.26%，位居第二；环球资讯广播、音乐之声和中国交通广播排名第三至第五位，收听份额均在1%左右。

2022年总台各频率收听份额（%）前10名

收听份额排名	频率	收听份额（%）
1	中国之声	11.65
2	经济之声	2.26
3	环球资讯广播	1.13
4	音乐之声	0.97
5	中国交通广播	0.92
6	文艺之声	0.58
7	劲曲调频	0.26
8	阅读之声	0.17
9	老年之声	0.14
10	经典音乐广播	0.13

三、总台各频率台内收听份额贡献

2022年台内收听贡献率较高的频率中，中国之声的贡献率最高，达到63%；其次是经济之声（12%）、环球资讯广播（6%）、音乐之声（5%）、中国交通广播（5%）和文艺之声（3%）；其他频率的贡献率合计为5%。

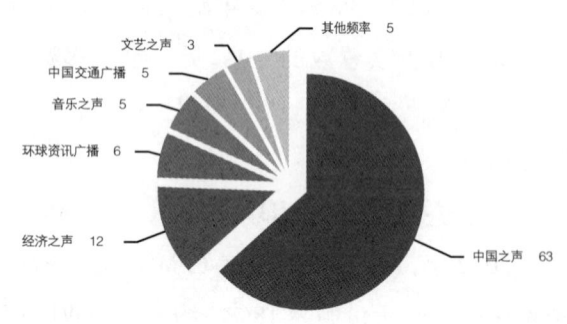

总台各频率台内收听贡献率（%）

四、各节目类型对全台的收听贡献率

2022年，在台内收听贡献较高的节目类型中，新闻/时事类节目的贡献率最高，达65%；其次是财经节目和音乐节目，各占8%；文艺节目占7%，专题节目占5%，生活服务节目占4%。

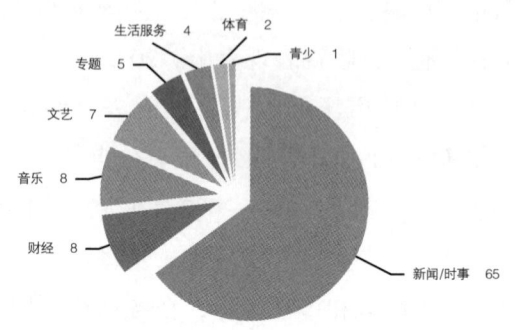

总台各节目类型台内收听贡献率（%）

五、部分频率收听情况

1. 中国之声

2022年，中国之声在全国广播网的听众规模为2.18亿人，日均听众规模779万人，听众人均每日收听时长44分钟。

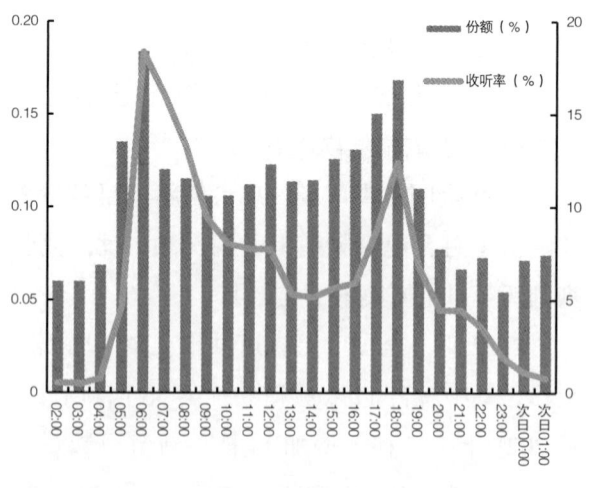

中国之声每日收听率（%）变化曲线

中国之声每日收听率最高的时段为清晨

06:30—07:00，播出《新闻和报纸摘要》节目，晚间18:30—19:00是另一个收听高峰，播出《全国新闻联播》。

中国之声2022年收听率最高的节目为7月14日06:30播出的《新闻和报纸摘要》节目，收听率0.525%；其次为5月3日18:30播出的《全国新闻联播》，收听率0.421%。

2022年度中国之声节目收听率（%）前五名
（单期最高）

收听率排名	节目名称	日期	开始时间	单期最高收听率（%）
1	新闻和报纸摘要	2022.07.14	06:30	0.525
2	全国新闻联播	2022.05.03	18:30	0.421
3	新闻纵横	2022.05.20	07:00	0.359
4	国防时空	2022.06.02	06:00	0.359
5	新闻进行时	2022.06.05	14:34	0.287

中国之声的听众以男性为主，占比58.6%；15—24岁和35—44岁听众是收听主力，分别占比25.1%和23.9%；大专、大学本科及以上学历听众占比共计42.2%；职业主要集中于干部/管理人员，占比60.6%。

2. 经济之声

2022年，经济之声在全国广播网的听众规模为1.53亿人，日均听众规模226万人，听众人均每日收听时长29分钟。

经济之声每日收听率最高的时段为清晨07:00—10:00，播出《新闻和报纸摘要》《天下财经》《王冠红人馆》等节目。

经济之声2022年收听率最高的节目为10月27日07:00播出的《新闻和报纸摘要》节目，收听率0.134%；其次为7月6日21:00播出的《那些年》，收听率0.107%。

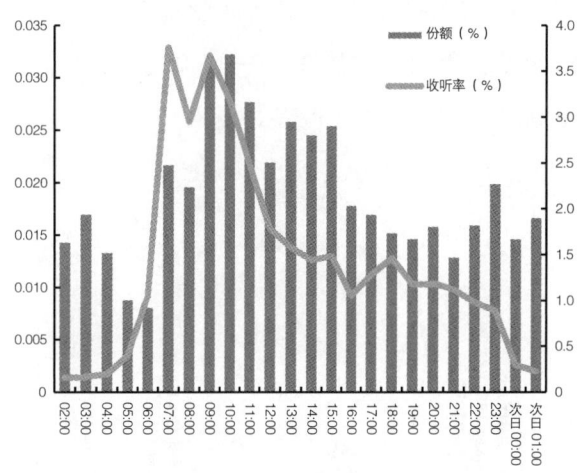

经济之声每日收听率（%）变化曲线

2022年度经济之声节目收听率（%）前五名
（单期最高）

收听率排名	节目名称	日期	开始时间	单期最高收听率（%）
1	新闻和报纸摘要	2022.10.27	07:00	0.134
2	那些年	2022.07.06	21:00	0.107
3	王冠红人馆	2022.08.20	09:00	0.096
3	天下财经	2022.05.23	07:30	0.096
5	视听大会（晚间版）	2022.07.06	19:30	0.095

经济之声的听众以男性为主，占比59.3%；35—44岁听众是收听主力，占比26.5%；9成听众受教育程度在高中及以上；职业主要集中于干部/管理人员，占比66.6%。

3. 环球资讯广播

2022年，环球资讯广播在全国广播网的

听众规模为1.57亿人，日均听众规模183万人，听众人均每日收听时长18分钟。

环球资讯广播每日收听率最高的时段为晚间19:00—20:00，播出《新闻联播》和《资讯空间站》节目，清晨07:00—08:00是另一个收听高峰，播出《直播世界》。

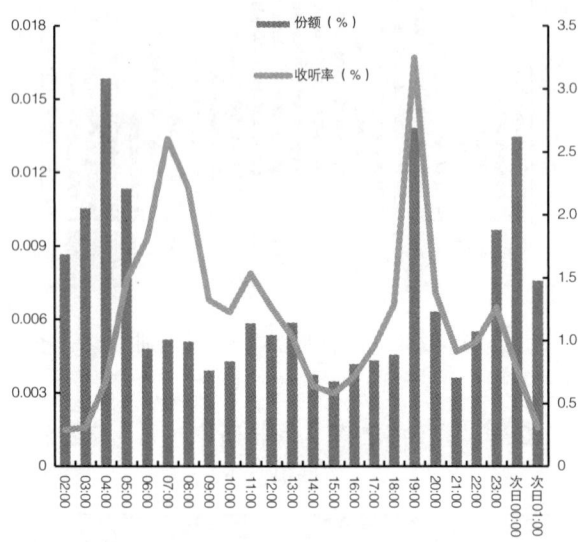

环球资讯广播每日收听率（%）变化曲线

环球资讯广播2022年收听率最高的节目为5月18日19:00播出的《新闻联播》节目，收听率0.275%；其次为5月28日08:00播出的《早间第一资讯》，收听率0.083%。

2022年度环球资讯广播节目收听率（%）前五名（单期最高）

收听率排名	节目名称	日期	开始时间	单期最高收听率（%）
1	新闻联播	2022.05.18	19:00	0.275
2	早间第一资讯	2022.05.28	8:00	0.083
3	资讯空间站	2022.05.30	19:30	0.078
4	直播世界	2022.05.06	6:30	0.071
5	档案揭秘	2022.05.16	6:00	0.069

续表

环球资讯广播的听众以男性为主，占比62.4%；各年龄段听众占比较为均匀，35—44岁、45—54岁、55—64岁和65岁以上听众各占20%左右；大专、大学本科及以上学历听众占比共计48.3%；职业主要集中于干部/管理人员，占比70.3%。

4. 音乐之声

2022年，音乐之声在全国广播网的听众规模为1.08亿人，日均听众规模117万人，听众人均每日收听时长24分钟。

音乐之声每日收听率最高的时段为清晨07:00—09:00，播出《早安双声道》节目；晚间18:00—20:00是另一个收听高峰，播出《尖峰音乐秀》和《中国TOP排行榜》等。

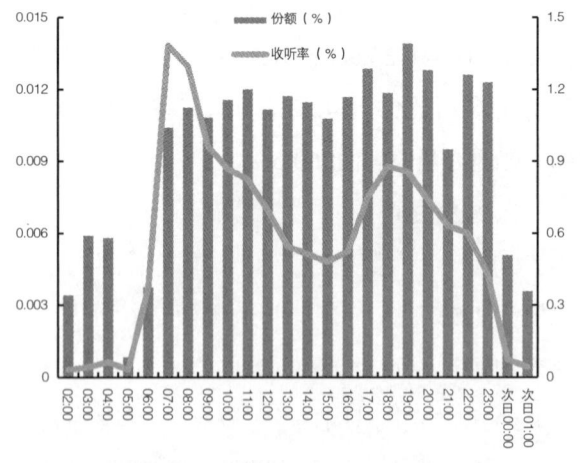

音乐之声每日收听率（%）变化曲线

音乐之声2022年收听率最高的节目为7月

4日22:00播出的《听说》节目，收听率0.101%；其次为9月10日20:00播出的《2022年中央广播电视总台中秋晚会》，收听率0.096%。

2022年度音乐之声节目收听率（%）前五名
（单期最高）

收听率排名	节目名称	日期	开始时间	单期最高收听率（%）
1	听说	2022.07.04	22:00	0.101
2	2022年中央广播电视总台中秋晚会	2022.09.10	20:00	0.096
3	音乐LIVE	2022.06.05	10:00	0.078
4	音乐VIP	2022.06.23	21:00	0.075
5	尖峰音乐秀	2022.06.22	17:00	0.071

音乐之声的听众以女性为主，占比55.1%；25—34岁听众占比22.4%，35—44岁听众占比39.0%；大专、大学本科及以上学历听众占比共计55.6%；职业主要集中于干部/管理人员，占比53.0%。

5. 中国交通广播

2022年，中国交通广播在全国广播网的听众规模为1.65亿人，日均听众规模164万人，听众人均每日收听时长16分钟。

中国交通广播每日收听率最高的时段为清晨08:00—09:00，播出《向快乐出发》节目；晚间20:00—22:00是另一个收听高峰，播出《全球流行音乐金榜》等节目。

中国交通广播2022年收听率最高的节目为12月27日06:45播出的《中国交通新闻》节目，收听率0.076%；其次为7月8日21:00播出的《乐夜越动听》，收听率0.075%。

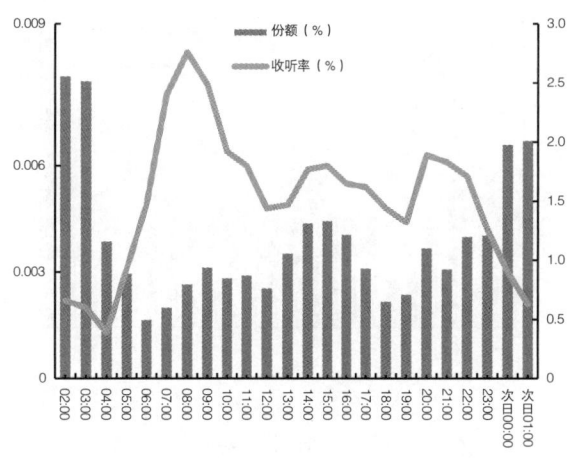

中国交通广播每日收听率（%）变化曲线

2022年度中国交通广播节目收听率（%）前五名
（单期最高）

收听率排名	节目名称	日期	开始时间	单期最高收听率(%)
1	中国交通新闻	2022.12.27	06:45	0.076
2	乐夜越动听	2022.07.08	21:00	0.075
3	月吃越美	2022.12.27	16:00	0.071
4	一呼百应帮帮忙	2022.08.26	09:00	0.065
5	高速加油站	2022.09.19	11:00	0.064

中国交通广播男性听众比例略高于女性，占比52.1%；35—44岁听众是收听主力，占比35.0%；大专、大学本科及以上学历听众占比共计43.6%；职业主要集中于干部/管理人员，占比62.7%。

6. 文艺之声

2022年，文艺之声在全国广播网的听众规模为1.27亿人，日均听众规模102万人，听众人均每日收听时长17分钟。

文艺之声每日收听率最高的时段为清晨06:00—07:00，播出《中国相声榜》节目。

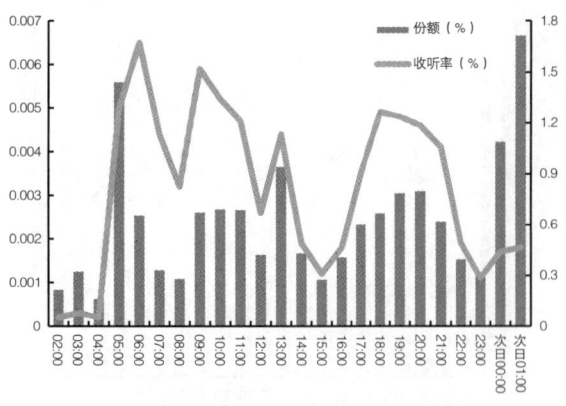

文艺之声每日收听率（%）变化曲线

文艺之声 2022 年收听率最高的节目为 2 月 15 日 20:00 播出的《2022 年元宵晚会》节目，收听率 0.229%；其次为 9 月 10 日 20:00 播出的《2022 年中央广播电视总台中秋晚会》，收听率 0.165%。

2022 年度文艺之声节目收听率（%）前五名
（单期最高）

收听率排名	节目名称	日期	开始时间	单期最高收听率（%）
1	2022 年元宵晚会	2022.02.15	20:00	0.229
2	2022 年中央广播电视总台中秋晚会	2022.09.10	20:00	0.165
3	快乐晚高峰	2022.05.22	18:30	0.073
4	文化聊吧	2022.05.10	20:00	0.057
5	奋斗的青春——2022 年五四青年节特别节目	2022.05.04	20:00	0.055

文艺之声的听众以男性为主，占比 58.1%；35—44 岁听众是收听主力，占比 29.4%；大专、大学本科及以上学历听众占比共计 42.3%；职业主要集中于干部/管理人员，占比 68.4%。

7. 经典音乐广播

2022 年，经典音乐广播在全国广播网的听众规模为 0.49 亿人，日均听众规模 28 万人，听众人均每日收听时长 14 分钟。

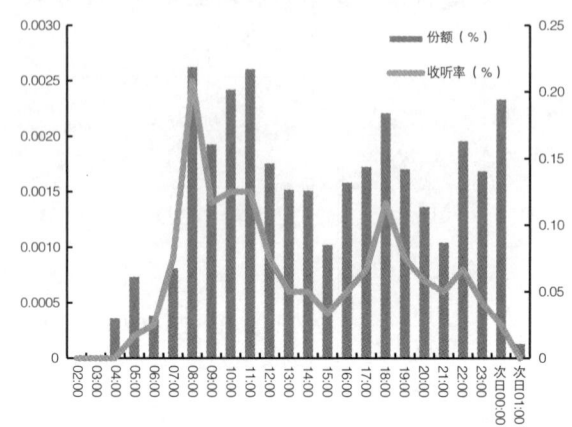

经典音乐广播每日收听率（%）变化曲线

经典音乐广播每日收听率最高的时段为清晨 08:00—09:00，播出《他电台》节目。

经典音乐广播 2022 年收听率最高的节目为 8 月 30 日 17:00 播出的《时间的歌》节目，收听率 0.030%；其次为 9 月 23 日 14:00 播出的《民歌走天下》，收听率 0.019%。

2022 年度经典音乐广播节目收听率（%）前五名
（单期最高）

收听率排名	节目名称	日期	开始时间	单期最高收听率（%）
1	时间的歌	2022.08.30	17:00	0.030
2	民歌走天下	2022.09.23	14:00	0.019
3	当诗遇见歌	2022.04.16	21:00	0.017
4	她电台	2022.05.02	18:00	0.016
5	他电台	2022.09.09	08:00	0.015

经典音乐广播的听众以男性为主，占比

75.5%；15—24岁和45—54岁听众是收听主力，占比46.5%；大专、大学本科及以上学历听众占比共计48.2%；职业主要集中于干部/管理人员，占比69.6%。

8. 劲曲调频

2022年，劲曲调频在全国广播网的听众规模为0.36亿人，日均听众规模34万人，听众人均每日收听时长23分钟。

劲曲调频每日收听率最高的时段为清晨07:00—08:00，播出《Morning Hits 阳光音乐早餐》节目。

劲曲调频2022年收听率最高的节目为6月16日22:00播出的《Hit FM Dance 电音》节目，收听率0.046%；其次为6月20日07:00播出的《Morning Hits 阳光音乐早餐》，收听率0.044%。

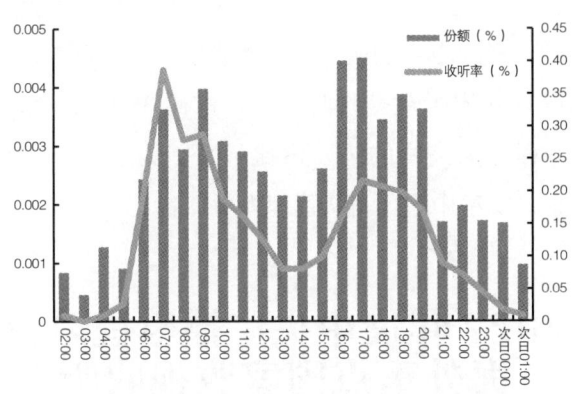

劲曲调频每日收听率（%）变化曲线

2022年度劲曲调频节目收听率（%）前五名
（单期最高）

收听率排名	节目名称	日期	开始时间	单期最高收听率（%）
1	Hit FM Dance 电音	2022.06.16	22:00	0.046
2	Morning Hits 阳光音乐早餐	2022.06.20	07:00	0.044

续表

收听率排名	节目名称	日期	开始时间	单期最高收听率（%）
3	New Music Express 新音乐速递	2022.07.14	19:00	0.032
4	At Work Net Work 工作随身听	2022.06.15	10:00	0.026
5	Hit FM Top20 Countdown 顶尖20排行榜	2022.06.19	18:00	0.023

劲曲调频（CRI HIT FM）的听众以男性为主，占比83.6%；25—44岁听众是收听主力，占比65.9%；大专、大学本科及以上学历听众占比共计84.6%；职业主要集中于干部/管理人员，占比65.5%。

9. 老年之声

2022年，老年之声在全国广播网的听众规模为0.16亿人，日均听众规模15万人，听众人均每日收听时长27分钟。

老年之声每日收听率最高的时段为清晨08:00—09:00，播出《笑口常开》节目。

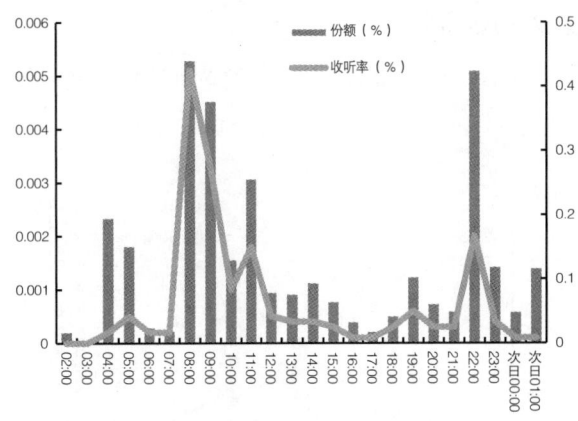

老年之声每日收听率（%）变化曲线

老年之声2022年收听率最高的节目为12月15日14:00播出的《养生音乐馆》节目，收听率0.051%；其次为1月23日11:00播出的

《评书开讲》，收听率0.024%。

2022年度老年之声节目收听率（%）前五名
（单期最高）

收听率排名	节目名称	日期	开始时间	单期最高收听率（%）
1	养生音乐馆	2022.12.15	14:00	0.051
2	评书开讲	2022.01.23	11:00	0.024
3	笑口常开	2022.11.21	08:00	0.019
4	听书	2022.12.24	09:00	0.018
5	文史精品节目荐赏	2022.12.15	13:00	0.016

老年之声的听众以女性为主，占比58.7%；55岁及以上听众是收听主力，占比63.1%；受教育程度为高中的听众占比最高，为58.9%；职业主要集中于干部/管理人员，占比52.8%。

10. 阅读之声

2022年，阅读之声在全国广播网的听众规模为0.86亿人，日均听众规模62万人，听众人均每日收听时长8分钟。

阅读之声每日收听率最高的时段为上午09:00—10:00，播出《名著经典》节目。

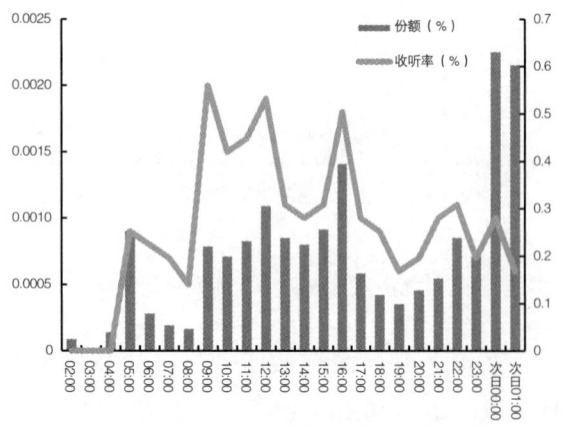

阅读之声每日收听率（%）变化曲线

阅读之声2022年收听率最高的节目为12月29日13:30播出的《人文课堂》节目，收听率0.027%；其次为1月26日06:00播出的《阅读时光》，2月16日20:30播出的《睡前故事》，收听率0.016%。

2022年度阅读之声节目收听率（%）前五名
（单期最高）

收听率排名	节目名称	日期	开始时间	单期最高收听率（%）
1	人文课堂	2022.12.29	13:30	0.027
2	阅读时光	2022.01.26	06:00	0.016
2	睡前故事	2022.02.16	20:30	0.016
4	名著经典	2022.02.04	09:00	0.015
4	评书开讲	2022.02.05	05:00	0.015

阅读之声的听众以男性为主，占比62.3%；45—54岁听众是收听主力，占比35.1%；受教育程度为高中的听众占比最高，为48.1%；职业主要集中于干部/管理人员，占比42.9%。

2022年度中央广播电视总台海外重点国家收视收听分析报告

2022年度中央广播电视总台在海外重点国家收视收听分析报告，主要对CGTN的6个频道（CGTN英语频道、CGTN西班牙语频道、CGTN法语频道、CGTN阿拉伯语频道、CGTN俄语频道和CGTN-Documentary纪录频道）的收视效果和中央广播电视总台国际广播五个频率（俄语电台、土耳其语电台、乌尔都语电台、菲律宾语电台和斯瓦希里语电台）的收听效果进行了年度综合分析，同时与美国CNN、英国BBC等国际知名媒体进行对比分析，立体反映总台各国际频道频率在海外视听传播效果。调查范围覆盖美国、西班牙、法国、沙特阿拉伯、俄罗斯、肯尼亚、土耳其、马来西亚、巴基斯坦等总台各语种国际频道频率有代表性的传播对象国，共涉及全球四大洲13个重点国家，调查数据主要来自尼尔森、凯度、益普索等全球领先的国际市场调查机构以及监测国家当地的权威收视收听调查机构，根据国际通用的收视（听）数据标准指标，运用专业的收视（听）率调查方法提供监测数据，为总台国际传播能力建设效果评估提供可量化、可对比、可分析的基础数据支撑。

一、总台海外重点国家收视收听整体情况

2022年，总台海外收视方面，CGTN英语频道、西班牙语频道、法语频道、阿拉伯语频道、俄语频道和纪录频道在全球四大洲13个监测国家的整合日均观众规模为127.3万人。其中，CGTN英语频道的整合日均观众规模为51.9万人，CGTN西班牙语频道日均观众规模为2.4万人，CGTN法语频道日均观众规模为24.2万人，CGTN阿拉伯语频道日均观众规模为2.5万人，CGTN俄语频道日均观众规模为7.8万人，CGTN-Documentary纪录频道的整合日均观众规模为38.5万人。

2022年，总台海外收听方面，总台国际广播俄语、乌尔都语、土耳其语、菲律宾语、斯瓦希里语电台的整合日均听众规模为26.4万人。

2022年总台国际频道和国际频率在一些国家和地区收视收听情况

频道／频率	国家／地区	日均观众／听众规模（万人）	日均到达率（%）	收视／收听率（%）
CGTN英语频道	乌干达	9.53	1.636	0.04115
	肯尼亚	14.41	1.828	0.02172
	坦桑尼亚	7.51	1.016	0.01659
	尼日利亚	15.29	0.837	0.01125
	马来西亚	4.02	0.177	0.00287
	美国华盛顿特区	0.64	0.092	0.00007
	美国纽约	0.10	0.005	0.00001
	菲律宾	0.40	0.018	0.00006
CGTN-E西班牙语频道	西班牙	2.39	0.052	0.00023
CGTN-F法语频道	法国	24.20	0.420	0.00029
CGTN-A阿拉伯语频道	沙特阿拉伯	2.46	0.127	0.00201
CGTN-R俄语频道	俄罗斯	7.78	0.057	0.00028
CGTN-Documentary纪录频道	肯尼亚	15.53	1.970	0.03273
	乌干达	5.20	0.893	0.01638
	坦桑尼亚	7.19	0.971	0.01132
	尼日利亚	10.57	0.578	0.00549

续表

频道/频率	国家/地区	日均观众/听众规模（万人）	日均到达率（%）	收视/收听率（%）
总台国际广播俄语电台	俄罗斯圣彼得堡	7.01	1.501	0.03396
总台国际广播乌尔都语电台	巴基斯坦拉合尔	3.93	3.023	0.11208
总台国际广播乌尔都语电台	巴基斯坦伊斯兰堡	10.31	7.932	0.43891
总台国际广播土耳其语电台	土耳其	3.35	0.071	0.00443
总台国际广播菲律宾语电台	菲律宾大马尼拉地区	0.80	0.034	0.00300
总台国际广播斯瓦希里语电台	肯尼亚内罗毕	1.04	0.364	0.00768

二、总台国际电视收视情况

1.CGTN 英语频道收视情况

2022年，CGTN英语频道在监测的7个国家中整合日均观众规模为51.9万人，频道在美国华盛顿特区、菲律宾、乌干达收视数据较2021年实现增长。

其中，在美国华盛顿特区各项收视数据较2021年大幅增长，日均观众规模增长1.3倍，收视率增长27.3%，市场份额扩大68%；在菲律宾表现出较强的增长潜力，收视率、市场份额和人均收视时长较2021年均有所增长，涨幅在50%以上。在乌干达收视率较2021年增长12.3%，人均收视时长增长34%，市场份额扩大20.4%。此外，CGTN英语频道在马来西亚各项年度收视指标在对标国际频道中稳居首位，且竞争优势逐年扩大，其中收视率是CNN的7.3倍、BBC的5.6倍。从节目分析来看，CGTN英语频道受众对整点滚动播出的全球新闻资讯类栏目《今日世界》关注度较高。

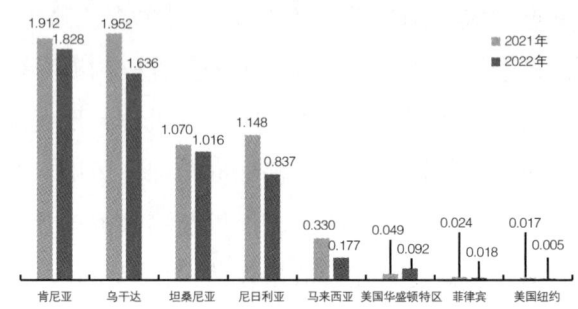

2021—2022年 CGTN英语频道日均到达率（%）对比

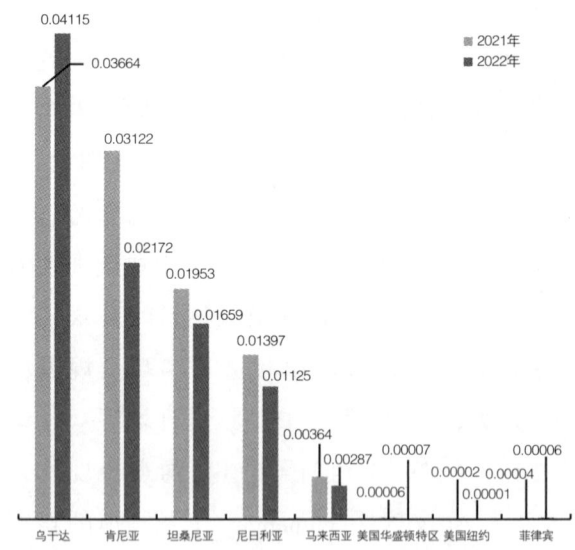

2021—2022年 CGTN英语频道收视率（%）对比

2.CGTN 西班牙语频道收视情况

2022年CGTN西班牙语频道在西班牙日均观众规模为2.4万人，整体收视情况平稳提升，市场份额较2021年扩大23.8%，收视率提升9.5%，人均收视时长增长18.5%。收视高峰集中在当地时间00:00—02:00；从观众偏好来看，观众对中国电视剧、汉语学习、美食文化类节目关注度较高。

3.CGTN法语频道收视情况

2022年CGTN法语频道在法国整体收视表现比较稳定，日均观众规模为24.2万人，收视高峰出现在当地晚间黄金时段（20:00—22:00）。观众除关注全球时事及财经资讯外，对于中国故事以及中国美食也展现出浓厚兴趣。

4.CGTN阿拉伯语频道收视情况

2022年CGTN阿拉伯语频道在沙特阿拉伯整体收视表现亮眼，日均观众规模为2.5万人，较2021年增长43.9%，收视率增长10.4%。与对标阿拉伯语频道相比有一定竞争优势，日均观众规模超过德国之声（DW）阿拉伯语频道和美国Al Hurra TV阿拉伯语频道。

5.CGTN俄语频道收视情况

在俄乌冲突及主流国际频道在俄停播等国际大事件的影响下，2022年CGTN俄语频道在俄罗斯的整体收视表现稳步提升，竞争优势逐步扩大，年度收视率较2021年增长7.7%，市场份额扩大12.0%。与监测频道对比，日均观众规模、收视率和市场份额等各项年度收视指标均高于BBC和法国24台。

6.CGTN-Documentary纪录频道收视情况

2022年，CGTN-Documentary纪录频道在非洲四国整合日均观众规模为38.5万人。其中，该频道在肯尼亚的整体收视表现最佳，各项收视数据实现全面增长，收视率和市场份额较2021年增长幅度均超过50%，竞争力逐步提高。CGTN-Documentary纪录频道在坦桑尼亚整体表现稳中有升，收视率较2021年增长5.9%，市场份额扩大17.4%。在竞争力方面，CGTN-Documentary纪录频道在非洲四国的收视率与监测频道Geo Channel和Nat Geo Wild相比仍存在较大提升空间，与2021年相比，差距有所减少，反映出该频道在这两个国家的竞争力正逐步增强。

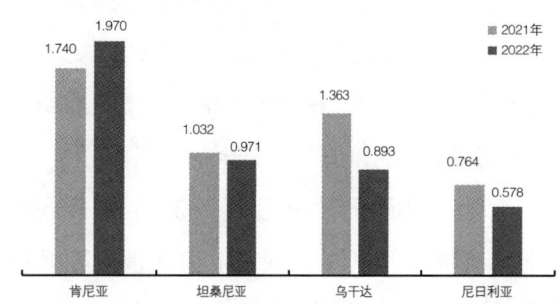

2021—2022年CGTN-Documentary纪录频道在非洲四国日均到达率（%）对比

从节目分析来看，《人文地理》和《时代写真》在收视高峰时段出现频率最高，反映出当地受众对自然风情类和社会人文类纪录片有更高的关注度。

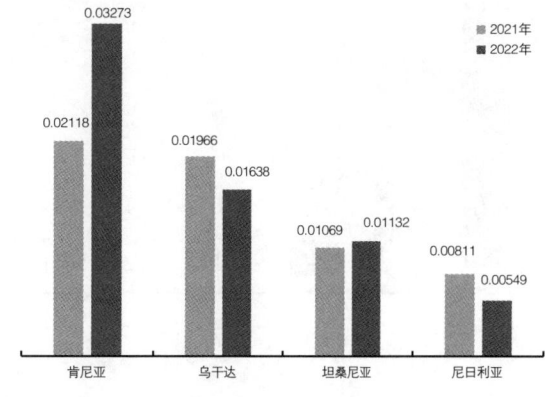

2021—2022年CGTN-Documentary纪录频道四国收视率（%）对比

三、总台国际广播收听情况

2022年,总台国际广播整体收听表现稳步提升,整合日均听众规模为26.4万人。其中,总台国际广播在肯尼亚、菲律宾收听表现突出,斯瓦希里语电台在肯尼亚内罗毕的各项收听数据较2021年增长近50%。在市场竞争方面,电台各项收听数据优于英国广播公司电台(BBC Radio,FM 93.9)等监测电台,位列监测电台首位。菲律宾语电台在菲律宾大马尼拉地区收听表现优于2021年,收听率增长50%,市场份额扩大50%;在监测频率中,电台收听率排名由2021年的第五名上升至第三名。

此外,其他语种电台较2021年在不同指标上均有提升。其中,俄语电台在俄罗斯圣彼得堡的日均听众规模较2021年增长6.6%;土耳其语电台在土耳其日均听众规模增长17%;乌尔都语电台在巴基斯坦拉合尔收听率较2021年增长34.1%、市场份额扩大53.1%,在伊斯兰堡日均听众规模增长8.1%。通过对高收听率节目的分析,当地听众对新闻类、中国文化类、音乐类节目较为关注,收听效果较好。

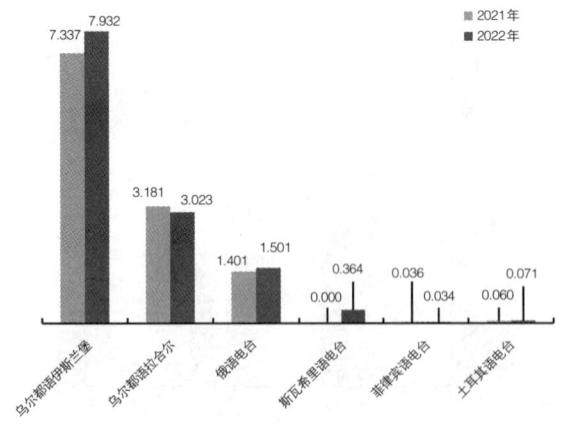

2021—2022年总台国际广播5电台日均到达率(%)对比

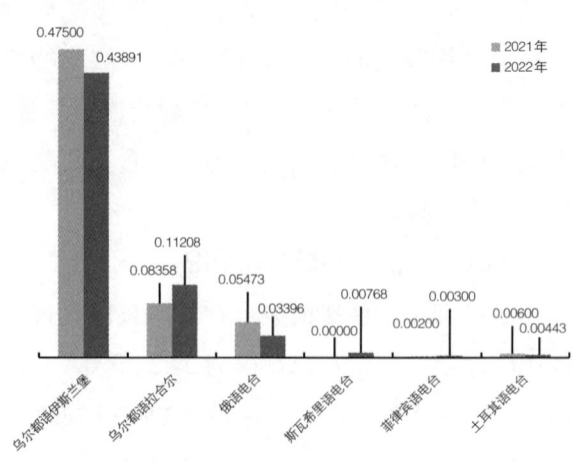

2021—2022年总台国际广播5电台收听率(%)对比

1. 俄语电台 Radio Metro

2022年,在俄罗斯圣彼得堡,Radio Metro(FM102.4)电台日均到达率及日均听众规模较2021年增长6%左右,稳定在7万人左右,收听率高峰在18:00—19:00,该时段播出的节目为《走遍中国》。

2. 乌尔都语电台 Dosti Channel

2022年,Dosti Channel(FM 98.0)在巴基斯坦伊斯兰堡整体收听数据高于拉合尔,两座城市在不同指标上均有一定提升,在拉合尔收听率较2021年增长34.1%、市场份额扩大53.1%,在伊斯兰堡日均听众规模增长8.1%。

3. 土耳其语电台 CRI Turk

2022年,CRI Turk电台在土耳其日均到达率较2021年增长18.3%,日均听众规模较2021年增长17%。从分月数据来看,3—6月的收听表现较为突出,收听高峰在当地时间11:00—12:00。从高收听率节目来看,土耳其听众对音乐类及新闻类节目较为喜爱。

4. 菲律宾语电台 Q Radio

2022年在菲律宾大马尼拉地区,Q Radio

（FM 105.1）收听表现优于 2021 年。收听率较 2021 年增长 50%，市场份额扩大 50%。在监测频率中，电台收听率排名由 2021 年的第五名上升到第三名。

5. 斯瓦希里语电台 CRI Nairobi

2022 年，CRI Nairobi（FM 91.9）在肯尼亚内罗毕的收听表现亮眼，各项收听数据较 2021 年增长近 50%。市场竞争方面，电台各项收听数据优于英国广播公司电台（BBC Radio, FM 93.9）等监测电台，位列监测电台首位。21—44 岁中青年听众是电台的主力收听群体，电台全年收听高峰时段为 13:00—14:00，听众对新闻动态更为关注。

报刊音像图书出版情况

报刊出版情况

2022年中央广播电视总台出版报刊一览表

名称	类别	主管单位	主办单位
中国电视报	周报	中央广播电视总台	中央广播电视总台
电视研究	月刊	中央广播电视总台	中央广播电视总台
国际传播	双月刊	中央广播电视总台	中央广播电视总台
中国广播	双月刊	中央广播电视总台	中央广播电视总台
现代电视技术	月刊	中央广播电视总台	中央广播电视总台

音像制品出版情况

2022年中国国际电视总公司音像制品出版一览表

出版物名称	制作单位	出版单位	出版时间	载体类型	集数（盘数）	时长（分钟）
北京2022年冬奥会开幕式	中央广播电视总台	中国国际电视总公司	2022.03	DVD9	1（2）	146
北京2022年冬奥会闭幕式	中央广播电视总台	中国国际电视总公司	2022.03	DVD9	1（2）	110
2022年春节联欢晚会	中央广播电视总台	中国国际电视总公司	2022.03	DVD9	1（2）	275
2022年春节戏曲晚会	中央广播电视总台	中国国际电视总公司	2022.03	DVD	1（2）	188
领航	中央广播电视总台	中国国际电视总公司	2022.12	DVD	16（8）	480
征程	中央广播电视总台	中国国际电视总公司	2022.12	DVD	20（10）	600
追光	中央广播电视总台	中国国际电视总公司	2022.12	DVD	15（5）	180

2022年中国国际广播音像出版社音像制品出版一览表

出版物名称	制作单位	出版单位	出版时间	载体类型	集数（盘数）	时长（分钟）
木偶奇遇记	引进	中国国际广播音像出版社	2022.03.11	DVD	1	110
时时刻刻	引进	中国国际广播音像出版社	2022.03.31	DVD	1	114
浓情巧克力	引进	中国国际广播音像出版社	2022.03.31	DVD	1	110
太阳背后	引进	中国国际广播音像出版社	2022.03.31	DVD	1	92
科丝姑娘	引进	中国国际广播音像出版社	2022.03.31	DVD	1	99
心悸效应	引进	中国国际广播音像出版社	2022.08.03	DVD	1	79
看门人	引进	中国国际广播音像出版社	2022.08.03	DVD	1	89
掀起风暴的人	引进	中国国际广播音像出版社	2022.08.03	DVD	1	80
芝加哥	引进	中国国际广播音像出版社	2022.08.03	DVD	1	113
我的盛大希腊婚礼2	引进	中国国际广播音像出版社	2022.08.03	DVD	1	90
找到你	引进	中国国际广播音像出版社	2022.08.03	DVD	1	115
圣诞将至	引进	中国国际广播音像出版社	2022.08.03	DVD	1	107
爱恋	引进	中国国际广播音像出版社	2022.08.03	DVD	1	119
囚犯	引进	中国国际广播音像出版社	2022.08.03	DVD	1	110
塔楼	引进	中国国际广播音像出版社	2022.08.03	DVD	1	135
雪国列车（第二季）	引进	中国国际广播音像出版社	2022.08.03	DVD	1	600
她比烟花寂寞	引进	中国国际广播音像出版社	2022.08.24	DVD	1	121
长路将尽	引进	中国国际广播音像出版社	2022.08.24	DVD	1	91
K星异客	引进	中国国际广播音像出版社	2022.08.24	DVD	1	120
改编剧本	引进	中国国际广播音像出版社	2022.08.24	DVD	1	111
放歌汉江源	合作	中国国际广播音像出版社	2022.08.31	DVD	1	95
大侦探波洛（第六季）	引进	中国国际广播音像出版社	2022.10.31	DVD	1	480

续表

出版物名称	制作单位	出版单位	出版时间	载体类型	集数（盘数）	时长（分钟）
大侦探波洛（第七季）	引进	中国国际广播音像出版社	2022.10.31	DVD	1	240
我的2022我的歌——青少年原创歌曲辑	合作	中国国际广播音像出版社	2022.10.31	DVD	1	99
魔法保姆麦克菲	引进	中国国际广播音像出版社	2022.12.31	DVD	1	95
无毒才丈夫	引进	中国国际广播音像出版社	2022.12.31	DVD	1	95
人生主竞赛	引进	中国国际广播音像出版社	2022.12.31	DVD	1	114

图书出版情况

2022年中国国际广播出版社有限公司图书出版一览表

出版物名称	出版单位	出版时间	版次信息
新闻传播学前沿（2022年第1期）	中国国际广播出版社有限公司	2022.01	初版
读懂中国通史	中国国际广播出版社有限公司	2022.01	初版
了不起的孙子兵法	中国国际广播出版社有限公司	2022.01	初版
珍妮的春天	中国国际广播出版社有限公司	2022.01	初版
全面建设社会主义现代化国家的人学展望	中国国际广播出版社有限公司	2022.01	初版
艺术的旅行：交叉学科视野中的艺术理论	中国国际广播出版社有限公司	2022.01	初版
中国传媒经济发展报告（2022）	中国国际广播出版社有限公司	2022.01	初版
民法典与文化传媒行业的法治化	中国国际广播出版社有限公司	2022.01	初版
光影照亮初心：北体新传学子经典国产电影学习笔记	中国国际广播出版社有限公司	2022.01	初版
意象之美：意象阐释学的观念与方法	中国国际广播出版社有限公司	2022.01	初版
影像伦理：中国影视的价值传播和观众接受	中国国际广播出版社有限公司	2022.01	初版
中国虚拟现实艺术发展报告（2016—2021）	中国国际广播出版社有限公司	2022.01	初版
面向电影的我思：王志敏自选集	中国国际广播出版社有限公司	2022.01	初版
理性之河：王海洲自选集	中国国际广播出版社有限公司	2022.01	初版
基于思辨能力提升的高中英语教学设计	中国国际广播出版社有限公司	2022.01	初版

续表

出版物名称	出版单位	出版时间	版次信息
和白老师一起学习作	中国国际广播出版社有限公司	2022.01	初版
坐上琴心——中国历代古琴文化鉴考	中国国际广播出版社有限公司	2022.02	初版
影视文化学	中国国际广播出版社有限公司	2022.02	初版
电视传播艺术学	中国国际广播出版社有限公司	2022.02	初版
电视美学	中国国际广播出版社有限公司	2022.02	初版
云冈石窟文化及其传播研究	中国国际广播出版社有限公司	2022.02	初版
影像流域：跨文化语境下的中国商业电影研究	中国国际广播出版社有限公司	2022.03	初版
电影经典文本导读	中国国际广播出版社有限公司	2022.03	初版
唐诗有故事	中国国际广播出版社有限公司	2022.03	初版
给孩子的唐诗（全六册）	中国国际广播出版社有限公司	2022.03	初版
寸草报春晖	中国国际广播出版社有限公司	2022.03	初版
虚拟现实场景设计与制作	中国国际广播出版社有限公司	2022.03	初版
虚拟现实引擎特效制作	中国国际广播出版社有限公司	2022.03	初版
基于大数据背景的企业管理研究	中国国际广播出版社有限公司	2022.03	初版
区域经济系统协同发展研究	中国国际广播出版社有限公司	2022.03	初版
中国古典诗词鉴赏方法	中国国际广播出版社有限公司	2022.03	初版
声乐理论与教学设计实践	中国国际广播出版社有限公司	2022.03	初版
苗岭黔萃——凯里学院钟应举名师工作室学生作品集	中国国际广播出版社有限公司	2022.03	初版
播音员主持人语音发声实用教程	中国国际广播出版社有限公司	2022.04	初版
声画叙事：视听语言的逻辑与应用	中国国际广播出版社有限公司	2022.04	初版
一头撞进山海经	中国国际广播出版社有限公司	2022.04	初版
给孩子的山海经（全六册）	中国国际广播出版社有限公司	2022.04	初版
创新与未来：北京科幻产业发展报告	中国国际广播出版社有限公司	2022.04	初版
华侨高等教育研究（2021年第2辑）	中国国际广播出版社有限公司	2022.04	初版
斗转形异——新媒体语境中的插图设计	中国国际广播出版社有限公司	2022.04	初版
多维视角下的图形语言与创意策略	中国国际广播出版社有限公司	2022.04	初版
我国青少年体质健康保障体系构建研究	中国国际广播出版社有限公司	2022.04	初版

续表

出版物名称	出版单位	出版时间	版次信息
英语师范生学科教学知识的建构研究	中国国际广播出版社有限公司	2022.04	初版
对分课堂的实践研究	中国国际广播出版社有限公司	2022.04	初版
党的盛典　人民的节日：中央广播电视总台庆祝建党百年全记录典藏	中国国际广播出版社有限公司	2022.05	初版
在遥远的礁岛链上	中国国际广播出版社有限公司	2022.05	初版
郑君里导演的表演观与创作实践研究	中国国际广播出版社有限公司	2022.05	初版
影视语言案例教学研究	中国国际广播出版社有限公司	2022.05	初版
2021中国电视剧发展报告	中国国际广播出版社有限公司	2022.05	初版
影视艺术实践	中国国际广播出版社有限公司	2022.05	初版
给孩子的孙子兵法（全六册）	中国国际广播出版社有限公司	2022.05	初版
勾嵊山传奇	中国国际广播出版社有限公司	2022.05	初版
凡心所向，一苇以航：高中班主任指导学生生涯规划策略谈	中国国际广播出版社有限公司	2022.05	初版
高校红色运动会运行机制的研究	中国国际广播出版社有限公司	2022.05	初版
新媒体传播特征与传播业的发展研究	中国国际广播出版社有限公司	2022.05	初版
全媒体报道实践：思政教育导向下的卓越新闻传播人才培养	中国国际广播出版社有限公司	2022.06	初版
未成年人互联网隐私保护研究	中国国际广播出版社有限公司	2022.06	初版
大地行走：当代中国纪录片人跟踪访谈录	中国国际广播出版社有限公司	2022.06	初版
英语学习活动观实施方略：高中英语新教材阅读教学设计（外研版）	中国国际广播出版社有限公司	2022.06	初版
追月亮的人	中国国际广播出版社有限公司	2022.06	初版
走进影像世界——寻找"瓦尔特"精神之旅	中国国际广播出版社有限公司	2022.06	初版
美术与设计专业英语	中国国际广播出版社有限公司	2022.06	初版
脉络的读解：张会军自选集	中国国际广播出版社有限公司	2022.06	初版
何处春城	中国国际广播出版社有限公司	2022.06	初版
核心素养背景下师范生培养研究	中国国际广播出版社有限公司	2022.06	初版
应用型人才培养目标下英语专业语法课程教学改革研究	中国国际广播出版社有限公司	2022.06	初版
虚拟现实视频拍摄、制作与导演	中国国际广播出版社有限公司	2022.06	初版
方法比知识更重要：Eric的英语学习笔记	中国国际广播出版社有限公司	2022.07	初版

续表

出版物名称	出版单位	出版时间	版次信息
认知传播学论丛（第四辑）	中国国际广播出版社有限公司	2022.07	初版
方寸之间：封闭空间电影创作思维	中国国际广播出版社有限公司	2022.07	初版
神功之下：努尔哈赤陵及其祖陵卷	中国国际广播出版社有限公司	2022.07	初版
盛世暗面：康熙帝陵卷	中国国际广播出版社有限公司	2022.07	初版
中国娱乐节目的文化表达与传播	中国国际广播出版社有限公司	2022.07	初版
南北极后，还有远方吗？	中国国际广播出版社有限公司	2022.07	初版
跨文化场域"中国故事"纪录片的影像建构	中国国际广播出版社有限公司	2022.07	初版
拾光影记：侯光明自选集	中国国际广播出版社有限公司	2022.07	初版
理念与路径：胡智锋自选集	中国国际广播出版社有限公司	2022.07	初版
加缪情书集	中国国际广播出版社有限公司	2022.07	初版
我国高等体育院校学科建设若干问题的讨论	中国国际广播出版社有限公司	2022.07	初版
新媒体·传播·文化：新闻与传播学科理论与实践论文集	中国国际广播出版社有限公司	2022.07	初版
学段衔接视野下的有效作业探索	中国国际广播出版社有限公司	2022.07	初版
新媒体发展与创新创业教育的融合研究	中国国际广播出版社有限公司	2022.07	初版
新闻传播学前沿（2022年第2期）	中国国际广播出版社有限公司	2022.07	初版
影像媒介的文化、历史与理论	中国国际广播出版社有限公司	2022.08	初版
世纪影像：媒介艺术的理论探寻与知识生产	中国国际广播出版社有限公司	2022.08	初版
完美心术：乾隆帝陵卷	中国国际广播出版社有限公司	2022.08	初版
播音主持语音发声	中国国际广播出版社有限公司	2022.08	初版
关公文化十六讲	中国国际广播出版社有限公司	2022.08	初版
电影美学分析原理	中国国际广播出版社有限公司	2022.08	初版
艺术、文化与城市——文化产业理论与实践	中国国际广播出版社有限公司	2022.08	初版
中央广播电视总台年鉴（2018—2019）	中国国际广播出版社有限公司	2022.08	初版
中国当代影视作品评析	中国国际广播出版社有限公司	2022.08	初版
现实的重影：当下国产类型电影创作观察	中国国际广播出版社有限公司	2022.08	初版
齐鲁文化探究与传承：影像视角下的齐鲁文化传承与传播研讨会论文集	中国国际广播出版社有限公司	2022.08	初版
杂说斯语：一百拾	中国国际广播出版社有限公司	2022.08	初版

续表

出版物名称	出版单位	出版时间	版次信息
网络综艺节目发展研究	中国国际广播出版社有限公司	2022.08	初版
电影行知录：郑洞天自选集	中国国际广播出版社有限公司	2022.08	初版
季风吹拂：杨远婴自选集	中国国际广播出版社有限公司	2022.08	初版
叙旧与尝新：谢飞自选集	中国国际广播出版社有限公司	2022.08	初版
技艺与道术：孙立军自选集	中国国际广播出版社有限公司	2022.08	初版
视听评鉴：邢台广播电视台节目评审辑要	中国国际广播出版社有限公司	2022.08	初版
风吹过树叶	中国国际广播出版社有限公司	2022.08	初版
现代播音主持学理论与实践探究	中国国际广播出版社有限公司	2022.08	初版
喜剧小品言语幽默研究	中国国际广播出版社有限公司	2022.08	初版
湖南邵阳旅游资源赏析	中国国际广播出版社有限公司	2022.08	初版
信息化背景下湖南职业教育服务精准扶贫与乡村振兴的路径研究	中国国际广播出版社有限公司	2022.08	初版
我国体适能之田径锻炼方法研究	中国国际广播出版社有限公司	2022.08	初版
数字金融的成长基石、运行机制与风险预警问题研究	中国国际广播出版社有限公司	2022.08	初版
现代礼仪	中国国际广播出版社有限公司	2022.08	初版
儿童功能游戏设计研究	中国国际广播出版社有限公司	2022.09	初版
2021年中国文旅演艺剧网络传播力报告	中国国际广播出版社有限公司	2022.09	初版
和合与共：纪念上海合作组织成立20周年大型纪录片《和合与共》全记录	中国国际广播出版社有限公司	2022.09	初版
华侨高等教育研究（2022第1—2辑）	中国国际广播出版社有限公司	2022.09	初版
影史新探：陈山自选集	中国国际广播出版社有限公司	2022.09	初版
与光书：当代影视文化笔记	中国国际广播出版社有限公司	2022.11	初版
影视艺术通识	中国国际广播出版社有限公司	2022.11	初版
老子不老：半部道德论修身	中国国际广播出版社有限公司	2022.11	初版
温州地域建筑概要	中国国际广播出版社有限公司	2022.11	初版
拾年	中国国际广播出版社有限公司	2022.11	初版
浅斟低唱：十年诗文选集	中国国际广播出版社有限公司	2022.11	初版
高校"双师思政课"协同育人模式创新与实践	中国国际广播出版社有限公司	2022.11	初版
网络影视精品选评	中国国际广播出版社有限公司	2022.11	初版

续表

出版物名称	出版单位	出版时间	版次信息
电影剧作中的文化建构	中国国际广播出版社有限公司	2022.11	初版
中央广播电视总台优秀作品奖新媒体展示手册（2020年度）	中国国际广播出版社有限公司	2022.11	初版
北京电影投融资发展报告	中国国际广播出版社有限公司	2022.11	初版
青年亚文化视域下的中国网络剧研究（2000—2019）	中国国际广播出版社有限公司	2022.11	初版
高等院校筹资工作探索与对话——以中央美术学院为例	中国国际广播出版社有限公司	2022.11	初版
中央广播电视总台年鉴（2020—2021）	中国国际广播出版社有限公司	2022.12	初版
《沧浪诗话》在英语世界的跨文化传播研究	中国国际广播出版社有限公司	2022.12	初版
短视频教程：策划与内容生产策略	中国国际广播出版社有限公司	2022.12	初版
价格理论与电影市场研究	中国国际广播出版社有限公司	2022.12	初版
宁波广播电影电视发展报告（2022）	中国国际广播出版社有限公司	2022.12	初版
中国钢琴作品教学指南	中国国际广播出版社有限公司	2022.12	初版
2020湖南艺术发展报告	中国国际广播出版社有限公司	2022.12	初版
中国当代电视剧创作价值取向研究	中国国际广播出版社有限公司	2022.12	初版
春天的道路：一名教师的工作日记	中国国际广播出版社有限公司	2022.12	初版
国际视听研究（第1辑）	中国国际广播出版社有限公司	2022.12	初版
给孩子的成语故事（全六册）	中国国际广播出版社有限公司	2022.12	初版
地平线	中国国际广播出版社有限公司	2022.12	初版
电影短片创作：北京电影学院研究生拔尖人才实验班研究（一）	中国国际广播出版社有限公司	2022.12	初版
西安媒介生态发展研究报告（2021）	中国国际广播出版社有限公司	2022.12	初版
新媒介·新青年·新观察：新闻与传播学科理论与实践论文集	中国国际广播出版社有限公司	2022.12	初版
新时代湖南文艺管窥	中国国际广播出版社有限公司	2022.12	初版
艺道（2023年第1期）	中国国际广播出版社有限公司	2022.12	初版
中小学艺术教育研究（第1辑）	中国国际广播出版社有限公司	2022.12	初版

获奖与表彰

作品奖

第 32 届中国新闻奖中央广播电视总台获奖名单

类别	奖项等级	作品名称	播出频道、频率或发布平台	刊播/创办时间
新闻直播	特别奖	庆祝中国共产党成立 100 周年大会特别报道	CCTV-1 综合频道	2021.07.01
消息	一等奖	美不行待客之道，中方严正回应！	央视频	2021.03.19
评论	一等奖	时政现场评丨跟随总书记的脚步　到塞罕坝看树看人看精神	央视新闻	2021.08.25
新闻纪录片	一等奖	《新兵请入列》第七集《青春无悔丨180 日的蜕变，新兵已入列》	央视网	2021.07.07
系列报道	一等奖	沿着高速看中国	CCTV-13 新闻频道	2021.04.10
新闻访谈	一等奖	吾家吾国丨科学精神就是老老实实地干活 独家专访百岁院士陆元九	央视新闻	2021.10.01
新闻访谈	一等奖	白岩松专访香港特区行政长官林郑月娥	CCTV-13 新闻频道	2021.05.10
新闻专栏	一等奖	主播说联播	央视新闻	2019.07.29
新闻业务研究	一等奖	媒体融合视角下主流媒体的话语表达创新	《电视研究》（期刊）	2021.08
重大主题报道	一等奖	摆脱贫困	CCTV-1 综合频道	2021.02.18
国际传播	一等奖	非凡的领航	CCTV-13 新闻频道	2021.01.01
舆论监督报道	一等奖	多地清洁取暖被指"一刀切"：禁柴封灶致部分群众挨冻	中国之声	2021.12.20
融合报道	一等奖	微视频丨为谁辛苦为谁忙	央视新闻	2021.12.20
新闻专题	二等奖	云上人家（第二集）	CCTV-13 新闻频道	2021.10.07
新闻专题	二等奖	记者接力记录：暴雨中遇险的 K599 次列车 99 小时曲折旅程	中国之声	2021.07.24
典型报道	二等奖	清澈的爱　只为中国	CCTV-7 国防军事频道	2021.04.05
应用创新	二等奖	春华秋实　国聘行动（第二季）	央视频	2020.12.14
新闻漫画	三等奖	Father's diary（父亲的日记）	CGTN 官网	2021.11.15

续表

类别	奖项等级	作品名称	播出频道、频率或发布平台	刊播/创办时间
国际传播	三等奖	飞向月球（国际版）	法国 Canal+ 集团的 Planete+ 频道	2021.03.14
舆论监督报道	三等奖	聚仙饭店坍塌事故，调查出了什么问题？	CCTV-13 新闻频道	2021.08.16
融合报道	三等奖	郑州"7·20"特大暴雨灾害救援	央视新闻	2021.07.20

第十六届精神文明建设"五个一工程"奖中央广播电视总台获奖名单

获奖类别	作品名称	播出频道/频率	刊播时间
特别奖（戏剧类）	伟大征程——庆祝中国共产党成立100周年大型情景史诗	多频道、频率	2021.07.01
特别奖（电视类）	跨过鸭绿江	CCTV-1 综合频道	2020.12.27
特别奖（电视类）	大决战	CCTV-1 综合频道	2021.06.25
特别奖（电视类）	摆脱贫困	CCTV-1 综合频道	2021.02.18
特别奖（电视类）	我们走在大路上	CCTV-1 综合频道	2019.09.16
特别奖（电视类）	零容忍	CCTV-1 综合频道	2022.01.15
优秀作品奖（电视类）	人世间	CCTV-1 综合频道	2022.01.28
优秀作品奖（电视类）	为了和平	CCTV-1 综合频道	2020.10.18
优秀作品奖（电视类）	典籍里的中国	CCTV-1 综合频道	2021.02.12
优秀作品奖（歌曲）	领航	多频道、频率	2021.07.01

第33届中国电视剧"飞天奖"中央广播电视总台获奖名单

作品名称	奖项名称	获奖单位
跨过鸭绿江	优秀电视剧奖	影视剧纪录片中心
大决战	优秀电视剧奖	影视剧纪录片中心

第27届全国电视文艺"星光奖"中央广播电视总台获奖名单

作品名称	奖项名称	获奖单位
百年礼赞——庆祝中国共产党成立100周年大型交响音诗画	优秀电视综艺节目奖	文艺节目中心
英雄儿女——纪念中国人民志愿军抗美援朝出国作战70周年文艺晚会	优秀电视综艺节目奖	文艺节目中心
典籍里的中国	优秀电视综艺节目奖	总编室（综合频道）

续表

作品名称	奖项名称	获奖单位
敢教日月换新天	优秀电视纪录片奖	影视剧纪录片中心
2021春节戏曲晚会	优秀电视戏曲节目奖	文艺节目中心
林海雪原	优秀电视动画节目奖	中国国际电视总公司

第31届中国电视"金鹰奖"中央广播电视总台获奖名单

作品名称	奖项名称	获奖单位
跨过鸭绿江	优秀电视剧	影视剧纪录片中心
人世间	优秀电视剧	腾讯影业文化传播有限公司 中国电视剧制作中心有限责任公司 新丽电视文化投资有限公司 弘道影业有限公司 上海阅文影视文化传播有限公司
摆脱贫困	最佳电视纪录片	新闻中心
中央广播电视总台2021年中秋晚会	最佳电视综艺	中央广播电视总台
主持人任鲁豫：代表作《中央广播电视总台2021年中秋晚会》	最佳电视节目主持人	中央广播电视总台
冰球旋风	最佳电视动画片	中国国际电视总公司（央视动漫集团有限公司）

首届中国播音主持"金声奖"中央广播电视总台获奖名单

获奖名称	姓名	性别	工作单位
优秀电视播音员主持人	撒贝宁	男	总编室（综合频道）
优秀电视播音员主持人	鲁　健	男	华语环球节目中心
优秀广播播音员主持人	赵梦娇（播音名：林溪）	女	新闻中心
优秀广播播音员主持人	王　冠	男	财经节目中心

2022年度中央广播电视总台优秀节目获奖名单
（一等奖以上）

奖项等级	作品类型	作品名称	首播频道、频率或发布平台	首发日期	报送单位
特别奖	电视消息	中国共产党第二十次全国代表大会在京开幕　习近平代表第十九届中央委员会向大会作报告	CCTV-1综合频道	2022.10.16	新闻中心

续表

奖项等级	作品类型	作品名称	首播频道、频率或发布平台	首发日期	报送单位
特别奖	电视消息	第二十四届冬季奥林匹克运动会在北京隆重开幕 习近平出席开幕式并宣布本届冬奥会开幕	CCTV-1综合频道	2022.02.05	新闻中心
特别奖	电视演出活动	2022年中央广播电视总台春节联欢晚会	CCTV-1综合频道	2022.01.31	文艺节目中心
一等奖	电视消息	习近平同美国总统在巴厘岛举行会晤	CCTV-1综合频道	2022.11.15	新闻中心
一等奖	电视消息	神舟十五号3名航天员顺利进驻中国空间站 两个航天员乘组首次实现"太空会师"	CCTV-13新闻频道	2022.11.30	新闻中心
一等奖	电视消息	国务院联防联控机制发布《关于对新型冠状病毒感染实施"乙类乙管"的总体方案》	CCTV-1综合频道	2022.12.27	新闻中心
一等奖	新媒体消息	过去24小时，解放军都做了什么？	"央视军事"微信公众号	2022.08.05	军事节目中心
一等奖	电视消息	俄罗斯在顿巴斯地区发起特别军事行动	CCTV-1综合频道	2022.02.24	新闻中心
一等奖	新媒体评论	玉渊谭天丨三年：三问三答	玉渊谭天	2022.12.15	新闻中心
一等奖	电视评论	《奋斗 新的伟业》系列评论（14集）	CCTV-1综合频道	2022.10.18	新闻中心
一等奖	新媒体评论	央视评论唐山打人事件：扫黑除恶绝不能有盲区	央视新闻	2022.06.11	新闻新媒体中心
一等奖	电视新闻专题	零容忍（5集）	CCTV-1综合频道	2022.01.15	新闻中心
一等奖	新媒体新闻专题	影子战争（3集）	央视频	2022.03.31	新闻中心
一等奖	电视新闻专题	大法官开庭·4.22亿假币的考问（上中下）	CCTV-1综合频道	2022.12.04	总编室（综合频道）
一等奖	电视新闻专题	冰雪之约（3集）	CCTV-13新闻频道	2022.02.01	新闻中心
一等奖	电视新闻专题	香江永奔流（5集）	CCTV-1综合频道	2022.06.26	新闻新媒体中心
一等奖	电视新闻纪录片	海淀医院纪事	CCTV-13新闻频道	2022.12.24	新闻中心
一等奖	新媒体新闻纪录片	有事好商量丨山顶顶上的问榜会	央视新闻	2022.03.03	新闻新媒体中心
一等奖	电视系列报道	解码十年（13集）	CCTV-13新闻频道	2022.08.09	新闻中心

续表

奖项等级	作品类型	作品名称	首播频道、频率或发布平台	首发日期	报送单位
一等奖	电视系列报道	中国空间站（20期）	CCTV-13新闻频道	2022.01.01	新闻中心
一等奖	电视系列报道	俄乌局势突变（60集）	CCTV-4中文国际频道	2022.02.24	华语环球节目中心
一等奖	电视系列报道	解放军在台岛周边六区域开展军事演训主题系列报道（54期）	CCTV-7国防军事频道	2022.08.03	军事节目中心
一等奖	新媒体系列报道	《数字里的中国》系列创意微视频（23集）	央视新闻	2022.03.02	新闻新媒体中心
一等奖	电视系列报道	集装箱里看出口（10集）	CCTV-2财经频道	2022.10.01	财经节目中心
一等奖	电视新闻访谈	高端访谈｜专访印度尼西亚总统佐科	CCTV-13新闻频道	2022.10.14	新闻中心
一等奖	电视新闻访谈	《视点》：刘欣专访世界卫生组织全球发言人	CGTN英语新闻频道	2022.12.05	CGTN
一等奖	电视新闻访谈	专访国际奥委会主席巴赫	CCTV-2财经频道	2022.02.03	财经节目中心
一等奖	电视新闻直播	中国共产党第二十届中央政治局常委同中外记者见面会	CCTV-13新闻频道	2022.10.23	新闻中心
一等奖	电视新闻直播	习近平抵达香港出席庆祝香港回归祖国25周年大会暨香港特别行政区第六届政府就职典礼并对香港进行视察	CCTV-13新闻频道	2022.06.30	新闻中心
一等奖	电视新闻直播	直击G20中美元首会晤	CGTN英语新闻频道	2022.11.14	CGTN
一等奖	新媒体新闻直播	直播｜全球连线：俄乌冲突持续 总台记者独家直击多地现状	央视新闻	2022.02.24	新闻新媒体中心
一等奖	广播新闻直播	中国之声特别直播《国家公园·两天一夜》——海南热带雨林国家公园之《林间密语》	中国之声	2022.11.20	新闻中心
一等奖	电视新闻直播	【梦天实验舱飞行任务】天地连线：演播室直通中国空间站 总台主持人采访神舟十四号航天员乘组	CCTV-13新闻频道	2022.11.03	新闻中心
一等奖	新媒体新闻直播	独家直播｜解放军在台岛周边海空域重要军事演训行动	央视新闻	2022.08.04	新闻新媒体中心

续表

奖项等级	作品类型	作品名称	首播频道、频率或发布平台	首发日期	报送单位
一等奖	电视新闻编排	午夜新闻·佩洛西窜访台湾 多部门发声反制	CCTV-13 新闻频道	2022.08.03	新闻中心
一等奖	广播新闻编排	2022年8月4日《朝闻两岸》	台海之声	2022.08.04	港澳台节目中心
一等奖	电视新闻编排	2022年7月1日12时《中国新闻》	CCTV-4 中文国际频道	2022.07.01	华语环球节目中心
一等奖	电视重大主题报道（电视消息）	习近平在瞻仰延安革命纪念地时强调 弘扬伟大建党精神和延安精神 为实现党的二十大提出的目标任务而团结奋斗	CCTV-1 综合频道	2022.10.27	新闻中心
一等奖	重大主题报道（电视系列专题）	领航（16集）	CCTV-1 综合频道	2022.10.08	社教节目中心
一等奖	重大主题报道（新媒体系列新闻纪录片）	思想的力量（20集）	央视新闻	2022.09.26	新闻新媒体中心
一等奖	典型报道（新媒体系列新闻专题）	中国UP！（11集）	央视新闻	2022.04.25	新闻新媒体中心
一等奖	典型报道（新媒体新闻专题）	情暖天山	抖音：总台亚克西视角官方账号	2022.08.27	民族语言节目中心
一等奖	电视舆论监督报道（电视新闻专题）	"丰县生育八孩女子"事件调查	CCTV-13 新闻频道	2022.02.23	新闻中心
一等奖	舆论监督报道（电视新闻专题）	2022年"3·15"晚会之"土坑"酸菜	CCTV-2 财经频道	2022.03.15	财经节目中心
一等奖	电视剧	人世间（58集）	CCTV-1 综合频道	2022.01.28	影视剧纪录片中心
一等奖	电视纪录片	航拍中国（第四季）（10集）	CCTV-1 综合频道	2022.11.07	影视剧纪录片中心
一等奖	电视纪录片	你好！火星（5集）	CCTV-1 综合频道	2022.05.18	社教节目中心
一等奖	电视纪录片	端牢中国饭碗（16集）	CCTV-1 综合频道	2022.08.29	总编室（综合频道）
一等奖	电视纪录片	征程（20集）	CCTV-1 综合频道	2022.09.27	社教节目中心
一等奖	电视纪录片	雄安 雄安（3集）	CCTV-2 财经频道	2022.09.28	财经节目中心
一等奖	电视纪录片	隐秘的背叛	CGTN 英语新闻频道	2022.12.16	国际交流局（欧洲总站）
一等奖	电视纪录片	人类碳足迹	CGTN 英语新闻频道	2022.12.10	CGTN
一等奖	电视纪录片	"字"从遇见你（第一季）（25集）	CCTV-9 纪录频道	2022.04.03	影视剧纪录片中心

续表

奖项等级	作品类型	作品名称	首播频道、频率或发布平台	首发日期	报送单位
一等奖	电视纪录片	村庄十年（10集）	CCTV-17农业农村频道	2022.09.23	农业农村节目中心
一等奖	电视专题	美术里的中国（24集）	CCTV-1综合频道	2022.03.30	社教节目中心
一等奖	电视专题	从延安出发	CCTV-3综艺频道	2022.05.23	文艺节目中心
一等奖	电视专题	遇鉴文明（12集）	CCTV-4中文国际频道	2022.07.16	华语环球节目中心
一等奖	电视专题	一馔千年	CCTV-3综艺频道	2022.10.28	文艺节目中心
一等奖	电视综艺节目	山水间的家（前11期）	CCTV-1综合频道	2022.08.27	总编室（综合频道）
一等奖	电视综艺节目	诗画中国（11集）	CCTV-1综合频道	2022.08.28	文艺节目中心
一等奖	电视综艺节目	《典籍里的中国》（第二季）之《永乐大典》	CCTV-1综合频道	2022.09.24	总编室（综合频道）
一等奖	新媒体综艺节目	开工喜央young盛典节目纯享完整版	央视频	2022.02.07	央视频融媒体发展有限公司
一等奖	电视综艺节目	2022年"六一"特别节目——童心筑梦 志在未来	CCTV-1综合频道	2022.06.01	体育青少节目中心
一等奖	电视演出活动	2022年中央广播电视总台中秋晚会	CCTV-1综合频道	2022.09.10	华语环球节目中心
一等奖	新媒体演出活动	中央广播电视总台2022网络春晚	央视网	2022.01.25	央视网
一等奖	广播剧	千里江山（10集）	中国之声	2022.10.07	影视翻译制作中心
一等奖	电视国传新闻作品	CGTN批美系列专题四部曲（4集）	CGTN英语新闻频道	2022.05.27	CGTN
一等奖	新媒体国传新闻作品	玉渊谭天："反制佩洛西窜访台湾"系列报道（10集）	央视新闻	2022.07.29	新闻中心
一等奖	新媒体国传新闻作品	动析中国式现代化	脸书	2022.10.20	亚洲非洲地区语言节目中心
一等奖	新媒体国传新闻作品	分秒人生	CGTN官网	2022.05.20	CGTN
一等奖	新媒体国传新闻作品	就实论事：央视记者驾车穿越欧洲高速 戳破外媒"死路一条""债务陷阱"谎言	CGTN官网	2022.10.27	CGTN
一等奖	电视国传新闻作品	CGTN俄乌局势特别报道（70期）	CGTN英语新闻频道	2022.02.25	CGTN

续表

奖项等级	作品类型	作品名称	首播频道、频率或发布平台	首发日期	报送单位
一等奖	新媒体国传新闻作品	国际锐评丨美方应从"满盘皆输"的对华关税战中吸取教训	央视新闻	2022.10.13	新闻新媒体中心
一等奖	电视国传新闻作品	大国来信（8集）	CCTV-13新闻频道	2022.09.28	新闻中心
一等奖	电视国传新闻作品	鲁健访谈·对话牛望道	CCTV-4中文国际频道	2022.06.17	华语环球节目中心
一等奖	电视国传新闻作品	对话思想者电视论坛（10集）	CGTN英语新闻频道	2022.09.14	CGTN
一等奖	电视国传影视纪录作品	采棉时节	CGTN纪录频道	2022.02.03	中央新闻纪录电影制片厂（集团）
一等奖	电视国传影视纪录作品	了不起的决心（4集）	CGTN英语新闻频道	2022.11.24	CGTN
一等奖	电视国传影视纪录作品	伤痕	阿富汗STRnews电视台	2022.08.14	亚洲非洲地区语言节目中心
一等奖	新媒体国传文化艺术类作品	"听见彼此"海洋音乐会	新浪微博	2022.07.11	华语环球节目中心
一等奖	新媒体国传文化艺术类作品	CGTN 2022超级夜看春晚	CGTN官网	2022.01.31	CGTN
一等奖	国传融合报道	《典故里的新思想》二十大特辑（5集）	国际在线	2022.10.16	亚洲非洲地区语言节目中心
一等奖	国传融合报道	CGTN系列海外民意调研（3集）	CGTN官网	2022.08.29	CGTN
一等奖	国传融合报道	欢迎来中国空间站做客！神舟十四号航天员通过总台向全球青少年发出邀请	央视新闻	2022.09.15	亚洲非洲地区语言节目中心
一等奖	国传融合报道	我在全世界为你读诗（23集）	CGTN官网	2022.09.01	CGTN
一等奖	国传融合报道	"迎冬奥 一起向未来"大型媒体行动	央视网	2022.01.11	国际交流局（北美总站）
一等奖	融合报道	时政系列短视频《连心》（14篇）	央视新闻	2022.05.29	新闻新媒体中心
一等奖	融合报道	微视频丨习近平和父亲	央视新闻	2022.06.19	新闻新媒体中心
一等奖	融合报道	独家看点丨习主席书架上的照片上新了！	央视新闻	2022.12.31	新闻中心
一等奖	融合报道	追光（15集）	央视频	2022.10.04	军事节目中心
一等奖	融合报道	"种子！种子！全网寻找'对'的人"融媒体活动（46篇）	央视财经	2022.02.23	财经节目中心

续表

奖项等级	作品类型	作品名称	首播频道、频率或发布平台	首发日期	报送单位
一等奖	融合报道	千年调·宋代人物画谱	CGTN官网	2022.11.08	CGTN
一等奖	融合报道	《环球直击 俄乌局势》新媒体直播（40期）	央视频	2022.02.22	华语环球节目中心
一等奖	融合报道	不一young的卡塔尔 乘着大巴看世界（50集）	央视频	2022.11.21	视听新媒体中心
一等奖	融合报道	英雄回家——第九批在韩志愿军烈士遗骸归国直播	央视新闻	2022.09.16	人事局（辽宁总站）
一等奖	融合报道	大型专题片《领航》系列短视频（26条）	央视新闻	2022.10.03	社教节目中心
一等奖	融合报道	三星堆新发现（3集）	央视新闻	2022.06.14	新闻中心
一等奖	融合报道	声动中国丨一镜到底听见2022	央广网	2022.12.31	央广网
一等奖	融合报道	记者手记丨阿富汗地震灾区中心的72小时	央视新闻	2022.06.27	国际交流局（中东总站）
一等奖	融合报道	"丰收中国"融合传播行动（13集）	央视频	2022.09.23	农业农村节目中心
一等奖	应用创新	竖屏看春晚——2022年总台春节联欢晚会视频号直播	央视频	2022.01.31	文艺节目中心
一等奖	应用创新	中南海月刊（11期）	央视网	2022.01.03	央视网
一等奖	应用创新	乡村服务社（23集）	央视频	2021.02.02	农业农村节目中心
一等奖	电视栏目	新闻联播	CCTV-1综合频道	1978.01.01	新闻中心
一等奖	电视栏目	2022秘境之眼	CCTV-1综合频道	2019.01.01	总编室（综合频道）
一等奖	广播栏目	"港"清楚	大湾区之声	2019.09.01	港澳台节目中心
一等奖	广播栏目	新闻和报纸摘要	中国之声	1950.04.10	新闻中心
一等奖	电视栏目	世界观察	CGTN英语新闻频道	2007.01.01	CGTN
一等奖	新媒体栏目	夜读	央视新闻	2015.11.11	新闻新媒体中心
一等奖	新媒体栏目	天天学习	央视网	2020.08.05	央视网
一等奖	电视公益广告	2022年春晚公益广告《虎年大吉》	CCTV-1综合频道	2022.02.01	总经理室
一等奖	电视公益广告	2022中国梦·祖国颂——目光	CCTV-1综合频道	2022.10.01	文艺节目中心

续表

奖项等级	作品类型	作品名称	首播频道、频率或发布平台	首发日期	报送单位
一等奖	电视公益广告	冬奥主题公益广告《冰雪有你更精彩》	CCTV-1 综合频道	2022.01.28	总经理室
一等奖	新闻论文	云网一体,向原创视音频内容生产发布的全媒体迈进	《电视研究》	2022.07	《电视研究》编辑部
一等奖	新闻论文	以"思想+艺术+技术"为引领 深化重大主题报道融合创新	《新闻战线》	2022.11	融合发展中心
一等奖	新闻论文	满足受众多元需求 将融合之力注入综合性电视文艺晚会的创新表达	《电视研究》	2022.08	《电视研究》编辑部

2021年度全国政法优秀新闻作品评选中央广播电视总台获奖名单

获奖类别	奖项等级	作品名称	播出频道/频率	刊播时间
电视专题	一等奖	照亮隐蔽的角落	CCTV-13 新闻频道	2021.10.23
广播消息	一等奖	中央政法委印发指导意见,运用大数据等智能化手段推进政法系统顽瘴痼疾整治取得实效	中国之声	2021.12.21
融媒体移动直播	一等奖	致敬守护者丨有你,民安!	央视新闻	2021.01.10
电视组合报道	一等奖	劳荣枝案一审宣判	CCTV-13 新闻频道	2021.09.09
电视专题	二等奖	扫黑利剑——重见天日	CCTV-1 综合频道	2021.04.23
融媒体融合创新	二等奖	家事如天（第一季）	CCTV-12 现场抖音号	2021.03.06
电视专题	三等奖	水下有"鱼"	CCTV-13 新闻频道	2021.04.14
电视专题	三等奖	孙海洋失子案侦破全记录	CCTV-13 新闻频道	2021.12.07

第16届残疾人事业好新闻评选中央广播电视总台获奖名单

类别	奖项等级	作品名称	播出频道/频率	刊播时间
电视评论	一等奖	【在习近平新时代中国特色社会主义思想指引下】残疾人事业全面发展 平等参与 共享美好生活	CCTV-13 新闻频道	2021.09.05
电视新闻专题	一等奖	世界冠军创业记	CCTV-17 农业农村频道	2022.03.24

续表

类别	奖项等级	作品名称	播出频道/频率	刊播时间
电视评论	一等奖	【奋进新征程　建功新时代】新时代残疾人体育事业取得历史性成就	CCTV-13新闻频道	2022.03.13
融媒体文章	一等奖	如果把生活调成"困难模式",你还能顺利通关吗?	央视新闻	2020.12.03
广播系列报道	二等奖	人物专栏《你的样子》之"关注残疾人"	中国之声	2021.01.28
电视新闻专题	二等奖	金晓宇：译本有光　"纸寿千年"	CCTV-13新闻频道	2022.01.28
电视新闻专题	二等奖	让爱无碍（下）	CCTV-1综合频道	2021.11.28
融媒体短视频	二等奖	"一只鞋计划"能否为残疾人士带来真正的关怀?	CGTN官网	2021.12.03
融媒体文章	三等奖	我的"十四五"｜邰丽华：残疾人事业"没有最好，只有更好"	央广网	2021.05.16
融媒体短视频	三等奖	"听"，雪花的声音——解读2022北京冬残奥会开幕式圆舞曲"雪花"环节	CGTN官网	2022.03.05

2022年度国际奖中央广播电视总台获奖名单

获奖作品名称/获奖人员姓名	奖项名称	获奖单位
国家宝藏·展演季（少年十八岁）	2022年亚广联奖电视类娱乐节目奖	文艺节目中心
安妮的花海（两个版本各3集选取广州话第1集）	2022年亚广联奖广播剧（常规剧）奖	港澳台节目中心
分秒人生	2022年亚广联奖播客奖	CGTN
"是她们延续了我的生命"	2022年亚广联奖广播类/亚广联视野奖	新闻中心
人世间（58集连续剧选取第13集）	2022年亚广联奖电视剧特别推荐奖	影视剧纪录片中心
人生第二次	2022年亚广联奖电视类/亚广联视野奖特别推荐奖	央视网
身心健康——焦虑号列车	2022年亚广联奖广播类公益广告特别推荐奖	总经理室
主持人王冠：代表作《真假难辨，万科"虚拟人"员工带来多少职场挑战?》	2022年亚广联奖广播类主持人特别推荐奖	财经节目中心
北京冬奥会报道	亚广联年度新闻交换最佳体育报道奖	新闻中心
崔建伟	ABU（亚广联）广播工程卓越奖	技术局
艺术里的奥林匹克——会徽	2022年奥林匹克金环奖最佳奥运节目奖金奖	体育青少节目中心

续表

获奖作品名称/获奖人员姓名	奖项名称	获奖单位
CMG 媒体云助力奥林匹克传播	2022 年奥林匹克金环奖最佳可持续管理奖金奖	技术局
高鹏：代表作《"单板滑雪平行大回转、U 型池"项目》	2022 年奥林匹克金环奖最佳主转播制作奖金奖	体育青少节目中心
北京冬奥会虚拟演播室及冬奥 5G 列车直播	2022 年奥林匹克金环奖最佳创新/布景设计奖银奖	CGTN、技术局
冰雪有你更精彩	2022 年奥林匹克金环奖最佳转播宣推奖银奖	总经理室
让世界看见——盲童乐团的冬残奥会之旅	第二届共创和平媒体奖与超级多样性共存主题—广播类别大奖	新闻中心
沈院长和他的动物园	第二届共创和平媒体奖与自然建立符合道德及可持续关系主体—广播类别大奖	财经节目中心

科技奖

第十五届中国电影电视技术学会科技进步奖中央广播电视总台获奖名单

获奖等级	项目名称	完成单位	主要完成人
一等奖	4K 超高速轨道摄像机系统	中央广播电视总台	赵 伟　韩 铮　王笑雪 张露淇　马晗宇　陆振洵 刘 昊　张雅琢　袁旭稚 孟 涛　王 峰　梁书利 慕永晖　郭玮彬　艾 尬
一等奖	4K 超高清和高清节目同播关键技术研究与应用	中央广播电视总台 国家广播电视总局广播电视规划院	李 岩　周 立　刘 斌 潘 波　宁金辉　张 乾 甄占京　毕 江　宋 键 林小海　戴 霖　王亚明 李 骅　侯 佳　崔博涵
一等奖	5G+超高清+MEC 移动传输在高铁移动演播室的应用	中央广播电视总台 中国铁道科学研究院集团有限公司 中国联合网络通信集团有限公司 中国移动通信集团有限公司 北京数码视讯科技股份有限公司	刘 钧　齐 翼　张 钰 徐 翔　郭 悦　曾 伟 于本江　刘建国　胡 睿 陈 瑾　魏忠禹　孙 浩 梁泽仁　冯晓明　王忠峰
一等奖	建党百年系列庆典活动全媒体制播系统	中央广播电视总台	姜文波　颜 枫　盛 楠 薛知行　秦 培　汪 涛 史 强　潘 奇　王 军 刘 斌　但 京　范文森 杨 斌　秦 萌　杨 祎

续表

获奖等级	项目名称	完成单位	主要完成人
二等奖	总台评估考核系统	中央广播电视总台 腾讯云计算（北京）有限责任公司 东软集团股份有限公司	梅剑平 刘志忠 李 杰 任晓东 李伟男 芦丽丽 董 堃 董 峰 黄卓伟 张欣琦
二等奖	IMR原创混合现实创作平台	中央广播电视总台 南京万生华态科技有限公司	崔建伟 陈 欣 郭 涛 江 涛 王子建 杨 楠 赵衍雷 冯高洁 赵紫薇 白 宇
二等奖	面向视听新媒体的轻量化、移动化、开放式演播系统	中央广播电视总台 博科达（北京）科技有限公司	李英斌 王玉全 崔文聪 李 烨 高鑫翼 鞠福梁 郭伟萍 姚 远 李文翠 孙雨甜
二等奖	网络音频应用的开放式控制架构（GY/T 322–2019）	中央广播电视总台	钱岳林 朱 峰 罗 攀 潘 宇 张 磊 王兰岚 庞 超 张 伟 董升来 张建东
三等奖	超高清IP化集群演播室系统	中央广播电视总台 北京艾嘉博瑞系统技术有限公司 北京安达斯信息技术有限公司	侯 佳 周 帆 陈 辉 娄光宇 马 严 武 林 郝志雨 时 磊

第二届广播电视和网络视听人工智能应用创新大赛中央广播电视总台获奖名单

获奖情况	赛道	项目名称	主要完成单位
一等奖	虚拟数字人技术应用	央视频AI虚拟主持人王冠报道2022全国两会特别节目《"冠"察两会》	中央广播电视总台视听新媒体中心
一等奖	视频修复技术应用	基于4K/8K超高清AI增强制作平台的庆祝建党百年七一庆典演出《伟大征程》历史素材修复	中央广播电视总台上海总站 上海交通大学协同创新中心 上海云视科技股份有限公司
一等奖	智能推荐技术应用	银河互联网电视大数据智能实时推荐系统	央广传媒集团有限公司 银河互联网电视有限公司
二等奖	深度合成技术应用	基于深度学习和三维重建的面部复原系统——中央广播电视总台2022年元宵晚会《永不褪色的青春》节目应用	中央广播电视总台技术局 北京火山引擎科技有限公司
二等奖	虚拟数字人技术应用	3D超写实虚拟数字人小C	央视国际网络有限公司

续表

获奖情况	赛道	项目名称	主要完成单位
三等奖	虚拟数字人技术应用	IMR 系统应用——AI 超写实数字航天员	中央广播电视总台技术局 南京万生华态科技有限公司
三等奖	深度合成技术应用	AI 时间切片系统	中央广播电视总台技术局
三等奖	深度合成技术应用	东汉陶俑"复活"，带你来看年味儿进化史！	中央广播电视总台技术局 北京中视广信科技有限公司
三等奖	视频修复技术应用	《永不消逝的电波》4K 超高清彩色修复版	中央广播电视总台视听新媒体中心 央视频融媒体发展有限公司 中国电影资料馆（中国电影艺术研究中心）

第二届高新视频创新应用大赛中央广播电视总台获奖名单

获奖情况	赛道	场景	项目名称	主要完成单位
一等奖	超高清视频	8K 超高清视频	北京冬奥会开闭幕式 8K 超高清信号制作系统创新应用	中央广播电视总台技术局 中央广播电视总台体育青少节目中心
一等奖	互动视频	分支剧情选择	新媒体可视化互动视频制作系统	中央广播电视总台技术局 中央广播电视总台新闻新媒体中心 北京中视广信科技有限公司
一等奖	互动视频	画面互动	冬奥数字雪花生成与伴飞互动视频技术系统创新应用体现	中央广播电视总台视听新媒体中心 央视频融媒体发展有限公司
一等奖	沉浸式视频	沉浸式 XR 虚拟拍摄	基于《国家宝藏·展演季》节目《威凤吟》的 XR 沉浸式舞美拍摄流程及技术研究	中央广播电视总台文艺节目中心 央视纪录国际传媒股份有限公司
二等奖	超高清视频	8K 超高清视频	CMG 媒体云——北京冬奥会 8K 开闭幕式及赛事制播	中央广播电视总台技术局 成都索贝数码科技股份有限公司
二等奖	沉浸式视频	沉浸式舞美	沉浸式节目《忆江南》特效 CG 制作系统应用	中央广播电视总台文艺节目中心
二等奖	互动视频	视角切换	基于画中画及三分屏的多视角互动切换呈现	中央广播电视总台技术局
二等奖	VR 视频	AR 视频	中国诗词大会"云中千人团"AR 虚拟实时连线互动展现	中央广播电视总台技术局 中央广播电视总台社教节目中心 北京中视广信科技有限公司
二等奖	云游戏	移动终端云游戏	基于云渲染的轻量化游戏应用：擎动中国—云赛车	中央广播电视总台技术局 中央广播电视总台体育青少节目中心 北京中视广信科技有限公司
三等奖	沉浸式视频	沉浸式裸眼 3D 呈现	《都市大楼上的年画》沉浸式裸眼 3D 影像系统应用	中央广播电视总台农业农村节目中心 成都燧石行影视科技有限公司

2022年度中央广播电视总台电视节目技术质量奖获奖名单

类别	节目名称	申报单位	主要完成人	评审等级
超高清专题	你好！火星（8K）	技术局录制五部	沈志宏　向　权　崔博涵　秦　瑶	一等奖
超高清综艺	2022年中央广播电视总台春节联欢晚会歌舞精编（8K）	技术局录制二部	徐　驰　卢晓东　吴　畏　王少嘉 何　献　金　楠	一等奖
超高清体育	实况录像（奥林匹克）—北京冬奥会—冬季两项男子15公里集体出发决赛	技术局转播一部	郭　洋　杨　言　叶亮显　王璨琢 刘　披　杨如鹏	一等奖
超高清大型活动	2022北京冬奥会开幕式（8K）	技术局录制五部 技术局转播一部	徐　妍　杨　斌　虞　斌　李　奈 石　萌　邵　晨　张　宇　康旻杰 李增辉　赖　旻　冯靖云　熊　珂	一等奖
高清新闻	北京2022年冬奥会冬残奥会总结表彰大会特别报道——习近平发表重要讲话	技术局转播一部 技术局新闻制播一部	谭　昕　任正龙　刘　浩　李少彤 张　曦　郑　岩　沙　静　刘晓媛	一等奖
高清专题	缤纷中国（俄语）	技术局录制二部	郭　晴　晁　璐　孟宪维　郭小强	一等奖
高清综艺	2021年中央广播电视总台中秋晚会	技术局录制四部 技术局转播一部	伍　旸　崔　巍　苏　旻　谷　青 赵　军　王　宁　王冠志　王英泰	一等奖
高清综艺	2022年中央广播电视总台春节联欢晚会	技术局录制三部	李　溢　朱谨鹏　彭　昆　李亚宁 何　迎　曹　蒙	一等奖
高清益智	《故事里的中国》（第三季）第8期	技术局录制二部	张梦伊　邓　申　张　彬　李　虹	一等奖
声音专题	追踪长臂猿	技术局音频制作一部	吴雅文　刘航诚　万玉鹏　毕胜军	一等奖
声音综艺	扬帆远航大湾区——2022新年音乐会	技术局音频制作二部	赵维达　汪　涛　张　磊　康韦斯 杜晓辉　高　磊	一等奖
声音体育	东京奥运会羽毛球女双决赛	技术局音频制作二部	林　丹　李　泉　蔡金普　黄帅嘉 林晓岚　王宝莹	一等奖
片头	风物	技术局录制五部	林　燕　刘颖卓　谭张威业	一等奖
短片	十二生肖冰雪总动员	技术局录制五部	张　浩　毛婧璇　王雅男	一等奖
演播室图形设计	2022年中央广播电视总台春节联欢晚会	技术局录制五部	谭　栋　段　峥　郭　威	一等奖
灯光综艺	2022年中央广播电视总台春节联欢晚会	技术局制作部	张　冲　蔡　蔚	一等奖
美术综艺	第二届中国汽车风云盛典	技术局制作部	慕　峰	一等奖

2022年度中央广播电视总台广播节目技术质量奖获奖名单

类别	节目名称	申报单位	主要完成人	评审等级
曲艺	《曲苑留声》	技术局录制六部	秦梓元	一等奖

续表

类别	节目名称	申报单位	主要完成人	评审等级
广播剧	《山河之上》（第3集）《良渚，中华文明之光》	技术局录制六部	房大文　周天纵　张　旭	一等奖
片花	《考古百年》预告片花	技术局录制六部	李晨雨	一等奖
环绕声和三维声	神舟再出发	技术局录制六部	初　熙	一等奖

2022年度中央广播电视总台网络视听原创节目质量奖获奖名单

类别	节目名称	申报单位	主要完成人	评审等级
短视频	十二生肖人偶　诞生记	技术局录制五部 北京中视北方影视制作有限公司	吕小燕　胡雨晨　夏　清 欧阳滢	一等奖
短视频	年"味儿"进化史	技术局新闻制播三部	吴　浩　吴　峥　杨　剑	一等奖
长视频	我的赛道	技术局新闻制播三部 北京中视北方影视制作有限公司	李　寒　高志明　白河山 褚金荣	一等奖

集体和个人荣誉

2022年度中央广播电视总台获全国级表彰的集体名单

获奖名称	获奖单位
北京冬奥会、冬残奥会突出贡献集体	技术局
	体育青少节目中心
2022年度全国三八红旗集体	新闻新媒体中心《国际锐评》栏目组
2021年度全国学雷锋志愿服务"四个100"最佳志愿服务组织	文艺节目中心文艺志愿服务小分队
2021年度全国学雷锋志愿服务"四个100"最佳志愿服务项目	新闻中心"桐树下"公益助学志愿服务项目
	总编室"@生活圈，帮助在身边"媒体公益帮扶行动
2022年"新春走基层"活动先进集体	新闻中心经济新闻部
	新闻中心军事节目部
	新闻中心特别报道部
	新闻中心环球资讯广播部
	财经节目中心《生财有道》栏目
	农业农村节目中心新闻部

2022年度中央广播电视总台获全国级表彰的人员名单

获奖名称	姓名	性别	工作单位
全国五一劳动奖章	于 蕾	女	文艺节目中心
第17届长江韬奋奖（长江系列）	何绍伟	男	社教节目中心
第17届长江韬奋奖（韬奋系列）	肖振生	男	广东总站
第21届全国青年岗位能手	龙 洋	女	财经节目中心
2022年全国向上向善好青年	严於信	男	新闻中心
2022年全国最美家庭	李 辉	男	办公厅
	杜曦晨	男	中国国际电视总公司
2021年度全国学雷锋志愿服务"四个100"最美志愿者	鞠 萍	女	体育青少节目中心
	王凤军	男	新闻中心
	张 蕾	女	文艺节目中心
2022年王选新闻科学技术奖杰出人才奖	梅剑平	男	技术局
2022年度中国广播电影电视青年科技奖	王子建	男	技术局
	王振中	男	
	黄振川	男	
2022年"新春走基层"活动先进个人	盛 洁	女	新闻中心
	王凯博	女	
	常 江	男	
	陈 博	男	
	许景云	男	
	施韶宇	男	
	蒋树林	男	
	文永毅	男	
	卞晓妍	女	
	高 磊	男	
	李 刚	男	
	宋飞京	男	
	孟 颖	女	
	王 平	男	
	张宇珺	女	
	晏 琴	女	

续表

获奖名称	姓名	性别	工作单位
2022年"新春走基层"活动先进个人	李　进	男	新闻中心
	柏　杨	女	
	张　英	女	
	崔　岩	男	
	郭　津	女	
	曹　越	女	
	聂　琳	女	
	贾　韡	女	
	何　椿	女	
	王　刚	男	
	张　伟	男	
	王晓丹	女	
	李　昊	女	
	刘若欠	女	
	刘一帆	女	
	年　加	男	
	冯建平	男	
	阙绍文	男	
	姬　缘	男	
	张　巍	男	
	王跃军	男	
	刘晓波	男	
	田忠卿	男	
	陈　琴	女	
	许　波	男	
	熊传刚	男	
	闫乃之	男	
	赵　旭	男	
	谭海梅	女	
	陈　武	男	

续表

获奖名称	姓名	性别	工作单位
2022年"新春走基层"活动先进个人	齐莉莉	女	新闻中心
	杨　雪	女	
	邓丽娟	女	
	王　妍	女	
	韩逾昊	男	
	李奕璋	男	
	姜亚洲	女	
	邵舒玮	女	
	孙　强	男	
	杨海灵	女	
	窦效磊	男	
	张国亮	男	
	李　筱	女	
	白杰戈	男	
	韩雪莹	女	
	管永超	男	
	唐子文	男	
	张棉棉	女	
	冯　烁	女	
	谢　磊	女	
	柴　华	女	
	解朝曦	女	
	冯会玲	女	
	赵初楠	女	
	杨　森	男	
	古丽尼哈力·艾尔肯	女	
	孙　永	男	
	魏　郁	女	
	王　鑫	女	
	安　然	女	

续表

获奖名称	姓名	性别	工作单位
2022年"新春走基层"活动先进个人	龚　晨	女	新闻中心
	文　晋	男	财经节目中心
	于　溪	女	
	易　扬	女	
	米玛加措	男	民族语言节目中心
	买合力亚·伊比拉衣木	女	
	纪懋雷	女	军事节目中心
	田　苗	女	农业农村节目中心
	杨景皓	男	CGTN
	于　莉	女	
	夏瑞雪	女	
	周　芳	女	
	贺丽媛	女	亚洲非洲地区语言节目中心
	于　淼	女	
	王珊珊	女	欧洲拉美地区语言节目中心
	宋　达	男	华语环球节目中心
	李凌菲	女	
	徐　速	男	
	孙雨彤	女	
	庄胜春	男	新闻新媒体中心
	温　露	女	
	顾小慈	女	
	李雪溦	女	
	王乐兮	女	

2022年度中央广播电视总台获中直级表彰的集体名单

获奖名称	获奖单位
中央和国家机关"四强"党支部	办公厅党委综合处党支部
	办公厅党委医疗保障处党支部

续表

获奖名称	获奖单位
中央和国家机关"四强"党支部	办公厅党委审计二处党支部
	总编室党委统筹协调部党支部
	总编室党委对外传播部党支部
	新闻中心党委新闻联播编辑部党支部
	新闻中心党委早间节目部党支部
	内参舆情中心直属党总支策划室党支部
	财经节目中心党委电视节目编辑部党支部
	体育青少节目中心党委第二党支部
	社教节目中心党委第二党支部
	影视剧纪录片中心党委纪录片党支部
	民族语言节目中心党委拉萨编辑部党支部
	军事节目中心党委策划部党支部
	农业农村节目中心党委融媒体部党支部
	港澳台节目中心党委对港澳新闻部党支部
	英语环球节目中心党委电视新闻编辑部党支部
	英语环球节目中心党委西班牙语部党支部
	亚洲非洲地区语言节目中心党委老挝语部党支部
	亚洲非洲地区语言节目中心党委策划采编部党支部
	欧洲拉美地区语言节目中心党委意大利语党支部
	欧洲拉美地区语言节目中心党委融媒体制作部党支部
	华语环球节目中心党委文化专题部党支部
	融合发展中心直属党总支监测评估部党支部
	新闻新媒体中心党委策划部媒资通稿部联合党支部
	视听新媒体中心党委第四党支部
	人事局党委干部管理处党支部
	财务局党委预算管理处党支部
	财务局党委会计核算一处党支部

续表

获奖名称	获奖单位
中央和国家机关"四强"党支部	总经理室党委第七党支部
	总经理室党委第一党支部
	技术局党委网络安全管理部党支部
	技术局党委录制一部党支部
	技术局党委新闻制播一部党支部
	技术局党委播出三部党支部
	技术局党委录制七部动力管理四部联合党支部
	国际交流局直属党总支业务处党支部
	创新发展研究中心党委综合部党支部
	机关党委直属党总支青年工作处和精神文明协调处联合党支部
	离退休干部局党委第12党支部
	离退休干部局党委第50党支部
	离退休干部局党委第9党支部
	离退休干部局党委第14党支部
	离退休干部局党委第44党支部
	离退休干部局党委第47党支部
	离退休干部局党委第52党支部
	音像资料馆党委第三党支部
	中国国际电视总公司党委北京中视北方影视制作有限公司党支部
	中国国际电视总公司党委央视动漫集团有限公司党支部
	中国国际电视总公司党委中视前卫影视传媒有限公司第五党支部
	中国国际电视总公司党委节目代理部第二党支部
	中国国际电视总公司党委中视卫星电视节目有限责任公司第一党支部
	中国国际电视总公司党委中央数字电视传媒有限公司第三党支部
	中央新闻纪录电影制片厂（集团）党委党群联合党支部
	中央新闻纪录电影制片厂（集团）党委中央时政部党支部
	中广影视卫星有限责任公司党委第三党支部

续表

获奖名称	获奖单位
中央和国家机关"四强"党支部	央视国际网络有限公司党委视频生态事业群党支部
	央视国际网络有限公司党委共产党员网事业部党支部
	中国环球广播电视有限公司直属党总支国际视频通讯社党支部
	央视频融媒体发展有限公司直属党总支业务部门联合党支部
	国广传媒直属党总支中文国际在线党支部
	北京总站党委第一党支部
	河北总站党委第一党支部
	山东总站党委第二党支部
	黑龙江总站党委第二党支部
	内蒙古总站党委第一党支部
	陕西总站党委第二党支部
	浙江总站党委第一党支部
中央和国家机关青年理论学习小组"关键小事"调研攻关活动三等奖	新闻中心特别报道部青年理论学习小组
	财经节目中心青年理论学习小组
	湖北总站青年理论学习小组

2022年中央广播电视总台获中直级表彰的人员名单

获奖名称	姓名	性别	工作单位
中宣部2022年度综合信息工作先进个人	张 伟	女	办公厅
中宣部2022年度舆情信息工作优秀个人	范 涛	男	办公厅

2022年中央广播电视总台北京冬奥会和冬残奥会宣传报道记功集体名单

（共10个）

开闭幕式及赛事转播报道团队	北京总站报道团队
开闭幕式及赛事转播技术保障团队	多语种对外传播工作团队
开闭幕式时政转播报道团队	总编室宣传统筹工作团队
开闭幕式文学撰稿和美术团队	总经理室经营及版权保护团队
开闭幕式多语种现场播报团队	办公厅防疫和安全保障工作团队

2022年中央广播电视总台北京冬奥会和冬残奥会宣传报道嘉奖集体名单

（共25个）

总编室编播管理工作团队
新闻中心新闻频道编辑部冬奥会冬残奥会报道团队
新闻中心夜间节目部
新闻中心社会新闻部
新闻中心环球资讯广播《大话体坛》报道团队
内参舆情中心策划室
财经节目中心电视节目编辑部
文艺节目中心大型活动中心
社教节目中心《一起上冰雪》工作团队
影视剧纪录片中心纪录片团队
CGTN 采访部
CGTN 评论部
亚洲非洲地区语言节目中心"一起向未来"项目工作团队
欧洲拉美地区语言节目中心多语种网红报道团队
华语环球节目中心《中国冰雪传奇》项目团队
新闻新媒体中心冬奥金牌首发及短视频团队
视听新媒体中心冬奥会冬残奥会专项报道团队
总经理室冬奥广告执行团队
技术局安全播出、网络安全及新媒体技术保障团队
技术局冬奥专列及直播演播室技术保障团队
技术局黏土动画设计制作团队
国际交流局外事保障团队
河北总站
中国国际电视总公司冬奥会冬残奥会专项工作团队
央视国际网络有限公司文体教育事业群体育文艺部

2022年中央广播电视总台北京冬奥会和冬残奥会宣传报道记功个人名单

（共65人）

办公厅（2人）
薛 伟　孙烨辉

总编室（2人）
杜权威　刘晓霏

新闻中心（7人）
王志明　王哈男　刘 峰　张 闻　陈小小
祖 峥　张宇珺

文艺节目中心（1人）
于 蕾

体育青少节目中心（19人）
李 岳　马 政　罗 刚　孙 伟　毕 然
董 洪　李武军　李 冰　朱若磊　田 洪
文 靖　栗广宇　刘 昊　于 嘉　杨开诺
梁 冰　高 鹏　李春凯　傅 帅

CGTN（2人）
陈 光　李 萌

新闻新媒体中心（4人）
闫帅南　唐 怡　李 浙　王 元

视听新媒体中心（1人）

陈 旻

人事局（地方总站）（4人）

王小节　王　丰　钱　江　王惟沙

总经理室（2人）

严　波　田　韬

技术局（17人）

崔建伟　薛军洪　赵　伟　郭　洋　陈策明
陈志学　刘　宁　李　中　张　钰　许钢鸣
侯　佳　徐　妍　杨　娜　娄光宇　邓　楠

王　宇　连天红

国际交流局（海外总站）（1人）

江和平

中国国际电视总公司（1人）

陈　岩

央视国际网络有限公司（1人）

王冰松

中国环球广播电视有限公司（1人）

李　霞

2022年中央广播电视总台北京冬奥会和冬残奥会宣传报道嘉奖个人名单

（共1929人）

办公厅（35人）

吴　比　杜　凯　王子卓　陈佳伟　廖江衡
李新亮　李希文　苏伯骏　王伟超　梁　豫
吴军红　陈学伟　赵　昕　张　阳　王亚群
殷　悦　赵　睿　王冠宇　吴　杰　刘璐巍
陈　晨　申　丽　杜劲军　王　震　张德海
祁　凯　耿晓伟　张长鸿　李　春　闫世广
李　齐　樊晓伟　刘卫民　刘雪松　赵烨岑

总编室（36人）

胡国华　傅　颖　谷云龙　杨　明　麦林静
韩　璐　曾胡雪莱　孙佳音　韩瑞杰
胡晓慧　李国栋　毛广卫　李　雪　苏　婕
韩　松　刘　征　周人杰　朱　棋　付诗迪
孙凤凤　李　宾　董　堃　王　晓　喻　洁
李轶豪　王　君　成　蜜　王敬毅　张凌微

田　园　陈　蓉　叶正国　孙千惠　张晓阳
周宇博　谭义勇

新闻中心（296人）

许　强　高　岩　关娟娟　申　勇　肖振生
陈　杰　冷建军　张晓鹏　彭汉明　关　舟
章　猛　薛冠南　耿小龙　韩　锐　范　凯
魏子钧　王阳昊　冯旭宏　龚雪辉　钟　锋
胡　玮　马立飞　李　铮　赵东辰　段德文
荆　伟　钟　锐　王　威　石伟明　罗晓丹
杨立峰　黄京辉　舒　贝　马　超　许永松
李晓周　王萌萌　郭晗光　杨松涛　许　达
黎　兵　王　冰　彭　娜　张　璟　魏　建
郭晓龙　王鹏飞　于海燕　王雪松　赵　化
耿旭菲　邢　彬　沈　忱　卢心雨　马亚阳
张建欣　黄美玉　张　淳　陈　扬　闫　岭

王晓东	刘 乐	马 喆	李 晋	闫 伸	张 浩	侯天博	汪 晶	宋 瑀	李佳奇
孟 宁	刘建昌	黄艳蓉	曹亚星	范学禹	李 涛	郭 明	梁 悦	王化强	朱宏源
郭 鸿	范一鸣	程 铖	周 涛	赵馨怡	张筱璇	李行健	钱 成	杨 森	孙鲁晋
唐 泽	金晓曦	郑宇红	马 鑫	王 珏	张棉棉	王逸群	栾 红	曹 波	肖 源
李冰琦	肖 津	王陶然	皮望星	马颐盟	柴 华	李 昊	赵初楠	江晓晨	舒 欣
朱邦录	崔辛雨	白岩松	王晓琛	孔 茜	刘玉蕾	纪俨玲	姚轶滨	白中华	刘 飞
赵 威	王 茜	王春潇	黄 瑛	王惠东	王 宇	方 亮	富 赜	杨 扬	王 鑫
丁 芳	郭 洁	杨鑫颖	王文佳	张 敏	郝 迪	程穗儿	赵九骁	刘 蕾	金昀瑾
项 飞	白玛央金	侯 军	王友文		李 洁	朱星晓	王泽华	高 华	陈俊杰
杜思源	李晶晶	周培培	李 兵	李志贵	陈 怡	何 源	张 哲	彭延媛	翟 乐
杨 阳	熊 冰	孙岩峰	章 林	绽晓棠	王 蕾	张 森	任 昱	于永靖	单 姗
王 倩	艾 达	赵继哲	杨 威	焦 畅	李 严	李海霞	王红岭	闫 明	李 鹏
赵 晶	黄惠馨	曹 岩	郑怡哲	李墨白	刘 允	李 琳	赵 扬	李冠群	杨晓蕾
许盼盼	于 茜	游 威	高 磊	朱若梦	杨 慧	张晓晓	林 路	成元子夜	
黄 鑫	陈伟奎	王 平	李 进	李 昕	王凯波	杨 光	晁 煜		
晏 琴	刘 立	赵海燕	王 新	黄 滨					
李 琳	周德军	张利箭	崔 岩	王卫国					
吴冰玲	柏 杨	范 俊	苏 丹	陈 晨					
姚 勤	于梦洋	钟陟悦	庄 强	严 敏					
解立楗	王 娜	程 越	李曈曈	雷 扬					
李栋维	付 蓓	陈羿伽	许 琪	冯金阳					
姬 缘	年 加	张 君	孙腾越	陈 埮					
冯 艳	朱 潇	刘一帆	郭 磊	张 辉					
吴晶晶	姚保云	冯建平	阚绍文	刘桂林					
于 琦	徐 图	代斯琳	杨 婧	齐 兵					
李 欣	李拓勇	叶承露	张 园	李文佳					
许贞旗	杜乐乐	王久奎	朱瑞君	张翼成					
汤 健	韩斯宇	王志刚	辛 娅	关伟娜					
付英凯	韩 壮	李昊阳	王 悦	刘 楠					
王 慧	孙宏宇	龚宇晴	康 辉	何 赟					
宝晓峰	刚 强	曹红晨	崔明曌	沈菲静					
崔 晨	宋晓鹏	赵 萍	温 森	张子正					
冯 锋	刘梦夏	洪 萍	张 超	王雪阳					

内参舆情中心（2人）

刁 莹　韦雅昕

财经节目中心（20人）

梁建增	蔡 俊	哈学胜	陈昊冰	布日德
王志亮	王晓来	柯成韵	骆 群	杨全录
张 菁	赵 融	王春红	许德钧	杨晓蕾
黄 嵬	解凌华	张凯华	王小丫	王思远

文艺节目中心（3人）

董 硕　柳 刚　图 旺

体育青少节目中心（480人）

栗 斌	亢 毅	张丛奕	陈 狄	龚 伟
姜美燕	蹇 武	郭 婕	邢梦洁	赵 丹
于 琼	段东勋	钟 芳	何 静	丁 祎
李 坤	师 旭	佟大中	冯 菲	蔡 郁

王伟东	张雯	卢帜	王莉	程艳	郑捷	乔宇	杨迪	陈晨	崔骁
杨阳	马志凯	张舒	杨烨	余步	高菡	李晨明	刘星宇	马也	
刘沛	李春晖	谭朝晔	毕剑琥	牛猛	麦孜燕·库来西	牛银昊	盛照博	孙鹏耀
徐鹏	姜毅	张萌萌	吴为	邵圣懿	孙思辰	王琨元	席睿	史顿	赵楠
贺炜	陈滢	董旭	李晓霞	孟凡浩	丁丁	郭宏峰	韩朝	金雷	李昊
李然	刘鑫	张伟	陆幽	熊晓	李冀	刘迪	马涛	马文超	马欣
朱健	单澂	沙桐	尤宁	郭强	孟庆鹏	王森	王强	王昭	叶健
李蕊	刘柏伶	梁毅苗	许迅	王欣	赵宇	周畅	朱元峰	王威	曾磊
张宏达	罗宏涛	卢伟	杨烁	刘京京	陈浩天	姬丹	雷宣	刘效霏	陈子娴
李金玉	宋瑾	杨岭	冯旭	顾艳军	成杰妮	邓军锋	董明睿	李庆	李宣
刘壮	赵晶	吴璞	张京玉		刘笑言	刘玉鹏	张秋婷	张师嫣	周庄
尉迟学敏	姚文莉	李东	宁慨		鲁尧	王一丁	黄彬原	季鹏	冷天爱
高宁	霍岩	张亚迟	李楠	王欣梓	厉晗媛	刘天伊	马凡舒	安浩鸣	邓浩鸿
石小楠	冯迪	李昊东	张箫箫	龚子祎	郭沫洋	嵇梦珩	沈煜	宋丹	徐莉
张婷婷	冉妮	王羽佳	叶晶	许枫	赵健彤	赵垄	刘成泽	刘顾	司磊
严周	程斯然	高建华	陈文江	康翀	张正正	付鹏	李梓轩	刘帅	王馨鑫
刘影	刘嘉	朱炤	曾雪松	邢栋	杨绚丽	董玮	冯博	贾成雷	江涛
刘川	赵威	冯威	潘勇	李洋	蒋蔚	金永哲	李亮亮	李汝昌	吕新征
吴阳	买维加	段迟	周思阳	闫斌	潘云	王建民	杨宁	张茂阳	张小龙
耿德霖	周谦	宁晓鹏	张智齐	昕	朱艳东	吕楠	吴涵之	程梓桓	冯皓
刘彭	潘婧	梁崴	李震	李涛	宫宛宁	郭琳	蓝霄	李南	梁立新
秦宁	陈阳	周颖	李庆	张华	林永盛	刘羊	朴美花	水亦诗	宋涛
王京宏	刘颖	金医	李轲	陈伟	孙硕	孙威	孙妍	王轩	肖梦妤
王映波	宋昕	张捷	王新宇	唐春雷	邢成	徐逍	阎亮	姚青青	于天一
王平	靳燕文	刘丽娜	毕建恕	田洋	于珍妮	朱云鹏	艾青	卜楠	曹凌
孙畅	张晓同	郭勇	孙卫红	黄小川	陈佳宁	崔扬	丁少洋	冯新宇	耿步
常倩	许柯	严龙	郭晨薇	刘晓军	郝殿春	郝放	何梦	胡博	黄晗
张凉凉	张军	周铭铭	李瑛	高军	黄河清	纪晓娜	琚帆	李呈	李甫晟
王欣	李鹏	单连	吕有	王江涛	李宏博	李强	李盛韬	李澍华	林一鹏
宋涛	单广宇	廉政	宋炜	史俊	刘晨	刘杨杨	刘仲森	曲冰	曲天璐
田纯	游燊	任卓	王芳	马鑫	沙裕阁	邵易	司金杭	宋威	孙超
乔东光	邓垚	牛斐	杨烨	张朝夕	孙羽	汤涛	唐瑞	陶钧	陶天蛟
邱柯	纪朝阳	傅佳伟	孙平	张虹	汪光馨	王顿	王华年	王家宝	王嘉

王靖颐	王玏	王鹏	王思锜	韦珊珊
魏东	魏冉	肖鑫	谢菲菲	余微
张驰	张戈	张鹏	张鹏宇	张榕
赵迎新	朱宇明	卓力	曹雯蓉	胡骏
李博	娄理文	马晓慧	欧阳鲁晔	
屈庆岩	孙雪	王靖涵	吴剑财	谢淳
闫海莹	殷健	尹龙喆	张浩	张文豪
邓玥	丁立楠	郭悦	焦灿	刘彤
魏书奇	邢雯雯	闫博扬	杨洋	安章发
时宜	杨光	张妲	张雨曦	彭殿卿
王晓辰	刘冰	郑文泽	李宁	姜金
翟龙	傅子星	王一凡	郝帅	王路
冯杨	高瑞瑞	杨帆	张冉	李亚军
李天欣	王博	句依林	刘逸晗	沈浪浪
秦晓猛	李伟鹏	胡贺	孙琪昌	王宇晨
张戍强	高博远	李力	范满源	康毅
于川	杨达	修麒然	杜晔	林健
王亚楠	佟庆元	郝明哲	成康	方乐
陆博第	任博	杨梦飞	马喆	李晓楠
王可	韩伟华	高胜伟	朱东一	张超
李靖轩	王春飞	马少龙	王思维	高深
贺帅驰	马钺	康凯	赵凡迪	周嘉伟
岳天宇	历文博	徐春明	杨智	翟晓光
于泽洋	双燕	刘昱明	姜孔新	李昊翀
黄世彰	金声林	杨玉昆	张熹微	周爽
商辰	罗子天	曹阳	郭焓	冉晋颖
李墨耘	马禹伟	王鑫	韦飞宇	宋勇

社教节目中心（16人）

阚兆江	何绍伟	王晶	闫东	权勇
王昔	田龙	田娜	杨林	侯洁
赵京津	华越	左思	聂丛丛	刘惠
韩晓伦				

影视剧纪录片中心（22人）

梁红	申积军	夏晓辉	托娅	任崇蓉
刘盈盈	史岩	姜灏	邓武	张雪梅
杨畅	王彩臻	徐欢	刘颖	倪俊
赵小波	杨珺	张泽裕	练曙求	李小东
张凯夫	陈军			

民族语言节目中心（3人）

胡毕斯嘎拉图　阿依努尔·革命哈孜
姜雪花

军事节目中心（2人）

张艺潇　张曜

农业农村节目中心（2人）

王红玉　孙慧娟

港澳台节目中心（3人）

张蓓　王铖　谭奇川

CGTN（80人）

麻静	王跃华	刘聪	丁勇	宋嘉宁
孟璐	马泽茜	杨赛	方明	张玉
张艟	陈子奇	张施磊	陈姗	王雪靖
李曌	Diane Sim-Sim Wissgott			胡芝诚
闫美伊	齐建强	张景南	Wang Dong	
朱曼丹	马雷	赵楠	关媛	许佳颖
杨恬甜	沈小蒙	徐兆群	郑亦冰	宁宏
冯懿磊	赵云飞	岑梓源	Omar Khan	
黄越	沈辉	王鹏	王磊	仇云龙
吴金京	方舟	尹众望	庄玉滢	梅焓
田薇	刘欣	任岩	郑峻峰	李晶思
黄廓	钟秋	涂赟	杨光	郭燕

赵 瀛　苏 毅　罗来明　牛翃琳　尹晓通
曾 巍　刘 娜　郜 杰　黄欣璐　姜 涛
杨晓岚　俞 江　张美姣　姜 元　贾 鹏
蔡静莉　申 旭　赵之骏　荣 寰　赵 鑫
王英锐　杨懿俊　孙 娟　邵振华

亚洲非洲地区语言节目中心（9人）

高连忠　张 娟　王 琦　曹 琦　龚万鹏
达日玛巴斯尔　　莫小玲　麻余瑶　杜顺芳

欧洲拉美地区语言节目中心（9人）

孔 杰　张 帆　李 梅　林伟大　赵 芃
何依蕾　李怀亮　张 艳　李爱莲

华语环球节目中心（20人）

马 勇　王 峰　王东民　王正程　朱聿洁
朱 军　李 婕　王喜焕　潘春蓉　李凌菲
徐 速　方 芳　李 想　冯 倩　叶志洲
王端端　高 楠　霍建阳　李晓婷　赵 洋

融合发展中心（4人）

关海鹰　黄 颖　米 鹤　苏 益

新闻新媒体中心（56人）

钱 蔚　王姗姗　吴发力　乔全兴　杜 通
张奇斌　郑 弘　房轶婷　陆 毅　张 庆
文 雅　刘 博　毕 磊　张 凯　王 瑶
郑立恒　翟晨金　张 媛　隋博宇　吴啸浪
龚 铭　陶 郎　杨弘杨　朱书影　李大勇
席罗曦　熊江萍　丁 沂　高佳鑫　温 露
单 泽　丁 子　耿志民　马丽君　徐 冰
马文佳　李 伟　蒋安琪　柴 婧　邵天凤
张雅文　李 涛　陈 曦　姜 萍　舒 鹏

闫 博　李 东　雷正龙　郭云飞　张 鸥
王 竹　庄胜春　王 薇　汪 洁　张伟浩
钱子琦

视听新媒体中心（25人）

杨继红　俞 勤　刘万铭　连新元　张冀文
杨娜娜　林 喆　贾 非　曹 爽　张 阳
王宇波　张宏涛　陈姝旬　王 歌　杨潇濛
高业嬴　陈 涛　张馨文　杨 浪　元子帅
董大伟　宾 芳　朱一侃　赵鹏伟　姜 华

人事局（2人）

刘立松　陈 俊

财务局（1人）

赵 欣

总经理室（15人）

任学安　于小青　徐立军　冯 惠　刘丽华
杨 玲　佘贤君　杨莉莎　尹学东　石正茂
徐 涛　韩 墅　李紫微　方 恒　孙改萍

技术局（611人）

徐 进　智 卫　刘朝晖　管 毅　赵永礼
姬海啸　王俊涛　聂 明　吕兆明　潘 奇
袁利涛　王 璇　王大力　陈卫平　刘 斌
相 冰　齐 翼　徐汉铂　刘建国　王 铮
郑 波　刘子冬　刘 浩　孙 浩　戴云辉
张彦彬　许 磊　聂自非　黄 弘　邱 亚
陈 宇　简维毅　陈 浩　李英斌　王玉全
雒 勇　杨 琳　孟 维　刘文生　白 磊
魏立全　徐 丁　刘全胜　王冬生　冯 云
马学宁　朱正磊　杜颖晖　辛增强　张晓强

李 萌	刘伯华	刘金牛	张德辉	王 芮	王兰岚	张南鹏	唐云鹏	高子茵	王瑞克
马 龙	刘 新	王京津	胡 炜	田文东	魏俊京	杨 京	边士哲	宫 晖	屈 鲲
郭晓军	王 楠	刘 博	陈倩倩	史国序	王健宇	范开伟	唐 沁	陈 洋	李 泉
王晓羽	李启青	王 伟	杨振宇	李 轩	丁 超	刘恒伟	靳裕龍	阎 鹏	崔 巍
唐华迪	柴涵聪	陈海卿	陶 莹	孙 悦	桂子岩	李晓雯	马 欣	张凯琦	张鑫琪
李 辉	姚 远	张 伟	孙 培	石春宇	李建辉	秦嘉澍	蔡 霄	曾 明	
张力云	谭 阳	陈 瑾	蔺 飞	李 宁	欧阳宇晴	张红红	于 晶	范学文	
姜 斌	韩 伟	刘 宇	丁 诃	郑智勇	赵国宇	陈 晨	刘振东	汪 涛	化小莹
陈 辉	刘 轩	马 聪	许 新	程 果	白 棣	段晓宇	麻 涛	李京晶	赵勃鑫
刘 琦	严 攀	孟秋渝	李 溢	张 冲	王效实	张 弢	张雨希	祥祖军	王 榕
朱宸熙	王 姗	王 漫	徐 博	邱 佳	东晓光	黄振川	石 林	高迎春	刘 姗
罗永平	张林林	刘等才	张 琦	关海龙	张丽娜	曲 妍	郜墨菊	肖 鹏	张少颖
朱海涛	康正平	张子鹏	于 颂	徐立明	宋 鉴	高海珠	蔺 婧	杨 萌	谭海娟
蒋铁柱	王 阳	鲁敬德	李想平	刘 兵	李力胜	李 冉	刘 燕	石 峰	彭 莉
邵亚杰	杨 京	葛 赢	吴 鹏	付佳宁	马 坤	杨慕星	游 田	罗 聪	李 战
马 悦	王 珮	马欣驰	贾晓冉	彭 飞	艾 岩	姜 明	丁 研	张 娟	金 鑫
王 猛	吴子轩	于 宏	于 硕	陈宇豪	李 欣	张 辉	张 毅	周学东	宋 蔚
程方圆	唐金婷	高 珊	赵 晔	边志琨	刘晶晶	赵 旭	王汗青	丁 姝	卢冠宇
耿之然	黄 梦	谭 栋	柏嘉铭	陈博览	李 婵	何一枝	薛知行	刘小卉	邓 琳
封 毅	罗新艳	薛 鹏	杨 斌	邵 晨	付 涛	杨 堃	姜永兴	宋翠翠	刘 宇
冯高洁	赵晓阳	关朝洋	高 翔	李 萌	王 谦	李永辉	许宗鑫	黄倩茵	王嘉勉
陈童彤	曲 乐	庞 超	赵 月	李 丰	杨杉杉	杨 光	李竹君	赵 盾	唐 可
方栖泽	张 博	任继锋	张云轲	刘思婷	何 璇	王嵩洋	郭文娟	葛 涛	张大立
巩 烁	李博洋	周昕宇	叶 童	郭宏斌	章 崴	李思炜	潘晓菲	许春蕾	况德新
耿 东	万玉鹏	李 帆	韩靖薇	宋 进	于 亮	连 平	白少泽	王 栋	李 江
李英杰	焦阳宇婷	侯 楠	刘航诚		张 卉	胡博宇	李 岩	陈 辰	潘 雪
王 众	刘 月	杨文文	王淦才	袁伟利	荆腾达	梁继辉	陈 猛	孙 振	谷 丰
王 楠	孙羽函	高殿君	李 震	王晨光	叶亮显	吕 政	王德顺	王 宁	胡欣迪
沈芳旌	张青虹	张 烨	杨 嘉	毕胜军	赵 军	郭振东	尹衡之	张辰宇	吕寒琪
司徒加晨	周 帆	阎 慈	赵 威		吴永福	钟 全	郁 建	焦 岩	张 宇
郭文尧	庞 硕	杨振宇	杜明钰	王清怡	李东洲	康旻杰	查 毅	赵满静	杨 畅
黄 印	孙 晗	高祎钒	王宇轩	郑 重	赵志鹏	李增辉	冯靖云	王晓杰	岑如正
陈建忠	王春琦	曾宪锋	郝志雨	任 刚	杨 言	马伯庆	廖森波	田 昊	张 旭

王宏图	周子元	马连驰	翁浩洋	张晓川	孙晓辉	徐 征	王思凯	钟安娜	周维维
鲁子欣	王璘琢	陈翊东	程智彬	赵威鹏	范嘉桐	韩 冬	李 治	王金鹏	王劲松
孙小月	陆振洵	顾青山	徐伟源	王 刚	姚雪松	刘少阳	李宏海	史 强	刘 强
牛军舰	宋 易	高润泽	孙逸浩	艾 逌	吴 浩	高志明	董晓波	许卫国	高 岩
李燕伟	况 婷	崔昕怡	叶峻材	戴佳婕	高 忠	李 明	曹 勇	贾亦雄	霍泓昊
梁书利	郭玮彬	杨如鹏	李 岩	张继跃	邓淑南	肖国栋	周明辉	罗 攀	张 杨
熊 珂	刘 掖	王冠志	刘一涵	李子杰	张 豫	周 彬	霍 欣	赵 洁	王子微
袁 野	张舒涵	张 毅	陈 鹏	王英泰	潘 宇	汤 伟	李 珊	许天伊	丁 添
苑海庆	李 婷	岳 超	齐 霁	秦 澍	陈凤生	王鑫超	段建虎	孙 庆	周俊峰
张嘉琦	蔡泽宇	陈 鹏	赖 旻	袁 文	唐赫鑫	陈 晨	杨云志	王司辰	王 晟
张 岩	谭 昕	郭轲鑫	董 璐	石 健	曹益源	张海燕	吴光达	刘虎楠	王 琛
秦 萌	张雅琢	于 佳	王 峰	韩 铮	高 阳	齐 刚	王 晟	石 磊	张亚磊
王笑雪	赵志明	赵宏辰	王 轩	郭树鹏	于钦飞	王世娜	郭向军	张 郁	李伟森
唐建评	檀寅莲	刘 昊	徐启倬	张百奥	刘新杰	阚绍宇	张立宇	张爱晨	樊 硕
朱锦鹏	腾孟林	夏欣月	马晗宇	张露淇					
杨松桦	肖浩浩	林 忠	刘新宇	张潍荐	**国际交流局（1人）**				
焦增强	鲁冬军	周维保	李维伟	冯 骏	董婧唯				
王茂年	张 靖	窦 旭	董士浩	杨 浩					
闵际元	陶 湛	孔 征	程爱华	解虹宇	**创新发展研究中心（6人）**				
李 放	李 磊	洪 超	尤 捷	王 攀	张亚东	胡姝姝	崔黎黎	沈 玉	孙莲莲
李 超	薛小妹	胡 英	赵雪松	陈海文	马媛媛				
王 琼	张峻峰	段立军	陈 波	常 亮					
吉 彬	苑 文	金 旭	苏 瑜	李 远	**地方总站（75人）**				
蒋 励	沙 崧	张 曦	张洪波	李 宁	朱世松	钱 伟	张 景	许梦哲	王胜东
张 昊	沈 默	丁 力	符 泽	郑 岩	翟 壮	杨 凯	陈宝善	邓煜洲	刘雪楠
王志国	田志刚	李嘉毅	张 辉	闫 寒	何 畅	张伟泽	纪乐乐	罗子瑛	郝 佳
邓 科	鲜 军	史贝迪	郭晓潇	张 超	危家煦	刘天思	于晶晶	李文蕊	夏震宇
董 旻	尤 亮	邓 迟	范 苑	李 鹏	孙 强	孙 畅	杨海灵	谢宾超	胡向春
陈文瑞	方琪琪	毕重光	葛广利	周 玮	李文超	介海申	郭晓平	王守佳	路 平
金子淳	赵 佟	王瀚宇	刘文生	闫东良	方 磊	郭永良	王 帅	晁向荣	张玉阶
曲 凡	谢海冬	陈 峰	吴 宇	李 楠	薛东海	王萱傲	冯雪松	毛更伟	杨 洋
李 芃	潘 仪	王 洁	白颖明	丛 岭	冯志远	沈世一	徐大为	杨 滢	梁 烨
周 津	李 响	李 奕	田 野	白小平	穆 亮	吴燕敏	王 朋	郑 皓	宋大珩

郭一淳　熊传刚　金　珠　周　羽　朱　平
刘祎辰　邓丽娟　法　绮　黄　鹂　吴信鹏
缪秋成　陈春晓　史超杰　王　溪　陈鸿燕
德庆白珍　旦增格桑　多吉仁青　闫星光
常　青　李亚玮　唐子文　王跃军　信　任
阿尔曼·阿里木

海外总站（4人）
张　欣　朱博英　姜秋镝　王　斌

音像资料馆（2人）
崔　琪　刘溟帆

中国国际电视总公司（20人）
翟宏宇　李钱前　孟雅洁　孙　凯　张　婉
李申龙　高庆成　石奇用　邹其元　李林松
赵　鹏　刘潜洋　门　劼　柳子昂　林韦辰
余　璐　王　旭　王红生　宋　鑫　宋佳丽

央视国际网络有限公司（21人）
赵　磊　魏驱虎　兰　军　李　丹　戴鸣泉
黄　宇　宋　博　何辉辉　华　睿　王　淇

李克亚　谢军强　薛廷辉　徐延吉　张振钢
赵　艳　郑红伟　王晓遐　张雨宸　孙健博
高　原

中央新闻纪录电影制片厂（集团）（2人）
叶　晶　徐洁勤

中国环球广播电视有限公司（26人）
滕云平　高　伟　王　琳　何云朝　韩　芳
宋宪坤　王　雪　高　歌　姜光宇　张丽莎
樊　星　贾春阳　郑冬梅　张　勍　靳　玲
李白鸽　梁　颖　张文邈　陈　倩　胡楚翘
何丽云　王　玉　张　蕾　于　啸
端木义平　段　炼

央广传媒集团有限公司（10人）
张　军　于　锋　张琼文　赵　净　黄玉玲
陶玉德　张鹏超　蔡荣波　牟　嘉　干　劲

国广传媒发展有限公司（10人）
蒋莉莉　戴　爽　金　近　张倩楠　蒋丽丽
吴晓虹　杨　宾　熊　瑛　李胜兰　刘　欣

2022年度获总台级表彰的人员名单

获奖名称	姓名	性别	工作单位
记功	刘超	女	四川总站
总台第二届十佳记者	刘骁骞	男	北美总站
	李铮	男	新闻中心
	陈雯	女	上海总站
	岳群	女	新闻中心
	徐兆群	男	CGTN
	温露	女	新闻新媒体中心

续表

获奖名称	姓名	性别	工作单位
总台第二届十佳记者	王晋燕	女	亚欧总站
	公海泉	男	福建总站
	吴 杰	男	军事节目中心
	张棉棉	女	新闻中心
总台第二届十佳编辑	王采芹	女	总编室
	华 越	男	社教节目中心
	刘 馨	女	影视剧纪录片中心
	邹 为	男	文艺节目中心
	陶 源	女	CGTN
	崔 岩	男	新闻中心
	解立楗	男	新闻中心
	王兴栋	男	新闻新媒体中心
	赵 融	女	财经节目中心
	李 鹏	男	新闻中心
总台第二届十佳电视播音员主持人	康 辉	男	新闻中心
	贺红梅	女	新闻中心
	撒贝宁	男	总编室
	尼格买提·热合曼	男	文艺节目中心
	龙 洋	女	财经节目中心
	王 冠	男	CGTN
	王端端	女	华语环球节目中心
	于 嘉	男	体育青少节目中心
	劳春燕	女	新闻中心
	王筱磊	男	社教节目中心
总台第二届十佳广播播音员主持人	郑小晶	女	新闻中心
	陈 星	女	港澳台节目中心
	王凤军	男	新闻中心
	张卓然	女	文艺节目中心
	王颖颖	女	亚洲非洲地区语言节目中心
	戴 莹	女	体育青少节目中心
	周赫扬	女	CGTN

续表

获奖名称	姓名	性别	工作单位
总台第二届十佳广播播音员主持人	阿不都热苏力·阿不都热依木	男	民族语言节目中心
	康 乐	女	农业农村节目中心
	张 意	男	华语环球节目中心
总台第二届十佳国际传播人才	荣 寰	男	CGTN
	王宇航	男	国际传播规划局
	许钦铎	男	CGTN
	尹晓通	女	CGTN
	吴龙海	男	新闻中心
	曲 宁	女	欧洲拉美地区语言节目中心
	席 猛	男	亚洲非洲地区语言节目中心
	叶欣华	女	CGTN
	姜秋镝	女	欧洲总站
	温雅茹	女	CGTN
总台第二届十佳制片人制作人	于 蕾	女	文艺节目中心
	马 威	男	华语环球节目中心
	王 珏	女	新闻中心
	史 岩	男	影视剧纪录片中心
	张 越	女	总编室
	段晓超	男	社教节目中心
	裴 峰	男	财经节目中心
	冯建平	男	新闻中心
	阴丽萍	女	新闻中心
	李 谦	女	新闻中心
总台第二届十佳导演	冯新杰	男	军事节目中心
	闫 东	男	社教节目中心
	董 艺	女	文艺节目中心
	康 锐	男	新闻中心
	张家齐	男	总编室
	赵 斌	男	华语环球节目中心
	张 菁	女	财经节目中心
	耿志民	男	新闻新媒体中心

续表

获奖名称	姓名	性别	工作单位
总台第二届十佳导演	杨 阳	女	新闻中心
	左 兴	男	央视频融媒体发展有限公司
总台第二届十佳业务能手	费 翔	男	新闻新媒体中心
	赵大治	男	文艺节目中心
	张 雷	男	新闻中心
	张 洁	女	总编室
	汪 东	男	CGTN
	王红玉	女	农业农村节目中心
	游 佳	女	军事节目中心
	江 涛	男	技术局
	刘 帆	男	社教节目中心
	杨 宁	女	新闻中心
总台第二届十佳工程师	刘 玓	女	技术局
	刘 昕	男	技术局
	张丽娜	女	技术局
	苗一峰	男	视听新媒体中心
	潘晓菲	女	技术局
	连天红	女	技术局
	张 杨	男	技术局
	琚宏伟	男	技术局
	廖成玉	女	技术局
	谭 阳	男	技术局
总台第二届十佳经营和管理人才	石正茂	女	总经理室
	刘桂玉	男	机关纪委
	薛 伟	男	办公厅
	陈礼东	男	国际传播规划局
	曹 武	男	人事局
	曹美丽	女	浙江总站
	谢 俊	女	总经理室
	徐 涛	男	总经理室
	唐 娜	女	总经理室
	吴丹华	女	总经理室

第五编

大事记

一月

总台新闻节目全面立体传播习近平主席二〇二二年新年贺词 1月1日,总台各平台继续突出报道国家主席习近平通过中央广播电视总台和互联网发表二〇二二年新年贺词,传播效果显著。其中,《央视快评》发表评论文章,深入阐释习近平主席新年贺词精神;《新闻联播》栏目连续多天播发《踔厉奋发 我们一起向未来》等反响报道,及时反映新年贺词在社会各界、全军部队、港澳台地区及国际社会引发的热烈反响。2021年12月31日晚至2022年1月4日,相关报道在总台跨平台总触达观众24.69亿人次,其中电视端触达观众9.22亿人次,新媒体平台触达观众15.47亿人次。

新闻频道元旦播出特别报道《日出东方》 1月1日,总台新闻频道推出特别报道《日出东方》。节目组在天安门广场架设23个机位,完整展示升国旗仪式各个环节,以及现场数万群众合唱《歌唱祖国》的场景。《祝福祖国 天安门广场举行2022年新年升国旗仪式》在各平台直播总观看量1 572.3万次,话题阅读量3 355.9万次。

青春分享节目《@青春,2022!》传播效果突出 1月1日,由新闻新媒体中心、央视网联合出品的开年青春分享节目《@青春,2022!》在总台新媒体平台上线播出,节目上线24小时,全网直播观看量超4500万次,点播量近2亿次,全网共获81个热搜话题,相关话题阅读总量超22.2亿次。

《2022新年动漫音乐会》在少儿频道和央视频同步播出 1月1日至2日,由体育青少节目中心、央视动漫集团与北京演艺集团、北京民族乐团共同主办的《"生生乐动 向未来!"2022年新年动漫音乐会》在北京连演3场,并在少儿频道和央视频同步播出。

文艺节目中心元旦宣传效果突出 元旦期间,文艺节目中心推出一批有思想、有温度、有品质的精品节目,包括《启航2022——中央广播电视总台跨年晚会》《扬帆远航大湾区——2022新年音乐会》《2022年新年戏曲晚会》《2022维也纳新年音乐会》等,获得很好的宣传效果。截至1月3日,"启航2022"微博话题总阅读量14.7亿次。

大型纪录片《记住乡愁》(第八季)乡村振兴系列节目开播 1月3日,华语环球节目中心大型纪录片《记住乡愁》(第八季)乡村振兴系列节目在中文国际频道开播。节目通过对乡村之美、乡村之富、乡村之强的记录,折射中华优秀传统文化在乡村振兴中的力量,展现绿水青山中的现代乡愁。

总台各平台聚焦习近平总书记考察北京冬奥筹办备赛工作 1月4日是北京冬奥会倒计时30天,中共中央总书记、国家主席、中央军委主席习近平在北京考察2022年冬奥会、冬残奥会筹办备赛工作情况。总台各平台精心组织报道,营造良好舆论氛围。

央广网推出系列报道《开局十四五》 1月4日起,央广网推出系列报道《开局十四五》。央广网派出33个地方频道80多名记者蹲点采访,通过大量翔实的内容和创新报道方式,生动展现了"十四五"开局之年各省区市经济社会高质量发展的新成效、新气象，深刻解答"新时代赶考要怎么办、开局要如何干"之问。

国际奥委会主席巴赫发贺函感谢总台对奥运的支持 1月5日，在北京冬奥会和中国虎年春节即将来临之际，国际奥委会主席托马斯·巴赫向中央广播电视总台台长兼总编辑慎海雄发来贺函，感谢总台对奥林匹克运动的支持，期待北京冬奥会安全成功举办。

总台2022春节联欢晚会独家互动合作伙伴发布会举办 1月5日，中央广播电视总台2022春节联欢晚会独家互动合作伙伴发布会在京举行。京东集团成为总台2022年春晚独家互动合作伙伴。双方在红包互动、电商等方面展开全方位深度合作。

北京冬奥列车暨高铁5G超高清演播室上线 1月6日，北京冬奥列车暨高铁5G超高清演播室在京张高铁清河站上线，是全球首次在350千米时速高铁列车上依托5G技术打造的超高清直播演播室。CGTN和技术局联手在首发列车上推出直播特别节目《一起向未来——开往冬奥的5G列车》，成为第一个在该列车演播室上进行直播的媒体团队。节目第一次将5G信号在传统大屏基带信号演播室进行解码并实时直播，第一次全程使用AR虚拟演播室进行直播。

总台参与主办中国美术馆馆藏体育题材美术作品展 1月7日，"迎冬奥·美在逐梦"中国美术馆馆藏体育题材美术作品展在北京开幕。本次展览由中央广播电视总台和中国美术馆共同主办。中宣部副部长、文化和旅游部部长胡和平，中宣部副部长、中央广播电视总台台长兼总编辑慎海雄出席本次展览并为展览揭幕。展览为期10天，共展出作品160余件。

《新思想引领新征程》专栏展现新思想的生动实践 1月8日起，《新闻联播》栏目推出专栏《新思想引领新征程》，全方位展现新年伊始全国各地各领域全面贯彻习近平新时代中国特色社会主义思想，奋进新征程、建功新时代的新气象、新图景，展示各地干部群众以实际行动迎接党的二十大召开的实干豪情。

《百年百城》大型融媒体活动收官 1月9日，财经节目中心《百年百城》大型融媒体活动收官。此次活动历时116天，发起100场直播，走进100座城市（区、县），足迹遍布28个省（自治区、直辖市），相关作品全网总点击量超5亿次。"100秒爱上一座城"主题征集与展播活动短视频阅读量突破1.1亿次。

总台多平台推出中国人民警察节主题宣传 1月10日是中国人民警察节，总台多平台聚焦做好主题报道。社教节目中心在社会与法频道晚间黄金时段和学习强国、央视频、央视网等新媒体平台同步播出《闪亮的名字——2021最美基层民警发布仪式》。

CGTN推出"一国两制"40周年特别报道 1月11日是"一国两制"构想提出40周年，CGTN推出系列特别报道，全方位多角度解析"一国两制"构想的成功实践与重要意义。

纪录片《红色法庭百年志》播出 1月11日至16日，社教节目中心联合最高人民法院新闻局、人民法院新闻传媒总社，推出6集纪录片《红色法庭百年志》，系统展现中国共产党在不同历史时期取得的法治成就。

央视频、CGTN推出系列微电影《国风遇见冬奥》 1月12日起，央视频联合CGTN《环球体育》栏目打造的系列微电影《国风遇见冬奥》登陆总台大小屏。

新闻频道推出《正风反腐一年间》系列报道 1月13日起，新闻频道推出系列报道《正风反腐一年间》，充分展现2021年纪检监察机关严肃监督执纪，围绕重点领域腐败问题强化问责，推动反腐败法规制度体系不断完善，正风肃纪、激浊扬清，取得明显成效。

总台发布2022重点动漫项目和新片 1月14日，央视动漫集团发布2022重点项目和新片，21部动漫精品亮相。中宣部副部长、中央广播电视总台台长兼总编辑慎海雄出席活动，为贺岁、冬奥主题动漫大片开播定档，并与嘉宾一起启动"动漫中国"创制战略。

纪录片《从北京到北京》传递人人参与、人人共享的奥运精神 1月14日至19日，由影视剧纪录片中心出品的6集北京冬奥会主题纪录片《从北京到北京》在纪录频道播出。该片通过讲述参与两届奥运会的建筑设计师、艺术家及志愿者的故事，让受众体悟到人人参与、人人共享的奥运精神。

生态冬奥纪录片《冬奥山水间》在体育频道首播 1月15日，北京冬奥会开幕倒计时20天之际，生态冬奥纪录片《冬奥山水间》在体育频道首播，奥林匹克频道重播。该片采用4K标准摄制，分为《延庆篇》和《张家口篇》两集，将绿色办奥理念贯穿始终，体现体育事业同生态文明建设紧密结合，体育设施同自然景观相互交融。

纪实专题片《零容忍》开播 1月15日至19日，5集纪实专题片《零容忍》在综合频道黄金时段播出，全面展现中国共产党坚定不移推进党风廉政建设和反腐败斗争，彰显党自我革命、坚决反腐的决心。截至1月17日，话题"零容忍"微博阅读量超2.6亿次。

总台多平台充分报道2022年世界经济论坛视频会议 1月17日，国家主席习近平在北京出席2022年世界经济论坛视频会议并发表题为《坚定信心 勇毅前行 共创后疫情时代美好世界》的演讲。总台多平台重点展开报道。

亚洲非洲地区语言节目中心制作的《CMG新闻一刻钟》在印度电视台首次开播 1月17日起，亚洲非洲地区语言节目中心制作的泰米尔语新闻栏目《CMG新闻一刻钟》在印度电讯电视台开播。这是印度电视台首次开设中国新闻栏目。

总台举行北京冬奥会、冬残奥会前方报道团出征仪式 1月19日，总台举行北京冬奥会、冬残奥会前方报道团出征仪式。中宣部副部长、中央广播电视总台台长兼总编辑慎海雄作动员讲话，并向新闻报道团队、开闭幕式及赛事转播报道团队、技术保障团队授旗。总台副台长阎晓明主持出征仪式，总台副台长、北京冬奥组委副主席蒋希伟出席。总台相关部门负责同志及前方报道团成员代表共150人参加出征仪式。

北京冬奥会"版权保护集中行动"暨"版权守护计划"在京发布 1月20日，总台与国家版权局在北京联合发布北京2022年冬奥会"版权保护集中行动"暨"版权守护计划"。中宣部副部长、中央广播电视总台台长兼总编辑慎海雄出席活动，并与中宣部副部长张建春，全国政协文化文史和学习委员会副主任、中国版权协会理事长阎晓宏等共同发布北京2022年冬奥会"版权保护集中行动"暨"版权守护计划"。

《红色印记——百件革命文物的声音档案》入选"庆祝建党百年融创报道十大精品案例" 1月20日，由中国记协新媒体专业委员会组织开展的庆祝建党百年融创报道精品案例推荐活动结果揭晓，总台新闻中心出品的节目《红色印记——百件革命文物的声音档案》入选"庆祝建党百年融创报道十大精品案例（中央媒体）"。

总台发布社教节目重点片单 1月21日，"看见·行进的中国"中央广播电视总台2022年社教节目重点片单在北京发布。中宣部副部长、中央广播电视总台台长兼总编辑慎海雄出席活动，并和与会嘉宾共同启动片单发布活动。发布活动分"信仰中国""泱泱中华""科技中国""文化中国""山水中国"等5个版块，20档精品节目集中发布，通过总台多平台带领受众一起看见充满自信的中国，读懂文明悠久的中国，感受生机勃勃的中国。

国际传播规划局与英美主流媒体合作推介总台春晚 1月21日起，总台国际传播规划局协同CGTN首次与BBC、CNN开展春节主题内容制作，在其官网和客户端推出"春节文化专区"，多渠道推介总台春晚。BBC专区推出主题短视频和文章《Z世代的新年愿望》《不一样的饺子》《国潮风起》《春晚黑科技》《魔力年夜饭》等，诠释中国春节文化新时代特性。CNN专区通过主题视频和文章，讲述中国南北春节饮食文化、春晚背后的人物故事等内容。

总台与尼加拉瓜国家电视台首次联动打造新媒体直播 1月21日，由总台拉美总站联合新闻新媒体中心、CGTN共同策划发起，联动尼加拉瓜国家电视台，推出《逛吃逛吃！来尼加拉瓜"淘年货"》新媒体主题直播。该直播采取北京与尼加拉瓜首都马那瓜两地联动形式，通过歌舞表演、好物推介、官员采访、网友互动等环节，对尼加拉瓜自然资源、特色货品、文化风俗、传统美食等进行展示。

总台两家海外调频电台在非洲上线智能手机 1月21日，总台海外音频移动新媒体落地项目在肯尼亚和坦桑尼亚上线，首次实现总台海外整频率广播落地节目转化为在线音频在海外移动智能终端播放，触达用户数超230万户。

CCTV-8K超高清频道开播 1月24日，中央广播电视总台CCTV-8K超高清频道开播，"百城千屏"公共大屏项目同时启动。中宣部副部长、国务院新闻办公室主任徐麟，中宣部副部长、中央广播电视总台台长兼总编辑慎海雄等共同启动频道开播暨"百城千屏"公共大屏项目。国家广播电视总局副局长孟冬，中国航空工业集团有限公司党组副书记、总经理罗荣怀等出席活动。

总台2022网络春晚播出 1月25日（农历小年夜），总台2022网络春晚在综合频道及央视网、央视新闻、央视频、央视财经、央视文艺等总台新媒体平台同步播出。晚会以"青春正好 当燃开新"为主题，突出网络化、年轻态、正能量特色，以"总台最懂年轻人的晚会IP"为目标，打造一场"青春嘉年华"。截至1月26日，相关内容新媒体矩阵直播播放量1.5亿次，视频播放量8亿次，全网热搜话题共241个。

总台新闻节目聚焦中国同中亚五国建交30周年视频峰会 1月25日，国家主席习近平在北京主持中国同中亚五国建交30周年视频峰会。总台新闻节目重点展开报道。其中,《时政新闻眼》栏目推出《习近平主持这场建交30周年视频峰会,释放哪些重要信号?》,梳理中国同中亚五国交往合作的重要历程,阐释习近平主席提出的"五点建议",凸显2022年中国主办的首场重大多边外交活动和30年来中国同中亚五国元首第一次集体会晤的重要意义。

财经节目中心发布精品节目片单 1月25日,"强国之基·生活之美"中央广播电视总台财经节目中心2022年精品节目片单发布。中宣部副部长、中央广播电视总台台长兼总编辑慎海雄出席发布会,并与工业和信息化部副部长辛国斌等共同启动大型融媒体活动《智造中国》。发布会分"强国之基"和"生活之美"两个版块,16部精品力作集中发布,展现经济社会发展成就,发掘中国经济韧性活力,照见亿万家庭美好生活,传承文化自信家国情怀。

习近平向首届全球媒体创新论坛致贺信 1月26日,首届全球媒体创新论坛在北京举行,论坛由中央广播电视总台发起主办,中国奥委会和北京冬奥组委联合主办、科技部提供支持。中共中央总书记、国家主席、中央军委主席习近平向论坛致贺信。习近平指出,2022年北京冬奥会即将开幕,中方将为世界奉献一届简约、安全、精彩的奥运盛会。此次论坛以"共享科技冬奥"为主题,希望与会嘉宾集智共商、交流分享,助力精彩展现冰雪运动独特魅力,发扬奥林匹克精神,共同推动奥林匹克冬季运动发展。

总台多平台重点报道习近平总书记赴山西考察 1月26日至27日,中共中央总书记、国家主席、中央军委主席习近平赴山西看望慰问基层干部群众,向全国各族人民、向港澳台同胞和海外侨胞致以美好的新春祝福。总台多平台重点展开报道。

纪录频道推出大型纪录片《飞越冰雪线》 1月26日至31日,由中央广播电视总台和荷兰洞察电视公司联合制作的6集体育纪录片《飞越冰雪线》在纪录频道播出。节目选取来自中国、荷兰、俄罗斯、美国、墨西哥、英国等国家的7名顶尖冰雪运动员作为叙述主体,将现实训练镜头与运动员的历史影像相结合,讲述他们的成长经历。

《总台人才建设工作方案》印发 1月27日,《总台人才建设工作方案》正式印发执行,旨在建设一支结构优化、布局合理、大师闪耀、新人辈出的高素质人才队伍,把总台打造成为全媒体人才高地。

华语环球节目中心发布重点节目片单 1月28日,"全球华人的精神家园"——中央广播电视总台2022年华语环球节目中心重点节目片单在北京发布。中宣部副部长、中央广播电视总台台长兼总编辑慎海雄出席活动,并和与会嘉宾共同启动片单发布活动。发布活动分为"中国骄傲""共同记忆""大美文化""四海同心"等4个版块,以"传承中华文明,服务全球华人"为宗旨,向海内外观众重点推介20档华语精品节目。

新春大剧《人世间》开播 1月28日,现实题材电视剧《人世间》在综合频道黄金时段首播。该剧改编自当代作家梁晓声第十届"茅盾文学奖"同名获奖作品,通过一个普通家庭五十年间的命运变化,展示改革开放以来中国翻天覆地的社会变化。该剧一开播即获得全媒体平台广泛关注,引发全民追剧热潮。

CGTN推出《全球议员迎冬奥》特别节目

1月29日，作为中央广播电视总台首届全球媒体创新论坛系列活动之一，CGTN特别节目《全球议员迎冬奥》向全球播出。来自五大洲20多个国家的30多位议员，围绕"冬奥之美，人类精神"的主题畅所欲言，发出反对将奥运会政治化的呼声。他们高度赞扬中国在疫情期间如期举办"简约、安全、精彩"的奥运盛会，充分肯定北京冬奥会为世界带来希望和凝聚力，共同祝愿北京冬奥会圆满成功。

《总台域名管理规定》印发 1月29日，为保护总台品牌形象，做好总台域名资源管理，确保域名系统安全可靠运行，融合发展中心与技术局共同制定《总台域名管理规定》，并向全台印发。《总台域名管理规定》根据国家相关域名管理办法要求，参考国际相关域名标准，结合总台域名实际使用需求，明确总台域名定义、管理范畴、命名规范、各相关单位主要职责、申请及变更流程等方面内容，进一步推动总台网络资源规范化管理。

2022年春节联欢晚会圆满播出 1月31日晚（农历除夕），2022年中央广播电视总台春节联欢晚会向全球直播并获得圆满成功。晚会以唱响"新征程上的迎春曲，中国年里的欢乐颂"为主旨，把建党百年、乡村振兴、生态文明、冬奥盛会、中国航天等重大主题贯穿其中，深情讲述中国故事，描绘新时代新征程上的壮丽图景。首次打造720度LED穹顶大屏幕，首次采用分区域多点扩声方式设计扩声系统，为现场观众营造良好的视听环境。充分运用XR、AR虚拟视觉技术、全息扫描技术、8K裸眼3D呈现技术等，为观众带来栩栩如生的立体影像。据统计，春晚直播期间海内外跨媒体受众总规模达12.96亿人次，新媒体端用户直点播总触达受众71.33亿人次。春晚各类衍生微博话题突破1300个，阅读量123.6亿次，直播期间互动活动参与人次691亿，全球170多个国家和地区超过650家媒体对春晚进行直播及报道。总台8K超高清频道直播春晚，"百城千屏"扩展观看空间。首次推出"竖屏看春晚"，拉近春晚舞台与年轻受众之间的距离，相关竖屏短视频总播放量超2亿次。

总台领导向海内外总站致以新春祝福 1月31日，中宣部副部长、中央广播电视总台党组书记、台长兼总编辑慎海雄向海内外总站发出《新春家书》，代表总台党组和编务会议感谢海内外总站干部员工一年来的辛勤努力工作，并向他们及家人致以新春祝福。

《古韵新春》节目展现中国新年文化内涵 1月31日，综合频道播出春节创新节目《古韵新春》，以文物、古籍为切入点，梳理中华民族从古至今的过年方式，将"文物展演＋文化访谈＋古风乐舞"有机结合，探寻中国传统新年的文化意义，展现中华民族从未断流的文化传承和审美认同。

纪录片《年的味道》在中文国际频道播出 1月31日至2月6日，由华语环球节目中心制作的7集年文化纪录片《年的味道》在中文国际频道播出，从国际传播视角解读中国年的味道，展现老百姓对美好生活的追求和向往。

二月

总台领导看望慰问春节值班员工 2月1

日（大年初一），中宣部副部长、中央广播电视总台台长兼总编辑慎海雄，中央广播电视总台副台长阎晓明、蒋希伟，分别赴复兴路办公区、复兴门办公区、鲁谷办公区和光华路办公区，看望慰问春节坚守岗位的一线干部员工和值守武警，代表总台党组和编务会议感谢大家一年来的辛勤努力工作，向全台干部员工致以新春祝福。

专题片《冰雪之约》全景展示我国冰雪运动跨越式发展 2月1日起，3集政论专题片《冰雪之约》在新闻频道播出，讲述几代冰雪人为国争光、奋力拼搏的感人故事，充分展现中国人民为奉献一届精彩、非凡、卓越的冬奥会所付出的努力，全景展示我国冰雪运动的跨越式发展。

军事节目中心推出纪录片《山河铭刻》 2月1日起，军事节目中心打造的5集纪录片《山河铭刻》在国防军事频道及央视军事新媒体平台推出，通过《赤胆忠诚》《青春之歌》《血性荣光》《生死守护》《家国同心》等5个篇章，讲述中印边境喀喇昆仑戍边官兵践行"大好河山 寸土不让"的铿锵誓言，用忠诚和血性谱写的英雄故事，引发观众情感共鸣。

国际奥委会主席巴赫先后两次接受总台专访 2月3日，国际奥委会主席托马斯·巴赫接受总台财经节目中心《对话》栏目专访，表达对即将开幕的北京冬奥会和冬残奥会成功举办的祝愿，积极评价北京冬奥会在科技、绿色方面的做法，展望北京冬奥会和奥林匹克运动在当今世界发挥的重要作用。2月9日，国际奥委会主席巴赫参观中央广播电视总台北京冬奥会前方转播报道制作中心，并接受总台独家专访，称赞北京作为"双奥之城"为奥林匹克运动作出的特殊贡献，对总台倾情投入北京冬奥会报道给予高度肯定。

总台北京冬奥会报道收视创新高 2月4日至20日，2022年冬奥会在北京举行。总台投入转播报道和公用信号制作团队近3000人，统筹安排央视频、央视新闻、央视体育等新媒体平台和综合频道、新闻频道、体育频道、体育赛事频道、奥林匹克频道、4K/8K超高清频道、CGTN等电视频道和中国之声、环球资讯广播等广播频率，全面立体展开冬奥转播报道，倾全台之力向世界呈现了一届精彩、非凡、卓越的奥运盛会。同时，总台以8K技术制作开闭幕式、自由式滑雪及单板滑雪大跳台、速度滑冰等项目公用信号，并实现历史首次奥运会赛事全程4K制播。据统计，北京冬奥会在总台平台跨媒体总触达受众628.14亿人次，远超东京奥运会的479亿人次。

总台与阿根廷公共媒体国务秘书办公室签署合作协议 2月4日，在阿根廷总统费尔南德斯出席北京冬奥会开幕式和相关活动之际，中国中央广播电视总台台长兼总编辑慎海雄与阿根廷公共媒体国务秘书巴莱里亚·萨佩索奇妮共同签署《中国中央广播电视总台与阿根廷公共媒体国务秘书办公室合作协议》。

总台与阿拉伯联合酋长国通讯社签署合作协议 2月5日，在阿拉伯联合酋长国阿布扎比王储穆罕默德出席北京冬奥会开幕式和相关活动之际，中国中央广播电视总台台长兼总编辑慎海雄与阿拉伯联合酋长国通讯社社长穆罕默德·杰拉勒·拉伊斯共同签署《中国中央广播电视总台与阿联酋通讯社合作协议》。

央视频《开工喜央young》传播效果显著 2月7日，由视听新媒体中心和央视频融媒体发展有限公司共同策划、联合制作推出的首档原创喜剧脱口秀节目《开工喜央young》，在央视频、央视新闻等总台多个新媒体平台同步上线直播。节目收获全网热搜52个，全网直播观看量2600万次，相关短视频播放量超4.2亿次，覆盖融媒体用户超3.8亿人次，相关话题阅读量超11亿次。

中央广播电视总台2022年工作会议召开 2月10日，中央广播电视总台召开2022年工作会议。中宣部副部长，中央广播电视总台党组书记、台长兼总编辑慎海雄传达中央领导同志重要批示，代表总台党组作题为《牢记领袖嘱托 坚持守正创新 奋力打造国际一流新型主流媒体 以优异成绩迎接党的二十大胜利召开》的讲话，总结2021年工作，分析面临的形势和任务，部署2022年各项工作。

中央广播电视总台2022年党的建设工作会议召开 2月10日，中央广播电视总台召开2022年党的建设工作会议。中宣部副部长，中央广播电视总台党组书记、台长兼总编辑慎海雄代表总台党组作题为《巩固深化总台党的建设高质量发展 以优异成绩迎接党的二十大胜利召开》的讲话。会上，慎海雄与总台党组成员、编务会议成员及总会计师签订并交换《中央广播电视总台2022年落实全面从严治党责任书》。

中央广播电视总台2022年经营工作会议召开 2月11日，中央广播电视总台召开2022年经营工作会议。中宣部副部长，中央广播电视总台党组书记、台长兼总编辑慎海雄代表总台党组作题为《奋力推动总台经营工作跨越式发展 为打造国际一流新型主流媒体提供坚实支撑》的讲话。

中央广播电视总台2022年技术工作会议召开 2月11日，中央广播电视总台召开2022年技术工作会议。中宣部副部长，中央广播电视总台党组书记、台长兼总编辑慎海雄出席会议，代表总台党组作题为《聚焦媒体融合 深化科技创新 以优异工作成绩迎接党的二十大胜利召开》的讲话。

社教节目中心推出特别节目《2021科普中国揭晓盛典》 2月14日，社教节目中心联合中国科学技术协会、科技部、中国科学院、中国工程院、人民日报社、新华通讯社制作的特别节目《2021科普中国揭晓盛典》在科教频道播出，学习强国、央视网、央视频、科普中国等平台同步直播。特别节目表彰神舟十三号飞行乘组航天员翟志刚、王亚平、叶光富等3位科普中国最高荣誉获得者和9位年度科普人物、1个年度科普团队、10部年度科普作品，并盘点年度科普事件和年度科学辟谣榜。

慎海雄视频会见国际奥委会主席巴赫并获颁"国际奥委会主席奖" 2月15日，中宣部副部长、中央广播电视总台台长兼总编辑慎海雄在北京以视频方式会见国际奥委会主席巴赫。双方围绕总台北京冬奥会转播报道、深化合作等议题进行友好交流。为表彰总台对传播奥林匹克运动作出的突出贡献，以及慎海雄在双方友好合作中发挥的重要作用，巴赫向慎海雄颁发"国际奥委会主席奖"。

2022年元宵晚会圆满播出 2月15日，2022年中央广播电视总台元宵晚会在综合频道、综艺频道、中文国际频道，文艺之声频率以及央视频、央视新闻、央视网等平台播出。晚会以"欢乐闹元宵 浓浓中国风"为主题，涵盖歌曲、舞蹈、曲艺、武术等形式，总收视率5.64%、总市场份额23.61%。

《新闻联播》推出系列报道《奋进新征程　建功新时代》　2月18日起，《新闻联播》栏目推出系列报道《奋进新征程　建功新时代》，聚焦党的十八大以来，党和国家事业取得历史性成就、发生历史性变革，中华民族伟大复兴进入不可逆转的历史进程。

中阿合拍现实题材人文纪录片《跨越》播出　2月19日，中国与阿根廷建交50周年之际，由总台CGTN与阿根廷英特格拉文化传媒集团联合拍摄的现实题材人文纪录片《跨越》在两国媒体首播。阿根廷总统费尔南德斯、阿根廷外交部部长卡菲罗、阿根廷驻华大使牛望道、中国驻阿根廷大使邹肖力、总台主持人白岩松、阿根廷足球运动员拉维奇等在片中通过自己的故事，见证中阿两国绵延50年的情感共鸣。

纪录片《智慧冬奥》海外首播引关注　2月19日至20日（当地时间），中国国际电视总公司策划、联合美国A+E电视网共同拍摄的4集冬奥主题纪录片《智慧冬奥》，在美国A+E电视网旗下历史频道（亚洲）平台首播，覆盖亚洲40余个国家和地区。

总台北京冬奥会4K/8K转播及特种设备运行团队获国际赞誉　2月21日，奥林匹克广播服务公司来函，称赞总台技术局出色完成北京冬奥会冬季两项、速度滑冰、滑雪大跳台等赛事公共信号制作4K/8K转播系统及特种设备技术运行任务。多个国外制作公司也先后来函，称赞总台4K/8K超高清转播技术和特种设备运行已居全球领先地位。

总台举办第二届"中国品牌强国盛典"　2月21日，由总台举办的第二届"中国品牌强国盛典"节目播出，活动推选出十大"国之重器"品牌、十大"国品之光"品牌、"年度特别贡献"品牌。中宣部副部长、中央广播电视总台台长兼总编辑慎海雄，总台编务会议成员兼总经理室总经理彭健明，以及22家品牌企业负责人、总台相关部门负责人参加活动。

第四届"你好，新时代——心中的旗帜"青年融媒体作品大赛颁奖典礼在京举行　2月21日，第四届"你好，新时代——心中的旗帜"青年融媒体作品大赛颁奖典礼在北京举行。本次大赛由中宣部宣传教育局、中央网信办网络传播局、教育部思想政治工作司、共青团中央宣传部共同指导，中央广播电视总台新闻新媒体中心主办。大赛自2021年5月26日启动以来，共征集到5020部短视频和交互作品，最终评选出视频类奖项40个、学生奖10个、融媒体作品奖10个。

总台与中国书法家协会开展战略合作　2月22日，总台与中国书法家协会在北京签署战略合作框架协议。中宣部副部长、中央广播电视总台台长兼总编辑慎海雄，中国文联党组书记、副主席、书记处书记李屹见证签约，并共同为《中国书法大会》节目开机启拍。

总台相关单位与尼加拉瓜国家电视6台线上签约　2月22日，总台影视翻译制作中心、国际视频通讯社分别与尼加拉瓜国家电视6台签署合作协议。影视翻译制作中心与尼加拉瓜国家电视6台签署《中国剧场》播出合作协议，《创业时代》《中国熊猫》等6部总台译制的西班牙语版中国影视作品将登陆尼加拉瓜荧屏。国际视频通讯社与尼加拉瓜国家电视6台签署《新闻服务协议》，授权对方使用总台的新闻内容。至此，国际视频通讯社共为拉美24个国家和地区的85家媒体提供新闻内容服务，进一步扩大总台"拉美伙伴"的合作范围。

纪录片《种子 种子》在财经频道首播 2月23日起，6集纪录片《种子 种子》在财经频道播出，27日起在综合频道播出。该片讲述中国种业的成长发展，揭秘种质资源战略的博弈，记录中国种业振兴足迹。配合该片宣介，财经节目中心还举办了别开生面的楹联征集活动，吸引数万网友参与。

俄罗斯在顿巴斯地区发起特别军事行动 总台多平台快速反应 2月24日，俄罗斯决定在顿巴斯地区发起特别军事行动。总台电视、广播、新媒体多平台快速反应，迅速联动总台驻外记者，接力式追踪报道俄乌局势动态。新闻频道从2月24日11时起，《新闻直播间》栏目全天密集连线总台驻俄罗斯、乌克兰、欧盟、美国记者，介绍俄乌局势最新动态，客观报道各方表态及民众反应。CGTN全球首发"乌议会批准实施紧急状态"消息，时效领先法新社、半岛电视台、塔斯社、美联社、BBC等多家国际主流媒体。

《2021中国电视剧发展报告》发布 2月24日，《2021中国电视剧发展报告》发布会在北京举行。该报告由总台影视剧纪录片中心、创新发展研究中心联合主编，清华大学影视传播研究中心CC-Smart新传智库提供学术支持。报告发布青年观众眼中的优质国产剧关键词和喜爱的十大国产剧、十名电视剧角色等内容。中宣部副部长、中央广播电视总台台长兼总编辑慎海雄出席发布会。

拉美总站与巴西盒子集团举办第二届"全景中国"论坛 2月24日（当地时间），总台拉美总站与巴西盒子集团成功举办第二届"全景中国"线上论坛活动。本届论坛以"影视交流推动文明互鉴"为主题，来自中巴影视及文化领域的官员、业界人士、专家学者等60余人在线"齐聚一堂"，共话中巴影视交流合作，共架民心相通之桥。"全景中国"论坛是拉美总站在巴西举办的"媒体+"品牌活动，首届论坛于2021年6月举行。

总台召开首届青年英才座谈会 2月25日，总台召开首届青年英才座谈会。中宣部副部长，中央广播电视总台党组书记、台长兼总编辑慎海雄主持会议并讲话。中央广播电视总台编务会议成员王晓真、邢博参加。

2022年总台综合频道重点节目片单发布 2月25日，中央广播电视总台2022年综合频道重点节目片单发布活动在京举行。中宣部副部长、中央广播电视总台台长兼总编辑慎海雄出席活动，并与文化和旅游部副部长饶权、中共中央文献研究室原副主任陈晋等共同启动片单发布活动。发布活动分为"赞美好时代""品中华经典""看大美中国"等3个版块，共推出10档重点创新节目。

CGTN推出系列微视频《诗印初心》（第二季） 2月25日至3月3日，CGTN推出阿拉伯语系列微视频《诗印初心》（第二季），共4集，每集约3分钟。微视频围绕中阿合作论坛成立18周年主题，将"丝路精神"贯穿全季，选取"未之见而亲焉，可以往矣""路漫漫其修远兮，吾将上下而求索"等与其精神内核一一对应的四句用典，结合含义相近的阿拉伯诗歌、谚语等，解读中国和阿拉伯国家和地区的文化典故，增强对象国受众对中国领导人思想的认知和理解。

"最美巾帼奋斗者"发布仪式录制完成 2月27日,由中宣部、全国妇联共同主办,社教节目中心承办的《闪亮的名字——"最美巾帼奋斗者"发布仪式》节目录制完成。全国妇联党组书记、副主席、书记处第一书记黄晓薇,中宣部副部长孙业礼,全国妇联副主席、书记处书记吴海鹰等参加发布仪式节目录制并为获奖者颁奖,总台编务会议成员薛继军出席活动。

总台百集纪录片《战旗》被中国人民革命军事博物馆永久收藏 2月28日,由总台推出的百集精品纪录片《战旗》被中国人民革命军事博物馆永久收藏。中宣部副部长、中央广播电视总台台长兼总编辑慎海雄出席捐赠收藏仪式,并与中央军委政治工作部有关负责同志、中央广播电视总台副台长阎晓明等为《战旗》藏品揭幕。

"融媒体定制化服务平台"上线 2月28日,由总台联合全球合作媒体共同打造的"融媒体定制化服务平台"上线。平台聚合近500家国际媒体,为媒体成员提供英语、西班牙语、法语、阿拉伯语、俄语等5种语言音视频内容的上传、展示、下载等服务,并搭建"定制化"的服务渠道,进一步加强各国媒体之间的合作。中宣部副部长、中央广播电视总台台长兼总编辑慎海雄参加启动仪式并宣布"融媒体定制化服务平台"上线。来自欧洲新闻交换联盟等近30家媒体和机构的负责人出席线上启动仪式并致贺辞。

视听新媒体中心推出总台首个AI超仿真主播 2月28日,视听新媒体中心以总台财经主播王冠为原型,在央视频平台推出总台首个拥有自然语音和表情的超仿真虚拟主播"AI王冠",在3月全国两会报道节目《"冠"察两会》中投入使用。

中国国际电视总公司策划出版《摆脱贫困》(视频书)上市 2月下旬,中国国际电视总公司策划出版的《摆脱贫困》(视频书),在全国各省区市近百家新华书店上市热销。该书以总台摄制的脱贫攻坚政论专题片《摆脱贫困》解说词为蓝本,汇集节目中大量精彩图片,将节目视频以二维码形式植入书中,形成一本以文字诠释精神、以图片注解文字、以视频提升感悟的融媒体图书。

俄罗斯主流媒体负责人致函致电总台 赞许普京总统接受总台台长专访成效显著 2月,俄罗斯全俄国家电视广播公司总裁奥列格·多布罗杰耶夫、俄罗斯报社社长帕维尔·涅戈伊察和今日俄罗斯通讯社社长德米特里·基谢廖夫分别致函致电中宣部副部长、中央广播电视总台台长兼总编辑慎海雄,高度评价他专访俄罗斯总统普京内容鲜活精彩、传播效果显著,为深化两国各领域互利合作营造更加良好的氛围,并期待与总台合作迈向更高水平。

三月

"2022年(春季)全国消费促进月 北京消费季"在京启动 3月1日,由商务部、中央广播电视总台、北京市人民政府共同举办的"2022年(春季)全国消费促进月 北京消费季"在京启动。中共中央政治局委员、北京市委书记蔡奇,商务部部长王文涛,中宣部副部长、中央广播电视总台台长兼总编辑慎海雄，北京市委副书记、市长陈吉宁等出席活动。

新闻中心推出系列报道《春天的中国》 3月1日起，新闻中心推出系列报道《春天的中国》，将景观短片与直播连线、新闻特写相结合，展示大美中国的春天景象，讲述奋进中国的故事。

CGTN纪录频道推出"新时代的中国"展播活动 3月1日至4月28日，CGTN纪录频道推出"新时代的中国"展播活动，集中展映中宣部"纪录中国"传播工程系列英文版纪录片，展示真实、立体、全面的中国。本次展播活动共展播36部138集现实题材纪录片，其中CGTN译制20部74集，从政治、经济、文化、社会、生态文明等多视角展示新时代中国风貌。

总台召开干部任职宣布会议 王晓真任总台副台长 3月2日，总台召开干部任职宣布会议。中宣部副部长，中央广播电视总台党组书记、台长兼总编辑慎海雄主持会议并宣读任职通知。中央批准，王晓真同志任中央广播电视总台副台长。

《感动中国2021年度人物颁奖盛典》播出 3月3日，《感动中国2021年度人物颁奖盛典》在总台综合频道黄金时段播出，以"平凡铸就伟大，英雄来自人民"为主题，展现2021年在党和国家历史上具有重要意义的大事，书写中国人踔厉奋发、笃行不怠的年度精神。相关内容在新媒体平台发布后，"感动中国2021名单公布""杨振宁、苏炳添等获得感动中国人物"等15个话题登上微博热搜榜。

总台多平台圆满完成2022年全国两会开幕直播报道 3月4日、5日，全国政协十三届五次会议、十三届全国人大五次会议相继在京开幕。总台综合频道、新闻频道、中文国际频道、CGTN（英语、西班牙语、法语、阿拉伯语和俄语）、4K超高清频道、中国之声、经济之声、台海之声、大湾区之声、环球资讯广播、华语环球广播、南海之声、英语环球广播、英语资讯广播、央视新闻、央视频、央视网、云听客户端、CGTN新媒体、央广网、国际在线等平台进行直播报道。

文献纪录片《我们，从延安走来》播出 3月4日至6日，由总台社教节目中心与陕西省委宣传部等单位联合摄制的3集文献纪录片《我们，从延安走来》在科教频道播出。该片以新时代的视角回顾中国共产党在延安的革命历史，讲述新中国从延安走来的故事。

总台多平台精彩报道北京冬残奥会 3月4日至13日，北京2022年冬残奥会举行。总台精心设计，统筹综合频道、新闻频道、体育频道、体育赛事频道、奥林匹克频道、4K超高清频道，中国之声、环球资讯广播，以及央视新闻、央视频、央视体育等新媒体平台对开闭幕式盛况及赛事进行报道，圆满完成全部比赛项目的国际公用信号制作，实现"两个奥运 同样精彩"的目标。据统计，北京冬残奥会相关报道跨媒体触达受众78.32亿人次。

社教节目中心《2022中国诗词大会》全新升级亮相荧屏 3月5日起，由总台与教育部联合主办，社教节目中心制作的《2022中国诗词大会》在综合频道晚间黄金时段播出。节目多维度升级，为观众带来一场精彩的诗词文化盛宴，实现社会效益和经济效益双丰收。节目全媒体触达受众17.39亿人次，超过前两季总和。

农业农村节目中心推出特别节目《劳务品牌响当当》 3月6日，农业农村节目中心推出《振兴路上》特别节目《劳务品牌响当当》，展现在乡村振兴大背景下，各地助推劳务品牌建设、发展人力资源服务业的新实践、新举措、新成果。

社教节目中心等推出"春暖花开在基层"融媒体行动 3月7日，社教节目中心与视听新媒体中心和技术局联合推出"春暖花开在基层"融媒体行动《幸福是如何奋斗出来的》。节目立足央视频平台，以探访、体验形式深入北京、广东、福建等地，讲述在当地政府惠民政策扶持下，人民群众通过奋斗获得幸福生活的温情励志故事，全景展现城市与乡村的新发展新变化。

"三八"国际妇女节特别节目《花开中国》在综艺频道播出 3月8日，文艺节目中心精心打造的"三八"国际妇女节特别节目《花开中国》在综艺频道播出。节目以"新时代女主角"为主题，讲述2022年被评为"全国三八红旗手"的优秀人物（集体）先进事迹，展现中国优秀女性的风采，赞颂新时代女性楷模的"精神内核"。

总台圆满完成全国政协、人大闭幕会和李克强总理记者会直播报道 3月10日，全国政协十三届五次会议闭幕；3月11日，十三届全国人大五次会议闭幕。闭幕会后，国务院总理李克强出席记者会并回答中外记者提问。总台多平台圆满完成上述直播报道任务。国际视频通讯社全程对外发布总理记者会直播信号，时长2小时9分。美联社、路透社、法新社、欧广联全程转发，彭博电视、英国天空新闻台等40个电视台部分或全程转播，荷兰欧华传媒等34个新媒体平台全程转播。

"美在新时代——中国美术馆典藏精品特展（第二期）"在北京开幕 3月11日，由总台和中国美术馆共同主办，中央新闻纪录电影制片厂（集团）协办的"美在新时代——中国美术馆典藏精品特展（第二期）"在北京开幕。中宣部副部长、文化和旅游部部长胡和平，中宣部副部长、中央广播电视总台台长兼总编辑慎海雄出席开幕式并为展览揭幕。此次展览精选近300件中国美术馆藏作品，分为"以美表现新时代""以美献给新时代"两个篇章展出。

总台"寻找新时代的破冰者"媒体活动启动 3月13日是中英建立大使级外交关系50周年纪念日。由中央广播电视总台发起主办的媒体活动——"50年·新启航：寻找新时代的破冰者"大型融媒体互动节目正式启动。中宣部副部长、中央广播电视总台台长兼总编辑慎海雄，中国驻英国大使郑泽光，第一代"破冰者"英国企业家杰克·佩里之子斯蒂芬·佩里，英国前副首相迈克尔·赫塞尔廷，英国前商务大臣温斯·凯布尔等十余位中外嘉宾出席线上启动仪式。活动通过制作系列融媒体短视频《破冰者》、互动新媒体专页、高端访问、播客、微纪录片等形式，讲述为中英关系发展作出重要贡献的人物故事。

微纪录片《大美中国·春天系列》播出 3月14日至24日，总台影视剧纪录片中心联动重庆、四川、江苏、新疆等10个地方总站推出的11集微纪录片《大美中国·春天系列》在纪录频道播出，通过航拍呈现中国地域山河之美，并在央视频等新媒体平台推出24小时慢直播，大小屏呼应，让观众沉浸式欣赏祖国的春景。

总台2022年"3·15"晚会播出 3月15日，总台2022年"3·15"晚会在财经频道直播，经济之声、央视财经新媒体、央视频等平台同步直播。晚会以"公平守正 安心消费"为主题，曝光一批消费乱象和典型案例。财经节目中心围绕"3·15"晚会打造现象级IP融媒体矩阵，传播效果突出。电视端收视率较2021年提升17%，创近三年收视数据新高。截至3月16日14时，央视财经新媒体发布相关报道共211篇（次），总阅读播放量达7.18亿次；收获全网热搜45个，阅读量达72.7亿次。

《新闻联播》推出系列报道《伟大变革》 3月16日起，《新闻联播》栏目推出系列报道《奋进新征程 建功新时代·伟大变革》，重点展现党的十八大以来，我国多个领域发生的历史性变革、取得的历史性成就。

总台聚焦习近平主席同美国总统拜登视频通话 3月18日晚，国家主席习近平应约同美国总统拜登举行视频通话。总台新闻节目迅速展开报道。新闻中心权威独家首发消息，及时深入解读通话重要内容。欧洲拉美地区语言节目中心用14种外语对外发布《习近平同美国总统拜登视频通话》等相关报道近70篇。

新疆总站策划推出大型直播报道《新疆牧业向春天》 3月18日至20日，新疆总站连续三天策划推出大型系列直播报道《新疆牧业向春天》，充分展现新疆畜牧业高质量发展成就，在总台多平台推出43场直播报道，累计发稿200余篇，全网推送新媒体稿件100余篇。

新闻新媒体中心打造国风创意IP《人间好时节》 3月20日，为更好展现中华优秀传统文化之美、发掘时令节气节日的文化内涵，新闻新媒体中心创新打造国风创意IP《人间好时节》。2022年共推出21期诗意微动画，11期视频全网置顶并被数百家媒体推送；多个话题登上微博热搜榜，微博话题总阅读量超7.8亿次。

总台多平台及时跟进报道"3·21"东航MU5735航空器飞行事故 3月21日，东方航空公司MU5735航空器在广西梧州发生飞行事故。总台多平台迅速启动突发事件应急报道机制，前后方紧密配合，及时展开报道。

总台多平台多形式报道"天宫课堂"第二课开讲 3月23日，"天宫课堂"第二课开讲，翟志刚、王亚平和叶光富三位航天员再次为青少年带来一堂精彩的太空科普课。总台新闻中心推出特别节目，积极报道。军事节目中心、华语环球节目中心、新闻新媒体中心等在电视端、广播端、新媒体端全面发力，在总台自有平台和第三方平台上推出大量多种形式的相关报道。

华语环球节目中心推出涉藏纪录片《我住江之头》 3月25日起，由中宣部立项、总台华语环球节目中心摄制的5集涉藏纪录片《我住江之头》在综合频道、中文国际频道、科教频道、纪录频道和CGTN各语种频道陆续播出。这是中国首部反映三江源地区践行新时代生态文明理念的大型纪录片。

媒体融合领域国家重点实验室调研座谈会在总台召开 3月28日，中宣部、科技部在总台召开人民日报社、新华社、中央广播电视总台、中国传媒大学等4家单位的媒体融合领域国家重点实验室调研座谈会。科技部部长王志刚、中宣部副部长、国新办主任徐麟率领调研组赴总台超高清视音频制播呈现国家重点实验室考察调研。中宣部副部长、中央广播电视总台台长兼总编辑慎海雄出席座谈会。

体育青少节目中心推出北京冬奥会开闭幕式纪录片《幕后》 3月28日起，总台体育频道、奥林匹克频道、央视频"体坛风云会"账号等平台同步播出12集纪录片《幕后》。该片从2020年7月开始采用4K超高清技术进行拍摄，积累近1000小时的素材，充分展现2022年北京冬奥会、冬残奥会开闭幕式从导演组形成创意到精彩亮相的全过程。

社教节目中心推出纪录片《群山的共鸣——丝绸之路上的帕米尔》 3月28日起，由社教节目中心制作的6集系列纪录片《群山的共鸣——丝绸之路上的帕米尔》，在总台中文国际频道、社会与法频道播出。该片采用国际化视觉语言和全纪实拍摄方式，聚焦帕米尔这一"一带一路"重要节点以及新丝绸之路的重要站点，彰显新丝绸之路的蓬勃生命力。

"纪检监察综合业务应用系统"上线试运行 3月29日，机关纪委上线试运行"纪检监察综合业务应用系统"。该系统旨在实现总台纪检工作信息化管理，提高工作质量和效率，推动机关纪委监督执纪工作高质量发展。系统支持信访线索管理、党风政风管理、日常监督、档案管理、数据上报等功能，涵盖纪检监察工作全流程和全要素。

总台领导会见以色列驻华大使 3月30日，中宣部副部长、中央广播电视总台台长兼总编辑慎海雄在京会见以色列驻华大使潘绮瑞，双方就中以关系、媒体合作等进行交流。

纪录片《美术里的中国》启播 3月30日，纪录片《美术里的中国》启播活动在北京举行。中宣部副部长、中央广播电视总台台长兼总编辑慎海雄出席，并与中央文史研究馆副馆长、中国美术家协会名誉主席冯远等嘉宾共同为节目启播。《美术里的中国》聚焦中国近现代经典美术作品，以最前沿的数字技术助力艺术表达，向世界彰显中华民族的文化之美、艺术之美。第一季12集节目自当日起，在总台综合频道22:30档首播，央视频、央视网等新媒体平台同步播出。

央视节目官网完成全新改版 3月31日，央视网完成央视节目官网全新改版，为总台20个中文电视频道制作新版频道页，进一步改善用户在全终端的使用体验。新版官网采用多端同源技术，确保总台内容在不同页面、终端呈现安全一致；优化视觉设计，改善用户体验，增加用户留存时长；内容上进一步深化融合创新。

总台妇女工作委员会召开第一次全体会议 3月31日，总台妇女工作委员会召开第一次全体会议，总台编务会议成员兼人事局局长、国际交流局局长、妇女工作委员会主任邢博出席会议并讲话，机关党委相关负责人以及总台妇女工作委员会委员参加会议。

四月

总台新闻节目重点报道中欧领导人会晤 4月1日晚，国家主席习近平在北京以视频方式会见欧洲理事会主席米歇尔和欧盟委员会主席冯德莱恩。总台新闻节目及时重点报道。

总台多平台关注雄安新区设立五周年 4月1日是雄安新区设立五周年。总台多平台多形式展开报道，呈现这座"未来之城"高质量建设的崭新面貌。

军事节目中心推出清明节特别节目《你的名字》 4月1日起，军事节目中心国防军事频道、央视频"央视军事"账号等平台同步推出10集清明节特别节目《你的名字》。该节目以寻访不同历史时期的无名英雄、无名烈士为线索，讲述革命先辈为了民族解放和人民幸福战斗牺牲的故事。

纪录片《无声的功勋》致敬无名英雄 4月2日，影视剧纪录片中心推出纪录片《无声的功勋》，回顾党的隐蔽战线上的伟大斗争和鲜为人知的英雄人物，在总台纪录频道首播后引发观众热议。

纪录片《"字"从遇见你》（第一季）首播 4月3日，25集纪录片《"字"从遇见你》（第一季）在总台纪录频道首播。节目从最基本的汉字开始，结合孕育汉字的古人生活与场景，故事化地讲述汉字的来源及流变，挖掘汉字背后的密码。

农业农村节目中心推出融媒体行动"乡聚春天里·春茶地图" 4月3日至13日，农业农村节目中心推出融媒体行动"乡聚春天里·春茶地图"。节目统筹7个总台地方总站、4家地方电视台资源，精选名优茶种，多视角、多维度呈现我国西南、华南、华东、华中等茶叶产区的春茶采摘、制作流程及相关产业发展情况，宣传中华传统茶文化，助力各地乡村产业振兴。

影视剧纪录片中心推出"大美中国·诗话清明"融媒体直播活动 4月4日，影视剧纪录片中心整合总台优质电视剧、纪录片资源，推出"大美中国·诗话清明"融媒体直播活动，围绕"美景、美文、美食"三大主题，通过7小时慢直播+3小时移动直播，带领观众沉浸式共赏中国春景之美、民俗之美和文化之美。

新闻中心精心策划实施清明节宣传报道 4月4日和5日，《新闻联播》分别播出报道，深入阐释新时代党和国家褒扬、抚恤优待烈士制度以及发生的历史性变革。新闻频道连续3天推出特别节目《春和景明》以及《家国清明》《为烈士寻亲》等系列报道。中国之声推出特别直播《慎终追远又清明》动态报道各地祭扫活动。环球资讯广播推出特别报道《清明祭英烈　总书记赞誉的平凡英雄》。新闻频道结合各地祭扫活动，充分介绍我国文明祭扫、殡葬改革成果。

纪录片《绝笔》（第二季）传播效果良好 4月4日至11日，华语环球节目中心推出6集纪录片《绝笔》（第二季），以14位共产党员的家信、遗书等临终绝笔为主题，展现革命先烈献身中国革命、追求崇高信仰的牺牲精神，获得良好舆论反响和传播效果。纪录片全媒体触达受众超7亿人次。

《古韵新声——清明》展现传统节日文化积淀 4月5日，总台综合频道联合国家文物局制作播出创新节目《古韵新声——清明》，以"文化访谈+文物展演+古风乐舞"形式，展现传统节日深厚的文化积淀。

黑龙江总站大型融媒体采访活动《龙江新动能》启动 4月7日，黑龙江总站联合黑

龙江省相关部门和省内67家市县融媒体共同发起的大型融媒体采访活动《龙江新动能》启动。该活动利用总台全媒体平台优势，全景展现黑龙江省通过打造以数字经济、生物经济为产业引领双引擎，冰雪经济、创意设计产业为深度赋能双驱动，全力推动龙江振兴发展的新气象。融媒体采访活动贯穿全年，总站派出多路记者分赴黑龙江省各地市采访，在总台多平台推出大型融媒体直播、短纪录片、深度调研报道等。

总台多个部门和个人为北京冬奥会、冬残奥会作出突出贡献受表彰 4月8日，《中共中央 国务院关于表彰北京冬奥会、冬残奥会突出贡献集体和突出贡献个人的决定》发布，总台技术局、体育青少节目中心被授予"北京冬奥会、冬残奥会突出贡献集体"称号。4月19日，《中共北京市委 北京市人民政府 北京冬奥组委关于表彰北京2022年冬奥会、冬残奥会北京市先进集体和先进个人的决定》发布，总台北京总站总编室被授予"北京2022年冬奥会、冬残奥会北京市先进集体"称号，北京总站王小节、技术局刘新、CGTN吴国秀、体育青少节目中心姚文莉被授予"北京2022年冬奥会、冬残奥会北京市先进个人"称号。同日，《中共河北省委 河北省人民政府 北京冬奥组委关于表彰2022年冬奥会、冬残奥会河北省先进集体和先进个人的决定》发布，总台河北总站北京冬奥会、冬残奥会报道团队被授予"2022年冬奥会、冬残奥会河北省先进集体"称号，河北总站杨海灵、谢宾超被授予"2022年冬奥会、冬残奥会河北省先进个人"称号。

北美总站"天宫问答"活动引发广泛关注 4月9日（当地时间），中国驻美大使馆、中国载人航天办公室与总台北美总站联合举办"天宫问答——神舟十三号航天员乘组与美国青少年问答"活动，联动大小屏传播，多条视频成为爆款，触达海外受众700多万人次。

总台多平台重点报道习近平总书记在海南考察调研 4月10日至13日，中共中央总书记、国家主席、中央军委主席习近平赴海南考察调研。总台多平台精心组织报道。

《全民阅读大会·2021年度中国好书》节目录制完成 4月11日，由社教节目中心承制的"世界读书日"特别节目《全民阅读大会·2021年度中国好书》完成录制。节目揭晓年度"主题出版类""人文社科类""文学艺术类""科普生活类""少儿类""年度荣誉"上榜好书，梳理全民阅读活动开展以来的成就，为观众提供一场别开生面的文化盛宴。节目于4月23日"世界读书日"当晚在综合频道和科教频道播出。

总台党组传达学习习近平总书记在北京冬奥会、冬残奥会总结表彰大会上的重要讲话精神 4月12日，总台党组召开扩大会议，传达学习习近平总书记在北京冬奥会、冬残奥会总结表彰大会上的重要讲话精神和对总台冬奥报道的重要指示精神，研究贯彻落实举措。中宣部副部长，中央广播电视总台党组书记、台长兼总编辑慎海雄主持会议并讲话。

CGTN与毛里求斯国家电视台共同举办建交50周年融媒体活动 4月15日是中国与毛里求斯建交50周年纪念日。由总台CGTN法语频道与毛里求斯国家电视台（MBC）共同举办的中国—毛里求斯建交50周年融媒体活动《跨越50年 风华正茂》，在中国北京与毛里求斯首都路易港同步举行线上启动活动。活动以"对话·合作·发展"为主题，通过媒体签约、精品节目展播、青年论坛等形式，搭建中毛青年交流平台，助推两国媒体全面深化合作，促进中非友谊发展。中国中央广播电视总台台长兼总编辑慎海雄，毛里求斯外交部部长艾伦·加努以视频致辞的方式出席活动。

总台与北京师范大学开展全面战略合作　4月15日，中央广播电视总台与北京师范大学签署全面战略合作伙伴关系框架协议。中宣部副部长、中央广播电视总台台长兼总编辑慎海雄，北京师范大学党委书记程建平出席签约仪式并共同为"中央广播电视总台—北京师范大学媒体传播系统工程研究院"揭牌。

总台召开疫情防控和安全生产工作专题会议　4月15日，总台召开疫情防控和安全生产工作专题会议。总台副台长蒋希伟出席会议并讲话。办公厅负责同志主持会议，传达习近平总书记和李克强总理关于安全生产的重要指示批示及慎海雄同志关于疫情防控、安全生产工作的批示，通报《总台安全大检查工作方案》。

总台党风廉政建设协调小组召开2022年第一次会议　4月15日，总台党风廉政建设协调小组召开2022年第一次会议。总台编务会议成员、党风廉政建设协调小组组长黄传芳出席会议并讲话。协调小组各成员单位汇报了2021年推进党风廉政建设情况和2022年工作计划。机关纪委通报了2022年总台风气建设重点工作。

总台新闻节目圆满完成神舟十三号航天员返回直播报道　4月16日，在中国空间站驻留半年的神舟十三号航天员乘组完成任务，乘坐神舟十三号飞船返回地球。总台新闻节目全程跟进报道。

总台综合频道《开讲啦》栏目改版升级　4月16日，综合频道《开讲啦》栏目以"思想＋艺术＋技术"融合理念为主打改版升级。节目以话题为主，采用"你问我答"等方式，贴合新时代青年群体，打造年轻群体喜闻乐见的互动型公开课。同时，运用最新技术手段，结合嘉宾职业特点设计不同XR场景，并与实景演播室巧妙结合，让观众体验沉浸式"开讲"。通过100路视频信号实时连线方式，打通国际传播通道，邀请全球青年共上公开课，亲身感受可亲、可敬、可爱的中国。

北美总站助力哈佛中国论坛成功举办　4月16日（当地时间），总台北美总站作为媒体合作伙伴，积极助力第二十五届哈佛中国论坛在美国波士顿成功举办。北美总站负责人作为致辞嘉宾参与论坛，广泛接触美国政商学界核心人群，搭建高层次沟通桥梁。

大型纪录片《荣宝斋》开机拍摄　4月18日，总台大型纪录片《荣宝斋》开机启拍仪式举行。中宣部副部长、中央广播电视总台台长兼总编辑慎海雄出席，并与中国出版集团有限公司党组成员、中国出版传媒股份有限公司总经理李岩等嘉宾共同为节目开机启拍。节目全面展现荣宝斋350年来的悠久历史和文化传承，从荣宝斋的发展折射中华优秀传统文化的传承创新之路。

华语环球节目中心推出系列片《太空"长征"之路》　4月18日至22日，围绕中国航天日，华语环球节目中心推出5集系列片《太空"长征"之路》，首次深度、全面、权威梳理中国长征运载火箭的发展历程。

环球资讯广播推出系列报道《他们让世界读懂中国》 4月19日，环球资讯广播策划推出系列报道《他们让世界读懂中国》，通过专访参与《习近平谈治国理政》多语种版本翻译、编辑工作的外国专家学者，以全新视角呈现习近平新时代中国特色社会主义思想在海外的巨大影响力。

2022年联合国中文日暨中央广播电视总台第二届海外影像节成功举办 4月20日（当地时间），2022年联合国中文日暨中央广播电视总台第二届海外影像节在瑞士日内瓦举行。本次活动由联合国日内瓦办事处、中国常驻联合国日内瓦办事处、驻瑞士其他国际组织代表团和总台联合主办，以"中国·潮"为主题，面向海内外征集外国人原创中文影像作品，并举办视频大赛和评奖活动。联合国日内瓦办事处总干事塔蒂亚娜·瓦罗瓦娅、中国中央广播电视总台台长兼总编辑慎海雄、中国常驻联合国日内瓦办事处和瑞士其他国际组织代表陈旭大使出席线上活动并致辞。

《开讲啦》推出联合国中文日特别节目 4月20日，联合国中文日到来之际，作为总台"魅力中文"主题活动的序幕，总编室与国际传播规划局合作，联动教育部中外语言交流合作中心、中文联盟推出《开讲啦》特别节目《全球共享一堂中文课》，来自42个国家的100位青年观众在"云端"与主持人和嘉宾交流互动，共享"神奇中文"的独特魅力。

总台多平台重点报道博鳌亚洲论坛2022年年会开幕式 4月21日，博鳌亚洲论坛2022年年会开幕式在海南博鳌举行，国家主席习近平以视频方式发表题为《携手迎接挑战，合作开创未来》主旨演讲，总台多平台重点做好开幕式报道。博鳌亚洲论坛2022年年会于4月20日至22日举行，新闻中心精心策划，重点报道。

中国国际电视总公司运营的海外新媒体专区再添新频道 4月22日，中国国际电视总公司在优兔平台运营的"China Zone"品牌专区再添一个垂直频道"梦想剧场"，这是继"流金岁月"频道之后，专区针对电视剧内容的又一精细化运营举措。优兔"China Zone"专区是中国国际电视总公司自主运营的首个海外新媒体专区，已形成规模化的中国电视节目矩阵。专区订阅用户187.9万人，总观看量22.1亿次，观看时长4.8亿小时。

总台多平台开展"世界读书日"宣传 4月23日是"世界读书日"，总台多平台开展丰富多彩主题宣传。其中，新闻中心重点报道习近平总书记致信祝贺首届全民阅读大会举办，关注各地举行丰富读书日活动，讲述阅读故事。

《国家宝藏》（第二季）繁体版在台湾播出 4月24日，由央视纪录国际传媒有限公司承制的大型文博探索节目《国家宝藏》（第二季）繁体版在台湾中视平台所属中视菁采台完成播出，精彩呈现文物代表的厚重历史，体现"中华文化一脉相承"的价值和情感认同。

总台新闻节目聚焦习近平总书记到中国人民大学考察 4月25日，中共中央总书记、国家主席、中央军委主席习近平到中国人民大学考察调研。总台新闻节目聚焦报道考察活动，深入解读习近平总书记重要讲话。

纪录片《全球公敌》讲述中国禁毒故事 4月25日起，总台纪录频道连续播出3集纪录片《全球公敌》。该片视野覆盖南美、欧洲、西亚和东南亚地区，选取多个经典案例，讲述中国政府打击跨国毒品犯罪的故事，体现中国作为负责任大国参与国际事务、打击毒品犯罪的决心和毅力。

2021中国汽车风云盛典圆满落幕 4月26日，中央广播电视总台2021中国汽车风云盛典在财经频道、经济之声、央视财经新媒体等平台同步播出，来自20家汽车企业的车型产品和技术成果竞相亮相，活动共颁发1个评委会大奖、4个评委会特别奖、3大车型奖及10大单项奖。

综合频道播出新时代纪实片《瞬间中国》 4月30日起，总台综合频道制作推出9集新时代纪实片《瞬间中国》，以"刻画奋斗者群像，书写新时代成就"为主旨，反映中国人民踔厉奋发、笃行不息的精神风貌，展现新时代党的创新理论扎根中国大地、引领时代变革的思想伟力。节目采取"先网后台"的播出形式，在央视频首播播放量破100万次，大屏端收视率较2021年同期提升6%，全网相关话题总阅读量3.58亿次、登上热搜榜12次。

五月

五一"心连心"特别节目广受好评 5月1日，由中华全国总工会、中央广播电视总台联合举办的《中国梦·劳动美——2022五一国际劳动节"心连心"特别节目》在综合频道、综艺频道和文艺之声以及央视频、央视新闻、央视网等多平台顺利播出，以"奋进新征程 建功新时代"为主题，思想性和艺术性兼具，获得社会各界广泛好评，98个话题登上热搜热榜，话题累计阅读量20亿次，相关视频播放量超1.5亿次，100余家媒体发布相关报道。

总台《"五一"云上音乐会》传递温暖和力量 五一假日期间，总台连续5天推出云上音乐会——《音乐传递温暖 坚持就是胜利——"五一"云上音乐会》。4月30日至5月4日，每天20时音乐会在央视频、央视文艺、云听客户端上线，每天21时40分在音乐频道播出；5月1日至5月5日晚间，音乐会在音乐之声、经典音乐广播频率播出。其间，总台联合国内20家交响乐团连续推出5场音乐会，1000余名演奏家演奏30余首中外名曲，并以"跨屏合奏"《我的祖国》的方式收官。

华语环球节目中心推出纪录片《不负韶华》 5月2日至6日，为配合五四青年节，华语环球节目中心推出5集纪录片《不负韶华》，展现广大青年为国为民不懈奋斗，成为党和人民事业的生力军和突击队，谱写壮丽青春篇章的故事。

社教节目中心推出纪录片《智能中国》 5月6日，社教节目中心推出系列纪录片《智能中国》，全面展示国务院颁布《新一代人工智能发展规划》后，我国人工智能技术领域的前沿发展和产品落地情况，展望新技术赋能产业升级，促进国际合作交流，增强国家科技竞争力，提高社会治理水平，维护国家安全的前景。

亚洲非洲地区语言节目中心员工获颁老挝

国家劳动奖章 5月6日，亚洲非洲地区语言节目中心华春玫、莫小玲分别被老挝政府授予老挝国家劳动奖章，表彰其对增进老中友好交流、促进老挝国家发展作出的突出贡献。

总台新闻节目报道香港特别行政区第六任行政长官选举 5月8日，香港特别行政区第六任行政长官选举圆满完成。总台新闻中心、港澳台节目中心、华语环球节目中心、CGTN等精心组织报道，跟踪选举动态，展现香港各界热烈反响，积极引导舆论，传递权威发声。

综合频道原创文化节目《故事里的中国》（第三季）收官 5月8日，综合频道原创大型文化节目《故事里的中国》（第三季）收官。本季节目采用"双时空＋双舞台"模式向新时代榜样人物致敬。

总台多平台聚焦庆祝共青团成立100周年大会 5月10日，庆祝中国共产主义青年团成立100周年大会在北京人民大会堂隆重举行，中共中央总书记、国家主席、中央军委主席习近平发表重要讲话。总台多平台全程直播报道。

新闻新媒体中心推出新闻微电影《穿越百年 以青春之我》 5月10日，新闻新媒体中心推出新闻微电影《穿越百年 以青春之我》，首次尝试将新闻事件、电影演绎和真实影像深度融合，引发网民广泛情感共鸣。

纪录片《与青春有关的日子》解读百年青春 5月10日至13日，为配合庆祝共青团成立100周年大会宣传，由影视剧纪录片中心创作的系列纪录片《与青春有关的日子》在纪录频道播出前4集。该片围绕"时代的激荡，青春的选择"主题，用影像定格百年间不同时代年轻人作出人生抉择的历史瞬间，聚焦初心使命、回望百年青春、凝聚澎湃激情。7月30日至8月6日，纪录频道又连续播出全部8集。

黑龙江总站与哈尔滨工业大学共建"科学空间演播室" 5月11日，黑龙江总站与哈尔滨工业大学联手打造的"科学空间演播室"揭牌。"科学空间演播室"利用哈尔滨工业大学雄厚的师资力量和总台以及地方总站的宣传力量，持续聚焦科普常识，开展通识教育。黑龙江总站联合哈工大、央视频共同打造的科普类融媒体产品《常识课》设置在"科学空间演播室"，每期邀请知名嘉宾就热点内容开设科普性讲堂，打造具有可视性、交互性、趣味性的融媒体产品。

总台推出系列线上专题培训活动 5月11日起，人事局根据总台2022年度培训计划，结合总台关于疫情期间"分散办公"要求，陆续推出系列线上专题培训活动。分别邀请宏观经济学家权威解读国家政策，高校学者为做好国际传播工作提供建议，总台专项团队负责人分享工作体会。总台员工可通过综合信息网和手机"掌上通"进行在线直播学习，也可运用总台网络课堂进行点播学习。

国家应急广播中心做好全国防灾减灾日主题宣传 5月12日是第14个全国防灾减灾日，也是"5·12"汶川地震纪念日。国家应急广播中心延续推广直播品牌"应急广播 科普应急"，直播节目创新形式，整合呈现北京、四川、河北、江苏、云南、浙江等地举办的应急科普活动。在央视新闻新媒体、央视网、央广网、国际在线等平台推出应急科普视频节目《燃气泄漏怎么办》，与央广网联合制作SVG交互图文产品《刷爆朋友圈的"绝地逃生"》，通过模拟朋友圈发布场景向网友普及正确应对疫情、暴雨、台风、地震等灾害的措施。策划推出系列科普短视频栏目《应急小剧场》，情景化演绎容易被忽视、认知有偏差的应急知识。

总台召开学习贯彻习近平总书记在庆祝中国共产主义青年团成立100周年大会上重要讲话精神座谈会　5月13日，中央广播电视总台召开学习贯彻习近平总书记在庆祝中国共产主义青年团成立100周年大会上的重要讲话精神座谈会。中宣部副部长，中央广播电视总台党组书记、台长兼总编辑慎海雄出席会议并讲话。总台党组成员、副台长、机关党委书记阎晓明主持会议，总台党组成员、副台长蒋希伟传达习近平总书记在庆祝中国共产主义青年团成立100周年大会上的重要讲话精神，总台党组成员、副台长王晓真宣读总台首届青年文明号集体名单。总台党组成员、编务会议成员为总台首届青年文明号集体授牌。

《焦点访谈》推出系列报道《领跑的密码》　5月15日起，《焦点访谈》栏目持续播出系列报道《领跑的密码》，聚焦机械制造、化工纺织、中国核电、新能源汽车、家用电器等5个产业行业，展示它们从跟跑、并跑到领跑的历程，解读中国发展密码。

《美术经典中的党史》收官　5月17日，社教节目中心推出的112集特别节目《美术经典中的党史》收官。节目首开以美术视角创新党史表达的视听创作先河，用"以画为体，以史为魂"的结构方式，从中国共产党成立以来的各个时期遴选出一百余件最具代表性的美术经典作品，串联起百年党史的峥嵘岁月。截至5月18日，累计触达受众23.85亿人次。

"不负韶华　国聘行动"甘肃高质量发展专场启动　5月17日，由总台视听新媒体中心和甘肃总站联合主办，甘肃省人社厅、省教育厅、省科技厅、省政府国资委以及共青团甘肃省委、甘肃广播电视总台协助承办的"不负韶华　国聘行动"甘肃高质量发展专场启动。此次专场包含6场大型云招聘直播活动和"毕业生护航计划"高校就业专家访谈活动，兰州新区产业兴城专场已于仪式当日率先启动，提供岗位需求超18 000个。"国聘行动"大型融媒体招聘品牌行动连续举办三季，累计提供职位超300万个，收到求职简历超950万份，高效助力稳就业、保就业工作，赢得社会各界广泛赞誉。

总台多平台关注报道第46个国际博物馆日　5月18日是第46个国际博物馆日。总台多平台推出多样态报道，展现博物馆的力量。新闻频道播出《总台记者带你走进南京博物院》《走近千年福寿沟　感受古代排水系统强大》等报道。军事节目中心"云报道"中国人民革命军事博物馆、中国人民抗日战争纪念馆、海军博物馆、国家博物馆等开展的国防军事主题展览。亚洲非洲地区语言节目中心发布《习近平：让文物"活"起来》《看习近平如何当中国文化首席代言人》等多语种稿件。新闻新媒体中心推出时政视频《学习正当时丨跟着总书记"打卡"博物馆》，梳理习近平总书记参观博物馆的足迹。

社教节目中心推出4K科学纪录片《你好！火星》　5月18日，在我国"天问一号"探测器成功着陆火星一周年之际，由社教节目中心联合国家航天局历时两年拍摄的4K科学纪录片《你好！火星》亮相荧屏，5月18日至23日在综合频道、科教频道和4K超高清频道播出。

总台多平台聚焦习近平主席在金砖国家外交部部长会晤开幕式上的致辞 5月19日，国家主席习近平在金砖国家外交部部长会晤开幕式上发表视频致辞，并向当天在京开幕的金砖国家政党、智库和民间社会组织论坛致贺信。总台多平台精心组织报道。

环球资讯广播推出系列报道《红色足迹》 5月23日起，环球资讯广播推出迎接党的二十大特别节目《红色足迹》。联手各地党史研究机构，选取党史上的重要事件、重要节点、英雄模范人物等，充分展现中国共产党进行革命建设发展的光辉历程。节目贯穿全年，每周播出1期，并同步在中国之声、央视新闻客户端、云听客户端等平台呈现。

文艺节目中心推出大型文化节目《从延安出发》 5月23日，5集大型文化节目《从延安出发》在综艺频道开播，以纪念延安文艺座谈会80周年为契机，结合新时代各类文艺精品，讲述文艺作品"人民至上"的创作初心。

新闻中心推出系列报道《沿着总书记的足迹》 5月24日起，新闻中心《新闻联播》《新闻和报纸摘要》《第一资讯》等重点栏目推出系列报道《沿着总书记的足迹》，全面回顾习近平总书记深入基层一线考察调研的足迹，重温习近平总书记饱含人民情怀的殷殷嘱托和引领时代的战略擘画，反映各地干部群众在习近平新时代中国特色社会主义思想指引下，奋进新征程、建功新时代的生动实践。

新闻中心关注全国公安系统英雄模范立功集体表彰大会 5月25日，全国公安系统英雄模范立功集体表彰大会在京举行，中共中央总书记、国家主席、中央军委主席习近平亲切会见会议代表。新闻中心各平台重点报道并做好解读。

总台"品牌强国工程"发布新增合作企业 5月27日，中央广播电视总台"品牌强国工程"线上发布新增合作企业，宣布中信集团、长城汽车和联想集团加入2022年"品牌强国工程"。

欧洲拉美地区语言节目中心融媒体报道立体阐释中国外交理念 5月27日，欧洲拉美地区语言节目中心策划推出10期多语种融媒体报道《迈向人类命运共同体的足迹》，回顾习近平总书记十年来重要出访和重大外交论述，阐释推动构建人类命运共同体这一中国特色外交理念。

新闻新媒体中心推出时政短视频《连心》 5月29日，新闻新媒体中心推出10集系列时政短视频《连心》，从习近平总书记历次重要考察视频同期声和当事人回忆调研细节入手，以习近平总书记与群众互动的微观视角为切入点，展现习近平总书记扎根人民的动人场景。

《小喇叭》栏目改版升级 5月29日，开播66年的中国之声《小喇叭》栏目改版升级，《红色故事我来讲》《声音里的大世界》《春天的书香》《月亮的童谣》《小喇叭剧院》等5档全新节目在中国之声和央视频、云听等平台同步播出。

新闻中心推出系列报道《大国科学家》 为配合宣传5月30日第六个"全国科技工作者日"，新闻中心于5月29日至31日在新闻频道多个时段播出科学家精神系列报道，介绍11位中国科学家的事迹。

总台独家专访香港特别行政区第六任行政长官李家超　5月30日，新闻中心推出报道《总台独家专访第六任香港特首李家超：忠诚坚毅担使命　同为香港开新篇》。这是李家超当选香港特别行政区第六任行政长官后首次接受媒体专访。

"看见美丽中国"全国短视频大赛圆满收官　5月30日，由总台新闻新媒体中心、国家（杭州）短视频基地、湖州市委市政府和中国传媒大学联合主办的"看见美丽中国"全国短视频大赛颁奖典礼在浙江湖州举行。大赛于2021年5月启动，以"你我向上，国家向前"为主题，面向全国各级融媒体机构、高校及广大用户，开展短视频创作、征集、评选和展示活动。大赛共征集作品2016部，其中30部作品分别获得最佳短视频奖、最佳摄影奖、最佳剪辑奖、最佳创意奖、最佳人气奖等奖项的金、银、铜奖。部分作品在央视新闻客户端专栏、大赛官网、大赛抖音号等平台展播，相关话题阅读量超2亿次。

总台发布2022年广告代理公司信用评级　5月31日，总台广告代理公司信用评级暨2021年品牌营销传播经典案例云发布会召开，在线发布、表彰优秀广告代理公司和成功企业案例。

六月

六一特别节目《童心筑梦　志在未来》播出　6月1日晚间黄金时段，特别节目《童心筑梦　志在未来》在总台综合频道、少儿频道和中国之声、华语环球广播以及央视频、央视网、央视少儿客户端等平台同步播出，并机收视率0.63%，收视份额3.19%，观众规模3139.1万人，新媒体视频播放量超600万次。

总台新闻节目及时报道四川雅安芦山里氏6.1级地震　6月1日17时，四川雅安市芦山县发生里氏6.1级地震。总台新闻节目第一时间展开跟踪报道，及时播发地震消息，跟踪报道后续救灾工作。央视新闻客户端第一时间开启"正直播"业态，传递最新信息。

体育青少节目中心全平台转播报道2022年世界女排联赛　6月1日至7月17日，体育青少节目中心科学配置赛事资源、设计转播方案，组织全平台对2022年世界女排联赛土耳其安卡拉、菲律宾奎松、保加利亚索非亚分站赛及总决赛进行全程转播报道。

总台多平台开展端午节主题报道　6月3日是中国传统节日端午节，总台多平台推出系列宣传产品，开展形式多样的主题宣传，推动中华优秀传统文化传播。文艺节目中心推出端午特别节目《最忆是端午》，以屈原的诗词为引，展现屈原人生故事与精神内涵。农业农村节目中心立足"三农"定位，精心打造特别编排"端午·粽香时"。华语环球节目中心电视端播出时长150分钟特别节目《传奇中国节·端午》。央视新闻客户端发布《联播+｜端午佳节　跟着总书记传承中华民族精神命脉》《习语典读｜吾将上下而求索》等时政稿件，并联动辽宁、江苏、四川、广东、江西总站及香港记者站，推出端午特别直播《正是端午好风景　云游共安康》。

总台新闻节目重点报道神舟十四号载人飞船发射　6月5日，神舟十四号载人飞船发射取得圆满成功,总台新闻节目精心组织报道。新闻频道推出四场直播特别节目,全景展现神舟十四号载人飞行任务。视听新媒体中心与新闻中心"空天逐梦"共同推出《再征星途 逐梦九天》41小时独家原创直播,为全网时间最长、原创内容最丰富的新媒体直播。CGTN英语、西班牙语、法语、阿拉伯语、俄语等5个语种全程直播飞船发射。

新闻节目多角度报道"世界环境日" 6月5日是"世界环境日"。总台新闻节目多角度开展宣传报道,展现我国生态建设成就。亚洲非洲地区语言节目中心拍摄制作的专题片《与自然和谐共生》在土耳其NTV电视台首播,讲述中国生态环境保护故事。欧洲拉美地区语言节目中心14种外语编译推送《习近平致信祝贺2022年六五环境日国家主场活动强调 努力建设人与自然和谐共生的美丽中国 为共建清洁美丽世界作出更大贡献》等总台时政稿件。央视新闻客户端推出时政微视频《绿》生动解读习近平生态文明思想,被50多家媒体转发。国际在线《讲习所》栏目推出图文专题《推进全球生态文明建设 习近平提出这些中国方案》,梳理党的十八大以来习近平总书记关于推进全球生态文明建设的重要论述。

非洲总站等推出"为大自然发声"媒体行动 6月5日"世界环境日"之际,非洲总站联合国际交流局、技术局以"为大自然发声"为主题,推出中非环境保护媒体行动。大型中英文双语5G+4K直播《世界环境日 打开非洲的环保秘籍》于6月5日8时至19时在总台及海内外多平台密集投放。此外,推出《为大自然发声——非洲野生动物保护》《世界环境日"为大自然发声"特别节目》《对话非洲》等组合式报道。

《走进老区看新貌》回溯红色历史展现老区新貌 6月5日,新闻中心联动20个地方总站推出的特别节目《奋进新征程 建功新时代》之《走进老区看新貌》收官。节目开播于4月16日,共20期,总时长超过1100分钟,呈现12个革命老区涉及20个省(自治区、直辖市)的红色历史,展现在习近平总书记和党中央的亲切关怀下红色沃土的今朝巨变。

农业农村节目中心推出"乡聚·向未来"融媒体行动 6月6日芒种节气当天,农业农村节目中心打造的融媒体品牌行动"乡聚·向未来"启动,统筹电视、广播、新媒体等平台资源,联动总台地方总站、相关农科院校和网络平台,展现"三农"领域新实践、新发展和新成就。

总台新闻节目关注美洲峰会揭批美国霸权主义行径 6月6日至10日,第九届美洲峰会在美国洛杉矶举行,总台新闻节目持续关注多国抵制美国主办的这届峰会,揭批美国霸权主义行径。新闻频道播出《新闻链接:200年来 美国在拉美罪行累累》等报道。拉美总站调度拉美片区记者力量,广泛采访各国政要学者,传递他们批评美国试图借峰会分裂美洲各国、将拉美视为后院和实行门罗主义等内容。

总台召开北京冬奥会、冬残奥会宣传报道总结表彰会议 6月7日,中央广播电视总台召开北京冬奥会、冬残奥会宣传报道总结表彰会议。中宣部副部长,中央广播电视总台党组书记、台长兼总编辑慎海雄出席会议并讲话。总台党组成员、副台长阎晓明主持会议。总台党组成员、副台长蒋希伟宣读《中央广播电视总台党组关于表彰参与北京冬奥会、冬残奥会宣传报道工作集体和个人的决定》。总台党组成员、副台长王晓真出席会议。

"央视象舞"文字名称获得文字商标注册证书　6月7日,"央视象舞"文字名称获得国家知识产权局颁发的文字商标注册证书,可在应用软件、宣传海报、广告代理、电视播放、教育娱乐、技术研究等7个领域提供知识产权保护。

新闻中心推出系列报道《走进县城看发展》　6月8日,新闻中心全平台开始推出大型直播系列报道《走进县城看发展》。在6月8日至9月30日近4个月的报道周期中,总台全媒体记者走进28个省(自治区、直辖市)的50座县城,通过行进式、互动式的直播报道,多视角、多手段解剖样本县城因地制宜、各显特色的发展路径。

CGTN Radio 英语资讯广播在南昌落地播出　6月8日,CGTN Radio 英语资讯广播正式在江西南昌落地播出,播出频率FM91.1,发射功率3千瓦,有效覆盖南昌地区。这是英语资讯广播获国家广播电视总局批准全国覆盖后,在国内的首个调频落地频率。

欧洲拉美地区语言节目中心推出多语种系列视频《万里如邻》　6月8日起,欧洲拉美地区语言节目中心策划推出迎接党的二十大多语种系列视频《万里如邻》,重点讲述在习近平外交思想指引下,中国—中东欧国家合作机制建立10年间,双边深化各领域合作交流取得的丰硕成果。

总台新闻节目重点报道习近平总书记在四川考察调研　6月8日至9日,中共中央总书记、国家主席、中央军委主席习近平赴四川考察调研。总台多平台重点展开报道。新闻中心《时政新闻眼》连续发布3期特稿,剖析习近平总书记四川之行的调研主题,阐释习近平总书记对于巴山蜀水乡村振兴、历史文化遗产传承保护的高度关注。《时政现场说》第一时间回访核心现场当事人,以全网最快速度发出反响报道。新媒体原创栏目《主播说联播》发布解读性短评视频。

CGTN 推出专题节目《揭批西方主流媒体"七宗罪"》　6月10日,CGTN《粉碎标题党》栏目推出专题节目《揭批西方主流媒体"七宗罪"》,深挖近十年外媒涉华报道,由表及里、层层重击美西方媒体存在的核心问题。

"4K/8K 超高清电视制播呈现系统及产业化应用"项目鉴定会在北京举行　6月10日,中国电子学会组织鉴定会对中央广播电视总台牵头承担的"4K/8K 超高清电视制播呈现系统及产业化应用"项目进行鉴定。鉴定委员会一致认为,该项目技术复杂、难度很大,应用规模广泛,创新性强,自主可控程度高,总体达到国际先进水平,多项技术达到国际领先水平。

总台多平台开展文化和自然遗产日主题宣传　6月11日是文化和自然遗产日,总台多平台立足自身定位开展主题宣传,积极营造保护文化和自然遗产的良好氛围。新闻中心关注自然遗产保护,报道各地非遗活动。社教节目中心讲述守护文化根脉的经典人物故事,多维度呈现我国文化和自然遗产保护成果。亚洲非洲地区语言节目中心推出报道《跟着习近平"打卡"世界自然遗产桂林山水》。欧洲拉美地区语言节目中心联合云南总站推出"古寨新生"系列策划。新闻新媒体中心展现传统京剧、传统美食和传统节气。央视网推出多条微视频介绍中华优秀传统文化。

中国之声推出系列广播剧《山河之上》 6月11日起，中国之声连续推出5集系列广播剧《山河之上》，以中华文明探源工程近年来取得的重大进展为依托，展示传播出土文物和遗址研究成果。

纪录片《人类的记忆——中国的世界遗产》第二批节目播出 6月11日至30日，华语环球节目中心中文国际频道播出系列纪录片《人类的记忆——中国的世界遗产》第二批共14集节目，涵盖7项世界文化遗产。2021年7月，第44届世界遗产大会召开期间，该片已播出第一批14集节目，涵盖8项世界遗产。

总台多平台精彩报道三星堆考古新发现 6月13日，三星堆遗址考古发掘阶段性成果发布。总台多平台持续关注发掘进展情况，充分做好报道。新闻中心创新打造融媒体节目产品，推出直播特别节目《三星堆新发现》（第三季）、大型沉浸式数字交互空间产品《三星堆奇幻之旅》等。央视新闻客户端发布《三星堆再现国宝级文物——龟背形网格状器 今天要出坑啦！》《三星堆有个倒立小人儿！迄今首件由三件器物拼接而成的文物》等稿件。央视频客户端启动《三星堆大发掘》项目，并推出线上产品《裸眼3D看国宝》、线下裸眼3D视觉产品《纵目降临》等。

大型文化节目《诗画中国》开机启拍 6月14日，总台大型文化节目《诗画中国》在北京启动。中宣部副部长、中央广播电视总台台长兼总编辑慎海雄与嘉宾共同为节目开机。这是总台持续从中华优秀传统文化中汲取创作灵感与强大力量，坚持"思想＋艺术＋技术"融合传播、深化"5G+4K/8K+AI"创新实践的又一重要举措。

"国聘行动"创新升级服务保就业 6月14日和15日，"不负韶华 国聘行动"分别推出毕业季就业护航行动专场、黑龙江高质量发展专场、上海人力资源服务产业园专场等，多方面创新升级，汇聚上千家企业，提供岗位3万个。毕业季就业护航行动专场，聚焦1076万应届高校毕业生就业，首次创设"毕业季"概念，升级推出"就业直播集训课"，邀请人力资源专家开展线上公益辅导直播，为学生就业提供服务。同时，联合甘肃总站推出时长3小时毕业季直播特别节目，微博话题"就业护航行动"阅读量近1亿次。

第五届"你好，新时代——有我更出彩"青年融媒体作品大赛启动 6月15日，由总台新闻新媒体中心主办的第五届"你好，新时代——有我更出彩"青年融媒体作品大赛启动，通过广泛开展青年融媒体作品创作、征集、评选、展示活动，向世界展示可信、可爱、可敬的新时代中国形象。央视新闻新媒体针对不同平台传播特性，推出新闻通稿、主题短视频、微信特稿等产品，总阅读量超1365万次。大赛还联合"全屏传播联盟"，将主题海报投放至全国的地铁公交、机场车站、楼宇商圈等场所的十余万块电子屏幕。

融媒体节目《万里有耘》全球阅览量破亿次 6月16日至10月16日，为迎接党的二十大召开，亚洲非洲地区语言节目中心策划融媒体节目《万里有耘》。节目包括系列农业纪录片《襄阳四季》及相关融媒体产品、《农业猜猜看》系列互动产品等，介绍十年来中国农业发展和乡村振兴成功经验，为亚非国家农业发展提供借鉴。其中,《襄阳四季》系列农业纪录片及相关融媒体产品通过总台多语种网站、客户端、海外社交媒体平台及亚非国家主流电视台播出,全球阅览量超1亿次。

总台新闻节目关注报道我国第三艘航空母舰下水 6月17日,我国第三艘航空母舰下水命名仪式在中国船舶集团有限公司江南造船厂举行。总台新闻节目及时关注报道。《独家视频丨我国第三艘航空母舰下水 命名福建舰》获全网置顶推送,被国防部官网以及环球网等媒体转载,"我国第三艘航母下水"等多个话题登上微博热搜榜。

财经节目中心推出特别报道《6·18电商购物节》 6月18日,财经节目中心策划推出特别报道《6·18电商购物节》,打通财经频道21:30至23:00时段,围绕电商行业助力"稳经济"这一主线,以"新消费""促消费""保供应""稳增长"4个主题,生动展示电商消费市场的活力与生机。

文艺节目中心推出《艺览吾"遗"——非遗文化寻访特别节目》 6月18日,文艺节目中心推出的《艺览吾"遗"——非遗文化寻访特别节目》在综艺频道播出,以"绽放迷人光彩,连接现代生活"为主题,以"守护非遗传承之美"为主线,用多元艺术形式创新展现非遗精髓,传递中华优秀传统文化的精神力量。

体育青少节目中心完成2022年国际泳联世锦赛转播报道 6月18日至7月3日,2022年国际泳联世锦赛在匈牙利布达佩斯举行,这是继东京奥运会后国际泳坛迎来的最高级别赛事,体育青少节目中心展开全方位、立体化转播报道。

新闻中心推出系列特别节目《大美边疆行》 6月18日至7月9日,新闻中心全平台推出特别节目《大美边疆行》,通过行进式报道,探访9个省区的边疆地区,反映边疆地区在脱贫攻坚、全面小康、乡村振兴、民族团结、加快区域发展等方面的生动实践,精彩展示边疆之美和边疆人民物阜民丰的幸福生活。

新闻新媒体中心推出《看见锦绣山河》(第二季) 6月18日至7月9日,新闻新媒体中心配合《大美边疆行》,一体设计系列直播特别节目《看见锦绣山河》(第二季),带网友行走边疆地区,云赏各地最具特色的大美景观,感受边疆地区发展变化、民生改善。

大型融媒体报道《直播大湾区》开播 大湾区之声新媒体平台改版上线 6月20日,总台大型融媒体报道《直播大湾区》开播,总台大湾区之声新媒体平台同日改版上线。香港特别行政区第六任行政长官李家超、澳门特别行政区第五任行政长官贺一诚以视频致辞的方式表示祝贺。中宣部副部长、中央广播电视总台台长兼总编辑慎海雄,广东省委常委、副省长王曦出席启动仪式并致辞。大型融媒体报道《直播大湾区》由中央广播电视总台与粤港澳大湾区各城市媒体合作,从6月20日至30日,每天聚焦大湾区一座城市,推出"1小时电视+12小时新媒体"直播报道,讲述大湾区城市在经济、社会、人文、科技、民生等领域的新发展、新变化。

农业农村节目中心推出大型公益活动"农科招生行动" 6月20日至26日,农业农村节目中心紧扣高校招生季,推出大型公益活动"农科招生行动"。

"中国影像节"全球展映活动启动 6月21日,由中央广播电视总台与文化和旅游部联合举办的首届"中国影像节"全球展映活动开幕,并在京举行启动仪式。影像节期间,超过50部由总台CGTN出品的英语、西班牙语、法语、阿拉伯语、俄语等5种语言的纪录片和专题片,陆续通过全球百家媒体和平台进行展映。中宣部副部长、中央广播电视总台台长兼总编辑慎海雄出席启动仪式并致辞。"中国影像节"全球展映活动持续到2022年年底。

总台与抖音集团开启卡塔尔世界杯赛事直播战略合作 6月21日,中央广播电视总台与抖音集团联合举办云发布活动,宣布抖音集团成为2022年卡塔尔世界杯持权转播商、总台直播战略合作伙伴。

总台聚焦习近平主席出席金砖国家工商论坛开幕式 6月22日晚,国家主席习近平以视频方式出席金砖国家工商论坛开幕式并发表主旨演讲,总台新闻节目重点展开报道。

《党的盛典 人民的节日——中央广播电视总台庆祝建党百年全记录典藏》图书发布 6月22日,大型图书《党的盛典 人民的节日——中央广播电视总台庆祝建党百年全记录典藏》向海内外公开发行。

北美总站参加"世界雨林日全球峰会"线上论坛 6月22日,北美总站参加"世界雨林日全球峰会"线上论坛活动,展示中国应对气候变化的主张、经验与成果,以及总台在可持续发展领域积极发挥的媒体责任,重点宣介总台年度媒体活动品牌"全球行动倡议"。

总台多平台聚焦金砖国家领导人第十四次会晤 6月23日晚,国家主席习近平在北京以视频方式主持金砖国家领导人第十四次会晤并发表重要讲话。总台多平台重点展开报道。

总台举行CGTN纪录频道和粤港澳大湾区之声频率在香港整频道整频率落地播出发布仪式 6月24日,总台CGTN纪录频道和粤港澳大湾区之声频率在港落地发布仪式在北京、香港同步举行。总台CGTN纪录频道和粤港澳大湾区之声频率自7月1日起整频道整频率落地香港播出。香港特别行政区行政长官林郑月娥,中宣部副部长、中央广播电视总台台长兼总编辑慎海雄,国家广播电视总局副局长乐玉成,国务院港澳事务办公室副主任王灵桂,中央人民政府驻香港特别行政区联络办公室副主任卢新宁,广东省委常委、宣传部部长陈建文在仪式上致辞。中央广播电视总台副台长王晓真出席发布活动。

大湾区之声播出广播剧《香江兄弟》 6月24日起,由总台制作的庆祝香港回归祖国25周年主题广播剧《香江兄弟》在大湾区之声、香港之声等频率播出,展现香港人的家国情与奋斗史。

CGTN推出融媒体系列报道《我眼中的中国故事》 6月24日至8月4日,CGTN在全网推出18集融媒体系列报道《我眼中的中国故事》,精选党的十八大以来习近平总书记在国内基层调研及出访外国到过的具有代表性地点,以外籍主持人、记者、海外报道员等视角,讲述新时代中国与世界变革发展的故事。

总经理室联合多部门打造传播定制产品 6月25日,总经理室联合央视财经、央视文艺、央视一套、央视新闻等新媒体平台和账号及重庆总站推出特别直播节目《智造美好生活——"家无界·爱不凡"生活艺术发布会》,以"情景剧+艺术表演"形式,展示中国智造发展水平,直播和相关视频观看量超5000万次，实现社会效益与经济效益双丰收。

总台播出根据"时代楷模"黄文秀事迹改编的电视剧《大山的女儿》 6月26日起，当代农村题材剧30集电视剧《大山的女儿》在总台综合频道播出。该剧取材于青年扶贫干部黄文秀的真实经历，生动展现了青年共产党员在脱贫攻坚事业、美丽乡村建设中发挥的重要作用。

电视剧《狮子山下的故事》收官 6月27日，现实题材剧《狮子山下的故事》在总台综合频道收官。该剧通过两代人的奋斗历程见证香港数十年的发展脉络，在平凡点滴里诉说同根同源的中华情。

总台重点报道习近平总书记赴湖北武汉考察 6月28日，中共中央总书记、国家主席、中央军委主席习近平在湖北省武汉市考察。总台多平台进行重点报道。新闻中心充分报道习近平总书记考察过程，及时解读习近平总书记重要讲话精神。CGTN 5个语种全平台及时发布时政报道，传递习近平总书记的重要讲话精神，彰显习近平总书记的人民情怀以及擘画科技创新发展蓝图的大国领袖风采。

七月

总台聚焦庆祝香港回归祖国25周年大会 7月1日上午，庆祝香港回归祖国25周年大会暨香港特别行政区第六届政府就职典礼在香港会展中心隆重举行，中共中央总书记、国家主席、中央军委主席习近平出席并发表重要讲话。总台新闻节目聚焦报道，精彩呈现就职典礼，生动展示庆祝香港回归祖国25周年的热烈氛围，多角度展现香港践行"一国两制"取得的成果。

香港特别行政区行政长官李家超会见总台领导 7月1日，新任香港特别行政区行政长官李家超会见出席庆祝香港回归祖国25周年大会暨香港特别行政区第六届政府就职典礼的中央代表团成员，中宣部副部长、中央广播电视总台台长兼总编辑慎海雄。双方就进一步深化合作，传递好中央声音，助力香港经济社会繁荣发展，向世界讲好香港故事，更好推动"一国两制"在香港行稳致远等进行交流。

航拍纪录片《空中看香港》立体呈现香港新时代新风貌 7月1日，由影视剧纪录片中心策划制作的纪录片《空中看香港》，在纪录频道和CGTN纪录频道多轮次播出。该片以24小时全天候的"香港一日"为时间坐标，带领观众以航拍视角沉浸式体验香港各个标志性地域和场所。

纪录片《见证香港故宫》播出 7月1日，影视剧纪录片中心摄制的纪录片《见证香港故宫》在综合频道、纪录频道和央视频新媒体平台播出。该片通过全程跟踪拍摄和独家专访重量级嘉宾，完整展现香港新地标——香港故宫文化博物馆从无到有的全过程。

军事节目中心百集纪录片《战旗》（第二季）开播 7月1日起，军事节目中心制作的百集纪录片《战旗》（第二季）在国防军事频道和央视频、央视军事新媒体等平台播出。该片聚焦土地革命时期、抗日战争时期、解放战争时期以及新中国成立以来我军荣誉功勋部队战旗，讲述中国共产党领导下的人民军队不怕牺牲、勇于奉献的奋进历程。

新闻中心推出系列报道《人民幸福生活是最大的人权》 7月4日起，新闻中心推出系列报道《人民幸福生活是最大的人权》，充分展现党的十八大以来，以习近平同志为核心的党中央始终坚持以人民为中心的人权理念，推动我国人权事业取得的历史性成就。首期报道《让特定群体权益更有保障》电视端总触达受众4026万人次。

总台"融媒体定制化服务平台"举行全球发布仪式 7月4日，"全球发展：共同使命与行动价值"智库媒体高端论坛在北京举行。论坛上，总台CGTN和国际视频通讯社共同倡议搭建的"融媒体定制化服务平台"举办全球发布暨全球发展媒体行动启动仪式。中共中央政治局委员、中央书记处书记、中宣部部长黄坤明出席仪式并启动平台全球发布。全球60多个国家、地区和国际组织的200余位代表共同见证。

中葡合拍动画片《熊猫和卢塔》在葡萄牙播出 7月4日（当地时间）起，由央视动漫集团和葡萄牙指数坐标股份有限公司联合推出的电视动画片《熊猫和卢塔》在葡萄牙广播电视总台开播，亮相欧洲主流媒体。

总台新闻节目聚焦全民族抗战爆发85周年 7月7日是"全民族抗战爆发85周年"纪念日，总台新闻节目聚焦报道，弘扬抗战精神，铭记历史。新闻频道以"勿忘历史 振兴中华"为主题，推出特别编排，直播侵华日军南京大屠杀遇难同胞纪念馆、中国人民抗日战争纪念馆举行的纪念活动，介绍首次亮相的北京抗日战争主题片区特展等。中文国际频道《国家记忆》栏目制作播出5集系列节目《七七事变》，通过大量珍贵历史影像和档案资料，全面揭示当年日本的侵华野心和日军在中国犯下的累累罪行，全景展现中华儿女团结御敌、共赴国难的家国情怀。央视新闻微博主话题"七七事变85年"累计阅读量6.1亿次，其中"85年前的今天永不敢忘"阅读量5.1亿次。

央视网人文纪录片《人生第二次》实现热度口碑双丰收 7月7日，央视网原创人文纪录片《人生第二次》收官。该节目通过洞察每个独一无二的"人生第二次"故事，展现中国人面对困境的勇气和坚韧。截至7月11日，央视网多终端及央视新闻等总台新媒体账号矩阵播放总量达3.3亿次，全网累计播放总量超5.9亿次；全网累计收获106个热搜话题，微博话题阅读量累计突破17亿次。

文化音乐节目《经典咏流传》（第五季）收官 7月9日，文化音乐节目《经典咏流传》（第五季）收官。本季节目以"大美中华"为主题，超百位经典传唱人参与演绎67首经典作品，取得良好传播效果。节目在央视频、微博、抖音、快手等9个新媒体平台累计收获热搜热榜超330个。

纪录片《护卫湄公河》在综合频道播出 7月9日至11日，综合频道推出3集纪录片《护卫湄公河》。该片回溯中国、老挝、缅甸、泰国等四国在湄公河联合巡逻执法的10年历程，讲述惊心动魄的执法故事，全方位、多角度呈现这一开创性执法合作机制惠泽澜沧江—湄公河航运生态，以及共建"一带一路"国家经济社会发展、人文交往情况。

新闻中心推出系列报道《奋进新征程 建功新时代·非凡十年》 7月11日起，新闻中心全平台推出系列报道《奋进新征程 建功新时代·非凡十年》，多层次反映党的十八大以来，在以习近平同志为核心的党中央坚强领导下，各地区各领域各行业取得的非凡成就。本系列报道持续到9月4日，在《新闻联播》共播出38集。

央视网推出系列创意互动特稿《这十年》 7月11日，央视网推出系列创意互动特稿《这十年》，以"手绘漫画+创意互动+深度解读"的形式重温党的十八大以来习近平总书记治国理政的伟大实践，和网友一起感受大国领袖的魅力。系列特稿包括《习近平这样介绍自己》《习近平倡导的工作方法》《习近平的"学习课堂"》《习近平的"邀请函"》《习近平的"移动办公室"》《习近平心中的几笔账》《习近平的特别着装》等7期。

南海之声推出海洋主题音乐会《听见彼此》 7月11日是中国航海日，华语环球节目中心南海之声联合CGTN推出海洋主题线上音乐会《听见彼此》，在央视频、微博、脸书等平台同步推出，来自20多个国家的音乐人，用近20种语言、30余种乐器，奉献一场跨文化音乐盛宴。

中国之声推出年度特别纪录节目《声音里的中国》 7月11日起，中国之声联合全国广播电台及新媒体平台，推出年度特别纪录节目《声音里的中国》及其新媒体产品。该节目走进开封、杭州、衢州、陕北等地，通过访问民间艺术家、文化传承人等，讲述不同城市的独特声音及其蕴含的城市性格和人文精神，探寻方言和戏曲发展的关系及其背后的历史变迁，通过乡音乡情呈现中国人"四海同根 天下一家"的家国情怀。

总台多平台重点聚焦习近平总书记在新疆考察调研 7月12日至15日，中共中央总书记、国家主席、中央军委主席习近平在新疆考察。总台多平台重点报道。其中《新闻联播》栏目头条播发时长33分钟的时政报道，《时政新闻眼》连续推出3期特稿，紧扣"时隔八年 再赴新疆"大背景，解读习近平总书记对新疆一以贯之的关注与期望。

"创新港湾2022"系列活动在港举办 7月12日，总台CGTN与创科香港基金会联合举办的"创新港湾2022"系列活动暨香港创科教育中心成立仪式在香港科学园举行。全国政协副主席梁振英，香港特别行政区行政长官李家超，中宣部副部长、中央广播电视总台台长兼总编辑慎海雄，香港中联办副主任谭铁牛为活动致辞。多位香港优秀科学家、科技企业家、创业者和青年学子参加活动。

总台多平台多形式报道第14届海峡论坛 7月12日，第14届海峡论坛在福建举办。总台多平台多形式报道论坛，聚焦两岸交流成果。其中港澳台节目中心台海之声在《朝闻两岸》《聚焦台海》《两岸观潮》等新闻栏目和"看台海"新媒体平台重点播发报道《习近平给参加海峡青年论坛的台湾青年回信》，传递习近平总书记对台湾青年的亲切问候和殷殷期望。

总台发布2022年卡塔尔世界杯融媒体传播服务方案 7月15日，中央广播电视总台2022年卡塔尔世界杯融媒体传播服务方案发布会在京举行，正式发布总台2022年卡塔尔世界杯转播报道计划和融媒体传播服务方案。

央视频大型融媒体节目《周末新花young》收官 7月15日，由央视频融媒体发展有限公司和视听新媒体中心联合制作的"央young"系列全新融媒体节目《周末新花young》收官。《周末新花young》以轻体量内容，将访谈、脱口秀等多种形式融合在一起，打造慢节奏、趣味化的融媒体节目内容。4期节目播出后，视频播放量超2.7亿次，其中央视频端内播放量超2800万次，全网共收获96个热榜热搜，相关话题阅读量累计超14亿次。

CGTN推出大型专题片揭露美国乱象背后结构性问题 7月15日，CGTN在各平台推出大型专题片《美国："独立日"变"哀悼日"》，从美国内部深层次矛盾和结构性问题入手，拆解导致美国霸权衰落的内部因素。截至7月20日，专题片及相关产品获全球阅读量1 227.5万次，视频观看量111.9万次。

体育青少节目中心转播报道2022年田径世锦赛 7月16日至25日，2022年田径世锦赛在美国俄勒冈州尤金市举行。体育青少节目中心把握赛事热点，多平台多形式开展转播报道。

大型文化节目《遇鉴文明》（第一季）开播 7月16日至12月24日，华语环球节目中心大型季播文化节目《遇鉴文明》（第一季）在中文国际频道播出。该节目是总台首档以"中外文明互鉴"为主题的节目，涵盖12大文明领域24个文明主题，邀请近60位中外权威嘉宾参与，首次大规模、成系统地讲述中外文明互鉴者的故事。

军事节目中心推出系列微纪录片《戎装》 7月17日至31日，军事节目中心推出14集微纪录片《戎装》，以"一身戎装 一生忠诚"为主题，寻找全国各地不同军种的老兵，通过讲述他们的军旅经历、青春故事等，展现中国军人忠诚、勇敢、牺牲、奉献的精神内核。

新闻中心推出时政纪录片《情系天山——习近平总书记新疆考察纪实》 7月18日，新闻中心推出时政纪录片《情系天山——习近平总书记新疆考察纪实》，全景式呈现习近平总书记新疆之行，传播效果显著，总观看量逾亿次。

大型纪录片《寻古中国》启拍 7月19日，总台大型纪录片《寻古中国》在北京开机启拍。中宣部副部长、中央广播电视总台台长兼总编辑慎海雄，文化和旅游部副部长、国家文物局局长李群，四川省委常委、宣传部部长郑莉出席活动并致辞。节目通过推理想象和数字建模，把历史线索最大限度地还原为历史现场，以清新的文风和年轻时尚的表达，翻译晦涩难懂的符号元素，引领受众感悟古人的人生观、宇宙观，感知中华民族精神的内涵。

《焦点访谈》推出系列报道《新科技 新基建》 7月19日起，新闻中心《焦点访谈》栏目播出5集系列报道《新科技 新基建》，围绕习近平总书记关于加快新型基础设施建设的重要指示，聚焦我国新型基础设施的新技术、新模式、新业态。

总台迎接党的二十大首批重点节目片单发布 7月20日，礼赞新时代——中央广播电视总台迎接党的二十大首批重点节目片单在北京发布。活动现场集中推介了首批重点节目：纪录片《征程》《村庄十年》，大型文化节目《非遗里的中国》《山水间的家》和专题片《中国大区域》等。中宣部副部长、中央广播电视总台台长兼总编辑慎海雄出席活动，并与北京市委常委、宣传部部长莫高义等共同为专题片

《中国大区域》启拍。

新闻新媒体中心推出《央视新闻超级发布》首场活动 7月21日，新闻新媒体中心推出《央视新闻超级发布》首场活动"AI深耕 万物生长——百度世界2022"，各平台总观看量超5600万次。活动首次使用AI数字人担任主持人，首次使用4K超高清设备完成总台移动端直播节目录制。

大型纪录片《雄安 雄安》开机 总台增强"四力"实践基地揭牌 7月22日，中央广播电视总台纪录片《雄安 雄安》在雄安新区开机，总台增强"四力"实践基地同日揭牌。中宣部副部长、中央广播电视总台台长兼总编辑慎海雄与河北省委书记倪岳峰出席仪式并致辞，共同为纪录片《雄安 雄安》开机启拍。该片通过讲述有力量、有温情、有韧性的雄安故事，解读雄安从"一张白纸"到"拔节生长"的升级密码，刻画"千年之城"的时代映像。节目于9月28日至30日在财经频道播出。

总台数字文化艺术博物馆"央博"启动建设 7月23日，中央广播电视总台数字文化艺术博物馆——央博数字平台建设在北京启动。央博数字平台以央博APP为核心载体，汇集国家级文化战略资源，把各大博物馆、美术馆、美术院校及知名艺术家的典藏文物、艺术作品、美育课程等聚合在一起，通过总台融媒体平台展示给广大受众。平台依托总台"5G+4K/8K+AI"战略格局，利用3D数字展馆形态构建数字文化艺术博物馆体系，通过VR/AR虚拟技术、裸眼3D等技术手段，创造丰富的交互场景。中宣部副部长、中央广播电视总台台长兼总编辑慎海雄出席活动，并与文化和旅游部副部长、国家文物局局长李群，国家博物馆馆长王春法等嘉宾共同启动平台建设。

总台新闻节目重点报道问天实验舱成功发射 7月24日，中国空间站问天实验舱发射任务取得圆满成功，并于25日与核心舱组合体在轨完成交会对接。总台新闻节目予以重点报道。新闻频道播出特别直播节目《中国空间站——问天实验舱发射》创新直播手段和拍摄角度，呈现发射精彩瞬间；中国之声和环球资讯广播联合推出特别直播《问天赴约探苍穹》，全程直播发射过程；CGTN 5个语种全平台推出《问天实验舱发射直播特别节目》；华语环球节目中心推出《筑梦空间站》中国空间站问天实验舱发射特别报道等。

总台多平台圆满完成第二届中国国际消费品博览会报道 7月25日至30日，第二届中国国际消费品博览会（简称消博会）在海南省举办。总台多平台策划，多样态展现本届消博会看点亮点。其中，新闻新媒体中心首次尝试竖屏探馆直播，以"景观慢直播+记者连线直播"的形式，带领网友"云逛"消博会。截至7月31日，共推出4场直播，总观看量1 191.9万次，相关微博话题总阅读量3.4亿次。

非洲总站主办中非青年视频原创者大赛 7月25日，由非洲总站主办，浙江大学协办的"遇见你"中非青年视频原创者大赛启动，在中非区域全面征集参赛作品，以短视频创作搭建中非青年交流互鉴平台，鼓励他们用生动、真实的视听语言表达对"中非交流""青年力量"的理解。

华语环球节目中心、港澳台节目中心多角度报道"九二共识"30周年 7月26日，"九二共识"30周年座谈会在人民大会堂举行，总台华语环球节目中心密切关注，多角度多形式展开报道。8月28日至9月5日，港澳台节目中心组织纪念"九二共识"30周年报道，通过报道相关学术研讨和纪念活动，采访两岸专家、在大陆的台湾青年等，深入阐明"九二共识"是推动两岸关系和平发展的定海神针。

体育青少节目中心报道第21届环青海湖国际公路自行车赛 7月26日至8月3日，由国家体育总局、中央广播电视总台、青海省人民政府主办的第21届环青海湖国际公路自行车赛在青海举行。体育青少节目中心组织全平台资源进行全程转播报道。

央广网打造短视频专栏《声动中国》 7月27日起，央广网推出迎接党的二十大短视频周播栏目《声动中国》。首期视频《声动中国｜闪亮的勋章》以中央军委举行的颁授"八一勋章"和荣誉称号仪式切入，精选"八一勋章"获得者杜富国、钱七虎和聂海胜的声音素材，号召网友向英雄看齐，向英雄致敬。

纪录电影《穿越烽火》在武汉首映 7月28日晚，作为第36届大众电影百花奖颁奖典礼系列活动之一，纪录电影《穿越烽火》首映仪式在武汉举办。该片由中国电影家协会指导，中央新闻纪录电影制片厂（集团）摄制出品，以寻找遗失于战火的电影胶片为主线，历时三年，全新解读现存的历史影像，生动讲述"镜头背后的故事"。

总台11个节目入选2021年度广播电视创新创优节目 7月28日，国家广播电视总局公布2021年度广播电视创新创优节目扶持项目，总台共有11个广播电视节目入选。其中，综合频道《典籍里的中国》、文艺节目中心《国家宝藏·展演季》、财经节目中心《中国国宝大会》（第一季）、华语环球节目中心《中国考古大会》、社教节目中心《美术经典中的党史》《全国大学生党史知识竞答大会》入选创新创优电视节目。新闻中心《到延安去》《山里·山外》、文艺节目中心《我和我的家乡戏》《我们的节日》（第三季）、港澳台节目中心《安妮的花海》，入选创新创优广播节目。总编室入选创新创优节目扶持项目优秀组织机构。

八月

军事节目中心推出特别节目《永恒的军魂》 8月1日，为庆祝中国人民解放军建军95周年，军事节目中心推出特别节目《永恒的军魂》，紧扣"传承红色基因 担当强军重任"主题，用一曲曲军歌呈现人民军队建军95年来在党的领导下从胜利走向胜利的奋进历程。

华语环球节目中心推出纪录片《八一南昌起义》 8月1日至5日，华语环球节目中心围绕中国人民解放军建军95周年，制作播出5集纪录片《八一南昌起义》，取得良好传播效果。该片在电视端触达观众1.05亿人次；在抖音、快手推出短视频，总播放量近1亿次。《95秒回顾朝鲜停战协定的最终签订》《95年前的今天人民军队诞生》等视频被学习强国推荐。

系列报道《中国底气》揭示中国经济发展底气和韧性 8月1日至5日，新闻频道连续推出5集系列报道《中国底气》，聚焦2022年上半年中国经济来之不易的成就，展现中国经济保持稳中有进的积极态势。

总台领导讲授"走好第一方阵 我为二十大作贡献"专题党课 8月1日，中宣部副部长、中央广播电视总台党组书记、台长兼总编辑慎海雄以《牢记领袖嘱托 走好第一方阵 奋力打造具有强大引领力传播力影响力的国际一流新型主流媒体 以实际行动迎接党的二十大胜利召开》为题，围绕学习贯彻习近平总书记在"学习习近平总书记重要讲话精神，迎接党的二十大"专题研讨班上的重要讲话精神，讲授专题党课。

机关纪委调研组赴地方总站调研党风廉政建设情况 8月1日至7日，机关纪委调研组赴西藏总站、贵州总站，结合当地少数民族聚居、宗教信仰等特点开展对派出机构的党风廉政情况调研。

《焦点访谈》栏目播出系列节目《高举旗帜谱新篇》 8月2日至9日，新闻中心《焦点访谈》栏目播出4期系列节目《高举旗帜谱新篇》，围绕习近平总书记在省部级主要领导干部专题研讨班上的重要讲话精神，从非凡十年、中国式现代化、全面从严治党等角度进行深入解读。

总台多平台全力揭批佩洛西窜访中国台湾地区 8月2日，美国众议院议长佩洛西窜访中国台湾地区。总台多平台第一时间推播权威表态，递进式报道相关部门反制措施，有效引领舆论。"央视新闻"微博账号发布相关内容19条，10个相关话题登上微博热搜榜，其中3个话题先后居热搜榜首位；发布原创海报，转发量超480万次，话题"只有一个中国"阅读量超20.3亿次。7月19日至8月9日，国际视频通讯社持续加大对佩洛西窜访中国台湾地区的舆论引导和揭批力度，编发新闻素材233条，被CNN、BBC、德国电视一台、法国24台、台湾TVBS等114个国家和地区的2049家电视台及新媒体平台引用播出。

大型文化节目《风物》（第一季）开播 8月2日起，由社教节目中心创作的大型文化节目《风物》（第一季）在综合频道播出。《风物》（第一季）共6集，每集一风物一主题，以荔枝、豆腐、辣椒、莲藕、蚕丝、蜂蜜等6个题材为切入口，挖掘"风物""地理""人"三者之间相互影响互相依存的内在联系，展现中华文明的生态之美。

新闻中心推出特别节目《中国经济的信心缘自哪？》 8月3日起，新闻中心推出特别节目《中国经济的信心缘自哪？》，多视角彰显中国经济发展的底气、韧性、活力和潜力。

中国之声推出广播剧《不负青山》 8月3日，中国之声以福建长汀县绿色嬗变之路为题材，策划制作主题广播剧《不负青山》，生动再现长汀县人民治理水土流失、建设生态文明、推进乡村振兴的成效。

CGTN打造全球首部4K珠峰科考纪录片《巅峰使命：第二次青藏科考2022珠峰科考纪实》 8月5日，全球首部4K珠峰科考纪录片《巅峰使命：第二次青藏科考2022珠峰科考纪实》在CGTN纪录频道首播，并在全平台推出，获得海内外广泛关注。

财经节目中心推出大型融媒体活动《智造中国》 8月6日，由总台财经节目中心与工业和信息化部共同推出的大型融媒体活动《智造中国》在湖南长沙开启首场直播。这是财经节目中心为迎接党的二十大精心策划的大型融媒体活动，历时两个月，深入全国16个省（自治区、直辖市）的智能制造工厂一线，全方位立体呈现中国制造业数字化转型和智能升级进程。

体育青少节目中心做好欧洲足球赛事转播 8月6日起，体育频道、央视频、央视体育客户端等平台陆续直播2022—2023赛季英超、德甲、意甲、法甲、欧冠等欧洲足球顶级赛事，取得良好传播效果。

中国之声推出特别策划报道《十年，这里！》 8月8日起，中国之声推出特别策划报道《十年，这里！》，选取近十年的10个民生样本展开报道，从微观角度展现民生领域的伟大成就和宝贵经验，折射新时代的全方位历史性变革。

社教节目中心推出纪录片《荣宝斋》 8月8日起，社教节目中心聚焦荣宝斋成立350周年，在综合频道推出5集文化纪录片《荣宝斋》，通过讲述老字号荣宝斋的百年故事，展现中华优秀传统文化的魅力与生机。

《新闻联播》栏目播出系列报道《解码十年》 8月9日至22日，13集系列报道《解码十年》在《新闻联播》栏目播出，通过"客观数据＋独家发现＋可视化影像"方式，呈现近十年来党和国家事业取得的历史性成就、发生的历史性变革。

黑龙江总站世界5G大会报道实现多语种国际传播 8月10日，2022世界5G大会在黑龙江省哈尔滨市举办，总台黑龙江总站组建多语种、多部门联合报道团队，多渠道宣推，两天时间内在《新闻联播》《新闻和报纸摘要》等重点栏目发稿83篇，并推出探馆直播4场，形成良好传播效果。

第12届北京国际电影节开幕 8月13日，中央广播电视总台和北京市人民政府主办的第12届北京国际电影节开幕。中宣部副部长、中央广播电视总台台长兼总编辑慎海雄作为第12届北京国际电影节组委会主席在开幕式上致辞并宣布电影节开幕。

"走进大美凉山 描绘时代新貌"采风创作活动启动 8月13日，中央广播电视总台、中央美术学院、荣宝斋联合举办的"走进大美凉山 描绘时代新貌"采风创作活动在四川省凉山彝族自治州西昌市启动。中央广播电视总台副台长王晓真，中国美术家协会主席、中央美术学院院长范迪安，中共四川凉山州委书记段毅君出席启动仪式并致辞。

《航拍接力瞰杭州》直播开创地方宣传新样态 8月13日，总台浙江总站、央视频联合杭州摄影协会共同推出大型新媒体直播《航拍接力瞰杭州》，集结100多名民间航拍摄影师，通过超300架无人机完成15小时不间断直播，共涉及杭州市13个市（区、县）的270多个点位，创下全球航拍直播活动在飞手数量、飞行架次、直播时长等方面多项纪录。

竖屏直播节目《这young的夏天——2022夏日歌会》播出 8月13日，由文艺节目中心、视听新媒体中心、总经理室和央视娱乐传媒公司联合打造的全新IP节目《这young的夏天——2022夏日歌会》播出。节目邀请13组代表不同年龄段青春回忆的歌手，组合21位总台各领域知名主持人或记者，唱响青春之歌；场景设计上打破室内舞台传统，搬到户外演出；以竖屏形式在央视频和微信视频号直播，带给观众沉浸式同场感；利用微信视频号平台流量、线上演唱会运营优势以及市场号召力，创新招商方式，实现经营价值最大化。

总台新闻节目重点关注日本无条件投降

77周年 8月15日是日本无条件投降77周年纪念日。总台新闻节目及时充分报道，阐释日本侵略罪行铁证如山、不容置疑。

总台与澳门特别行政区政府开启新一轮合作 8月15日，中央广播电视总台和澳门特别行政区政府在北京、澳门同步举行仪式，共同开启新一轮合作。澳门特别行政区行政长官贺一诚，中宣部副部长、中央广播电视总台台长兼总编辑慎海雄，中央人民政府驻澳门特别行政区联络办公室主任郑新聪出席活动并致辞。总台编务会议成员薛继军与澳门特别行政区社会文化司司长欧阳瑜共同发布了《2022—2023年中央广播电视总台与澳门特别行政区赛事合作目录》，双方将进一步强化在体育赛事举办和赛事资源授权方面的合作。总台编务会议成员邢博与澳门广播电视股份有限公司执行主席罗崇雯通过云签约的方式续签合作协议，总台体育频道将继续在澳门落地播出。

《闪亮的名字——最美自然守护者发布仪式》录制完成 8月15日，由中宣部、自然资源部共同主办的《闪亮的名字——最美自然守护者发布仪式》录制完成。中宣部副部长孙业礼，自然资源部党组成员、国家自然资源副总督察陈尘肇出席发布仪式并为获奖者颁奖，总台编务会议成员薛继军参加活动。

总台新闻节目重点报道习近平总书记在辽宁考察 8月16日至17日，中共中央总书记、国家主席、中央军委主席习近平在辽宁考察。总台新闻节目重点进行报道。

微纪录片《红色烙印——革命文物的故事》启播 8月16日，由中央广播电视总台与国家文物局共同打造的300集系列微纪录片《红色烙印——革命文物的故事》启播仪式在北京举行。中宣部副部长、中央广播电视总台台长兼总编辑慎海雄，文化和旅游部副部长、国家文物局局长李群出席活动，并与嘉宾共同为节目启播。

总台新闻节目关注报道重庆山火扑救情况 8月19日，重庆市江津区发生森林山火，22日山火全部扑灭。总台新闻节目关注报道重庆山火扑救情况，展现国家救援力量发挥的重要作用，反映消防人员和重庆百姓的鱼水深情。

总台与江苏省政府深化战略合作框架协议签约暨总台江苏总站揭牌仪式举行 8月19日，中央广播电视总台与江苏省人民政府举行深化战略合作框架协议签约仪式，中央广播电视总台江苏总站同时揭牌。中宣部副部长、中央广播电视总台台长兼总编辑慎海雄与江苏省委书记、省人大常委会主任吴政隆出席签约仪式并共同为中央广播电视总台江苏总站揭牌。

电视剧《麓山之歌》在综合频道开播 重工业题材剧《麓山之歌》于8月19日在总台综合频道开播。该剧锚定党的十八大以来中国重工业的高质量发展之路，表现几代中国工业建设者的担当与进取。

大型文化节目《中国考古大会》收官 8月20日，总台联合国家文物局、中国社会科学院制作推出的国内首档考古空间探秘类文化节目《中国考古大会》收官。该节目聚焦13个考古遗址，呈现中国考古工作对构建中华文明标识体系的重要作用；首次打造考古"探秘空间"节目模式，利用总台AI+VR技术，将考古现场与历史图景相连接，并通过文物展示、专家解读、实景记录、舞蹈演绎等形式，展现中华文明的灿烂成就。《中国考古大会》2021年11月至2022年8月在综合频道和中文国际频道播出。

体育青少节目中心全平台直播报道羽毛球世锦赛 8月22日至28日,2022年世界羽毛球锦标赛在日本东京举行。这是本年度世界羽坛规格最高的单项赛事。体育青少节目中心跟进中国羽毛球队赛程,开展全平台直播报道。

第十七届中国长春电影节开幕 8月23日,由中央广播电视总台、吉林省政府主办,长春市政府承办的第十七届中国长春电影节开幕,中央广播电视总台党组成员、副台长蒋希伟,吉林省委副书记刘伟等共同启动开幕。

"中俄影像交流展播活动"在京启动 8月26日,由中央广播电视总台和俄罗斯驻华使馆联合主办的"中俄影像交流展播活动"启动仪式在京举行。俄罗斯驻华大使杰尼索夫,中宣部副部长、中央广播电视总台台长兼总编辑慎海雄,俄罗斯全俄国家电视广播公司总裁多布罗杰耶夫出席,并以线上线下方式共同启动展播活动。

总台多平台报道"2022年空军航空开放活动暨长春航空展" 8月26日至30日,"2022年空军航空开放活动暨长春航空展"在吉林长春举行。总台多平台精彩报道开放活动和航展。

文旅探访节目《山水间的家》在综合频道开播 8月27日,由总台与文化和旅游部联合摄制的大型文旅探访节目《山水间的家》在综合频道首播。该节目融合创新户外探访类节目的新模式,由总台主持人带队,联合文化学者和公众人物,以"新村民"身份带领观众"沉浸式"融入乡村生活,完成一次呈现新时代乡村振兴鲜活面貌的"田野调查"。

文艺节目中心推出戏曲研学文化节目《拿手好戏》 8月27日,文艺节目中心制作的沉浸式戏曲研学文化节目《拿手好戏》开播,以"研学+创演"的模式,让传统戏曲艺术以新姿态走向大众。

大型系列纪录片《端牢中国饭碗》展示十年粮食安全成就 8月29日,综合频道大型系列纪录片《端牢中国饭碗》开播。该片围绕"大农业观""大食物观",首次系统梳理、深入调研记录我国粮食安全之路,充分展示党的十八大以来以习近平同志为核心的党中央把粮食安全作为治国理政头等大事,实现"谷物基本自给 口粮绝对安全",将中国人的饭碗牢牢端在自己手上,在粮食安全领域取得巨大成就。同时,大量运用超高清、超微距等新技术手段,采用探针运动镜头、长焦航拍、航拍延时等拍摄方式,全景式呈现中国农业波澜壮阔的奋斗场景和感人画面。

首部《中央广播电视总台年鉴》出版发行 8月29日,总台首部年鉴——《中央广播电视总台年鉴》(2018—2019)正式向海内外出版发行,这是总台成立以来首部年鉴。中央广播电视总台副台长阎晓明、总台编务会议成员邢博等出席新书发布仪式,并向北京大学图书馆和浙江图书馆赠书。

"丰收中国"融合传播行动启动 8月30日,中央广播电视总台"丰收中国"融合传播行动暨"三农"主题宣传系列重点项目发布仪式在京举行。中宣部副部长、中央广播电视总台台长兼总编辑慎海雄出席活动,并与中国农业大学原校长、著名"三农"专家柯炳生,农业农村部国家首席兽医师李金祥等嘉宾共同启动"丰收中国"融合传播行动。

大型融媒体节目《最炫农科生》开播

8月31日，由农业农村节目中心制作的10集大型涉农高校融媒体节目《最炫农科生》在农业农村频道开播。节目以户外真人秀等方式，展现农科学子的昂扬面貌、农科专业的与时俱进、农科院校的独特魅力，为"三农"人才振兴营造积极舆论氛围。

总台有声读物《韩美林艺术随笔》启播 8月31日，中央广播电视总台有声读物《韩美林艺术随笔》正式启播。中宣部副部长、中央广播电视总台台长兼总编辑慎海雄，中国文学艺术界联合会主席、中国作家协会主席铁凝，著名艺术家、清华大学文科资深教授韩美林等为节目启播。中央广播电视总台副台长王晓真出席活动。

九月

综合频道播出《2022开学第一课》 9月1日，由中宣部、教育部、中央广播电视总台联合主办的大型公益节目《2022开学第一课》在综合频道播出，央视新闻、央视频、学习强国、国家中小学智慧教育平台等新媒体平台同步上线。节目拓展"现实教室+实景课堂+沉浸式课堂"全新样态，有机融入人文历史、自然科学、新时代成就等多方面内容，为青少年成长注入正能量。

新闻中心推出时政专题片《功勋闪耀新时代》 9月2日，新闻中心在综合频道、新闻频道并机播出时政专题片《功勋闪耀新时代》，央视新闻客户端等新媒体平台同步推出。专题片分"顶层设计""颁授实践""精神传承和浓浓关爱"三个层面，全景式呈现习近平总书记亲自谋划、亲自部署、亲自推动党和国家功勋荣誉表彰工作全过程，首次系统梳理中国特色功勋荣誉表彰体系。

总台正式成为2024年巴黎奥运会国际公用信号制作机构 9月5日，中央广播电视总台与奥林匹克广播服务公司签署2024年巴黎奥运会国际公用信号制作合作协议，总台正式成为巴黎奥运会公用信号制作机构。根据协议，总台将承担2024年巴黎奥运会体操（包括竞技体操、艺术体操和蹦床三个分项）、乒乓球、羽毛球和攀岩四个大项的国际公用信号制作，是巴黎奥运会承担公用信号制作项目最多的国家广播电视台。中央广播电视总台台长兼总编辑慎海雄、奥林匹克广播服务公司首席执行官伊阿尼斯·埃克萨科斯出席线上签约仪式。国际奥委会主席巴赫发来贺信，对总台正式成为巴黎奥运会国际公用信号制作机构表示祝贺。

总台多平台及时报道四川省甘孜藏族自治州泸定县里氏6.8级地震 9月5日12时52分，四川省甘孜藏族自治州泸定县发生里氏6.8级地震。总台多平台快速反应，及时展开报道。

新闻新媒体中心推出时政微视频《绿水青山是我家》 9月5日至14日，新闻新媒体中心精心策划推出10集时政微视频《绿水青山是我家》，追寻习近平总书记"足迹"，深入浙江、北京、上海、湖北、黑龙江、山东、福建、河北等省（直辖市）采访，从百姓生活中发掘生动故事，用平实自然的讲述、故事化的表达，展现十年来中国在江河水环境治理、天然林保护、植树治沙、空气治理、乡村绿色发展、城市与自然和谐发展等方面取得的成就。

文艺节目中心《向幸福出发》栏目全新改版　9月6日，文艺节目中心全新改版的《向幸福出发》栏目在综艺频道播出，以"奋斗铸就幸福路，成家立业美梦圆"为定位，聚焦青年婚恋问题，通过"相亲交友"形式，打造全新相亲平台和正能量婚恋风向标。

新闻中心推出《喜迎二十大》系列报道　9月7日起，新闻中心全平台推出《喜迎二十大》系列报道，展现党的十八大以来，党和国家取得的历史性成就、发生的历史性变革，介绍各地区各部门以优异成绩和昂扬精神风貌迎接党的二十大。

"好客山东""好品山东"宣传推介活动在京举行　9月8日，由总台和山东省政府联合举办的"好客山东""好品山东"宣传推介活动在北京举行。中宣部副部长、中央广播电视总台台长兼总编辑慎海雄，山东省委书记、省人大常委会主任李干杰出席活动并致辞。

大型文化节目《诗画中国》创作座谈会在京举行　9月9日，总台大型文化节目《诗画中国》创作座谈会在北京举行。中宣部副部长、中央广播电视总台台长兼总编辑慎海雄出席，并与专家学者、主创人员代表座谈。文化和旅游部党组成员、故宫博物院院长王旭东，中国美术馆馆长吴为山，中国国家画院院长卢禹舜，中国国家博物馆副馆长刘万鸣，北京师范大学副校长康震等与会专家就《诗画中国》形成的文化现象、创新实践等热烈讨论、畅所欲言。中央广播电视总台副台长王晓真主持座谈会。《诗画中国》8月28日起在综合频道播出。

"闪亮的名字2022——最美教师发布仪式"播出　9月9日晚，由中宣部、教育部共同主办的"闪亮的名字2022——最美教师发布仪式"先后在综合频道、科教频道播出。本次发布仪式共揭晓了10位"最美教师"、1位"特别致敬"教师和1个"最美团队"的名单及先进事迹，表彰他们以不同形式为教育事业作出的突出贡献。

2022年中秋晚会触达受众超19亿人次　9月10日，《中央广播电视总台2022年中秋晚会》在江苏省苏州张家港市举办，聚焦喜迎党的二十大等年度重大主题，结合江南水乡、长江文明等地方文化特色，抒发人文情怀，展示中华优秀传统文化的独特魅力。晚会在综合频道、综艺频道、中文国际频道、音乐频道、8K超高清频道，华语环球广播、文艺之声、音乐之声、南海之声、粤港澳大湾区之声、台海之声、央视网等平台播出，并通过国际视频通讯社向海外电视媒体推送。截至9月12日19时，总台秋晚相关内容跨媒体总触达受众19.11亿人次，共收获全网热搜超650个，相关话题阅读量超100亿次，相关视频全网播放量超15亿次。

民族语言节目中心推出迎接党的二十大报道《汇聚磅礴力量——各民族像石榴籽一样紧紧抱在一起》　9月11日，民族语言节目中心迎接党的二十大报道融媒体特别节目《汇聚磅礴力量——各民族像石榴籽一样紧紧抱在一起》正式推出，阐释习近平总书记重要讲话主旨，铸牢民族团结共同体意识。

拉美总站推出第二届巴西"中国影视作品展播季"　9月12日（当地时间），拉美总站推出第二届巴西"中国影视作品展播季"，2022

年9月至2023年2月，13部由总台翻译制作的巴西葡萄牙语版纪录片、电视剧和动画片，相继在巴西盒子集团的电视端及网络点播平台推出。

总台新闻节目圆满完成习近平主席中亚系列出访活动报道　9月14日至16日，国家主席习近平出席上海合作组织成员国元首理事会第二十二次会议，并对哈萨克斯坦共和国、乌兹别克斯坦共和国进行国事访问。总台新闻节目重点展开报道。

CGTN《对话思想者》邀全球百余位嘉宾共话中国之治　9月14日至10月20日，CGTN《对话思想者》栏目推出10期融媒体特别节目，以前瞻性议程设置，呈现权威建设性观点，邀请全球百余位嘉宾从理论高度共话中国之治。

总台与广西壮族自治区政府战略合作协议签约　中国—东盟传媒港和总台广西总站揭牌　9月15日，中央广播电视总台与广西壮族自治区人民政府举行战略合作协议签约仪式，中国—东盟传媒港和中央广播电视总台广西总站同时揭牌。根据协议，双方合作共建中国—东盟传媒港，每年在广西举办"东盟伙伴"媒体合作论坛。广西壮族自治区主席蓝天立和中央广播电视总台副台长阎晓明共同为中国—东盟传媒港和中央广播电视总台广西总站揭牌。

文艺节目中心推出大型融媒体文化节目《行走大运河》　9月15日，文艺节目中心制作的16集大型融媒体文化节目《行走大运河》在文艺之声开播，央视频、央视文艺新媒体矩阵和央广网、云听等平台同步上线。节目邀请16位具有社会影响力的文化学者、作家、艺术家担任"大运河文化推广人"，并派出多路记者以"行走"方式探访大运河流经的16座城市，用"大文化视角＋综合艺术展示＋广播特写＋融媒体传播"形式讲述大运河的故事，展现千年运河的历史厚重感和艺术美感。

总台多平台关注第九批在韩中国人民志愿军烈士遗骸回国　9月16日，第九批在韩中国人民志愿军烈士遗骸回国。总台多平台及时给予关注，充分报道烈士遗骸回国的感人场景，呈现祖国对英雄的最高礼遇。

华语环球节目中心推出系列报道《新时代的中国》　9月19日，华语环球节目中心大型系列报道《新时代的中国》在中文国际频道《中国新闻》《今日环球》栏目播出。该系列报道共50集，全面介绍党的十八大以来中国在脱贫攻坚、乡村振兴、科技教育、重大工程建设、区域协调发展、人工智能、绿色环保等领域取得的成就。

纪录片《为了更美好的生活》开播　9月19日起，新闻中心推出5集纪录片《为了更美好的生活》，聚焦党的十八大以来，我国经济社会发展取得的成就，呈现中国十年巨变，反映新时代人民生活的变化，生动展示人民的获得感和幸福感，引发社会大众共鸣和好评。

新疆总站精彩呈现第七届中国—亚欧博览会　9月19日至22日，第七届中国—亚欧博览会在新疆乌鲁木齐举行。新疆总站在《新闻联播》《东方时空》《新闻和报纸摘要》等广播电视栏目，维吾尔语和哈萨克语广播频率，英语、法语、罗马尼亚语等对外平台以及央视新闻、央视财经、央视频等新媒体平台共发布稿件113篇。

总台召开迎接宣传党的二十大宣传报道动员会　9月20日，总台召开迎接宣传党的二十大宣传报道动员会。中宣部副部长、中央广播电视总台党组书记、台长兼总编辑慎海雄出席会议并讲话。总台党组成员、副台长阎晓明主持会议，总台党组成员、副台长蒋希伟宣读《关于成立中央广播电视总台迎接宣传贯彻党的二十大宣传报道领导小组及办公室的通知》。总台党组成员、副台长王晓真出席会议。

纪录片《丝路古道焕新机——习近平主席出席上海合作组织撒马尔罕峰会并出访中亚两国纪实》全景式呈现习近平主席中亚之行　9月21日，综合频道、新闻频道并机播出时政纪录片《丝路古道焕新机——习近平主席出席上海合作组织撒马尔罕峰会并出访中亚两国纪实》，全景式呈现习近平主席的中亚之行，阐释此次出访的重要意义。

CGTN融媒体报道《乡村中国》展现新时代中国乡村风貌　9月22日至25日，CGTN开启大型融媒体报道《乡村中国》，总台英语、西班牙语、法语、俄语、阿拉伯语等5个语种的主持人、记者、网红等走进农业大省山东，多维度展现山东的发展新风貌和新模式，向外国受众报道山东现代化农业发展之路和人民群众的幸福生活。

《2022年中国农民丰收节晚会》《2022网络丰晚》播出　9月23日，《2022年中国农民丰收节晚会》在综合频道、农业农村频道同步播出。晚会以"庆丰收　迎盛会"为主题，继续秉承"走出去，接地气"的创作理念，挖掘影响中国农业发展的人物、事件和物品，打造一场让农民群众喜闻乐见的文艺演出。同日，由农业农村节目中心打造的首档沉浸式农民丰收节网络晚会《2022网络丰晚》分别在央视频、农业农村频道播出。晚会以"稳稳的饭碗，满满的幸福"为主题，通过去舞台化的沉浸式设计，以"科技与艺术、虚拟与现实"相融合的创新手法，采用更具网感、更接地气、更年轻化的内容表达，将"流量密码"转化为"丰晚密码"。

大型文化节目《典籍里的中国》（第二季）启播　9月23日，总台大型文化节目《典籍里的中国》（第二季）启播仪式在北京举行。中宣部副部长、中央广播电视总台台长兼总编辑慎海雄出席，并与中国美术馆馆长、中国美术家协会副主席吴为山等嘉宾共同为节目启播。节目于9月24日在综合频道和央视频、央视网等新媒体平台同步开播。

2022年女排世锦赛直播报道观众规模超7亿人次　9月23日至10月16日，2022年女排世锦赛在荷兰和波兰举行。体育青少节目中心围绕中国女排竞赛日程，组织各平台进行全程直播报道。其间，统筹安排体育频道、体育赛事频道和奥林匹克频道直播比赛16场，录播90场，总时长130小时，累计观众规模7.22亿人次，带动体育频道收视份额最高增至4.85%。央视频、央视体育客户端持续上线短视频产品、深度图文报道，收视数据表现亮眼。

大型融媒体活动《中国短视频大会》启动　9月24日，总台大型融媒体活动《中国短视频大会》在浙江杭州举行项目启动仪式，中宣部副部长、中央广播电视总台台长兼总编辑慎海雄以视频方式致辞，浙江省委书记、省人大常委会主任袁家军发来贺信。《中国短视频大会》是在总台与浙江省政府深化战略合作协议框架下，为国家（杭州）短视频基地量身定制的首个大型季播融媒体节目，共12期。

大型电视纪录片《锻造雄师向复兴》开播

9月25日起，大型电视纪录片《锻造雄师向复兴》在综合频道黄金时段开播。该片由总台军事节目中心和解放军新闻传播中心广播电视部联合制作。影片围绕习近平主席领航新时代强军事业的重要思想和实践，全面反映党的十八大以来国防和军队建设取得的历史性成就、发生的历史性变革，充分展现全军部队维护核心、听党指挥、继往开来、接续奋斗的昂扬风貌，是总台喜迎党的二十大重点纪录片之一。

新闻中心推出系列节目《数据里的"中国活力"》 9月25日起，新闻中心播出系列节目《数据里的"中国活力"》，透过最新数据，解读不同行业亮点，展现中国经济发展强劲的韧性和活力。

总台中广影视卫星有限责任公司与华数传媒控股股份有限公司签署战略合作协议 9月25日，总台中广影视卫星有限责任公司与华数传媒控股股份有限公司战略合作签约仪式在杭州举行。总台编务会议成员、总经理室总经理彭健明出席签约仪式并致辞。总经理室联合中广影视卫星有限责任公司积极推动综艺频道、体育频道、电视剧频道等融合传播经营创新，并积极与当地拓宽总台IP衍生品与文创产品开发合作范畴，为总台在浙江当地的版权经营增收开创新局面。

农业农村节目中心推出中国乡村之声开播十周年特别节目 9月26日，农业农村节目中心中国乡村之声在开播十周年之际，精心策划推出8小时直播特别节目《见证十年》，彰显中国乡村之声"脚下沾满泥土　心中沉淀真情"态度的同时，有力展现十年间"三农"领域发展、乡村振兴建设成果。

民族语言节目中心推出首部藏语安多方言版广播纪实文学《梁家河》 9月26日，民族语言节目中心录制并推出全国首部藏语安多方言版广播纪实文学《梁家河》，被青海省及当地自治州、县广播电视台广泛转播。

央视新闻客户端推出系列时政微纪录片《思想的力量》 为迎接党的二十大，新闻新媒体中心策划制作20集系列时政微纪录片《思想的力量》，于9月26日至10月15日在央视新闻客户端播出，全面展现习近平新时代中国特色社会主义思想丰富内涵和引领时代的伟力，以真实可感的个体命运、群体际遇反映时代之变，彰显思想之力。

大型纪录片《征程》开播 9月27日，由总台联合中央党史和文献研究院创作、社教节目中心承制的20集大型纪录片《征程》在综合频道开播。该片用小切口呈现大主题，以小故事反映大变化，从小视角折射大时代，通过讲述设计中国高铁和AG600水陆两栖飞机的工程师、保障中国粮食安全的育种专家、走向深海的勘探工人、在大陆创业的港澳台青年、用数字化创新传承敦煌艺术的守望者、练兵备战的陆海空官兵等人物的故事，展示新时代的成就。

大型文化节目《大师列传》开播 9月27日，总台大型文化节目《大师列传》开播仪式在北京举行。中宣部副部长、中央广播电视总台台长兼总编辑慎海雄出席，并与中国文化艺术发展促进会主席、中国美术家协会副主席杨晓阳等嘉宾共同为节目启播。《大师列传》聚焦中国当代文化艺术大师，展现他们在新时代奋力从"文艺高原"迈向"文艺高峰"的探索历程。9月30日起，节目在科教频道晚间黄金时段连续播出，央视频、央视网同步上线播出。

习近平主席同阿根廷总统分别向中国阿根廷人文交流高端论坛致贺信 9月28日，由中央广播电视总台和阿根廷公共媒体国务秘书办公室联合主办的中国阿根廷人文交流高端论坛在北京举行。国家主席习近平同阿根廷总统费尔南德斯分别向论坛致贺信。中共中央政治局委员、中宣部部长黄坤明出席论坛，宣读习近平主席贺信并致辞，阿根廷驻华大使牛望道宣读费尔南德斯总统贺信。该论坛是庆祝中阿建交50周年暨2022中阿友好合作年重要活动之一。

纪录片《航拍中国》（第四季）启播 9月29日，总台纪录片《航拍中国》（第四季）启播仪式在北京举行。中宣部副部长、中央广播电视总台台长兼总编辑慎海雄出席，并与嘉宾共同为节目启播。《航拍中国》（第四季）飞越北京、辽宁、河南、湖北、广西、重庆、西藏、青海、香港、澳门、台湾等11个省级行政区，是体量最大、创新特点最突出的一季，成为中国纪录片史上首部覆盖全国、记录当下中国真实面貌的大型系列纪录片。本季首次将航拍视角升至太空，用高分辨率的卫星进行动态拍摄，更有首次从天宫空间站拍摄的内容，让观众体验前所未有的视觉奇观。

总台党建工作领导小组召开会议 9月29日，中央广播电视总台党建工作领导小组召开会议，听取总台基层党组织建设质量提升推进情况汇报、总台荣获中央和国家机关"四强"党支部代表汇报，研究部署进一步提升总台基层党组织建设质量的具体举措。中宣部副部长，中央广播电视总台党组书记、台长兼总编辑、总台党建工作领导小组组长慎海雄主持会议并讲话。总台党组成员、副台长、党建工作领导小组副组长阎晓明、蒋希伟、王晓真出席会议。

总台多平台重点报道烈士纪念日向人民英雄敬献花篮仪式 9月30日上午，烈士纪念日向人民英雄敬献花篮仪式在北京天安门广场举行，习近平总书记等党和国家领导人出席。总台多平台予以充分报道。

总台领导祝贺全俄国家电视广播公司总裁多布罗杰耶夫荣获2022年度中国政府友谊奖 9月30日，中宣部副部长、中央广播电视总台台长兼总编辑慎海雄致信俄罗斯全俄国家电视广播公司总裁奥列格·多布罗杰耶夫，祝贺他荣获2022年度中国政府友谊奖。12月20日，总台亚欧总站联合中国驻俄大使馆举办中国政府友谊奖颁授仪式。中国驻俄罗斯大使张汉晖代表中国政府向全俄国家电视广播公司总裁多布罗杰耶夫颁授2022年度"中国政府友谊奖"奖章及证书，表彰他为促进中俄关系发展作出的贡献。

总台发布《解码十年》多语种版本 9月30日，专题片《解码十年》海内外多语种版本发布仪式在北京举行。中宣部副部长、中央广播电视总台台长兼总编辑慎海雄出席，并与嘉宾共同启动专题片《解码十年》多语种版本发布。中央广播电视总台副台长王晓真出席发布仪式并致辞。

十月

《中国梦·祖国颂——2022国庆特别节目》播出 10月1日，文艺节目中心制作的《中国梦·祖国颂——2022国庆特别节目》，在总台综合频道、综艺频道、音乐频道和央视频、央视网新媒体平台及音乐之声、经典音乐广播、文艺之声等播出。节目采用"专题报道+文艺节目"形式，以我国重点项目、重大成就的奋斗者团队"报捷"为主线，创新融合现场表演、人物采访与纪实画面，艺术化展现奋进新征程、建功新时代的精神风貌，凸显国庆节的喜庆色彩。

大型文化节目《中国国宝大会》（第二季）开播 10月1日，由总台和国家文物局联合推出的大型文化节目《中国国宝大会》（第二季）在财经频道开播。本季节目创作历时7个月，深入全国各大博物馆和文博胜地，集结众多顶尖专家和学术骨干，精选数百件国宝级文物，通过24位中华优秀传统文化爱好者的激烈竞答，为观众呈现一台底蕴深厚的文化大戏。

特别节目《江河奔腾看中国》致敬新时代 10月1日至7日，总台综合频道、新闻频道并机推出特别节目《江河奔腾看中国》，选取长江、黄河、松花江、辽河、淮河、珠江、闽江、塔里木河、万泉河、京杭大运河等10条江河，通过直播、融媒体报道等，讲述江河涵养生态、润泽经济、繁荣人文、滋养民生的故事。

新闻中心推出系列报道《伟大复兴 壮丽航程》 10月2日起，新闻中心在《新闻联播》栏目推出系列报道《伟大复兴 壮丽航程》，全面展现党的十八大以来，以习近平同志为核心的党中央带领全党全国各族人民团结奋斗，迈上全面建设社会主义现代化国家的新征程。

广播剧《中国空间站》展现我国载人航天发展历程 10月2日至4日，中国之声推出纪实广播剧《中国空间站》，浓墨重彩展现我国载人航天发展历程，特别是近十年来中国空间站建设的辉煌成就。

军事节目中心推出思想解读类融媒体特别节目《追光》 10月4日起，由总台军事节目中心与中央军委政治工作部有关部门联合制作的15集思想解读类融媒体特别节目《追光》在总台新闻频道首播，节目深入宣传习近平强军思想，是实现党的创新理论大众化传播的一次全新尝试。中央主要新闻网站、重点门户网站和学习强国、学习强军、央视军事等新媒体平台同步推出。

影视翻译制作中心打造原创融媒体微广播剧《千里江山》 10月7日起，影视翻译制作中心推出的中英文融媒体微广播剧《千里江山》在中国之声播出，10月8日在央视频、云听、文艺之声、轻松调频、CGTN Radio等总台境内外社交媒体和音频平台账号共同上线。该剧讲述千年前少年画师王希孟创作传世名画《千里江山图》的故事。

大型电视专题片《领航》开播 10月8日至15日，为迎接党的二十大召开，总台综合频道播出16集大型电视专题片《领航》。该片聚焦以习近平同志为核心的党中央团结带领全党全国各族人民在新时代走过的非凡历程，全面反映党的十八大以来党和国家事业取得的历史性成就、发生的历史性变革，生动呈现新时代人民群众的美好生活和良好精神风貌。节目引发社会各界广泛关注与好评，首轮播出全网总触达受众55.1亿人次，相关话题在多平台登上热榜125次，微博相关话题总阅读量超13.6亿次。

CGTN《温故知新》（第三季）对外传播领袖思想 10月10日，CGTN制作的融媒体产品《温故知新》（第三季）收官。该融媒体产品采用播客、短视频、动画插画等形式，以古映今阐释习近平总书记治国理政思想，自7月22日推出至收官，海外阅读量超1亿次。

专题片《中国大区域》开播　10月10日至14日，财经节目中心打造的专题片《中国大区域》在总台财经频道播出。该片聚焦党的十八大以来，习近平总书记亲自谋划、亲自部署、亲自推动的京津冀协同发展、长江经济带发展、粤港澳大湾区建设、长三角一体化发展、黄河流域生态保护和高质量发展等区域重大战略，推动形成优势互补高质量发展的区域经济布局，引领我国区域协调发展发生历史性变化、取得历史性成就。

华语环球节目中心推出纪录片《血战上甘岭》　10月10日至14日，在上甘岭战役胜利70周年之际，华语环球节目中心《国家记忆》栏目推出5集纪录片《血战上甘岭》，全景展现上甘岭战役发生的43天里，中国人民志愿军英勇顽强战斗的感人故事，引发各界热烈反响。

《美术里的中国》（第二季）开播　10月10日起，社教节目中心制作的大型纪录片《美术里的中国》（第二季）在总台综合频道、科教频道播出，央视频、央视网平台同步上线。节目继续秉承"笔墨丹青看中国"的创作理念，既传播"金石味道""青绿山水"等美术知识，也带领观众在经典作品中领略艺术的魅力，通过《东方欲晓》《钢水·汗水》等作品展现波澜壮阔的历史，彰显代代传承的民族与文化精神。

系列节目《党课开讲啦》在综合频道播出　10月13日，由中央组织部和中央广播电视总台联合推出的系列节目《党课开讲啦》在总台综合频道开播。节目以习近平外交思想、经济思想、生态文明思想和法治思想为主要内容，创新讲解方式，推进习近平新时代中国特色社会主义思想入脑入心。

新闻中心推出新栏目《高端访谈》　10月14日起，新闻中心推出新栏目《高端访谈》。节目发挥总台国际传播人才优势，以双语主播专访外国国家元首、政府首脑及国际组织负责人为基本样态。节目实行"一国一策""一人一策"的方针，突出人物的高端性、话题的前沿性和交流的广阔性，就世界之变、时代之变、历史之变与国际政要展开对话，在百年未有之大变局加速演变的过程中发出中国声音。节目每周五在央视新闻频道首播，每周六在CGTN英语频道播出英语版，每周五在央视新闻客户端、央视频、央视网等平台实现大小屏同步上线。节目还通过总台68种语言、国际视频通讯社、CGTN融媒体平台、海外总站等对外传播矩阵向海外投送。

总台全媒体倾力报道党的二十大　10月16日至22日，中国共产党第二十次全国代表大会在北京人民大会堂举行。总台电视、广播、新媒体矩阵全平台精心策划，以最高标准精彩报道大会盛况，精准呈现党的二十大报告的重要内容，及时准确深入解读党的二十大报告的重要论述和战略思想，集纳社会各界和国际人士对党的二十大的高度评价。国际视频通讯社全力做好党的二十大新闻对外传播，创重大时政活动对外传播"最快发稿、最广覆盖、最好效果"纪录。

总台推出融媒体专栏《二十大时光》　10月16日起，总台广播、电视、新媒体端在党的二十大期间共同推出的专栏《二十大时光》，重点围绕习近平总书记所作党的二十大报告的热烈反响，连续播发有场景、有细节、有温度的会外报道，全面展现广大干部群众永远跟党走的坚定决心和对实现第二个百年奋斗目标的必胜信心。

纪录片《生态秘境》讲述四川生态之美和人文之韵 10月16日至18日，由中国电视剧制作中心与中国环境报社联合出品、摄制的6集自然纪录片《生态秘境》在总台纪录频道播出。该片带领观众探寻四川极致的自然秘境，穿越雪域高原、横跨大江深谷，用镜头记录这片神秘土地上万物生灵的故事，多方位讲述四川自然生态之美与多彩人文之韵。

系列专题节目《这十年》创新解读十年巨变 10月17日起，总台新闻频道推出5集系列专题节目《这十年》，以"卫星视角+独家大数据调查+新闻故事"方式，通过酷炫带感的视听手段、新鲜独到的视角、独家的权威数据、富于温度的故事等，解读十年巨变的"中国密码"。

系列节目《奋斗 新的伟业》深入解读党的二十大报告 10月18日至11月1日，《焦点访谈》栏目推出14集系列节目《奋斗 新的伟业》，深入解读党的二十大报告。节目选题重大，内容丰富，专家阵容强大，通过权威准确的解读和融合传播，节目反响良好。

中国国际电视总公司多个自主研发技术创新系统获奖 10月20日，国家广播电视总局第二届高新视频创新应用大赛评选结果揭晓，中国国际电视总公司多个项目获奖。其中，中视广信公司自主研发的"新媒体可视化互动视频制作系统"获"互动视频——分支剧情选择场景"一等奖；央视纪录公司承制的《国家宝藏·展演季》中的《威凤吟》XR沉浸式舞美拍摄流程及技术"获"沉浸式XR虚拟拍摄场景类"创新应用一等奖；中视广信公司自主研发的"中国诗词大会云中千人团AR虚拟实时连线互动展现"项目获"VR——AR视频场景"二等奖、"基于云渲染的轻量化游戏应用：擎动中国——云赛车"项目获"云游戏——移动终端云游戏场景"二等奖。

"发现新疆之美"（第二季）活动在16国19家媒体举办 10月下旬至12月下旬，影视翻译制作中心举办"发现新疆之美"（第二季）——中国影视节目海外展映活动。影视翻译制作中心与亚欧总站、拉美总站和欧洲总站合作，将节目落播范围由第一季的亚洲、非洲国家拓展至欧洲、拉美国家，多语种版纪录片《我的新疆日记》《新疆滋味》《天山南北》《航拍中国——新疆》和电影《钱在路上跑》陆续在巴西、阿根廷、俄罗斯、哈萨克斯坦、墨西哥、印度尼西亚、加蓬等国的16家媒体落播，节目落播媒体总数达16国19家。

总台多平台直播报道中国共产党第二十届中央政治局常委同中外记者见面会 10月23日，习近平总书记等二十届中共中央政治局常委同中外记者见面。总台多平台精心策划，以最高标准进行直播报道。国际视频通讯社采用卫星和网络两种方式向全球媒体发布见面会直播信号。

央视频联合海南总站创新直播航天发射 10月23日，央视频联合海南总站推出融媒体报道《天宫筑梦记》，创新报道梦天实验舱和天舟五号货运飞船发射。报道采用8K大范围移动延时拍摄方式，记录天舟五号货运飞船与长征七号遥六运载火箭组合体转运过程，用无人机航拍+光绘创意摄影，见证光影与火箭塔架的"互动瞬间"；首次推出国内海上看陆地火箭发射直播；在文昌发射场设置高点4K直播机位，邀网友以俯视视角"空中看发射"等报道手段，为受众带来震撼的观看体验。

海外总站推出11场"新征程的中国与世界"宣介活动 10月23日至11月2日，国际交流局统筹海外总站在美国、秘鲁、南非、巴西、俄罗斯、肯尼亚、阿根廷、英国、日本、中国香港、中国澳门等国家和地区集中举办11场"新征程的中国与世界"党的二十大精神对外宣介活动，邀请所在国和地区政府官员、国际组织负责人、智库专家、院校学者、媒体机构代表等约300人参加。

总台新闻节目聚焦习近平总书记在陕西延安和河南安阳考察 10月26日至28日，中共中央总书记、国家主席、中央军委主席习近平在陕西省延安市和河南省安阳市考察。总台新闻节目重点展开报道。

"中国影像节"非洲展播季活动启动 10月26日，"中国影像节"非洲展播季活动正式启动，中宣部副部长、中央广播电视总台台长兼总编辑慎海雄通过视频为启动仪式致辞。活动通过非洲主流媒体平台和海外机构播出总台制作的《领航》《解码十年》《了不起的决心》等多语种专题片和纪录片，向非洲观众讲述新征程上"中国之治"的独特魅力。

华语环球节目中心推出纪录片《根脉 延安精神》 10月27日，华语环球节目中心系列纪录片《根脉》在中文国际频道播出《延安精神》（上下集）。该片反映了中共中央在延安领导中国人民取得抗日战争和解放战争初期伟大胜利的历史，阐释以"坚定正确的政治方向""解放思想、实事求是""自力更生、艰苦奋斗""全心全意为人民服务"为内涵的延安精神。节目在电视端总触达观众3491万人次，新媒体端总播放量549.36万次。

《一馔千年》节目发掘历史美馔背后的文化积淀 10月28日，文艺节目中心在综艺频道推出全新饮食文化探索节目《一馔千年》，探索历史上的美食，展示美馔背后的历史文化积淀，以"戏剧+历史+美食"为结构，带观众徜徉千年历史，共品人间至味。

CGTN举办大型高端电视主题论坛 10月28日，CGTN举办《全球变局下的中国机遇与世界发展》高端电视主题论坛，来自美国、英国、西班牙、挪威、南非、吉尔吉斯斯坦、尼泊尔等多国政要、国际组织负责人和知名学者，围绕"推动构建新型国际关系""中国式现代化""高质量发展"等话题展开深入讨论。

体育青少节目中心转播报道2022年世界体操锦标赛 10月29日至11月6日，体育青少节目中心全平台转播报道2022年世界体操锦标赛。

超高清视音频制播呈现国家重点实验室建成 10月30日，上海总站联合技术局共同完成超高清视音频制播呈现国家重点实验室建设，由总站主办的"第五届世界顶尖科学家论坛·科学T大会"在实验室成功举办，标志着实验室开始正式运行并具备完善的节目制作能力。超高清视音频制播呈现国家重点实验室位于上海国际传媒港，建设内容包括4K/8K超高清、5G网络通信及原创混合现实等新型制作技术，实现采集制作、集成播出、互动分发、数据管理等融合媒体制播功能，构建超高清、智能化、多终端的融合媒体制作平台。

总台多平台重点报道习近平总书记系列外事活动 10月31日至11月4日，习近平主席先后会晤越南、巴基斯坦、坦桑尼亚、德国等四国领导人。总台多平台重点做好报道。

总台举办学习宣传贯彻党的二十大精神"好记者讲好故事"青年岗位练兵活动 10月31日，机关党委、团委举办学习宣传贯彻党的二十大精神——总台"好记者讲好故事"青年岗位练兵活动。总台党组成员、副台长、机关党委书记阎晓明出席并讲话。总台专兼职党务干部、各级团组织代表、青年理论学习小组代表参加活动。

欧洲超高清电视平台购播CGTN精品节目 10月，欧洲超高清平台——洞察电视公司与CGTN达成协议，购买CGTN《旅游指南》栏目《好吃客》第一、二季共18期节目的播映权。在3年授权期内，该公司将在全球自有及合作渠道播映《好吃客》节目，并在全球网络平台官方账号发布短视频产品。洞察电视公司在其全球自有平台/合作渠道完成了18期整集节目的首轮播映，收视率名列前茅。

央广网推出主题报道《大时代》 央广网组织所辖33个地方频道派记者深入全国各地进行蹲点式采访，于7月28日至10月31日推出主题报道《大时代》，展现各城市以人民为中心的发展变化、区域亮点和标志性成果，挖掘城市发展的特色内涵和精神气质，讲好各行各业不负伟大时代、筑梦追梦的故事。

十一月

总台多部作品获"飞天奖""星光奖" 11月1日，第33届电视剧"飞天奖"、第27届电视文艺"星光奖"揭晓。总台出品的《跨过鸭绿江》《大决战》获"飞天奖"优秀电视剧奖。总台有6部作品获"星光奖"，《百年礼赞——庆祝中国共产党成立100周年大型交响音诗画》《英雄儿女——纪念中国人民志愿军抗美援朝出国作战70周年文艺晚会》《典籍里的中国》获优秀电视综艺节目奖，《2021春节戏曲晚会》获优秀电视戏曲节目奖，《敢教日月换新天》获优秀电视纪录片奖，《林海雪原》获优秀电视动画节目奖。

总台国际频道在孟加拉国主流新媒体平台落地播出 11月1日，总台国际传播规划局与孟加拉国主流新媒体平台运营商——加格信息技术有限公司达成合作协议，非独家授权其整频道实时转播总台CGTN英语频道（高清版）、CGTN纪录频道（高清版）。该公司开发的Jagobd平台是孟加拉国当地民众及海外孟加拉人收看视频节目的重要平台。

国际视频通讯社举办全球记者交流活动 11月2日，总台国际视频通讯社联合中国国际新闻交流中心举办主题为"奋进合作传播新征程 续写中外交流新篇章"的线上全球记者交流活动，来自40个国家和地区近60位参与党的二十大报道的境外媒体代表参加讨论。

总台演播室首次与神十四航天员实时"天地连线" 11月3日，空间站梦天实验舱顺利完成转位，中国空间站T字基本构型在轨组装完成。总台新闻中心全程直播关键过程。新闻频道推出两场特别节目《中国空间站——梦天实验舱飞行任务》，首次实现总台演播室和航天员实时"天地连线"直播，总台主持人独家对话神十四航天员乘组，首次实时直播空间站实验舱转位，记录T字基本构型在轨组装完成的历史时刻。

央视网举办首届中国生活体育大会 11月3日，由央视网和成都市体育局联合主办、成都市广播电视台承办的首届中国生活体育大会圆满结束。大会以"运动让生活更美好"为主题，并发起"美好生活 运动榜样"征集活动，吸引来自全国14个省市众多体育运动爱好者踊跃参加。

总台新闻节目报道第五届进博会 11月4日，第五届中国国际进口博览会在上海隆重开幕，国家主席习近平发表视频致辞。总台新闻节目予以重点报道，以多样态报道精彩呈现本届进博会的亮点和成果。

《领航》国际精编版落播CNN 11月4日，由国际传播规划局会同社教节目中心、CGTN特别制作的大型电视专题片《领航》国际精编版在CNN美国本土频道、国际北美频道、国际亚太频道等多个电视频道播出，实现总台重大主题专题片投送到美西方主流平台播出的新突破。

微纪录片《中国湿地》凸显我国生态保护成效 11月4日，由影视剧纪录片中心打造的系列微纪录片《中国湿地》在纪录频道和央视频同步播出。该片首次以纪录片的形式全面梳理中国的湿地现状和保护成果，呈现中国多样的湿地生态，用科学的视角解读湿地对人类的重要性，向世界展示中国负责任的大国形象。该片还作为开幕影片在《湿地公约》第十四届缔约方大会武汉主会场和日内瓦分会场播放。

第二届中欧音乐节暨中德建交50周年音乐会在欧洲多国平台播出 11月4日，在德国总理朔尔茨访问中国当晚，《50年·新启航：中央广播电视总台第二届中欧音乐节暨中德建交50周年音乐会》在音乐频道播出，英文版在CGTN播出。同时，音乐会特别节目英语、德语等多语种版本，陆续在欧洲多国电视台及数字媒体平台播出。本次音乐会由欧洲总站和文艺节目中心联合制作，在国内各平台观看量超1亿次。美联社、雅虎、法新社（德语）、德新社、奥地利通讯社、塞尔维亚贝塔通讯社、西班牙欧洲通讯社等140多家国际新闻机构进行报道。

总台多部作品获中国电视"金鹰奖" 11月6日，第31届中国电视"金鹰奖"揭晓，总台多部作品获奖。《跨过鸭绿江》《人世间》获优秀电视剧奖，《摆脱贫困》获最佳电视纪录片奖，《中央广播电视总台2021年中秋晚会》获最佳电视综艺（文艺）节目奖，《冰球旋风》获最佳电视动画片奖，任鲁豫获最佳电视节目主持人奖。《大决战》获优秀电视剧提名，《"字"从遇见你》获最佳电视纪录片提名，《林海雪原》获最佳电视动画片提名，鲁健获最佳电视节目主持人提名。

总台参与主办第五届世界顶尖科学家论坛 11月6日，第五届世界顶尖科学家论坛开幕式在上海举行。论坛以"科学向新 共创未来"为主题，由世界顶尖科学家协会、中国科学技术协会、中央广播电视总台主办。中共中央政治局委员、上海市委书记陈吉宁，全国政协副主席、中国科协主席万钢，中宣部副部长、中央广播电视总台台长兼总编辑慎海雄，世界顶尖科学家协会主席、2006年诺贝尔化学奖得主罗杰·科恩伯格出席开幕式并发表致辞。27位诺贝尔奖得主和30余位中国两院院士组成"顶科天团"，与50余位青年科学家、100余位

"小科学家"及各界嘉宾以线上线下形式出席论坛。

军事节目中心推出直播特别节目《炫舞天地间》 11月7日起,军事节目中心国防军事频道推出第14届中国航展直播特别节目《炫舞天地间》,集中呈现特色鲜明、形式多样的航展内容。

农业农村节目中心策划推出微纪录片《我的村庄和我》 11月7日起,农业农村节目中心立足"三农"定位,推出30集乡村振兴主题微纪录片《我的村庄和我》,讲述乡村中一个个生动鲜活、深接地气的真实故事,描绘新时代乡村振兴道路上的奋斗者群像。

总台21件作品获中国新闻奖 两人获长江韬奋奖 11月8日,由中华全国新闻工作者协会主办的第32届中国新闻奖、第17届长江韬奋奖评选结果揭晓。总台21件作品获中国新闻奖,包括特别奖1件、一等奖12件、二等奖4件、三等奖4件。何绍伟和肖振生获长江韬奋奖。

总台2023"品牌强国工程"融媒体传播服务方案发布 11月8日,中央广播电视总台举办2023"品牌强国工程"云发布活动,正式发布全新的2023"品牌强国工程"融媒体传播服务方案。中宣部副部长、中央广播电视总台台长兼总编辑慎海雄发表视频致辞。

中东总站联合CGTN亮相阿拉伯广播电视节 11月9日至12日,中东总站联合CGTN阿拉伯语部,参加以"世界变局中的媒体"为主题的第22届阿拉伯广播电视节,增强总台在阿拉伯国家的传播力和影响力。这是总台正式成为阿广联成员后首次参加阿拉伯广播电视节。

总台2022年卡塔尔世界杯前方报道团出征仪式举行 11月10日,中央广播电视总台举行2022年卡塔尔世界杯前方报道团出征仪式。中宣部副部长、中央广播电视总台台长兼总编辑慎海雄作动员讲话,并向转播报道团队、技术保障团队授旗。总台副台长阎晓明主持出征仪式,总台副台长蒋希伟、王晓真出席。

总台8件作品获2021年度全国政法优秀新闻作品 11月10日,2021年度全国政法优秀新闻作品评选结果揭晓,总台有8件作品获奖。其中,广播消息《中央政法委印发指导意见,运用大数据等智能化手段推进政法系统顽瘴痼疾整治取得实效》、电视组合报道《劳荣枝案一审宣判》、电视专题《照亮隐蔽的角落》、融媒体移动直播《致敬守护者丨有你,民安!》等4件作品获得一等奖,电视专题《扫黑利剑——重见天日》、融媒体融合创新作品《家事如天》(第一季)获得二等奖,电视专题《水下有"鱼"》《孙海洋失子案侦破全纪录》获得三等奖。

财经节目中心推出特别节目《2022中国电商年度发展报告》 11月11日,财经节目中心推出"双十一"特别节目《2022中国电商年度发展报告》,关注2022年中国电子商务产业发展的新特点、新趋势。

"VR+超高清"主题论坛在南昌举行 11月12日,由中央广播电视总台与江西省人民政府联合主办的2022世界VR产业大会"VR+超高清"主题论坛在江西南昌举行。论坛以"VR+超高清 让视界更'菁彩'"为主题,聚焦超高清视频、三维声音频、虚拟现实和人工智能技术。论坛由中央广播电视总台超高清视音频制播呈现国家重点实验室、世界超高清视频产业联盟、总台江西总站、江西省委宣传部等单位承办。

总台与江西省人民政府签署战略合作框架协议 江西总站揭牌 11月13日，中央广播电视总台与江西省人民政府举行战略合作框架协议签约仪式，中央广播电视总台江西总站同时揭牌。江西省委副书记、省长叶建春和中央广播电视总台副台长蒋希伟共同为中央广播电视总台江西总站揭牌。蒋希伟与江西省副省长陈小平分别代表双方签署《中央广播电视总台与江西省人民政府战略合作框架协议》。

专题片《习近平喜欢的典故》（印度尼西亚语版、泰语版）暨多语种纪录片《中国，新的征程》上线发布 11月14日，在国家主席习近平赴印度尼西亚出席G20峰会、赴泰国出席亚太经合组织首脑非正式会议并进行访问之际，总台专题片《习近平喜欢的典故》（印度尼西亚语版、泰语版）暨多语种纪录片《中国，新的征程》开播仪式在北京举行。中宣部副部长、中央广播电视总台台长兼总编辑慎海雄出席并致辞。印度尼西亚、泰国、柬埔寨、老挝、印度、巴基斯坦、斯里兰卡、土耳其、尼日利亚等国的国家电视台台长和主流媒体负责人线上出席开播仪式。

国际视频通讯社举办非洲视频媒体联盟年会 11月14日，总台国际视频通讯社举办第六次非洲视频媒体联盟（ALU）年会，主题为"秉持真实亲诚理念 加强中非媒体合作"，来自非洲19个国家的近30名主流媒体代表线上参会。

中国之声推出特别节目《解码中国式现代化》 11月14日，中国之声推出特别节目《解码中国式现代化》，聚焦党的二十大报告有关中国式现代化的重要论述，阐述中国式现代化的5个特征，生动展望中国式现代化的未来图景。

总台圆满完成习近平主席出访东南亚报道 11月14日至19日，国家主席习近平应邀赴印度尼西亚巴厘岛出席二十国集团领导人第十七次峰会、赴泰国曼谷出席亚太经合组织第二十九次领导人非正式会议并对泰国进行访问。总台多平台重点聚焦，圆满完成报道任务。

总台举办电视剧《山河锦绣》启播仪式 11月15日，中央广播电视总台在北京举行自制电视剧《山河锦绣》启播仪式。中宣部副部长、中央广播电视总台台长兼总编辑慎海雄出席并为该剧启播。该剧史诗般呈现西部山区两代人在中国共产党领导下，前赴后继向贫困宣战的感人故事。

总台举办奥林匹克频道提质升级座谈会 11月15日，中央广播电视总台奥林匹克频道提质升级座谈会在北京举行。中宣部副部长、中央广播电视总台台长兼总编辑慎海雄出席并讲话。国际奥委会主席巴赫为奥林匹克频道开播一周年发来贺信。

总台举办2023年主题创新广告产品云发布活动 11月15日，中央广播电视总台在线举办2023年主题创新广告产品云发布活动，一系列将品牌愿景融入国家发展战略的广告传播方案首次亮相。

中东总站联合多部门参加阿拉伯联合酋长国首届全球媒体大会 11月15日至17日，中东总站联合CGTN、技术局、影视翻译制作中心等部门，代表总台参加以"塑造媒体行业未来"为主题的阿拉伯联合酋长国首届全球媒体大会，借助大型国际展会展示总台资源，深化与国外同行的交流，拓展总台媒体外交"朋友圈"。

国际传播规划局配合外交大局推进媒体合作传播 11月16日，在国家主席习近平赴印度尼西亚出席二十国集团领导人第十七次峰会之际，CGTN与印度尼西亚传媒集团旗下美都电视台（MetroTV）合作推出的时长30分钟专题片《"雅万"出发！——东南亚首条高铁纪实》在美都电视台播出，覆盖印度尼西亚211座城市约1.8亿人口。这是国际传播规划局推进与东南亚地区媒体合作传播的又一积极举措。另外，国际传播规划局与探索传媒集团达成落播合作，从北京时间11月14日起在探索频道（东南亚地区）连续40天播出《领航》国际精编版，黄金时段播出占比约50%，覆盖印度尼西亚、泰国等东南亚国家。

大型纪录片《新三峡》首播仪式在北京举行 11月16日，7集大型纪录片《新三峡》首播仪式在北京举行。水利部副部长刘伟平、中央广播电视总台副台长蒋希伟出席，并与嘉宾共同为节目启播。《新三峡》由中央新闻纪录电影制片厂（集团）与水利部、湖北省人民政府、重庆市人民政府、中国长江三峡集团等单位联合制作，是三峡工程整体竣工后，我国第一部全景展示"三峡之新、三峡之变、三峡之美"的影像作品。

非洲总站主办2022"非洲伙伴"媒体合作论坛 11月16日，由非洲总站主办的2022"非洲伙伴"媒体合作论坛及"新征程的中国与世界"中非媒体研讨会在肯尼亚首都内罗毕举行。来自中国和非洲20个国家的60位媒体机构负责人、中非政策研究专家、媒体传播专家等参加。

全国劳务品牌发展大会在北京举行 11月17日，由人力资源和社会保障部、中央广播电视总台、国家乡村振兴局共同主办的全国劳务品牌发展大会在北京举行。人力资源和社会保障部副部长俞家栋、中央广播电视总台副台长蒋希伟、国家乡村振兴局副局长夏更生出席会议并致辞，共同启动"千行百品就业行"劳务品牌大型融媒体云推介活动。

《宪法的精神 法治的力量——2022年度法治人物颁奖盛典》录制完成 11月18日，由司法部、全国普法办公室联合中央广播电视总台共同主办，社教节目中心承办的《宪法的精神 法治的力量——2022年度法治人物颁奖盛典》完成录制。盛典揭晓10位"2022年度法治人物"和4位"2022年度致敬英雄"，讲述他们用实际行动捍卫公平正义、让法治精神落地生根的感人故事，展现新时代全面依法治国的成就。

融媒体节目《央young之城》取得良好传播效果 11月19日，视听新媒体中心与央视频公司、央视娱乐公司、央视创造公司打造的大型城市发展融媒体节目《央young之城》在全网播出。首站聚焦山东烟台，以"央地联动"新模式和节目新样态，打造节目部门与公司深度合作新样本，上线12小时18个话题登上全网热榜，相关话题阅读量破4.2亿次。

中国之声融媒体特别直播《国家公园·两天一夜》收官 11月20日，中国之声推出融媒体特别直播《国家公园·两天一夜》收官。节目自7月9日开播，走进五大国家公园，展现人与自然和谐共生之美，充分反映新时代生态文明建设成就。

总台开展卡塔尔世界杯开幕式及揭幕战直播报道 11月20日至21日，卡塔尔世界杯开幕式及揭幕战举行。总台各部门通力配合，加强转播统筹力度、科学调度前方资源，总台综合频道、体育频道、奥林匹克频道、4K超高清频道，央视频、央视体育客户端等平台全力打造精品节目，收视数据表现强劲。

《长风浩荡启新程》全景展示习近平主席东南亚之行 11月21日，总台新闻中心推出时政纪录片《长风浩荡启新程——习近平主席出席二十国集团领导人第十七次峰会 亚太经合组织第二十九次领导人非正式会议并对泰国进行访问纪实》，全景式记录习近平主席东南亚之行。

2022中国国际智能传播论坛在无锡举行 11月21日，由中央广播电视总台和江苏省人民政府联合主办的2022中国国际智能传播论坛在江苏无锡举行。中宣部副部长、中央广播电视总台台长兼总编辑慎海雄，江苏省委副书记、省长许昆林发表视频致辞。

新闻中心推出大型系列报道《新时代 新征程 新伟业》 11月21日起，新闻中心联合31个地方总站，在全平台推出大型系列报道《新时代 新征程 新伟业》，以学习宣传贯彻党的二十大精神为主线，派出多路记者深入多地挖掘故事、捕捉细节，真实记录、宣介各省区市深入学习宣传贯彻党的二十大精神的务实举措，展现广大干部群众迈上新征程的精神状态。

《领航》国际精编版以7个语种同步落播欧洲新闻台 11月21日起，《领航》国际精编版在欧洲新闻台电视频道以英语、西班牙语、法语、俄语、德语、意大利语、葡萄牙语等7个语种同步播出。

"国聘行动"第四季正式启动 11月22日，"奋斗有我 国聘行动"——"国聘行动"第四季大型融媒体招聘活动正式启动。本季活动由中央广播电视总台联合国务院国资委、教育部、人社部、共青团中央、科技部、全国妇联共同发起，央视频携手国投人力共同主办。

系列节目《新征程上》多角度阐释"奋进新征程" 11月23日至27日，总台《焦点访谈》栏目推出系列节目《新征程上》，围绕党的二十大报告中的新提法，从"构建新的增长引擎""全面推进乡村振兴""人才强国""提高人民生活品质""推动绿色发展"等五个方面入手，采访多位权威人士，为学习贯彻党的二十大精神营造良好舆论氛围。

总台成功主办中国国际动漫节"金猴奖"评奖活动 11月24日，由中央广播电视总台主办的第18届中国国际动漫节"金猴奖"颁奖仪式在浙江杭州举行。中央广播电视总台副台长阎晓明发表视频致辞。本届"金猴奖"共收到19个国家和地区的近千部作品，最终评选出34部获奖作品。

农业农村节目中心深入推进"乡村振兴观察点"项目 11月24日，农业农村节目中心"乡村振兴观察点"项目正式落地福建省宁德市屏南县四坪村、霞浦县东壁村。至此，农业农村节目中心已经在青海互助、浙江淳安、宁夏固原、四川简阳、河北保定等地先后建成，覆盖全国6省区7地。"乡村振兴观察点"项目自2021年8月启动以来，农业农村节目中心结合地方特色资源，持续创新节目内容，生动讲述乡村振兴的鲜活故事及观察点所在地的新实践、新探索、新经验，助力乡村振兴发展。

CGTN推出纪录片《了不起的决心》 11月24日至27日，CGTN推出4集纪录片《了不起的决心》。节目以《来，酷起来》《钱，有更好的赚法》《温暖，让奇迹发生》《未来，共同的未来》4个篇章，对应"文化自信""高质量发展""以人民为中心""人类命运共同体"4个时代关键词，向世界真切讲述中国近十年巨变，展现中国人民屡创奇迹背后的精神力量，展望中国式现代化和世界命运与共的未来发展蓝图。

总台首次荣获亚广联年度新闻交换"最佳体育报道奖" 11月25日至30日，第59届亚广联大会及附属会议在印度新德里举行，在2021—2022年度新闻交换奖颁奖典礼上，总台北京冬奥会报道获年度"最佳体育报道奖"。这是总台首次获得该奖项。北京冬奥会期间，总台新闻中心持续向亚广联每日新闻交换网发送新闻素材，全程报道赛事组织筹办、设施服务、赛事热点、运动员参赛体验等，多维度、多视角讲述北京冬奥故事。

上海总站举办"2022上海国际金融中心发展论坛" 11月26日，总台上海总站联合上海交通大学上海高级金融学院、上海市徐汇区人民政府、上海市金融学会共同主办的"2022上海国际金融中心发展论坛"成功举办。论坛以"上海国际金融中心建设新征程：制度型开放与高质量发展"为主题，邀请政府主管部门、金融机构代表、专家学者、国际金融领域嘉宾等，就上海国际金融中心建设、金融服务实体经济推动经济高质量发展等话题建言献策。

港澳台节目中心关注台湾地区"九合一"选举 11月27日，港澳台节目中心密切关注中国台湾地区基层公职人员"九合一"选举结果，播发《总台海峡时评｜"求和平、求稳定、要过好日子"是岛内主流民意！》，揭批民进党违背民意恶意煽动"反中仇中"、只顾政治操弄不顾民生福祉的行径，阐明两岸关系和平发展与国家统一的重要性。评论在台海之声频率和"看台海"新媒体平台、央视新闻客户端、央视网等平台发布，境内涉台媒体和港澳地区媒体在重要位置转载，美国商业新闻网、《北欧时报》、印度尼西亚《国际日报》等海外华文媒体广泛转发。

总台与蒙古国国家公共广播电视台签署合作备忘录 11月28日，在蒙古国总统乌赫那·呼日勒苏赫对我国进行国事访问之际，中央广播电视总台台长兼总编辑慎海雄与蒙古国国家公共广播电视台台长阿·布仁巴特尔签署《中国中央广播电视总台与蒙古国家公共广播电视台合作备忘录》。该合作文件被列入习近平主席与乌赫那·呼日勒苏赫总统重要的双边活动成果。

新闻中心推出系列报道《逐梦新程》 11月28日起，新闻中心各平台推出系列报道《逐梦新程》，全方位展现十年来以习近平同志为核心的党中央团结带领全党全国各族人民同心共筑中国梦，推动党和国家事业取得的历史性成就、发生的历史性变革，深度阐述"中国梦"的时代内涵。

总台领导视频会见美联社社长 11月29日，中央广播电视总台台长兼总编辑慎海雄在北京以视频方式会见美联社社长戴茜薇，双方就媒体责任、合作传播和媒体融合发展等话题进行了交流探讨。

总台举办2023"品牌强国工程"云签约活动 11月29日，总台举办2023"品牌强国工程"云签约活动，与品牌企业实时连线，线上签约。经过公证，近40家优秀品牌企业与总台签订2023"品牌强国工程"战略合作协议。

总台多部作品获亚广联奖 11月29日，2022年亚洲—太平洋广播电视联盟奖（简称"亚广联奖"）揭晓，总台多部作品获奖。其中，文艺节目中心作品《国家宝藏·展演季》获电视类娱乐节目奖，新闻中心作品《"是她们延续了我的生命"》获广播类亚广联视野奖，港澳台节目中心作品《安妮的花海》获广播剧奖，CGTN作品《分秒人生》获广播类播客奖。此外，影视剧纪录片中心电视剧《人世间》被评为电视剧特别推荐作品，总经理室公益广告《身心健康——焦虑号列车》被评为广播类公益广告特别推荐作品，央视网纪录片《人生第二次》被评为电视类亚广联视野奖特别推荐作品，财经节目中心主持人王冠被评为特别推荐广播主持人。

上海传媒港科技乐园获全国科普教育基地命名 11月29日，经中国电影电视技术学会推荐，中国科协评定，总台上海传媒港科技乐园被命名为2021—2025年度第一批补充认定的全国科普教育基地。

总台多平台精彩呈现神舟十五号载人飞行任务 11月29日至30日，神舟十五号载人飞船发射任务取得成功。总台新闻中心、军事节目中心、CGTN、亚洲非洲地区语言节目中心、华语环球节目中心、新闻新媒体中心、内蒙古总站、央视网、中国环球广播电视有限公司等平台跟进报道，精彩呈现飞船发射过程。

总台新闻节目报道江泽民同志逝世 11月30日，江泽民同志因病在上海逝世。在总台领导指挥部署下，新闻中心精心组织、通力协作、精准制作、及时准确播出相关报道。

总台节目（项目）获奥林匹克金环奖金银奖 11月30日（当地时间），国际奥委会在瑞士洛桑颁发奥林匹克金环奖，总台选送的节目（项目）获得两项金奖和两项银奖。其中，体育青少节目中心选送的体育文化节目《艺术里的奥林匹克——会徽》荣获最佳奥运节目奖金奖，技术局选送的项目"CMG媒体云助力奥林匹克传播"荣获最佳可持续管理奖金奖；CGTN和技术局联合报送的"北京冬奥会虚拟演播室及冬奥5G列车直播"荣获最佳创新/布景设计奖银奖，总经理室选送的奥运公益广告节目《冰雪有你更精彩》荣获最佳转播宣推奖银奖。

浙江总站推进共同富裕示范区观察点建设工作 11月30日，总台浙江总站在全省设立的第九个共同富裕示范区观察点——义乌观察点完成挂牌。至此，浙江总站已经在杭州余杭、宁波慈溪、台州椒江、温州永嘉、衢州常山、丽水青田、嘉兴桐乡、绍兴上虞、金华义乌等9个地方设立观察点，为总台深度参与浙江高质量建成共同富裕示范区提供窗口和阵地。

十二月

中央广播电视总台与老挝新闻文化旅游部签署合作协议 12月1日，在老挝人民革命党中央委员会总书记、国家主席通伦对我国进行国事访问期间，在习近平总书记与通伦总书记共同见证下，中央广播电视总台台长兼总编辑慎海雄与老挝新闻文化旅游部部长宋莎婉·维雅吉签署《中国中央广播电视总台与老挝新闻文化旅游部合作协议》，建立常态化合作机制，在新闻交换、人员培训、技术交流等方面开展广泛合作。

亚洲非洲地区语言节目中心《新闻聚焦》栏目在印度主流电视台落播 12月2日，亚洲非洲地区语言节目中心印地语部制作的电视新闻栏目《新闻聚焦》在印度印地语新闻频道落播。这是中国媒体制作的印地语电视栏目首次在印度主流电视台实现常态化播出。《新闻聚焦》为周播电视栏目，时长10分钟，聚焦中国热点，报道中国文化、科技等领域的最新动态。

总台在联合国教科文组织总部举办"中国影像节"展映活动 12月3日，中央广播电视总台携手中国常驻联合国教科文组织代表团，在联合国教科文组织总部举办"中国影像节"展映活动，以影像为媒宣介人类命运共同体理念和中国式现代化故事。这也是"中国影像节"首次携50余部参展影片走进国际组织。

2022中国—阿拉伯媒体合作论坛在沙特阿拉伯举行 12月5日（当地时间），2022中国—阿拉伯媒体合作论坛在沙特阿拉伯首都利雅得举行。本次论坛由中国中央广播电视总台和沙特阿拉伯新闻部联合主办，以"加强交流互鉴，推动构建中阿命运共同体"为主题，中国和来自22个阿拉伯国家的政府官员、媒体机构代表、专家学者等150余位嘉宾以线上线下结合的方式参与论坛。中宣部副部长、中央广播电视总台台长兼总编辑慎海雄发表视频致辞。当天论坛上，中央广播电视总台与沙特广播电视局共同发布合拍节目《心手相连》，并启动"中国影视作品阿拉伯国家展播活动"。中央广播电视总台与阿拉伯国家广播联盟共同发出《中国与阿拉伯国家深化媒体交流合作倡议》。

总台参与主办中国网球巡回赛职业级总决赛在澳门开赛 12月5日至11日，由国家体育总局网球运动管理中心、中央广播电视总台体育青少节目中心、中国网球协会和澳门特别行政区政府体育局主办的2022中国网球巡回赛职业级总决赛（澳门）暨全国网球单项锦标赛在澳门开赛，总台体育赛事频道、央视频、央视体育等平台全程直播报道。

总台多平台重点报道习近平主席中东之行 12月7日至10日，国家主席习近平应邀赴利雅得出席首届中国—阿拉伯国家峰会、首届中国—海湾阿拉伯国家合作委员会峰会，并对沙特阿拉伯王国进行国事访问。总台多平台重点报道。

总台4个国际频道在美国新兴电视平台落地播出 12月8日，CGTN英语频道、纪录频道和西班牙语频道与中文国际频道落地美国新兴电视平台蒂斯欧电视（Distro TV），并正式开播。该平台是全球新媒体市场中快速兴起的"免费广告支持型流媒体电视平台"的典型代表，具有用户增长势头强劲、直播频道数量众多、观看渠道便捷多样等特点。

新闻中心推出系列报道《八项规定实施十周年》 12月8日，新闻中心推出系列报道《八项规定实施十周年》，全面梳理十年来党风政风之变，展望新征程上如何弘扬党的光荣传统和优良作风。

中央广播电视总台与沙特阿拉伯广播电视局签署合作谅解备忘录　12月9日，在习近平主席出席首届中国—阿拉伯国家峰会、首届中国—海湾阿拉伯国家合作委员会峰会并对沙特阿拉伯进行国事访问期间，中国中央广播电视总台台长兼总编辑慎海雄与沙特阿拉伯王国代理新闻大臣兼沙特阿拉伯广播电视局管理委员会主席马吉德·卡斯比签署《中央广播电视总台和沙特阿拉伯广播电视局合作谅解备忘录》。该合作文件被列入习近平主席访问沙特阿拉伯的重要双边合作成果。

中央广播电视总台2023年电视剧片单发布　12月10日，新征程·新大剧——中央广播电视总台2023年"大剧看总台"发布会在北京举行。中宣部副部长、中央广播电视总台台长兼总编辑慎海雄出席并致辞，中央广播电视总台副台长蒋希伟等出席发布会。片单发布会分为"匠心原创·铸就经典""薪火相传·华章永续""人间百味·生活交响""踔厉奋发·青春有为"等4个版块，30部重磅大剧逐一亮相，精品喷涌、精彩纷呈，引发社会广泛关注。

总台播出时政纪录片《相知跨千年　携手创未来——习近平主席赴沙特利雅得出访纪实》　12月12日，总台综合频道、新闻频道并机播出时政纪录片《相知跨千年　携手创未来——习近平主席赴沙特利雅得出访纪实》，全景记录习近平主席沙特阿拉伯之行。

总台召开第二届"十佳"评选会　12月12日，中央广播电视总台召开第二届"十佳"评选会，中宣部副部长、中央广播电视总台台长兼总编辑慎海雄主持会议，共100名优秀员工脱颖而出。总台"十佳"每两年评选一次，本届共分十佳记者、十佳编辑、十佳电视播音员主持人、十佳广播播音员主持人、十佳国际传播人才、十佳制片人制作人、十佳导演、十佳业务能手、十佳工程师、十佳经营和管理人才等10个界别。

新闻中心推出系列报道《丰收背后的大国实力》　12月12日起，新闻中心推出系列报道《丰收背后的大国实力》，从大国粮策、科技实力、产业链、人才力量等方面，展示我国粮食连年丰收背后的大国底气。

社教节目中心推出保护未成年人法治节目《2022守护明天》　12月12日至21日，社教节目中心联合最高人民检察院，推出大型保护未成年人法治节目《2022守护明天》，紧扣《未成年人保护法》等当前未成年人法治教育宣传的核心内容，精选10个典型案例，聚焦学生欺凌、网络保护、药物滥用、强制报告制度、困境儿童救助等未成年人保护领域的热点话题，邀请来自国务院未成年人保护工作领导小组办公室、最高人民法院、共青团中央等相关部门的嘉宾，解读未成年人保护中的难点、亮点、热点等。

新闻中心融媒体报道《人在草木间》展现中国茶文化　12月12日起，新闻中心推出6集微视频和6小时新媒体直播特别节目《人在草木间》，紧扣"中国传统制茶技艺及其相关习俗"列入联合国教科文组织人类非物质文化遗产代表作名录，探访中国主要产茶区，介绍中国制茶传统技艺和习俗，反映中国茶和中国茶文化在中华文明与世界文明交流互鉴中发挥的重要作用。

《擎动中国2022》线上模拟器赛车总决赛在澳门举办　12月13日，总台重点打造的首档顶级融媒体赛车节目《擎动中国2022》线上模拟器赛车总决赛在澳门举行。来自全国各地的 12 位模拟器赛车高手角逐年度总冠军。

总台新闻节目重点做好中央经济工作会议报道 12 月 15 日至 16 日，中央经济工作会议在北京举行，习近平总书记出席会议并发表重要讲话。总台新闻节目重点展开报道，准确报道习近平总书记重要讲话，权威解读会议精神，及时报道热烈反响。

《中国地名大会》（第三季）在中文国际频道开播 12 月 17 日起，华语环球节目中心摄制的大型地名文化节目《中国地名大会》（第三季）在中文国际频道播出。节目通过地名文化高手的精彩比拼和专家妙趣横生的解读，带领观众"从地名看文化，从文化看中国"。

第四届海南岛国际电影节在三亚举行 12 月 18 日至 25 日，由中央广播电视总台与海南省人民政府共同主办的第四届海南岛国际电影节在三亚举行。电影节期间，总台举行了由总台出品、影视剧纪录片中心摄制的电影《北京人：人类最后的秘密》《就是要跑》《飞越苍穹》发布会，吸引近 1000 万人次通过央视频观看活动直播。

2022 年卡塔尔世界杯直播报道圆满收官 12 月 19 日，2022 年卡塔尔世界杯比赛全部结束。赛事期间，体育青少节目中心与总台相关部门和单位通力合作，统筹协调各平台进行直播报道，共有 9 亿用户通过总台观看世界杯，赛事相关内容全媒体触达受众 254.27 亿人次，收视总时长 59 亿小时，各转播平台中总台世界杯直播视听份额达 87.16%。

总台多部作品入选第十六届精神文明建设"五个一工程"奖名单 12 月 19 日，中宣部印发表彰决定，对第十六届精神文明建设"五个一工程"奖组织工作先进单位和优秀作品进行表彰。中央广播电视总台单独报送、联合报送以及参与创作的多部作品受到表彰，其中《伟大征程——庆祝中国共产党成立 100 周年大型情景史诗》《跨过鸭绿江》《大决战》《摆脱贫困》《我们走在大路上》《零容忍》被授予特别奖，《人世间》《为了和平》《典籍里的中国》《领航》被授予优秀作品奖。

"全球行动倡议——2022 全球发展在行动"媒体行动暨特别节目收官 12 月 20 日，在《生物多样性公约》第十五次缔约方大会（COP15）第二阶段会议闭幕之际，由总台北美总站发起的为期 6 天的"全球行动倡议——2022 全球发展在行动"收官。活动期间，联合国秘书长、圭亚那总统、厄瓜多尔总统、玻利维亚总统、国际货币基金组织总裁、联合国常务副秘书长、中国常驻联合国代表等数十位嘉宾，共同为保护地球的生态环境、建设可持续发展的经济与社会建言献策。北美总站推出 6 集纪录片《2022 全球行动计划》，从不同视角、不同层次反映不同国家和地区的人民为实现可持续发展、构建人类命运共同体做出的努力。

总台发布 2022 年度国内、国际十大科技新闻 12 月 23 日，总台发布 2022 年度国内、国际十大科技新闻。此次评选由总台联合科技部、中国科学院、中国工程院、中国科协、国家国防科技工业局及两院院士、科研院所和高校专家共同评选完成。

上海总站举办时尚嘉年华活动 12 月 23 日，由上海总站、上海时装周组委会共同主办的"时尚嘉年华之 2022 中国时尚荣誉发布"活动在上海国际传媒港举行。本次发布活动以"让世界看见中国美"为主题，盘点 2022 年度时尚领域的趋势和成就，发布8项权威荣誉，生动诠释新时代中国时尚的新内涵。

CGTN新媒体2022年发稿全球阅读量突破300亿人次 截至12月23日，CGTN英语、西班牙语、法语、阿拉伯语、俄语等5个语种新媒体2022年发稿全球阅读量突破300亿人次，同时各项核心数据均实现大幅增长。

首届中国保险大会在上海举办 12月23日，由央视网、上海总站和上海保险交易所联合主办的首届中国保险大会在上海举办。大会总结了中国保险业发展经验，探讨了未来高质量发展路径。会议通过央视网多终端和快手平台进行直播，全网总曝光量达8000万次，总覆盖用户超2亿人。

新闻中心重点报道中央农村工作会议 12月23日至24日，中央农村工作会议在北京举行。中共中央总书记、国家主席、中央军委主席习近平出席会议并发表重要讲话。新闻中心及时关注，精准报道习近平总书记重要讲话，深入解读会议的新提法、新表述，诠释会议重要意义。

总台发布2022年度国内、国际十大考古新闻 12月24日，总台发布2022年度国内、国际十大考古新闻。此次评选由社教节目中心联合中国社会科学院考古研究所、北京大学考古文博学院、中国科学院古脊椎动物与古人类研究所、国家文物局考古研究中心和国内近30家省级考古研究机构的专家共同完成。

总台发布2022年国内、国际十大财经新闻 12月25日，总台发布2022年国内、国际十大财经新闻。在此次评选过程中，项目组坚持总台立场，多方征求行业权威人士意见，最终形成涵盖全年国内外重大财经事件榜单。

总台发布2022年度乡村振兴十大新闻 12月26日，总台发布2022年度乡村振兴十大新闻。此次评选由农业农村部、国家乡村振兴局等相关部委负责人、行业专家和媒体代表组成专家评审团，通过线上线下相结合方式评选产生。围绕2022年度乡村振兴十大新闻，农业农村节目中心制作推出广播、电视、新媒体等系列产品，于30日晚推出新闻专题节目《走过这一年》。

农业农村节目中心"金扁担"农业现代化高峰论坛举行 12月26日，由农业农村节目中心主办，中央新闻纪录电影制片厂（集团）北京发现纪实传媒有限公司、国机集团中国农业机械化科学研究院承办的"金扁担"农业现代化高峰论坛举行。论坛聚焦农业现代化重大课题，正式启动"挑起我们的金扁担"（第二季）暨金扁担融合传播行动。

华语环球节目中心推出大型电视政论片《新时代中国人权》 12月26日起，由中国人权研究会指导，华语环球节目中心摄制的大型电视政论片《新时代中国人权》在综合频道、中文国际频道同步播出。该片是国内首部以人权为主题的电视政论片，深入系统阐释以人民为中心的人权理念，以生动人物故事反映党的十八大以来中国人权理论创新和实践创新成果。

《中央广播电视总台年鉴》（2020—2021）出版发行 12月27日，《中央广播电视总台年鉴》（2020—2021）正式向海内外出版发行。这部年鉴合卷记载了2020年和2021年总台在机构改革、宣传报道、新媒体传播、产业发展、技术引领、国际传播能力建设等方面的重要举措和发展概貌，为广大读者了解、研究总台改革发展创新历程提供全面、权威、系统的资料和信息。

2022年度"新时代好少年"先进事迹发布活动节目播出　12月27日，由中央文明办、教育部、共青团中央、全国妇联、中国关工委联合主办，中央广播电视总台承办，体育青少节目中心执行的2022年度"新时代好少年"先进事迹发布活动节目在总台少儿频道、央视频、央视网、央视少儿客户端等平台同步播出。

中国国际电视总公司入选第14届"全国文化企业30强"　12月28日，光明日报社和经济日报社联合发布第14届"全国文化企业30强"名单，中国国际电视总公司再度上榜，连续14年入选。

总台发布2022年度粤港澳大湾区十大新闻、台海十大新闻　12月28日，总台发布2022年度粤港澳大湾区十大新闻和台海十大新闻。这是总台港澳台节目中心组织专门团队，在广泛征求相关部门和专家学者意见建议基础上评选产生的。

总台音频节目在英国和印度尼西亚实现移动端在线播出　12月28日，通过在英国和印度尼西亚两国销售的智能手机内置多个场景，实现以直播流方式直播总台CGTN Radio英语节目。这是总台不断创新拓展对外广播落地渠道，积极推进落地平台转型的一次成功尝试。

总台发布2022年国内、国际十大军事新闻　12月29日，总台发布2022年国内、国际十大军事新闻。这是总台首次评选发布国内、国际十大军事新闻，由军事节目中心联合中央军委、各大战区、各军兵种相关部门和国内知名高校、研究机构的军内外专家共同完成。

总台举办"2022央视财经论坛"　12月30日，中央广播电视总台主办的"2022央视财经论坛"以线上形式在北京举行。本届论坛以"中国式现代化的经济新动能"为主题，邀请国家及部委领导、机构学者、企业家等重量级嘉宾，共同为全面贯彻落实党的二十大精神和中央经济工作会议精神，推动中国经济稳中求进、实现质的有效提升和量的合理增长，扎实推进中国式现代化建言献策。

总台发布2022年国内、国际十大体育新闻　12月30日，总台评出2022年国内、国际十大体育新闻。体育频道于2022年12月30日至2023年1月1日在年终特别节目中集中展播2022年国内、国际十大体育新闻，并配发专项记者总结评述，展望2023年国内外体坛发展格局与趋势。

上海总站主办"中国城市数字经济论坛·2022"　12月30日，上海总站主办的"中国城市数字经济论坛·2022"在上海国际传媒港举办。论坛主题为"数字经济　城市未来"，以线上形式呈现，重点关注党的二十大报告中关于数字经济的内容，邀请专家围绕"数实融合助推高质量发展""加快数字化转型　打造现代化体系"等话题发表演讲，联合中国信息通信研究院发布《中国城市数字经济发展报告2022》和"中国城市数字经济风云榜2022"。

2023年全国"村晚"示范展示活动启动　12月30日，2023年全国"村晚"示范展示活动启动仪式暨云上发布会在北京举行。中宣部副部长、文化和旅游部部长胡和平，中宣部副部长、中央广播电视总台台长兼总编辑慎海雄发表视频致辞，并共同启动2023年全国"村晚"示范展示活动。

新闻中心做好2022年国内、国际十大

新闻发布工作 12月30日，总台发布2022年国内、国际十大新闻。总台新闻中心精心组织报道。《新闻30分》等重点栏目独家首发，各新媒体平台"一键触发"，同步推送，中国之声、环球资讯等打破常规编排推出录音报道。新闻频道播出特别节目，紧扣"新时代 新征程 新伟业"和"百年未有之大变局"，集纳2022年国内、国际重要新闻元素，通过新闻当事人讲述、新闻发言人揭晓、总台记者回访新闻现场、评论员解读点评等形式，回顾2022年的新闻坐标和时代印记。

陕西总站完成第九届丝路电影节报道 2022年12月30日至2023年1月3日，由中央广播电视总台和陕西省人民政府、福建省人民政府共同主办的第九届丝绸之路国际电影节在西安举办。陕西总站组建工作专班，圆满完成各项报道任务，共播发相关稿件300余篇。

总台新闻节目重点报道习近平主席二〇二三年新年贺词 12月31日，国家主席习近平通过中央广播电视总台和互联网，发表二〇二三年新年贺词。总台全平台新闻节目重点报道。国际视频通讯社以直播形式与《新闻联播》栏目同步向全球媒体发布新年贺词完整视频，被美联社、路透社、法新社、欧广联等完整转发，创习近平主席新年贺词对外发稿"发稿最快、覆盖最广"历史纪录。

附 录

中央广播电视总台年鉴（2022）编纂人员名单

办公厅
负责人 周振红
联络人 张凌云　高潇潇　韦娅迪
撰稿人 朱梦文　郑利锋　姜希伦　阎可嘉
　　　　　刘　冰　孙　楠　傅　博　傅欣艺
　　　　　沈梦楠

总编室
负责人 梁建增
联络人 刘　畅
撰稿人 全梅君　刘　畅　李　宾　董　堃
　　　　　李　雪　龙云凯　吴　迪　赵　劲
　　　　　张晓阳　赵春雨　熊　逸　李　岩
　　　　　赵飞飞　刘　璐　刘宇飞　张汉明
　　　　　孙　萌　朱筱瑜

新闻中心
负责人 张文华
联络人 唐　泽　李光宗　李蓉蓉
撰稿人 徐圣益　陈双双

内参舆情中心
负责人 罗　厚
联络人 陈　朴
撰稿人 陈　朴

财经节目中心
负责人 朱宏钧
联络人 覃大庆
撰稿人 覃大庆　王　莹

文艺节目中心
负责人 张国飞　刘　真　吕逸涛　于　蕾
　　　　　邹　为
联络人 孙立红
撰稿人 王　娟　李　谦　周闫忱忱
　　　　　彭倩芸　邓晓楠　章音婧　刘玉婷
　　　　　王　菲　周　彬　李天元

体育青少节目中心
负责人 曹　毅

联络人　郑　漠　王伟东
撰稿人　龚　伟　李　然　赵耀东　汤　沏
　　　　刘丽娜　景红娟

社教节目中心
负责人　阚兆江　段晓超　赵京津
联络人　贾　晗　陈　曦
撰稿人　杨　梅　普艳斌　包　婧　谭雅丹
　　　　任　立　于海霞　李　沛　李　柠
　　　　瞿　颖　胡恋亲　王亚丽　季　新
　　　　田　晶　李建华　李玲燕

影视剧纪录片中心
负责人　梁　红
联络人　吴燕妮
撰稿人　张凯夫　吴燕妮

民族语言节目中心
负责人　赵连军
联络人　郭　璇
撰稿人　郭　璇

军事节目中心
负责人　何新宇　侯东合　肖　璞　吕锡成
联络人　汤　丽　田芳媛
撰稿人　谭淑慧　冯新杰　刘　欢　李海军
　　　　刘　坤　于慧丽　赵　乐　吴麒佑
　　　　薛　冰　曹　笑　马敏捷　王亚鑫
　　　　姜　虹　刘　干　于婷婷　刘　乐
　　　　王霖歌　于　澜　李晓波　孙　杰
　　　　邓曦光　穆亮龙　李攀奇

农业农村节目中心
负责人　王晓斌
联络人　张清春
撰稿人　刘旻嘒

港澳台节目中心
负责人　万　梅
联络人　李涧松
撰稿人　万　梅　安亚强　陈燕霞　李　珂
　　　　田　晓　李涧松　毛　强　李姝含

英语环球节目中心（CGTN）
负责人　刘　聪
联络人　燕　燕
撰稿人　张立勇　燕　燕　陈佳楠　刘思琪

亚洲非洲地区语言节目中心
负责人　安晓宇
联络人　万　兵
撰稿人　万　兵　迪那尔·阿瓦力汗　曹　琦

欧洲拉美地区语言节目中心
负责人　夏勇敏　孙宇峰
联络人　赵　力
撰稿人　田　宇　赵　芃　王婷婷　张　帆
　　　　刘　湃　杨晓囡　刘诗楠　楚　宁
　　　　马　洁　夏　任　郭　昊　李　菁
　　　　李爱莲　李　璐　王　芳　王姗姗
　　　　陈　艳　赵征宇

华语环球节目中心

负责人 李欣雁 王蕊

联络人 昝瑞春 端木礼昕 王劲竹

撰稿人 潘春蓉 刘家俊 陶跃庆 贾博伟
薛红霞 马威 周密 姜黎
宋馨 李唯骏 贾雪纯 张堃
王正程 袁静 黄睿 昝瑞春
潘羽嘉 李洪晓 陈毓娟 王肖
范文佳

融合发展中心

负责人 汪文斌

联络人 唐秀

撰稿人 唐秀 韩舶 唐文歆 全慧
李同

新闻新媒体中心

负责人 钱蔚 闫帅南 王姗姗

联络人 亢毅 陈洪奕 李尚俞

撰稿人 乔全兴 李尚俞 郭晓燕 宋红梅
唐怡 张鸥 刘霄 林昕
宋迪雅 王薇 朱岩

视听新媒体中心

负责人 杨继红 许文广 俞勤

联络人 董文芳 马战英 连新元

撰稿人 张杰 田小波 米善倩 肖晾琼
马翠 李爽 秦明 陈斐然
刘帆 范林红 辛晓娇 周子祎
王伟

国际传播规划局

负责人 滕云平

联络人 何司天

撰稿人 曾晋 何司天 陈小鹏 张一
罗鹏 卢思伟 孟海 赵露茜
孙菁远

人事局

负责人 朱焰焰

联络人 黄晓光 祝睿琪

撰稿人 白梓敬 李毅 孙振 谷小洁
韩巍 刘路路 许新颖

财务局

负责人 高华中

联络人 涂昌波

撰稿人 梁喆 刘正

总经理室

负责人 彭健明 任学安

联络人 陈慧娜 赵湘湘

撰稿人 谢俊 陈慧娜 薛博涵 朱隽宇

技术局

负责人 徐进

联络人 吕兆明

撰稿人 智卫 赵永礼 李涛 颜枫
姬海啸 王俊涛 唐伟莉

国际交流局

负责人 花凯 刘岩 曹日 朱博英

　　　　　宋嘉宁　张　立　姜秋镝　王　斌
　　　　　李　毅　张　欣
联络人　张雄飞　李　巍　安逸飞　吴东方
　　　　　曹　旻　邓宗宇
撰稿人　徐苏洁　阳　霏　李　想　张博旭
　　　　　孙　宇　徐　广　许洛瑜　张　勇
　　　　　王德禄　陈孙逸

创新发展研究中心
负责人　杨　华
联络人　任永雷
撰稿人　李　蕾　何　菲　孙嘉瞳

机关党委
负责人　王金捷
联络人　肖恒刚
撰稿人　闫晓文　肖恒刚　黄文娟　朱　隽
　　　　　王岳峰　吕　啸　王　魏

机关纪委
负责人　马书平
联络人　曾进清
撰稿人　于建国　刘冬玲

离退休干部局
负责人　边传久
联络人　于晓杰
撰稿人　张春梅

国家应急广播中心
负责人　宋　莉

联络人　王长权
撰稿人　温秋阳　王长权　张亚然　朱　锦
　　　　　刘　川　孙盛楠　肖一为

音像资料馆
负责人　刘智力
联络人　杨旻星
撰稿人　吴　琼　王昆仑　刘　弥　杨旻星

影视翻译制作中心
负责人　王　璐
联络人　姜　平　江　峰
撰稿人　江　峰

中国国际电视总公司
负责人　唐世鼎
联络人　程　祥
撰稿人　肖志涛　杨　华　李春秀　胡译文
　　　　　程　祥　温斐然　赵　阳　李昀明
　　　　　李悦赫　范　琦　陈　曦　李林溪
　　　　　欧益君　孟家玮　何巧玲　聂　葳
　　　　　黄　星　康新稳　叶恺风　龙　蕊
　　　　　王　岩　王剑峰　司晗博　曲　锐

央视国际网络有限公司
负责人　过　彤　王冰松　王玉娟
联络人　贾尚为
撰稿人　刘延成　孙　浩　乔　莲　王艳莹
　　　　　贾尚为　朱珍珍

中央新闻纪录电影制片厂（集团）
负责人 程喆林
联络人 左　权
撰稿人 陈思莹

中广影视卫星有限责任公司
负责人 黄瑞刚
联络人 高　峰　刘　翎
撰稿人 何　芳　张人元　方文静

中国电视剧制作中心有限责任公司
负责人 李向东
联络人 李林涛
撰稿人 林　晓

中国环球广播电视有限公司
负责人 滕云平　高　伟
联络人 凡译媛
撰稿人 符　霞　杨桂军　凡译媛　李海洲
　　　　　谷雨檀

央视频融媒体发展有限公司
负责人 过　彤
联络人 刘　宁　孙瑜阳
撰稿人 刘　宁　赵皓迪　刘　浩　颜熠萌
　　　　　宋禹宣

央广传媒集团有限公司
负责人 王跃进
联络人 金依韡
撰稿人 张　莉　张红亮　束　伟　李　栋

国广传媒发展有限公司
负责人 黄永国
联络人 汝佳霖　高　跃
撰稿人 黄永国　钟仁宗　高　跃　汝佳霖
　　　　　胡珊珊

中广视资产管理有限公司
负责人 韩　峰
联络人 王　惠
撰稿人 段亢亢　余晓娟　李树彬　陈　思
　　　　　王　惠　李延政　吴金鑫

中国国际广播出版社有限公司
负责人 张宇清　田利平
联络人 李　卉　郑凤杰
撰稿人 李　卉　郑凤杰　王清阳　祝　晔
　　　　　闫　磊　于冬来　张　娜　潘　磊

图书在版编目（CIP）数据

中央广播电视总台年鉴. 2022 / 中央广播电视总台年鉴编委会编. —北京：中国国际广播出版社，2023.9
ISBN 978-7-5078-5379-7

Ⅰ. ①中… Ⅱ. ①中… Ⅲ. ①中央广播电视总台－中国－2022－年鉴 Ⅳ. ①G229.2-54

中国国家版本馆CIP数据核字（2023）第138353号

中央广播电视总台年鉴（2022）

编　　者	中央广播电视总台年鉴编委会
出 版 人	张宇清　田利平
执行编辑	李　卉　张娟平
责任编辑	林钰鑫
制　　作	闫　磊　郭立丹
校　　对	张　娜　王秋红　郭　鑫　周文娜　刘之灵　杜嘉宾
设　　计	王广福

出版发行	中国国际广播出版社有限公司　[010-89508207（传真）]
社　　址	北京市丰台区榴乡路88号石榴中心2号楼1701
	邮编：100079
印　　刷	北京启航东方印刷有限公司
开　　本	889×1194　1/16
字　　数	880千字
印　　张	37.5
版　　次	2023年9月　北京第一版
印　　次	2023年9月　第一次印刷
定　　价	198.00元

版权所有　盗版必究